Treasures for Scholars Worldwide

中山大学图书馆学丛书　第三种
Sun Yat-sen University Library Science Series, No.3

中文古籍整理与版本目录学国际学术研讨会论文集

The Proceedings of the International Symposium on Descriptive Bibliography and Scholarly Editing of Chinese Ancient Books

倪莉　王蕾　沈津　编

GUANGXI NORMAL UNIVERSITY PRESS
广西师范大学出版社
·桂林·

图书在版编目（CIP）数据

中文古籍整理与版本目录学国际学术研讨会论文集 / 倪莉，王蕾，沈津编．—桂林：广西师范大学出版社，2013.12

ISBN 978-7-5495-4412-7

Ⅰ．①中… Ⅱ．①倪…②王…③沈… Ⅲ．①古籍整理—国际学术会议—文集②版本目录学—国际学术会议—文集 Ⅳ．①G256.1-53②G256.2-53

中国版本图书馆 CIP 数据核字（2013）第 234034 号

广西师范大学出版社出版发行
（广西桂林市中华路 22 号　邮政编码：541001
网址：http://www.bbtpress.com）
出版人：何林夏
全国新华书店经销
桂林广大印务有限责任公司印刷
（广西桂林市临桂县金山路 168 号　邮政编码：541100）
开本：787 mm × 960 mm　1/16
印张：42.75　　字数：577 千字
2013 年 12 月第 1 版　　2013 年 12 月第 1 次印刷
定价：238.00 元

“中山大学图书馆学”丛书
总 序

大学图书馆的使命是为教学和科研服务。在美国,大学图书馆通常称为“Academic Library”(也可译作高校图书馆),“Academic”在词义上含有“教育”与“研究”的双重意义,所以,“Academic Library”本身就具有宣明大学图书馆使命的意义。尽管如此,如同大学有三六九等一样,大学图书馆也有层次高低之分,普通大学的图书馆侧重为教学服务,而研究型大学(Research University)的图书馆则侧重为科研服务,因为研究型大学往往以培养研究生为主,为教学服务实质上也就是为科研服务。通常,研究型大学的图书馆也是研究图书馆(Research Library),但是研究图书馆不单是研究型大学的图书馆,也包括负有为科研服务使命的其他类型图书馆。例如,美国的研究图书馆协会(Association of Research Libraries, ARL)拥有126个北美研究图书馆成员馆,除了119个研究型大学的图书馆以外,还包括美国国会图书馆、国家医学图书馆、国家农业图书馆、纽约公共图书馆、波士顿公共图书馆等7个研究型的图书馆。

研究图书馆在为教学和科研服务的同时,还必须履行学术研究的职责,因为没有图书馆学术研究的支持,研究图书馆不仅自身难以发展，而且也难以满足教学和科研的需求。因此，大凡研究图书馆都比较重视图书馆学术研究，并因此推动图书馆的发展和科学研究的发展。

美国国家医学图书馆(National Library of Medicine, NLM)于1964年建立全美医学文献网络，研发了生物医学数据库(MEDLINE)等数据库，其检索语言与检索技术的研发，不仅极大地提高了全球生物医学期刊文献的利用率，有力地促进了生物医学的科学研究，而且引发了一场传统检索方法的革命，并因此极大地提高了全球研究图书馆为科学研究服务的效率。

1967年在俄亥俄大学图书馆创设的俄亥俄州大学图书馆中心(Ohio College Library Center, OCLC)，建成世界上第一个联机编目图书馆系统，1977年发展成为全美图书馆联机编目中心(Online Computer Library Catalog, Inc., OCLC)，1981年进一步成为世界最大的国际性图书馆网络——联机计算机图书馆中心(Online Computer Library Center, Inc., OCLC)，研究开发了一系列的信息资源管理技术、方法和产品，目前面向全球100多个国家和地区的数万个图书馆提供服务，极大地促进了全球知识共享和科学研究的发展。

美国国会图书馆于1972年成功研发了标志全球图书馆进入自动化时代的机器可读目录(Machine Readable Catalog, MARC)，不仅极大地提高了文献的利用率，而且极大地促进了全球信息资源共享。同样，20世纪90年代美国国会图书馆的数字图书馆研发项目也引领了全球数字图书馆建设和发展的潮流，把研究图书馆为教学和科研服务带入了一个新的数字化网络化时代。

进入21世纪以后，e-Science, e-Research, e-Learning的出现改变了学术交流的环境，美国麻省理工学院(MIT)图书馆与美国惠普公司实验室(Hewlett-Packard Labs)联合研发的机构知识库(Institutional Repository, IR)数字空间系统(Dspace)，以及其他研究图书馆研发的机构知识库，为研究型大学提供了永久保存知识资源和知识共享的平台。

我国的研究图书馆在图书馆学术研究上远不及美国的研究图书

馆，其关键不在研究人才的匮乏，而在于研究人才缺乏必要的组织和团队合作，大多一盘散沙、各自为战，难以做大做强。可喜的是，近10余年来这种状况颇有改观，呈现出一派新气象。

上海图书馆于1995年与上海科技情报研究所合并，将科学研究与图书馆服务融为一体，在图书馆学术研究和为科学研究服务上开创了一条新的路径，取得了十分丰硕的研究成果。

中国国家图书馆自2003年以后开始重视有组织的图书馆学术研究，成立了国家图书馆研究院，相继设立国家图书馆重大科研项目、国际访问学者项目，与南京大学联合培养图书馆学专业博士研究生，2008年设立博士后工作站，2010年与武汉大学签订战略合作协议，在高层次人才培养、高端培训、全国图书馆事业发展理论与应用研究、图书馆与信息领域重要工程和重大项目的建设等方面开展全方位合作。

深圳图书馆的馆藏资源尚未达到研究图书馆的规模，但是在图书馆学术研究上则处在领先水平，从深圳图书馆自动化集成系统（ILAS），到图书馆之城建设和城市街区24小时图书馆的研发应用，一直走在全国公共图书馆的前列。2009年成立了我国第一个公共图书馆研究院，以“前沿、创新、分享”为研究方针，广泛延聘海内外图书馆学专家，开展公共图书馆研究，促进公共图书馆事业的发展。

北京大学图书馆一直比较重视图书馆学术研究，又得天时地利之便，设有中国高等教育文献保障系统（CALIS）管理中心、中国高校人文社会科学文献中心（CASHL）管理中心和《大学图书馆学报》编辑部，1999年还成立了北京大学数字图书馆研究所，图书馆学术研究十分活跃，成果颇丰，为高校图书馆事业的发展做出了积极的贡献。

中山大学图书馆具有优良的图书馆学术研究传统，2002年成立了中山大学图书馆学与资讯科学研究所，加上原有的中山大学医学情报研究所（1989年成立，原属中山医科大学，2001年两校合并后并入中山大学图书馆），拥有比较健全的图书馆学术研究机构。

中山大学图书馆学与资讯科学研究所成立以后，开展了一系列的图书馆学与资讯科学研究，取得了不少重要的研究成果。为集中反映中山大学图书馆、中山大学图书馆学与资讯科学研究所的研究成果，从2004年起，中山大学图书馆开始编辑出版两套丛书。一套丛书是专门反映馆藏文献书目编撰成果的“中山大学图书馆书目”丛刊，已出版(第一种)中山大学图书馆编《中山大学图书馆古籍善本书目》(桂林:广西师范大学出版社,2004年)，其他书目亦在编撰之中。另一套丛书是反映多学科研究成果的“中山大学图书馆学术”丛书，迄今已经出版7种:(第一种)戴镏龄著《外国图书馆学术研究——戴镏龄文集续编》(广州:广东人民出版社,2004年);(第二种)程焕文、张靖、周旖辑注《邹鲁未刊稿》(桂林:广西师范大学出版社,2008年);(第三种)冯双编著《邹鲁年谱》(上、下册)(广州:中山大学出版社,2010年);(第四种)冼玉清编著，陈莉、谢光辉整理《广东印谱考》(北京:文物出版社,2010年);(第五种)林明、谢光辉整理《黄士陵印存》(上、中、下册,线装)(北京:文物出版社,2010年);(第六种)邹永著《浮生点滴——邹永回忆录》(广州:中山大学出版社,2008年);(第七种)谭祥金、赵燕群著《谭祥金赵燕群文集》(上、下册)(广州:中山大学出版社,2010年)。

2010年秋，中山大学图书馆特聘专家沈津先生建议编撰一套专门反映中山大学图书馆图书馆学专业研究成果的学术丛书，与现有的“中山大学图书馆书目”丛刊和“中山大学图书馆学术”丛书共同构成一个完整的学术研究成果体系。笔者深表赞同，乃将第三套学术丛书命名为“中山大学图书馆学”丛书，专门收录图书馆学研究成果，并将“中山大学图书馆学术”丛书的收录范围从原来收录包括图书馆学在内的多学科研究成果，调整为只收录图书馆学以外其他学科的研究成果。于是，“中山大学图书馆书目”丛刊、“中山大学图书馆学术”丛书与“中山大学图书馆学”丛书，三者既相互区别，又彼此关联，共同构成了全面反映中山大学图书馆学术研究成果的体系。

“合抱之木，生于毫末;九层之台，起于累土。”“不积跬步，无以至千里;不积小流，无以成江海。”只要中山大学图书馆能够始终坚持不懈地努力，并致力于上述三套丛书的编撰，假以时日，中山大学图书馆必将成为中国图书馆界的学术重镇。

广西师范大学出版社高度重视“中山大学图书馆学”丛书的编辑出版工作，以统一格式、统一开本，统一色彩、统一封面，精装出版这套学术丛书。这既体现了广西师范大学出版社与中山大学图书馆的深情厚谊，也体现了广西师范大学出版社的高雅学术品位。在此，谨向董事长何林夏教授、文献图书出版分社社长雷回兴编审及其编辑团队的大力支持表示由衷的感谢！

程焕文

2012年2月4日

于中山大学康乐园竹帛斋

图书馆在变，图书馆的价值没变

——中文古籍整理与版本目录学国际学术研讨会开幕词

各位专家学者：

上午好！

今天，我们聚集一堂，在美丽的中山大学康乐园召开"中文古籍整理与版本目录学国际学术研讨会"，我谨代表中山大学图书馆向来自海内外的专家学者表示衷心的感谢和热烈的欢迎！

我们正处在一个瞬息万变的e时代，随着数字技术、网络技术、移动通讯技术的迅速发展，图书馆正在经历一场前所未有的改变。面对信息资源和信息服务日益泛在化的挑战，图书馆作为信息中心的时代已经一去不复返。日新月异、五彩缤纷的信息技术和层出不穷、似是而非的未来预测，正在淆乱图书馆的使命，模糊图书馆的价值。

在这样的时代，我们坚信资源为王，学术为魂，文化为根。

图书馆之所以成其为图书馆，之所以在信息资源与信息服务无处不在、无时不在的时代，仍然能够生机勃勃，不被谷歌等取代，并且日益发展壮大，关键在于图书馆拥有互联网无法替代的独特学术资源、文化资源、空间资源和社会资源。获取资源固然重要，但是拥有资源更为重要，这是图书馆赖以存在和发展的根基。任何幻想以获取资源取代拥有资源的企图，都将使图书馆走上一条不归之路。

国际科技界、学术界、出版界、信息传播界为推动学术研究成果的网络自由传播而发起的开放存取（Open Access，OA）运动正在迅速发展。但是，因为知识产权保护和学术资源商业化的存在，学术资源完全免费开放存取至少在我们可以看见的未来不可能完全实现。即使开放存取遍及各个学术领域，并因此导致数据商无疾而终，图书馆仍然负有收集、整理、保存与利用开放存取资源的社会责任。

图书馆不再是信息中心，但是，图书馆作为知识中心、学习中心和文化中心的使命和地位，不仅没有改变，而且正在日益加强。一个图书馆不能只有知识而没有文化。文化是什么？文化是一个民族的命脉。看一个图书馆有多少文化，只要看看其历史文献积累的厚度就一目了然。看一个图书馆的文化是否有生命力，只要看看其历史文献的保存与保护状况就一清二楚。

图书馆在变化，但是，图书馆收集、整理、保存和利用人类文化遗产的职能不会改变，因为这是社会赋予图书馆的天职和神圣使命。在五千年中华文化和文明的发展中，以书籍为载体的文化血脉的延续长期依赖于私人藏书家和民间人士的文化自觉，并因此造就了今天图书馆的文化传承。正因为如此，保存一切有文字的纸片是图书馆的文化自觉，是图书馆始终不能松懈的职责和赖以存在与发展的文化价值之所在。

在图书馆正在向数字化网络化飞速发展的今天，我们不仅不能忽视历史文献，而且必须更加高度地重视历史文献，两手都要抓，两手都要硬。只有这样，学术与文化才能比翼齐飞，图书馆的发展才不至于偏离正确的方向，中华文化才能得以传承和弘扬。

今天，全球图书馆界的中文古籍正面临着严峻的挑战：

一是，人才匮乏，青黄不接。因为各种原因，世界各国图书馆正面临着中文古籍人才极度匮乏和青黄不接的严峻局面，中山大学图书馆自不例外。为此，进入新世纪以来，中山大学图书馆相继聘请了古籍整理专家辽宁省图书馆韩锡铎先生、古籍修复专家上海图书馆潘美娣女士、碑帖整理专家故宫博物院施安昌先生、古籍整理专家哈佛大学哈佛燕京图书馆沈津先生为中山大学特聘专家，长期在中山大学图书馆工作，以传帮带的方式，培养古籍整理与保护人才。同时，配备和招聘了一批有志于古籍事业的博硕士青年才俊，王贵忱先生亦经常提供义务指导，假以时日，这批青年军将会成为古籍整理的生力军。

二是，古籍破损，状态堪虞。自古以来，大凡官府或者公家对古籍的重视往往是限于一时一地，不能长久，远不如私人珍惜，今日各地图书馆中文古籍的保存与保护现状就能说明问题。近十年来，中山大学图书馆特立独行，倾力于古籍修复与保护，不仅大力开展中文古籍的修复与保护，而且与美国、德国的古籍修复与保护机构和专家合作，着力培训西文古籍修复与保护人才，适逢国家开始大规模开展古籍修复与保护事业，中山大学图书馆自然而然成为文化部批准的全国12个国家级古籍修复中心之一，在全国高校图书馆中独领风骚。

三是，古籍整理，任重道远。自20世纪70年代周恩来总理亲自批准编撰《中国古籍善本总目》以来，虽然中文古籍整理成果层出不穷，但是，亟待整理的中文古籍数量仍然十分巨大。如今学界和业界对古籍善本和古籍保护的范围有了进一步深入的认识，民国文献的保护也开始列入议事日程，今后的工作任务将更加艰巨。

在未来，古籍事业将面临着四大艰巨任务：一是中文古籍的整理与保护，二是民国文献的整理与保护，三是中国藏外文古籍的整理与保护，四是全球中文古籍资源的共享。这些都将是长久而艰巨的任务，尚需几代人为之努力奋斗。

正因为如此，我们特地主办这次中文古籍整理与版本目录学国际学术研讨会，希望聚集海内外图书馆界、民间古籍收藏人士和古籍出版界的智慧和力量，共同探讨古籍整理的各种学术问题，弘扬中文古籍事业。

承蒙中国国家古籍保护中心多年来的悉心指导和大力支持，中山大学图书馆的古籍事业才能够蒸蒸日上，在此谨向中国国家古籍保护中心表示衷心的感谢！

哈佛大学哈佛燕京图书馆的沈津先生屈尊担任中山大学图书馆的特聘专家，全力扶持中山大学图书馆的古籍事业，这次国际学术研讨会源于沈津先生的倡导，得益于沈津先生的亲自策划、组织。因为沈津先生和他的徒弟与助手倪莉博士、王蕾博士，以及特藏部同仁的精心安排和通力合作，特别是海内外专家学者的鼎力支持，这次会议才得以顺利召开，我也落得坐享其成。在此谨向沈津先生、海内外的专家学者和中山大学图书馆特藏部的同仁表示衷心的感谢！

祝全体与会代表愉快！

祝会议圆满成功！

程焕文

2012年11月10日上午9时

中山大学图书馆聚贤厅

中山大学中文古籍整理与版本目录学国际学术研讨会会议致辞

同事们,朋友们:

大家好!

首先,我要感谢中山大学及中山大学图书馆特藏部的同事们邀请我来参加中文古籍整理与版本目录学国际学术研讨会。能够来参加这次学术研讨会,并在会上致辞,我感到万分荣幸。在此,我向程焕文馆长和特藏部的同事们、朋友们表示衷心的感谢和祝贺!

一年前,我应程焕文馆长的邀请来到广州,中山大学图书馆及其特藏部给我留下了深刻的印象。我早就了解并敬佩程焕文先生和沈津先生的学术造诣和著述,在此不用细说。最让我惊喜的是这里还有这么多出色的年轻学者。另外这里中外图书的修复和装订等维护技术和设备也非常先进。看到图书馆对古旧图书的积极投入,我真感到很振奋。岭南地区在文化和学术研究领域有很悠久的历史,这次研讨会在广州召开,是再合适不过的了。

本次会议的主题所涵盖的内容,既深入又广泛。由于我在这方面的学识有限,我希望能在这次研讨会上学到很多新的东西。这应当是一次宝贵的机会。

最后,我再一次对中山大学图书馆特藏部表示祝贺,并祝本次研讨会圆满成功!

谢谢大家!

美国普林斯顿大学　艾思仁

目　录

《十三经注疏汇校》缘起及设想

杜泽逊

（山东大学文史哲研究院）

《十三经注疏》包括13部儒家经典的经文、古注、音义、疏文。这十三部经典是:《周易》、《尚书》、《诗经》、《周礼》、《仪礼》、《礼记》、《春秋左传》、《春秋公羊传》、《春秋谷梁传》、《论语》、《孟子》、《孝经》、《尔雅》。儒家的主要经典已包括在内了。这十三部经典在传授过程中曾经产生过多家注释解说,其中大部分失传。保存下来的古注有:《周易》魏王弼注,《尚书》汉孔安国注(据考是魏晋时人的伪作,却有较高的水平),《诗经》汉毛亨传、汉郑玄笺,《周礼》汉郑玄注,《仪礼》汉郑玄注,《礼记》汉郑玄注,《春秋左传》晋杜预注,《春秋公羊传》汉何休注,《春秋谷梁传》晋范宁注,《论语》魏何晏集解,《孟子》汉赵岐注,《孝经》唐玄宗注,《尔雅》晋郭璞注。主体部分是汉晋间人注。这些注有的不是汉人的旧注,但也汲收了汉人的旧注。相对于宋元人的注,这一批旧注被称为“古注”。经文古奥,后人理解困难,往往首先求助于这些古注,原因是这些古注离经文产生的年代相对较近,并且古注本身又大都有更早的来源或依据,前人认为这些古注“去古未远”,有较大的可靠性。

随着历史的发展和学术研究的进步,对于经文和古注又逐步产生了更为详尽的疏解,这些对经文和古注的疏解称为“义疏”,南北朝时期比较发达。到了唐代,孔颖达等奉敕撰定了“五经义疏”,由于是朝廷主持,所以称“五经正义”。这五部书是《周易正义》、《尚书正义》、《毛诗正义》、《礼记正义》、《春秋左传正义》。另有唐代贾公彦撰《周礼疏》和《仪礼疏》、徐彦《春秋公羊传疏》、杨士勋《春秋谷梁传疏》。北宋邢昺又奉敕撰定《论语疏》、《尔雅疏》、《孝经疏》,另有托名孙奭撰的《孟子疏》。总的看来,唐人的疏是总结南北朝至唐初的疏而成的,而宋人邢昺的疏又是总结唐人的疏而成的,都有更早的来源和依据。《孟子》原来不在“经书”行列,至北宋末才由王安石推动正式加入经书行列,宋徽宗时成都的石经加入《孟子》,第一次出现了成套的“十三经”。唐宋人的疏最初的文本形式是经文、古注不全列,只在每条疏文开头时提示“某某至某某”,如《关雎》首节疏,先说“关关至好逑”,然后再作疏,《关雎》的正文省略。历史上称这种文本为“单疏本”。

大约在魏晋南北朝时期,还有一种解经的方式叫“音义”。主要是为疑难字注音、释义。注音用反切,或直音。这种“音义”大概是受佛经的音义影响发展起来的,对于诵读经典有很大帮助。现存的佛经当中有大量音义,还有人专门汇集为《一切经音义》。如唐代释慧琳、释玄应都有《一切经音义》。儒家经典的音义到隋朝由陆德明撰定为《经典释文》一书,可以说集音义之大成。不仅包括当时确定的儒家经典的音义,还包括《老子》、《庄子》两部道家经典的音义。《经典释文》不仅保存了大量六朝至隋代的注音、释义,还保存了经文、古注在文字上不同文本的异文,有极为重要的学术价值。《尔雅》、《孝经》、《孟子》有宋人的“音义”,也值得重视,尤其是孙奭《孟子音义》弥补了音义系统的缺项,到清代受到重视。后人把“音义”又叫“释文”,是因为大部分经典的音义见于《经典释文》。

总的看来,“十三经”的经文、古注、释文、疏这四大组成部分到北宋都已形成。宋人对于儒家经书又有新的注释,尤其是程朱系统的注释,后来形成了《五经四书》,注释完全是一种新的面貌,这当中借鉴汲收了注疏,但有许多新的见解。《五经四书》的注释为:宋朱熹《周易本义》、宋蔡沈《书集传》、宋朱熹《诗集传》、元陈澔《礼记集说》、宋胡安国《春秋传》、宋朱熹《论语集注》、宋朱熹《孟子集注》、宋朱熹《大学章句》、宋朱熹《中庸章句》。《周易》有的还附上程颐的《周易程传》。南宋以来,到清代,《五经四书》一直非常流行,逐步成为科举考试的标准。南宋以来学习儒学的，大都以朱熹等人注释的《五经四书》为依据。汉唐人的注疏则被称为“古学”。

“单疏本”由于经文、古注不全，阅读不方便，到南宋初年出现了补齐经文、古注的经、注、疏合刻本，就是后来称为“注疏”的文本。刊刻者是南宋初年绍兴的“两浙东路茶盐司”。传世的《礼记正义》有当时提举两浙东路茶盐司的福州人黄唐的跋语，十分重要：“六经疏义自京监、蜀本皆省正文及注，又篇章散乱，览者病焉。本司旧刊《易》、《书》、《周礼》，正经、注、疏萃见一书，便于披绎，它经独阙。绍熙辛亥（1191）仲冬，唐备员司庾，遂取《毛诗》、《礼记》疏义，如前三经编汇，精加雠正，用锓诸木，庶广前人之所未备。乃若《春秋》一经，顾力未暇，姑以贻同志云。壬子秋八月三山黄唐谨识。”黄唐说得很清楚，合刻是为了方便。这个系统的本子经文是半页八行，字比较大，称“八行本”。现存的有《周易》、《尚书》、《周礼》、《礼记》、《春秋左传》、《论语》、《孟子》。其中《春秋左传正义》是绍兴府地方刊刻的，不过是同一格式，显然是配套的。有了经注疏合刻本，同时北宋时曾经刊刻过的单疏本，南宋仍有重刻本传世。“单疏本”有刻本或抄本传世的有《周易》、《尚书》、《毛诗》、《周礼》、《仪礼》、《礼记》、《公羊》、《尔雅》。

在南宋福建这一刻书中心，还出现了经文、古注、释文的合刻本，叫“附释文本”或“附释音本”，比较有名的是余仁仲万卷堂刻的，还有建安王朋甫刻的附释文本《尚书》孔安国注，《尚书序》末有牌记云：“五经，书肆屡尝刊行矣，然鱼鲁混淆，鲜有能校之者。今得状元陈公讳应行精加点校，参入音释雕开，于后学深有便矣。士夫详察。建安钱塘王朋甫咨。”显示了《经典释文》的必要性。更进一步，则出现了经文、古注、释文、疏文合刻的本子。这种合刻，是以经注释文合刻本为基础，再加上“单疏”形成的。这种经、注、释文、疏合刻本，有名的是刘叔刚刻的十行本。还有福建魏县尉宅刻的《附释文尚书注疏》。在四川眉山这一刻书中心也出现了《论语注疏》这样的经、注、释文、疏合刻本。

经注疏合刻、经注释文疏合刻，都是为了方便阅读。这一点朱熹在《答应仁仲》一函中论及《仪礼经传通解》时说过：“前贤常患《仪礼》难读，以今观之，只是经不分章，记不随经，而注、疏各为一书，故使读者不能遽晓。今定此本，尽去此诸弊。”（阮元《仪礼注疏校勘记》引用，文稍异）朱熹认为“经注本”和“单疏本”各自为书，是一种“弊病”，他把它们合起来，就“尽去其弊”了。事实上，把经文、古注、释文、疏合并起来，很像清代以来的“集解”，这种集解古已有之，《论语》何晏注、《汉书》颜师古注都叫“集解”。旧注多了，汇起来方便阅读，这是自然容易想到的。值得注意的是，经文、古注、释文、疏文合为一编，恰恰是“古学”的合本，是在宋人新注之外自成体系的注释。后来的学者讲“经学”时往往以《十三经注疏》为依据，而讲“儒学”或“宋明理学”时一般以《五经四书》为依据。表面看来还是这些书，而实际上注释属于两个阵营。清代乾嘉学派代表人物之一阮元说过：“士人读书当从经学始，经学当从注疏始。”他的立场显然属于“古学”一边。而一般士子读经事实上绝大多数是从《五经四书》始。明白了这个背景才能明白阮元的话是代表一个流派的，而不是当时人都认可的常识。

清代朴学家讲求“古学”，对“十三经”作了更为深入的注释，这些注释最终凝结成一个系统，称“清人十三经新疏”。其中李道平《周易集解纂疏》、孙星衍《尚书今古文注疏》、陈奂《诗毛氏传疏》、马瑞辰《毛诗传笺通释》、孙诒让《周礼正义》、胡培翚《仪礼正义》、刘文淇《春秋左传旧注疏证》、刘宝楠《论语正义》、焦循《孟子正义》、邵晋涵《尔雅正义》、郝懿行《尔雅义疏》、王先谦《诗三家义集疏》等等。有的新疏没有作出来，例如《大戴礼记》，当代经学家刘晓东先生用 30 年之力完成了《大戴礼记义疏》，其不平凡的贡献就不可孤立地去看了。这些“新疏”显然是对着旧的《十三经注疏》来的，训释有很大进步，但基本路线却是“古学”的发展，依然是站在《五经四书》朱熹等注解的对面的。因此，就经书的注释来说，仍是两个阵营，我们姑且沿用旧的称呼，叫“汉学”、“宋学”。《十三经注疏》基本上是“汉学”的代表。

清代康熙至乾隆年间，朝廷组织学者撰定了《御纂七经》，包括《周易折中》、《书经传说汇纂》、《诗经传说汇纂》、《春秋传说汇纂》、《周官义疏》、《仪礼义疏》、《礼记义疏》。其大体思路是不专主宋学，而是汉宋兼取，希望汉、宋合流。乾隆间曾下令各省重刊，清中叶以后也有各地重刊本，传世量较大，而读者不一定很多。这条汉宋合流的路子，现在看来没有走通。

从现代的眼光看，总体上说，“汉学”较多地注重训诂名物制度，而“宋学”更多地注重思想，在思维模式和兴趣点上有较大差异，不具备“合流”的学术基础，而是属于“互补”的关系，当然不能“合流”，却并不意味着不可“兼治”。清代“汉学”代表人物吴派惠栋、皖派戴震，都是主张“汉宋兼治”的。

既然《十三经注疏》是“古学”的代表，那么整理研究工作就格外重要。其中“整理”工作的重要基础性工作是校勘。

校勘的主要任务当然是确定不同文本之间异文的是非，形成错误较少的文本。唐代颜师古等曾校定“五经”，形成《五经定本》。这种工作，东汉蔡邕奉朝廷之命刊刻的《熹平石经》，唐代后期刻的《开成石经》(包括经书十二种)，都是同等性质的“定本”。为了确定经典的用字，唐代还编成《五经文字》、《九经字样》。郑玄在注解经书时，曾特别注明今文本、古文本有的字不同，留下了宝贵的历史资料。五代后蜀曾在成都刻石经，到北宋才刻完，称《蜀石经》，南宋初年晁公武在四川做官，曾用国子监本校《蜀石经》，发现文字有不同，如《论语》“举一隅而以三隅反”，《蜀石经》作“举一隅而示之，而以三隅反”。等等。有些是非一时也不能确定，他就写了《石经考异》，刻在石碑上，立在《蜀石经》旁，可惜失传了。历史上对儒家经书和古注的校勘工作一直持续不断，取得了丰硕成果。清代初年张尔岐用《开成石经》本《仪礼》校勘当时通行的明万历北京国子监刻《十三经注疏》中的《仪礼注疏》，发现了不少脱文、误字，写成《仪礼监本正误》。他还发现《开成石经》也有错误，写成《仪礼石本误字》。这对顾炎武启发很大，顾炎武还抄写一部带到山西。顾炎武到了西安，看到《开成石经》，于是根据拓本校勘万历北监本《十三经注疏》，写成《九经误字》一卷，比张尔岐校勘的范围更大。他在《日知录》中批评北监本“脱误尤甚”，举出五条脱文例子，其中一处脱“壻授绥。姆辞曰:未教，不足与为礼也”十四个字。他慨叹“秦火未亡，亡于监刻”。

清代对《十三经注疏》进行全面校勘的有乾隆初年武英殿刻《十三经注疏》附《考证》。这部《十三经注疏》刊印精美，第一次配齐了“十三经”的经文、古注、释文、疏文四大项内容。每卷之后附有《考证》，也就是《校勘记》,讨论了一些文字异同是非问题。乾隆中后期修《四库全书》,其中的《十三经注疏》用武英殿本誊录,但又根据旧本作了校勘,进一步增补了《考证》,从而比殿本又有所进步。嘉庆年间阮元在江西作巡抚,根据元刻明修本《十三经注疏》重新刻了一套《十三经注疏》,每卷附有更详细的《校勘记》,历史上称"南昌府学本"、"南昌本"或"阮元本"。这个版本由于不少著名学者参加了校勘工作,因而受到广泛重视。从那时到现在,"阮元本"都是权威版本,是学者最常用的版本,各种形式的重印本难以统计。

但是,阮元本并不完善。例如人们比较看重的他的《校勘记》,就存在一些缺点。前面说的《日知录》批评万历北监本《仪礼》脱文的话,被《四库全书总目》中《仪礼注疏》的提要直接引用,阮元把这一篇《仪礼注疏提要》刻在南昌本卷首,这样世人都知道北监本《仪礼》不精不善了。可是在阮元《仪礼注疏校勘记》中,却没有指出北监本《仪礼注疏》的那五段脱文,而是仅仅指出明末毛晋汲古阁本脱去那五段文字。汲古阁本比北监本晚,并且是从北监本来的,那么汲古阁本的脱文当然是从北监本来的,单单指出"毛本脱"是不得其根源的。我们进一步校勘北监本之前的明嘉靖李元阳刻《十三经注疏》中的《仪礼注疏》,发现也同样脱那五段文字,比李元阳本更早的明嘉靖间陈凤梧刻本《仪礼注疏》也同样没有这五段文字。因此,阮元校勘记固然不到位,顾炎武批评北监本也同样没有得到脱误的根源。进一步查对清代汪士钟影刻宋本《仪礼疏》单疏本,我们发现其中没有这五段经文的疏。就是说唐代贾公彦并没为这五段经文作疏。顾炎武认为失去这五段经文的疏,是北监本的责任,慨叹"秦火未亡,亡于监刻",同样也没弄清脱误的根由。因为这五段经文当初贾公彦没有作疏,因此也谈不上"亡"。我们上面说过,"单疏本"没有经文、古注。后人在单疏本基础上补足了经文、古注。很可能明中期陈凤梧合刻《仪礼》经文、古注、疏文时,因为这五段经文没有疏,导致添足经文时漏添了。如果我们不把各个版本对校过,这些问题就弄不清楚,就会得出错误结论。从这个例子我们可以发现,校勘的任务除了发现并改正错误之外,还有两个功能,那就是评判版本的优劣、梳理版本的源流。

上面说的陈凤梧本、李元阳本、北监本,都是阮元见过并且用过的,却没有把脱文情况反映在《校勘记》中。还有单疏本，阮元也用了，对于这些疏文根本不存在，阮元也没在《校勘记》中说明。这都是“漏校”。这样做的结果是，误导读者，认为毛本极劣。其实顾炎武也误导了读者，认为北监本极劣。这都不是确切的答案。除了“漏校”之外，还有些古本阮元当时没见到，例如《周易正义》单疏本，《周易注疏》八行本，《尚书注疏》单疏本、八行本、宋魏县尉宅本、蒙古本，《礼记正义》八行本，《论语注疏》蜀刻十卷本，《孟子注疏解经》八行本等，阮元都没见过，从而限制了校勘质量。这是古本，离阮元时代较近的乾隆武英殿本，阮元可能不太重视，没有校勘，因面没有很好地汲取其长处。例如《周礼注疏》卷二十八《夏官·司马》“凡制军万有二千五百”一节下疏文“掌其戒令赏罚”下，阮元本有小字注“原本实缺七格”。这七个字南宋八行本、清乾隆武英殿本作“则是于军因为师”。阮元根据的底本没有这七个字，他也添不上。但是武英殿本已经根据《州长》注推测出来，并且补上了。殿本补的这七个字和南宋八行本吻合，而且被后来的孙诒让《周礼正义》采纳（参日本加藤虎之亮《周礼经注疏音义校勘记》），十分可贵。阮元没有见过南宋八行本，是客观困难，但是武英殿本近在咫尺，却没有一校，导致这七个字无法校补，而仅仅注出原本“缺七格”，这不能不说是一个失误。直到今天，乾隆武英殿刻本也很少引起古籍整理工作者的重视。鉴于这些原因，《十三经注疏》的校勘工作还有进一步完善的必要。这是规划《十三经注疏汇校》的学术理由。

前面说过，《十三经注疏》包括经文、古注、释文、疏文四大项内容。前人在校勘方面的成果主要集中在经文、古注、释文方面，而在疏的校勘方面就相对薄弱。由于校勘工作规模很大，初步统计《十三经注疏》李元阳本、武英殿本都在11000页以上。而历史上《十三经注疏》（早期还不到“十三经”）的版本至少有南宋刻单疏本、南宋刻八行本、南宋刻十行本、元刻明修十行本、明嘉靖李元阳福建刻本、明万历北京国子监刻本、明崇祯毛晋汲古阁刻本、清乾隆武英殿刻本、清乾隆《四库全书》本、清嘉庆阮元刻本等十个系统，之外还有单刻的，约略计之，总共有10万页。全部校一遍事实上校不干净，不免误校、漏校，还必须二校、三校。校三遍，就是30万页。1个研究生1天坐班4小时可以校10页，1年校3000多页，

10 年校 3 万多页,30 万页就要 10 个学生校 10 年。再合成一份《校勘记》即《汇校》,估计还要 5 年。15 年时间那是在目前形势下不大允许的。如果再进一步扩大校勘范围,加上白文(无注)本、经注本、经注释文等版本系统,还会进一步加大工作量,其可行性受到质疑。学问之道,详人所略,略人所详。好大喜功、好高骛远,只能欲速不达,壮志难酬。所以较为切实的方案仍是先把校勘范围限定在前人工作较薄弱的"注疏"版本系统内。就上面的估算,如果从 10 人增加到 15 人,那么 10 年就变成了 7 年。如果熟练了,每人每天不止校 10 页,而是增加到 15 页,那就缩短到 5 年。加上合成一份《校勘记》的时间,初步合计 8 年可以完成。从程序上说,如果开始大家一齐校《尚书注疏》一种,分工合作,那么 200 天可以完成,先出版。一方面探索经验,另一方面也征求学术界意见,同时也为团队打打气,长长精神。这样再校《周易注疏》、《毛诗注疏》,次第出版,就比较可行了。

阮元的《校勘记》附在他刻的南昌本《十三经注疏》每卷之后,乾隆武英殿本的《考证》也附在殿本《十三经注疏》之后。我们的《汇校》也同样要附在《十三经注疏》的正文之后。那么,哪个版本适合作我们的"底本"呢?

适合作"底本"的版本应当具备以下条件:(一)十三种书俱全;(二)经、注、释文、疏俱全;(三)错字少。历史上具备这三个条件的版本并不多。南宋单疏本、八行本、十行本传于今天的都只有几种。元刊明修本缺少《仪礼注疏》,并且一半书版为明朝补刻,补刻的部分错字较多,并且有的书页有"墨块"缺字。嘉靖李元阳本来自元刊明修本,缺字大都没补上。以上都不适合作"底本"。北监本补上了缺字,是一个完整的官版,错字也比以往的版本少。比北监本晚的汲古阁本因为校刊不精,错字反而比北监本多,所以汲古本不适合。乾隆武英殿本是在北监本基础上校刻的,改正了一些错误,增加了"考证",补足了"音义"(主要是《论语》、《孟子》、《孝经》、《尔雅》四种),事实上是历史上第一次形成经、注、疏、释文俱全的本子,并且也是第一次为全部经注疏释文加了句读(用类似于句号的小圈加了断句标点)。翰林们断句的能力一点不比今人差,甚至更强,所以断句错误不敢说没有,但确实不多。这个本子刻印精良,也适合影印。从这些优势看,殿本很适合作"底本"。遗憾的是,殿本校刊时,翰林们对原书作了编辑工作,比如把解释篇名(如《关雎》)的疏文从各篇移到各经卷首,再比如删去了每条疏文前头提示性的话"某某至某某"。有的地方因为删去提示语,造成疏文眉目不清,乾隆殿本的整理者又重新增加了某些提示语。还有少数地方,对于疏文引用别的书,引文不完整的地方,作了增补。从而在一定程度上改变了《十三经注疏》的面貌,这在校勘学上是不提倡的。其后的《四库全书》本完全沿用了这一格式。这样,殿本作为"底本"就不合适了。

剩下的只有北监本、阮元本。阮元本十分常见,并且每卷附有《校勘记》,我们如用作"底本",就不能删去阮氏《校勘记》,否则不是完整的阮本。如果保留阮校记,那么要把《汇校》附在阮校记之后,大有叠床架屋之感。况且,我们的《汇校》本来是针对阮元的校记不完善而来的,将来《汇校》中发现的一些问题往往是针对阮元的,难以避免"同室操戈"的麻烦。所以阮本作"底本"也有不方便之处。不得已,只有选用万历北监本作底本了。

万历北监本的长处是规规矩矩,经、注、释文、疏的排列格式沿用了南宋福建十行本的旧式,与元刊明修本、李元阳本、汲古阁本、阮元本一致。容易相互比对。再就是北监本 13 部书完整,比在它之前的元刊明修本、李元阳本,以及在它之后的汲古阁本,缺字、误字都少,因而选作底本具备基本条件。

当然北监本也有不完美处,那就是《论语》、《孟子》、《孝经》无音义,《尔雅》用的不是陆德明《释文》,而是宋人的《尔雅音》。《周易注疏》的《释文》没散入正文,而是独立附于《注疏》之后。这种格式元刊明修本、李元阳本、汲古阁本、阮元本也都如此。补救的方法是,影印北监本时,把唐宋人留下的《论》、《孟》、《孝经》、《尔雅》音义整体附在各经之后。这是不得已的办法。殿本的句读是了不起的科研成果,我们决定在影印北监本时,把殿本的句读移到北监本上,供读者参考。同时也避免我们作校勘记时摘句破句。至于殿本句读偶有脱漏(应加而没加)、错误,我们不予改正,以示谨慎,并取信于人。如果我们作了改订,一是不能都改正,二是不能保证不出新错误,三是改的地方不能处处都加说明。将来告诉读者:“殿本句读错误和漏加的我们作了订补。”读者会问:“你改了哪些?改得对吗?”想象的空间就大了。所以我们决定不改,保持原貌。

我们的《汇校》的基本面貌大体明白了:《十三经注疏》正文全部影印明万历北京国子监刻本,外加乾隆殿本的句读;每卷影印的监本之后,附有排印的《汇校》;《汇校》除列出各本异文之外,还要把前人的校勘成果,例如张尔岐《仪礼监本正误》、顾炎武《九经误字》、殿本《考证》、库本《考证》、阮元《校勘记》、孙诒让《十三经注疏校记》等摘附各条之下,供读者参考。

《十三经注疏汇校》具有以下功用。一,有利于进一步考证文本的是非,改正错误,整理出错误较少的《十三经注疏》通行读本。二,有利于借助异文,考察历史上《十三经注疏》各个版本之间复杂的流变关系。三,有利于评价历史上作为重大文化活动的刊刻《十三经注疏》工程的功与过。实际情况是:即使评价不高的汲古阁本,也往往有胜于他本处。这些先贤的努力和贡献,哪怕是一字一句,也不应当埋没。而不通过仔细的全面的校勘,这些学术问题是不可能给出答案的。四,《十三经注疏》各本的异文,有不少是异体字、俗体字、讹体字、避讳字,这些异文也许在经学家看来无助于经义的考证和理解,但对于考察宋元明清时期经典文本的用字状况却有一定的帮助。目前国家新闻出版总署正在推进“中华字库工程”,清理历代文献用字情况,并对汉字的不同字符作数字化处理。根据有关文件,初步估计,仅楷书字符就有30万个。我们认为《十三经注疏汇校》在清理《十三经注疏》宋元明清各个文本异体字、俗体字方面足资参证。因此,《汇校》不仅对经学、经学史研究有直接帮助,而且在版本学、出版史、校勘学、文字学方面也有不可低估的学术价值。

四库学研究的战略思考

司马朝军

（武汉大学中国传统文化研究中心）

20世纪是四库学由滥觞到蓬勃发展的重要时期。这一时期，虽然文渊阁《四库全书》在80年代后期影印出版，而文溯、文津和文澜四阁珍藏的《四库全书》尚藏在深阁人未识，但凭借几代学者的不懈努力，在《四库提要》的订误补遗和四库学的各个研究领域，仍然取得了令人瞩目的成绩。此为人所共知，无庸赘述。

近十年来，四库出版持续升温，1997年齐鲁书社出版《四库全书存目丛书》，1997年北京出版社出版《四库禁毁书丛刊》，2000年出版《四库未收书辑刊》，2002年上海古籍出版社推出《续修四库全书》，2003年上海古籍出版社重印文渊阁《四库全书》，2004年鹭江出版社出版文渊阁《四库全书》线装影印本，同年商务印书馆开始影印文津阁《四库全书》，杭州出版社也正在积极准备实施文澜阁《四库全书》的全部影印，甘肃方面也将影印文溯阁《四库全书》提上了议事日程。2005年出台的甘肃省"十一五"规划的文化建设工程中，文溯阁《四库全书》出版影印项目被列在第一项，并积极实施文溯阁《四库全书》数字化工程。

"出版热"引发了"研究热"，人们对四库学的研究开始自觉地上升到了建立新学科的高度，"四库学"、"《四库全书》学"、"《四库全书总目》学"等概念逐渐被提出来，《四库提要订误》（增订版）、《四库全书总目辨误》、《四库全书总目研究》、《四库全书总目编纂考》、《四库禁毁书研究》、《文澜阁与四库全书》、《四库存目标注》、《四库全书馆研究》等专著纷纷出版。2008年春,笔者曾在北京大学发表"宣言",谈了自己的几点看法①。有些已经引起有关方面的注意,如重建四库馆一事,在著名出版人卢仁龙先生的推动下,北京文物局在万寿寺万寿阁建立了"四库全书新馆"。

四库学当前还有哪些工作需要进行,关系到四库学如何继续发展,自然成为学者关心的重大问题。对此,笔者冒昧献芹,谈四点想法。

一、《四库全书》宜校雠完善

毋庸讳言,《四库全书》因为任意篡改历史文献而备受学人诟病。《四库全书》不是善本,自问世以来,不为学界主流人士所重视。鲁迅先生更是一针见血地指出:"清朝的考据家有人说过,'明人好刻古书而古书亡',因为他们妄行校改。我以为这之后,则清人纂修《四库全书》而古书亡,因为他们变乱旧式,删改原文;今人标点古书而古书亡,因为他们乱点一通,佛头着粪:这是古书的水火兵虫以外的三大厄。"②因为鲁迅的特殊政治地位,他的这种极为偏激的论调长期处于话语霸权地位,更加强化了人们对《四库全书》的不信任感。

与此同时,我们也注意到,还有一种微弱的声音。现代著名藏书家伦明先生大约在1921年底1922年初致函陈垣称:

> 为校雠《四库全书》也。前此曾有刊印《四库》之议,但此书之讹脱,触目而是,若任刊布,贻笑外人(前日本人某曾著论言之)。且传布此讹脱不完善之本亦奚取乎?但此书博大,校雠不易。现在教部人员极冗,

① 笔者于2008年3月在北京大学召开的"第三届余志明《文渊阁四库全书电子版》学术成果奖"颁奖大会上提出四点建议:第一,重组《四库全书》馆;第二,重订《四库全书》;第三,筹建全国四库学研究会;第四,培养新一代四库学研究专家。

② 鲁迅,《病后杂谈之余》,《且介亭杂文》,北京:人民文学出版社,1973年,第153页。今按:《四库全书》到底多大程度上"变乱旧式,删改原文",至今还无人能说明白。

一时谅难裁撤。其中文理清通者当不乏人，与其画诺而无所事事，何如移一部分之人以校此书。且馆中人员亦不少，若去其素餐者以置清通之人，不一二年，此书便可校完。在国家不费分文而成此大业，何快如之。至校书之法，则宜将内务部新得之《四库》或再借用文渊阁之《四库》，至各书之有刻本者亦居大多数，皆可取资也。①

此议虽善，未见实现。伦明当时虽以藏书闻名，又有“广东通儒”之称，但毕竟人微言轻。当然，伦明的提议也未能准确地估计校勘《四库全书》的难度，以为“不一二年，此书便可校完”，又称“在国家不费分文而成此大业”，均是纸上谈兵。一部如此巨大的丛书，其中的问题又是如此的复杂，在国家不费分文的前提下，在如此短的时间内是无法完成校勘大业的。陈垣虽居高位，领袖群伦，时人称他为“中国的桑原骘藏”；伯希和认为只有陈垣与王国维才称得上“近代中国之世界学者”。尹炎武来函称：“励堂谓励耘手有炉锤，眼似岩电，笔端诙诡，时令人忍俊不禁。考据之业，到此境界，真神乎其技，空前绝后也，岂特当世无两哉！”②即使这样一位重量级学者，当时也无力回天。但陈垣毕竟是当时最熟悉《四库全书》的人，就连余嘉锡也要向他请教。他曾经费10年之力清点文津阁《四库全书》，撰有多种四库学论著，且精心校勘四库本《旧五代史》，撰成《旧五代史辑本发覆》。其子陈乐素干父之蛊，亦以史学名家。他在《陈垣同志的史学研究》一文中指出：

他（指陈垣学生——引者注）运用校勘学方法考察古籍的又一成果，是1937年写成的《旧五代史辑本发覆》。薛居正等编的《五代史》，因后出的欧阳修的《五代史记》而被称为‘旧五代史’，而且逐渐被埋没不见用，元、明以后更少流传。清乾隆年间开四库全书馆，馆臣从《永乐大典》中辑出《薛史》，诏颁布于学官。但当时四库馆臣为避免政治上的

---

① 陈智超编注，《陈垣来往书信集》（增订本），北京：生活·读书·新知三联书店，2010年，第74—75页。

② 陈智超编注，《陈垣来往书信集》（增订本），北京：生活·读书·新知三联书店，2010年，第141页。

嫌忌，将《薛史》原文中虏、戎、胡、夷、狄、蕃酋、伪等字眼，尽量改窜，失去了《薛史》的本来面目。陈垣同志根据《册府元龟》、《欧史》、《资治通鉴》等书，把辑本《薛史》中改窜的字句校勘出来，恢复它本来面目，并指出当日馆臣之所以改窜《薛史》原文，实际是不满于清朝的统治。这就不仅限于校勘，而且表彰了当日馆臣的政治态度。①

傅增湘序云："凡有清一代敕编之籍，官撰之书，皆可遵循此例，窥寻笔削之旨，以揭其缚束钤制之威。是援庵此作，宁独为《薛史》发其覆乎？"陈垣的学术秘书刘乃和亦云："他写《〈旧五代史〉辑本发覆》一书时，搜集资料、例证极多，稿本有三尺多厚，但他删繁去复，仅存一百九十四条，文章写成只有二万多字。用举例的办法，总结出几类问题。他说老辈著书，常有本人删不用的材料，后辈不知，得到几条资料，反以为是新发现，拿来写'某某书补'，又把作者原已删去的材料给补上，就大可不必了。"②

薪尽火传。陈垣嫡孙陈智超承继祖业，仿《旧五代史辑本发覆》而作《四库本续资治通鉴长编发覆》③，他以五朝本校四库本，考察四库馆臣的窜改情况，有两点发现：一是改译辽、西夏等人名、地名、官名，二是因忌讳而窜改。四库馆臣忌讳甚多，如忌"虏"、"胡"、"狄"、"戎"、"夷"、"寇"、"夷狄"、"戎狄"、"犬戎"、"蛮夷"、"戎虏"、"腥膻"，其中最忌者为"虏"。其结论为："四库馆臣对夷、狄等字有改有不改，四库各本所改也不完全一致，说明这确实不是当时清朝的规定，而是四库馆臣之间的默契。对宋人指斥辽人处特别敏感，说明馆臣心目中的清朝同辽朝一样，即都是起自东北而入主中原。冒着大不敬的罪名而把此等字改换，曲折地反映了当时清朝思想控制之严厉以及四库馆臣在清朝高压统治下的不满情绪。"继而又作《四库本〈建炎以来系年要录〉发覆》④，其结论之一为："《要录》既然

① 陈乐素，《陈垣同志的史学研究》，《中国史研究》，1980 年第 4 期。

② 刘乃和，《"书屋而今号励耘"》，《励耘书屋问学记》（增订本），北京：生活·读书·新知三联书店，2006 年，第 183 页。

③ 陈智超，《四库本续资治通鉴长编发覆》，《社会科学战线》，1987 年第 3 期。

④ 陈智超，《四库本建炎以来系年要录发覆》，《社会科学战线》，1988 年第 3 期。

是研究宋代(特别是高宗一朝三十六年)的基本史料之一,而四库馆臣的窜改所涉及的又是当时至关重要的宋金关系问题,因此很有必要恢复其本来面目。”陈氏祖孙筚路蓝缕,功不可没。遗憾的是,很少有人再继续以“陈门家法”校勘“四库本”。

近年随着《文渊阁四库全书电子版》的问世,“四库本”的引用得到很大的改观,可以说是从无人问津到铺天盖地地征用。许多治学严谨的老先生公开发布戒律——“除了只有四库特有的部分外,一律不得轻易征引‘四库本’!”当今学界人士在古籍整理与研究中,一般也绕道而行,将“四库本”排除在外。凡此种种,未免因噎废食,但治标不治本,不能从根本上解决问题。如何才能改变此种局面,变废为宝呢?我想,唯一的办法就是联合全国古籍整理研究的力量,全面校勘《四库全书》,使之成为善本,将此钝器改造为治学的利器。伦明先生确有先见之明,不愧为“一代通儒”,90 年前即有此倡议,可惜他生不逢时,无力成此伟业。当然,兹事体大,亦决非一人之力所能胜任。

我们不妨打个不太恰当的比方——《四库全书》好比一栋“烂尾楼”,毛坯已成,未能装修。如何重新装修好这栋“烂尾楼”?这是乾隆大帝遗留的历史难题,同时也是前人赐给我们的机遇!机不可失,失不再来。如果我们不急起直追,很可能会被日本人或其他国家的人抢先去做。尤其是日本学者,他们向来长于资料排比,制作了大量精良的资料书,他们一旦对代表中国文化的《四库全书》发生兴趣,恐怕国人难以与之争锋。大家只要看看敦煌学的研究历史——日本一些学者一度狂妄地宣称:“敦煌在中国,敦煌学在日本。”——就可以推知一二。10 年前,长期在台北“故宫博物院”守护文渊阁《四库全书》的吴哲夫先生,在复旦大学的一次演讲中就谈到了《四库全书》的校勘问题,不过他当时只是泛泛而谈,还没有提到战略的高度。现在,我们再次倡议,全国古籍整理领导小组与高校古籍整理委员会等权威部门应该立刻行动起来,设立国家级专项基金或重大项目,作为一项战略任务,组织全国各相关研究人员集体攻关。校雠《四库》,功在文化。我们不能让陈垣一门专美,更不能让洋人抢先!为了我们共同的事业,当代的四库学者应该迅速联合起来!

二、《四库提要》宜精校精注

《四库全书总目》（简称《四库提要》）是《四库全书》的副产品，是中国古典目录的典范之作，也是中国学术文化史上的经典之作。自它问世之日起，就对中国学术产生了重大的影响，成为读书治学的重要工具书。

《四库全书总目》一书，以前通行的版本主要有殿本和浙本。殿本即武英殿聚珍本，乾隆六十年（1795）刊行。浙本也刊行于此年，由浙江布政使谢启昆刊刻。两本的差异和优劣，已有许多学者作过研究，两本间并无因袭关系。浙本依据杭州所存文澜阁本印行，校勘认真，能够保持四库馆写定时的面貌。殿本由于以内府名义刊刻，付印前做了较多的加工，删削了一些评语偏激的内容，也删除了一些语涉禁忌的文字，同时复核引文，润饰行文，另成面貌。中华书局1965年影印本所据为浙本，1997年整理本则以殿本为底本，各有取资的理由，不可偏废。现在文渊阁本和文津阁本《四库全书》都已影印出版，二本书前提要都得以面世，文溯阁本提要也有金毓黼印本通行。

复旦大学中文系教授陈尚君先生在其《四库提要精读·导言》中指出："今后如果有人将现存各家分纂稿、各本《总目》及书前提要会校成书，当可以为最好的文本。"①

这与笔者的想法可谓不谋而合。我自大学本科阶段就开始暗中摸索四库，1998年秋天考上博士后，正式向《四库提要》宣战，计划系统全面地研究《四库提要》，当时准备分三步走：第一步，完成博士论文，做《四库提要》的总体研究，包括文献学研究与思想倾向研究；第二部，做《四库提要》的系列专题研究，包括做《四库提要》的编纂研究、版本研究及文献学专题研究；第三部，做《四库提要》的文本校勘与注释，包括现存四库分纂提要稿、各本《总目》、各阁书前提要、《荟要提要》、《简目》，并充分吸收所有考辨成果（如胡玉缙、余嘉锡、李裕民等人的专书与其他相关论文），进而发掘清代学者的零星成果，并下己见。2004年武汉大学批准了我的计划，正式将《四库全书总目汇考》列入校级重大项目。我于2008年推出了

---

① 陈尚君，《四库提要精读》，上海：复旦大学出版社，2008年，第22页。

《四库全书总目精华录》一书，即是该项目的前期成果。近年来我前后主持了 10 多项科研项目，不断有其他事情卷进来，没有全力以赴，影响了研究进度，今后当再接再厉，完成这一重大战略任务。

我们也注意到，学界还有好几家也在做这个项目。如台北“中研院”文哲所林庆彰先生 2011 年 6 月亲口告诉我，他们已将有关《四库提要》的文献汇编成“丛书”，即将出版。甘肃省图书馆现在对《文溯阁四库全书提要》进行点校出版的项目，将充分吸收一百多年来学者对《四库全书》的研究成果，并以《四库全书总目》以及文渊阁、文津阁、文溯阁库本提要和提要稿本，对其进行校勘，比较异同。卢仁龙先生也正在做文津阁本《四库提要》的整理。台北、河北、南京等地据说都有人在做类似的项目。又闻上海古籍出版社也将推出一个“会校本”。既然在此“一亩三分地”里出现了如此热闹的竞争场面，我们也只好奉陪到底，尽力做出特色，做成精品。

三、四库学研究力量宜整合为一

“四库学”一词，在 20 世纪 80 年代初期才正式由昌彼得、刘兆祐等先生提出来。著名版本目录学家、台北“故宫博物院”副院长昌彼得先生在《“四库学”的展望》中说：“‘四库学’名称，我不知何时始见于文献。1983 年台湾计划影印文渊阁四库时，我写了一篇《影印四库的意义》一文中，即标出了‘四库学’一词。”[①]同年 7 月，时任台湾东吴大学中文研究所所长刘兆祐发表了题为《民国以来的四库学》的文章，文中说：“到了民国，从事《四库全书》有关问题研究的风气很盛，所涉及的范围也很广……为了使这门研究工作，成为有系统的学识，我称之‘四库学’。”[②]1998 年，台湾淡江大学举办“首届四库学研讨会”。近 30 年来，尤其是近 10 年来，进入到四库学阵地的人越来越多，可以说是从四面八方涌向这一领地，既有研究文学的，也有研究史学的，还有研究哲学的，甚至还有研究科学技术

---

① 淡江大学中国文学系主编，《两岸四库学》，台北：学生书局，1998 年，第 1 页。

② 刘兆祐，《民国以来的四库学》，《汉学研究通讯》，1983 年第 2 卷 3 期。

史的。

1993年，海南大学举办“中国首届《四库全书》学术研讨会”，并成立了“海南大学《四库全书》研究中心”。正如周积明教授指出的：“‘中心’的成立与‘学术研讨会’的召开本来是大陆‘四库学’集结力量和深化研究的契机，但‘中心’宣布成立以后，基本上是偃旗息鼓，未见后续举措，颇为令人遗憾。”①

2003年，首都师范大学“《四库全书》学术研究中心”成立，由宁可教授担任中心主任，傅璇琮先生任学术委员会主席，傅璇琮、孙钦善、陈祖武、詹福瑞、李致忠、杨忠、周少川、黄爱平、卢仁龙等人为首批学术委员。据卢仁龙先生介绍，该“中心”宣布成立以后，基本上也是偃旗息鼓。

2004年，武汉大学“四库学研究所”成立，2011年更名为“四库学研究中心”，由司马朝军担任负责人。本中心自成立以来，开展了系列科研项目的研究，也取得了系列研究成果，多次获得国家级项目和学术奖励。

2005年7月，甘肃省《四库全书》研究会成立，甘肃省图书馆馆长郭向东担任会长。2011年换届，郭向东馆长继续担任第二届会长，甘肃省图书馆易雪梅研究员、兰州大学敦煌学研究所所长郑炳林教授、兰州大学历史文化学院伏俊琏教授、西北师范大学敦煌学研究所李并成教授、甘肃省古籍编译中心主任高国祥为副会长。甘肃省图书馆在“文溯阁《四库全书》藏书楼”落成启用之机，在兰州举办了海峡两岸“四库学”专家参加的《四库全书》讨论会，会后出版了论文集。

随着这些研究机构的成立与学术影响的扩大，越来越多的学者投身于《四库全书》的研究。为了使《四库全书》的研究在全国范围内有计划、有重点地进行，更好地开展各项学术活动，更有利地利用各种社会资源，学术机构和学者之间的联系和交流就显得越来越重要，越来越迫切。因此，有必要建立海内外四库学者和四库研究机构之间的沟通。② 为了整合研究力量，加强学术交流，我们应该尽快成立“中国四库学研究会”，搭

① 周积明，《“四库学”：历史与思考》，《清史研究》，2000年第3期。

② 郭向东，《四库全书研究文集·序》，甘肃省图书馆、甘肃四库全书研究会编：《四库全书研究文集——2005年四库全书研讨会文选》，兰州：敦煌文艺出版社，2006年。

建一个全国性的学术研究平台。

四、四库学之学术史宜系统清理

现在强调学术要与国际接轨,因而学术史的清理十分重要。20 世纪结束之际,很多学科都对本领域的学术史进行了系统的清理。譬如英年早逝的沈颂金对简帛学的学术史所做的清理,全面系统,受到学界的赞赏①。戴逸先生主编的《二十世纪中华学案》②对 20 世纪的学术史所做的清理,范围较广,系统较强,也受到学界的好评。陈文新教授正在主编百卷本《20 世纪中国学术档案》,规模宏大,体例新颖,值得期待。而从四库学来说,学术史的清理却做得还很不够。

尽管"四库学"一词出现较晚,其实,关于四库学的研究可以一直追溯到《四库全书》编纂之时。近 30 年来,学界关于四库学的学术史研究方面已经出现了一些论著,主要有下列文章:

1983 年,刘兆祐先生撰《民国以来的四库学》,发表于《汉学研究通讯》第 2 卷第 3 期之上,文虽过于简略,但"四库学"的意识还是比较显豁的。

1994 年,杨晋龙先生总结既往研究的得失,归纳前人研究四库学存在的十大问题,即促成编纂、思想归属、《总目》名称、刻本抄本、成书时间、编纂动机、内容删改、文字狱关联、学术影响、价值评量,主张改变"先入为主"、"轻信权威"、"规过前人"、"研究偏向"的研究态度,采用新的研究方式,直接从对《全书》和《总目》内容的"了解"上着手,放弃政治史的研究观点,改从文化史的角度进行研究。③

2000 年,周积明教授将"四库学"史大致可以分为三个阶段。第一阶段:乾嘉之际至光宣年间,以《禁书目合刻》、《四库全书简明目录标注》与《郘亭知见传本书目》为代表。第二阶段:民国年间(1911—1949),其标志有三。其一,一大批著名学者参入《四库全书》以及相关书籍的研究,

① 沈颂金,《二十世纪简帛学研究》,北京:学苑出版社,2003 年。

② 戴逸,《二十世纪中华学案》,北京:北京图书馆出版社,1999 年

③ 杨晋龙,《"四库学"研究的反思》,《中国文哲研究集刊》,1994 年。

从而推动四库学形成一种规模；其二，产生了本门学科的典范著作：《四库全书考异》、《四库提要辨证》、《四库全书总目提要补正》；其三，四库学的研究领域不断开拓，形成不同方向。第三阶段：1949 年至今。对四库学史作了粗线条的勾勒，对四库学的研究范围和研究内容提出了自己的看见，提出了四库学研究的三种类型，即四库学的文献研究、史学研究和文化研究，主张在实证研究、文献研究的同时，强化文化研究，倡导从宏观视野去思考问题，开掘课题。①

2002 年，崔富章教授指出了 20 世纪的四库学研究存在的种种误区。②

2004 年，陈仕华教授对台湾 50 年来的四库学研究进行了总结，提出了独到的见解：即以四库学作为研究清代文化、学术史的基础；借由纂修研究，了解其组织、管理、征集、采录，作为编纂大型图书的经验；研究《四库提要》之义例，提倡"提要学"；研究《四库提要》内在之文化意涵，可作为清代学术文化之依据；同时，他也注意到《四库提要》的汇集整理问题。③

2005 年，王世伟教授发表了《关于近年来〈四库全书〉研究的若干问题》，他将 20 世纪 80 年代初以来的《四库全书》研究的主要领域和问题归纳为八个方面：《四库全书总目》研究、《四库全书》的地方文献研究、《四库全书》的校勘与考证、《四库全书》纂修研究、《四库全书》的人物研究、《四库全书》所收专门文献研究、《四库全书》的专题研究、《四库全书》的现代化研究。他认为，研究方法中的史料整理、比较研究、归纳演绎等是其中的一些有特点的研究方法。④

2007 年，笔者发表《近十年来四库学研究综述》，回顾 1995 年至 2005

① 周积明，《"四库学"：历史与思考》，《清史研究》，2000 年第 3 期。

② 崔富章，《20 世纪四库学研究之误区》，《书目季刊》，2002 年第 1 期。

③ 邱炯友、周彦文，《五十年来的图书文献学研究》，台北：学生书局，2004 年，第 308—309 页。

④ 王世伟，《关于近年来〈四库全书〉研究的若干问题》，甘肃省图书馆、甘肃〈四库全书〉研究会编：《〈四库全书〉研究文集——2005 年〈四库全书〉研讨会文选》，敦煌文艺出版社，2006 年，第 209—214 页。

年四库学研究所取得的重要成绩，评述其成败得失。①

2008年，陈晓华编写的《“四库总目学”史》②，是她在博士学位论文的基础上修改而成的。原稿视野狭隘，多为滞后之论。书稿较论文稿作了一些修补，但是对《四库总目》的学术史所做的清理，范围较狭，系统较弱，对材料的发掘不够深入，仍然没有进行系统清理，既没有分析清成败得失，也没有指明今后努力的方向。全书结构不合理，如第二章为“《四库全书总目》之补撰”，第三章为“《四库全书总目》之续编”，皆是离题之言，未免节外生枝。其持论亦欠公允。学术史的书写尤其需要有功力和眼光，否则，以己昏昏，焉能使人昭昭！

近年来，学界一直有人在做四库学的学术史的梳理工作，但还不系统，不完善。例如，余嘉锡先生的《四库提要辨证》一书成为了四库学的示范之作，功不可没。但他的所谓乾嘉诸儒对《四库提要》“不敢置一词”的说法是极不准确的。不无遗憾的是，很多人迷信此种似是而非的说法。此说遮蔽了一段学术史的真相。其实，从乾嘉至晚清这段时间，许多学者都对四库展开了研究，其成果散见于各种文集、笔记、书目、日记之中，可惜这部分材料发掘不够，这段学术史至今还是模糊不清的。近年我们就发现了大量不为人注意的史料，将以系列论文的形式逐步推出。

正是由于四库学的学术史的清理做得很不够，导致原创性研究日益减少，重复性研究日益增多。这种重复性研究主要表现为：

不知前人已有研究，而以为是自我作古，由己原创。这种重复性研究最受国外学者诟病。例如，《四库提要》的辨伪成就，自张之洞、梁启超等人就注意到了，而张心澂《伪书通考》更是充量吸收了这些成果。张心澂狡猾的手法蒙骗了中外学人，对后来者也不无干扰。笔者经过仔细比勘，才勘破此重公案，详细结果已经收到我的论文集《文献辨伪学研究》之中。这本论文集早已于2008年6月由武汉大学出版社公开出版，而南开大学历史系博士生佟大群在2010年提交的博士学位论文《清代文献辨伪学研究》居然大言不惭地宣称这是他的“原创”！该篇论文自始至终没有

① 司马朝军，《近十年来四库学研究综述》，《图书馆学研究进展》，武汉：武汉大学出版社，2007年，第835—871页。

② 陈晓华，《“四库总目学”史》，北京：商务印书馆，2008年。

提到《文献辨伪学研究》,仿佛根本不存在一样。如此闭门造车,真不知学问是怎么做成的?如果他真的没有看到,说明他孤陋寡闻到了怎样的程度,这在信息时代是不能容忍的!只要在网上搜索“文献辨伪学”,自然会搜到我的书!笔者的《四库全书总目研究》于2001年通过博士论文答辩,经修改后又于2004年公开出版。在出版后,其中的很多章节,居然被一些博士或硕士学位论文巧取豪夺,瓜分豆剖!笔者的另外一部书《四库全书总目编纂考》的部分内容也为某些“博士生”“卷我屋上三重茅”,“公然抱茅入竹去”!笔者前些年发现的张羲年的提要稿,早已刊布在《图书与情报》杂志上,几年之后竟然又被人当作他们的“新发现”刊登在另外一家图书馆学的杂志上。这种奇怪的现象值得警惕啊!

此外,还有自我重复的。一些名家早已功成名就,不知何故还要反复炒自己的冷饭。这种丑陋的现象值得反思啊!

为此,我以为,对于四库学的学术史的清理,我们应该予以高度重视。如果无法组织专门力量,也应委托某个机构,进行这项工作。一方面对以往研究成果进行系统总结,编纂完备的《研究目录索引》和《研究概览》;另外一方面,对未来的成果也要定期总结,待条件成熟时最好办一份《四库学研究年鉴》。只有对四库学的学术史进行全面系统的清理,才能保证四库学朝着健康稳定的方向发展。

参考文献:

1. 甘肃省图书馆,甘肃四库全书研究会. 四库全书研究文集——2005年四库全书研讨会文选. 兰州:敦煌文艺出版社,2006

2. 淡江大学中国文学系. 两岸四库学台北:学生书局,1998

3. 陈尚君. 四库提要精读. 上海:复旦大学出版社,2008

4. 司马朝军.《四库全书总目》研究. 北京:社会科学文献出版社,2004

5. 司马朝军.《四库全书总目》编纂考. 武汉:武汉大学出版社,2005

6. 司马朝军. 四库学研究档案. 武汉:武汉大学出版社,待刊

文献版本可持续发展研究

骆　伟

（中山大学资讯管理学院）

版本学是文献学的一个分支学科，它与目录学、校雠学等形成了完整学科体系。古往今来，版本学一直受到学术界的重视，它对文献的考评和研究，起了重要作用。随着物换星移，当今"版本"一词，已泛用于政治、军事、法律等社会各个领域，版本研究可不囿于原有范围，应寻求更大发展空间，开辟新领域，不断充实丰富学科内容，这是版本研究者的历史使命，也是版本学发展方向之一。

1. 问题的提出

由于时代的进步和科技新发明的层现，文献载体和类型发生了根本性的变化，它突破了传统文献的出版形式，朝着文献载体多样化、文献体积缩微化与文献存贮磁性化的方向发展。这种现代文献，既能适应当今不同读者的需要，又能把古代和国外文献演绎和复制，为文献信息的存贮、传播与利用，创造了良好的条件。因此，版本学的研究对象，可不囿于古籍形制，理应包括和扩大到现代新型文献。其实，现代文献和古代文献一样，存在诸多的版本问题，正如我国著名版本学家顾廷龙先生早在30多年前就已经告诫人们："依我看来，版本的含义实为一种书的各种不同的本子，古今中外的图书普遍存在这种现象，并不仅仅限于宋、元古籍。在九世纪以前，经过不断地传写，在印刷术发明后，经过不断地刻印，因而产生了各种不同本子。有了许多不同的本子，就出现了文字、印刷、装帧等等各方面的许多差别，研究这些差别并从错综复杂的现象中找出其规律，这就形成了版本之学。”由此看来，顾老对版本研究的定位，早已高瞻远瞩。我特别欣佩他所说的“古今中外的图书”普遍存在版本问题这一观点，文献发展的规律证实了顾老的看法是对的，这是他多年从事版本实践和研究的经验总结，也是他对版本学的突出贡献。应当指出：古今文献不是孤立分离的，它们之间存在必然的联系，具有传承性、持续性和生命性，如《论语》、《史记》、《文选》、唐代李杜诗文等，在历史发展的长河中，不断被诠释、翻译和刊印，充分显示它们的生命力。我们可从几个方面来探讨。

1.1 文献生产量剧增

文献剧增，它包括文别、类型和数量。据有关媒体报道，目前全世界每天有1.5万篇科学文献发表，每小时有20项新的发明，每分钟可出版一种新书，目前全世界每年出版的各类图书近64万种，并以平均每年4%的增长率递增。据近期国家新闻出版总署公布的数据看，我国共有出版社近600家，其中中央级出版社200多家，地方出版社300多家，仅1996年全国出版图书12813种，延至2009年，全国出版图书301719种，其中新书168296种，重印书133423种，印刷总量为70.37亿册。2010年，国家新闻出版总署宣布，全年出版图书共328387种，位居世界出版量第一位，印刷业产值已居世界第三位。新书出版量如此猛增，必然带动文化和经济的发展。在这种文献品种和数量剧增的情况下，有专家坦言，一个大学生的在校学习，只能获得一生所需知识的10%左右，而90%的知识则要在以后的实际工作中通过不断实践和再学习而获得。著名国际教育发展委员会主席埃得加·富尔在《学会生存》一书中指出：“未来的文盲不再是不识字的人，而是没有学会怎样学习的人。”这说明知识的更新、发展是何等之快。回顾我国现存历代古籍，可谓众说纷纭，莫衷一是。据《世界图书》1981年的统计，我国古籍自西汉以前至清代，其出书逾18万部，236.7万卷。现国家正启动编辑《中国古籍总目》，工程浩大，分省进行，恐需时日才能完成，但它毕竟可为我们提供一个较实际的古籍存量数目，虽不是十分准确的数字。因有关部门的漏报、未编以及私人藏书的不断壮大，更不说港澳台以及海外藏书，文献剧增，为版本研究，无疑提供了广阔的天地。

1.2 文献载体形式的多样性

我国传统文献多为抄本、稿本、刻本、套印本、活字本、石印本、铅印本等类型，且装订形式多为线装、经折装、蝴蝶装、包背装等。而现代文献包括电脑打印本、复印本以及声像资料、电子出版物等。在我国风行近一个世纪的铅字排印，现在已逐渐为电脑打印所替代。它具有速度快、可调整行距和字体以及编制检索表等功能，为出版社和报社、刊物编辑所乐于采用。复印机、扫描机和数码照相机的出现，是近几十年的事情，它现在广泛用于文献的复印和存贮，可放大，也可缩小，是目前人们收集和再造文献的一种重要工具。声像资料是一种新型文献形式，它包括磁带、激光唱片、电影胶片、缩微胶片等。上述这些现代新型文献，可由不同国家、不同时间、不同出版者以不同载体和不同文种生产制作，自然存在同一种文献，就有许多不同版本的现象，比较各种版本的特点和优劣，这不就是版本学的研究又一任务吗？

1.3 现代版本学研究已有了良好开端

我国从上世纪80年代开始，已有学者从事现代文献版本研究，如著名文学家唐弢所著的《晦庵书话》，他创导人们研究现代文学的版本，被叶圣陶誉为“开拓了版本学新天地”。徐孝宓等先生也发表了《新书版本研究浅见》等文章。但由于各种原因，新书版本研究至今尚未引起人们应有的关注，有关报刊发表的此类文章犹如凤毛麟角。随着版本学研究范围的扩大，我们有理由呼吁：从现在起，要注意现代文献和古籍校注版本的探讨和研究，并相应建立现代文献学和版本学。不管如何，新型文献的版本研究，已提到议事日程上来，理应受到人们的重视。

2. 新型文献版本的复杂性和多样性

版本研究，长期存在一些误区：一是认为唐、宋、元、明、清等时代的具有古典印刷装订形式的文献，才有版本问题，尤其是宋、元文献的版本鉴定，更是令人觉得高深莫测；二是认为近现代的文献，都有封面和书名页，只要看看便明白了，简单得很。我一点也不否认古籍版本鉴定的复杂性、技术性和知识性。我从事古籍整理工作多年，深知其中原委，但不等于现代文献就没有版本问题。诚然，现代文献都有版权页，内列书名、著者、出版者、出版年、出版地、字数、印数等内容，但这仅解决了一种文献的著录问题，至于同一种文献有多少版本，比较各种版本的形态、特点和优劣，这是版本研究的问题，也是版权页记载所解决不了的。

其实，近现代中外文献，由于重印、翻译、再版等原因，也存在众多版本，它一点也不比古文献的版本少。如毛泽东《论持久战》有 16 种版本，《论联合政府》有 56 种版本，《在延安文艺座谈会上的讲话》有 80 多种版本。据 1995 年海南人民出版社出版的《毛泽东著作版本述录与考订》，对 50 多个国家和地区以 80 多种文字出版的毛泽东著作进行统计，毛泽东著作的版本共有 8300 多种，这是一个不小的数字。钱钟书先生创作的《围城》，是现代文学史上最耀眼的长篇小说之一。该作品最早版本为 1947 年上海晨光出版公司初印本，事隔 30 多年后，才被人们认知为优秀作品，出现了众多的版本，如 1980 人民文学出版社本、1991 年四川文艺出版社本和新疆人民出版社维吾尔文本、1989 年台湾书林出版有限公司本、1996 年香港天地图书有限公司本等，仅内地盗版就有 19 种之多，还出现了如《围城大结局》、《围城之后》等狗尾续貂之作。《围城》在国外也有众多读者，如有英文译本、法文译本、德文译本、俄文译本、朝鲜文译本、西班牙文译本、日文译本等，可见其影响之大。金庸（查良镛）撰写《笑傲江湖》，以前曾拍过电影，自 1999 年后，他以象征性地用一元人民币转让了该作品的改编权，先后出现了央视版、港版、台版、新加坡版的《笑傲江湖》，其版本之多，无法想象，说明电影、电视剧也有不同的版本。

外国文献也同样存在版本问题，如马克思的《资本论》、爱因斯坦的《相对论》、荷马的《奥德赛》、司汤达的《红与黑》、肖洛霍夫的《静静的顿河》等，都有众多不同的版本。仅《红与黑》近几年就相继出版了约 20 种不同的版本。西方盛传的《圣经》，据 1981 年统计，已有 275 种不同文字译本，如加上方言译本和不完整的译本，其版本数高达 1710 种。近年社会流传较广的《飘》(*Gone with the Wind*),为美国作家马格丽泰· 密西尔所著(一译为马格丽特·米切尔),它的版本主要有1947年美国英文版,1979—1980年杭州浙江文艺出版的傅东华译本,1985年和1988年杭州浙江文艺出版社出版的陈良廷等译《乱世佳人》本,1990年北京外国文学出版社出版的黄怀仁、朱攸若译《乱世佳人》本以及1995年西宁青海人民出版社出版的阿奕、广希译本等等。在上述译本中,如何作版本评论,这需要具备多方面的知识,并作认真研究才能得出结果。在5种译本中,一般认为傅东华译本较好,其依据是:原书名意思是主人公的故乡“已随风飘去”,而“飘”又具有“飘扬”“飘逝”的意义,如把“Gone”文意包含在内,远比《乱世佳人》显得含蓄和有回味;其次,翻译语言颇中国化,如书中主人公译为郝思嘉、白瑞德、卫希礼、韩媚兰等,阅读时比较易上口,并突出人物特性。如郝思嘉文化素质差,性格暴躁,语言粗劣。卫希礼恰好相反,文质彬彬,迂回曲折。白瑞德说话既嘲讽自已,又嘲讽他人,实际是赤裸裸的真实话。韩媚兰说话温和,大方,得体。因此,傅译本较能把握人物的内心世界、性格特点和文化修养,是译文中较好的一种。陈良廷译本也不错,在书中附有主要人物的电影剧照,地名翻译较好,如“Atianta”一地,傅本译为“饿狼陀”,使人不知何地,而陈译本为“亚特兰大”,这就好懂多了。而且陈译本又能推出“斯佳丽”。上述版本研究的难度,一点也不亚于我国古籍,只是侧重点有所不同罢了。

新型电子出版物,目前方兴未艾,形成了对传统介质型文献的严重冲击,而于读者颇具特有的吸引力。激光唱片CD(Copact Disc)、光碟MD(Mini Disc)等新型文献,已从娱乐型转为读物型,充斥市场的CD、MD、VCD、LD等,原多为歌曲、录相,适合人们娱乐之用。如今,CD已成信息新产品,存储大量文字、图像信息,供人们保存、阅读和检索之用。如CD-ROM版《广州大典》,它全方位地存储和传播广州自然历史、政治、法律、社会生活、工商经济、科技文化等方面的内容,成为一种百科全书性质的巨制信息产品,为中外人士全面了解广州、认识广州以及在投资决策、经营管理、生活旅游等方面,提供全面、客观的信息服务。香港在1997年7月1日回归祖国,近年,也推出了VCD版《香港回归精选》。目前,电子出版物市场形势乐观,仅联邦公司一家就把北京的软件图书专门店扩充到几十家之多。价格一般在50—300元之间,已为广大读者所接受。那么,新型文献有无版本问题呢?我们试举帕格尼尼的《D大调》为例。帕格尼尼(1782—1840)是意大利18世纪末19世纪初的著名音乐家,擅长小提琴和作曲,他所创作的小提琴协奏曲五部,其中尤以《D大调》和《A小调》两部较有名,至今仍长盛不衰,其《D大调》主要有如下几种版本:

(1)阿卡多(Accardo)独奏小提琴,杜托(Dutoit)指挥伦敦爱乐乐团协奏,1975年录音(DG415378-2)

(2)莎拉张(Sarah Chang)独奏小提琴,萨瓦利什(Sawallisch)指挥费城管弦乐团协奏,1993年录音(EM1555026-2)

(3)法兰切斯卡蒂(Francescatti)独奏小提琴,奥曼迪(Ormandy)指挥费城管弦乐团协奏,1950年单声道录音(SONY SBK-47661)

(4)帕尔曼(Perlman)独奏小提琴,福斯特(Foster)指挥皇家爱乐乐团协奏,1972年录音(EMI CDCZ-47101)

如果我们细心听这些版本的演奏,自然会感到不同版本的特色。如阿卡多是意大利著名的琴师,他似乎在卖弄技巧、音色,而忽略对作品内涵的感受和提升,因而这种版本显得乏味;莎拉张原是一位12岁的韩裔美国人,4岁学琴,首次在台湾演奏帕格尼尼作品,艺惊四座,9岁成为闻名全美的音乐神童,2000年她到广州,演出非常成功,她以童真活力的思想赋予了作品一片新的气象,让人饱受阳光温暖;法兰切斯卡蒂的演奏,对作品技巧的掌握可谓炉火纯青,他以一派优雅、潇洒迷人的风度,造句的歌唱性,音色之甜美,可谓各版之冠;帕尔曼的演奏一向以技巧出色,音乐感强,但此版本只依赖迷人的旋律和惊人的技巧,缺乏对作品内涵的深刻理解,故其演奏气质无过人之处,颇令人失望。

上述事例充分说明,古与今、中与外、新与旧的各类文献,无不存在版本问题,这正印证顾老所说"'古今中外'文献,都有版本问题"的科学论断。

3. 现代文献研究发展的特点

3.1 古文献版本研究仍具有强大的生命力

公藏古文献,虽然大多经过整理,有的还历经几代人之手,基本已定局，但由于各地各馆古籍整理技术力量和水平不一，就是已整理过古文献，版本仍或多或少存在问题。同时，不少单位由于技术力量不足，有部分古文献打包或堆积未整理。这种情况，在图书馆、档案馆、博物馆等收藏单位，还不在少数。此外，地面或地下发掘的古文献，也有版本鉴定和研究的问题。60 多年来，我国从古代遗址、墓葬、寺塔等文化遗存中，发掘出土了一批文献，它们包括甲骨、竹简、缣帛、玉版、写本、雕印等类型文献，有的发掘曾轰动世界，它不仅为研究古代社会的政治、经济、历史、文化等提供了丰富的资料，而且为填补某些历史文献的空缺，为文献学和版本学的研究，提供了重要的实物和佐证，引起了中外学者极大的兴趣和重视（详见拙文《近四十年来中国发掘出土文献及其影响》刊登于台湾《故宫学术季刊》1996 年第十三卷第四期）。近年媒体又报道，1991 年在宁夏贺兰县拜寺沟方塔中，出土了一批珍贵的西夏文献，其中佛经《吉祥遍至□和本续》共 9 卷，约 10 万字，蝴蝶装，经文化部组织的专家组鉴定委员会成员牛达生先生研究鉴定，确认为西夏木活字版印本，从而使木活字的时间提早了一个朝代，即从传统的元代提前到西夏（相当于宋代），该书也是迄今发现世界最早的木活字印刷品。又如宋代杰出女词家李清照（1084—1155），号易安居士，山东章丘人，工诗文，以词名，并著有《词论》，在中国文学史上具有重要地位，但由于她处在两宋的战乱动荡年代，作品和藏书大多散佚，诗词存世仅百首。到了明末，常熟毛氏汲古阁辑刻了她的《漱玉词》一卷，收入《诗词杂俎》本，后来才有《四库全书》、《校辑宋金元人词》、《丛书集成》、《文艺小丛书》以及几种清抄本的收录等。这些本子基本以汲古阁本为基础进行重刻，内容增新不多，但在近几十年，出现研究李清照热潮，不仅在 1983 年济南成立了“李清照研究学会”，而且研究新本不断推出，如黄墨谷《重辑李清照集》（1981 年齐鲁书社本），唐圭璋《李清照词鉴赏》（1986 年齐鲁书社本），王英志《李清照集》（2007 年凤凰出版社本），李杜《修订李清照集》（2008 年山西古籍出版社本），徐北文、石万鹏《李清照诗词选》（2009 年济南出版社本），柯宝成《李清照全集》（2010 年湖北辞书出版社），安平秋等《李清照诗文词选译》（修订版 2011 年凤凰出版社本）等等。可见，今人对其诗词的辑录和研究，远比明清为多。主要因她是中国文学史上罕见的天才女词家，其词构思精巧,词句清新,被誉为婉约派的宗主。然而,古今各种辑本,对其诗词所存在的疑、误、考、评判断不一,有误导之疑。同时,也说明古籍的版本,一直延续到近现代,相关研究越精越细,且非以古代版本为贵,这仅是一例,其它重要古籍的版本,也同样存在这种情况,可说你中有我,我中有你,古今交融。又如南朝顾野王编纂《玉篇》,虽命途多舛,但它上承《说文》之绪,下启后代字典体例之先,早期多为传抄本,大多已流失海外,宋大中祥符天禧间才有刻本问世,此后元、明、清皆有刻本。其中元延祐二年(1315)圆沙书院刻本,现为北京国家图书馆所藏,而台湾汉学研究中心藏有明宣德十年(1435)圆沙书院覆元泰定二年(1325)圆沙书院刻本(海源阁旧藏),两书经核,误差甚微,此书困惑笔者多年,因"圆沙书院"时代、刻地、主人不明,不太可能传到明初。此外,抄稿本、明代内府刻本以及宋末元初、元末明初、明末清初、清末民初版本以及石印本与影印本等,有的不易区分,难以判断。可见,古籍疑难版本鉴定远没有结束,还需加大力度予以研究解决。

3.2 现代文献版本研究的重点有所改变

现代文献的出版特点是出版周期短、更新换代快和版本类型多。同一种文献,可同时在不同的地区(包括国家),用不同的文种出版,致使文献版本增多。现代文献的版本研究,重点已从古文献版本时间转移到文献内容,过去一般都认为宋版比元版珍贵,元版比明版又重之,明版比清版难觅,而清版已难进入善本行列。这只是一种版本的时间概念,多少年来,制约着文献学界的价值观念与选择标准,似乎是约定俗成的规例。而今天,用出版时间去衡量现代文献的版本价值,则无多大意义。如范文澜先生是我国著名的历史学家,他编著的《中国通史简编》,是总结和研究我国历史发展的代表作,计有 1941 年版,1949 年三联书店版,1953 年修订的北京版以及上海版等 10 多种版本,过去通行用"三联版",今天学通史的人,再没有人去读"三联版"了,因为后来范老对该书内容作了较大的修改,而"三联版"显得内容陈旧。又如柴科夫斯基创作的《天鹅湖》,引领世界芭蕾舞艺术的发展,这部动人作品自诞生以来,一直受到人们的称颂,在世界 100 多个芭蕾舞作品中保持着独特与持久的魅力。现在,音像市场常见的《天鹅湖》影碟(LD),有两个版本,一是飞利浦公司的维也纳版(编号:070201-1,1966年录制)。另外一个是E. E(Elcktra Entertainment)公司的基洛夫版本(编号:40158-6,1991年录制)。其中,维也纳版本是由维也纳国家歌舞剧团演出并由维也纳交响乐团伴奏;基洛夫版本由前苏联基洛夫芭蕾舞剧艺术团演出并由基洛夫剧院乐队伴奏。这两种版本从内容、舞蹈风格以及舞台美术等方面,都有较大的差异。如维也纳版本是以悲剧收尾,基洛夫版则以大团圆结局;维也纳版的舞蹈一切以王子为主,舞姿典雅,优郁,基洛夫版的舞蹈讲求整体效果,舞姿舒展,活泼等等。这充分说明当代文献版本研究的重点,已从版本时间向版本内容转移,同时,这也是一切版本研究重点的调整。

3.3 应建立文献版本数据库

随着信息时代的到来,电子计算机已深入各个领域,文献学也不例外,最初是应用于编制机读目录,它的最大特点是从人工编制的书目索引中解放出来,可从书名、著者、版本任何一项中的任何一个组词进行多元检索。如80年代中期,湘潭大学采用SYBJ软件系统,分别在IBM-PC/XT和APPLE-2两种微机编制《宋词别集索引三种》,而美国在80年代中期已全面推行使用机读目录,美国研究图书馆组织(Research Librayes Group)提出了一项编制全美进而推广到全世界(包括中国)现藏善本书机读联合目录的计划,并申请到"国家人文学科基金"作为启动经费。我国海峡两岸还就中国古籍整理研究现代化技术问题,在90年代初于北京召开学术研讨会,这充分说明计算机技术已深入文献学领域,具有广阔的前景。联系到古今中外的文献版本,笔者认为可以试行建立文献版本数据库,它包括书名、卷数(册次)、著者、行款、刻工、出版单位、出版时间、印记、确定版本的依据、内容特征等,以便进行查检。当然,由于中国古籍的特殊性,必须解决古籍字库、语料库、软件工具包等技术问题。随着科技的日益进步,这些疑难问题,将能逐步解决。届时,图书馆从业人员编目、检索以及读者利用、研究的效率和准确性将大大提高,这对于版本研究来说,无疑已进入一个新的历史发展阶段。

4. 结语

未来，是明天，是往后的一月、一年、十年、百年、千年。未来不全是未知，我们可以创造、规划、设想，全凭我们的智慧。因此，未来，那么远，又这么近。据此意念，我们研究文献版本的意义，在于反映它的历史价值、版本变迁、传承脉络、内容特征等，充分体现中国文化的渊远流长，博大精深。时代在前进，一门学科的研究，应随着时空的发展而创新，否则，它将失去应有的生命力。时代呼唤版本研究的空间扩大，它不仅可以继承我国古代版本研究的方法和成就，而且使版本学的内容更加丰富，把它提到一个新高度，为它的发展，创造更广阔、更全面、更系统的学科领域。

参考文献：

1. 顾廷龙. 版本学与图书馆. 四川图书馆，1978(11)
2. 唐弢. 晦庵书话. 北京：北京出版社，1962
3. 朱积孝. 中国近现代图书版本学概述. 图书馆界，1991(3)
4. 姚伯岳. 版本学. 北京：北京大学出版社，1993
5. 骆伟. 简明古籍整理与版本学. 澳门：光大柯式印务有限公司，2004

筹办海峡两岸玄览堂珍籍合璧展始末

徐忆农

（江苏省南京图书馆）

2012年10月18日至19日，“海峡两岸玄览堂珍籍合璧展”在南京图书馆成功举办。江苏省文化厅厅长徐耀新会见了联合主办展览的中国国家图书馆、台湾汉学研究中心、南京图书馆相关负责人和工作人员。18日上午举行的开幕式由江苏省文化厅党组成员、南京图书馆党委书记方标军主持，国家图书馆副馆长张志清、台湾汉学研究中心主任曾淑贤、南京图书馆馆长徐小跃分别代表主办单位致辞。江苏省人民政府台湾事务办公室副主任石细云、国家图书馆古籍馆副馆长陈红彦、台湾汉学研究中心副主任俞小明参加了开幕式。

方标军书记表示，丰富的古代典籍，承载着中华民族的文化血脉和思想精华，滋养着民族的生命力、创造力和凝聚力，推动着中华文化历久弥新，不断发展壮大，此次活动不仅是继《富春山居图》台北合璧展之后又一文化盛事，而且是分隔两岸的珍贵典籍首度重返大陆相聚团圆，必将在两岸文化交流史上留下绚丽的篇章。张志清副馆长讲述了郑振铎等先生抗战期间秘密搜购沦陷区古籍的经过，并表示这批珍贵典籍第一次实现了合璧展，可以告慰那些冒着生命危险抢救民族文献典籍的先辈们，并且彰显民族文化的魅力。曾淑贤主任除述及此次联展渊源外，特别分享近两年来，台湾地区借由展览与筹办经典导读讲座，推广全民阅读活动的经验。她认为此联展促成三馆文献合璧,无疑是两岸古籍研究资源共享的一大突破,可以说是相当成功的两岸文化交流,意义深远,她还希望在南京首创这样的展览,今后能够在台湾、在北京、在各地持续举办。徐小跃馆长说,我们要以此次合璧展为契机,以"六经责我开生面"的责任感和使命感来共同弘扬中华文化,更要以"为天地立心"的天地精神和宇宙情怀,以"为生民立命"之民胞物与的仁心,以"为往圣继绝学"之文化嬗延的关怀,以"为万世开太平"之美好未来的憧憬来振兴中华民族。

展览开幕以来,江苏省、南京市的电视、广播、网络等媒体集中进行了详实、细致的宣传报道,而新华网、中新网、《光明日报》和香港《文汇报》等国内知名媒体也用较大篇幅对合璧展进行了专题报道。作为合璧展的筹办馆,时常被问及以下的问题:为什么以"玄览堂"命名,为什么筹办时间比较长,为什么称"合璧展",为什么2012年选在南京开展。

1994年9月,《四库全书存目丛书》编纂工作座谈会在北京大学召开,笔者在座谈会上结识了山东大学的杜泽逊先生,而且获知他正在撰写《四库存目标注》一书。2007年这部240万言著作由上海古籍出版社正式出版,在此书出版前的十多年间,时常接到杜先生查询本馆相关古籍的手书信函,笔者代为核查后也以纸笔回复。杜先生保留了这些往来信函,并在其大著及所附"撰校评阅序跋者索引"中一一标明。通过检索相关信息及杜先生提供信函扫描件,现可还原已被遗忘的当时许多细节:1999年6月,杜先生来函问询本馆所藏"通惠河志二卷,明吴仲撰,明嘉靖刻隆庆增修本"是否为《玄览堂丛书》影印出版所用底本,因《中国古籍善本书目》史部著录此书仅本馆一家有藏。经目验比较断版、印章等细微之处,证实本馆藏本的确是《玄览堂丛书》底本,且从馆里前辈同仁处第一次获知,这套丛书的底本现分藏海峡两岸的南京、台北同源馆与中国国家图书馆。此后,笔者对《玄览堂丛书》相关文献开始留意搜集,仔细阅读。在此,作为一名图书馆员,要特别感谢读者不断探索的精神促使我们加深了对馆藏珍籍的了解。

从目前掌握的史料来看,可以说《玄览堂丛书》是中华民族一段惊心动魄、可歌可泣历史的见证者。南京与台北同源馆的源头是国立中央图书馆。1933年4月21日国立中央图书馆筹备处租定南京沙塘园民房为办公地点，正式开始筹备工作，但自开创伊始即迭遭颠沛流离，1937 年 7 月抗战全面爆发，筹备处辗转西迁武汉、长沙、重庆等地，1940 年 8 月 1 日，国立中央图书馆正式成立于江津县白沙镇（今属重庆），抗战胜利后，1946 年迁返南京。而在抗战时期，为避免国家重要文献流落异域，中央图书馆联络上海、香港等地的文人志士，利用管理中英庚款董事会拨交的部分建筑经费，冒险搜购沦陷区书肆私家旧籍。从 1940 年至 1941 年，郑振铎、张元济、张寿镛等爱国学者在上海组织“文献保存同志会”，并由中央图书馆首任馆长蒋复璁居中联络，在不到两年时间，舍身忘我地搜购旧籍十余万册，其中有 4800 多部 48000 多册的善本古籍。这些古籍一部分藏匿于上海，一部分运往重庆，一部分滞留香港。1941 年底太平洋战争爆发后，香港部分落入日军之手，逾百箱古籍被运往东京，直到胜利后才得回归故土。这次冒险曲折的行动，是我国现代规模最大的一次搜藏图书之举。在抢救古籍的过程中，郑振铎等先生忧惧所购古籍在战乱转运中遭受损失，便选择甚具史料价值珍籍编为《玄览堂丛书》陆续影印出版，书名取自陆机《文赋》“伫中区以玄览”，有隐示中央之意。郑振铎先生以“玄览居士”署名撰序冠首，后“玄览堂”亦用于其藏书室之名。《玄览堂丛书》出版后，即风行海内外，如美国国会图书馆 1946 年即购藏此书。而随着历史变迁，中央图书馆与郑振铎公私“玄览堂”所聚珍籍，今大多为南京、台北同源两馆及中国国家图书馆分藏。其中包括《玄览堂丛书》原典，也包括“文献保存同志会”为中央图书馆所购 10 万余册图书，还包括郑振铎所藏约 2 万种逾 10 万册图书。郑振铎 1958 年出访阿富汗等国，因飞机失事遇难。根据其生前遗愿，其夫人偕子女将他的藏书捐送北京图书馆（今中国国家图书馆）。

2007 年底，南京图书馆新馆全面启用。随着公共文化事业的不断发展，新馆承载的职责也在不断扩大。2010 年初，本馆通过专题调研分析，慎重向江苏省有关部门提出保留成贤街旧馆舍，以便进一步延伸服务，健全图书馆服务体系的建议。建议中明确表示，由于本馆成贤街馆舍内至今还保存着国民政府时期中央图书馆的建筑，无论从民国建筑保护的角度，还是从两岸关系积极变化的态势来看，保留成贤街馆舍对于增进与台湾地区图书馆界的交流合作、拓展两岸之间的文化互动，将是十分有益的举措，具有积极的历史意义。2010 年 5 月，本馆向文物部门提交申报书，以便使“国立中央图书馆旧址”能成为文物保护单位，目前，此旧址已被江苏省政府公布为第七批省级文物保护单位。因临近中央图书馆八十华诞，2010 年底本馆开始筹划两岸同源馆的文化互动活动。2011 年初，本馆向台北同源馆致函，建议以举办“两岸精品图书联展”方式，加强合作，增进交流。同年 5 月 31 日，本馆学术代表团访问台北同源馆，两馆初步商定，与中国国家图书馆携手合作，选择分藏于两岸三馆的《玄览堂丛书》原典及相关档案文献，分别于 2012 年和 2013 年在南京和台北联合举办“海峡两岸玄览堂珍籍合璧展”。其后，本馆将“关于联合举办‘玄览堂珍籍合璧展’的商请函”寄至国家图书馆，国图很快接受邀请，并积极准备参加合璧展活动。

展览以“玄览堂”命名，除源自《玄览堂丛书》书名外，还因“文献保存同志会”在沦陷区搜购图书，不便由中央图书馆具名，而是在所购书上加盖密记，善本书所用的是托金石名家王福庵篆刻的“玄览中区”四字印鉴。此印在展览时显现于每块展板下方。如果再往前探寻，“玄览”一词源于《老子》“涤除玄览”。马王堆出土帛书《老子》乙本作“玄监”，“监”字作人向皿中水照面，“玄览”犹“玄鉴”，喻心灵深处明澈如镜，能照察事物，深见其理。《史记》称老子为“周守藏室之史也”，说明老子和我们一样是一位图书馆员。老子所说的“涤除玄览”就是让我们洗清杂念而深入观照，这是老子核心思想的重要组成部分，也是我们每个图书馆员应该具备的基本素质：排除各种心灵滞碍，融合儒、释、道思想，容纳多元的人类思想文化成果。因此，这次合璧展的筹办过程虽颇费周折，但大家只要以“玄览”之心存异求同，许多问题最终都能逐渐化解。具体来说，过去两岸三馆没有联办过展览，所以在合作初期都不太适应，包括在一些古籍专业术语上，如大陆这边习惯说“刻本”、“抄本”，但台湾同仁却习惯用“刊本”、“钞本”，再比如我们说“底本”，他们则说“原典”。为促成此次“合璧”，本馆做了最大的努力，通过多次的书信来往，渐渐适应了台湾同仁的用语习惯，并尽量和他们融合，包括在图书馆的称呼上，确定并统一了“同源馆”的说法。最终这次展览分为国立中央图书馆概况、抗战时秘密搜购沦陷区古籍始末、《玄览堂丛书》及其原典 3 个部分，其中第二部分的标题,是直接引自台湾学者苏精在1979年撰写的藏书史论文《抗战时秘密搜购沦陷区古籍始末》。开展前一天,台北同源馆同仁一到南京,就直奔展馆,查看展示情况。由于所有文字说明均采用繁体字,展览整体就显示出自然而然的亲切感。特别是本馆尊重历史,尊重台湾同仁学术研究成果的态度,使台湾同仁很快就认可了展板的说明文字和选用图片。展览开幕期间,台北同源馆曾淑贤馆长在签名簿上题写"合璧成功"四字,而本馆徐小跃馆长则题"涤除玄览",可以说是对本次展览的高度概括性总结。

《玄览堂丛书》分初、续、三集,共收录珍贵古籍63种附8种,内容以史学为主,包括边疆史志、典章制度、杂史传记等,亦兼收子部与集部书,如兵书、算书、谱录、杂技、别集、曲谱之类。其中有不少孤本、稿本、罕见本、禁毁书及四库未收书。如续集所录《倭志》原典为明钞本,现藏台北同源馆。此书录有明陈侃《使琉球录》内容,是较早记载钓鱼屿(即钓鱼岛)属于中国的文献之一。第三集所录清钞本《蹴踘谱》,原典现藏南京图书馆。过去一直以为此书著者是明朝人,但体育史专家对内容进行仔细考证,推断此书当为南宋人著作。国际足联官员认为,中国古代的蹴踘就是足球的起源。在我国现存四种蹴踘专业书中,《蹴踘谱》不仅产生时代最早,而且字数是另三书总和的3倍。正如顾廷龙先生所云:"此亦罕觏之本也。"经过两岸三馆的不懈努力,终于让玄览堂珍籍能在南京汇集一处,以合璧的形式向公众展示。国家图书馆此次参展有11种原典,本馆有20种原典,台北同源馆为参加此次合璧展,特意将所藏《玄览堂丛书》23种原典花费20万新台币仿真制成复制书,并表示要将这些参展复制书赠送本馆永久收藏,同时赠送宋嘉定六年(1213)淮东仓司刊本《注东坡先生诗》覆刻版给本馆,此书也就是国际享负盛名之焦尾本,近代因战乱缘故,其部分卷册分散两岸。而本馆获知台北同源馆尚未入藏1948年影印出版的《玄览堂丛书》第三集,因此特赠送此书一整套,以便与台湾原藏初、续集合璧为完整之书。

郑振铎等先生在秘密搜购古籍的过程中,书信往来频繁。郑振铎致张寿镛信札270封被装订五大册,封面题为《木音》,现藏国家图书馆。而当年郑振铎等先生寄往重庆的《文献保存同志会工作报告》和郑振铎致蒋复璁信札，现藏台北同源馆。在此次展览中两岸所藏部分书信原件与复制件也首次联合向公众展示。1946年蒋复璁先生嘱顾廷龙先生撰《玄览堂丛书提要》。顾先生是我国著名版本目录学家，他历经数年，为《玄览堂丛书》所录每部书均撰写一篇提要，此次展览将提要与《玄览堂丛书》及其原典配合展示。

虽然在此次展览中《玄览堂丛书》原典并未全部相聚，但我们仍可以说这是一次“合璧展”。因为汉语可以不受时态限制表达无限丰富的内容。如“返乡探亲”一语，可以用在昨天，也可以用在明天，还可以用在今天，当我们说“合璧展”时，就是那些离乡多年的珍籍正迈步走在“返乡探亲”的路途上。因此，我们要感谢国家图书馆同仁带来原典参展，可以说，没有国图的支持，此次展览难以顺利举办。同时，我们要感谢台北同源馆带来精心制作的仿真复制书前来参展，从这二十三种复制书中，我们看到了台湾同道所付出的辛劳与努力和对中华典籍万分爱护的良苦用心。总之，不论是原典还是复制书，当第一眼看到它们被完好地保存在海峡两岸的时候，我们的心情可以用一句问候语来表述：你若安好，便是晴天。特别是郑振铎等前辈们置生死于不顾抢救古籍时留下的往来书信，以及著名学者顾廷龙先生撰写的《玄览堂丛书提要》，在展览中能同时亮相，相信已体现出超越原典的更深层次“合璧”之意。

1933年创设于南京的国立中央图书馆即将迎来80华诞，然而，当我们打开尘封的历史文献，却可以清晰看到，“中央图书馆”这个名称，100年前在南京就已经出现了。在这值得庆贺的时刻，南京、台北同源两馆与国家图书馆携手办展，意义非凡。大家知道，1912年孙中山先生所组建的南京临时政府仅存在3个月的时间，但却改写了中华民族的历史发展轨迹。而在只出版几十期的《临时政府公报》上就出现10次“教育部收买古籍广告”，首句称“本部现拟筹设中央图书馆”，说明逾百年前临时政府已有在南京筹设此馆之意。其后因政府北迁，筹办工作自然就中断了。长期以来，学术界一直有人在争议和探讨，当一个古老国家在向现代化迈进的时候，还需不需要全面保存数千年来所积累的历史文化典籍，从这些广告我们得到的启示是，保护古籍和传承古籍所承载的传统文化精髓是现代国家的神圣职责。千百年来，无论在民族存亡危急关头，还是在百废待兴的历史转折时刻，正是有无数心存远虑的仁人志士，忍受痛苦，不怕牺牲，保卫着历史文献典籍，华夏文明才得以绵延不绝，源远流长。因此我们可以说，保护古代典籍，就是保护民族的希望和未来。中华文化是连接海峡两岸最好的桥梁。因此，举办合璧展活动，不仅能让前辈们对文献典籍“视同性命，万分爱护”的精神得到传扬，而且可透过两岸同胞的集体记忆，促进文化交流，提高民族自豪感与自信心。

蒋复璁先生曾希望《玄览堂丛书》“选印第四集以下，使孤本化身千百”。《玄览堂丛书》因在战乱时出版，故以保存史料为重点，未收经部书，也未收宋元版图书，其实在郑振铎等先生抢救的古籍中并不缺少这样的珍本秘籍，如现存台北的宋刊本《春秋经传集解》等，其中不少被行家称为“铭心绝品”。因此，两岸三馆可以利用合璧展机会和“玄览堂”之名，建立深度合作机制，联合出版馆藏资源和研究成果，如推出新编《玄览堂丛书》，举办玄览堂论坛，编辑出版《玄览堂文库》，建设玄览堂文献资源合作共享平台，等等。通过合作交流，既可扩大各馆学术影响力，也可实现中华文化弘扬世界的理想，让两岸三馆真正成为中华文化的“玄览中区”。

参考文献：

1. 蒋复璁著. 珍帚斋文集. 台北：台湾商务印书馆，1985
2. 周勋初著. 周勋初文集. 南京：江苏古籍出版社，2000
3. 杜泽逊撰. 四库存目标注. 上海：上海古籍出版社，2007
4. 苏精著. 近代藏书三十家. 北京：中华书局，2009
5. 李致忠. 郑振铎与国家图书馆. 国家图书馆学刊，2009(2)：9-16

守先裕后

——清代江南艺文家族[1]文献建设述说

丁小明　林章松

（华东师范大学古籍所　私人收藏家）

江南艺文家族在清代留下了大量的文献资料，而文献建设作为家族艺文建设的重要内容，更是众多家族花费很大精力来记录、收集、整理的一件累世相续的文化事业。江南艺文家族的规模和数量，决定了江南艺文文献的规模与数量，江南艺文家族文献的积累与整理也丰富了他们家族文化的精神内涵，扩大了艺文家族的影响。江南艺文家族文献，除有较为完备的家谱、宗谱外，尤以文学、艺术文献号称丰赡完备。这类文献经长期创作和整理，可谓盈盈洋洋，蔚为大观。它是清代江南艺文家族"世德渊源"[2]和"学艺之盛"[3]的集粹，是家族发展"荣光宗祏，佑启后人"[4]的永续资源，同时也是地域文化和民族文化的宝贵财富。

---

① 艺文家族（The Art-Literature clan）就是指以文学与艺术显于当时的文化家族。一个家族，一代数人或者两代、三代以上均有以兼善文学（以诗文为主）与艺术（以书画为主兼及篆刻、音乐）而著称于世的成员，这个家族就可以称之为艺文家族。本质上这样的家族既要是文学家族，又要是艺术家族。据我们的不完全统计，清代江南七府一州（苏州、松江、常州、镇江、杭州、嘉兴、湖州、太仓）的艺文家族约为239家，其中苏州43家、嘉兴37家、杭州29家、常州28家、松江28家、湖州27家、镇江20家、太仓17家。

② 安念祖，《胶山安氏诗外编》，锡山安氏家刻本。

③ 叶德辉、叶庆元纂修，《吴中叶氏族谱·叙例》，宣统三年（1911）活字印本。

④ 盛清学等修，《毗陵盛氏族谱》卷一"例言·艺文"，光绪十二年（1886）思成堂木活字印本。

一、清代江南艺文家族文献建设之基础动力

清代江南艺文家族文献编纂活动空前繁荣，他们在致力于文学、艺术创作的同时，也注意对家族历代文献进行收集、整理与刊刻，因此，江南艺文家族在其发展过程中往往保留了数量众多、规模较大的家族文献资料。可以说，这一定程度上也构建了清代江南地区艺文文献建设成就高出别地的坚实基础。

在众多艺文家族中，“英贤萃通德，蔚为东南秀”①的吴门贵潘可称其中大宗。据不完全统计，潘氏 9 代 33 人共留下经、史、子、集等四部著述近 250 种②，其中集部诗文集 92 种，家族诗文总集 10 种③，子部艺术类著作 13 种④，检视潘氏家族的文献建设，我们不得不惊叹其在著作方面所取得的“一堂擅撰述，彪炳俪列宿”的丰硕成果。

事实上，具备潘氏这样丰硕的文献建设成果的江南艺文家族并不乏见。杭州汪氏亦是以“文章著述累数世以名海内，与科名相耀”的典范。汪氏文献建设以《丛睦汪氏遗书》为代表，此书收录了明万历汪氏自歙迁杭始祖汪然明到清中期汪师韩共 15 人 26 种诗文集⑤，道光、光绪两朝，汪贤衙、汪篚又先后增修《丛睦汪氏遗书》，使得汪氏“积八九世之留贻，

① 见潘曾玮辑《吴县潘氏备乘》，清光绪潘氏家刻本。

② 丁小明，《吴门贵潘著述知见录》，《历史文献》第十六辑，上海图书馆历史文献所编，上海：上海古籍出版社，2012 年。

③ 《虎丘唱和诗》（潘奕隽）、《佛香酬唱集》（潘氏）、《玉堂鸣盛集》（潘曾莹）、《词馆诗帖振玉集》（潘曾莹）、《岁朝赏菊诗》（潘曾莹）、《丙子唱和诗》（潘曾玮）、《小松麟书屋赋存》（潘遵祈）、《沧浪唱和诗》（潘钟瑞）、《已未觞咏集》（潘志询）、《潘氏一家诗》（潘志万）。

④ 《三松堂书画记》（潘奕隽）、《归帆图附探梅图》（潘奕隽）、《三松堂临范忠宣告》（潘奕隽）、《三松堂墨刻》（潘奕隽、潘世璜）、《须静斋云烟过眼录》（潘世璜）、《墨缘小录》（潘曾莹）、《小鸥波馆画识、画寄》（潘曾莹）、《红雪山房画品》（潘曾莹）、《潘星斋山水册》（潘曾莹）、《养闲草堂图》（潘曾玮）、《横塘泛月图》（潘曾玮）、《西圃题画诗》（潘遵祈）、《蘧庵遗墨》（潘承厚）。

⑤ 《丛睦汪氏遗书》分《春星堂诗集》和《春星堂续集》两部分，各十卷。卷首有郭嵩焘以及汪氏同乡薛振钰的序言。《春星堂诗集》收录集子 15 种，分别为《不系园集》、《随喜完集》、《绮咏》、《绮咏续集》、《西湖韵事》、《梦草》、《听雪轩集》、《游草》、《闽游诗纪》、《松溪集》、《梦香楼集》（以上均为汪然明作），《延芬堂集》（汪鹤孙），《詹詹集》（汪振甲），《重间斋集》（汪德容），《夕秀斋集》（汪援甲）。《春星堂续集》收录集子 10 种，分别为《淡园集》（汪师亮），《水亭诗存》（汪贤衙），《碉村集》（汪绪宜），《朴树庐剩稿》（汪科显），《水耋花馆集》（汪籛），《劫徐草》（汪篇），《汇香词》（汪鹤孙），《凭隐诗余》（汪世隽），《重闻斋文稿》（汪德容），《上湖纪岁诗编》四卷《续》一卷（汪师韩）。

更历两朝300年余年之久而勿替”①的家族文献得以“增多于旧刻”，其家族文献建设之成就可谓既盛且巨也。

清代江南艺文文献建设之辉煌成就，其基础动力是江南艺文家族文学艺术创作的繁荣。清末镇江张学华在编纂《京江张氏家集》时曰：

> 我家自元末迁居丹徒，仲敬公以忠节著，绍南公以孝义称，明季时修羽公（觐宸）父子祖孙并守遗民之节，尤以风雅著闻。逮本朝顺治开科，湘晓公（九徵）冠冕南国，时推文章宗匠，文贞公（玉书）集列四库，沨沨乎盛世之音。至圃东公（学林）、石帆公（曾）皆一代诗人，作者迭兴，风流不堕，逮于闺秀，亦娴吟咏。②

清代京江张氏是江南著名的艺文家族。以文学论，既有张觐宸父子的遗民心曲，又有张玉书的盛世之音，而张学林、张曾尤执京江诗人之牛耳。《京江张氏家集》载录的清代张氏家族诗人共有20人之众③，其家集所载未必是张氏诗人完全的记录，但其数已何等可观！

京江张氏不但“诗才迭兴，风流不堕”，家族中以书画为擅长的艺术家亦并涌相连，其中大多数艺术家又兼能诗文。如《光绪丹徒县志》卷34（书画人物卷）张逸少（玉书子）条在其“行书流丽”的评语后特为拈出“大抵张氏自九征后子孙多善书，今列其致佳者”④的说明，而同时并列张氏书法致佳者先后有“善行书”的张九征、“小楷有黄庭笔意”的张孝思、“书法法颜鲁公”的张玉裁、“真行端丽，有唐人规矩”的张玉书、“工大小行书，大抵原本董书而古媚可赏，无甜俗气”的张学林、“书格苍秀、为时

---

① 郭嵩焘，《丛睦汪氏遗书》序，汪篔《丛睦汪氏遗书》光绪刊本。

② 张学华，《京江张氏家集》卷首，民国松阴堂刻本。

③ 张凤翼《乐志园汇集》，张觐宸《培风阁遗稿》，张九征《艾衲亭稿》、《闽游草》、《文陆堂文稿》，张玉裁《张太史文集》，张玉书《张文贞集》，张仕可著《文稿》，张恕可《砭庵诗稿》，张宏载《将隐庵诗草》，张机著《东皋诗集》、《燕游草》，张逸少著《学士文稿》、《青山诗集》，张宏敏《双桐轩诗集》，张学林《静寄草堂制义》、《圃东学诗集》，张瓒《静篠轩诗集》，张秉钧《客吟黄金台集》、《一帆江雪草》，张秉锐《石农诗钞》、《萱寿堂同怀遗集》（与兄秉钧合刻），张成璧有《诗文稿》，张曾《石帆诗集》，张冕《春雨楼词》、《铁瓢乐府》、《艾衲亭词抄》、《青山庄社集》，张尚《五声秘笈》、《思勉斋诗抄》，张鸿佶《小朴遗稿》。

④ 吕耀斗等纂《光绪丹徒县志》卷34（书画人物卷）。

所重"的张迪等人。

清代江南艺文家族中与京江张氏比肩并峙且有家族艺文文献传世的还有很多,如"谈世家者孰能不知吾"①的长洲彭氏,其"家道寖昌,人文蔚起","祖孙济美,为吴中盛事"②。彭氏家族精英非常重视艺文创作,彭祖贤辑的《长洲彭氏家集》就收有9种彭氏族人诗文集③,而彭珑、彭定求、彭启丰、彭进、彭绍益、彭蕴章、彭翊均工书画,其中尤以彭蕴灿为杰出,他所辑《历代画史汇传》征引历朝画家7500多人,更是绘画史上的煌煌巨著。又如常熟屈氏有《虞山屈氏丛书》,收常熟屈氏屈见复、屈翀霄、屈秉筠、屈颂满、季兰韵等人的诗文。屈保均继室长洲名媛叶婉仪,保均妹屈秉筠、女屈凝,子屈颂满,媳季兰韵,都工诗善画,"一门翰墨,映照湖山,诚艺林所罕有。"④

所以,当我们综观江南文献载录情况时,像常州唐氏、毗陵恽氏、无锡秦氏、安氏、常熟蒋氏、太仓王氏、嘉兴钱氏、平湖葛氏、海宁查氏这些诗人、画家群集的艺文巨族之家,往往是文学、艺术热情激发之处与大量文学、绘画作品产出之处,也是文学、绘画文献积累整理之处。他们在诗画联欢的同时,为家族文化与地域艺文留下了一份厚重的文献遗产。

二、清代江南艺文家族文献整理之过程

"睹乔木而思故家,考文献而爱旧邦",清代江南艺文家族文献建设之发达与这些家族长期对家族文献价值的重视与整理之功不可分离。

(一)文献之保护

重视家族文献的价值,首先就会注意家族文献的保护。家族文献保

① 彭文杰,《辑修宗谱序》,彭文杰、彭钟岱《长洲彭氏宗谱》卷首,民国十一年(1922)衣言庄刻本。

② 彭文杰,《辑修宗谱序》,彭文杰、彭钟岱《长洲彭氏宗谱》卷首,民国十一年(1922)衣言庄刻本。

③ 分别是彭定求《南畇全集》,彭启丰的《芝庭先生集》,彭绍升《二林居集》,彭希涑《二十二史感应录》、《兰台遗稿》,顾蕴玉《芸晖小阁吟草》,彭绩《秋士先生遗集》,彭绍升的《测海集》,彭蕴章《彭文敬公全集》,彭翰孙等撰《师矩斋诗录》、《写韵楼词草》。

④ 蒋宝龄,《墨林今话》卷十二第十二页,中华书局1923年铅印本。

护不易，薛振钰在《丛睦汪氏遗书》序中言及家族文献之厄罹："彼夫子姓凌替，饱蠹腹、覆酱瓿者无论已。即榏书善守，而厄于水火，罹于兵燹，以及道路播迁，寄顿遗佚，其亡失往往出意计外，非人力所能挽回焉。"①确实如此，所谓当日所刊，今天壤间虽有存者，然十佚七八，而存之一二者，无不是在子孙后代精心保护下，清代江南艺文家族的许多先人文献，才得以一代代"奕祀相承，传守勿失"。

"保护"在这里又有两层含义，第一层意思是保存，如太仓陆氏《平原宗谱》卷一七载陆瑚撰《忆斋公墓志铭》云："中岁徙居者，所至务整洁，楣宇间拓先世所藏扁额，四壁诗文非旧物不张，手泽散逸，片楮必购，珍藏以传。"又如无锡荣氏家族曾建绳武楼藏书，"凡祖考以下手著之诗文杂稿残编断简均什袭珍藏焉，无或遗失"。② 保护的第二层含义是"守护"，此层含义在平常岁月近于"保存"之意，但一旦遇有世变或战乱，对家族文献之"守护"尤为重要。如常熟瞿氏为晚清四大藏书世家，其收藏宋元珍本之富，可冠东南。同时瞿氏亦富藏历代书画及金石，故瞿氏是当之无愧的艺文家族。瞿氏家藏文献传至瞿秉渊、瞿秉清兄弟辈恰逢太平天国崛起，兵燹所至，江南故家大族往往被难殃身，瞿氏兄弟面对世变与战乱的惊涛骇浪，迎难而上，为守护家族文献展开一场惊心动魄、可歌可泣的保卫战。从咸丰十年常熟陷落到同治二年太平军撤出常熟，瞿氏兄弟在遍地烽烟中捆书以避，先后七次迁移，最后"携之渡江，三年中，间关跋涉，辛苦备尝，脱非有神物呵护，其不致荡为灰烬者几希矣"③。同治五年秋，瞿秉渊、瞿秉清兄弟请画家吴俊绘成《虹月归来图》以庆家族文献历劫无恙之幸。图后有同治七年至民国题跋者 43 人之众，在后人的眼中，瞿氏兄弟护书敬宗之义举与瞿氏家族文献一样历劫不朽，正如孙雄在《〈菰里瞿氏四世画卷题词〉序》中所述："俾世之览者，共知瞿氏世泽之绵长，且培虞邑艺林之故实焉"。④

---

① 薛振钰，《丛睦汪氏遗书》序，汪箎《丛睦汪氏遗书》光绪刊本。

② 荣善昌辑，《锡山荣氏绳武楼丛刊 · 叙例》，荣氏 1933 年铅印本。

③ 李芝绶《虹月归来图》序，转引自曹培根《瞿氏铁琴铜剑楼研究》，苏州：苏州大学出版社，2008 年，页 83。

④ 孙雄，《菰里瞿氏四世画卷题词》，铁琴铜剑楼 1923 年铅印本。

（二）文献之收辑

对家族文献保存与呵护的同时，家族后人复不遗余力地对家族文献收辑。

唐鼎元在《唐氏先氏遗书》一书序中就说："鼎元二十年来，见有先世著述，其卷帙可购者，则购之。或为罕见藏本，或其文之散见于各书者，则录之。"①张学华在《京江张氏家集例言》中亦云："吉光片羽，零落仅存，间从郡邑志暨国朝诸家诗选以及零缣残墨亦得掇拾一二。"作为后人，他们殚精竭力地网罗收辑家族先人著述的举措是颇具代表性的。

由于家族艺文文献大多数没有正式刊行，分布亦极为分散，又无现成的目录可供检索，因此收集资料十分困难。许多家族为收集资料花费了巨大的精力。秀水钱氏是艺文大族，其族人也特别重视家族艺文文献资料的收集，如钱仪吉辑《庐江钱氏诗征》、《庐江钱氏文征》时居大梁，而家族文献散落在各个家庭手中，故在编辑过程中，多赖钱泰吉在家族中访得。现存于《甘泉乡人稿》卷二的二十通尺牍，其中绝大部分内容都是与钱氏诗文的收集有关，如：

> 近于容光侄处得先世诗文一册，有商隐先生动笔处，紫芝府君《药圃灌花铭》、《寿门桥放生台如来泉铭》丙申三月二十七日寄大梁。②
>
> 昨于查笠翁堂弟槎海翁处见商隐先生手评《四子合编》一册，乃会稽章同绍阳、海盐何铉晋明，与吾家若庵先生、商隐先生论堪舆之言也。可见先世笔墨外闲时有流传，为吾兄弟所未经寓目者不少丁酉四月二十一日③
>
> 近从沈小湖侍郎假得《竹林唱和诗》，文园先生诗亦有三十余首，特钞寄。丁酉十二月十六日④

从二钱的通信中可见，钱泰吉为《钱氏诗汇》的编辑遍求钱氏族人，

---

① 唐鼎元《唐氏先氏遗书》序，民国刊本。
② 钱泰吉，《甘泉乡人稿》卷二第十六页，光绪十一年增修本。
③ 钱泰吉，《甘泉乡人稿》卷二第十六页，光绪十一年增修本。
④ 钱泰吉，《甘泉乡人稿》卷二第十六页，光绪十一年增修本。

凡有钱氏诗作的各种文献无不征求摘录，同时还辗转相托，远求各地，最后将收集到的全部资料转给钱仪吉。又如钱载辑《钱氏世守册》，钱仪吉辑《庐江钱氏文征》，钱泰吉辑《清芬世守册》、《庐江钱氏艺文略》、《嘉兴钱氏世藏书画录》等家族文学、艺术文献的辑录过程中，其资料的收集和誊录，都得到族人多方面的帮助，正是由于钱氏整个家族的鼎力支持，家族文献的编集整理才有可能。

许多艺文家族文献集都是经过整理者多年寻觅、搜辑，有时甚至是经过几代的努力才得以完成。如《锡山秦氏诗钞》18 卷，由秦彬花 20 余年精力编出初稿，有几十巨册；其子请邑人王芝林进行删订，最后约为 4 册；后又经族子殿楹等重加订正，方才完成。

(三)文献之整理与刊行

江南艺文家族不但对家族文献不遗余力地保护与收辑，更对收辑的文献进行认真的整理，并根据实际情况制订各种编纂条例，努力将这些“故家乔木”刊行于世。

整理文献不易，刊行出版更是不易。吴门尤氏为江南艺文望族，尤氏也较为注重家族文献的整理与刊行。这其中尤侗对尤袤文集的辑佚与刊行堪称典型。尤袤为南宋与杨万里、范成大、陆游齐名的文学家，但文集亡佚不传。尤侗以尤袤后裔自勉，为之辑《梁溪遗稿》刊行，朱彝尊序之云：“翰林检讨西堂先生，自梁溪徙吴，实文简裔孙，虑公之诗文罕传于世，乃抄撮其仅存者为二卷，镂板行之。”从尤袤与尤侗相去千年，而血脉与文脉的相承，既显示出尤氏家族的稳定性与凝聚力，又说明尤氏对家族文献的整理与刊行的重视。

上海李氏易园有《清芬集》，是集合祖孙父子夫妇三代之作凡 7 种，数十万字，需费孔繁，李氏子味青虽有早付剞劂志，奈何力薄未逮，值花甲初度，众亲朋拟为其祝嘏之际，李氏却诸亲盛意，复请移赀助刊李氏三代遗集，最后在众力的玉成下，《李氏易园三代清芬集》才得以缮写清本，付诸手民而梓行于世。

再如，吴门潘氏一向注重家族的艺文文献的收集与保存，清中期以来也曾刊行过家族族人多种诗文与书画收藏著作，但潘氏仍有较多寒士的诗集散佚待理。清晚的潘志万就曾极力收集这些诗人的集子而辑成了

《潘氏一家诗》稿本,潘郑景在 1944 年刊行《潘氏一家诗》的序中详述先人辑稿之艰,刊行之不易,其云:

> 族伯留庵公手辑《潘氏一家诗稿》,早经流散,闻归张叔鹏表姑所,余心仪久矣。癸未冬晤张丈文孙辛楣,偶谈斯帙,慨然见假。留读数月,益得录副。……传诸墨版,后人得睹公搜辑之劳,辗转数十年,幸为传布,式昭语芬,不敢掠美,此予小子之志也。值兹世变未靖,物力孔艰,节衣食之资,缩印成帙,览者幸谅其困耳。①

"世变未靖,物力多艰",《潘氏一家诗》虽只能以缩印的方式传世,但正是依赖于潘志万搜辑之劳与潘景郑访求与传诸之功,潘氏寒士诗人的心灵悸动才得以保存下来,潘氏诗学的组成才愈显得多元而丰厚。

三、清代江南艺文家族文献建设之具体构成

清代江南艺文家族的文献建设构成主要体现在编纂和出版家族艺文著作书目、家集、书画题跋及鉴藏集与丛书这几个方面。

(一)著作书目、家集

清代江南艺文家族编纂著作书目很多。这些书目有单行的,也有收在族谱与总集中。如嘉庆十二年,嘉兴钱仪吉辑钱氏著述共 139 种而成《庐江钱氏艺文略》,就是以单行本形式面世的。而吴兴严景先辑于民国初年收明清吴兴严氏 67 人的 228 种著述的《吴兴严氏艺文志》亦是以单行本刊行于世的。无锡秦氏辑有《秦氏著述存目》、《诗余存目》则是附在《锡山秦氏文钞》卷末。吴江费善庆撰《松陵费氏著述存目》,即收在《垂虹识小录》中。艺文家族的书目更多的则是收在家谱中,如吴门文氏家族为"卓然炳著"于明清两代的艺文巨族,明代就曾有《文氏五家集》与《文氏家藏集》两种家族诗集刊本面世,而清雍正年间文含所编的《文氏族谱续集·历世载籍志》中则收有更为详尽的历代族人艺文著述目录。正如

① 潘景郑,《潘氏一家诗》跋,《陟冈楼丛刊》,民国癸未(1943)合众图书馆刊本。

他在《历代载籍志》按语中所云：

吾宗自涞水君以文学起家，风流奕叶，代有著述。其已刊行世者，犹可考据。就含所知，志其目，然亦止存什一于千百矣。其他遗稿散佚无从搜访者，义不忍没。上世仅据前谱所载，近代据含所见，间附于后。至于丹青翰墨，世擅其长，海内竟称者，无容复赘，或专一艺而名不甚显，恐遂湮没，亦并载列。①

他所著录的文氏作家从明中期文洪的《括囊稿》到清早期文掞《十二研斋诗》共15位诗人的诗文集。其后又附列了文氏家族能书画者28人，由家族文献的著录可见其家族艺文阵容之盛大。可以说，这样的载籍薄录与家族书画传记就是一部浓缩的家族艺文史。

清代江南艺文家族所整理刊行的家族诗文别集浩如烟海，此处就不赘述。相较而言，这些家族所辑集的家族总集不惟数量众多，规模较大，而且体例通达，校勘质量可靠，特别是家族总集兼收家族数代之文学著述，能让我们较全面与立体地了解这一家族的文学成就。如嘉兴钱仪吉辑《庐江钱氏文征》、《庐江钱氏诗征》，武进唐鼎元辑《唐氏先世遗文》、《补遗》，无锡秦彬辑《锡山秦氏诗钞》，秦国钧、秦毓璋辑《锡山秦氏文钞》，无锡安吉、安念祖辑有《胶山安氏诗》、《续编》、《胶山安氏文集汇抄》，吴江陆明桓辑《吴江赵氏诗存》，吴江费氏辑有《吴江费氏诗钞》，董宗善辑《秀水董氏五世诗》，吴兴董熜辑《董氏诗萃》，江阴缪荃孙辑《旧德集》，江阴金武祥辑《江阴金氏文剩》，吴门潘志万辑《潘氏一家诗》，常熟瞿启甲辑《瞿氏诗草》，吴江沈祖禹辑《吴江沈氏诗录》，昆山潘道耕辑《南阳叶氏诗存》，沈家本辑《吴兴长桥沈氏集》，查有钰辑《海昌查氏诗钞》，查世佑辑《查氏文钞》等。

（二）书画题跋录与鉴藏著录

作为艺文家族，在整理其文学文献的同时，家族艺术文献的整理亦是大端。艺文家族的艺术文献整理大多集中在书画题跋与鉴藏著录类文献上。这两类的艺术文献主要是以家族后人整理先辈创作或家族收藏与过

① 文含，《文氏族谱续集》，清抄本。

目的书画作品为主，其形式往往以目录加提要兼录题跋的簿账式为主。清代江南艺文家族整理的这两类艺术文献甚富，兹据个人知见，分类撮其要籍，略陈如下。

（1）书画题跋录

书画题跋录作为我国艺术文献中始于魏晋而盛行于宋元的一种类型，明清以降，取代古有的“品藻”类文献而成为书画文献的最主要类型。其下又可细分有赞颂、题咏、名迹跋、题自作和杂题五类形式，清代江南艺文家族的书画题跋内容则以名迹跋、题自作和杂题居多，具体如下：

金俊明《画跋》，王时敏《西庐画跋》，朱彝尊《曝书亭书画跋》，梁同书《频罗庵书画跋》，王翚《清晖画跋》，恽格《鸥香馆画跋》，陈奕禧《隐绿轩题跋》，王原祁《麓台题画稿》，王文治《快雨堂题跋》，张照《天瓶题跋》，黄易《秋庵题跋》，温一贞《也痴题跋》，翁广平《听莺居画跋》，潘曾莹《小鸥波馆题画诗》，潘遵祁《西圃题画诗》，董燿《枯匏题画诗》，陈文述《碧城题跋》，计楠《一隅草堂题画》、《墨余赘稿》，程庭鹭《小松园阁书画跋》，戴熙《习苦斋题跋》，沈曾植《海日楼题跋》。

以上 22 种书画题跋，内容以题名迹与题自作相间的杂题类为多，其凡例有几种：一为自已整理，如陈奕禧《隐绿轩题跋》就是为陈氏自录。存世的计楠《一隅草堂题画》、《墨余赘稿》两种则为计氏在刊刻《一隅草堂集》时自选。二为家族后人从其遗稿中辑出，如《秋庵题跋》则为其子黄元长从黄易手迹中辑出，张照《天瓶题跋》也是其婿孔继涑从其遗墨中汇录成帙。而最常见的题跋集则是后人从这些书画家已刊行行世的诗文集中辑出，如《西庐画跋》、《鸥香馆画跋》是秦祖永从王时敏《王烟客先生集》与恽格《鸥香馆集》中辑出，《曝书亭书画跋》为邓实从朱彝尊《曝书亭集》卷四十二至五十四题跋类文字中辑成，梁同书《频罗庵书画跋》则是邓实从《频罗庵遗集》辑出，戴熙的《习苦斋画跋》为戴克敦从《习苦斋全集》中辑出。

（2）鉴藏著录

鉴藏著录包括“记事”、“记家族所藏”、“鉴赏”3 种类型。“记事”如《须静斋云烟过眼录》，主要以记录潘奕隽的书画交流活动及其所过眼的历代书画为主。“记家族所藏”则有如钱泰吉辑《嘉兴钱氏藏书画录》与唐鼎元辑《唐氏先世书画记》，以收录钱氏与唐氏先人所创作的书画作品为主。“鉴赏”如陆时化《吴越所见书画录》、周庆云《浔雅》等，则是指对所见书画作品，进行真伪、时代的鉴定，并加以著录，并非单记一家所藏。相较这三种著录，清代江南艺文家族“记家族所藏”类著录当是其中大项，其较重要的著述大致如下：

查慎行《初白庵藏珍记》，高士奇《江村书画录》，缪日藻《寓意录》，汪由敦《汪氏书画记》，蒋光煦《别下斋书画录》，潘奕隽《三松堂书画记》，乍朗《三万六千顷湖中画船录》，毕沅《河间书画录》，毕泷《广堪斋藏画录》，翁心存《陔华吟馆书画杂物目》，翁同和《苏斋诗中书画金石略记》，张大镛《自怡悦斋书画录》，韩崇《履卿书画录稿》，钱泰吉《嘉兴钱氏藏书画录》，沈树镛《养花斋书画目》、《书画心赏日录》，顾文彬的《过云楼书画记》，葛金烺《爱日吟庐书画录》，顾麟士《过云楼书画续记》，唐鼎元《唐氏先世书画记》、《艺林故实》，秦声洁《曝画纪余》，吴湖帆《吴氏书画记》，庞元济《虚斋书画录》，葛嗣浵《爱日吟庐书画续录》、《爱日吟庐书画别录》。

由此可见，家族艺术文献的编纂更多地是将家族先辈作品与家族收藏藏品汇集成书的。如秦声洁辑《曝画纪余》、潘郑景辑《三松堂书画记》、吴湖帆辑《吴氏书画记》等书均是沿袭此种编纂方式。以内容来看，《曝画纪余》、《三松堂书画记》、《吴氏书画记》等书不但著录了秦氏、吴氏、潘氏所藏的书画作品上的细节，如作者、题材、形式、风格、质地，印鉴、流传情况以及历代品题等等，同时还收录了秦祖永、秦炳文、潘奕隽、吴大澂的部分书画作品，此类鉴藏题跋集的优点是我们在了解秦氏、吴氏、潘氏的家族书画收藏规模及收藏趣味，又能一窥其家族艺文魁杰秦祖永、秦炳文、潘奕隽、吴大澂等人的书画创作成就。再如《钱氏书画录》中所载录的师友交游、轶闻趣事、雅集唱和等文化活动，则让后人更立体、鲜活地了解诗文书画产生的全过程。通过对家族鉴藏题跋集的考察，可使我们了解这些家族艺术创作及鉴藏情况，进而能鸟瞰这一家族的总体艺术水平。我们可以说，一种鉴藏题跋与艺术创作并录的家族文献有时就是一部浓缩的家族艺术史。

（三）丛书

丛书是一种整体性很强的文献类型，在我国有着悠久的历史。为集中展示家族的艺文成就，江南艺文家族编辑了不少家族艺文类丛书。按类而分，这些丛书可分为文学类、艺术类及艺文合编类3种。

文学类丛书主要以诗文为主要内容，如：

《丛睦汪氏丛书》，（清）汪篴辑，清光绪刊本

《京江鲍氏三女史诗抄合刻》，（清）戴燮元辑，清光绪八年（1882）丹徒戴氏嘉禾刊本

《丹徒张氏家集》，（清）张深辑，道光中刻本

《武进唐氏所著书》，（民国）唐鼎元辑，民国排印本

《阳湖张氏四女集》，清张曜孙辑，道光中阳湖宛陵书屋刻本

《松陵陆氏丛著》，（民国）陆明桓辑，

《兰陵恽氏家集四种》，（清）恽厥初编，明至康熙二十六年（1687年）恽氏刻本

《安氏家集三种》，（清）安念祖辑，民国铅印本

《秦氏三府君集》，（清）秦毓钧辑，1929年味经堂木活字本

《长洲彭氏家集》，（清）彭贤辑，同治、光绪刻本

《虞山屈氏丛抄》，佚名辑，抄本，南京图书馆藏

《娄东王氏诗抄三种》，（清）王撰辑，稿本，上海图书馆藏

《余氏五稿》，（清）余希婴辑，清咸丰九年（1859）松竹斋刊本

《先泽残存》，（民国）王元增编印，民国铅印本

《吴氏一家稿》，（清）吴清鹏辑，咸丰五年钱塘吴氏刻本

《宛邻张氏丛书》，（清）张琦辑，嘉道阳湖张氏刻本

《常熟二冯先生集》，张鸿辑，民国十四年（1925）排印本

《罟里瞿氏家集》，瞿启甲辑，民国常熟瞿氏刊本

《赵氏三集》，（清）赵宗建辑，清咸丰五年常熟赵氏木活字排印本

《上海李氏易园三代清芬集》，（民国）李味青辑 民国二十九年（1940）排印

《海盐张氏涉园丛刻》，张元济辑，清宣统三年（1911）海盐张氏排印本

《同怀忠孝集》，（清）严辰辑，清光绪十年（1884）桐乡严氏刊本

艺术类丛书则以书画鉴藏与艺术创作理论内容为主，其中最典型的莫过于金坛蒋氏的《游艺秘录》丛书，金坛蒋氏祖孙三代通艺事并多有艺术著述存世，后辑成丛书曰《蒋氏游艺秘录》。天津赵琳梦序云：

先是拙老人有手录十三经为当道疏致阙下，诏刻石列于学官，即征孝廉以董其役。岁癸丑夏五，余转轮都门，访孝廉于邸舍，既握手，欢若平生。因出《蒋氏游艺秘录》，类皆祖、父遗著而附以已撰，汇为一编。余披诵数过，见其于书法画理，提要钩元，匠心独出，洵为后学津梁。顾惟《传神》一则纂入四库，而此外犹稿藏行箧，不免窥全豹于一斑，斯亦艺林之憾也。爰亟任付梓，以传海内。

如赵所说，《游艺秘录》收蒋氏三世艺术著述九种，其中惟《传神秘要》选入四库而得以行世，余者如《书法论》、《续书法论》、《九宫新式》、《读画纪闻》、《说文字原表》、《汉篆隶体举要》、《学书杂论》、《学画杂论》均稿藏行箧，若非赵氏怂恿助梓，以传海内，后世恐难尽睹蒋氏的艺文创就。

艺文合编类丛书兼收家族文学、艺术文献，由于内容博杂、卷帙浩繁，能刊行艺文合编类丛书的艺文家族也是凤毛麟角。考之文献，清代江南艺文家族所整理的较完备的艺文合编类丛书有吴门潘氏的《陟冈楼丛刊》甲集、嘉兴董氏的《秀水董氏丛书》①与杭州钱氏的《湖墅钱氏家集》②

① 《董氏丛书》子目为：董棨《养素居画学钩元》，董耀《养素居诗草》、《养素居文集外编》，董念棻《国语校字》，董宗善《老子屑》、《保泽斋书目草稿》、《无为居士题跋残存稿》，董立预辑《国乐汇考》、董巽观《春雨斋词》

② 《湖墅钱氏家集》子目为：钱琦《澄碧斋诗抄》、《澄碧斋别集》、《遗文》，钱潮《晴江遗诗》，钱玘《渼陂遗诗》，钱树《梅簃遗诗》，钱榕《遁香小草》，钱枚《斋心草堂诗集》，钱枚《微波词》，钱林《玉山草堂集》，钱杜《松壶画赘》、《松壶画忆》，钱槐《红树山庐诗稿》，钱栻《适意吟》、《有真意斋遗文》，钱桂《秋岩遗诗》，钱机《息园遗诗》，钱棻《砚痴遗诗》，钱东《双桥书屋遗诗》、《词存》，钱廷烜《蘅皋遗诗》，钱廷烺《小谢诗存》，钱廷成《信孚遗诗》，钱任均《金涂塔斋诗稿》，钱廷熊《燕游诗草》，钱廷焯《廉泉山馆遗诗》，钱廷薰《见山楼诗抄》、《文抄》，钱廷焯《柏树轩诗稿》，钱廷颖《棣华堂诗稿》，钱廷燿《少坡遗诗》，钱文檩《晚香堂诗稿》、《晚香堂词稿》，钱台《飞白竹斋诗抄》，钱观《玉照堂诗稿》，钱辰吉《老梅书屋遗诗》，钱时颖《昙花丛稿》，钱雍《渌坪遗诗》，钱睦《述古轩诗草》、《述古轩词稿》，钱赞《景陆遗诗》，钱锡正《惜花轩诗稿》、《惜花轩词稿》，钱锡祉《绳槎遗诗》，钱锡保《韵园遗诗》，钱锡庆《幼学存草》，钱锡鬯《西山遗诗》，钱宗源《补拙斋稿》，金蓉《小漪诗屋吟稿》，卢元素《绣药轩遗诗》，钱琳《榕阴草堂遗诗》，汪瑚《汪海树词》

等3种。

《陟冈楼丛刊》甲集是苏州潘家所刊行的一部以辑佚为目的家族类艺文丛书,其内容涉及诗词、书画、古物考证、日记等诸多门类。这是一部以家族艺文典籍为基本内容的丛书,它保存了苏州潘氏家族自清代乾隆到光绪年间的多种珍稀的文献典籍,同时也从一个侧面展示了潘家作为一个艺文家族风雅多才的身影。

《陟冈楼丛刊》分8册共13卷,卷首有潘博山遗像,上有顾廷龙先生的题堂"潘博山先生癸酉三十岁遗像,妹婿顾廷龙谨题",后页为文献学家张元济先生所写的像赞,再其后为叶景葵所撰的《吴县潘君博山传》。《陟冈楼丛刊》共收录潘氏历代诗文合集1种、别集4种,分别是《潘氏一家诗》(潘志万辑)、《拙速诗存》(潘祖年)、《竹山堂联语》(潘祖同)、《碧云仙馆吟草》(潘成谷)、《郑庵诗文集》(潘祖荫)。其中《潘氏一家诗》为潘志万的辑佚之集,集中复收录了潘氏历代未能刊行的诗集11种。它们分别是:《习虚堂草》(潘宗邺)、《研香堂遗草》(潘奕兴)、《草绿书窗剩稿》(潘遵礼)、《二十四琅玕仙馆诗抄》(潘遵颜)、《浮白小草》(潘雷)、《烂存诗抄》(潘霨)、《桐西书屋诗抄》(潘介繁)、《迦兰陀室诗抄》(潘康保)、《藕花香榭吟草》(潘介祉)、《燕庭遗稿》(潘志诒)、《笏庵集诗》(潘志万)。

另《陟冈楼丛刊》收有图咏题跋集四种:《兰陔絜养图咏》(潘世恩)、《家庆图咏》(潘世恩)、《养闲草堂图记》(潘曾玮)、《横塘泛月图咏》(潘曾玮);古物考释集:《古埙考释》(潘祖荫)一种;日记两种:《使滇日记》(潘世恩)与《丙午使滇日记》(潘曾莹)。乡试纪事一种:《恩科乡试监临纪事》(潘祖荫)。

《古埙考释》是《陟冈楼丛刊》甲集中值得一说的艺文文献。此书为古物考释专著。清一代金石学大盛,其所关者有证经考史之效,亦有把玩品赏之趣,此道亦复衍为艺术品鉴之大项。潘祖荫弱冠受业于陈颂南,即有金石之嗜,仕途南北,未忘金石研究与收藏之好,由他所收藏的古埙而衍生出的品玩考释的文事既是清晚期吴中考古史上的盛事,也可见潘氏艺文的多元博雅。纵观全书,一时金石研习与品鉴之名贤咸集是篇,若张之洞、方浚益、吴大澂、俞樾、赵烈文、李慈铭、沈秉成、李文田、李鸿裔、潘钟瑞、潘霨、吴俊卿、叶昌炽、王懿荣等人皆有题识之语，以题跋内容看，最简要者当为张之洞，指其中三埙而言二者为其铭为可识，并集中于“韶”字引申明，以为虽生不能闻韶乐而得见韶器亦是人生之大快事。最为专精的当为吴大澂的“韶字说”，其从文字学与古器物学的角度旁征博引，证古埙之“韶”字之流变与可信，其识器之富，会通类比之能，与是篇可以具见。俞樾、赵烈文、李慈铭、叶昌炽的识语均不乏一己之见，时流诸贤翰墨与识见具荟于此册，非但关于考古一项，其实在艺文之内，也称壮观。

从书目、别集、总集到丛书，家族文献整理的内容渐丰，涉足渐广。这些家族艺文文献之汇集，也同样成为家族艺文发展的见证，既是家族“书香墨韵”的积蕴，也是后人竖起的家族精神的标杆。正是这些家族艺文文献，以一地汇之，则成就一地之艺术、文学的辉煌，并成为艺术、文学再创造可借鉴的资源；以一国汇之，则见证民族艺文之演进，成为华夏文明的巨大财富，成为艺术、文学走向更大辉煌的坚实基础。认识江南艺文家族艺术、文学文献建设的重要意义和价值正在于此。

参考文献：

1. 罗时进. 地域・家族・文学：清代江南诗文研究. 上海：上海古籍出版社，2010

2. 江庆柏. 明清苏南望族文化研究. 南京：南京师范大学出版社，1999

钱谦益藏书探究

——以《牧斋书目》为主的考察

王国良

（台北大学古典文献与民俗艺术研究所）

一、前言

明末清初常熟才子钱谦益（牧斋，1582—1664）是一位著名文士兼经史学者，又是一位藏书大家。他因为身事两朝，在志节人格上倍受争议。再者，晚年迎娶名妓柳如是（杨爱，1618—1664），则造成极大的轰动，也引发正反两极的评价①。如今二人辞世已近350年，相关的研究讨论却从未间断过。

自中国图书典藏的历史而言，钱谦益实居明清“转接传承”之枢纽地位。从图书版本学的角度来看，他倡导了讲求宋元旧刻之风气；在古籍文献的利用上，则树立了严加考证甄别的典型。

① 钱谦益降清，身事两朝之人格争议，可参考李庆：《钱谦益：明末士大夫心态的典型》，《复旦学报（社会科学版）》，1989年1期，1989年1月；许龙：《钱谦益降清之人格心态透视》，《嘉应大学学报》，1999年2期，1999年5月；方良：《钱谦益清初行踪考》，《江南大学学报（人文社会科学版）》，2005年4期，2005年11月等文。钱氏与柳如是间的相关问题，则可参阅陈寅恪，《柳如是别传》，上海：上海古籍出版社，1980年；周宋泉，《柳如是杂论》，南京：江苏古籍出版社，1986年。

本论文试图根据传世的原始材料，加上近现代学者研究成果①，比较深入探讨钱谦益藏书的实况。为了厘清牧斋藏书来龙去脉，则考述其藏书来源与处所；接着就现存诸种《牧斋书目》及《绛云楼书目》，详予比较分析。最后，对于牧斋藏书真相仍待全面清理一事，提出期待与呼吁。由于时间匆促，不周到之处在所难免，尚祈方家指教，是所企盼。

二、钱谦益藏书来源及其处所

(一)藏书来源

有明藏书风气远胜过前代，上至帝室、藩府，下至民间既宗教机构，无不积极搜罗典藏，图籍大备。开国以来，历朝私人藏书大家，如叶盛、吴宽、陈第、王世贞、李开先、丰坊、焦竑、范钦、徐𤊹、晁瑮、祁承㸁等人，接迹踵武，孜孜访求，或重金购买，或手自抄录，精椠异书，竞相矜耀，美不胜收。牧斋生当诸家之后，闻风兴起。早岁获取科名，交游颇广，搜访既勤，财力又足以支持。中年购得常熟杨仪（1488—1564），赵用贤（1535—1596）、赵琦美（1563—1624）父子，以及苏州钱谷（1508—1572）、钱允治（1541—1622?）父子与刘凤等家旧籍。所储既富，又不惜重赀，访求古本。书贾捆载贩售无虚日，庋藏几埒内府。②

除了购买之外，多方抄写亦是牧斋积累图书的另一管道。曹溶（1613—1685）《绛云楼书目·题词》之二云："昔余游长安，堂上列书六七千册。宗伯间日必来，来则遍绎架上。遇所乏，恒借抄写，如是数四。"③又晋江黄虞稷（1629—1691）侨居金陵，藏书八万卷，与江左诸名士约为"经史会"，以资浏览④。钱氏本人及黄宗羲（1610—1695）、朱彝尊

① 探讨钱谦益藏书相关的重要论著，如：柳作梅，《牧斋藏书之研究》，《图书馆学报》，5期，1963年8月；罗炳绵，《清初钱毛诸藏书家与学风考》，《新亚学院学术年刊》，6期，1964年9月；简秀娟，《钱谦益藏书研究》，台北：汉美图书公司，1991年；王红蕾，《〈绛云楼书目〉各抄本互异原因略考》，《文献季刊》，2010年3期，2010年7月；王红蕾，《浅析〈绛云楼书目〉的若干问题》，《中国图书馆学报》，2010年6期，2010年11月；王红蕾，〈钱谦益藏书之所考述〉，《中国典籍与文化》，2011年1期，2011年1月。

② 曹溶，《绛云楼书目·题词》，台北：艺文印书馆，粤雅堂丛书，页1a。

③ 曹溶，《绛云楼书目·题词》，台北：艺文印书馆，粤雅堂丛书，页1a。

④ 不著撰人，《清史列传·文苑传·黄虞稷传》，北京：中华书局，1987年，5790页。

(1629—1709)等,皆曾与之交往借读。钱氏编《列朝诗集》,从千顷堂获得甚多明人诗文资料。① 顺治四年(1647),牧斋系狱金陵,亦屡次向丁雄飞(菡生,1605—1657)借书抄录,编入《列朝诗集》内。②

(二)藏书处所

钱氏家族,世授《春秋》。牧斋自成童后,喜读诸书,经史子集四部、佛经、道经等多所涉猎。及长搜罗典籍,庋藏校读,勤于撰述。江南藏书家中,允为巨擘,最称宏富。今考察其藏书之所,约有如下数处:

1. 荣木楼

明神宗万历十年壬午(1582)九月二十六日(阳历十月二十二日),钱谦益出生于常熟城中坊桥东故第,即荣木楼。③ 牧斋早年读书、藏书,亦在荣木楼。崇祯二年(1629),钱氏移居拂水山庄后,仍时常驻足荣木楼,并留存部分藏书。相关的例证,如:

(1)《跋〈草莽私乘〉》:"庚申中(泰昌元年,1620)夏日谦益再书于荣木楼之桐树下。"(《牧斋集·再补》)

(2)《跋高诱注〈战国策〉》:"崇祯庚午(崇祯三年,1630)七月曝书于荣木楼。"(《有学集》卷四六)

(3)毛晋《校刻〈乐府诗集〉跋》:(崇祯四年,1631)"丐大宗伯钱师荣木楼所藏宋刻,手自雠正。"(商务印书馆影印《四部丛刊·乐府诗集》卷尾)

(4)《题李长蘅书刘宾客书册》:"(壬申,崇祯五年,1632)嘉平(十二月)九日书于荣木楼之残雪下。"(《初学集》卷八五)

(5)《跋〈鹿耳门集〉》:"崇祯甲戌(崇祯七年,1634)十二月诚(识)于荣木楼下。"(《牧斋集·再补》)

① 钱谦益,《黄氏千顷斋藏书记》,《牧斋有学集》,台北:台湾商务印书馆《四部丛刊初编》,1975年),卷二六,251—252页。

② 钱谦益,《题丁菡生藏余尺牍小册》,《牧斋有学集·补遗》,台北:台湾商务印书馆,1975年,528—529页。

③ 金鹤冲,《钱牧斋先生年谱》,钱仲联校《牧斋杂著》附录,上海:上海古籍出版社,2007年,930页。

2. 拂水山庄(房)

拂水山庄在常熟虞山拂水岩下。拂水山庄本为常熟瞿纯仁(1567—1619)所筑读书、文会之所。大约在万历三十年(1602)前后,由钱谦益家购得。三十三年,瞿式耜(1590—1651)从牧斋读书此山庄。① 崇祯二年(1629),牧斋延请叠石大家张涟(字南垣,1587—1671)重加擘画营建,"凿壁为架,庋书其中。"②次年,移家山庄,招程嘉燧同住唱和,筑耦耕堂,为文记之;又建朝阳榭、秋水阁、明发堂、花信楼。③

3. 半野堂、优昙室、含辉阁

半野堂位于常熟城内北门大街邵巷,原为明正德间张文麟(1482—1548)所建。万历中归大学士严讷(1511—1584)之子严泽,后因负债累累,遂转售钱谦益。崇祯十三年(1640)三月,牧斋移居半野堂,于是有《移居诗集》。其《移居八首》,详细描绘周遭景致以及整理藏书的乐趣。其二云:"未剪茅茨一亩宫,崭新书架插西东……典库收藏三箧在,巾箱装载五车同。"其四云:"……装轻使鹤移家具,童乏教猿守库书。回首墓门初日里,杏园如雪柳烟疏。"④又金鹤冲(1873—1960)《暗泾杂录》云:"半野堂在西,依山最近。堂东为含辉阁,北为绛云楼,则近椐树弄矣。至今,其地仍名含辉阁。"⑤

崇祯十四年夏,牧斋与柳如是结缡,另建新居"我闻室"("优昙室"?),又筹筑绛云楼于半野堂后西北处。绛云楼犹在建造时,牧斋又得周氏废圃于北郭。此圃邻近半野堂,钱氏增建有《留仙馆》、《玉蕊轩》。⑥相关例子如:

(1)《严子〈六制义序〉》:"壬午(崇祯十五年,1642)闰十二月虞山老民钱谦益书于优昙室。"(《牧斋有学集·文抄补遗》)

① 金鹤冲,《钱牧斋先生年谱》,钱仲联校《牧斋杂著》附录,上海:上海古籍出版社,2007年,932页。

② 曹溶,《绛云楼书目·题词》,台北:艺文印书馆,粤雅堂丛书,页1a。

③ 《牧斋初学集》,台北:商务印书馆,《四部丛刊初编》,1975年,卷四五。

④ 《牧斋初学集》,卷十七,179—180页。

⑤ 本文转引自吴正明,《红豆与钱柳遗事》,上海:百家出版社,2004年,4页。

⑥ 《牧斋初学集》,卷四五,《留仙馆记》、《玉蕊轩记》。

(2)《坡书〈陶渊明集〉》:"癸未(崇祯十六年,1643)夏日书于优昙室中。"(《初学集》卷八五)

(3)《题〈中州集钞〉》:"癸未(崇祯十六年,1643)夏日书于玉蕊轩。"(《初学集》卷八三)

(4)《跋〈前后汉书〉》:"癸未(崇祯十六年,1643)中秋日书于半野堂。"(《初学集》卷八五)

(5)《苏眉山书〈金刚经〉》:"余平生所宝,惟'北苑夏山'、'巨然听瀑'……同此经秘藏含辉阁中,皆稀世之珍。……海印弟子八十一翁蒙叟钱谦益书。"(《绛云楼题跋·墨迹》)

4. 绛云楼

绛云楼亦位于常熟城内北门大街邵巷,其后门为椐树弄。崇祯十六年(1643)秋,绛云楼落成,五楹三层,枕山带水,曲楹台榭,浑然一体。"百尺楼中偕卧起,三重阁上理琴书。"①牧斋将重要藏书"重加缮治,区分类聚,栖绛云楼上,大椟七十有三。顾之,自喜曰:'我晚而贫,书则可云富矣。'"②

钱谦益、柳如是入住绛云楼后,所收藏典籍"经岁排缵摩挲,盈箱插架之间,未遑于雒诵讲复也,而忽已目明心开,欣如有得。"③其得意之情,跃然纸上。

清顺治七年庚寅(1650)十月,绛云楼不戒于火,延及半野堂。凡宋元精本,图书玩好,及所裒《明史稿》一百卷,论次有明文集百余卷,悉为煨烬。牧斋自云:"甲申之乱,古今书史图籍一大劫也。庚寅之火,江左书史图籍一小劫也。"④有关题记,如:

(1)《题王德操诗卷》:"己丑(顺治六年,1649)六月三日虞山蒙叟谦益书于绛云楼下。"(《牧斋外集》卷二五)

① 《牧斋初学集》,卷二十下,《绛云楼上梁以诗代文八首》之一,224页。
② 曹溶,《绛云楼书目·题词》,台北:艺文印书馆,粤雅堂丛书,页1b。
③ 《牧斋有学集》,卷二二,《赠别胡静夫序》,210页。
④ 《牧斋有学集》,卷四六,《书旧藏宋雕两汉书后》,454页。

(2)《偈庵诗册》:"庚寅正月书于沁雪石下。"(《牧斋外集》卷二五)

(3)《为黄子羽书诗册》:"庚寅二月二十五日蒙叟钱谦益书于绛云楼左厢之沁雪石下。"(《牧斋外集》卷二五)

(4)《沈石天〈浣花闲语〉》:"辛卯余月(顺治八年,1651,四月)蒙叟谦益书于绛云余烬处。"(《牧斋外集》卷二五)

5. 红豆山庄(碧梧红豆庄)

红豆山庄本名芙蓉庄,位于常熟小东门外三十里白茆塘补溪畔。此处原为钱谦益外祖父顾玉柱别业。外祖父卒后,外祖母顾陈氏来依女儿,遂老于钱家。①

清顺治十三年(1656),钱牧斋与柳如是移居白茆之红豆山庄,遗民志士黄宗羲、归庄、邓大临、吴之振等,多相与往来。② 其相关题记,例如:

(1)《李长蘅画扇册》:"己亥(顺治十六年,1659)夏六月蒙叟钱谦益书(于)碧梧红豆村庄。"(《牧斋有学集·校勘记》)

(2)《山晓窗诗稿》:"庚子涂月(顺治十七年,1660,十二月)江村老叟钱谦益题。"(《牧斋外集》卷二五)

(3)《香观说诗徐元叹诗后》:"(庚子)虞山蒙叟钱谦益书于碧梧红豆阁之雨窗下。"(《有学集》卷四八)

三、《牧斋书目》之成书缘起与部次类例

明思宗崇祯十四年(1641)六月,钱谦益迎娶柳如是。先筑我闻室居之,并于半野堂后盖新居,十六年冬绛云楼落成。"房栊窈窕,绮疏青琐。旁龛古金石文字,宋刻书数万卷。列三代秦汉鼎彝环璧之属,晋唐宋元以来法书名画……充牣其中。……庚寅冬,绛云楼不戒于火,延及半野堂,

① 《牧斋初学集》,卷七十四,《先太淑人述》,802—803页。

② 金鹤冲,《钱牧斋先生年谱》,945页。

向之图书玩好略尽矣。”①两人住在绛云楼的前后七年中，为了迅速检寻楼中丰富书籍，必须草创藏书目录一编备用，此即《绛云楼书目》(《牧斋书目》)所从来②。清佚名撰《牧斋遗事》谓：“自绛云楼灾，其宋元精刻，皆成劫灰。世传牧斋《绛云楼书目》，乃牧翁暇日想念其书，追录记之，尚遗十之三。惟故第在城东，其中书籍无恙，北宋前后《汉书》幸存焉。”③此“追录”一说，颇不合情理，原本无需费词驳正。然近代学者专家，受其影响不少，实为憾事。④

绛云楼已毁于火，抢救收拾的烬余书籍甚少。吾人欲了解钱牧斋当日藏书内容的大致情况，舍《绛云楼书目》(《牧斋书目》)莫办。此一珍贵的藏书目录，在清顺治年间已由牧斋手中流传开。台北“故宫博物院”图书文献馆庋藏原北平图书馆部分善本书，其中有2册《牧斋书目》，系当今传世最早的抄本。⑤ 卷前有清初江宁胡其毅(字致果，号静夫)题词云：“丙申春，候先生于秦淮丁氏阁上，侍坐竟日，多所未闻，并出《绛云楼书目》见示，因请借抄。”丙申(1656)为顺治十三年，离绛云楼焚毁才5年多。牧斋亲自将手上的私家藏书目录，借给好友十竹斋主人胡正言(1580—1671)的儿子抄录，如果不是当时手民有所疏忽，造成某种程度的脱落讹误，相信内容是十分可靠的。

自顺治以下，《绛云楼书目》代有传抄，其内容大同小异，非细加比

① 顾苓，《河东君小传》，《柳如是事辑》，北京：中国美术学院出版社，2007年，6页。

② 钮琇《觚賸》卷三《河东君》：“宗伯吟披之好，晚龄益笃。图史校雠，惟柳是问。每于画眉余暇，临文有所讨论，柳辄上楼翻阅。虽缥缃浮栋而某书某卷，捻示尖纤，百不失一。或用事微有舛讹，随亦辨正。”(《四库全书存目丛书》，台南：庄严文化事业公司，1995年，子部，250册，30页上)。钮氏的文字，多少也可印证钱氏夫妇手中有一部书目，随时以供检索查询古籍。

③ 佚名，《牧斋遗事杂录》，《柳如是事辑》，368—369页。

④ 陈登原，《古今典籍聚散考》(上海：商务印书馆，1936年，321页)云：“今所传《绛云楼书目》，乃绛云灾后，牧翁思念之作，未必及当于原藏” 罗炳绵，《清初钱毛诸藏书家与学风考》(《新亚学院学术年刊》，6期，1964年9月)云：“牧斋撰有《绛云楼书目》四卷，这书据说是牧斋在绛云楼灾后追忆记录而成，决非绛云楼的全部图书。”柳作梅，《牧斋藏书之研究》(《图书馆学报》，5期，1963年8月，80页)；乔师衍琯，《重印绛云楼书目序》，《书目三编叙录》(台北，广文书局，1969年)，3—4页，皆已指出该说无稽不足信。

⑤ 王重民，《中国善本书提要补编》，北京：书目文献出版社，1991年，123—124页。

对,难以清楚彼此间的落差①。迨康熙、雍正前后,吴县陈景云(1670—1747)取《绛目》加以批注;乾隆卅八年(1773),休宁吴翌凤(1742—1819)予以校录。从此,藏书家手中又多了一种调整类目、移动增减条目,加上或详或略之注语的《绛云楼书目》。不过,为了保存《绛云楼书目》的原貌,借以讨论钱谦益绛云楼当日藏书的实际情况,本文仍以北平图书馆旧藏《牧斋书目》做主要根据,必要的时候才参考其他的抄本或刻本。

编纂书目,重在分类。盖典籍众多,倘不能群分类聚,不仅无法反映学术体系,亦无从查检。明代目录书,自杨士奇(1364—1444)《文渊阁书目》、张萱《内阁藏书目录》以下,大都任意添增类目,打破四部七分次序,貌似创新而无章法。昌彼得(1921—2011)先生尝云:"清初一般编著藏书目录的,仍沿袭明代官修书目的遗风,仅视作供点检的藏书簿,毫无类例可言……清初若干著名的藏书家,大多编有书目,如虞山钱谦益《绛云楼书目》、钱曾《读书敏求记》《述古堂书目》、吴县王闻远《孝慈堂书目》、徐乾学《传是楼书目》、徐秉义《培林堂书目》,以及泰兴《季振宜藏书目》等,无论依四部或不依四部分类,多无条理。所列门类,琐碎冗杂。各书的分隶部次,也多舛谬错讹"②《绛云楼书目》乃此一大环境下的产物,难免有"编列失次"的毛病。也许我们可以这么想:钱谦益等人所编书目,"或别有取义,乃藏书家所贵,非读书家所亟"③吧!

今传胡其毅藏本《牧斋书目》,未分卷,亦不标部次。其经总、易、尚书、诗、礼、乐、春秋、孝经、论语、孟子、大学、中庸、小学、尔雅、经解、纬十六类,可归为经部。正史(含宋版正史)、史编年、杂史、史传记、故事职官、刑法、谱牒、史学、书目、地志十类,可归为史部。子、子总、子儒家、道学、子名家、子法家、子墨家、子杂家、纵横家、子农家、子兵家、子释家、释

① 目前所知《牧斋书目》抄本共有6种,依抄写时代先后而言,台北"故宫博物院"藏清顺治胡其毅抄藏本最早;其次为北京中国科学院图书馆藏曹寅过录胡其毅本;再次为美国哈佛大学哈佛燕京图书馆藏旧抄本、北京中国国家图书馆藏旧抄本,与胡氏本内容略有出入;广州中山大学藏姚振宗(1842—1906)快阁师石山房抄本;美国哈佛燕京图书馆藏王仁俊(1866—1913)抄本最晚,未见,不详。

② 昌彼得,《版本目录学论丛》,台北:学海出版社,1977年,《清代的目录学》,107—108页。

③ 张之洞,《〈书目答问〉史部谱录类书目之属识语》,见《书目答问补正》,台北:汉京文化公司,1984年,166页。

经、子道家、小说、子杂艺术、谱录、天文、历算、地理、星命、卜筮、相法、壬遁、道藏(含抄本道藏)、神仙家、杂道家、医书、天主教、类书、伪书31类,可归为子部。六朝文集、唐人文集、李杜、韩柳、唐诗、百家唐诗、诗总集、宋、南宋、金、元、僧、国初、文总集、骚赋、金石、书画、论策、奏议、文说、诗话二十一类,除了“金石”、“书画”两类性质稍殊之外,可归为集部。其后,另设本朝制书、实录、国纪、传记、典故、小说六类,则是明代著述专目。

倘若我们根据历代分类法的主流——四部分类代表性的目录书如《隋书·经籍志》、《旧唐书·经籍志》、《新唐书·艺文志》、《郡斋读书志》、《遂初堂书目》、《直斋书录解题》、《宋史·艺文志》、《万卷堂书目》、《国史经籍志》,取之与《牧斋书目》做比较,对于牧斋新增改的类目,可以稍微深入探讨了解。①

在经部方面,钱氏采用了尤袤(1127—1202)《遂初堂书目》的“经总”,又沿用了《旧唐书·经籍志》、《新唐书·艺文志》、晁公武(1105—1180)《郡斋读书志》、朱睦㮮(1517—1586)《万卷堂书目》之“经解”,既有“小学”又有“尔雅”,不免略嫌重见叠出。史部方面,“宋版正史”之后有“正史”,当然是版本上的考量;至于将传统的“目录”或焦竑(1540—1620)《国史经籍志》之“簿录”,改作“书目”,似乎比较符合明代各公私藏书目录的实况。子部方面,“子总”、“地理”、“星命”、“壬遁”、“天主教”、“伪书”,皆为创新类目。其中,“天主教”类,收录《天主实义》、《畸人十(·)篇》、《交友论》、《二十五言》、《七克》五种,则与牧斋弟子瞿式耜、吴历(1632—1718)等人不无关系。② 至于“伪书”一类,乔师衍琯(1929—2008)曾谓:“伪书类则具卓识,虽子部各家俱有伪书,即经史集三部亦不能无伪书,要以子部之伪书为多,立此一类以容之,不为无见。”③

在集部“骚赋”与新增“论策”之间,安置了“金石”、“书画”2类共15种书籍(如:《隶释》、《隶续》、《古刻丛抄》、《金薤琳琅》、《金石录》、《铁网珊瑚》、《云烟过眼录》等),固然反映了钱氏本人对金石书画一类非书资

---

① 简秀娟,《钱谦益藏书研究》,台北:汉美图书公司,1991年,285—289页。

② 黄晨敏,《中国天主教史研究二题》,《中国研究》,37期,1998年9月,30—34页。

③ 乔衍琯,《重印〈绛云楼书目〉序》,《书目三编叙录》,台北:广文书局,1969年,2页。

料的重视，却也多少让人觉得有些不够恰当妥善。①

除了分类问题之外，著录书目的重复出现，也是值得重视的问题。今取北图本《牧斋书目》为检核对象，吾人发现该目录前后重出者大约有55组。其中，两见者最多，三见者则有《麻衣正易心法》、《洛阳名园记》、《雍录》、《汉武帝内传》4种。

由于《牧斋书目》原是钱氏绛云楼藏书帐目册，跟元脱脱等修《宋史·艺文志》之整合《中兴馆阁书目》、《国史艺文志》及私人藏书目录为一的情况不同。② 若非胥吏抄写粗疏而造成重复或讹误，当是绛云老人分数次上架时，将同一种书籍归入不同的类目所造成。然而像"易类"的《麻衣正易心法》在3页之中出现3次，"乐类"在一页前后复见，《洛阳名园记》也在"地理类"三见……同类重出的现象，还是让人觉得收藏者在归架工作上，似乎有些漫不经心了。

四、《牧斋书目》著录书籍的数量与版本

近来讨论牧斋藏书数量，常引吴焯（1676—1733）于康熙五十六年（1717）《读书敏求记·题记》"绛云未烬之先，藏书至三千九百余部"语。③ 吴尺凫实际指的就是所见抄藏本《绛云楼书目》著录的数量。另外，梦崦居士鲍鉁（1690—1748）在《亚谷丛书丙号》，根据康熙五十八年

① 《四库全书总目》派分金石之书为3类，"以集录古刻，条列名目者，从《宋志》入目录；其《博古图》之类，因器具而及隶释者，别入谱录；《石鼓文音释》之类，从《隋志》别入小学。"（《四库全书总目》，卷八六，目录类金石之属案语）至于书画之属，则归入子部艺术类。不过，姚名达《中国目录学史》（台北，台湾商务印书馆，1965年）则认为："集则分别诗、文，断截时代，皆明代旧习。其外更有'骚赋'、'金石'、'论策'、'奏议'、'文说'、'诗话'，以金石文字夹于诗、文中间，较古录之漫入'目录类'者犹为得之。"（141—142页）他的看法比较特别一些。

② 有关《宋史·艺文志》体例及分类上的缺失，可参看刘兆祐：《〈宋史·艺文〉志匡谬举隅》，《东吴学报》，4、5期，1975年9月，1—17页；陈乐素：《〈宋史艺文志〉考证》，广州：广东人民出版社，2002年，559—676页。

③ 按：清代胡重与阮福，撰写《读书敏求记》序跋，已将吴焯、何焯搞混。（说详章钰，《〈读书敏求记〉校证》，484、486页相关按语，北京：中华书局，2007年。）近人严佐之，《近三百年古籍目录举要》，上海：华东师大出版社，1994年，2页；郑伟章，《文献家通考》，北京：中华书局，1999年，1页；王红蕾，《〈绛云楼书目〉各抄本互异原因略考》，《文献季刊》，2010年3期，64页。或引作吴骞之说，或谓系何焯所记，恐怕都是未能详辨《拜经楼藏书题跋记》所辑，既有吴骞本人题记，也常引录各家跋语而造成讹误。

(1719)借抄吴兴潘氏藏《绛云楼书目》谓:“目分类六十有八……有明制书、实录、国纪、传记、典故、杂记,另编于后,附以补遗,凡三千四百二十七种。”①这又是别一抄本所载种数的统计。吴焯、鲍鋍二人见藏本,今已不传。本文则网罗台北“故宫博物院”藏《牧斋书目》、黄永年(1925—2007)藏顺治墨格抄本《绛云楼书目》、台北“国家图书馆”康熙间蓝格抄本《绛云楼书目》,以及《粤雅堂丛书》本《绛云楼书目》4种,将其所著录的类目、种数,表列如下,以资了解各家彼此差异所在。

① 鲍鋍,《亚谷丛书》,厦门:厦门大学出版社,《中国稀见史料》第一辑,23册,2007年,269—270页。

表1:《牧斋书目》、《绛云楼书目》4种版本之类目收录种数比较表

版本	分卷	经总	易	尚书	诗	礼	乐	春秋	孝经	四书	论语	孟子	大学	中庸	小学	尔雅	经解	纬	宋版正史	正史	史编年	杂史	史传记	故事职官
牧斋书目旧抄本	不分卷	经总(36种)	易(64种)	尚书(17种)	诗(21种)	礼(38种)	乐(30种)	春秋(43种)	孝经(4种)		论语(12种)	孟子(5种)	大学(6种)	中庸(3种)	小学(84种)	尔雅(12种)	经解(11种)	纬类(2种)	宋版正史(8种)	正史(24种)	史编年(40种)	杂史(110种)	史传记(69种)	故事职官(25种)
绛云楼书目顺治墨格抄本	不分卷	经总(36种)	易(67种)	尚书(17种)	诗(21种)	礼(38种)	乐(30种)	春秋(43种)	孝经(4种)		论语(12种)	孟子(5种)	大学(6种)	中庸(3种)	小学(107种)	尔雅(12种)	经解(11种)	纬(2种)	宋版正史(9种)	正史(24种)	史编年(42种)	杂史(115种)	史传记(74种)	故事职官(25种)
绛云楼书目康熙间蓝格本	上卷	经总(35种)	易(66种)	尚书(16种)	诗(21种)	礼(39种)	乐(30种)	春秋(41种)	孝经(4种)	四书(26种)					韵学(106种)	尔雅(13种)	经解(11种)			正史(30种)	史编年(41种)	杂史(114种)	史传记(73种)	故事职官(27种)
绛云楼书目《粤雅堂丛书》本	不分卷	经总(13种)	易(63种)	书(20种)	诗(21种)	礼(44种)	乐(30种)	春秋(45种)	孝经(5种)		论语(12种)	孟子(4种)	大学(6种)	中庸(3种)	小学(77种)	尔雅(10种)	经解(9种)	纬书(2种)		正史(23种)	编年(83种)	杂史(67种)	史传记(68种)	故事(26种)

牧斋书目旧抄本	刑法(6种)		谱牒(32种)	史学(40种)	书目(30种)	地志(224种)	子(11种)	子总(11种)	子儒家(44种)	道学(65种)	子名家(2种)	子法家(4种)	子墨家(2种)	子杂家(16种)	纵横家(2种)	子农家(38种)	子兵家(24种)	子释家(38种)	释经(20种)	子道家(46种)	小说(225种)	子杂艺术(33种)	子杂家(17种)	谱录(103种)
绛云楼书目顺治墨格抄本	刑法(6种)	仪注(1种)	谱牒(32种)	史学(40种)	书目(30种)	地志(256种)	子(11种)	子总(11种)	子儒家(44种)	道学(64种)	子名家(3种)	子法家(4种)	子墨家(2种)	子杂家(16种)	纵横家(2种)	子农家(38种)	子兵家(24种)	子释家(39种)	释经(20种)	子道家(47种)	小说(215种)	子杂艺术(33种)	子杂家(19卷)	谱录(0种)
绛云楼书目康熙间蓝格本	上卷																							
	刑法(7种)		谱牒(30种)	史学(43种)	书目(31种)	地志(250种)	子书(21种)		子儒家(45种)	道学(63种)	子名家(3种)	子法家(4种)	子墨家(2种)	子杂家(16种)	纵横家(2种)	子农家(38种)	子兵家(24种)	子释家(38种)	释经(20种)	子道家(46种)	小说(203种)	子杂艺术(33种)		谱录(121种)
绛云楼书目《粤雅堂丛书》本	刑法(6种)		谱牒(32种)	史学(38种)	书目(29种)	地志(218种)		子总(5种)	子儒家(45种)	道学(59种)	子名家(2种)	子法家(4种)	子墨家(2种)	子杂家(15种)	纵横家(2种)	子农家(38种)	子兵家(25种)	子释家(46种)		子道家(40种)	小说(198种)	杂艺(165种)		

	牧斋书目旧抄本	绛云楼书目顺治墨格抄本	绛云楼书目康熙间蓝格本	绛云楼书目《粤雅堂丛书》本
	天文(79种)	天文(90种)	天文(86种)	天文(71种)
	历算(40种)	历算(44种)	历算(44种)	历算(37种)
	地理(44种)	地理(48种)	地理(47种)	地理(50种)
	星命(7种)	星命(7种)	星命(6种)	星命(6种)
	卜筮(12种)	卜筮(12种)	卜筮(11种)	卜筮(11种)
	相法(6种)	相法(6种)	相法(6种)	相法(6种)
	王通(54种)	王通(70种)	王通(69种)	王通(49种)
	道藏(85种)	道藏(83种)	道藏(85种)	道藏(125种)
	抄本道藏(145种)	抄本道藏(107种)	抄本道藏(106种)	杂道书(54种)
	神仙家(69种)	神仙家(51种)	神仙家(49种)	
	杂道家(25种)	杂道家(25种)	杂道家(22种)	
下卷	医书(144种)	医书(152种)	医书(153种)	医书(137种)
	天主教(6种)	天主教(5种)	天主教(5种)	天主教(7种)
	类书(62种)	类书(62种)	类书(62种)	类书(58种)
	伪书(12种)	伪书(12种)	伪书(13种)	伪书(14种)
	六朝文集(17种)	六朝文集(17种)	六朝文集(17种)	六朝文集(16种)
	唐人文集(32种)	唐人文集(32种)	唐人文集(33种)	唐文集(47种)
	李杜(14种)	李杜(14种)	李杜(12种)	
	韩柳(4种)	韩柳(4种)	韩柳(4种)	
	唐诗(26种)	唐诗(30种)	唐诗(28种)	唐诗(86种)
	百家唐诗(70种)	初唐 盛唐 中唐 晚唐(43种)	百家唐诗(70种)	
	诗总集(44种)	诗总集(45种)	诗总集(44种)	诗总集(43种)

																							总计
牧斋书目 旧抄本	宋(96种)	南宋(98种)	金(10种)	元(98种)	僧(10种)	国初(18种)	文总集(51种)	骚赋(8种)	金石(9种)	书画(5种)		论策(9种)	奏议(12种)	文说(18种)		诗话(42种)	本朝制书(40种)	实录(15种)	国纪(106种)	传记(62种)	典故(230种)	小说(173种)	3805种
绛云楼书目 顺治墨格抄本	宋(99种)	南宋(104种)	金(10种)	元(98种)	僧(10种)	国初(18种)	文总集(51种)	骚赋(8种)	金石(0种)	书画(5种)	谱录类(130种)	论策(9种)	奏议(12种)	文说(18种)		诗话(70种)	本朝制书(46种)	实录(15种)	国纪(111种)	传记(62种)	典故(235种)	小说(176种)	3912种
绛云楼书目 康熙间蓝格本	宋(98种)	南宋(103种)	金(10种)	元(100种)	僧(10种)	国初(19种)	文总集(51种)	骚赋(8种)	金石(10种)	书画(5种)		论策(9种)	奏议(12种)	文说(4种)	文断(14种)	诗话(70种)	本朝制书(46种)	实录(14种)	国纪(89种)	传记(62种)	典故(232种)	小说(177种)	3849种
绛云楼书目《粤雅堂丛书》本	宋文集(183种)		金元文集(118种)			国初文集(18种)	文总集(49种)	骚赋(8种)	金石(8种)			论策(9种)	奏议(12种)	文说(18种)		诗话(43种)	本朝制书(38种)	实录(17种)	国纪(105种)	传记(61种)	典故(226种)	杂记(169种)	3499种

经由分类既种数的比对，吾人不难发现彼此在“类目”上出入甚微，但是在著录书籍总数上，则有较大的落差。北图旧抄本《牧斋书目》3805 种，最多；顺治墨格抄本计 3912 种，次之；康熙蓝格抄本，3849 种，又次之；《粤雅堂丛书》本最少，只有 3499 种①，而且改动删削的情况也最多，显然与钱谦益绛云楼当年所藏实际数字相距甚远，不足为凭据。

牧斋藏书除了数量可观之外，搜藏宋元旧刻及罕见抄本甚夥，亦为时人及后世学者所津津乐道。②《牧斋书目》(《绛云楼书目》)固然无法涵盖钱氏全部藏书，却仍极具参考价值。本文试图以原北图藏旧抄本《牧斋书目》及顺治墨格抄本、康熙间蓝格抄本、《粤雅堂丛书》本《绛云楼书目》等 4 种进行统计比较。

表 2:《牧斋书目》、《绛云楼书目》4 种著录版本比较表

版本 数量	石刻本	宋版	元版	抄本	内府版	监版	刑部版	建版	苏版	粤版	塾版	坊版	未明	小计
北图藏本 《牧斋书目》	3	83	25	148	6	22	1	0	1	1	1	1	3513	3805
顺治抄本 《绛云楼书目》	3	100	30	195	8	21	1	1	1	1	1	1	3549	3912
康熙抄本 《绛云楼书目》	3	87	31	190	8	2	1	1	1	1	1	1	3522	3849
粤雅堂本 《绛云楼书目》	3	66	16	23	1	1	0	0	0	1	1	1	3376	3499

由上面数据，我们得知宋版、元版与抄本的总和，北图藏旧抄本《牧斋书目》为 256 种，占著录总数的 6.727%；顺治抄本《绛云楼书目》为 325

① 此为本人以《粤雅堂丛书》本《绛云楼书目》收录种数之统计数字。据简秀娟，《钱谦益藏书研究》，台北：汉美图书公司，1991 年，154 页，则作 3515 种。

② 清初曹溶撰《绛云楼书目 · 题词》以下，历来各家皆极力推崇牧斋收藏宋元旧本之宏富，而甚少用完整数据，说明其藏书各种版本之数量、比例，以耳代目，不无遗憾。

种，占总数的8.307%；康熙抄本为308种，占总数的8.002%；粤雅堂本为105种，占总数的3.017%。因此，我们的结论是：牧斋藏书中宋元版及罕见本所占的比率，无论如何都达不到总数的十分之一。

五、余论

清朝初叶，常熟学人何焯（1661—1722）《跋茅鹿门评王荊公文钞》云："东涧遗老《小楼书目》，有残本《临川先生集》十六册。"[1]按：周星诒《传忠堂书目》卷二史部书目类著录《小楼书目》四卷一册，不题撰人，抄本。[2] 当即何义门所叙及者。"小楼"盖指荣木楼。可惜《小楼书目》不传，所收书籍无从得知。其后，苏州黄丕烈（1763—1825）曾获得元抄本《乐府新编阳春白雪》10卷，上有"牧翁"题记。[3] 20世纪40年代，在俗文学界被认为戏曲文献大发现的《脉望馆抄校古今杂剧》，由赵琦美、钱谦益、钱曾、季振宜、何煌、顾氏试饮堂、黄丕烈、汪士钟、赵宗建、丁祖荫递藏，最后由郑振铎（1898—1958）经手购藏于北平图书馆。[4] 它最早著录于钱曾（1629—1681）《述古堂藏书目》，也不见牧斋之《绛云楼书目》或任何序跋题记中。

20世纪60年代，苏州潘承弼（字良甫，号景郑，1906—2003）曾自《牧斋初学集》、《牧斋有学集》、《牧斋有学集补遗》、《牧斋外集》，辑得钱氏序跋二。百余篇，并访求其他佚文，编成《绛云楼题跋》，1958年由上海古典文学出版社（上海古籍出版社前身）印行。其中，《淳熙九经》、《抄本北盟会编》、《文房四谱》、《高丽板柳文》、《明抄本汪水云诗》、《皇华集》等多种，也未载于《绛目》。

总之，钱谦益一生的藏书到底有多少？这是后代爱书人极感兴趣的课题。《绛云楼书目》所著录者，固为牧斋藏书之精华，却非全部。再者，《绛目》的抄本、刻本，仍存在不少出入，值得吾人留意并细心探讨其真相。

---

① 何焯，《义门先生集》，清宣统元年，平江吴氏广州刊本，卷九，页10a。残本《临川先生集》，不见《牧斋书目》或各种抄刻本《绛云楼书目》著录。

② 周星诒原辑，罗振常重编，《周氏传忠堂藏书目》，1936年蟫隐庐印本，页29a。

③ 黄丕烈，《荛圃藏书题识》，上海：上海远东出版社，1999年，863页。

④ 郑振铎，《西谛书话·跋脉望馆钞校本古今杂剧》，北京：三联书店，1983年，431—477页。

辑今弃古非同事，天禄文渊故别藏

——论《天禄琳琅书目》的编纂体例及特点

刘　蔷

（清华大学图书馆）

有清一朝仿前代旧制，重视对历代书籍的搜集、保存与整理，乾隆年间出现了中国历史上第一个宫廷善本特藏——“天禄琳琅”，编成了第一部皇家善本书目《钦定天禄琳琅书目》。《天禄琳琅书目》前后两编共著录了一千余部善本书，均为内廷藏书之精华。书目为提要体，是我国第一部官修善本目录，沿袭汉代以来书目解题传统，在著录、编排等体例方面多有创见，于清代藏书家讲究版本鉴定、注重善本著录之风气影响深远，直接开启近世版本目录学之兴盛。作为官修目录，更是极具导向性，主导了其后近300年善本书目编纂风尚，其体例甚至远播海外，近代美、日、韩等国所编汉籍书目亦深受其影响。

将善本书籍视同文物，以赏鉴为旨趣，仿书画著录之体例，是《天禄琳琅书目》最显著特点。这一特点，使《天禄琳琅书目》与同一时期出现的另一部清代官修目录《四库全书总目》在编纂宗旨上完全不同，《四库全书》乃“辑今”，天禄琳琅则“弃古”，“辑今弃古非同事，天禄文渊故别藏。”①《天禄琳琅书目》无论编排次序，还是著录内容皆围绕版本，对版刻

① （清）于敏中、彭元瑞等撰，徐德明标点，《天禄琳琅书目》，上海：上海古籍出版社，2007年版，“天禄琳琅鉴藏旧版书籍联句”，第8页。

源流的追溯与藏书印记的登载不厌其详，此实大异于以评述书籍内容为主的《四库全书总目》，这种体例奠定了后来善本目录的基本程式，具有经典的垂范意义。

一部书目的体例包括两个方面：一是对群书的组织，即如何编排；二是对单书的描述，即如何著录，两者结合即构成完备之书目。本文首先从编排和著录方面论述《天禄琳琅书目》的编纂体例，继而对其分类和收录特点予以分析。

一、编排特点

《天禄琳琅书目》"凡例"第三则曰："宋、元、明版书各从其代，每代各以经、史、子、集为次。"①此语交待了该目编排上的特点，即以版本时代为纲，同时代再依经、史、子、集分类排序。《天目前编》分为宋版、金版、影宋抄、元版、明版五大版本类别，其下再按四部分类厘析版本年代相同的书籍，如卷一宋版经部、卷九明版子部。彭元瑞于《天禄琳琅书目后编》"识语"云："体例记载，一依前帙。"知其体例基本依循《天目前编》，而且"《前编》宋、元、明外，仅金刻一种；《后编》则宋、辽、金、元、明五朝俱全"。②《天目前编》"凡例"第六则云："诸书中有经御制题识者，尤为艺林至宝，珍逾琬琰，敬登鉴藏之首。"实际并未严格做到，反倒是《后编》继承了这一编例，将9种乾隆御题书集中于一卷，置于全书卷首，称"宋版首部"，故清人傅以礼云："体例悉仍《前编》，唯以曾经御题者入第一卷，标题'宋版首部'，为少异耳。"③将御题书放在卷首，凌驾于其他版本之上，更加强了宫廷鉴藏书目的特点：唯皇帝是尊，唯皇权是准，但也在图书目录中开了一个恶劣的特例。

《天禄琳琅书目》之前的藏书目录，不论是官藏，还是私藏，编排上都遵循以书籍内容类分次序的原则。从汉代《七略》的"六分法"，到东晋秘

① 《天禄琳琅书目》，"凡例"，第2页。

② 《天禄琳琅书目》，彭元瑞"识语"，第810页。

③ （清）傅以礼撰，主父志波标点，《华延年室题跋》，上海：上海古籍出版社，2009年版，卷上"敕撰天禄琳琅后编"条，第95页。

书监荀勖编《中经新簿》，创立以甲、乙、丙、丁四部总括群书的"四分法"，再到乾隆中期《钦定四库全书总目》，将全部书籍分在四部、四十四大类下，成为四分法的集大成者，按书籍内容分类一直是传统目录学的主流。作为提要式目录顶峰的《四库全书总目》，其"凡例"第二则曰："是书以经、史、子、集提纲列目，经部分十类，史部分十五类，子部分十四类，集部分五类。或流别繁碎者，又各析子目，使条理分明。所录诸书，各以时代为次。"①而与其对应的版本书目，则以版本编次，体例颇为不同。

目录中加记版本，自宋人尤袤（1127—1202）《遂初堂书目》始，最初极为简单，近似簿录，一书下兼载数本，如正史类《前汉书》下有川本、吉州本、越州本、湖北本等，并无版本描述。专重宋元版则自明代嘉靖年间始，赵用贤（1535—1596）编《赵定宇书目》，分 29 类，其中有"宋板大字"、"元板书"、"内府板书"3 类，开创了后代单设宋、元版类目之先河。赵琦美（1563—1624）《脉望馆书目》中，"馀"字号著录"旧板不全书"，"律"字号著录"旧板书"，更是将宋元残本也纳入分类著录体系，显示了明人对前代版本的重视。清初钱曾（1629—1701）《述古堂宋版书目》首次"把宋板书集中、单独编目，既包含善本书目的意义，也包含版本书目（以版本类别为图书分类法的书目）的意义。"②同时期江南大藏书家季振宜（1630—1674）的《季沧苇藏书目》分为 4 个部分：《延令宋版书目》、《宋元杂版书》、《崇祯历书总目》、《经解目录》，别出宋本编目，以强调对宋版书的珍好。稍后孙从添（1692—1767）的《上善堂宋元版精抄旧抄书目》，分宋版、元版、名人抄本、影宋抄本、旧抄本和校本六大类，开创了藏书目录按版本类别编次的先例。孙从添卒于乾隆三十二年（1767）③，这部书目的编成早于《天禄琳琅书目》，基本格局也与之相近，虽然于敏中等人并未言明官修《天禄琳琅书目》是否受到其直接或间接影响，但至少可以看

① （清）纪昀，《四库全书总目》，北京：中华书局 1965 年版，卷首，"凡例"，第 16 页。

② 严佐之，《近三百年古籍目录举要》，上海：华东师范大学出版社 2008 年，第 2 版，第 22 页。

③ 刘按，孙从添生卒年说法不一，笔者采信江庆柏先生所编《清代人物生卒年表》，人民文学出版社 2005 年版，第 221 页；据《江苏艺文志·苏州志》之说，孙从添生于康熙三十一年（1692），卒于乾隆三十二年（1767）。

出，当时藏书家对宋元善本的赏鉴更加热衷，对版本的研究也进一步深化，这些都促进了版本目录的发展，势必出现体例更为成熟、版本特点更为突出的藏书目录，在这种背景下，《天禄琳琅书目》应运而生。相比孙从添的宋元版、精抄旧校之分类，《天禄琳琅书目》所收皆内廷善本，版本类型更为丰富，不仅宋、元版，还有民间难能获见的金刻本、辽刻本①，抄本中除影宋抄本外，还有影辽抄、明抄，因此在以版本时代、版本类型编次时，可以更为系统，版本目录的体例也更臻完善。

二、著录特点

《天禄琳琅书目》“凡例”第五则曰：“卷中于每书首举篇目，次详考证，次订鉴藏，次胪阙补。至考证，于锓刻加详，与向来志书目者少异，则是编体例宜然尔。”②即每一书之著录皆有定式，其提要文字可分为四个方面：

（一）“首举篇目”

包括书名、函册、撰者、卷数、篇目、序跋。每著录一书，先顶格书写书名，《天目前编》“凡例”第七则曰“书名悉依本书首行及版心标目”，③照依原书卷端或版心题名，这与《四库全书总目》的做法颇不同。《四库总目》多以省称、古称取作书名，而《天禄琳琅书目》完全保留了书名前缀“纂图互注”、

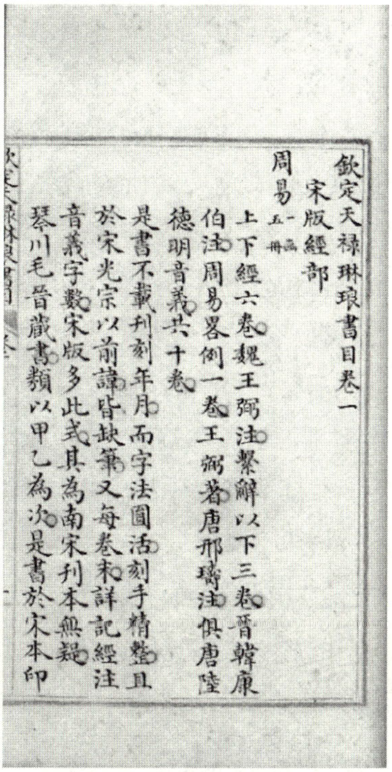
欽定天禄琳琅書目卷一
宋版經部
周易 一函五册
上下經六卷魏王弼注繫辭以下三卷晉韓康伯注周易畧例一卷王弼著唐邢璹注俱唐陸德明音義共十卷
是書不載刊刻年月而字法圓活刻手精整且於宋光宗以前諱皆缺筆又每卷末詳記經注音義字數宋版多此式其為南宋刊本無疑琴川毛晉藏書類以甲乙為次是書於宋本印

图1　清乾隆内府写本《天禄琳琅书目前编》卷一首页书影（北京故宫博物院藏）

① 尽管《天目后编》卷八之辽版、影辽抄《龙龛手鉴》，经审定实为南宋嘉兴府刻本、影宋抄本，但仍可见宫廷藏书相较民间私藏之荦荦大者。

② 《天禄琳琅书目》，“凡例”，第10页。

③ 《天禄琳琅书目》，“凡例”，第11页。

"监本重言"、"新刊"、"标题句解"、"太学新编"、"增广注释音辩"、"增刊校正"、"重广分门"等冠词,尊重书籍原貌,也为后人据此辨识版本提供了首要依据。书名下以双行小字书写该书函册,此举亦为以往各书目所无。(图1)提要文字低二格书写,首起撰者朝代、姓名和撰著方式,然后详记卷数及各篇目,并记原书前序后跋。

(二)"次详考证"

所考证者,包括撰者、成书、刊刻源流诸方面,特别强调要"于锓刻加详",称这一点"与向来志书目者少异,则是编体例宜然尔",①突出了版本目录的特点。

不常见的撰著人,除姓名外,还详其字号、时代、籍贯、爵里、生平事迹、传记出处等。对所收书籍之内容大要,也时有著录,或引原书作者、序跋者所言,或以己意推之。引序跋中涉及刻书之文字,以及历代史志、政书及公私藏书目录记载,略述该书版本源流,这部分内容最为翔实。引用书目有《汉书·艺文志》、《隋书·经籍志》、陆德明《经典释文》、《崇文总目》、晁公武《郡斋读书志》、陈振孙《直斋书录解题》、王应麟《玉海》、《宋史·艺文志》、马端临《文献通考》、《明史·艺文志》、朱彝尊《经义考》等。此外编纂者还检视书中纸墨、字体、木记、避讳、剞劂、装帧等情况,以为辨析版本之依据。

(三)"次订鉴藏"

既是皇家鉴赏目录,记一书之前代典藏、题记情况,也成为提要组成部分,这也是与历来书目的不同之处。书上凡有前人手书题记,则逐字载录,若此书曾经乾隆皇帝御笔题识,必是首先登录,然后再按时代前后一一备录他人。这种于解题中附录题记文字的做法,仿自书画鉴赏,移用至版本著录可谓创举。书上凡有入宫前藏印,皆一一记载印记文字种类、形状、印色及所钤位置,印文以真书摹写,从中可见一书之授受递藏轨迹。注明该书曾为何人所藏,首次出现的藏书家、鉴赏家,据他书考订其时代、爵里、生平事略等。如此详记藏书印,实为版本书目中绝无仅有者。

---

① 《天禄琳琅书目》,"凡例",第10页。

(四)"次胪阙补"

一书如有阙页、补抄情形,即将阙补情况记录在藏书印后,详记阙补卷次及页码,是提要的最后一项。此需将每部书所有页数都一一翻过,工程浩大且繁琐,亦可具见书目编撰之用心。

《天禄琳琅书目》提要内容自成体例,以固定格式,将书名、函册、提要、印章和阙补等款目组织起来,已大致涵盖了现代古籍编目中书名项、著者项、版本项、稽核项、附注项、提要项等基本著录项,形制几称完备。提要篇幅不一,有话则长,无话则短,最长者如《天目前编》宋版《汉书》、《六臣注文选》,几达3000字,短者仅十数字。通常,评价一部古书的价值不外乎三个参数,即内容的文献价值,外观的版本、形制价值和传世的收藏价值,作为官方善本书目,《天禄琳琅书目》既体现了旧书的鉴赏价值,也兼顾了文献内容,因此后人多赞其著录之详、考订之精,超逸前代书目。如《钦定四库全书总目》云:

> 每书各有解题,详其锓梓年月及收藏家题识印记,并一一考其时代爵里,著授受之源流。案张彦远《历代名画记》有论十六篇,其十一记鉴识、收藏、阅玩,十二记自古跋尾押署,十三记自古公私印记,自后赏鉴诸家,递相祖述。至《铁网珊瑚》所载书画,始于是事特详,然藏书著录,则未有辨订及此者。即钱曾于《也是园书目》之外别出《读书敏求记》,述所藏旧刻旧抄亦粗具梗概,不能如是之条析也。①

《简明四库提要》亦夸云:"盖自来藏书谱录,未有美富精详若斯之盛者也。"②王先谦称其"于刊印流传之时地,鉴赏采择之源流,并收藏家生平事略,图记真伪,研讨无遗。"③

分析提要内容可知,《天禄琳琅书目》在著录上新意迭出,有如下特点:

---

① 《四库全书总目》,卷八十五·史部目录类一,《钦定天禄琳琅书目》十卷,第732页。
② 《天禄琳琅书目》,"提要",第12页。
③ 《天禄琳琅书目》,王先谦"后跋",第813页。

1. 解题内容突出版本

与传统解题目录以图书内容的考订批评为中心不同,《天禄琳琅书目》突出了善本古籍的版本价值,提要文字皆围绕版本鉴赏方面,即凡例所称"至考证,于锓刻加详,与向来志书目者少异,则是编体例宜然尔。"①以之与解题目录代表作《四库全书总目》相比,《四库全书总目》"凡例"第九则曰:"每书先列作者之爵里,以论世知人;次考本书之得失,权众说之异同,以及文字增删,篇帙分合,皆详为订辨,巨细不遗。而人品学术之醇疵,国纪朝章之法戒,亦未尝不各昭彰瘅,用著劝惩。其体例悉承圣断,亦古来之所未有也。"②两者是截然不同的目录体系。试将两部书目对同一部书的提要做一对比,便可发现它们的区别。如宋人张栻所撰《孟子说》,在《四库全书总目》卷三五,经部四书类有《癸巳孟子说》,提要300余字,概述此书的书名、卷数、底本来源、著者、成书过程、内容得失,通篇于版本不著一字。《天禄琳琅书目》卷一宋版经部有《南轩先生张侍讲孟子详说》,提要亦300余字,虽同样有书名、著者、卷数的介绍,但用力更多的是版本源流的考订,由序文确定成书时代,旁引《宋史·艺文志》、《文献通考》证书之内容,然书名仍保留标题原貌。登录宋人、明人题识各一,其后还详列印章,说明此本旧藏谁家。整个提要段落有序,条目清晰,寥寥数语,交待了此本不同寻常的鉴赏价值。

有学者说"《后编》是《前编》的续貂,一切办法都是萧规曹随",③此言大体上不差,但值得注意的是,相比《天目前编》突出的版本目录特点,《天目后编》的著录风格有明显改变,即加大了作者生平、书籍内容方面的评述,版本考订愈发简略,甚至只字不提。有些提要还对篇目、卷数开列甚详,几乎通篇只此一项内容,根本无法辨明是何版本。造成这种差异的原因,其一盖为《四库全书总目》的影响。乾隆四十六年(1781)《四库全书总目》纂成,同是官修目录,《四库总目》堪称集传统解题式书目之大成,其"辨章学术、考镜源流"的功用更为突出,对学术界的影响也更为广

① 《天禄琳琅书目》,"凡例",第10页。

② 《四库全书总目》,卷首,"凡例",第17—18页。

③ 钱亚新著,《略论天禄琳琅书目》,《河南图书馆学刊》,1989年第1期,第25页。

泛，官藏及私家书目多有完全照搬《四库》体例者，如阮元的《四库未收书提要》。《天禄琳琅书目前编》成书早于《四库总目》，而《天目后编》成于嘉庆三年（1798），多少受到一定影响。其二便是《天目后编》主事者彭元瑞的思想。前述他对"拳拳于板本抄法"颇有微词，斥为"骨董家习气"①，因此在编写提要时重考订而轻版本，使得《天目后编》在版本方面的内容相应减少。其三编纂时间所限，未遑细考版本。《天目后编》664 篇提要在短短 7 个月内写就，编纂诸臣对书籍内容、作者生平的评述相对驾轻就熟，而且记录篇目、卷帙，也远比考订版本更为省时省力。《天禄琳琅书目》前后编体例的这种差异如此明显，以致有后人评为"名虽后编，实则别创"。②

2. 真书摹入印记

《天禄琳琅书目》"凡例"第六则规定："其印记，则仿《清河书画舫》之例，皆用真书摹入，以资考据。"③即以正楷字将印文描摹下来，仿印章格式，记录于书目提要中。《四库全书总目》称此延续了唐张彦远的《历代名画记》记"鉴识收藏阅玩"、"自古公私印记"的做法，《四库全书简明目录》云："详其题跋姓名、收藏印记，兼用《铁网珊瑚》例。"④

在书目中记录藏书印，标明藏书印的文字种类、形状、印色和位置诸项，是借鉴了书画目录的做法，不仅以前书目未见有如此记载，其后亦未有如此详尽，堪称《天禄琳琅书目》编制体例上的一大创举。我国记书画之赏鉴，始自唐人张彦远《历代名画记》。其书有论十五篇，其十记鉴识、收藏、购求、阅玩，十一记自古跋尾押署，十二记自古公私印记，印章作为赏鉴之重要标志被首次著录。所列印记，数量不多，官家印记如"贞观"、"开元"、"集贤印"、"秘阁印"、"翰林之印"、"元和之印"，私人印记如"河东张氏"、"刘氏书印"、"窦蒙审定"等，均以小字标出，略示区别。至明代弘治、正德间朱存理辑录《铁网珊瑚》，始于鉴赏特详，所载书画中印记成为必要条目，然并非以真书摹入。此后明人张丑所著《清河书画舫》："其

① （清）彭元瑞，《知圣道斋读书跋尾》，清刻本，卷一，《〈读书敏求记〉跋》，第 30 页。

② 张允亮，《故宫善本书目》，民国二十三年（1934）北平故宫博物院铅印本，"识"，第 1 页。

③ 《天禄琳琅书目》，"凡例"，第 11 页。

④ 《天禄琳琅书目》，"提要"，第 13 页。

书用张彦远《法书要录》例，于题识印记，所载亦详，故百余年来收藏之家，多资以辨验真伪。”①此书创举在于印记用真书摹入，形状、大小皆依原式，楷化印文也依原式排列，印下注明所钤位置“引首”、“隔水”等处，使人如见真迹。《清河书画舫》成书于万历四十四年（1616），内容丰富，影响很大，是收藏家、鉴赏家辨验书画真伪的重要参考书。

《天禄琳琅书目》仿《清河书画舫》之例，用楷体书写印文填入，并描摹旧有印记之形制款式，保留原印特征，如明项元汴之葫芦状“子京”印、椭圆形“法荫”印，清初毛晋之腰圆形“宋本”印，皆依样摹写。对于印文相同，但朱白文不同、大小不同的印章，如《天目前编》宋版《九家集注杜诗》中有三方不同的“刘炳图印”，皆如实照录，于细微处俱见差别。统计下来，《天禄琳琅书目》所记藏印，印章外形上有方、圆、器物、博古各形，方分正方、长方；圆有正圆、椭圆、腰圆；器物又分葫芦、壶、瓶、炉形；博古分钱、鼎、钟、爵、瓦当形。体制上有单印，也有连珠印。制作上有朱文、白文、朱白相间，可谓丰富多彩，各式俱备。甚至印色，还记录了颇为稀见的墨色印记，如宋版《童溪王先生易传》上所钤“少保秦端敏公仲子”，记为“朱文，墨印，卷三十”②，为古人居丧时所钤。检视《天禄琳琅书目》，明代大收藏家项笃寿、项元汴兄弟的印记，如“项子京家珍藏”、“项元汴印”、“墨林珍玩”、“桃花源里人家”等，与《清河书画舫》丑集“王羲之”条下印记一模一样，可知《天禄琳琅书目》摹刻藏印，确是循书画赏鉴一脉。

流传至今的古籍，特别是曾经名家递藏者，大多钤印累累，朱墨灿然，古雅别致。钤在书上的印章，大体可分为4类：名章，鉴赏章，训诫章，闲章。名章中除姓名字号外，还包括斋馆楼号，和鉴赏章一样，是最为常见的两大类，表明了书之归属与历代藏家的宝爱，如明人邵宝“锡山二泉邵氏家藏”、安国“大明锡山桂坡安国民太氏书画印”③、清人朱彝尊“秀水朱氏潜采堂图书”④等，从这些印记可见一书辗转递藏之历程，在书目中记录它们确实有裨于版本鉴别。训诫章，往往是对后世子孙永保其书的期

---

① 《四库全书总目》，卷一一三，子部艺术类二，《清河书画舫》十二卷条，第965—966页。

② 《天禄琳琅书目》，后编卷二，宋版《童溪王先生易传》条，第404页。

③ 《天禄琳琅书目》，前编卷五，宋版《史记》条，第138页。

④ 《天禄琳琅书目》，前编卷三，宋版《兰亭考》条，第95页。

望,如“子孙永保”、“鬻及借人为不孝”等,《天禄琳琅书目》中还记录了一些文字较多的训诫章,如前编卷四影宋抄《宋张时举弟子职等五书》上有一印,共7行,每行8字,计56字:“赵文敏公书卷末云/五家业儒辛勤置书/以遗子孙其志何如/后人不读将至于鬻/颓其家声不如禽犊/苟归他室当念斯言/取非其有无宁舍旃。”①此是毛晋之印。所谓闲章,只是抒发一下个人心迹,对图书收藏、版本鉴定并无实际意义,如徐乾学的“黄金满籯/不如一经”②,还有些如“美酒饮教微醉后/好花看到半开时”③、“杏花春雨江南”④之类的闲章,就其寓意来说,亦难说不闲雅,但钤在书上可有可无,记于书目中也是徒增篇幅。《天禄琳琅书目》的做法,是将一书上所有印记,巨细无遗地全部摹写下来,并详注钤于书卷何处,一一开列,即使无法辨识的也加以说明,加之考出这些藏印的主人,更需深具考证功夫。此项工程浩大烦琐,在鉴赏书目中绝无仅有。

《天禄琳琅书目》首次详载藏书印记,这种将印章形象化的著录方式,是善本书目发展到一定阶段的产物。当书籍被赋予与书画同样的文物价值时,书上的藏印也成为衡量其价值高低的一个参数,如果仅仅为了“以资考据”,善本书目似无需如此展示印章特征,仅记下印文内容即可,大可省却“真书摹人”、加注所钤位置之功,这也是后来各家书目罕有完全继承的主要原因。

3. 详记函册、阙补

详细记每书之“函册”和“阙补”,也是《天禄琳琅书目》的创新之处。函册数可反映外观的装帧和藏本的完整性,在现代编目中是必不可少的著录项,而宋元明以来的藏书目录都是只记册数,或仅称“一本”,相当疏简。《天禄琳琅书目》册数之外,还记函数,不仅方便宫廷藏书的点检稽核,也容易区分同书同本间的差异。

天禄琳琅藏书,皆宋元明善本,历久流传,难免书页有所缺佚。有些书入藏清宫前,已经补抄完整,如《天目后编》卷六宋版《寒山子诗集》,毛

① 《天禄琳琅书目》,前编卷四,影宋抄《宋张时举弟子职等五书》条,第104页。

② 《天禄琳琅书目》,后编卷五,宋版《汉官仪》条,第516页。

③ 《天禄琳琅书目》,前编卷一,宋版《春秋经传集解》条,第7页。

④ 《天禄琳琅书目》,前编卷二,宋版《容斋三笔》条,第52页。

晋汲古阁旧藏，首末两页阙失，系毛氏影宋摹抄补全。再如《天目前编》卷三宋版《新刊五百家注音辨昌黎先生文集》，阙补卷九至卷十四，提要云，“按，卷九至卷十一，后一部亦系抄补。而此本所抄之注较少，且此本卷十二至卷十四所抄与后部刊本亦异，则此系从他本采录，非得于原书也”①。《天目后编》卷十九明版《圭斋文集》：“流传甚少，虽阙补卷四至卷八，然不害为古本。常熟毛氏、泰兴季氏递珍藏之。补亦旧抄。”②但相当多的缺页则是入宫后，内廷翰林据别本所抄补，有缺必补，显示了皇家藏书的珍重。编辑目录时，再将补抄之卷页详细著录于书目中，耗时费力，可谓空前，之后的藏书目录纵有记录阙补，亦少见能下如此功夫者。

事实上，对书籍的函册、阙补等外在特征进行著录，与记录藏印、题跋一样，都是将书画著录的思路移植到古籍善本目录之中。清初对书画的鉴赏更为流行，章法也愈发细密，吴其贞（约1609—1681）《书画记》六卷，记录唐宋元明书画，所录皆先列纸卷气色，再述笔墨画意，至于尺寸、款识、印记、装潢皆一一备录。其后高士奇（1645—1704）的《江邨消夏录》三卷，记其自藏或亲见之书画，每幅皆记录尺寸、质地、印鉴、题跋及画面内容。皇家善本目录借鉴了这些做法，详述书籍外部特征，颇具查验鉴赏的实用价值。

4. 互见别出，各有源流

《天禄琳琅书目》仿《遂初堂书目》例，在一书下兼记数本，同书的不同版本被集中著录，已记录过的内容，后一部书提要用“篇目同前”、“同前”、“同上”、“同前首部”、“已见”等；版本用“同上，系一版摹印”；藏印、藏书家情况用“诸印见前”、“印记见前”、“某某，见前”等一语带过，简省了篇幅，也体现出目录编制手段的成熟。尤其是《天禄琳琅书目》中众多的同书同版情况，用此法著录，更显精要。这一点在《天目后编》中非常普遍，往往短短几字，即将一书情况言明。

虽《天目后编》多仿《前编》体例而纂，然亦有其独到之处。彭元瑞识

① 《天禄琳琅书目》，前编卷三，宋版《新刊五百家注音辨昌黎先生文集》条，第70页。

② 《天禄琳琅书目》，后编卷十九，明版《圭斋文集》条，第783页

语称:“互见别出,各有源流,而规模有拓而愈大,析而弥精者。”①这里看似在说编纂《天目后编》使用了“互见别出”之法。所谓“互见别出”之法,是古代书目著录的两种方法,又称“互著”、“别裁”。“互见”是当一种书之内容涉及两个以上学科分类时,在不同类目中重复著录;“别出”是将同一书的个别篇章在相关类目中重复著录,这两种方法既便于检阅文献,又可考辨学术源流。章学诚(1738—1801)在讲“史家部次条别之法”时,从理论上探讨互见别出的意义,曰:“夫篇次可以别出,则学术源流,无阙间不全之患也。部目可以互见,则分纲别纪,无两歧牵掣之患也。”②然而翻检《天目后编》,真正运用此法并不多,只是在既收丛刻、合刻之本,又收单行本时,堪可称为互见别出。如《后编》卷五宋版子部既收《纂图互注六子全书》,随即又收《老子荀子扬子文中子》一部、《冲虚至德真经》三部、《纂图互注南华真经》三部、《纂图互注荀子》二部、《纂图互注扬子法言》二部,提要均注明“见前《六子全书》内某某书,系一版摹印”。再如卷五宋版史部既收《丽泽论说集录》,卷七宋版集部又收《东莱吕太史集》,并云:“书五十卷。凡诗文之类为《文集》十五卷,家范尺牍之类为《别集》十六卷,程文之类为《外集》五卷,《丽泽论说集录》十卷见前。”③对这种重复收录,编者的解释是“原各成书,无妨两美耳”④,“诸子各自成书,无嫌专行也”。⑤ 似乎只是在为广收博采、兼收并蓄寻找借口,其实尚未上升到理论自觉的程度。据上下文看,彭元瑞所说的“互见别出,各有源流”,应是指前、后编收书而言,与传统编目理论中的“互著”、“别裁”仍有一定差距。

三、分类特点

《天禄琳琅书目》凸显宫廷藏书之版本价值,在编次上突破了传统藏

① 《天禄琳琅书目》,彭元瑞“识语”,第810页。

② (清)章学诚撰,叶瑛校注,《文史通义校注》,北京:中华书局,1985年。卷六,外篇一,“和州志艺文书序例”,第653页。

③ 《天禄琳琅书目》,后编卷七,宋版《东莱吕太史集》条,第542页。

④ 《天禄琳琅书目》,后编卷四,宋版《诸儒校正两汉详节》条,第475页。

⑤ 《天禄琳琅书目》,后编卷五,宋版《老子荀子扬子文中子》条,第486页。

书目录的分类格局，首先以版本时代为纲，同时代者再按经、史、子、集四部分类排序，明确标示如“宋版经部”、“宋版史部”等，既有四部之名，又行四分法之实。同一时代下，因书立类，比如《天目前编》金版只《贞观政要》一种，设类只有“金版史部”；《天目后编》有辽版和影辽抄《龙龛手鉴》各一部，于是另立“辽版经部”、“影辽钞经部”。各部下，虽无二级子目名而仍有分类，并次序排书。既是藏书目录，编者根据所藏书的种类和数量多寡，分门别类，聊备寻检而已，基本上墨守四部成规，名目上并无新创。笔者据《钦定四库全书总目》之四部、四十四大类，分别统计《天禄琳琅书目》前后编各类藏书数量，借此可对这批皇家藏书在内容上的特点略作分析：

首先是正经正史类书数量大，经部达总数的四分之一，史部“正史”、“编年”、“纪事本末体”三类超过百部，体现了宫廷收藏尊崇儒家经典，重资政实用的鲜明特色。其次天禄琳琅书中无一部“曲类”等俚浅之作，无奇技淫巧、世俗之书，显是以阐圣学、明王道者为主，不以百氏杂学为重。子部下无“释家类”，皆因这一类书已单独编入《秘殿珠林》及其续编、三编之中。第三，《天目前编》卷十明版集部仅收入二部明人别集，一是王世贞《弇州山人四部稿》，一是贺逢圣《代囊子集》，而《天目后编》别集下限至元人止，无一部明人别集，不仅在甄选版本，连书籍内容上，都显示出编者厚古薄今的思想。

乾隆皇帝曾谓：“从来四库书目以经、史、子、集为纲领，裒辑分储，实古今不易之法。”①尽管《天禄琳琅书目》版本下亦按“四部分类法”编次排序，但并不严整，甚至偶有混乱，表现在如下三个方面：

（一）部类不尽与《四库总目》相合

比较《四库全书总目》，《天禄琳琅书目》分类颇有不同之处，因此有学者谓：“天禄琳琅部类不尽与《四库全书》相合。”②例如《国语》，在《天目前编》经部，在《四库全书总目》史部杂史类；《历代君鉴》在《天目前编》史部，在《四库全书总目》子部杂家类；《哲匠金桴》在《天目后编》集

① 《四库全书总目》，卷首，乾隆三十八年二月十一日上谕，第1页下栏。

② 《故宫善本书目》，“凡例”，第1页。

部，在《四库全书总目》子部类书类，等等。究其原因，一是由于《天目前编》成于《四库全书总目》之前，无范式可依，对于图书分类的认识多承袭传统，这种情况在《天目前编》较多，而在《天目后编》只三部书分类与《四库全书总目》不同，当系受到《四库总目》影响所致；二是很多子部书被提升地位，置于经部、史部之下，这或许是编纂诸臣的特别用意，即充实经史二类，以加大《天禄琳琅书目》中正统书籍的比例。

（二）分类认识不尽统一

同一部书，在《天禄琳琅书目》前后编竟出现在不同的部类下，这种情况屡见不鲜，例如《童蒙训》在《天目前编》经部，在《天目后编》子部；《战国策》在《天目前编》子部，在《天目后编》史部；《唐诗纪事》在《天目前编》史部，在《天目后编》集部，等等。这些表面看是前、后编的不统一，而《天目后编》分类往往与《四库全书总目》相符，实则是依据《四库》对《天目前编》图书分类的修正。《四库全书总目》对以往类目的分并改隶，"务求典据"，"择善而从"，创立了更为完善、系统的四部分类体系。"自从1793—1795年《四库全书总目》开始向读书人和藏书家流通以后，一个最显著的影响，就是在目录分类的类目上和每类之中所著录书籍的编排上，很快的就按照《四库全书总目》的分类体系去做了。"①不只私人藏书家，显然同是"钦定"、"官修"目录的《天目后编》的编者们也接受了《四库全书总目》的分类思想，尤可见《四库全书总目》在目录体系中的主异地位。

但是，彭元瑞等人并没有完全遵照《四库总目》的分类，如《详注东莱先生左氏博议》，《天目前编》在卷六元版子部下，《天目后编》则在卷七宋版集部下，都与《四库总目》置于经部春秋类的做法不同。《天目后编》卷十有二部元版《晏子春秋》，入子部儒家类，而《四库总目》入史部传记类，提要曰："按，《晏子》一书，由后人摭其轶事为之，虽无传记之名，实传记之祖也。旧列子部，今移入于此。"②四库馆臣对《晏子春秋》类分的改易，就没有得到《天目后编》编者的认可，仍是照依传统认识分类。

① 王重民，《中国目录学史论丛》，北京中华书局1984年版，第246页。

② 《四库全书总目》，卷五七，史部传记类一，《晏子春秋》条，第514页上栏。

(三)窜乱次序、误入他类

这种情况均出现于《天目前编》某一部类的最后，如《天目前编》卷二宋版子部最后一书《太学新编排韵字类》，上有乾隆御题，本应入经部小学类；卷七明版经部的最后三部书《童蒙训》和二部《养正图解》，前者入子部儒家类，后者入史部传记类更为适宜；卷八明版史部最后一书《班马字类》，亦应入经部小学类；这一卷倒数第四部书《大事记》，按照《四库总目》的分类次序，本应置于《通鉴纪事本末》诸书后，在《天目前编》却中间隔列《山海经》、《古今游名山记》等地理书、《泊如斋重修考古图》、《宝古堂重修宣和博古图》等金石目录之书，夹在《宝古堂重修宣和博古图》与《秦汉印统》两部金石目录书之间，显系错排于此。《天目》书分类与《四库》不合之处，大多尚能以认识不同加以解释，而以上情况有些突兀，自所在位置推测，盖因目录完稿、后添书只得措于部类最末所致。

宋代郑樵提出“编次必谨类例”，“类例既分，学术自明，以其先后本末具在。”①《天禄琳琅书目》不以辨章学术为旨归，只重叙录，不重分类，因此我们不能苛责它在目录分类上的毫无建树。《天目前编》编排之不严谨，与其提要质量，实在不堪相提并论；反之，《天目后编》提要质量，无论完备程度还是鉴定水平之高下，都远不如《天目前编》，但分类上少有明显错排、歧义发生，这也可从一个侧面看到《四库全书总目》对其后藏书目录的巨大影响。

四、收录特点

(一)重在鉴藏，不嫌博采

《天禄琳琅书目》“凡例”第四则曰：“同一书而两椠均工，同一刻而两印各妙者，俱从并收，以重在鉴藏，不嫌博采也。”②即同一书而两刻皆工致，从宋人尤袤《遂初堂书目》之例而并收；同一版而两印皆精好，亦两本并存。《天禄琳琅书目》同书异本的情况非常多，如《朱文公校昌黎先生

① (宋)郑樵，《通志二十略》，北京：中华书局1995年版。“校雠略”，第1806页。

② 《天禄琳琅书目》，“凡例”，第10页。

集》收3种宋版:大字本、麻沙小字本、中字本;《礼记》收3种宋版:余仁仲本、中字本、大字本;《节孝先生文集》收1部宋本,1部明本;《古史》收大字本、小字本2种不同宋版以及1种元本;《战国策》收2种宋版:大字本、小字本;《国语》收2种明版,一为张一鲲所刻,一为许宗鲁所刻;《增广注释音辨唐柳先生集》收3种不同的麻沙小字本;《五伦书》收2种明版,官刊颁行本和坊刻小字本,等等。同书异本情况,据笔者统计,《天禄琳琅书目》前后编总计131种书,552部不同版本。而同书同版本者更多,《天目前编》属于一版多印者有50种130部复本,《天目后编》有76种184部。《天目前编》宋本《六臣注文选》、《史记》,明本《诗缉》,《天目后编》宋本《春秋经传集解》、《六家文选》,明本《六经图》、《白孔六帖》、《昌黎先生集》、《集千家注杜工部诗集》各收4部;《天目前编》明本《文献通考》、《五伦书》、《六子全书》,《天目后编》宋本《班马字类》各收5部,而《天目前编》明本《六家文选》竟收了10部之多。即便是同出一刻,被判明"纸墨在前二部之下,虽出一版,实远逊之"①、"此书即前板,模印之时亦不相远,惟纸墨稍差耳"②之书,仍被一并收入。

《天目前编》同时将10部明嘉靖间袁褧嘉趣堂刻本《六家文选》收入,10部中有9部因模印精良而被书贾伪作宋本。在最后一部《六家文选》提要中,文臣对内府藏书之富颇有夸耀之意:

> 合计此书共成十部,而作伪者居其九,其间变易之计狡狯多端,或假为汴京所传,或托之南渡之末,虽由书贾谋利欺人,亦足见袁氏此书模印精良,实为一时不易得之本。今登册府者至十部之多,且袁氏所藏宋椠原本已入前宋版书中,七百余年后先辉映,猗欤盛矣!③

一部明版,同时收录复本竟达10部,洵属繁复!10部书版本既完全相同,唯一差别在于所钤藏印不同,曾分藏不同藏家,除第一部无藏家印

① 《天禄琳琅书目》,前编卷七,明版《重刊许氏说文解字五音韵谱》条,第236页。
② 《天禄琳琅书目》,前编卷七,明版《改并五音集韵》条,第239页。
③ 《天禄琳琅书目》,前编卷十,明版《六家文选》条,第365页。

记外,其它9部各不相同:第二部钤“楚府图书”、“水村陆氏珍藏”、“云间潘氏仲履父图书”等藏印,曾经明楚王、陆完、潘允端递藏;第三部钤“宝峰主人”、“业在二酉”印,曾经姜绍书、智瑄收藏;第四部钤“季振宜藏书”、“御史之章”等印,曾经季振宜收藏;第五部钤“烟条馆印”、“世美堂”、“沧浪渔隐”等印,曾经文徵明、袁忠彻、徐孟岳等人递藏;第六部钤“尚宝司卿”、“王伟”、“华亭朱氏珍藏”等印,曾经袁忠彻、王伟、朱大韶等人递藏;第七部钤“太子太保傅文穆公家藏图书”、“冯氏开之”、“曲阿孙氏七峰山房图籍私篆”等印,曾经傅瀚、冯梦祯、孙育珍等人递藏;第八部钤“水村陆氏画史珍玩图书”、“毛氏九畴珍玩”、“聚星堂藏书”印,曾经陆完、毛九畴、陈荦收藏;第九部钤“六江朱孔兆印”、“蔡珣私印”等印,曾经朱孔兆、蔡珣等人收藏;第十部钤“南昌袁氏家藏珍玩子孙永保”、“武陵华伯子图书”印,曾经袁忠彻、卞荣收藏。① 因名家旧藏,有各款精妙之藏印,于是入选昭仁殿,以供皇家赏鉴,这就是“凡例”所云:“同一刻而两印各妙者,俱从并收。”

《天禄琳琅书目》对一书的去取往往因其鉴藏价值而定,即“重在鉴藏”,从收藏的角度对某一版本加以考量。曾经名家收藏,锦上添花,自当收入;版刻罕见流传,藏家多予重视,也应一并收录。如《天目前编》明版《野客丛书》,据郭绍彭撰王楙《圹铭》,知此书在宋时未刊,故《文献通考》等各家目录不载,明时始有刊本,而王圻《续通考》仍未采入,“则固收藏希有之书也”②,《天目前编》明版《隶释》,据陈振孙“年来北方旧刻不可复得,览此犹可概想”,遂认为“此书虽非宋椠,模印不精,而其书则固足重也”③。《天目后编》元版《刘宾客外集》:“明时曾刻其集,为杂文二十卷,诗十卷,今行于世。独《外集》罕所流传,藏书家珍为秘笈,毛氏汲古阁尝影抄之,此刻本真稀见者。”④为了“鉴藏”,《天禄琳琅书目》甚至不顾内容的粗劣或坊间所为,而专重版本价值,如《天目后编》元版《选诗补

① 此处藏家姓氏,多据赖福顺《清代天禄琳琅藏书印记研究》一书,台北:中国文化大学出版部1991版,见“一、天禄琳琅初编藏书印考”,第3—68页。

② 《天禄琳琅书目》,前编卷九,明版《野客丛书》条,第307页。

③ 《天禄琳琅书目》,前编卷七,明版《隶释》条,第236页。

④ 《天禄琳琅书目》,后编卷十一,元版《刘宾客外集》条,第623页。

注》："其注仅以己意，敷演大意，规窃《楚辞注》而去取鲜当，陈腐不伦，殊无足取，特以旧椠收之。"①元版《增刊校正王状元集注分类东坡先生诗》："其间篇章之割裂，名目之犯复，殆有甚焉。而乃于标题下署十朋之名，抑何妄耶？……特以其书规仿宋椠，模印清朗，尚属元刻之善者，故存之。"②明版《五侯鲭字海附五经难字》："其书粗浅不伦，八体诸篆多出杜撰，至有苍颉、伏羲之字。又抄礼部译字生所习之书，自诩异闻，弥形荒鄙。……后附《五经难字》一卷，经注不分，字多习见，标《五经》而有《四书》，标《春秋》而实《左传》，皆坊贾倩不学人所为。……而镌刻极精雅，故存之。"③明版《南唐书》："此书虽系坊间刻梓，而字画清朗，纸墨精洁，亦足为插架之珍也。"④可见，"重在鉴藏，不嫌博采"是将善本视为文物的集中体现。

（二）残缺多，阙页亦夥

有学者统计仅"阙补"一项，在《天目前编》中就有126部，占了近三分之一，其中宋版最多，60%；元版第二，54%；明版第三，21%；影宋版最少，24部中仅3部有阙补，占12%。⑤推其原因，自是宋元版年代久远，流传时间长，因此残缺较重，而年代较晚的明版、影宋抄相对完整。笔者统计《天目后编》664部书中，有阙补页者97部，仅占七分之一。

一书阙补少则一页、数页，多则整卷、数卷，甚至数册残缺，如《天目前编》卷二宋版《春秋经传集解》，2函15册，其中"阙补卷十三、卷十四、卷十七、卷二十二，计四册。"⑥15册的一部书，竟然有4册系阙补，不禁令人质疑宫廷藏书的品质，何以众多残缺之本能入选昭仁殿善本特藏？若以宋元本珍贵稀有，收入残缺本尚可理解，而残本明刊亦收，实在有虚应、滥收之嫌。

---

① 《天禄琳琅书目》，后编卷十一，元版《选诗补注》条，第636页。

② 《天禄琳琅书目》，前编卷六，元版《增刊校正王状元集注分类东坡先生诗》条，第192页。

③ 《天禄琳琅书目》，后编卷十三，明版《五侯鲭字海附五经难字》条，第669页。

④ 《天禄琳琅书目》，前编卷九，明版《南唐书》条，第257页。

⑤ 钱亚新著，《略论天禄琳琅书目》，《河南图书馆学刊》，1989年第1期，第29—30页。

⑥ 《天禄琳琅书目》，前编卷二，宋版《春秋经传集解》条，第8页。

《天禄琳琅书目》编排上以版本时代为纲，著录内容突出版本，此外这部书目还体现出“编纂方法理性化”①的特征。与以往将“凡例”隐括在书目本身或序跋中的做法不同，《天禄琳琅书目》在“乾隆御制题昭仁殿诗”、“天禄琳琅鉴藏旧版书籍联句”后即开列凡例八则，明确交待了书目的编纂体例，后人赞其“极见精裁”②。首则言明编纂初衷，曰“爰以旧藏续入诸种编辑书目，以合于古者秘书分中外之义”，其后具体阐述了书目编制方法。另外，最后两则中说“套签于旧藏者添识‘乙未重订’，续入者则识‘乾隆乙未重装’，用志裒集次第”，“诸书每册前后皆钤用御玺二：曰‘乾隆御览之宝’，曰‘天禄琳琅’。其宋、金版及影宋抄皆函以锦，元板以蓝色绨，明板以褐色绨，用示差等。”可知它不只是书目之凡例，也是当时整理内府藏书之章程。综上所述，《天禄琳琅书目》是一部体例成熟、条目清晰的版本目录。

《天禄琳琅书目》虽著录详略不一，但体例堪称严格，特别是挟皇家特权，对当时的禁书旨意多有突破，试举隅说明之。《天禄琳琅书目》中公然收录了被禁大臣的文字，最多的是钱谦益，不仅 14 部书上记其藏书印记③，如宋版《玉台新咏》记其“钱谦益印”、“牧斋”二白文印，并称“钱谦益藏本”④；宋版《吕氏家塾读诗记》记“宗伯”白文印，并称“其‘宗伯’一印，则钱谦益自志其官阀也”⑤，等等，还全文录其题识，如宋版《汉书》下有钱谦益二则题跋、 则题记，合计 700 余字，宋版《古列女传》下也有钱跋一则，凡 234 字。早在乾隆三十四年（1769），钱谦益的书就被禁毁，

① 严佐之先生在《近三百年古籍目录举要》前“清代私家藏书目录琐论（代前言）”中，将出现详尽具体的正规化书目编纂体例，总结为清代私家藏书目录的特点之一，即编纂方法的理性化，上海：华东师范大学出版社，2008 年，第 2 页。

② 梁启超著：《图书大辞典 · 簿录之部 · 官录及史志》，《饮冰室合集》专集第十八册，《饮冰室专集》八十七，民国二十五年（1936）中华书局铅印本，第 38 页。

③ 计有《天目前编》之宋版《汉书》、《后汉书》、《古列女传》、《玉台新咏》，元版《大广益会玉篇》、《唐国史补》，明版《重刊许氏说文解字五音韵谱》；《天目后编》宋版《吕氏家塾读诗记》、《史记》、《夏侯阳算经》，元版《南唐书》，明版《东莱先生音注唐鉴》、《韦苏州集》、《通志》共 14 处。

④ 《天禄琳琅书目》，前编卷三，宋版《玉台新咏》条，第 86 页。此五字，王先谦本脱，据《四库全书》本补。

⑤ 《天禄琳琅书目》，后编卷二，宋版《吕氏家塾读诗记》条，第 410 页。

编纂《四库全书》时，四库馆臣对钱氏文字诛绝爬剔，无微不至，甚至他人之书有钱氏及与其往来的文字都会遭禁，①而皇家敕编书目却不受禁书影响，照录无遗，这只能以皇家特权加以解释。编《四库》是朝廷文治的重要内容，将垂型世人，其中必要体现严格的政治标准；宫廷藏书目录面向皇帝，皇帝德范生民，俯临天下，自是无需回避“贰臣”、“奸佞”之说。其他人如王铎，亦是与钱谦益一样大节有亏之人，编纂《四库全书》时书及雕版均遭全毁，但《天禄琳琅书目》中有二部书的提要对他做了简介：《天目前编》元版《大广益会玉篇》记其“王铎”朱文印，并云：“王铎字觉斯，河南孟津人，明天启二年进士，本朝官礼部尚书。”②《天目后编》宋版《御题唐陆宣公集》记“王铎之印”白文印及“觉斯”朱文印，并云：“王铎，字觉斯，孟津人，本朝大学士。”③再如与钱谦益同被乾隆皇帝作为禁毁典型的金堡，《天目前编》的明版《路史》下也有记载：“书前载明金堡序文，称‘吴子伯持，妙年好古，有《路史》之役，较讹订讹，斯已精矣’云云。考金堡，仁和人，登崇祯庚辰进士。”④《天目前编》被收录到《四库全书》中，却未按《四库》惯例，将被禁毁之人的名字改易他人，试想，若不记或改易钱谦益等人的名字、藏书印记，一书的递藏源流就会有所中断，甚至混乱。钱谦益是明末清初江左藏书第一大家，他收藏过或题跋的书，不仅被文臣、后世藏家看重，连乾隆皇帝也宝爱有加，前述有钱氏多处题跋的宋版《汉书》前有御题，允为内府藏宋版之冠，并云：“览前人跋语，知旧为吴兴赵孟頫家物，辗转流传，一归之王世贞，再归之钱谦益。王、钱辈皆精于赏鉴而爱惜珍贵，至比之宝玉大弓，良非虚语。”⑤按照《天禄琳琅书目》体例，当某位藏书家首次出现时都要对其生平有所介绍，文臣虽然在《汉书》提要中评道：“谦益人品不足称，而长于鉴古，故于是书三致意。”⑥终

① 如直隶清河道鲁之裕所撰《经史提纲》、《式馨堂文集》、《书法彀》三书内，有钱谦益姓名，遂被安徽巡抚闵鹗元奏请禁毁，版片亦被毁。笔者曾撰《鲁之裕其人其书》一文予以详考，见《四库禁毁书研究》，北京出版社 1999 年版。

② 《天禄琳琅书目》，前编卷五，元版《大广益会玉篇》条，第 134 页。

③ 《天禄琳琅书目》，后编卷一，宋版《御题唐陆宣公集》条，第 392 页。

④ 《天禄琳琅书目》，前编卷八，明版《路史》条，第 268 页。

⑤ 《天禄琳琅书目》，前编卷二，宋版《汉书》条，第 21 页。

⑥ 《天禄琳琅书目》，前编卷二，宋版《汉书》条，第 22 页。

是全文保留了钱氏题跋,尊重了鉴赏书目的特殊体例。

《天禄琳琅书目》是我国第一部官修版本目录,是一部完整意义的善本书目。它和《四库全书总目》一样,都继承了此前同类目录之长,又加以创新,显示出相当的学术功力;况且皆出于"敕撰",上行下效。在宏观上,它影响了其后数百年的善本书目编纂风尚,对后世目录著作产生了广泛持久的示范效应,出现了众多受其影响的成果;在微观上,其编排系统,著录细密,这些著录项目大多沿袭至今,仅作局部的扩充和规范,对善本书目这一重要目录类型,确实有开先创制的意义。尽管它"部次简单,不足以言分类也"①、"辨别未精,版本多误,未可悉采信也"②、"过于烦琐,考证疏忽"③,但瑕不掩瑜,《天禄琳琅书目》于目录学之高度并不因此而减退,它在中国目录学史上仍然占有相当重要的地位,系中国目录学史上经典之作。

参考文献:

一、专书

1.(清)钱谦益.牧斋初学集.台北:台湾商务印书馆《四部丛刊初编》本,1975

2.(清)钱谦益.牧斋有学集.台北:台湾商务印书馆《四部丛刊初编》本,1975

3.(清)曹溶.绛云楼书目·题词.台北:艺文印书馆,粤雅堂丛书本,1970

4.(清)钮琇.觚剩.台南:庄严文化事业公司,《四库全书存目丛书》本,1995

5.(清)鲍鋋.亚谷丛书. 中国稀见史料(第一辑).厦门:厦门大学出版社, 2007

6.(清)何焯.义门先生集.清宣统元年(1909)平江吴氏广州刊本

---

① 《天禄琳琅书目》,前编卷二,宋版《汉书》条,第222页。

② 《天禄琳琅书目》,前编卷二,宋版《汉书》条,第78页。

③ 钱亚新:《略论天禄琳琅书目》,《河南图书馆学刊》,1989年第1期,第30页。

7.（清）黄丕烈. 荛圃藏书题识. 上海:上海远东出版社,1999
8.（清）张之洞,（民国）范希曾. 书目答问补正. 台北:汉京文化公司,1984
9.（清）周星诒原辑,罗振常重编. 周氏传忠堂藏书目. 上海蟫隐庐,1936
10. 陈登原. 古今典籍聚散考. 上海:商务印书馆,1936
11. 姚名达. 中国目录学史. 台北:台湾商务印书馆,1965
12. 赵尔巽等. 清史稿. 北京:中华书局,1977
13. 昌彼得. 版本目录学论丛. 台北:学海出版社,1977
14. 陈寅恪. 柳如是别传. 上海:上海古籍出版社,1980
15. 郑振铎. 西谛书话. 北京:三联书店,1983
16. 周宋泉. 柳如是杂论. 南京:江苏古籍出版社,1986
17. 王重民. 中国善本书提要补编. 北京:书目文献出版社,1991
18. 简秀娟. 钱谦益藏书研究. 台北:汉美图书公司,1991
19. 严佐之. 近三百年古籍目录举要. 上海:华东师大出版社,1994
20. 郑伟章. 文献家通考. 北京:中华书局,1999
21. 吴正明. 红豆与钱柳遗事. 上海:百家出版社,2004
22. 范景中,周书田. 柳如是事辑. 北京:中国美术学院出版社,2007
23. 章钰. 读书敏求记校证. 北京:中华书局,2007
24. 金鹤冲. 钱牧斋先生年谱（钱仲联标校《牧斋杂着》（附录））. 上海:上海古籍出版社,2007

二、论文

1. 王重民. 绛云楼书目跋. 国立北平图书馆月刊(3 卷 5 号）,1929
2. 柳作梅. 牧斋藏书之研究. 图书馆学报, 1963(5)
3. 罗炳绵. 清初钱毛诸藏书家与学风考. 新亚学院学术年刊,1964(6)
4. 乔衍管. 重印绛云楼书目序. 书目三编叙录, 1969
5. 李庆. 钱谦益:明末士大夫心态的典型. 复旦学报（社会科学版）,1989(1)
6. 黄晨敏. 中国天主教史研究二题. 中国研究, 1998(37)
7. 许龙. 钱谦益降清之人格心态透视. 嘉应大学学报,1999(2)

8. 方良. 钱谦益清初行踪考. 江南大学学报(人文社会科学版),2005(4)

9. 王红蕾.《绛云楼书目》各抄本互异原因略考. 文献季刊,2010(3)

10. 王红蕾. 浅析《绛云楼书目》的若干问题. 中国图书馆学报,2010(6)

11. 王红蕾. 钱谦益藏书之所考述. 中国典籍与文化,2011(1)

区域经济史视野下的清代山东东昌府刻书

何朝晖

（山东大学儒学高等研究院古典文献研究所）

山东东昌府在清代崛起为北方一个重要的刻书中心，涌现了以“书业德”、“善成堂”、“宝兴堂”、“有益堂”等“四大书庄”为代表的一批十分活跃的商业书坊，享有“东昌作坊、书笔两行”①的盛誉。东昌府首县聊城的刻书业清代后期达到极盛，有坊铺数十家，书版上千种，每年销售的书籍不下数十万部。② 其出版物不仅满足了本地和邻近地区的需要，而且辐射到华北和东北各地，乃至行销到南方。东昌府刻书活动的广泛影响，使之成为我们观察清代北方出版业和北方图书市场发展状况的一个重要窗口。

在目前的经济史学界，对出版业和书籍市场的关注还相当欠缺。在关于明清北方和山东区域经济史的几部重要著作中，有关书业的文字寥

① 安作璋、王志民，《齐鲁文化通史・明清卷》，北京：中华书局，2004 年，第 530 页。

② 或说聊城书坊每年销售的书籍不下二三十万部，见金紫垣、胡国典、刘伯纪《聊城四大书庄》，《聊城文史资料》（第四辑），内部印刷，1987 年。或云聊城“四大书庄”每年每家销售量达到 10 多万部，见吴云骎编《东昌旧闻》（稿本）卷二十一，赵国华述《重昌城中福州路》，第 38—39 页。

寥无几。① 而在研究出版史的学者中,关注的焦点多是单个的书坊及其出版物,较少从书籍市场和出版经济史的角度加以探讨。本文拟从区域经济史的角度来观察清代山东东昌府的刻书业,并进而探讨出版业与清代北方商品市场的相互关系及其在区域经济中的地位和影响。

一、明清北方商品经济格局与东昌府刻书的兴起

东昌府刻书在清代的兴起不是偶然的,与明清北方商品经济格局有着密切的关系,是多种经济、社会因素综合作用的结果。

(一)全国和地区商品流通网络与东昌府的区位优势

中国古代受交通条件所限,航运的效率和成本都要优于陆运。明清时期全国的主要商路,东西方向上最主要的是长江航运,其次是珠江航运,以及东北辽河、松花江、黑龙江航运等等。在南北方向上,主要是运河航运和海运,此外还有赣江、湘江航运等。② 在咸丰五年(1855)年黄河改道导致运河逐渐淤废、海运占据主导地位以前,运河一直是沟通南北经济的最重要的大动脉。

在北方地区,明清时期商品的长途贩运主要有三条路线:一是通过京杭运河输送和交流南北各地的商品。二是海运,直隶、山东沿海地区的商人,北上可至辽东,南下可至东南沿海各省进行长途贩运。在明代由于倭寇的骚扰,长时间实行海禁,隆庆消除倭患以后开禁,海运逐渐恢复。清初为了断绝大陆反清力量与台湾郑氏的往来,"片板不许入海",康熙二十二年(1683)收复台湾后,于次年取消海禁,海运很快发展起来。三是东西方向,横跨山东、河南、陕西等省的陆路交通。③

山东境内的交通体系,可以分为东西两部分,"西则自运道而来,东则

① 如姜守鹏《明清北方市场研究》,长春:东北师范大学出版社,1996 年;许檀《明清时期山东商品经济的发展》,北京:中国社会科学出版社,1998 年。李伯重《江南的早期工业化(1550—1850)》(北京:社会科学文献出版社,2000 年)第四章第五节是讨论江南出版业的,是很罕见的正面讨论出版业的经济史论著。

② 姜守鹏,《明清北方市场研究》,长春:东北师范大学出版社,1996 年,第 174-175 页。

③ 姜守鹏,《明清北方市场研究》,长春:东北师范大学出版社,1996 年,第 289 页。

由海而下”①。在西部主要依靠运河以及属于运河水系的卫河、柳林河与灉河的航运，东部则靠海运与东南沿海和东北地区实现货物交换。流经鲁西、鲁北的大清河在沟通山东东西部方面也起到了一定作用，但枯水季节无法使用，很不稳定。② 陆路交通方面，南北方向有山东西部与运河大致平行的两条官马大道，一条是沟通京师和东南各省的“福州官路”，一条是京师通往南方地区的“广东官路”。③ 东西方向有济南至青州府、莱州府、登州府的陆路交通干线。④ 山东东西部各自有运河和海运与南北各省建立经济上的联系，鲁中为山区，交通不便，因而形成鲁西、鲁东两大相对独立的经济区，各自与有关省区建立经济往来，山东全省反而缺乏统一的商品流通中心。⑤

运河在清代后期淤废以前，无论就全国还是地区层面而言，都是明清时期最繁忙、地位最重要的商路。这带来了运河沿线商业的繁荣。自元代会通河开通以后，京杭运河从山东西部经过，极大地带动了鲁西、鲁南沿河商业城镇的发展。明清时期，临清、济宁、聊城、张秋发展成为山东运河沿岸最为重要的几个商业城市。这些沿河商业城镇除了利用运河之便转运、交流南北物资之外，在东西方向也通过较为繁密的水陆交通网，向西与河北、河南、山西、陕西等省份，向东与济南、周村等山东腹地城镇建立联系。⑥ 作为东昌府首县的聊城正是因为同时位于运河沿岸和东西陆路交通要冲的优越地理条件，而成为“漕挽之咽喉，天都之肘腋”的“江北一都会”，清中期后号称运河沿岸九大商埠之一。⑦

(二)山西移民与西商的崛起

临清、济宁、聊城、张秋同为山东西部运河沿岸的商业城镇，临清、济

---

① 光绪《费县志》卷十，人物。

② 王云，《明清山东运河区域社会变迁》，北京：人民出版社，2006 年，第 41、45—46 页。

③ 王云，《明清山东运河区域社会变迁》，北京：人民出版社，2006 年，第 44—45 页。

④ 许檀，《明清时期山东商品经济的发展》，北京：中国社会科学出版社，1998 年，第 201 页。

⑤ 许檀，《明清时期山东商品经济的发展》，北京：中国社会科学出版社，1998 年，第 389—390 页。

⑥ 王云，《明清山东运河区域社会变迁》，北京：人民出版社，2006 年，第 46—47 页。

⑦ 魏聊，《运河与聊城》，聊城地区新闻出版局，1997 年，第 16 页。

宁的商业繁荣程度较聊城有过之而无不及,但唯有聊城的刻书业逐渐发达起来,成为一个重要的地区出版业中心。其中的主要原因在于山西移民和山陕商人的影响。

明朝建立之初,华北平原几经战乱兵燹,耕地抛荒,人口锐减,其中尤以冀鲁豫交界的鲁西北平原一带为甚。明太祖下令从人口较稠密处迁移民众,填实户口空虚地区。明初对山东的大规模迁民主要集中于鲁西东昌府、鲁南兖州府等地,移民来自山西、直隶以及山东东部人口较稠密的登、莱等府。见于《明实录》记载的大规模迁民就有数次。洪武二十一年(1388),迁山西泽、潞二州民众无田者赴山东东昌、临清,以及河南彰德等处"闲旷之地"置屯耕种①。洪武二十二年(1389),迁山西贫民赴山东东昌、直隶大名、广平三府。② 洪武年间,鲁西东昌府和鲁南兖州府共接受来自山西的移民近60万人,兖州府西部平原地区的山西移民占到了当地总人口的60%左右,东昌府的山西移民更是占到当地总人口的将近90%。③ 因而明清时期许多聊城人把山西移民的集结出发地洪洞县,视为自己的老家。④

填实山东的山西移民主要来自晋南地区。这一地区以平阳府为代表,自金、元以来就有深厚的刻书传统,在北方地区有重要的影响。山西移民的大量涌入,带来了东昌府刻书业成长的基因。据说洪武年间,聊城已经开始出现小型的印刷作坊。⑤

山西商人的崛起,是催生东昌府刻书业的另一个重要因素。明朝建立后,防御北方蒙古政权南下袭扰成为首要的边防问题。为此明朝政府沿长城一线设置了一系列军镇,部署大量军队驻守,号称"九边"的9个军镇共驻扎了约100万边军。⑥ 由于明朝的经济重心在东南,因而如何从东南向北部边境地区稳定地输送巨量的军粮、给养成为一个棘手的问

① 《明太祖实录》卷一九三,洪武二十一年八月癸丑。

② 《明太祖实录》卷一九七,洪武二十二年九月壬申。

③ 曹树基《洪武时期的鲁西南地区的人口迁移》,《中国社会经济史研究》1995年第4期。

④ 吴云涛,《山西洪洞是老家》,《聊城琐记》,稿本,1958年。

⑤ 金紫垣等,《聊城四大书庄》,第83页。

⑥ 吴晗《明代的军兵》,《读史札记》,北京:三联书店,1956年,第103页。

题。为此明朝政府实行了开中法，即鼓励商人向边地运送粮草，根据输送数量的多少向政府报中，换取盐引，得以从事原本由政府专卖的食盐贸易。山西距离明朝的北部诸军镇较近，有地利之便，因而不少山西人向边关运粮报中，经营盐业而成为巨富。晋商在明代中期崛起，与南方的徽商成为双峰并峙的两大商帮。到了清代，晋商凭借着与清政府的特殊关系，继续繁荣，控制了整个北方市场。①

山西、陕西两省的商人，都来自西部，在出外经商活动中有相互结合的传统，习惯上统称为山陕商人或西商。西商在北方的活动区域主要是河北、河南和山东西部。晋商靠开中法起家，兴贩南北货物是其所长，自然不会忽略南北商品流通最重要的大动脉——运河。从明朝中期起西商开始进入山东运河区域经营，②在运河沿岸的大小城镇乃至农村地区都留下了晋商的足迹，而较少涉足距离运河较远的山东中部和东部。③ 在山东的运河沿岸诸城市中，西商在聊城的势力最大。临清是明代山东运河沿岸最繁盛的商业城镇，徽商在那里十分活跃，扮演了主要角色。晚明谢肇淛《五杂俎》卷十四《事部二》说："山东临清，十九皆徽商占籍。"明末由于税使之害和战乱，徽商大量撤离临清。入清后，许多西商进入临清经营，④但清代后期，由于运河在南北物流中的地位显著下降，临清商业趋于衰落，西商逐渐移往作为东昌府府志、同时具有政治中心城市功能的聊城。在济宁，由于本地商帮实力强劲，加上徽商较为活跃，西商难有作为，势力较小。⑤ 而聊城由于山西移民后裔众多，因而吸引了大量西商纷至沓来，设店经营。据聊城山陕会馆藏《旧米市街太汾公所碑记》记载，"聊摄为漕运通衢，南来客舶络绎不绝，以故吾乡（按指山陕）之商贩者云集焉，而太、汾二府者尤夥。自国初康熙间来者踵相接，侨寓旅舍几不能

① 张海鹏、张海瀛，《中国十大商帮》，合肥：黄山书社，1993 年，第 19—21 页。

② 李泉、王云，《山东运河文化研究》，济南：齐鲁书社，2006 年，第 164 页。

③ 王云，《明清山东运河区域社会变迁》，北京：人民出版社，2006 年，第 134 页：道光以后，山陕金融商人势力才开始向鲁中和胶东地区发展，但此时西商已是强弩之末。

④ 李泉、王云，《山东运河文化研究》，济南：齐鲁书社，2006 年，第 162 页。

⑤ 包世臣，《安吴四种》卷六，《闸河日记》："西客利债剥遍天下，济宁独不能容。"

容。”[①]西商在聊城商业中占有压倒性优势。[②] 清道光年间,聊城数百家商铺中,有百分之七八十为西商所开。[③] 咸丰年间,在聊城的山陕商人所开商号已有1000家左右。[④] 宣统《聊城县志》说:“殷商大贾,晋省人为最多。昔年河运通时,水陆云集,利益悉归外省,土著无与焉。”[⑤]

山陕商人在聊城经营的与书业有关的店铺有纸店、墨店、书坊。据现存聊城山陕会馆碑刻,纸店有生红纸店、长裕纸局、隆和纸局、隆泰纸店、三盛纸店等,墨店有老翰墨林、张翰墨林等,书坊有书业德、书业成记、永协书、老图书府等。[⑥] 其中书业德为聊城规模最大的书坊,“四大书庄”之首,最盛时有房舍上百间,雇工百余人,书版千余种。山西商人还带来了年画业,他们在张秋开设了三家画店,经销年画、门神。后来其中一家“刘振升画店”迁到聊城东关清孝街,又带动了聊城年画刊刻业的发展。[⑦] 清代东昌府年画业兴盛,是鲁西年画的代表。[⑧] 财力雄厚的山陕商人的参与,对东昌府书籍和年画刊刻业的兴起是必不可少的。

(三)出版业生产资料的来源

出版业兴起的要素除了技术、资金、市场之外,还有生产资料,最重要的是纸张和板材。明清时期北方的造纸业不发达,主要集中于陕南的汉中府与兴安府,且多是清乾隆以后才发展起来的。[⑨] 北方地区也生产草

---

① 许檀,《明清时期山东商品经济的发展》,北京:中国社会科学出版社,1998年,第182页。

② 聊城山陕会馆嘉庆十四年(1809)碑:“(聊城)地临运漕,四方商贾云集者不可胜數,而吾山陕为居多。”

③ 聊城山陕会馆道光二十五年(1845)碑:“东郡(指聊城)商贾云集,西商十居七八。”

④ 王云,《明清山东运河区域社会变迁》,北京:人民出版社,2006年,第337页。

⑤ 宣统《聊城县志》卷一,风俗。

⑥ 王云,《明清山东运河区域社会变迁》,北京:人民出版社,2006年,第141—142页。

⑦ 参见张颖等《张秋木版年画的前世今生》,吴文立主编《聊城传统文化研究》(第一辑),北京:九州出版社,2011年,第298—300页;谢昌一《张秋镇年画调查》,《山东工艺美术》1981年第2期;吴云涛、沈宝章《东昌野史》,抄本,《聊城木版年画与门神》,第180—190页;沈泓,《中国濒危年画寻踪——东昌府年画之旅》,北京:中国时代经济出版社,2011年,第72—77页。

⑧ 竞放,《聊城》,《地方史志资料丛书》,新闻出版局,1994年,第104—107页,《民间艺术·木版年画》。

⑨ 严如熤,《三省山内风土杂谈》:陕西“丛竹生山中,遍岭漫谷,最为茂密,取以作纸,工本无多,获利颇多,故处处皆有纸厂”。转引自姜守鹏《明清北方市场研究》,长春:东北师范大学出版社,1996年,第101—102页。

纸、火纸、麦秸纸、苇子纸等,[1]但这些纸多不能用于印书。聊城在明清时期有刷纸业,所产之色纸主要用于帖套、信封、信笺等。[2] 北方纸张的供应主要来自南方,因而运河沿岸的城市从事需纸量巨大的刻书业具有显著的优势。山东西部运河区域的纸张,主要来自福建、江西、浙江等地,[3]其品种甚多,有杠连、古连、毛边、三把头、五披、八披、头堂、本、表、笺等。[4] 书坊刻书之纸,主要进自南方。[5] 运河沿岸的城镇均设有纸店,转贩南方纸张。江西商人在运河地区除经营瓷器外,还经营纸张。[6] 临清的街道名称中有白纸巷,为纸铺集中之地。[7] 济宁有纸店街、纸坊街。[8]聊城有西商经营的纸局。[9] 张秋牙行43行中有白纸行。[10]

雕版是传统出版业特别重要的生产资料。山东本地所产木材较少,木料、竹料绝大部分需从外省输入。北方的采木业主要集中于陕西南部的终南山区,开采时间为清乾隆至道光年间,行销甘肃、山西、河南、山东、江苏等省。[11] 山东西部地区,东昌府的竹、木料来自湖广、山陕、河南,由运河、卫河运来;[12]兖州府从山西、江南输入木材。[13] 胶东半岛所需木材则

---

① 姜守鹏,《明清北方市场研究》,长春:东北师范大学出版社,1996,第101—102、第300—301页。

② 吴云涛《聊城毛笔制作与刷纸业史略》,《聊城文史资料》第二辑,第97—111页。

③ 姜守鹏,《明清北方市场研究》,长春:东北师范大学出版社,1996年,第148—149页,许檀,《明清时期山东商品经济的发展》,北京:中国社会科学出版社,1998年,第115页。

④ 姜守鹏,《明清北方市场研究》,长春:东北师范大学出版社,1996年,第149页。

⑤ 金紫垣等,《聊城四大书庄》,第102页:有益堂起初设于河北衡水,该书坊从南方所购纸张,先用船由运河运到聊城,寄存在宝兴堂,再雇大车运住衡水。

⑥ 李泉、王云,《山东运河文化研究》,济南:齐鲁书社,2006年,第188页。

⑦ 乾隆《临清州志》卷三,城池。

⑧ 民国《济宁县志》卷二,建置篇。

⑨ 李泉、王云,《山东运河文化研究》,济南:齐鲁书社,2006年,第119页;许檀,《明清时期山东商品经济的发展》,北京:中国社会科学出版社,1998年,第183页。

⑩ 康熙九年(1670)修、乾隆三十二年(1767)增补《张秋志》卷一,税课。

⑪ 彭泽益,《中国近代手工业史资料》第一辑,北京:三联书店,1957年,第307—310页;姜守鹏,《明清北方市场研究》,长春:东弱师范大学出版社,1996年,第32、100、148—149、301页。

⑫ 许檀,《明清时期山东商品经济的发展》,北京:中国社会科学出版社,1998年,第372页。

⑬ 万历《兖州府志》卷四,风土志:"江南之材从河入漕,山西之材从沁东下,由济、濮入漕。"

从福建、东北海运而来。[①] 运河沿岸城镇多有经营板材的商铺,不少西商从事这一行当,[②]聊城就有西商开设的板店。[③] 张秋的牙行中有板片行。[④]

二、从东昌府刻书业看清代北方出版经济与书籍市场

(一)传统出版中心兴起的条件

东昌府为什么能够在清代崛起为北方的一个重要刻书中心?除了具备地理和交通上的优势,以及商业环境、原材料供应方面的条件之外,技术移民是一个十分关键的因素。在山东运河沿岸的商业城市中,聊城的地理优势并不是最突出的,商业也不是最繁盛的。明清时期临清和济宁的商业规模和重要性都要超过聊城。临清控扼鲁西北运河咽喉,在明清两代是华北的纺织品、粮食贸易中心,全国性的流通枢纽,"十三省的总路"[⑤]。[⑥] 在明代临清是山东最大、华北首屈一指的商业城市,全国八大钞关之一,万历年间所征税额为全国之首,占全国的四分之一。清代后期临清的商业地位下降,聊城才逐渐取而代之成为山东运河北段最重要的商品集散中心。济宁位于鲁南,与江苏、安徽联系密切,商业十分兴盛,地位超过聊城。临清和济宁都具备成为出版中心的基本条件,但刻书业却在聊城异军突起。其原因在于东昌府吸纳了大量的山西移民,这些移民带来了刻书的技术和传统。

聊城书坊的刻工主要来自聊城以西40里的堂邑县,这里聚居的山西移民传承了前辈的雕版技术。堂邑西部的三奶奶庙、骆驼山、徐一发、许

① 赵文运等修《胶志》卷五十二。

② 李泉、王云,《山东运河文化研究》,济南:齐鲁书社,2006年,第188页。

③ 李泉、王云,《山东运河文化研究》,济南:齐鲁书社,2006年,第119页;许檀,《明清时期山东商品经济的发展》,长春:东北师范大学出版社,1996年,第183页。

④ 康熙九年(1670)修、乾隆三十二年(1767)增补《张秋志》卷一,税课。

⑤ 《梼杌闲评》第二回,《魏丑驴迎春逞百技,侯一娘永夜引情郎》:"却说临清地方虽是个州治,到是个十三省的总路,名曰大码头,商贾辐辏,货物骈填。"

⑥ 许檀,《明清时期山东商品经济的发展》,长春:东北师范大学出版社,1996年,第165、166、170页。

堤口等村庄是刻工比较集中的地方，甚至有不少妇女也从事这项家庭副业。[①] 他们承揽聊城书坊的活计，约期交件，论件承包。“四大书庄”之一的有益堂最初还在河北衡水经营的时候，也专门到山东堂邑来找刻工。[②] 堂邑刻工还为北京的书坊刻过书。[③] 聊城、张秋刊刻的鲁西年画，特点是“刻印分家”，刻工皆出自堂邑，印工则出自张秋。[④] 这说明在传统雕版技术的传播中，移民起着十分关键的作用。有的研究者认为，中国各地的年画，皆肇始于山西南部，山西移民对于年画业的传播起了重要作用。[⑤] 江西金溪刻书业的兴起，可以追溯到明末一位河南新乡谷姓商人的迁入开店。[⑥] 清代四川成都、岳池刻书业的兴起，可能源于来自江西金溪的移民，而岳池的工匠又把刻书业带到了贵州、云南、陕西、甘肃等地。[⑦] 以上种种，说明技术移民对于出版业的传播和发展具有特殊的重要性。

（二）清代北方坊刻书的消费层次

包筠雅（Cynthia Brokaw）曾提出，从明末到清中期，印刷业在中国南方有两个发展趋势，一是在地理层面上从少数几个出版中心向各个地区蔓延，二是在社会层面上向下层读者延伸。[⑧] 就华北而言，这个趋势同样适用，只不过要滞后一些。在清代以前，北方的坊刻业仅存在于北京、晋南等个别地区。清代中期以后，北方各省的坊刻业逐渐发展起来。东昌

---

① 吴云涛《聊城刻书考》，《齐鲁文史》，2000 年第 3 期，第 23 页。

② 金紫垣等，《聊城四大书庄》，第 102 页。

③ 曹之，《中国古籍版本学》，武汉：武汉大学出版杜，1992 年，第 387 页

④ 竞放，《聊城》，新闻出版局，1994 年，第 104—107 页；谢昌一《张秋镇年画调查》，《山东省文化艺术志资料汇编》第 12 辑。

⑤ 范华美《晋南木版年画的特色》，《运城学院学报》2011 年第 6 期。

⑥ 《江西省志 · 江西省出版志》，南昌：江西人民出版社，1998 年，第 3 页。

⑦ Cynthia Brokaw, “Woodblock Printing and the Diffusion of Print in Qing China,” in Isobe Akira ed. Higashi Ajia shuppan bunka kenkyū—Niwatazumi 东アジア出版文化研究—にわたずみ, Tokyo: Nigensha, 2004, p. 185; Cynthia Brokaw, “The aesthitics of cheap print: commercial book production in the 19thy-century hinterland,”The Art of the Book in China (Percival David Foundation Colloquies on Art and Archaeology in Asia No. 23), London: School of Oriental and African Studies, University of London, 2006, p. 45.

⑧ Cynthia Brokaw. “The aesthitics of cheap print: commercial book production in the 19thy-century hinterland,” p. 43.

府刻书业发轫于清初,[1]聊城四大书庄的创始时间皆在康乾时期。清朝后期、尤其是光绪年间,聊城刻书业达到鼎盛。除聊城之外,临清、济南、周村、烟台等地也先后出现了坊刻业。从所面向的读者群来说,这些书坊从一开始就是为中下层的读者服务的,极少生产刊刻精美、价格昂贵的品种,因而其出版物也一向不为传统藏书家所重。

聊城四大书庄的产品各具特点,但也有很强的共性。书业德有"经史"、"启蒙"、"小说"、"医杂"四大书版库,而以经史类刊印最多。善成堂刻书品类繁多,拳头产品是"闱墨"。宝兴堂刻了不少为举业服务的书,又以出版小说、"小花页"(通俗唱本)为特色。有益堂刻印四书五经,也刻小说、医书等。据统计,现存聊城坊刻书中为举业服务的经部书刻印最多,约占一半;医书、百姓日用书、蒙童读物、宣讲(善书)、小说唱本等数量也不少;史部书则因部头较大,本大利小,因而刊刻量较少。[2] 这些书坊所针对的读者对象,主要是普通的科举士子,以及市民阶层和农民。"草板书"(用纸粗糙的蒙童读物)、"小花页"、"荤唱本"[3]等都是直接针对下层百姓的。这反映了一般聊城书坊的读者定位。聊城书坊很多时候不雇佣专业刻工,而是把刻版的活计外包给堂邑的农民,成为他们农闲时间的一项副业,甚至还有不少妇女从事雕版的工作。这一点与清代四川岳池、广东顺德马岗的情况相似,都是在生产针对低端市场的出版物时所采用的降低劳动力成本的手段。

(三)清代北方出版业的地位

明清时期北方多地兴起了刻书业,东昌府只是其中一个代表。就山东而言,济南、周村、烟台等地都出现了商业性的书坊。这些地方刻书业的崛起,反映了出版业明代以前江南、四川、福建、北京等少数几个刻书中心,向全国各地蔓延的趋势。在过去,这几个刻书中心向全国的图书市场供应了大部分的坊刻书籍。例如福建建阳自宋代以来就是全国性的坊刻业中心,建版书、麻沙本遍于天下。明代至清初建阳"书市……每月以一

---

① 也有学者认为明代聊城已存在商业书坊。参见洪友生《晚清时期山东的刊刻出版业》,《山东出版志资料》第 8 辑,1989。

② 唐桂艳,《清代山东刻书史》,山东大学博士论文,2011 年,第 1066 页。

③ 吴云弢,《东昌旧闻》,抄本,卷五,第 40—43 页,王钦思述《三合堂的"荤唱本"》。

六日集”,[①]“书坊书籍比屋为之,天下书商皆集”。[②]

在明代以前,北方的民间坊刻业寥若晨星,只集中在北京、平阳等少数几个地方,发展也很不稳定。山东的坊刻业,在明代以前难觅其踪。清代北方地区出现了多个刻书中心,是北方出版业的一个巨大飞跃。这些刻书中心的出版物满足了本地市场的需求,某种程度上实现了北方图书市场的自足。清代北方出版业的发展成就是显著的,同时也应当看到,相对于南方出版业北方还有相当大的差距。北方图书市场所表现出来的新的自足性也是有限的,仍然存在着对南方出版业的依赖。首先,许多本地书坊除了自己刻书,还大量从南方贩运书籍到北方出售。东昌府将本地书坊所刻之书称为“府书”,将贩运自南方的书籍称为“南书”。聊城书坊常将南方书坊印制的散页运至北方,装订成书籍再加以出售。这些书的书衣上往往钤有“某某书坊自在江浙苏闽拣选古今书籍发兑印”的字样。其次,聊城书坊所刻之书有很多翻刻自南方书籍,这种对南方的书籍的翻版也被称为“南书”。由本地编纂出版的新品种并不多见。[③] 因此,清代北方坊刻业的兴起很大程度上只是分割了一部分南方书业的传统市场,或毋宁说是填补了明末以来快速增长的、主要由下层读者依托的新兴市场的真空。最后,北方坊刻业无论在技术、质量还是规模上,都难望南方出版业之项背。其出版品种,主要是面向中低端市场的举业书、日用书、唱本等,面向士大夫阶层的精校、精刻、精印学术典籍,以及刻印精湛的绣像小说、戏曲等高端读物,仍需要从南方输入。北方出版业的这种地位,是与明清时期北方地区商品经济发展的整体水平相一致的。在明代,北方地区主要向南方地区输出原材料,而从南方地区输入手工业商品。最典型的是“北棉南运,南布北销”。到了清代,北方地区的商品经济进一步发展起来,加工业有一定成长,从南方输入的手工业成品减少,华北地区的纺织品已经在很大程度上实现自足,通过运河转运自南方的最主要

① 嘉靖《建阳县志》卷三,封域志。
② 康熙《建阳县志》卷三,书市。
③ 任利荣,《清代山东坊刻举业书研究》,山东大学硕士论文,2012。

大宗商品已从纺织品变成了粮食。[①] 但北方较具规模的手工业仍仅限于纺织业、陶瓷业、刻书业等少数几个领域,整体来看仍然十分薄弱。明清时期北方新兴城镇多为因商品转运贸易而发展起来的商业城镇,除了因陶瓷业崛起的颜神(博山)等个别城市外,很少有像江南地区那样由手工业中心发展起来的城镇。[②]

(四)清代北方的图书市场

从东昌府的刻书业,可以看到清代北方图书市场的一个引人注目的趋势,即北方区域图书市场整体性的加强。东昌府的"四大书庄",都具有很强的跨地域特征。书业德由山西灵石县郭姓商人创建,从清康熙年间经营到民国时期,末任经理为山西祁县人陈继先;[③]善成堂的创始者为四川人傅氏;[④]宝兴堂为河北衡水人李太恩与聊城人李森昌合资创立;[⑤]有益堂原来创设于河北衡水西关,在聊城开设了分号,后见聊城地理位置优越,乃于雍正年间将总号迁到聊城。[⑥] 不少聊城书坊进行跨越省区边界的连锁经营,除聊城总店之外,在其他省份设立分店刻售书籍。书业德在太原、祁县、忻县、介休、平遥、济南等地设有十多个分号和代销处,书籍销往京津、晋、冀、鲁、豫、绥远、东北三省,达于上海、南京以及徐州、宿县等地,每逢聊城岁尾年初的书市"乱市",赶来拉货的山西毛驴队,河北大车帮,张家口、绥远的骆驼队络绎不绝。[⑦] 善成堂在北京开设"天成堂书店",又在济南、济宁、菏泽、张家口、包头等地设立分号。[⑧] 善成堂的拳头产品"闱墨"的生产,充分体现了跨省区协作的特点。每逢"大比"之年,分别由北京天成堂和济南分号搜集顺天乡试和山东乡试的考卷,汇集到

① 姜守鹏,《明清北方市场研究》,长春:东北师范大学出版社,1996 年,第 142—143 页;李泉、王云,《山东运河文化研究》,济南:齐鲁书社,2006 年,第 75—77 页。

② 姜守鹏,《明清北方市场研究》,长春:东北师范大学出版社,1996 年,第 31 页。

③ 吴云弢,《聊城刻书与出版业的兴衰概况》,《山东出版志资料》第二辑,1985;金紫垣等,《聊城四大书庄》。

④ 金紫垣等,《聊城四大书庄》。

⑤ 于新贵《四大书庄之宝兴堂》,吴文立主编《聊城传统文化研究》(第一辑)。

⑥ 陈守身述《忠厚拘谨马运生》,吴云弢编《东昌旧闻》,稿本,卷二十五,第 50—56 页;金紫垣等,《聊城四大书庄》。

⑦ 金紫垣等,《聊城四大书庄》。

⑧ 金紫垣等,《聊城四大书庄》。

聊城刻印《顺天闱墨》、《直隶闱墨》、《山东闱墨》,迅速发往各地出售。正是因为有这样的生产和营销网络存在,善成堂才能在"闱墨"出版这一领域独占鳌头。东昌府的坊刻书不仅满足了本地市场的需要,也通过这样跨省区的销售网络销售到华北、东北各县镇,甚至打入南方市场。东昌府的木版年画,除满足附近府县的需要外,也远销至山西、河南、河北、东北等地。由于各地风俗不同,年画、门神样式不一,因而聊城书坊需要根据各地需求分别刻制不同的印版。①

在过去的研究中,有学者曾揭示明代的书坊主跨地区经营的现象,如福建建阳的书坊主到南京等江南地区开设书坊,但同一书坊在不同的地区以同一名号开设连锁经营性质的分店,可能迟至清代才出现。驰名江南的苏州扫叶山房,创设于明万历年间,到清同治、光绪年间才在上海、苏州两地分别开设总店、分店。② 这种总店-分店连锁经营模式,反映了清代图书市场的一种新变化,即跨越省区的区域性市场逐步发育成熟,北方图书市场正日渐走向一个整体。当然,受制于交通、生产能力等条件,在传统出版业格局下书坊对市场的控制仍然是局部的、很不充分的。单个出版主体对全国市场的控制能力,要等到清末引进西方的现代出版技术和资本主义企业的经营模式之后才能到来。③

① 竞放《聊城》,《民间艺术·木版年画》,新闻出版局,1994 年,第 104—107 页。

② 杨丽莹《扫叶山房史研究》,复旦大学博士论文,2005 年,第 58 页。

③ 高哲一(Robert Culp)认为,机器印刷的普及,交通等基础设施的改善,沿海新的资本中心的建立,文化模式的转换,到 20 世纪初使中国的印刷市场发生了历史性转变,一体化的全国书籍市场真正形成。进入 20 世纪的传统雕版业亦受益于此,民国十四年(1925)聊城善成堂刻《增广新订四书补注备旨》10 卷,有告白表明该书坊在南北各地设立了分号:"分设四川成都、湖北汉口、四川重庆、江西浒湾、北京城内、湖北沙市、山东济南、直隶泊头。"

关于子弟书的收藏与著录

——《新编子弟书总目》前言

黄仕忠

（中山大学中文系）

子弟书是由北京八旗人士创制的一种文艺样式，兴起于雍正、乾隆间，在嘉庆、道光之后广为流行，并传播到东北地区，称作“清音子弟书”，至天津地区，则名“卫子弟书”，最后随清代的覆亡而消歇。

当子弟书消亡之初，即有有心人致力于收集、编目，甚至有编选整理出版之举，惜因战争及时代的更迭而未果，其收藏亦聚而复散。另一方面，在1920年代之后，随着俗文学研究的兴起，子弟书开始进入学者的视野，得到关注与收集。故子弟书的文本，多属个人专藏。这些劫后幸存的文本，今日大多归于各公私图书馆，但由于收藏分散，一般学者寻访利用为艰。

傅惜华先生在1954年刊出《子弟书总目》，第一次为此种体裁作品编制了完整的目录，并一一注明所藏之处，可知当时的收藏情况。但时隔半个多世纪之后，傅目所著录的情况已经发生了很大的变化，既有新的篇章被发现，也有旧存文本转辗散失。同时，由于傅先生当时未能一一目验原书，亦存在一些讹以传讹的现象；此外，一些同书异名或异书同名的现象，间或未能得到很好的梳理，因而有必要重新编制一个目录，以反映现存子弟书的面貌。

本书在全面访查今知藏处的子弟书版本的基础上，考察以往的著录，以目验为据,诸别本、异本均作过比较梳理,然后加以著录,以图全面反映子弟书的著录、收藏、出版等情况。兹对所据文献与子弟书文本的存藏情况,作一说明。

一、子弟书的著录

子弟书在清代主要以钞本形式流传。一些以抄写通俗唱本为业的书坊,大多编有可提供选钞的子弟书文本的目录,以供读者选订,然后代为抄录。这些目录已成今日考镜子弟书著录源流的重要资料。及至民国初年,随着子弟书演出与创作的消歇而有学者关注,并编有目录。至傅惜华《子弟书总目》,始集其成。此后学者仅是在傅目基础上作补充订正。兹依编录时间为序,对本书所据以引证的目录文献,作一介绍。

(一)百本堂编钞《子弟书目录》

百本堂为清代中后期最为著名的抄录俗曲唱本的书坊,主人姓张,其钞本多钤有"百本张/别还价"印。百本堂始自乾隆年间,衰歇于庚子事变之后,以抄售子弟书等俗曲曲本为业,在北京隆福寺、护国寺等处长期设摊售卖。其所钞曲本也被内廷及王府所订购。今故宫博物院藏子弟书及车王府旧藏本子弟书,有不少出于该书坊之手,故百本张钞本子弟书也是清代最为流行的子弟书钞本。百本堂所编《子弟书目录》,著录了所售卖的子弟书290余种,另附石派书于后。此种目录的钞本存世尚多,笔者所引者,以傅惜华旧藏本为底本,校以吴晓铃旧藏甲本(首图·己459)、吴晓铃旧藏乙本(首图·己473)、傅斯年图书馆藏本、长泽规矩也旧藏本及绿棠吟馆旧藏《子弟书词曲全目(百本张底本)》(艺研院·曲310.60/0.356),书衣新装,题"子弟书词曲全目　百本张底本/绿棠吟馆珍藏"。

(二)别埜堂编钞《子弟书目录》

别埜堂亦为清代抄录俗曲唱本的书坊。其曲本文字与百本张本有细微出入,相对晚出。其目录仅见中国艺术研究院有藏,书衣有墨记:"别埜堂宝,与众不同。"注明价钱作"五百(文)",今据此本引录。

(三)乐善堂编钞《子弟大鼓书目录》

据傅斯年图书馆藏清钞本校录。乐善堂亦为清代抄录俗曲唱本的书坊,此目的编成时间,或较今存的百本张、别埜堂《子弟书目录》要早。

清代钞录子弟书的书坊,尚有亿本刚、聚卷堂、汇剧堂等,亦当编有目录,惜今已不存。

(四)鹤侣撰《集锦书目子弟书》

鹤侣本名爱新觉罗·奕赓(1792?—1862之后),即生于乾隆间,卒于同治以后。为清宗室,亦是子弟书的重要作家。撰有子弟书近20种。《集锦书目》,又作《集书目》,嵌有150余种子弟书篇名,是咸丰之前流传的子弟书的一份重要清单。本书据清车王府旧藏本引录。

(五)民初无名氏编《子弟书目录》

今存稿本,藏天津图书馆。收录子弟书328种,厘为48卷,系辑者据自藏本所撰的目录。此目按题材内容分为68类,大略依年代先后编排。所录每一篇目,先列篇名,后举回数及所在卷数。如首为"喜庆子弟书目录",录有《喜起舞》、《天官赐福》、《八仙庆寿》等庆贺吉祥子弟书5种;次为"四书子弟书",录有《孟子见梁惠王》、《齐人有一妻一妾》等3种。其编纂时间约在民国初年。其中颇有为以往书坊目录所未见的篇目。本书引录时,简称"民初辑本《子弟书目录》"。

此稿本及所集子弟书,在1917年时已归天津的萧文澄,但子弟书文本已有散失,萧氏复据存本新编一种《子弟书目录》,其稿本今亦存天津图书馆。书衣题"子弟书目录共计二百另九目",抄录时间亦当在1917年前后。因与前一种重合,故本书不另作引录。萧氏所得文本,后亦散出,其残存之最大部分,由马彦祥获得。而马氏藏书今亦已不知下落,令人扼腕叹息。

(六)萧文澄撰《子弟书约选日记》

稿本今存天津图书馆。此本书衣题名后署"萧文澄"。内文以时间为序,记录了自六月二十八日至十月廿二日间,摘选、评介子弟书的情况。每日编选之篇目数目不等,共选评子弟书128种。所载子弟书篇目均标有卷数(有时题册数)及编者之评语,部分篇目标有回数;每篇之前,又以朱笔标有一"钞"字或一"△"符号。此书虽题曰"约选日记",但在著录子弟书篇目的同时,附有评语,亦可视为子弟书目录之一种,故予引录。此稿本当作于1917年夏,其“约选”的目的,是拟在天津的报刊上登载。萧氏同时还令抄录副本,用来教导盲生。这种副本,现在尚有一部分保存在天津图书馆,钤有“盲生词曲传习所”印章。此日记实据前文所述的萧氏自编的含有209目的《子弟书目录》选录。

(七)云深处主人选辑《晴雪梅花录》

云深处主人,清末民初沈阳人,业医。所编《晴雪梅花录》上中下3卷,存稿本,无目录,卷中已有残阙,仅存2篇,原本所选,当在30篇左右。卷首有民国十年(1921)辽阳董璞珩(玉璿)序,谓云深处主人自撰有《庸医叹》,“并将古今小说有关世道人心者,悉搜尽采,共成一册,总名《晴雪梅花录》。”此书今藏中国艺术研究院图书馆,书衣另题“抄本鼓词”,藏者亦以此名入目录。今考其所录者,基本上属于子弟书,故本书亦加采择。

(八)金台三畏氏编《绿棠吟馆子弟书百种总目》

金台三畏氏,生平、姓氏不详,仅知为清末民初北京金台人,号三畏,斋名绿棠吟馆。幼喜子弟书,因痛子弟书之消亡,遂仿明人臧懋循编《元曲选》之例,编选“绿棠吟馆子弟书百种”,集为20卷。卷首有序,谓:“从前余家所藏此项子弟书不下百余种,因庚子变乱,尽行遗失。迨和局定后,而京师出售此项曲本之家,大都歇业。暇时偶一思及,颇难物色,殊可惜也。比年以来,又复随时搜罗,仅得六十余种。然瑕瑜互见,非尽无上妙品。盖作者既非出自一人之手笔,则文字之工拙自然不能一致。惟区区次数,亦如麟角凤毛而求之不易得者也。近蒙老友蔡石隐先生介绍,谓其友小莲池居士家藏此项曲本甚多。余即往访求之,而居士慨然允许钞录。于是又得四十余种,如获奇珍。爰仿《元人百种曲》体裁,选成百种,以存古人高山流水之遗韵焉。余因恐此项曲本失传,有如广陵之散,特为付梓,以供于世。凡我同好,每当饭后茶余之时,酒酣耳熟之际,而展卷一观,斯有消闲遣闷之一助云尔。”自序所署时间为民国十一年(1922)中秋。但此集未经刊行而散佚,惟卷首序文、凡例、目录及前二卷所选子弟书文本尚存。此残本经吴晓铃收藏,今归首都图书馆。

(九)刘复、李家瑞编著《中国俗曲总目稿》

中央研究院历史语言研究所印行,1932年。此书主要著录了中央研究院史语所及北平图书馆所藏的子弟书。

（十）傅惜华撰《子弟书总目》

上海文艺联合社1954年出版，又古典文学出版社于1957年重新排印，未作修订。这是著者1946年在《中法汉学研究所图书馆馆刊》第二号所刊《子弟书总目》的基础上，增订而成，为第一部完善的子弟书总目。

（十一）傅惜华撰《北京传统曲艺总目》

中华书局1962年出版。此书卷五著录有"子弟快书"。

（十二）吴晓铃撰《绥中吴氏双棔书屋藏子弟书目录》

初刊于《文学遗产》1982年第4期；后收入《吴晓铃集》第五册，河北教育出版，2000年。吴氏在此目编成后仍有所获，故实际的收藏，较此目为多。

（十三）《赶板牌子快书岔曲马头调各样曲目》

清光绪十二年（1886）钞本。傅惜华旧藏，今归艺研院（曲309.60/0.198），其中"快书"部分，收录《锏对棒》等14种快书，本书引录，简题为"各样曲目"。

此外，台湾政治大学陈锦钊教授以史语所的藏品为主要依据，撰成《子弟书之题材来源及其综合研究》博士论文（1977年，未刊），对傅目有所补充订正；又有《快书研究》（台北民文书局，1982年），对快书源流作探讨的同时，对所得快书文本作了校录；此外亦续有文章刊出，并以《六十年来子弟书的整理与研究》等文，贡献较著。又有崔蕴华博士的《书斋与书坊之间——清代子弟书研究》一书（北京大学出版社，2005年），系据其博士论文修订而成，亦有一些由她首先披露的子弟书版本。这些学者的相关工作，为我们的访书提供了可供参考的途径。

子弟书有关的目录，新近亦有二书出版。一是李豫教授等合编的《中国鼓词总目》（山西古籍出版社，2006年），内含"子弟书单唱鼓词总目"，录子弟书450余目，但此目完全是根据傅氏《子弟书总目》加以删减而成，并刊落原目详载的收藏情况，实无编撰者新发现的文献，且犹以为史语所藏本在抗战中被毁，而未能对现藏于傅斯年图书馆的这些文献加以利用，也未能利用傅图的网上检索系统，因而存在明显的缺陷。二是昝红宇、张仲伟、李雪梅合编的《清代八旗子弟书总目提要》(三晋出版社,2010年)。三位编者原为《中国鼓词总目》的主要撰写成员。其《代前言》称"历经两载",撰成此目,"主要是对《中国鼓词总目》'子弟书单唱鼓词总目'部分内容进行了增、删、改,并单独成书。与第一版相比,子弟书总目增加到560余条"(页21)。此外,为已有标点或影印出版的子弟书文本,编写了"内容提要"。此书实因前一书存在明显错误而作(前书付印时编者已经知道这些重大错误的存在),而并未将版本的寻访作为编目工作的基础,成书仍显仓促,虽说订正了前一书的明显错误,而新衍生的问题仍有不少。其新增部分,主要是引用了陈锦钊、崔蕴华等人的研究成果,但也只是据以移录而已,对学者新发现的版本犹未能一一复访阅读,故相关的"文本内容提要"多付之阙如。除新增清音子弟书《武松》一目(此种是否属于子弟书亦存疑问)外,实未贡献确凿可靠的新篇章(如将傅目有录的京都合义堂、中和堂合刻的《西厢全本》15卷15册,以卷名为篇名,分拆作15种单行本著录,则系讹误,不属新增)。故本书在定稿时虽然已经见到此书,但不作为引录对象。

二、子弟书的个人收藏

子弟书文本得以保存下来,应当归功于一批俗文学研究者与爱好者。虽然他们的旧藏在今天大多移归公立图书馆,甚至散入众书而不可辨识,但我们不应当忘记他们的贡献。

(一)傅惜华

傅惜华(1907—1970),正白旗人,满州富察氏。原名宝堃,又名宝泉、佩涵。笔名有仲涵、涵庐,号曲盦,书斋名碧蕖馆。俗文学研究家、藏书家。编纂有《子弟书总目》、《北京传统曲艺总录》以及《中国古典戏曲总录》,编校整理有《缀玉轩藏曲志》、《曲艺论丛》、《中国戏曲声乐论著丛编》等。一生收藏戏曲、小说、俗曲甚丰,收藏子弟书更多达310余种,为私人收藏子弟书之冠。其藏品也包含乃兄傅芸子(1902—1948)的部分藏书。其藏本中,有相当一部分是其本人手录,本书所著录的"曲盦钞本",即其自钞本。"文革"初傅氏遭迫害,碧蕖馆藏书全部被抄,傅氏也一病不起。“文革”结束后，大部分藏书发还其遗属，后捐赠给中国艺术研究院，今存该院图书馆。据馆藏目录卡片、存本与傅氏总目著录者相比对，有一小部分藏本已经散佚，但也有一些篇目系后来所获。

（二）杜颖陶

杜颖陶（1908—1963），笔名北婴，俗文学研究者。编著有《曲海总目补正》等，编校有《董永沉香合集》、《岳飞故事戏曲说唱集》等。并与傅惜华合作编校有《中国古典戏曲论著集成》（10 册）。其所藏子弟书今归中国艺术研究院图书馆。该馆注明为杜氏所藏者，超过 110 种，但比照傅惜华《子弟书总目》，其中有 30 余种，傅氏著录有程砚秋旧藏本，而无杜氏藏本，故未详是否今藏者登记有误。

（三）程砚秋

程砚秋（1904—1958），字玉霜，京剧著名演员，毕生收集戏曲俗曲甚富。其旧藏俗曲、戏曲多达数千册，今归北京大学图书馆。其所藏子弟书，则归中国艺术研究院图书馆。据傅惜华《子弟书总目》所著录者统计，程氏所藏超过百种，今据该馆注明为程氏旧藏者，尚有近 80 种。

（四）梅兰芳

梅兰芳（1894—1961），京剧著名演员，亦甚为关注戏曲与俗曲文献的收集保存，其戏曲部分有旧编《缀玉轩藏戏曲目录》，向受学者关注。所藏子弟书 30 余种，今归中国艺术研究院图书馆。

（五）郑振铎

郑振铎（1898—1958），号西谛。俗文学研究家。著有《中国俗文学史》、《插图本中国文学史》、《中国文学研究》等，并主持了《古本戏曲丛刊》的编集影印工作。一生收藏荟集戏曲小说及俗曲文献甚富。所藏子弟书 10 余种，今归北京国家图书馆。他也是最早关注子弟书的研究者，早在 1930 年代编集《世界文库》时，就选录了罗松窗的子弟书 6 种，题作《西调选》；又选录韩小窗子弟书 5 种，题作《东调选》。虽然其中如《大瘦腰肢》属于误收，《上任》等是否为罗氏作品实尚存疑，但其开创之功应当肯定。

（六）吴晓铃

吴晓铃（1914—1995），戏曲与俗文学研究家。其书斋名双棔书屋。参与《古本戏曲丛刊》的编集出版，并主持了其中第五集的编选工作。其著述后人编集为《吴晓铃集》5卷。毕生收藏戏曲俗曲甚富，今人据其旧藏，选辑影印有《绥中吴氏藏钞本戏曲丛刊》。所藏子弟书80余种，自编有《绥中吴氏双棔书屋藏子弟书目录》。其中源自绿棠吟馆旧藏的《绿棠吟馆子弟书百种》，吴氏得其前数卷，目录及序文均存，尤为引人注目。其藏书今归首都图书馆。

（七）长泽规矩也

长泽规矩也（1901—1980），字士伦，号静庵，书斋名双红堂。日本著名书志学家。毕业于日本东京帝国大学汉学科，因受盐谷温影响，开始关注中国戏曲小说。1927年至1932年间6度访问中国，在北京书肆大量收购各类曲本，客观上促使中国学者对这类俗曲唱本加以关注。其个人所藏的数千册戏曲小说，于1950年代售归东京大学东洋文化研究所，该所为设“双红堂文库”，并编有《双红堂文库分类目录》。文库收录有30余种子弟书及快书，其中子弟书部分后由波多野太郎收入《子弟书集》影印出版。另有百本张钞本《子弟书目录》及《蝴蝶梦子弟书》等，则于长泽去世后，与其他遗藏一并售归地处京都的关西大学，设有“长泽文库”。

（八）仓石武四郎

仓石武四郎（1897—1975），毕业于东京帝国大学哲学文学科，研究生时转京都帝国大学，师从狩野直喜。1920年代末以京都帝国大学副教授身份赴北京留学，得以大量购藏中国古籍；又因与马廉等交往密切，也颇留意俗曲文献的收藏。1939年以《段懋堂的音韵学》获文学博士学位。二战结束之后，更致力于现代汉语教学。筹设“日中学院”，自任院长，其藏书亦寄存于日中学院图书馆，以供借阅。其中有子弟书多种，由波多野太郎收入《子弟书集》影印出版，注明文献来源为“日中学院”。仓石去世后，包括子弟书在内的藏书均归东京大学东洋文化研究所，为设“仓石文库”。

（九）长田夏树

长田夏树（1920—2010），中国语学阿勒泰语学研究家，长期任教于神户外国语大学。曾购藏有一批俗曲唱本，其中包括子弟书10余种。波多野太郎尝将其藏本收入《子弟书集》影印。关瑾华2008年留学京都时，通过佐藤晴彦教授作介，访问其本人，并摄得全部书影。

（十）马彦祥

马彦祥（1907—1988），戏曲导演、戏曲理论家。主编有《中国大百科全书·戏曲曲艺卷》。早年因受叔父马廉的影响，从事戏曲活动之外，亦热心于戏曲小说与俗曲的收藏。阿英《弹词书目纪事·鄞县马氏弹词目》云："马氏故后，藏书归北大，唯弹词、鼓词部分，则为其侄彦祥氏所得。"故马彦祥藏书中的稀见子弟书文本，可能承自马廉。马彦祥去世后，其戏曲、小说、弹词等藏书，由其后人捐赠首都图书馆，然其旧藏子弟书则不知去向，今仅能从傅氏《子弟书总目》知其旧藏篇目，其中颇有孤本、稀见之什，不知他日能否重现人间。

（十一）李啸仓

李啸仓（1921—1985），俗文学研究者。所撰有《李啸仓戏曲曲艺论文集》。所收集的曲艺文献，也甚为可观。李氏藏书今存其夫人刘宝绵先生手中。按：傅惜华《子弟书总目》著录了李氏所藏的子弟书，但在版本记录上存在错讹，且有些篇章是否是子弟书，亦存疑问。傅目完成于1954年，其"例言"第六条谓"本目录的初稿，成于十余年前，关于子弟书的曲本，后来又屡有所获。最近更承……诸先生供给材料，得以重新校补一过"，这"供给材料"的名单中并无李啸仓之名，可知此目付刻时，未能亲验李氏所藏。今笔者所见傅氏藏书，从李啸仓藏本过录的子弟书文本，即在6种以上，因知傅惜华后来已经目验李氏藏书，并过录了李氏藏本中的的孤本稀见本，似当对旧目有所补充修订，惜其修订本今已不可得见。

（十二）贾天慈

贾天慈，俗文学研究者，生平不详。与傅惜华、关德栋等学者有交往。晚年居西安。傅氏《子弟书总目》录有其所藏篇目，惜今未能访知其藏本下落。

（十三）阿英

阿英，本名钱杏邨（1900—1977），俗文学研究者。后人集其著作为《阿英文集》。其早年所撰《刺虎子弟书两种》一文，曾提及所得“金氏钞本子弟书十六种”等，这些藏书似在战乱中失去。此外，傅氏《子弟书总目》也录有其所藏刻本、钞本多种。阿英藏书后捐赠给安徽省芜湖市图书馆，为设“阿英藏书陈列室”，然傅氏《总目》著录及早年文章提及者，均不在其内。

（十四）关德栋

关德栋（1920—2005），满族镶黄旗人，俗文学研究者，长期任教于山东大学。曾与周中明合编有《子弟书丛钞》，与李万鹏合编有《聊斋志异说唱集》，自撰有《曲艺论集》等。其所编《子弟书丛钞》，实据从傅惜华等人处过录的子弟书，加以自藏者，因知其所得子弟书的各类文本，原不在少数。关氏遗藏今存于其哲嗣手中，惜时过多年，尚未能整理，故本书未能引用并著录，亦未能借此表彰其传藏之功绩，不免令人遗憾。

三、子弟书的单位收藏

（一）中国艺术研究院图书馆

中国艺术研究院为文化部下属学术研究机构。其所属图书馆，收藏有傅惜华、程砚秋、杜颖陶、梅兰芳等人的子弟书旧藏，此外，还有部分收藏，承自 1950 年代设立的中国戏曲研究院。故该馆是目前收藏子弟书最为丰富的藏书单位之一。本书著录简称“艺研院”。

（二）傅斯年图书馆

中央研究院历史语言研究所，设立于 1927 年。刘复（半农）曾任“民间文艺”组主任，他在 1928—1929 年间，组织收集了两万余种俗文学文献，共六万余册。以此为基础，刘复与助手李家瑞共同编纂了《中国俗曲总目稿》（1932）。史语所的藏书，在抗日战争期间，转辗于西南，尝有传闻，谓载书的船只被日军炮火炸沉于江中，故傅惜华《子弟书总目》在据《总目稿》移录的同时，每以其被毁为憾。其实这些书籍保存完好，在国民党退出大陆之际，运往台湾，今存台北南港“中央研究院”史语所所属的傅斯年图书馆。其中有子弟书版本近千种，有312种原为百本张钞本子弟书。惜该馆的子弟书收藏屡经归类整理，其间颇多失去书衣，遂难以辨明为清人钞本、书坊钞本，抑民初钞本、民初过录本。除少部分尚存封面及题识者外，其目录惟以"钞本"一名笼统概之。今该馆已经将全部藏本扫描成数码文档；又选录300余种子弟书，收入《俗文学丛刊》第四辑（第384—400册），2006年由台湾新文丰出版公司影印出版，大大方便了读者的利用。

（三）国家图书馆

国家图书馆藏有子弟书各类文本130余种。其中一部分为郑振铎旧藏。另外部分为历年所得，主体部分为北平图书馆时期收集、抄存者，一部分则为北京图书馆时期续加购得者。本书引录时简称"国图"。

（四）北京大学图书馆

北京大学图书馆藏子弟书及子弟快书近300种，主要为清蒙古车王府旧藏本。这批图书原为俗文学研究家马廉主政孔德学校时期所购，并由顾颉刚编有《蒙古车王府曲本分类目录》，其中"单唱鼓词"内收录子弟书。按，清代子弟书的钞本，通常于书衣左侧竖行直接题作"□□□子弟书□回"，而车王府旧藏本则均于左上粘红签，题作"□□□全□回"，故间有将快书归入子弟书的情况。傅惜华《子弟书总目》因为未能一一校核原本，亦未能加以区分。孔德学校所藏车王府旧藏曲本，在抗战后期，转入北京大学文学院，今存北大图书馆；其中子弟书部分，除数函仍留存架上未交外，均归北大。因而北大图书馆是保存车王府旧藏的原钞本子弟书最多的机构。又，此外，该馆还有马廉等人收藏的子弟书若干。本书引录时简称"北大图书馆"；所录书影，凡不特别说明而只标称"车王府旧藏本"者，均为北大图书馆藏本。

（五）首都图书馆

首都图书馆藏子弟书，主要由3部分组成。一是孔德学校的旧藏。孔德学校于1952年撤销，其藏书移归首都图书馆，其中有数函长篇子弟书，为车王府旧藏，系抗战期间移交北大时遗漏者。二是车王府旧藏本的过录本。该馆于1960年前后，过录了北大图书馆所藏的大部分车王府旧藏曲本，其中全部过录了北大图书馆所藏子弟书，本书引录的首图所藏过录本，全部抄成于这一时期。这两批文献，后来一并收入《车王府藏曲本》影印出版。北京民族古籍整理小组整理本《清蒙古车王府藏子弟书集》，即据这两批藏本校录。三是吴晓铃捐赠的子弟书。本书引录时，简称"首图"。

(六)故宫博物院

故宫博物院所藏子弟书，均为当年从民间采集者，总数60余种，以百本张钞本为主。除镌刻有"百本张"印章者外，从其书衣题名字迹，亦多可知出自百本张书坊。这批子弟书，现已收入《故宫珍本丛刊》。

(七)天津图书馆

天津图书馆收藏的子弟书，主要来自民初萧文澄的旧藏和来自"盲生词曲传习所"的过录本。其中《子弟图》等数种且为孤本。又有民初无名氏辑本《子弟书目录》及萧文澄《子弟书约选日记》等多种子弟书相关的珍贵文献。本书引录时，亦简称"天图"。

(八)民族图书馆

民族图书馆藏有刘复旧藏《旧抄北京俗曲》一集一册，内含短篇子弟书数十种，多经煦园改订，疑原为煦园所钞。另藏有石印本唱本数种，亦含有子弟书文本。

(九)中山大学图书馆

中山大学图书馆所藏子弟书，均是1920年代末，由顾颉刚主持从北京孔德学校抄录者。该校中国古文献研究所刘烈茂教授等主持编校的《清蒙古车王府钞藏曲本·子弟书集》，即据该馆藏本校录。本书引录时简称"中大图书馆"。

(十)东洋文化研究所图书馆

日本东京大学东洋文化研究所收藏有子弟书数十种，存于双红堂文库(长泽规矩也旧藏)、仓石文库(仓石武四郎旧藏)和永尾文库。其中永尾文库所藏主要为石印本。本书引录时，亦简称"双红堂"、"仓石文库"及"永尾文库"。

（十一）早稻田大学图书馆

日本早稻田大学图书馆所藏子弟书，主要来自泽田瑞穗（1912—2002）的旧藏（风陵文库）。泽田号风陵主人，俗文学研究专家，著有《宝卷研究》等。另有数种来自波多野太郎（1913—2003），波多野太郎亦为俗文学研究名家，编有《子弟书集》等。早稻田所藏，含有数种清刻本、清钞本及一些民初石印本、排印本。本书引录时，亦简称“早稻田”。

（十二）九州大学图书馆

日本九州大学藏有子弟书多种，均存于滨文库，这是来自原九州大学图书馆教养部分馆馆长滨一卫教授（1909—1984）的旧藏。滨一卫 1930 年代曾经留学北京，收藏有京剧相关研究资料甚夥。

四、子弟书的影印本与排印本

（一）影印本

波多野太郎编，《子弟书集》，日本横滨市立大学纪要第一辑，1975 年。此集收录东京大学东洋文化研究所“双红堂文库”、日中学院（即仓石武四郎藏本）、长田夏树、泽田瑞穗及编者本人所藏子弟书共 53 种，影印出版。卷首有目录解题，卷末有校记。

首都图书馆编，《清蒙古车王府藏曲本》（以下简称“首图缩印本”），此书第 51—56 册收录首都图书馆藏全部源自车王府旧藏的子弟书与快书。含子弟书及快书 300 余种。其中仅有数种为原钞本，其他均为从北京大学抄录的过录本。

故宫博物院编，《故宫珍本丛刊》，海南出版社，2001 年。此书第 697—699 册为“岔曲秧歌快书子弟书”，其中收录有故宫藏子弟书及快书 90 余种。

“中研院”历史语言研究所编，《俗文学丛刊》，台湾新文丰出版公司，2004 年。其第 384—400 册收录傅斯年图书馆藏子弟书 320 余种；第 412—413 册收录快书 39 种。

（二）排印本

郑振铎编，《世界文库》，生活书店，1935 年。其中“西调选”收录了罗松窗的《出塞》、《藏舟》、《鹊桥》、《上任》、《百花亭》、《大瘦腰肢》;“东调选”收录了韩小窗的《托孤》、《周西坡》、《数罗汉》、《千钟禄》、《宁武关》。其中,《大瘦腰肢》实非子弟书。

沈阳市文学艺术工作者联合会编,《鼓词汇集》(一至四辑),1956 年。其中部分篇章取自子弟书。

阙名编,《子弟书选》(又一版作“东北子弟书选”),系从《鼓词汇集》中选录《忆真妃》、《黛玉悲秋》、《露泪缘》、《青楼遗恨》(删第五回)、《望儿楼》5 种排印,辽宁人民出版社,1957 年。

赵景深编校,《鼓词选》,古典文学出版社,1957 年。其中部分篇章属于子弟书。

傅惜华编校,《西厢记说唱集》,古典文学出版社,1957 年。此书收录了取材自《西厢记》的子弟书数种。

中国曲协辽宁分会编,《子弟书选》,内部出版,1979 年。收录子弟书 83 种。此辑主要根据傅惜华的旧藏本予以校录。但也有数种,在傅氏《子弟书总目》里非属其自藏,当是后来傅氏另有过录本。

胡文彬编校,《红楼梦子弟书》,春风文艺出版社,1983 年。此集汇集了取材自《红楼梦》的子弟书 27 种。主要以车王府旧藏本为底本校录而成。

关德栋、李万鹏编校,《聊斋志异说唱集》,上海古籍出版社,1983 年。其中包含取材于《聊斋志异》的子弟书 14 种。

关德栋、周中明编校,《子弟书丛钞》,上海古籍出版社,1984 年。此书上下两卷,选录子弟书 101 种。上卷为作者可考者,下卷为无名氏作品。

杜颖陶、俞芸编校,《岳飞故事戏曲说唱集》,上海古籍出版社,1985 年。此书收录有岳飞题材子弟书数种。

傅惜华编校,《白蛇传集》,上海古籍出版社,1987 年。此书收录有取材于白蛇传故事的子弟书数种。

刘烈茂、郭精锐等编校,《清蒙古车王府钞藏曲本·子弟书集》(本书引录时简称“中大整理本”),江苏古籍出版社,1993 年。收录子弟书 280 种。此书主要据中山大学图书馆藏本校录。

北京市民族古籍整理出版规划小组辑校,《清蒙古车王府藏子弟书》(本书引录时简称"北京整理本"),国际文化出版公司,1994年。收录子弟书275种。此书主要据首都图书馆藏本校录。

张寿崇主编,《满族说唱文学:子弟书珍本百种》(本书引录时简称"子弟书珍本百种"),民族出版社,2000年。此书收录有车王府旧藏本之外的子弟书100种。但内有数种,是否属于子弟书,存在疑问。所录文本末尾均注明版本来源,但存在误题,故本书在说明其版本来源时,并不完全按照原书注文。

五、关于本书的编写

本书的编写工作正式开始于2000年,初稿完成于2006年。至最后校定付印定稿时,历时已经十有二年。

本书也是黄仕忠主持的《子弟书全集》(北京:社会科学文献出版社,2012)的系列工作之一。而其因缘,则始于1992年参与编校《清车王府钞藏曲本·子弟书集》之时。当时初次接触此种体裁,负责第二卷的编校。由于对子弟书这一体裁了解甚少,故未能很好地利用别本资料。后来关注稍多,并撰成《车王府藏子弟书作者考》一文,遂萌生编纂全集的设想。此项计划,在2000年得到了教育部全国高校古籍整理与研究工作委员会的立项资助,因而得以启动。最初的工作,便是对版本存佚情况作系统的访求,即参照傅惜华《子弟书总目》,补入此后新刊布的材料,参酌学者的相关研究成果,撰成草目,然后依目进行访书校核。后来李芳、关瑾华两位加入工作团队,并在2004年冬及2005年春夏之际,两度对北京地区的图书馆所存子弟书版本展开全面的寻访,重点对中国艺术研究院图书馆、国家图书馆、首都图书馆的藏本作了详细的调查记录。2006年秋后,李芳又赴台湾"中央研究院"文哲所做为时一年的访问研究,调查了傅斯年图书馆的全部收藏,并为之编写了七万余字的目录。积年所得,凡今知收藏有子弟书的单位,我们都作了访查阅读;有子弟书收藏的个人,亦尽力作了访求。这些调查工作为本书的编撰奠定了基础。即以第一手资料为基础,以目验为据,借助编纂《子弟书全集》时对各类文本的比较梳理,最后由黄仕忠作为主撰者汇总编定成稿。

此目录在2008年实已基本完成，但著录尚未敢称完善，仍有数种已知有存的版本未能寓目，多种同书异名、异书同名的版本尚未能得到很好梳理，故未敢付梓。随着《子弟书全集》编校工作的进展，主撰人对现存子弟书文本都有过三次以上的校核阅读，凡存有疑问的文本与篇目已得到厘清。随后对编撰体例也作了若干调整，由李芳补充了各回的韵辙与韵句，主撰人则对原不分回者，根据句数与用韵，酌为分回。复经再三校改，成此定稿。

初稿时所做的工作，是以“加法”为主，即凡疑似子弟书，尽量收录；至定稿时，则以“减法”为主，尽量剔除非属子弟书者。并为每种版本配以书影。惟本书虽尽力注明每种藏本的藏书号，而访查时或记录未周，故亦有部分篇章只著录了收藏单位，未能标明索书号。

本书的编纂，得到了许多学者与友人的帮助。特别应当感谢的是中国艺术研究院图书馆的吴秀慧女士和傅斯年图书馆的陈鸿森先生、汤蔓媛女士，他们在我们的访书过程中给予了多方面的帮助。还有年已耄耋的李啸仓先生夫人刘宝绵先生、日本学者长田夏树先生，无私地提供了珍藏的资料。此外，波多野太郎先生、任光伟先生、陈锦钊先生、戴宏森先生等，对我们的访书亦曾给予了指点；北京大学姚伯岳教授、中国艺术研究院秦华生研究员、天津图书馆李国庆研究馆员、北京师范大学杨健先生、美国赵雪莹女士等，亦曾从不同角度提供过帮助；博士生丁春华、仝婉澄、王宣标、熊静、欧阳菲等，参与了一部分子弟书的访书与复核工作。而在此期间，波多野太郎先生、长田夏树先生、任光伟先生（1933—2006）已先后去世，未能将此书面呈请益，是笔者最大的遗憾。

由于此稿在近五六年的时间里经过不断的调整体例、增补删削，在改正旧有错误与不足的同时，或又衍生新的问题；主撰者虽力图简要概括各篇所演内容，并考明其本事来源，而力有所未逮，尚未能称准确。其版本众多而且流传谱系有别、有改订编删者，因分藏各处，分别查看，而或存在混淆未清者。而此外的错误，亦恐仍有不少。本拟再作打磨，但新的工作已接踵而至，故只能就此告一段落。敬祈方家有以指正，容待他日再作修订完善。

［附记］《新编子弟书总目》，黄仕忠、李芳、关瑾华编，约40万字，收录540余幅书影，2012年12月广西师范大学出版社出版。

参考文献：

1.［清］百本堂编钞. 子弟书目录. 清钞本. 中国艺术研究院图书馆等藏

2.［清］别埜堂编钞. 子弟书目录. 清钞本. 中国艺术研究院图书馆藏

3.［清］乐善堂编钞 . 子弟大鼓书目录. 清钞本. 傅斯年图书馆藏

4.［清］鹤侣 . 集锦书目子弟书. 清钞本. 北京大学图书馆藏

5. 佚名. 子弟书目录. 稿本. 天津图书馆藏

6. 萧文澄. 子弟书约选日记. 稿本. 天津图书馆藏

7. 三畏氏. 绿棠吟馆子弟书百种总目. 稿本. 首都图书馆藏

8. 傅惜华. 子弟书总目. 上海：上海文艺联合社，1954

9. 傅惜华. 北京传统曲艺总目. 北京：中华书局，1962

10. 陈锦钊. 子弟书之题材来源及其综合研究. 台湾政治大学中国文学研究所，1977，未刊

11. 崔蕴华. 在书斋与书坊之间——清代子弟书研究. 北京：北京大学出版社，2005

12. 陈锦钊. 六｜年来了弟书的整理与研究. 汉学研究之回顾与前瞻. 北京：中华书局，1995

谈谈古籍批校题跋的整理与研究

张廷银

（中国国家图书馆）

一、批校及题跋的学术文献意义

这里所谓批校，其实包含了评点、注解和校勘三方面的内容，只不过相对于比较专门的批点、注解和校勘，我们这里特指读者在阅读某古籍时随手批于字里行间、天头地角处的有关文本校勘、内容释读、成就点评的文字，即通常所说的手批。这些文字对于我们进一步了解古籍的版本、文本及内容，都有非常重要的意义。过去大家提到古籍善本，总是离不了“精校精批”，古籍经过校勘学家的精心比勘，才成为更加令人信服的读本而为历代传阅，与此同时，一些作品经过精确入微的注释和评析，才为人们的阅读指出了最佳的路径，因而评注成为原著的有机组成甚至有些评注的影响大大超过了原著，比如《史记》“三家注”、《三国志》裴松之注、苏轼诗施顾注、金圣叹批《水浒》、《金瓶梅》张松坡评、《红楼梦》脂砚斋评等。

今天重提古籍批校的整理研究，当然不是指这里所提到的名家批点与校勘。这些信息已经为大家所熟知，并且也已经得到了比较深入的研究与利用。今天需要我们特别重视的，则是那些以往大家所不了解或者未予关注的批注和点评。因为，各收藏单位在著录古籍时，对于那些非出名家之手的批校或者一时不能确定到底何人所批,常常只是简单地注出有批注,甚至只字不提批注情况,这些信息因之就很难为读书人所掌握,因而一方面是读书人希望得到更丰富的关于批注该书的资料,另一方面则是这些资料藏在深闺人未知。于是,对一部古籍文本及内容的认识及评价,就非常不全面。特别是那些出自无名氏以及文化水平较为低下的人之手的批校,虽然对于判断古籍的版本优劣和成就高低无决定性的影响,但却极其难能可贵地反映了来自于文化边缘地带人群对古籍的认知和传播程度,是我们今天了解古籍在当代和历代被接受状况的重要途径,也是了解中国文化实际发生发展过程最具体的资料。而这一点,恰是我们今天强调古籍批校整理研究工作超出于古籍本身研究的意义和价值的原因。现在的文史名著研究存在很多的问题,最突出的是缺乏创造性,这其中很关键的原因是没有更新、更全面的资料,而批点资料的全面整理与研究,将会在较大程度上改变这种状况。

古籍题跋的学术意义和文献价值,也早已为大家所公认。因此,今天再提这个问题,情况与前述古籍批校近似,更多的不是学理上的辨析,而是针对于现实的思考。由于同样的原因,古籍题跋的著录情况并不是十分完善,有许多线索并没有得到揭示,或者揭示得非常粗略。其中有些无名氏及下层知识分子的题跋,更是无人问津或无从问津。还有一个比起批校更为不理想的情况是,目前有许多藏书单位都把古籍题跋视为不可外移的独家专利,除了手抄,一般都不允许读者以其他任何方式得到相关的资料,许多非常重要的资料和信息始终处于被屏蔽的状态,这就增加了研究和利用题跋的难度,从而导致题跋的整理研究状况整体滞后,而我们的一些认识则至今仍有不完善甚至错误的情形。

由于过去古籍被分散流传,对它的识鉴也各自独立产生,同一部书在不同的读者眼里往往会出现相异的认识,假如能把体现相关认识的题跋等资料汇集一起,通过仔细对比,就不仅能辨别其中的正确与否(包括题跋本身的正误),从而找到一个相对一致的看法,还能进一步发现产生相异的深层原因。

二、古籍收藏单位在批校题跋整理中的作用

上文分析批校题跋所具有的学术及文献意义时,已经涉及古籍收藏单位在批校题跋整理工作中的地位角色及实际所承担的任务。由于批校题跋目前存在已有相应的著录和完全没有著录两种情况,因此,古籍收藏单位应该和可以开展的工作也大致分为两种或两个步骤。

已经有基本著录的批校题跋,虽然线索比较清楚,但要比较完整地掌握并利用这些资料,还有很多的麻烦。因为这些资料通常都是手写,而且是连笔书写,也就是行草书,这给短时期快速抄录带来了较大的困难。需要这些资料的读者,当然想到了通过扫描或拍照等方式快捷且比较完整地得到资料,但目前藏书单位一般都不会允许全部复制某一种(一批)资料,而且还要收取标准不低的底本保护费(资料费)。这对于迫切需要这些资料的读书人来说,仍然是一个难以逾越的障碍。考虑两方面的需要及实际情况而能够采取的可行作法,大概只有两个。一是编辑出版专题类的文献汇刊,比如"《史记》批注汇编"、"《世说新语》评点辑刊"、"国家图书馆馆藏古籍题跋整理"等,主要用影印方式,用相对较短的时间,集中展示。这样,读者可以较快地、完整地得到相关资料,收藏单位也能保护自己的相应权益。二是制作发行数字化的产品,将相关的书籍通过更多样的手段在更广范围内发行,读者通过一定的程序就可以看到这样的资料,而收藏单位及制作者则可以运用必要的技术手段,保护和收回属于自己的权益。

对于尚无著录的批校和题跋,第一步工作自然就是要把相关的线索和信息揭示出来。近几年借助古籍保护的专项工作,许多古籍收藏单位都开始了古籍的全面普查,而且据说批校题跋也被列入普查登记的重要内容,这是一个非常令人期待的消息,我们希望这项工作的进度能再加快一点,但同时还能够保证质量,千万不要出现遗漏或无中生有的情况,以免误导读书人。批校题跋的消息揭示之后,第二步要做的就是根据线索,继续编制专题的文献汇刊,或出版相应的数字化作品,以便读者全面了解批校题跋的具体内容。

国家图书馆2010年策划的"大陆藏汉文古籍藏书题跋整理研究"课

题，得到了国家社会科学基金重点项目资助。计划用5年左右的时间，将全国主要古籍收藏单位所藏古籍中的手跋，全部进行汇集和整理，以嘉惠学者。目前这项工作在国家图书馆内进展顺利，不日将会基本完成。但涉及大陆其他收藏单位的部分，则因为资金、协调等问题，尚未能得到较好的实施，特别希望同仁们以保护古籍和传播文化的精神，更加积极地共同推动这项工作的完成。

揭示和公布古籍批校题跋资料，一方面是为读书人提供准确全面的文献资料，另一方面也是古籍保护的重要形式。古籍收藏单位曾经对书籍在流通过程中的损耗十分无奈，如果有了影印书或者电子化的书籍，就可以大大减少古籍原本的流通次数。这比限制古籍流通和放任古籍流通都更为科学有效。

三、学者如何进行古籍批校题跋的整理研究

与古籍收藏单位所进行的批校题跋工作相对应，学者更能发挥重要的作用。学者们对于古籍批校题跋，当然最应该做的就是从自己的专业角度，对其中的各方面内容进行深入的解读分析。但从目前来看，仅仅做到这一点还不够，这只是完成了相对于自己的任务，而尚未尽到利于他人、推动学术持续发展的责任。学者除了利用批校题跋完成自己的学术研究外，还可以协助收藏单位开展整理工作，从而为更加宏大的学术研究创造良好的条件。这大概也有两方面的内容。

一是协助收藏单位做好批校题跋的揭示工作。古籍收藏单位虽然有责任做好古籍信息的著录工作，但仍不能用全部精力去完成，所以，进度一般是很难符合学者的需要的。学者虽然不能非常方便地整体接触古籍，但却有一定的科研时间静心地浏览自己所感兴趣的文献，这样他就有可能对某一类文献有比较全面的接触，从而较快地发现其中未被著录的批校题跋信息。而且，由于学者对批校题跋所涉及的内容有比较敏锐的认识，能够较快地判断出批校题跋的作者及其价值，从而增进相关著录的全面性和准确性。

二是协助古籍收藏单位，编辑出版有关古籍批校题跋的纸质与数字

化专题文献。毋庸讳言，在对古籍内容的理解与把握上，学者们一般比藏书单位要更敏锐、更准确，二者结合，则可以把最有价值的文献以最精确的形式予以广泛公布，这是一种双赢互利的学术合作方式。过去有很多图书馆与学者结合编辑出版文献资料的范例，今天则更应加强和提高。

在上面两方面合作问题上，目前之所以做得还不够理想，除了藏书单位没有显示出足够积极的姿态，学者自身也不够主动。同样毋庸讳言的是，目前大部分学者都认为自己与图书馆的关系就是纯粹的被服务与服务的关系，到图书馆找到自己所需要的资料，就完成了与图书馆的交往。这其实是比较片面的。图书馆固然是一个服务机构，为学者提供良好的服务也是职责之一。但图书馆的建设与发展却绝不应该只是图书馆单方面的任务，学者的参与和合作也是促进图书馆事业健康高效发展的重要保证。特别是涉及古籍整理与研究这样的具有较强专业性的问题，学者们的参与和指导不仅是必要的也是应该的。有些学者可能觉得分出一定的精力来参与图书馆的活动，会影响自己的专业研究，这其实是不全面的。因为参与这些专业性的活动，不仅会进一步增强自己对相关文献收藏分布状况的了解，为以后的研究创造良好的文献基础，而且与图书馆一起编辑专题文献资料，本身就是一个文献整理与研究的过程，学者自己的研究并没有受到根本影响。也有些学者认为，自己愿意参与图书馆活动的心情得不得适当的表达与体现，这其实也存在一个有效交流沟通的问题。据笔者的观察与了解，大部分读者包括学者型读者，与图书馆员的交流仅限于自己需要某书，除此之外，不肯有丝毫进一步的交流，其与图书馆的关系永远停留在顾客与商场的层面。而有些学者则在索取自己所需资料的同时，还比较主动地和图书馆员就相关问题进行广泛交流，他就在这种交流中得到了比一般的书目著录、书面告示等丰富的信息，图书馆也从中了解了某些文献的价值意义以及学者自己的研究状况，学者与图书馆成了朋友，图书馆建立了从事相关文献整理可以借助的基本信息。因此，学者与图书馆之间的隔膜甚至对立是完全可以被打破的，学者自己的心态和态度是其中非常关键的因素。

所以，今天强调古籍批校题跋的整理研究，同时也是呼吁学者与图书馆建立良好合作关系，共同完成保存和保护民族文化遗产的任务。

参考文献：

1. 章培恒，王靖宇主编. 中国文学评点研究论集. 上海：上海古籍出版社，2002

2. 谭帆著. 中国小说评点研究. 上海：华东师范大学出版社，2001

3. "国立中央图书馆". "国立中央图书馆"善本题跋真迹. 台北："国立中央图书馆"，1982

4. 汤蔓媛. 傅斯年图书馆善本古籍题跋辑录. 台北："中央研究院"历史语言研究所，2008

《汉书·艺文志》考辨

邓骏捷

（澳门大学中文系）

清人金榜云："不通《汉书·艺文志》，不可以读天下书。《艺文志》者，学问之眉目，著述之门户也。"①近人顾实则谓"不读天下书，亦不可以通《汉·艺文志》"②。近年读《汉书·艺文志》（以下简称《汉志》），益信先贤所论非虚。今将若干所得整理成文，呈奉学界，以期教正。

一、至成帝时，以书颇散亡，使谒者陈农求遗书于天下。诏光禄大夫刘向校经传、诸子、诗赋，步兵校尉任宏校兵书，太史令尹咸校数术，侍医李柱国校方技。

刘向主持的校书活动是西汉末年的重大文化工程，前后长达20多年。除刘向、刘歆父子以外，于史可考者至少有11人，分别是任宏、尹咸、李柱国、富参、杜参、（臣）叙、王龚、（臣）望、班斿、房凤、刘伋③。事实上，参与其事的学者，必不止于上述13人。例如陈农，除《汉志》外，《汉书·

① 王鸣盛，《十七史商榷》，南京：凤凰出版社，2008年，第125页。
② 顾实，《汉书艺文志讲疏·自序》，上海：上海古籍出版社，2009年，第1页。
③ 王承略、杨锦先，《刘向校书同僚学行考论》，《文献》1998年第3期。

成帝纪》亦云:“光禄大夫刘向校中秘书。谒者陈农使,使求遗书于天下。”由于史书缺载,不仅陈农有否在刘向校书工作中担任过职务,也就连陈农的其它事迹,都不得而知。然而北周庾信《周柱国大将军大都督同州刺史尔绵永神道碑》中有“韩信入关,即申军令;陈农受诏,仍校兵书”之语①。“韩信入关,即申军令”,指的应是汉初“韩信申军法”一事,见于《史记·太史公自序》、《汉书·高帝纪》。

至于“陈农受诏,仍校兵书”,或可理解为陈农于巡行天下访求遗书之后,曾经参与刘向主持的校书活动,继续负责兵书的整理工作。当然庾信所谓的“仍校兵书”者,也可能是指刘向、任宏等人,而与陈农无涉。不过,陈农有广求遗书的经历,对得书的过程和所得之书应该有一定的了解,被刘向吸收作校书一员亦非全无可能。此外,刘向次子刘赐、学生冯商等,或许也曾参与校书活动,可惜史无明文,多数已经湮掩无闻矣。

二、刘向所序六十七篇(《新序》、《说苑》、《世说》、《列女传颂图》也)。扬雄所序三十八篇(太玄》十九,《法言》十三,《乐》四,《箴》二)。

《汉志》各略著录众书的方式,往往是先列书名,再举篇卷数,或加著者姓名于书名之前。唯有《诸子略》“儒家类”著录:“刘向所序六十七篇。(《新序》、《说苑》、《世说》、《列女传颂图》也。)”又著录:“扬雄所序三十八篇。(《太玄》十九,《法言》十三,《乐》四,《箴》二。)”在著者之后、总篇数之前有“所序”二字,又以小注方式说明所包含的四种著作的书名。罗根泽曾据此指“刘向所序”,“明此为刘向就旧书所重新编次,与他书为某人撰著者异”②。但是徐复观却谓:“‘刘向所序’的所序,指的是刘向把自己几种著作,以篇为单位,编(序)在一起而言。与‘扬雄所序三十八篇’的意思相同。乃今人竟据此认为《新序》《说苑》仅刘向所‘编辑’的,而以

① 庾信撰、倪璠注,《庾子山集注》,北京:中华书局,1980年,第85页。

② 罗根泽,《诸子考索·“新序”“说苑”“列女传”不作始于刘向考》,北京:人民出版社,1958年,第541页。

'曰撰曰著者非';且在今日几成定论。然则扬雄所序三十八篇中,据班固注'《太玄》十九,《法言》十三,《乐》四,《箴》二',《太玄》、《法言》,也是编辑而不是撰著的吗?"[①]徐氏的分析有理有据,可以信从,不过仍有可以补充纠正之处。

第一,《诸子略》"九流十家"著录之书,基本上是以人名书的;或都被改题为以人名书,如改题《晏子春秋》为《晏子》,又如改题《新语》为《陆贾》。因此,在确知"某子"有多种著作,且都有各自的内容或旧名之时,《诸子略》便以变通的形式遵守"以人名书"的统一性原则。如"道家类"著录有"《太公》二百三十七篇",班固自注曰:"吕望为周师尚父,本有道者。或有近世又以为太公术者所增加也。《谋》八十一篇,《言》七十一篇,《兵》八十五篇。"就是一则显例。本来按《诸子略》的体例,"刘向所序六十七篇"、"扬雄所序三十八篇"都应改题为《刘子》(或《刘向》)、《扬子》(或《扬雄》)。但是,这样两家中的各四种著作之间的区别就无法显示了,所以《诸子略》唯有将同一著者的四种著作统称为"所序",并以小注的方式揭示彼此的差别。目的在于既维护了个别文献的独立性,又与整个《诸子略》的命名原则保持一致。由此可见,此种著录方式在《诸子志》中既是特例,又属变例。

第二,徐复观把"所序"理解为"将几种著作编集在一起",无疑是正确的,但说是刘向自己所为,则恐非是。因为按此推说,扬雄亦曾自编《太玄》、《法言》、《乐》、《箴》,然而《乐》、《箴》不属子书,何以扬雄会自编此四种书?南宋郑樵《通志·校雠略·编次不明论》就曾针对"《太玄》、《法言》、《乐箴》三书合为一,总谓之'扬雄所序三十八篇'",批评班固"胸中元无伦类"[②]。虽然郑樵没能理解《诸子略》的图书命名规律,但却从反面说明了扬雄不可能自编《太玄》、《法言》、《乐》、《箴》为一集。因此,编者显然不可能是著者本人,而是另有其人——这个人当属刘歆无疑。

第三,班固于《诸子略》"儒家类"中谓"入扬雄一家三十八篇",罗根

① 徐复观,《两汉思想史(卷三)·刘向新序说苑的研究》,台北:学生书局,1979年,第62页。

② 郑樵,《通志二十略》下册,北京:中华书局,1995年,第1823页。

泽据此指斥"班固不明'所序'之意,误以为即刘向所著,由是将扬雄所著三十八篇,亦冠以'所序'二字"。其实"刘向六十七篇"、"扬雄三十八篇",皆为刘歆"所序(编)"。区别在于:前者是上奏《七略》之前所编,见著于《七略》;后者则是刘歆于莽新时所编,收入其以《七略》为基础的新撰"书目"①。

三、道家者流,盖出于史官,历记成败存亡祸福古今之道,然后知秉要执本,清虚以自守,卑弱以自持,此君人南面之术也。

刘向《列子书录》云:"道家者,秉要执本,清虚无为。及其治身接物,务崇不竞,合于六经。"与上引《诸子略》"道家类"小序对于道家思想的概括基本一致,且用语也相同,明显存在沿袭关系。过往由于怀疑《列子》是伪书,连带殃及《列子书录》,所以对此未予应有的重视,甚为可惜。众所周知,《汉志》删取自刘歆的《七略》,而《七略》则是对刘向校书成果的直接承继。因此《汉志》各大小序(源自《七略·辑略》)中究竟有多少属于刘向所论的内容,就是一个值得深入考究的问题。

刘向《战国策书录》云:"至秦孝公,捐礼让而贵战争,弃仁义而用诈谲,苟以取强而已矣。夫篡盗之人,列为侯王;诈谲之国,兴立为强。是以传相放效,后生师之,遂相吞灭,并大兼小,暴师经岁,流血满野。父子不相亲,兄弟不相安,夫妇离散,莫保其命,湣然道德绝矣。晚世益甚,万乘之国七,千乘之国五,敌侔争权,盖为战国。贪饕无耻,竞进无厌;国异政教,各自制断;上无天子,下无方伯;力功争强,胜者为右;兵革不休,诈伪并起。"《兵书略》大序云:"下及汤、武受命,以师克乱而济百姓,动之以仁义,行之以礼让,《司马法》是其遗事也。自春秋至于战国,出奇设伏,变诈之兵并作。"大序显然是将《战国策书录》对战国时期兼并战争的批判思想,转化为对兵书的政治道德评价。

《汉书·楚元王传》载刘向《论星孛山崩疏》云:"高宗、成王亦有雊雉

① 详参拙文《王莽时期刘歆校书活动考论》,《中国典籍与文化》2011年第3期。

拔木之变，能思其故，故高宗有百年之福，成王有复风之报。”《说苑·辨物》亦云：“《易》曰：‘天垂象，见吉凶，圣人则之。’昔者高宗、成王感于雊雉、暴风之变，修身自改而享丰昌之福也。”刘向在著作中一再强调在灾异降临之时，只要修德善政，便可化不祥为福报，并以殷高宗、周成王为例。《数术略》“杂占类”小序云：“《春秋》之说訞也，曰：‘人之所忌，其气炎以取之，訞由人兴也。人失常则訞兴，人无衅焉，訞不自作。’故曰：‘德胜不祥，义厌不惠。’桑谷共生，大戊以兴；雊雉登鼎，武丁为宗。”小序与刘向的思想完全一致，且所举之例也相同，两者之间的沿袭关系不言而喻。

《数术略》“天文家类”小序云：“天文者，序二十八宿，步五星日月，以纪吉凶之象，圣王所以参政也。《易》曰：‘观乎天文，以察时变。’然星事㓙悍，非湛密者弗能由也。夫观景以谴形，非明王亦不能服听也。以不能由之臣，谏不能听之王，此所以两有患也。”小序除了指出天文星事的参政作用外，更加慨叹此类隐秘之术必须“湛密者”得遇“明主”，才能发挥效用。刘歆在上奏《七略》之前，官职低微，难以接近皇帝，虽有其术，亦无由得献所论。反观刘向“专积思于经术，昼诵书传，夜观星宿，或不寐达旦”，并且多次借天变之机上书成帝。《汉书·楚元王传》曾载刘向《论星孛山崩疏》云：“今日食尤屡，星孛东井，摄提炎及紫官，有识长老莫不震动，此变之大者也。其事难一二记，故《易》曰‘书不尽言，言不尽意’，是以设卦指爻，而复说义。《书》曰‘伻来以图’，天文难以相晓，臣虽图上，犹须口说，然后可知，愿赐清燕之闲，指图陈状。”可是成帝“辄入之，然终不能用也”。两者互相参看，可知如非刘向本人，小序何来这种切肤之痛的论述。此外，《六艺略》“《论语》家类”小序亦应来自何晏《论语集解序》所引“汉中垒校尉刘向言”（或即刘向《论语书录》）。①

综上所述，由于刘歆撰写《七略》之时，摘取了包括书录在内的各种刘向著作，甚或刘向生前已有的相关存稿，增删编成《辑略》，因此《汉志》各序的部分内容实来自刘向而非刘歆。

① 详参拙文《刘向校本整理模式探论》，《文学与文化》2011年第1期。

四、《百家》百三十九卷。

《诸子略》"小说家类"最末著录有"《百家》百三十九卷"①。鲁迅《中国小说史略》曾谓"《说苑》今存,所记皆古人行事之迹,足为法戒者,执是以推《百家》,则殆为故事之无当于治道者矣"②。学界亦多以为《百家》一书与其它"小说家类"著录之书同属古小说的作品。然而,细考《诸子志》的体例,及"百家"之名,《百家》的性质当与其它"小说家类"著录之书有别,不应完全等同于小说家之作。

按《诸子略》的体例,九流中每家之末都著录有"某家言"之书(或称"杂"之书),如"儒家类"著录有"《儒家言》十八篇","道家类"著录有"《道家言》二篇","阴阳家类"著录有"《杂阴阳》三十八篇","法家类"著录有"《法家言》二篇","杂家类"著录有"《杂家言》一篇",班固自注皆曰"不知作者"。清人姚振宗《汉书艺文志条理》谓"此似刘中垒裒录无名氏之说以为一编"③,近人余嘉锡也认为是"刘向校雠之时,因其既无书名,姓氏又无可考,姑以其所学者题之耳,皆其非本名也"④。此类古书亦见于出土文献,如河北省定县汉简的《儒家者言》(整理者命名)。由于《百家》的著录次于小说家之末,因此一般以为属于"小说家杂言"之书。张舜徽《汉书艺文志通释》便认为"《百家》下当有'言'字,或传钞者夺之。此与道家之《道家言》,法家之《法家言》,杂家之《杂家言》同例,俱殿各家之末,乃学者撮钞精言警句之编。小说家百家之说尤广,故所录为多,致有百数十卷,书亦早亡"⑤。若果《百家》真是属于"小说家杂言"之书,为何不依例名为"小说家言"(或"杂小说")呢?

这里主要的原因,恐怕还是对《汉志》的体例缺乏深入的考虑。"小

---

① 《太平御览》卷一八八、卷八六九、卷九三五皆载有应劭《风俗通》引《百家书》之文,一般以为即"《百家》百三十九卷"的内容。

② 鲁迅,《中国小说史略》,《鲁迅全集》第九卷,北京:人民文学出版社,1995 年,第 29 页。

③ 王承略、刘心明主编,《二十五史艺文经籍志考补萃编》第三卷《汉书艺文志条理》,北京:清华大学出版社,2011 年,第 191 页。

④ 余嘉锡,《余嘉锡说文献学·古书通例》,上海:上海古籍出版社,2001 年,第 193 页。

⑤ 张舜徽,《广校雠略　汉书艺文志通释》,武汉:华中师范大学出版社,2004 年,第 344 页。

说家类”著录的十五家之书，虽然十分杂芜，如有记古史古事的《周考》①、《青史子》②、《虞初周说》③，有托言上古人物为说的《伊尹说》④、《鬻子说》⑤、《师旷》⑥、《务成子》⑦、《天乙》⑧、《黄帝说》⑨，有黄老道家之说的《宋子》⑩、《待诏臣安成未央术》⑪，不过基本上还是一家之书，但《百家》则不同。“百家”一名于战国至西汉之时属于诸子的泛称。如《荀子·解蔽》云：“今诸侯异政，百家异说。”《史记·秦始皇本纪》曾载李斯奏曰：“臣请史官非秦纪烧之，非博士官所职，天下敢有藏《诗》、《书》、百家语者，悉诣守、尉杂烧之。”董仲舒云：“今师异道，人异论，百家殊方，指意不同。”（《汉书·董仲舒传》）司马谈《论六家要旨》亦屡言“百家”，如“（儒家）若夫列君臣父子之礼，序夫妇长幼之别，虽百家弗能易也”；“（法家）若尊主卑臣，明分职不得相逾越，虽百家弗能改也。”司马迁更明确宣称《史记》的撰作宗旨是“以拾遗补艺，成一家之言，厥协六经异传，整齐百家杂语”（《史记·太史公自序》）。由此可见，“百家”是泛指诸子学说，而非具体指某一家。更为重要的是，《百家》不仅次于“小说家类”之末，同时也是《诸子略》著录的最后一种著作。因此，与其认为《百家》是“小说家杂言”，倒不如说它是“诸子杂言”更为合适。总之，“《百家》百三十九卷”应是刘向校定众多子书后的残余材料，被勒成一书，由于杂而不纯，难以归类，故名“百家”；刘歆编《七略》之时，遂将它附于《诸子略》“小说家类”之末。

附带一说，《说苑书录》云：“除去与《新序》复重者，其余者浅薄不中义理，别集以为《百家》。”姚振宗《七略别录佚文》以为“此言别集以为

---

① 班固自注：“考周事也。”
② 班固自注：“古史官记事也。”
③ 应劭曰：“其说以《周书》为本。”
④ 班固自注：“其语浅薄，似依托也。”
⑤ 班固自注：“后世所加。”
⑥ 班固自注：“见《春秋》，其言浅薄，本与此同，似因托之。”
⑦ 班固自注：“称尧问，非古语。”
⑧ 班固自注：“天乙谓汤，其言非殷时，皆依托也。”
⑨ 班固自注：“迂诞依托。”
⑩ 班固自注：“孙卿道宋子，其言黄老意。”
⑪ 应劭曰：“道家也，好养生事，为未央之术。”

‘百家’者,《汉·艺文志》小说家《百家》百三十九卷是”①,此说当是。然而,亦有学者直指《百家》为刘向所撰②;不过,如上所述,《百家》属于一部汇编性质的“诸子杂言”之书,它的性质应与《新序》、《说苑》有所不同,所以只能说是刘向所编,非其所著也。

参考文献:

1. 王鸣盛. 十七史商榷. 南京:凤凰出版社,2008

2. 姚振宗. 汉书艺文志条理. 二十五史艺文经籍志考补萃编(第三卷). 清华大学出版社,2011

3. 顾实. 汉书艺文志讲疏. 上海:上海古籍出版社,2009

4. 鲁迅. 中国小说史略. 北京:人民文学出版社,1995

5. 余嘉锡. 余嘉锡说文献学·古书通例. 上海:上海古籍出版社,2001

6. 张舜徽. 广校雠略 汉书艺文志通释. 武汉:华中师范大学出版社,2004

7. 罗根泽. 诸子考索. 北京:人民出版社,1958

8. 徐复观. 两汉思想史(卷三). 台北:学生书局,1979

① 姚振宗辑录、邓骏捷校补,《七略别录佚文 七略佚文》,上海:上海古籍出版社,2008年,第47页。

② 朱一玄等编著,《中国古代小说总目提要》,北京:人民文学出版社,2005年,第10页。

蒙学读物杂字初探

李国庆

（天津图书馆）

何为“杂字”？顾名思义，杂字就是把各类有一定关联的字词汇集在一起而编成的书，它是自古以来，在我国民间广泛流传的一种普及性的蒙学读物。杂字具有通俗性、实用性和地方性等特点。从杂字所载主要是字词来看，它是字书，应该列入经部小学类；而从杂字正文进行分类组织来看，它是类书，应该列入子部类书类。仅从传统的四部分类角度来看待这种杂字，就不难发现，这是一种十分独特的、教人识字和普及文化知识的蒙学读物。

自古以来，人们很少关注这种蒙学读物，多不屑一顾，甚或不知杂字为何物。究其原因，主要是杂字属于民间蒙学读物，没有得到官方认可，没有升到正统地位，不被读书人所认可。如专门搞普及教育的清季学人张之洞在其“为告语生童而设”的《书目答问》一书中，在称赞《仪礼韵言》时就曾说过这样的话：此书“岂不胜于读《村书杂字》、《百家姓》万万耶！”

杂字研究专家李丽中、高维国先生认为：“由于历代统治者对杂字的偏见和鄙视，给今天的杂字搜集工作带来极大困难，已往的杂字书编写者多不著姓名和撰写年代，官方编辑出版的书志、书目上又绝少收录，以至许多珍贵的杂字读本在长期流传中散失，有的虽找到残本但无法对证。杂字搜集工作进展缓慢直接影响了对杂字这一文化现象的研究。”（见

《中华幼学文库·杂字》,李丽中、高维国前言。此书来新夏先生主编,1995 年南开大学出版社)。

就笔者历年访求杂字的实践获知,上述观点是正确的。笔者近年留意对传世杂字的访求和研究工作,曾经眼见到的明清民国及解放以后编印的各类杂字共计 161 种。早期的杂字现在只能看到少数几种辑本,宋元版杂字现在已经没有了踪迹,明版杂字已成凤毛麟角,清代和民国版杂字已不多见,解放以后尚续余音,最后终于退出了历史舞台。

历代传统的私人藏书家,认为这类读物不登大雅之堂,所以,在历代私家藏书目录中几乎没有著录一种;作为公藏的图书馆对这类读物一般不去特意购藏,偶有零星几种收藏,也属于不经意间随其他四部典籍一并流入书库的;在一般书店的售书目录中甚至找不到有关它的题名。这些随时都有可能佚亡的蒙学读物,确实在我国历代民间教育中曾经发挥过重要作用,这是一宗急需关注和利用的重要文献,它记载着曾经使用过的(有些现在仍在使用)字词、俗语、俚语和警句,真实反映了下层民众的生活方式和人生态度。杂字读物在语言学、文字学、教育学、民俗学、社会学和文献学等领域都具有独特的研究价值。

本文拟以笔者掌握的 161 种杂字为例,从八个方面对杂字进行综合考察和研究,剖析和揭示这种不被世人注意的、具有民间特性的蒙学读物,旨在引起和提高人们对这种普及性读物的注意和认识,从而达到保护、弘扬和利用之目的。

一、杂字的版式结构

杂字的版式结构与一般四部古籍总体一样,由版框、界栏、书口、鱼尾等构成。由于杂字多由书肆刊印,为了节省成本,又要多加内容,以便售卖,往往在版式设计、开本大小、用纸及杂字题名等方面刻意做些功夫。版式一般设计成上下双栏。上栏一般刊印知识性资料,如百家姓氏、尺牍行文及插图等;下栏刊印杂字正文。石印本的版式,往往是上图下文形式。

下面列举一个杂字的标准版式例子:

《杂字述要》,清恒保和编,清同治四年(1865)富文堂刻本。线装 39

叶。卷首载《目录》,分“天文”、“地理”、“人品”等16类。首句为“四言杂字,首叙天文。烟霞日月,雷电风云”,末句为“硇砂砒石,用需酌量”。封面镌“同治四年仲夏新刊杂字述要富文堂珍藏”。卷端题“恒保和先生著”。上下双栏。上栏为“音释”,下栏为正文。“音释”是对正文难读难认字进行标音和注释。末有“总跋”,云:“是书急就,语俗难工。上遵字典,下顺时风。四言组织,百事贯通。果能翻阅,应用无穷。”

此书版式结构设计标准:封面题字为三段式,卷首有目录,卷端有题名(包括书名和编者题名),上下两节版,后有跋文(四言),卷末有题名。开本稍大,品相完好,刊刻精工。这是一部质量较高的杂字作品。

杂字书籍具有显著特征:书名一般题写“杂字”,多存在同书异名和同名异书情况,编者一般不题写姓名,正文分类,开本小而薄。

书名题写“杂字”情况。书名题写“杂字”,自古皆然。但也有少数例外,书名不题“杂字”,而实际是“杂字”者,如清曲文炳撰的《新编四言杂字》,清文富堂刻本。除这个版本外,笔者还见到该杂字的另外三个版本,分别为《音注四言商农秘书》(无年月青岛成和堂书局石印本)、《改良增广商农秘书》(无年月石印本)和《改良增广四言杂字》(无年月石印本)。此书有4个版本,其中有2个没有题写“杂字”。又如抄本《新编冬烘读本》,清光绪二十三年(1897)抄本《且顾眼前》,以上这两个本子,实际都是四言杂字。

杂字的同书异名情况。杂字的同书异名,指相同一部杂字而有多个不一样的书名。一书多题、异名,是杂字十分常见的一种现象。一般情况是,一书有2个或3个题名,个别的有多达10个左右的,例如:

清乾隆味经堂刻本《通考杂字》2卷,此书的书名有多种题法:上卷卷端题“金陵味经堂新刻增订释义经书便用通考杂字”,上卷卷末题“通考全书”;下卷卷端题“味经堂增订释义经书便用通考杂字”,下卷卷末无题名;外卷卷端题“味经堂重订增订释义经书四民便用杂字通考全书”,外卷卷末题“增补杂字世事通考全书”;目录后题“味经堂新刻分类元龙便用世事通考全书”;上书口题“增补通考全书”;书签题“集义堂新增元龙通考杂字”;封面题“新增万宝元龙杂字”。

杂字的同名异书情况。杂字的同名异书,指书名相同但不是一部书。

同名异书是杂字十分常见的一种现象。例如:《四言杂字》、《六言杂字》、《农庄杂字》、《日用杂字》、《使用杂字》、《群珠杂字》及《万全杂字》等,均属此例。上举这些杂字的题名,是人们比较喜欢使用的,随手题写,没有考虑避重问题,以致同名,传本较多,但内容完全不一样。所以,遇到这些题名的杂字,首先要看看内容句式,考虑是否存在同名异书问题。

编者一般不题写姓名情况。杂字的编者,一般不题写自己的姓名。究其原因,大致有二:杂字属于民间普及读物,由乡村秀才和市井文人以急就章形式编写而成,用以施教,没有传世打算,故不署名,此其一;杂字不属于四部典籍,不入著作之林,名家学人,偶尔即兴,创作杂字,也不愿署名,以免被人讥讽,此其二。这是就一般情况而言的。但是,也有特殊情况,就是有一些杂字,题写著者姓名。例如:《新镌才子杂字》2 卷附《补遗杂字》,卷端题"吴国伦编、张补山增释";《新刻增订释义经书便用通考杂字》2 卷外 1 卷,卷端题"徐三省辑,黄惟贤增订";《日用俗字》,卷端题"蒲松龄编"。这些均是名人编写杂字的例子,只是数量太少而已。

杂字正文的分类情况。杂字正文的字词、词组和文句,一般按类编排。杂字正文分类,是杂字体例的一个特点。杂字的分类,以及类目设置数量,并不一致,大多根据内容情况来定,并不严谨,也没有规律可寻。例如:

上海教育出版社编印的《农村常用杂字》,全书分"农业生产"、"生活"及"单位名称"等 10 类。每类之下,列字、词和词组。金铁宽编的《农村杂字》,全书分"农具"、"计量"及"口头常说的词"等 40 类。清徐三省编辑《通考杂字》二卷《外卷》一卷,此书为三层版:下层为正文,上层为知识性附录,顶层为注释性文字。首载目录:上卷下层分"天文"、"地理"及"妇道"21 类;上卷上层分"历代帝王总记"、"天下省属衙门"及"礼部题定帽顶"等 4 类;下卷下层分"释道"、"木料"及"治骨鲠神符"等 49 类;下卷上层分"千家诗酒令"、"书柬活套"及"京省水陆路程"等 4 类;外卷下层分"算法"、"课占"及"文约"等 5 类;外卷上层分"上戴天下土产"、"历代仙术"及"明初功臣"等 6 类。

杂字的开本情况。杂字读本,一般由书坊刊印。书坊为了降低成本,往往将杂字刻印成小开本,以节约木板和印纸,这也是坊刻本的版本特色之一。这与其他坊刻本的通俗读物是一样的。

二、杂字的起源发展

杂字起源很早。依据文献记载，早在汉魏时，就出现了以杂字题名的书，如汉郭显卿的《杂字指》，魏张揖的《杂字》，周成的《杂字解诂》等，今均有辑本。《隋书·经籍志》还著录了邹里的《要用杂字》、李少通的《杂字要》等。敦煌遗书中有《诸杂字》（见《敦煌杂录》下辑）等。可见杂字书早在隋唐以前就已经开始流行。《宋史》列传二四四有这样的记载："元昊（按：即李元昊，西夏国君）自制蕃书，命野利仁荣演绎之，成十二卷，字形体方整，类八分，而画颇重复。教国人纪事用蕃书，而译《孝经》、《尔雅》、《四言杂字》为蕃语。"西夏创造了文字之后，首先翻译《四言杂字》，与《孝经》、《尔雅》并列，可见这本杂字书在当时的重要性。南宋诗人陆游作七言绝句《秋日郊居》曰："儿童冬学闹比邻，据案愚儒却自珍。授罢村书闭门睡，终年不著面看人。"诗下双行注文："农家十月乃遣子入学，谓之冬学。所读《杂字》、《百家姓》之类，谓之村书。"可见当时《杂字》与《百家姓》之类的蒙学读物并行于世。随着雕版印刷业的兴盛，宋元明清时期这种杂字读物在民间得以广泛流传。因宋元时期去今久远，加上兵燹水火等自然和人为原因，那个时期编印的杂字可能没有一种流传下来。今天能够见到的最早的杂字是明清时期的作品。民国时期接续余韵，流传较广，传本不少，现在偶尔还能在古旧书店或私人家中遇到，甚至在解放区的早期文献中还能看到它的踪影。解放初期，为了扫盲和普及文化知识，在全国范围内又兴起一股编印杂字热潮，一直持续到八十年代末期，杂字才宣告退出历史舞台。从起源和流传的整体情况看，杂字应该是我国古代产生时间最早、流传最广的一种民间蒙学读物。

明代编印的杂字，世传极少，笔者仅见五种。其中，明代刻本 4 种，清代刻本 1 种。

《新锲鳌头备用杂字元龟》（又称《鳌头杂字》、《杂字元龟》），明佚名撰，明万历二十二年(1594)刻本。全文分 20 门类。每一门类前部分为四言，后部分为三言。首句"春饼分团，油堆圆子……酱琼脂，□岁团"，末句"宗族眷属，长幼尊卑……五行人，相伴婆"。（见《中华幼学文库·杂字》，来新夏先生主编，1995 年南开大学出版社。）

《五刻徽郡释义经书士民便用通考杂字》(一名《通考杂字》),佚名撰,明崇祯刻本首尾残。存2卷:1、2。每半叶10行,四周单边。上下双栏。上栏为知识性内容,下栏是杂字。杂字正文分病症类、人事类、俗语类、婚姻类及虫类等。病症类前三词"针灸、膏肓、荣卫",虫类后三词"蝤蛑、蜜蜂、螺蛳"。(天津图书馆藏,收入《中国古籍善本书目》子部类书。)

《新刻增校切用正音乡谈杂字大全》(一名《乡谈正音杂字》、《乡谈正音什字》),佚名撰,明末刻本。前三词为"天光、天暗、寒天";末数词为"几遭、无教、越多、簇成、暂且、临近"。乡谈指地方俗语,正音指标准用语。如乡谈与正音的对应词:天光——天亮、天暗——天黑、寒天——冷天。(美国哈佛大学哈佛燕京图书馆藏,收入《美国哈佛大学哈佛燕京图书馆藏中文善本汇刊》,2003年广西师范大学出版社出版。)

《增补类编音释四民切用便读杂字》4卷,明余一夔编,明代书林詹钟瑞刻本。133叶。卷首有残序。正文前有目录,先分卷,次分类。卷一分天文、地理等10类;卷二分商贾、善恶等8类;卷三分身体、疾病等20类;卷四分货物、书目等12类。卷端题:"遂邑宋林和廷余一夔编集,叔继峰余焦、素行余煌校正,弟运干余一治同订,书林凤翔詹钟瑞绣梓"。首句"混沌洪蒙既判,干坤宇宙才分",末句"南烛枝叶,刘寄奴草"。每句右侧为释文,每字之下为注音字。(北师大图书馆藏书。)

《新镌才子杂字》2卷附《补遗杂字》,明吴国伦编,清张补山增释,清黄凤诺校刊,清光绪四年(1878)中兴堂刻本。线装57叶。首载无名氏序。次列目录:卷一收"天文二首"、"地舆二首"及"数目一首"等;卷二收"花木菜果五首"、"世情二十二首"及"富川地名二首"等。首句"天覆地,云类霞,冰霜凛冽,日月光华,电鞭雷鼓响,风搅雨丝斜,浩荡干坤真莫测,迷茫宇宙实无涯。喜见长空,灿烂星珠布弹,愁观远汉纷纭雪,片飞花",末句"黄颡口,盐阜头,阳辛牌市,港口率洲,戎湖浊子塞,天井望夫洲,燕子口边杨柳坝,谢公墩上富川楼,沫口麑潭,白沙滩上栈槑,富池港口,黄土潭内钓钩"。

有清一代300余年,其间编印的杂字,应该不在少数。笔者经眼者约有近百种。其中颇有精品。例如:

清蒲松龄编《日用俗字》,今有1986年上海古籍出版社排印蒲松龄集本。此书首载自序，末刊题跋。自序言及“旧有《庄农杂字》，村童多诵之”等内容。是一部集思想性、艺术性、创造性为一体的高水准的杂字作品。

清丁公恕撰《杂字类考》2卷，清乾隆五十二年(1787)经元堂刻本，线装共计237叶。首载作者自序，言依据通行字书编纂《杂字类考》事。上卷分“天类、地类、帝王”等46类，上卷分“族戚、师弟、朋友”等39类，合计85类。正文先列一行字词，次行开始逐词进行解释。首句“天覆万物日月代明星辰次列宿度绕行”，末句“草稿改窜叙跋批评抄誊剞劂印拓传行”。

清恒保和编《杂字述要》，清同治四年(1865)富文堂刻本，线装39叶。卷首载《目录》，分“天文、地理、人品”等16类。首句“四言杂字，首叙天文。烟霞日月，雷电风云”，末句“硇砂砒石，用需酌量”。封面镌“同治四年仲夏新刊杂字述要富文堂珍藏”。卷端题“恒保和先生著”。两节版。上为“音释”，下文正文。“音释”是对正文难读难认字进行标音和注释。末有“总跋”云：“是书急就，语俗难工。上遵字典，下顺时风。四言组织，百事贯通。果能翻阅，应用无穷。”

《杂字类考》和《杂字述要》，均为大开本，书品完整，刊刻精工，用语精到，是质量较高杂字作品的代表作。

清康熙时期刊印的杂字，笔者见到一部：清康熙间仇村黄惟贤刻本《新刻增订释义经书便用通考杂字》2卷。此书尚有清乾隆味经堂刻本传世。这是笔者仅见的一部清康熙间刻本。因由徽州仇村黄姓刻工黄惟贤董理刊版事，从这一点来看，它又是一部稀见的徽派刻工作品。

清乾隆时期刊印的杂字，笔者见到3部，除上举二部外，尚有清乾隆十年(1745)三益堂刻本《湘乡杂字》。

清道光时期刊印的杂字，笔者只见到2部：清道光六年(1826)通州抡秀堂刻本《新刊较正方言应用杂字》和清道光二十八年(1848)聚文刻本《建新杂字》。

清同治时期刊印的杂字，笔者见到4部：清同治二年(1863)聚原堂刻本《必须杂字》清同治七年(1868)完县义兴堂刻本《正讹四言杂字》、清同治十二年(1873)仁名堂记文刻本《增补六字经》和清同治十三年(1874)抄本《五言杂字》。

清光绪时期刊印的杂字，笔者只见到17部，如：清光绪九年(1883)泊镇善成堂刻本《精选杂字》、十二年(1886)衡邑三义堂刻本《拾字各言杂字》及三十二年(1906)荣盛堂刻本《世间杂字》等。

清宣统时期刊印的杂字，笔者只见到2部：清宣统元年(1909)上海广益书局石印本《新镌智灯杂字》及三年(1911)文明社刻本《四言杂字》。

其中，清雍正、嘉庆、咸丰三朝刊印的杂字，笔者没有见到。

民国时期编印的杂字，因时间去今较近，加之大多数杂字采用西方机器石印和铅印技术印刷，所以传本明显多于清代。今仅举其中有出版时间者：

民国元年(1912)巴川成文堂刻本《四言杂字》、三年(1914)刻本《捷径杂字》和详隆书局刻本《新增分类杂字》、五年(1916)上海铸记书局石印本《绘图订正四言杂字》和上海铸记书局石印本《最新订正绘图七言杂字》及京都宝文堂刻本《五言庄农必读》、八年(1919)抄本《总魁杂字》、九年(1920)慎言堂刻本《六言杂字》和广邑韩文余堂刻本《新刻五言杂字》及天津增文书局刻本《天津地理买卖杂字》、十年(1921)天津立元书局刻本、十六(1927)年天津立元书局刻本《叶韵四言杂字》、二十四年(1935)上海醒民书局石印本《新刻训蒙五言杂字》和顺庆博古斋刻本《新刊无价宝礼仪杂字》、二十七(1938)吴桥复兴书局石印本《四言杂字》和上海锦文书局铅印本《新刻校正通用六言杂字》、二十八年(1939)天津义华书帖庄石印本《士农工商买卖杂字》和北京老二酉堂排印本《必须五言杂字》及天津诚文信德记书局铅印本《三言杂字》、三十年(1941)抄本《四言杂字》、三十四年(1945)石印本《必须杂字》，以及民国年间山东长山文义堂刻本《新编改良日用杂字》、北京老二酉堂石印本《绘图七言杂字》、民国广经阁刻本《七十二行杂字书》、北京老二酉堂石印本《绘图日用杂字》、浙绍奎照楼石印本《新辑绘图洋务日用杂字》、王曙光抄本《乡音杂字》、北京文成堂石印本《绘图三言杂字》、北平泰山堂石印本《新集训蒙必读七言杂字》及1940年义诚印刷所石印本《绘图庄农杂字》。

解放初期，为了扫除文盲和普及文化知识的需要，文教工作者，在前代杂字的基础上，结合当时工农业生产实际需要，创作出具有时代精神的新版杂字，在全国范围内广泛流传，每一种杂字的印数多在10万册上下，其在扫盲方面,发挥了重要作用。

50 年代编印的杂字,主要有:

《新编绘图庄农杂字》,东北人民政府教育部编,1950 年新华书店东北总分店铅印本印数:1—100000。

《农民应用杂字》,沧一编,1951 年武汉通俗出版社铅印本。有版权页,1951 年 8 月初版,定价:1.20 元。

《农民杂字》,佚名编,1951 年中南人民出版社铅印本有版权页,1951 年 3 月第 1 版第 1 次印刷,定价 1.00 元。

《口语杂字》,张雪庵编,1956 年山东人民出版社铅印本。全书收录了不易写出的字,按照拼音顺序排列。有版权页,字数 23000 字,印数:53001—64000。定价 0.11 元。平装 32 开本。

《农村日用杂字》,辛安亭编。1957 年北京出版社铅印本,平装 30 页。首载《编者的话》,简介编书情况。

《绘图老百姓日用杂字》,辛安亭撰,50 年代朝华书店铅印本。

60 年代编印的杂字,主要有:

《农民杂字四字经》,益群编,1963 年上海教育出版社铅印工农通俗文库本。有版权页,1963 年 12 月第 1 版第 1 次印刷。定价:0.10 元。印数:1—15000。

《新编农村实用杂字》,湖南人民出版社编,1963 年湖南人民出版社铅印本。

《新编四言杂字》,佚名编,1963 年江西教育出版社铅印本。首有《说明》,云"本书编写时,参考了湖南人民出版社出版的《新编四言杂字》"。

《农村杂字》,人民教育出版社编,1964 年人民教育出版社铅印本有版权页,1964 年 10 月第 1 版第 1 次印刷,印数:1—1000000。定价:0.08 元。

《农村常用杂字》,上海教育出版社编,1965 年上海教育出版社铅印工农通俗文库本。有版权页,印数:1—30000 ,定价 0.15 元。平装 32 开本。

《农村杂字》,金铁宽编,1966 年北京出版社铅印本。有版权页,印数:1—10000。定价 0.14 元。

70 年代,因文革原因,杂字编印,处于停滞状态。笔者没有见到一种,或许就是这个原因。

80 年代编印的杂字,主要有:

《农村四言杂字》,四川人民出版社编,1981 年四川人民出版社铅印农村学文化读物本。有版权页,1980 年 9 月第 1 版第 1 次印刷,印数:1—70000 说明:此书有 2 次印刷版。1981 年 9 月第 2 次印刷,印数:70001—230000。

《农村常用杂字》,浙江人民出版社编,1982 年浙江人民出版社铅印农村学文化小丛书本。有版权页,印数:1—36000。定价 0.14 元。平装袖珍本。

《农村实用杂字》,本社撰,1982 年湖南教育出版社排印本。于正文个别字的右侧标以注音字,这是沿用了传统的注音方法。

《农村实用杂字》,湖南人民出版社编,1982 年湖南人民出版社铅印本。有版权页,1982 年 2 月第 1 版第 1 次印刷,印数:1—160700。

《农村实用杂字》,湖南教育出版社编,1982 年湖南教育出版社铅印本。有版权页,1982 年 2 月第 1 版 1983 年 6 月第 4 次印刷,印数:248,701-298,700 说明:这种与上一种是同一个版。所不同者有 2 个方面:其一,此种是第 4 次印刷,其二,此种出版社改成湖南教育出版社。

《新编绘图庄农杂字》,朱起编,1983 年辽宁少儿出版社铅印本,平装 62 页。有版权页。定价:0.20 元。印数:1—25000。正文字下有的注音。

《农村杂字》,莱茵编,1985 年黑龙江教育出版社铅印本。有版权页,1985 年 6 月第 1 版第 1 次印刷,印数:1—13040。定价:0.56 元。

从 80 年代末期开始,我国实行了改革开放政策,各项事业得到突飞猛进发展。教育体制改革,获得成功。尤其是恢复高考制度以后,杂字这种普及读物,远远不能满足需要,取而代之的是与高考有关的教辅读物。在这种背景下,历代流传下来的这种杂字读物,正式宣告退出历史舞台。

三、杂字的行文句式

经过长期发展演变,杂字由原来的单一胪列字词,逐渐演变成由数个字词相连成句、可以诵读的、能够表达思想的一种民间读物。

早期的杂字均属于字词单列,间或释义;后来发展成字词相连成句的形式。三言或多言杂字应该是在字词单列式杂字的基础上，为了便于诵读，易于识字，经过不断演变而逐渐形成的。我们依据早期的辑本和后来的传本便可以了解这种情况。魏张揖的《杂字》仅辑得七条，周成的《杂字解诂》仅辑得十四条。检阅可知，这些书的内容都是解释字词的音义，如张书第一条："诂者古今之异语也。" 周书第一条："啸，吹声也。"据《敦煌遗书总目索引新编》著录知，在敦煌遗书中，有不下 10 种杂字。其中 S. 5513，题《杂字》："窄纸幅，残卷，大抵以偏旁相同者相隶属"；S. 5690，题《杂字》："共三行，约十七字，比较冷僻"；S. 5712，题《杂字》："仅九行，不满百字兼有注音，如羼注以善，暨注以既"。这是早期杂字的特点。从文献记载和流传情况判断，大概隋唐以前的杂字可以归入这类，即单一胪列字词或解释字词的音义。自宋代以后，杂字书的内容丰富起来，形式也趋多样化，除单一胪列字词或解释字词的音义外，还把常用的字词进行组合相连，逐渐演变成了这种既有一定句式、又有一定内容的可读性读物。

笔者经眼的传世杂字，其行文句式多有不同，经过统计归纳，主要包括以下几种句式：

（一）字词式杂字

这类杂字一般按类收录相关字词。主要包括两种形式：一是单列字词，字词后面没有释义；二是既列字词，又在字词的后面添加释义。字词式杂字的作用类似我们现在使用的字（词）典。例如：

《绘图日用杂字》，首三词"牛瓜、茄子、落苏"，末三词"夯槌、砟刀、六尺杆"。

《益幼杂字》，首三词"秈（籼 xian）米、晚米、穤（糯 nuo）米 "；末三词"陕西、云南、河南"。

《杂字辨真》，首句："麟、铃、凌、龙"（均为雨字旁），末句："木、流、肢、紬"（均为雨字旁）。

（二）三言杂字

杂字正文每句 3 字，故名。三言杂字传世极少，笔者只见 4 种 10 个版本。

《日用杂字书》，首句"坊都甲，村庄营，堂阁寺，楼院庭"，末句"学子账，书诸绅，莫草写，要誊真"。

《新出改良绘图续三言》,首句“贺新正,才立春。常鲜纸,贴满门”,末句“今虽续,犹不全。二十四,节气完。望才子,再补添”。

《大字三言杂字》,正文首 4 句“说杂字,头一宗,治酒席,请宾朋”;末 4 句“哭啼啼,似可怜,过新春,又一年”。这种三言杂字,今见 7 个版本,是三言杂字传本最多的一种。

(三)四言杂字

杂字正文每句 4 字,故名。四言杂字是笔者所见各种杂字当中传本最多的一类。今见 40 多种 80 多个版本。例如:

《必须杂字》,首 4 句“天地日月,风雨阴晴。雷霆震电,南北西东”;末 4 句“儒者见笑,童稚喜传。必须杂字,且应眼前”。

《便用杂字》,首句“数起壹贰,叁肆伍陆,柒捌玖拾,百千万亿”,末句“丙辰丁巳,戊午己未,庚申辛酉,壬戌癸亥”。

《叶韵四言杂字》,首 2 句“天云风雨,霹雳雷霆”,末 2 句“香薷白芷,姜蚕续断”。

(四)五言杂字

杂字正文每句 5 字,故名。传本不多,笔者仅见 10 余种。如:

《编改良日用杂字》,首 4 句题“人生天地间,农庄最为先。要记日用帐,先念九九篇”,末 2 句“尚有文明话,乐看在后边”。

《五言杂字》,正文分“蒙求诫曰”、“论语诫曰”、“九经诫曰”等类。首句“初开置天地,置立九经书。上界置天子,下界置农夫”,末句“将钱教子书,世上永流传。通训教今古,流传世间人”。

《五言杂字》,首 2 句题“村庄农夫忙,终岁不敢康”,末 2 句“紫荆树好看,烟花的栽竿”。

(五)六言杂字

杂字正文每句 6 字,故名。传本不多,仅见 10 余种。

《新建杂字》,首 2 句“乾坤初开混沌,分判天地阴阳”;末 2 句“丁忧除服满阕,余哀犹尚留连”。

《言杂字》,首句“盘古初分天地,老君置立乾坤”,末句“此书莫将轻贱,思量价值千金”。

《绘图改良六言杂字》首2句"勤俭富贵之本,懒惰贫贱之苗",末2句"攒成六言要语,最宜诵读参详"。

(六)七言杂字

杂字正文每句7字,故名。传本极少,仅见3种。

《百句杂字》,首2句"天下一百二十行,惟有庄农最为强",末4句"书中杂字识不尽,编成百句细参详。若问拙辞谁氏创,字表凌云本姓杨"。

《创业杂字》,首句"立家锅樸最为先,瓮盆碗盏具要全",末句"诸烦事务皆顺利,含哺鼓腹乐尧天"。

《精选杂字》,首2句"谷子高粮共糜黍,稷秒稙晚粮细糠",末2句"麻脸人儿其形俏,一个眼的心难防"。

(七)特殊句式杂字

特殊句式,指一句中由几个句式组成,有别于以上所举的一般句式,故名。这类杂字句式不常使用,属于比较特殊的一个类型。传本极少,多为一线单传的孤本。

(1)四三言交替句式

指在杂字正文中,由四言和三言2种句式组成。这两种不同的句式,交替出现,故名。

《新锲鳌头备用杂字元龟》(又称《鳌头杂字》、《杂字元龟》),明佚名撰,明万历二十二年(1594)刻本。全文分20门类。每一门类前部分为四言,后部分为三言。首句"春饼分团,油堆圆子……酱琼脂,□岁团",末句"宗族眷属,长幼尊卑……五行人,相伴婆"。

(2)四言与三言前后句式

指在杂字正文中,由四言和三言2种句式组成。这两种不同的句式,前后出现。前部分是四言句式,后部分是三言句式。故名。

《童蒙杂字》佚名编抄本。

四言:首句"童蒙杂字,日进之功,入馆读书,纸笔墨砚",末句"图骗栽误,着尽担忧,佳讯销案,挽和息呈"。

三言:首句"小蒙童,你来到,抄着手,听我教",末句"早发愤,用心到,莫待时,恐自老"。

(3)五言与四言前后句式

在杂字正文中,由五言和四言两种句式组成。这两种不同的句式,前后出现。前部分是五言句式,后部分是四言句式,故名。今仅见1种2个版本。

《校正日用杂字》,今有国文明斋石印本和民国三十一年(1942)抄本。

前部分为五言杂字,首二句"天地君亲师,深恩报不完",末二句"是书皆有益,一字值千金";

后部分为四言杂字,首二句"太极分剖,宇宙一统",末二句"应急字演,察访的当"。

(4)三三四言句式杂字

杂字正文,用三三四言句式来表示,故名。传本很少,笔者仅见如下3种:

《拾字各言杂字》首句"有天地,分阴阳,日月星辰",末句"和欢乐,多福寿,阖家安康"。

《拾字文》正文首句"劝谕尔,众百姓,当堂听讲",末句"怎奈得,是君命,道阻且长"。

《十字四言杂字》,首句"宇宙间,明亮亮,天地三光。磨骲子,想的是,上下四方",末句"这几句,村粗话,山人谚语。谁看的,还嫌少,贤者再添"。

(5)三三七言句式杂字

杂字正文,用三三七言句式来表示,故名。传本少见。如:

《新刊无价宝礼仪杂字》首句"粤盘古,馄饨分,肇时才有天地人",末句"切莫嫌,浅与粗,一见胜读十年书"。

《天津地理买卖杂字》,首二句"直隶省,天津卫,都督衙门保卫队;官钱局,商务会,交通银行现洋兑",末二句"这天津,真可陈,提笔琢磨费精神;说到此,杂字终,赏识一笑望诸公"。

(6)三三七言和七三三言混合句式,如:

杂字正文,用三三七言句式和七三三言句式混合使用,故名。传本少见。如:

《十三言杂字》,首二句“为学士,非等闲,八岁小学入书馆;念大学,读中庸,论语孟子要熟玩”,末二句“砂仁朱砂换骨丹,点舌丹,如意丹;元胡草草抱龙丸,农人用,商贾用”。最后添上一句是“流与人间万古传”。

(7)五言与七言前后句式

指在杂字正文中,由五言和七言2种句式组成。这两种不同的句式,前后出现。前部分是五言句式,后部分是七言句式。故名。传本少见。如:

《日用时行杂字》,佚名编,顺庆文林堂刻本。

五言杂字首句“蒙童性易骄,家长把心操”,末句“以上这些字,皆有精义藏。必须都晓得,不枉进学堂”。

七言杂字首句“油盐柴米酱醋茶,收拾齐备好当家”,末句“莫道此行不高费,冠婚丧祭颇有名”。

(8)六七言交替句式

指在杂字正文中,由六言和七言2种句式组成。这两种不同的句式,交替出现,故名。传本少见。如:

《士农工商》,首2句“自盘古凿混沌,开天辟地太极首;有三皇治世间,始画八卦安星斗”,末2句“染线带合衣裳,青红兰录紫苏黄;梭布染紬缎浆,高竿悬挂伍色扬”。

(9)词句对应式杂字

在杂字正文中,词句字数虽然不等,但都 · ·对应,故名。今见1种1个版本。

《新镌便蒙群珠杂字》,佚名撰,屯溪开益斋刻本。正文缺两叶,分天文、地理和人物等20余类。每类所收词句用对应(或曰杂言交错)的形式排列。如“雪珠曰霰,甘雨曰霖”,“勤俭治家,须要顶天立地;公平处世,切莫利己害人”

(10)四言、词句及六言前后句式

指在杂字正文中,由四言、词句和六言等3种句式组成。这三种不同的句式,前后出现。依次是四言、词句和六言句式,故名。传本少见。如:

《四言对相》佚名编,丁丑年文渊堂刻本。

四言:首句“天云雷雨,日月斗星,江山水石,路井墙城”,末句“士农工商,儒释道人,跛跎高矮,肥瘦方圆”。

词句:首句“剃刀、摘镊、灯檠、校椅”,末句“筅帚、搊桶、粪斗、苕帚”。

六言:首句“天地风云雷雨、干坤日月阴阳”,末句“庶使后生小子,不差鲁鱼之形”。

(11)七言、三三七言前后句式

指在杂字正文中,由七言和三三七言2种句式组成。这两种不同的句式,前后出现。依次是七言、三三七言句式,故名。如:

《礼仪杂字》,清光绪二十五年(1899)中江文渊堂刻本。

七言:首句“闲来无事谈古今,士农工商总要勤”,末句“诸般人类难尽诉,再谈上古与你闻”。

三三七言:首句“轩辕皇,制衣服,绫罗缎疋谁不欲”,末句“倘若是,时常写,不怕人家求求你”。

(12)七言、六言及字词前后句式

指在杂字正文中,由七言、六言和字词3种句式组成。这三种不同的句式,前后出现。依次是七言、四言和字句,故名。如:

《新刻七言杂字》,佚名编,义元堂刻本。

七言:首句“杂字当认难成文,只将物件顺口吟”,残存末句“恶贯盈满做尽了,退方煞榫靠别人”。

六言:首句“砍斫毁折搬运,雇倩拖拽抬杠”,末句“□舛时乖运蹇,疾病治疗难痊”。

字词:“脇肋腿膝脾肺,姑嫜妯娌舅甥”。

(13)诗词句式杂字

杂字正文用诗词句式来表示,故名。仅见1种。如:

《新镌才子杂字》2卷附《补遗杂字》,明吴国伦编,清张补山增释。清黄凤诺校刊,清光绪四年(1878)中兴堂刻本。

首载无名氏序。次列目录:卷一收“天文二首”、“地舆二首”及“数目一首”等;卷二收“花木菜果五首”、“世情二十二首”及“富川地名二首”等。

首句:“天覆地,云类霞,冰霜凛冽,日月光华,电鞭雷鼓响,风搅雨丝斜,浩荡干坤真莫测,迷茫宇宙实无涯。喜见长空,灿烂星珠布弹,愁观远汉纷纭雪,片飞花”,末句“黄额口,盐阜头,阳辛牌市,港口率洲,戎湖浊子塞，天井望夫洲，燕子口边杨柳坝，谢公墩上富川楼，沫口麂潭，白沙滩上栈槑，富池港口，黄土潭内钓钩”。

（八）异文合璧杂字

由少数民族文字和汉字合编而成的杂字，故名。汉字与民族文字一一对应，相当于汉字与民族文字的字典。传本极少，仅见四种。包括：《新刻校正买卖蒙古同文杂字》、《蒙古杂字》、《高昌馆杂字》及《回回馆杂字》。

四、杂字的主要功用

杂字的主要功用是用来教人识字和普及文化知识。

杂字的编写者，大多是那些家塾先生。这些家塾先生，或为乡村秀才，或为市井文人，他们把人们日常使用的字词进行分类归纳，然后相连成句，编写杂字读本，用来教人。这类杂字受到欢迎的原因是从中可以学到日常用字和基本文化知识，又省时省力，不受约束，便于熟记。

广泛流行的南朝梁代周兴嗣编的《千字文》，相传为北宋时佚名编的《百家姓》和相传为南宋王应麟编的《三字经》，实际上也是具有一定句式、又有一定内容的启蒙读物。《三字经》“人之初，性本善”，是 3 字一句，《百家姓》“赵钱孙李，周吴郑王”和《千字文》“天地玄黄，宇宙洪荒”均是 4 字一句。仅从这方面进行比较，其与杂字没有太大区别。笔者认为，“三、百、千”所具有的优点的地方，也正是其不足之处：《三字经》旨在宣扬儒家伦理道德，重在说教；《百家姓》集中百家姓氏，收录常见的 408 个单姓和 30 个复姓，加在一起也仅有 430 多个字；《千字文》的内容有关于自然、社会、历史、教育等各方面的知识，也只是以教人认识 1000 个汉字为目的。内容比较单一，字数偏少，不能满足人们的日常生活的实际需要。

杂字这种读物，通俗易懂，形式多样，种类众多，内容丰富。不受场所限制，在炕头、地头、门口席地而坐，便可学习，便于教授。这是人们喜闻乐见的一种学习方式，这是人们颇感兴趣的一种普及读物。故此，杂字极大地弥补了“三、百、千”自身存在的不足。这或许就是杂字在民间长期、广泛流传的主要原因。

教人识字,是杂字的功用之一。那么,教哪些人呢? 主要是儿童,应该还包括部分青少年和成年人。这些人群的数量,应该是庞大的,也是无法统计的。我们从杂字的题名,就可以看出来,其阅读对象是哪类人群。如:《新增幼学杂字》及《童蒙杂字》,是以幼童为对象编写的杂字。《六言杂字》,末句“我今编为杂字,随事敷演成文。告尔蒙童方便,用心习熟施行”。《四言杂字》,末句“杂字急用,且应眼前,童蒙勤学,可以相传”。《万物图形杂字》,正文后题:“以上日用时行杂字,幼学小子宜当时时熟玩,自然明其字理,以勉临用之时写别字。”《绘图七言杂字蒙学教科书》及《杜塾九订方言插注杂字》,等等。《插注杂字》,有“杜塾毕近歌”,略云“杂字何为述,缘因幼稚编。四千二百字,通成廿五篇。天文并人事,地理及山川。本念童蒙诵,焉当君子观”。这些杂字都是给儿童编的。

《农民杂字》,载《出版者的话》:“中南区农村文教工作正在展开,需要识字课本。兹根据 1950 年 7 月东北新华书店出版的(东北人民政府教育部编)《庄农杂字》(见后面的 33 号)改编了这本《农民杂字》,以供需要。中南人民出版社编辑部 1951 年 1 月。”这是为农民编的杂字。《绘图老百姓日用杂字》,首二句“上学识字,先认姓名”,末二句“革命思想,永世不忘”。这是给一般老百姓编的杂字。《绘图买卖杂字》,这是以商人为对象编的杂字;《新镌才子杂字》,这是以读书人为对象编的杂字。

普及文化知识,是杂字的功用之二。

普及天文知识,如:《时令杂字》首句“乾天坤地,日月星辰。风雷雨露,电雹阴晴”,末句“油盐酱醋,公道而行。时习抄写,见识分巧”。

普及地理知识,如:《天津地理买卖杂字》及《湘乡杂字》等是。

普及农业知识,如:《农村杂字》首句“农村杂字,便利乡民。认清读熟,千变万能”,末句“雨顺风调,物阜民康。杂字读完,便利异常”。

普及语言知识,如:《俗语杂字》,首句“出门拜节,迎春打春。阳歌社火,搭起灯棚”,末句“俗语杂字,一部而终。若要忘了,揭开就明”。《新刻增校切用正音乡谈杂字大全》,谈指地方俗语,正音指标准用语。如:乡谈与正音的对应词:天光——天亮、天暗——天黑、寒天——冷天。《口语杂字》,全书收录了不易写出的字,按照拼音顺序排列,音下列字、词。

普及创业知识,如:《创业杂字》,首句“立家锅椟最为先,瓮盆碗盏具要全”,末句“诸烦事务皆顺利,含哺鼓腹乐尧天”。

普及礼仪知识,如《礼仪杂字》。

笔者认为,弥补四部典籍之不足,是杂字的又一个功用。以徐三省编辑的《通考杂字》为例。该书卷首序言云:“一物不知,儒者所耻。彼夫海志山经稗官野乘,荒忽奇怪,可喜可愕,为耳目所不经见,虽博物者,犹难言之,然犹曰六合之外,存而不论也。至若巷议街谈,谶微琐屑,为童蒙所必晓,日用所必须者,乃一旦举以相咨,而茫无以应,则樵夫牧竖皆得傲其所长。是麟篆百函,反不及兔园一册,而三家村之学,究反胜于万卷书之宿儒也。吾尝观《世事通考》一编,上自天文地理,下至草木虫鱼星卜医药,无所不备。携之箧笥,亦足为游艺者之资焉。顾其中犹有缺略者,则缙绅之品秩未全,而冠带之朝仪未载也夫。”“麟篆百函”,指的是四部典籍;而“兔园一册”,则指的就是杂字。

由于杂字是给不同人群编的,各有其阅读对象,普及一般基础知识,人们经过学习,获得收获。由此来看,这些杂字显得特别实用,所以受到了下层百姓普遍的欢迎。教育家张志公先生曾谈到杂字的功用,他说由于杂字具有通俗、实用和地方色彩等特点,“杂字书居然能跟几乎是官定的‘三、百、千’相抗衡,在不被读书人认可的情况下,在社会上广泛流传。在实际上,也确是靠了这一路土教材,才真正解决了中下层社会人家的子弟只用短时间学会识字,以应付日用需要的问题。任何一种编得好些的杂字书,大致都能用一次(顶多两次)冬学的时间学完;学会那些字,记记帐,写写信,看看通俗小说和唱本,的确可以对付对付了。”(见张志公著《传统语文教育初探》,1962 年上海教育出版社)来新夏教授对杂字这种蒙学读物曾提出自己的认识,他说:“与正规教育之路并行的幼(蒙)学教育,还有一条业余教育之路。它的读者不限年龄,不拘身份,男女老幼都可以选择这条识字途径。这种所谓幼学教育不是从年龄立意,而是指扫盲性质的启蒙教育。这是一条非正规的业余教育之路。它的主要读物就是因地制宜、因事制宜,以不同句式编排的各种‘杂字’。”(见《中华幼学文库·杂字·来新夏前言》,来新夏主编,1995 年南开大学出版社)

五、杂字的主要内容

杂字的内容十分丰富，若从内容所涉及的学科范围来分，主要包括综合性杂字和专题性杂字两大部分。一书内容涉及四部，设置多个门类，这就是所谓的综合性杂字；一书内容只包含一个学科，虽设置多个类目，但不出本学科范围，这就是所谓的专题性杂字。

无论是综合性杂字，抑或专题性杂字，在依据内容进行分类时，其类目的设置，多寡不一，没有统一的标准。往往是根据本书所收内容多少，涉及范围大小，进行分类。

综合性杂字是传世杂字的主要部分。内容多而杂，几乎涵盖了主要学科，是其特点。例如：

《杂字类考》2 卷，清丁公恕撰，清乾隆五十二(1787)年经元堂刻本。此书上卷分“天类、地类、帝王”等 46 个类，下卷分“族戚、师弟、朋友”等 39 个类，2 卷合计多达 85 类。

《增补类编音释四民切用便读杂字》4 卷，明余一夔编，明代书林詹钟瑞刻本。正文前有目录，先分卷，次分类。卷一分天文、地理等 10 类；卷二分商贾、善恶等 8 类；卷三分身体、疾病等 20 类；卷四分货物、书目等 12 类。全书共分 50 个类。

专题性杂字是传世杂字的次要部分。内容少而精，内容只涉及一个门类，是其特点。例如：

《买卖杂字》，首 2 句“买卖之家，帐目要清”，末 2 句“稻草□穰，谷粮麦秸”。这是为商人编的杂字。全书内容，围绕经商来说。

《天津地理买卖杂字》，首 2 句“直隶省，天津卫，都督衙门保卫队；官钱局，商务会，交通银行现洋兑”，末 2 句“这天津，真可陈，提笔琢磨费精神；说到此，杂字终，赏识一笑望诸公”。这是以天津地方历史为题而编的杂字，全书内容，围绕天津地方历史来说。

《口语杂字》，首句“叭、扒、笆斗、疤瘌”，末句“迂摸、唠、熨、甬路”。原书内容提要说：“我们在日常生活中，常遇见一些口语中常说，而一时不容易写出的字。如小孩的尿布，口语中说‘褯子’，角落说‘旮旯’。这些字，常常不容易写出，因而阻碍了我们的写话学习。这本书专门收集了这一类的字,各字都按音序排列起来,并加上注音、注解和用法举例,既容易查找,也容易看懂。可作为学校教师和自学青年的学习工具用书。”这是以口语为题材而编的杂字,全书内容,围绕口语来说。

杂字的内容十分丰富,还体现在其字词文句当中所表达出的思想性。杂字内容,多秉承儒家传统,宣扬正统的儒家思想,提倡以仁为中心的礼、义、忠、恕、孝、悌、中庸等道德观念。重视伦理教育,倡导遵纪守法,弃恶扬善,勤俭持家,家庭和睦等健康观念。在社会意义方面,杂字具备了十分积极的一面。从这一点看,杂字还具有现实意义。这也是一般百姓对杂字喜闻乐读的一个原因。

例如《六言杂字》正文一段云:

> 晨昏答报天地,孝敬父母膝前。
> 当权须要积德,莫贪无义银钱。
> 有恩须当酬报,受害莫要结冤
> 再休倚强压弱,再休越理欺官
> 再休嫉贫妒富,再休恨地怨天
> 有无安分守己,勤俭本等为先
> 凡事存心忍耐,谦和尽让从宽。

六、杂字的传世版本

杂字的版本与一般古籍的版本基本相同,大致可以按照版本类型划分,包括稿本、抄本、刻本、石印本及丛书本等;可以按照版本时代划分,包括明本、清本及民国本等;可以按照版本地区划分,包括北京本、上海本及天津本等。

由于杂字是民间普及读物,具有自生自灭的特性,所以传世不多。据笔者对掌握的161种杂字的统计,一种杂字有多个版本的,共有29种,占161种总数的18%;一种杂字只有一个版本的,共计132种,占161种总数的82%。根据这个统计,可以认为,传世的杂字,绝大多是一线单传的孤本秘籍。

稿本杂字十分稀见,笔者仅见1种,就是《俗语杂字》,姚元之编,稿本。

在杂字传本中,抄本占一定比例。一般情况是抄本只传抄一部,所以传世抄本,多为孤本。笔者见到的抄本如:清光绪二十四年(1898)抄本《日用杂字书》、民国抄本《杂字辨真》、清光绪二十三年(1897)抄本《且顾眼前》、无年月抄本《便用杂字》、民国八年(1919)抄本《总魁杂字》、清同治十三年(1874)抄本《五言杂字》,等等,都是孤本。

刻本杂字与抄本杂字一样,占有一定比例。明代刻本是传世杂字中年代最早的,同时也是传世最少的一类,笔者仅见4种。清代和民国刻本稍显多了一些。

用西方石印和铅印技术印制杂字,因速度快、质量高、价格廉,传世数量明显多于前朝,受到百姓欢迎。如:民国间彰德聚元堂石印本《必须杂字》、民国浙绍奎照楼石印本《新辑绘图洋务日用杂字》、民国五年(1916)上海铸记书局石印本《绘图订正四言杂字》、1936年辽宁安东诚文信书局石印本《绘图改良四言杂字》,以及无年月太岳新华书店铅印本《老百姓日用杂字》、民国二十八年(1939)天津诚文信德记书局铅印本《三言杂字》等。

丛书本均为解放后印本。如:1963年上海教育出版社铅印工农通俗文库本《农民杂字四字经》、1965年上海教育出版社铅印工农通俗文库本《农村常用杂字》、1981年四川人民出版社铅印农村学文化读物本《农村四言杂字》、1982年浙江人民出版社铅印农村学文化小丛书本《农村常用杂字》、1985年黑龙江教育出版社铅印传统蒙学丛书本《农村杂字》、1989年岳麓书社铅印传统蒙学丛书本《捷径杂字》。

北京地区最早的杂字,是清道光六年(1826)通州抡秀堂刻本《新刊较正方言应用杂字》,其后,有清光绪三十年(1904)京都聚珍堂刻本《六言杂字》。民国时期北京老二酉堂石印本较多,有《绘图日用杂字》、《必须五言杂字》、《绘图日用七言杂字》等;民国时期北京泰山堂印了不少杂字,如民国元年(1912)京都泰山堂刻本《四言杂字》,民国石印本《绘图拾字格言》等。民国七年(1918)京都宝文堂刻本《五言庄农必读》、无年月京都文成堂刻本《校正七言杂字》、无年月北京文成堂石印本《绘图三言杂字》、无年月北京锦章图书局石印本《新刻校正通用六言杂字》、1957年北京出版社铅印本《农村日用杂字》、1966 年北京出版社铅印本《农村杂字》等。

上海地区写印的杂字,从传本来看,时间较晚,多属于清宣统以后版本,如:清宣统元年(1909)上海广益书局石印本《新镌智灯杂字》、民国五年(1916)上海铸记书局石印本《绘图订正四言杂字》、1965 年上海教育出版社铅印工农通俗文库本《农村常用杂字》等。有时一种杂字,在上海分别有几家翻印,如《七言杂字》,首 2 句"木耳香菌合竹笋,鹿筋海带燕窝汤",末 4 句"其中或有差误处,高明先生请削删"。今有民国五年(1916)上海铸记书局石印本、无年月上海天宝书局石印本、无年月上海普通书局石印本。

天津地区写印的杂字,从传本来看,时间更晚,多是民国时期版本,如民国十年(1921)天津立元书局刻本《群珠杂字》、民国十六年(1927)天津立元书局刻本《叶韵四言杂字》、民国二十八年(1939)天津诚文信德记书局铅印本《三言杂字》、民国二十八年天津义华书帖庄石印本《士农工商买卖杂字》、民国天津五洲书局石印本《绘图便蒙四言杂字》。天津杂字,也存在一种杂字书,被几个书局不断翻版的情况。如:《天津地理买卖杂字》(一名《天津地理名家买卖杂字》、《天津杂字》),刘浚哲撰,民国九年(1920)天津增文书局刻本。首 2 句"直隶省,天津卫,都督衙门保卫队;官钱局,商务会,交通银行现洋兑",末 2 句"这天津,真可陈,提笔琢磨费精神;说到此,杂字终,赏识一笑望诸公"。正文中有"刘浚哲,号慕尧,读罢经书兴气豪;刘浚哲,字唐臣,天津迤南沧州人;作杂字,有原因,天津地理日日新"等句。据此知,刘浚哲应当是本书的作者。

这部杂字,在 9 年以后,就是民国十八年(1929),由天津聚文山房排版印行。作者改为刘浚哲,张廷书。书中有"刘浚哲,号慕尧,读罢经书兴气豪;张廷书,字奉臣,天津西南冀县人;作杂字,有原因,天津地理日日新"等句。在这个版本中新增一位张廷书。张廷书是继刘浚哲之后成为本书的第二作者。

这部杂字,在 8 年以后,就是民国二十六年(1937)排印印行。作者却改成了张景珊,孙满常。正文的字句也稍有改动。如首 2 句改为:"河北省,天津卫,公安局所保卫队;官银号,商务会,准备银行国币兑"。正文中,上列两本的"刘浚哲"和"刘浚哲、张廷书"的题名不见了,在同句中取而代之的则是"张景珊,忠厚善,冀县城西傅水店;孙满常,字惠民,天津西南枣强人;作杂字,有原因,天津地理日日新"句。显然,此书的作者又易主了,改成了张景珊和孙满常。

其他地区写印的杂字,也有一些传本,如金陵地区的杂字,如:清乾隆金陵味经堂刻本《金陵味经堂新刻增订释义经书便用通考杂字》、清末金陵李光明庄刻本《新增幼学杂字》、清金陵状元境文奎阁书庄刻本《益幼杂字》、清李光明家刻本《新镌眉公先生四言便读群珠杂字》。古绛地区,有清光绪二十四年(1898)古绛全和斋刻本《万全杂字》、清光绪三十年(1904)古绛克明斋刻本《新刻要紧杂字》、清光绪三十一年(1905)古绛宝善堂刻本《七言杂字》、清绛州永兴堂刻本《使用杂字》;泊镇地区的杂字,如:清光绪三十一年泊镇树德堂刻本《贤孝杂字》、清光绪九年(1883)泊镇善成堂刻本《精选杂字》;安徽地区的杂字,如:清康熙间仇村黄惟贤刻本《新刻增订释义经书便用通考杂字》、清代安徽屯溪茹古堂刻本《新镌便蒙群珠杂字》、民国安徽富文堂刻本《珠玑杂字》;山东地区的杂字,如:民国年间山东长山文义堂刻本《新编改良日用杂字》无年月青岛成和堂书局石印本《音注四言商农秘书》、德州市文教局铅印本《农业杂字》、1956 年山东人民出版社铅印本《口语杂字》。

一种杂字的版本多与少,反映出这种杂字在世上的流传情况。据笔者掌握的情况看,有一种《四言杂字》,传世的版本最多,达到 16 个版本。这种《四言杂字》的首 2 句是"天地三光,上下四方",末 2 句是"山人谚语,贤者再添",尽管 16 个版本中有个别的版本末句稍有不同,但是都属于这个版本系统。这 16 个版本为:清同治七年(1868)完县义兴堂刻本、民国元年(1912)京都泰山堂刻本、民国元年京都泰山堂刻本(另一个刻本)、民国间北京泰山堂排印本、无年月北平泰山堂书局石印本、民国间上海学古堂石印本、民国间北京老二酉堂石印本、民国天津五洲书局石印本、无年月三义堂刻本、民国书林同仁堂刻本、民国十九年(1930)马先生抄本、民国二十二年(1933)抄本、民国三十四年(1945)抄本、无年月抄本、无年月抄本(另一个抄本)、无年月抄本(另一个抄本)。其中,北京的泰山堂一家,共有 4 个版本,用雕版刻了 2 次,用铅排和石印各印行了 2

次,说明当时这种杂字受到读者欢迎。

七、杂字的研究价值

杂字在语言学、文字学、教育学和文献学等领域均具有重要研究价值。

(一)杂字在语言学方面的研究价值。

杂字用字词组成文句,除通常使用的一般语言外,有的还刻意收集难读难写的字。尤其是刻意收集的地方俗语,这在语言学方面具有十分重要的研究价值。例如:《五刻徽郡释义经书士民便用通考杂字》,明崇祯刻本。正文分类就有"俗语类",保存了明代安徽地方俗语资料。《新刻五言杂字》佚名编民国九年(1920)广邑韩文余堂刻本线装28叶。正文分"杂物、种田、蔬菜、俗语"等类。有"俗语"专类。《日用俗字》,清蒲松龄编,1986年上海古籍出版社排印蒲松龄集本。正文中末四句云"诸门俗字多遗漏,难在全掀《正字通》。古言蛙鸣如擂敲,今闻蝉叫似弹筝"。对俗字进行了梳理和总结,将其视为是一部《俗字词典》,不无道理。《新刻增校切用正音乡谈杂字大全》,明末刻本。书名用"正音"和"乡谈"二个词。其中,乡谈指地方俗语,正音指标准用语。如乡谈与正音的对应词:天光——天亮、天暗——天黑、寒天——冷天。这是研究标准用语与地方俗语的文献。《乡音杂字》佚名撰,民国王曙光抄本,88叶北师大藏本,首载目录,题"平生上、平生下、上声、去声、入声、相同字、相似字、辩二字似字"。正文依声列字,每个字之后为释文。所列字词,均为乡音俗语。

(二)杂字在文字学方面的研究价值。

杂字是教人识字的蒙学读物,其主要功用是教人识字,围绕字的形音义开讲。从这一点看,杂字实际上与字典词典相类,是文字学研究不可或缺的重要字源宝库。

例如:《口语杂字》,张雪庵编,1956年山东人民出版社铅印本。全书收录了不易写出的字,按照拼音顺序排列。音下列字、词。首句"叭、扒、笆斗、疤瘌",末句"迂摸、哕、熨、甬路"。原书载有内容提要,是这样说的:"我们在日常生活中,常遇见一些口语中常说,而一时不容易写出的字。如小孩的尿布，口语中说‘褯子’，角落说‘旮旯’。这些字，常常不容易写出，因而阻碍了我们的写话学习。这本书专门收集了这一类的字，各字都按音序排列起来，并加上注音、注解和用法举例，既容易查找，也容易看懂。可作为学校教师和自学青年的学习工具用书。”

《农村常用杂字》，上海教育出版社编，1965 年上海教育出版社铅印工农通俗文库本。全书分“农业生产”、“生活”及“单位名称”等 10 类。每类之下，列字、词和词组。首句“整地、耕地（犁田）、耖（chao）地”，末句“公园、花园、动物园”。

《农村常用杂字》，浙江人民出版社编，1982 年浙江人民出版社铅印农村学文化小丛书本。全书分“农作物名称”、“记工记账杂字、”“单位职务称呼”及“百家姓”等类 16 类。每类之下，列字、词和词组。首句“水稻、籼（xian 先）稻、粳（jing 京）稻、糯（nuo 诺）稻”，末句“百家姓终”。

《农村杂字》，金铁宽编，1966 年北京出版社铅印本。全书分“农具”、“计量”及“口头常说的词”等 40 类。每类之下，列字、词。每一个字都作了说明或注释，并标音。首句“犋 ju、耙 ba、筢 pa”，末句“囫囵 hulun、趿拉 tala、眍瞜 koulou”。

（三）杂字在教育学方面的研究价值。

杂字是一宗民间教育文献。无论是教人识字，抑或普及文化知识，每一部杂字，都具有教科书性质。杂字主要在民间流传，与官方主持倡导的正统教育读本“三、百、千”，千百年来，一直并行于世，其在扫盲和业余教育中发挥了巨大作用，功不可没。

杂字一般在正文的字里行间中，言及编纂旨意，据此推知，其编杂字，是以教育人为目的的。例如《必须杂字》末二句“儒者见笑，童稚喜传”。《杜塾九订方言插注杂字》书后有题识：“蒙将数字，刻镂于心。务惜如宝，莫弃如风。试听古谚，一字千金。富唯润屋，德可荣身。虽未至善，渐渍从新。权为小补，辍矣而终。”附有“杜塾毕近歌”，略云：“杂字何为述，缘因幼稚编。四千二百字，通成廿五篇。天文并人事，地理及山川。本念童蒙诵，焉当君子观”。《新刻训蒙五言杂字》，首句“汇集诸杂字，劝汝初学生，日时勤读写，字画要认真”，末句“略举三四件，触类可推明，今集为一本，后贤宜勉旃”。

(四)杂字在文献学方面的研究价值。

杂字只占传世古籍的很小一部分,几乎到了忽略不计的程度。由于杂字是在民间流传的一种蒙学读物,具有自生自灭的自然属性,故此,其或生或佚,已属正常情况。传本在彼时著录,而在此时已经亡佚,是一种现实存在。依据彼时的著录,考察此时存佚情况,对我们了解、研究杂字颇有助益。据以考察杂字存佚情况的前人著录成果,我们知道有如下两种:一是张志公先生的《传统语文教育初探》,二是来新夏先生主编的《杂字》。笔者认为,正是杂字具有的这种自然属性,对其进行了解和研究,保护和利用,显得尤为必要。这是处于消亡地步的、亟须进行抢救的、具有特殊价值的一宗专题文献。

八、杂字的待访书目

待访杂字是指笔者知而未见,有待访求的杂字。这部分杂字,主要见载于各家著录书目中者。各家著录书目,主要包括:

1. 张志公著《传统语文教育初探》,1962 年上海教育出版社出版。以下简称"张目"。

2. 来新夏主编《杂字》,1995 年南开大学出版社出版。以下简称"来目"。

在以上两种书目著录中,凡笔者已经见到的杂字,视为知见部分,不在这里重复著录。凡笔者没有见到的杂字,视为未见部分,归入"待访书目"。现将待访杂字的书目开列如下。杂字之后,标注出处,以便查检。

1.《杂字韵宝》,撰(注)者杨慎,见《千目》著录。见"张目"。

2.《对相识字》,无撰(注)者,见《 □目》著录。见"张目"。

3.《杂字连珠》,无撰(注)者,清坊刻本。见"张目"。

4.《大方六言》,无撰(注)者,清坊刻本。见"张目"。

5.《山西杂字必读》,无撰(注)者,同治元年(1862)东昌善成堂刊。见"张目"。

6.《满汉合书》,无撰(注)者,见《万宝全书》卷六。见"张目"。

7.《三字文》,佚名撰,老二酉堂石印本。见"来目"。

8.《大清杂字》,佚名撰,会文堂石印本。见“来目”。

9.《分类七字蒙求鼓词》,佚名撰,石印本。见“来目”。

10.《三字杂字》,佚名撰,见“来目”。

11.《续三字杂字》,佚名撰,锦章书局本。见“来目”。

12.《便蒙家用必读》(分类四言句),佚名撰,老二酉堂铅印本。见“来目”。

13.《国民必读》(四言句),佚名撰,版本不详。见“来目”。

14.《杂字撮要》,佚名撰,版本不详。见“来目”。

15.《分类七字蒙求鼓词》,佚名撰,石印本。见“来目”。

16.《最新绘图四言杂字》,佚名撰。见“来目”。

17.《最新绘图六言杂字》,佚名撰。见“来目”。

18.《农村杂字》,佚名撰。见“来目”。

19.《新刻七言杂字》,佚名撰。见“来目”。

20.《世事通考杂字》,清王相撰,有雍正年间金陵聚文堂刊本。见“来目”。

总之,有关杂字的话题,应该不只限于以上这些方面。自己撰写这篇杂字小文,旨在对这宗蒙学读物进行初步探讨,限于才学,囿于见闻,略显肤浅,敬请专家赐教。抛砖引玉,有待贤者。在征访和研究杂字期间,曾经得到各方师友和专家的指导和帮助,在此深表感谢!

参考文献:

1. 张志公. 传统语文教育初探. 上海:上海教育出版社,1962

2. 来新夏. 中华幼学文库. 天津:南开大学出版社,1995

3. 李国庆. 杂字类函. 北京:学苑出版社,2009

民间文献学刍议*

申　斌

（中山大学历史人类学研究中心）

引言：中文文献[①]知识体系面临的挑战

中文文献虽然数量浩繁，类型众多，制作流传机制复杂且屡变，但是截至二十世纪初，并非所有中文文献都被人们认为值得保存、分类、整理甚至考究的。其中只有几类文献受到特别的关注，形成了专门的知识体系。第一类是“四部典籍”。此类文献被认为源出于六艺，其价值得到历代官府和士人认可，得以列入正史艺文志。以此类文献为对象，形成了汉志六分法、四部分类等目录学成果。在今大，这个学术领域也就是我们习称的古文献学，其研究对象多数属于传世典籍②。第二类是佛、道文献。

---

* 本文旨在梳理中外学术界对中文民间文献研究的几个不同脉络。进而讨论了民间文献和民间文书的概念界定，通过与传世古籍、明清档案的比较分析民间文献形成、使用与流传的机制与特点。以此为依据提出了收集整理民间文献应该遵循的总体原则，指出建立独立的民间文献学的可能性与必要性。

① 此处中文文献的范围是“二十四史”的王朝领域内，以汉字写成的文字资料，即不包括在琉球、日本、朝鲜、越南形成的汉文文献，其载体主要是纸，但也包括青铜、竹木简牍、绢帛、石器等。

② 孙钦善，《绪言》，氏著，《中国古文献学史》，北京：北京大学出版社，1994 年，第 5 页。孙钦善明确指出古代文献学以四部典籍为对象，“近古兴起的白话小说和戏曲，不为古代正统学者所重视，虽然也被传抄校课，但始终未纳入古代古文献学研究的范围。”

《隋书·经籍志》认为佛道乃“方外之教”,所以仅将道经、佛经“录其大纲,附于四部之末”①。及至《旧唐书·经籍志》则删去“释道录目”。于是佛道经典的目录之学遂独立于古文献学之外自成体系。佛经目录学至道宣《大唐内典录》和智昇《开元释教录》集大成②,道经则至张君房《云笈七签》之《道门大论》,形成三洞四辅的分类体系,相沿不变。进入现代,佛道图书的分类虽屡经革新,但均保持了独特的内部分类体系③。可以说截至清末,被作为学问加以对待的仅有四部文献和佛道文献。但是还有第三类虽未成为士人眼中学问却实实在在存在的另一项专门之学即公牍学。中华帝国两千余年官僚制运行过程中形成了高度发达的文书制度,这套制度关系到帝国的日常运作,因而具体文书写作、处理、收发的知识和技艺也早已成为专门技术,其具体操作则委于掾属、胥吏。目前出土的秦汉简牍文书即是早期帝国文书行政的实例,其起草、审核、收发都有一定之规④。历代相沿,文书制度日趋严密⑤。目前我们见到的诸如明代的《本学指南》⑥、清代的《部本签式》、《通本签式》⑦一类书便是这种文书知识的手册。但是此类文献虽然在公务执行过程中受到严格的检查,事后需要妥为保管,朝代更迭之后多数文牍便不再被认为具有价值了,这也是我国传世文献中典籍多而文书档案少的缘故之一。

进入20世纪,新的文献类型涌现,此前未进入学术视野的文献得到重视,这两个因素结合起来使上述的知识体系受到严峻挑战。第一,大量欧美日本图书的翻译引发了新学这一部类的出现。进而现代图书馆学特

① 《隋书》卷三十五《经籍四》。

② 姚名达,《中国目录学史》,上海:上海古籍出版社2002年,237—243页,262—265页。

③ 如白化文,《佛教图书分类法》(改定本)。北京:图书馆出版社,2001年。朱越利,《道藏分类解题》,北京:华夏出版社,1996年。

④ 李均明,《秦汉文书制度考察——简牍文书的起草、审批与收发》,(韩)权仁瀚、(韩)金庆浩、(韩)李承律编,《东亚资料学的可能性探索》,桂林:广西师范大学出版社,2010年,232—246页。

⑤ 关于历代政府公文书的规定沿革,参见裴燕生,《历史文书》(第二版),北京:中国人民大学出版社,2009年。

⑥ (日)櫻井俊郎,《“本学指南”の歷史的性格ー明代行政文书ハンドブックー》,《人文学论集》1997年,15期,159—172页。

⑦ 清抄本,均藏于东京大学东洋文化研究所。

别是图书分类法被引入,引起了整个知识分类体系的变动,其外在表现就是目录分类法的改变。当时多数图书馆基本采取了新旧分列的办法,旧书按照四部分类,新书则采取刘国钧分类法等以杜威十进分类法为基础的分类法。同时也出现了《丛书集成初编》这样试图融合新旧目录体系的尝试①。第二,内阁大库档案被作为史料受到重视,带动了对清代政府档案的研究。如此大量且系统的官府文书原件不仅无法简单地被归入四部分类体系下的诏令奏议,而且其整理也亟需不同于主要依据编纂性史籍治史的新方法。后来成立的故宫博物院下分设图书馆和文献馆,在清朝官僚制和清末民国公牍知识的基础上,借助新引进的档案学理念进行整理,开创了对应于历史官文书的新知识体系。第三,居延汉简和敦煌文书的发现带动了对出土文献(包括典籍和公私文书)的研究。特别需要指出的是除去其中的典籍、佛教经卷、官文书,出土文献中还有大量在老百姓日常生活中形成、使用的文书。如果说内阁大库档案的整理尚有晚清以来延续的公牍知识可资凭借的话,那么这类世俗文书就真的是传统目录学和现代图书馆学从未面对过的文献了②。而50年代徽州契约文书的大量发现则以其庞大的数量令学界不得不面对全新的文献研究领域了。第四,由于王国维与吴梅对旧戏曲的研究、车王府曲本的发现③、敦煌俗文学资料发现与研究④、民国时期对歌谣等民间口传文学资料的调查征集活动⑤等因素,民间文学资料逐步成为独立的研究领域。

最早重视汉人老百姓生活中使用的文献,并且收集、研究的是日本在台湾进行殖民地调查的学者。下面我们就回顾对民间文献进行整理研究

① 关于近代整个知识体系变动的概况,参见左玉河,《从四部之学到七科之学:学术分科与近代中国知识系统之创建》,上海:上海书店出版社,2004年,282—398页。

② 荣新江,《敦煌学十八讲》,北京:北京大学出版社,2001年,164—191页。

③ 苗怀明,《二十世纪戏曲文献学述略》,北京:中华书局,2005年。

④ 陈子展,《最近三十年中国文学史》,氏著,《中国近代文学之变迁最近三十年中国文学史》,上海:上海古籍出版社,2000年,248—268页。荣新江,《敦煌学十八讲》,177页。

⑤ 陈子展,《最近三十年中国文学史》,氏著,《中国近代文学之变迁最近三十年中国文学史》,上海:上海古籍出版社,2000年,272—280页。

的几个不同的学术脉络①。

一、民间文献研究的学术史回顾

迄今,比较多地受到学界重视的民间文献大约包括契约、族谱、碑刻、宗教科仪书、剧本曲本等种类。关于族谱,多贺秋五郎、王世庆、冯尔康、王鹤鸣、郑振满、刘志伟等已经有专门讨论,在此从略。碑刻搜集主要有两个传统,一个是在考古文博部门下分散进行的文物普查,另一个是五十年代开始史学界对城市工商业碑刻的搜集,后来逐渐扩展范围,郑振满和丁荷生进行的普查是近年典范之一②。而大规模的宗教科仪书、剧本唱本搜集则以王秋桂为代表③。

限于篇幅,本文主要以处理社会关系实务的契约文书为对象,简要回顾民间文献的研究历史。

(一)临时台湾旧惯调查与对汉文契约文书收集研究的真正开始

明治时代日本的民法学者受到萨维尼(Friedrich Carl von Savigny,1779—1861)开创的德国历史法学派的影响,在接受大陆法系中德国民法体系纂修法典的同时,也开始进行民事、商事惯行调查,帮助修订法律。在日本国内这一风气的影响下,日本在其殖民地也采取了调查研究的方式以协助其统治。莫广昭将这些调研分为六类:(甲)文献调查与资料收集;(乙)物产、军事要地调查;(丁)旧惯、惯行调查(含民族调查);(戊)

---

① 其实,除了民间文献的搜集整理外,民国时期诸机构开始的明清档案整理、特别是中央研究院历史语言研究所进行内阁大库档案整理,以及戴炎辉所从事的淡新档案整理在原则与方法上对民间文献、特别是契约文书整理有很高的参考价值。但限于篇幅,在此割爱。关于民国时期明清档案整理情况,详细可以参考张会超,《民国时期明清档案整理研究》,上海:世界图书出版公司,2011 年。关于淡新档案的概况,参见吴密察,《淡新档案的文书学介绍》,《台湾史十一讲》,台北:台湾历史博物馆,2005 年,88-111 页。戴炎辉,《清代淡新档案整理序说》,《台北文物》第 2 卷第 2 期(1953 年 8 月)是最早详细介绍清代基层政府档案整理的论文,惜未得见。

② 郑振满、丁荷生,《福建宗教碑铭汇编 · 兴化府分册》,福州:福建人民出版社,1995 年。郑振满、丁荷生,《福建宗教碑铭汇编 · 泉州府分册》,福州:福建人民出版社,2003 年。

③ 王秋桂主编,《中国传统科仪本汇编》,台北:新文丰出版社,1996 年。

市场经济状况调查;(己)经济计划立案调查;(庚)华侨、华人调查①。明治三十一年(1898)后藤新平(1857—1929)担任民政局长(1898年6月20日改称民政长官)后,秉承其"生物学原则"的统治理念②,对台湾进行彻底调查,以充分了解台湾本地情况,在此基础上推行经济改革和基础设施建设。他于明治三十四年(1901)设立临时台湾旧惯调查会,自任会长。临时台湾旧惯调查会最初设有两个部,第一部调查与公私法相关的旧惯,第二部调查与农工商经济相关的旧惯。他招聘曾在德国留学的京都帝国大学教授、民法学者冈松参太郎主其事。大陆法系下法被分为公法和私法,公法主要指宪法和行政法,私法指民商法。在这一框架下的调查成果也就相应被编纂为《清国行政法》和《台湾私法》③。在私法旧惯调查中,调查员收集了大量的契约合同、票据、执照、商业账簿、分家书等老百姓具体的生活交往过程中形成的原始文书。在访谈和这些文书基础上,他们将中国老百姓处理生活中民事关系的乡规俗例进行系统整理,以德国民法框架为基础加以调整编成《台湾私法》3卷6册,包含不动产、人事、动产、商事及债权四编,不但涵盖了庶民生活最主要的两个方面:财产关系和亲属继承关系,还包含了商业关系。而将收集到的文书选择编辑为《台湾私法附录参考书》3卷7册,作为对《台湾私法》的补充说明。《台湾私法》是第一次以近代欧洲社会科学(更确切地说是冈松参太郎所接受的德国民法)框架来描述、分析汉人庶民社会的习惯与行为方式,可以说是汉人传统社会结构与欧式的思维认知结构的一次正面对接。

这次调查的特点在于以德国民法框架为基础,虽然调查者和编纂者致力于将工作建立在细密的实证调查基础上,同时也努力理清文献及其社会交往关系之间的逻辑,但根本上说还是以寻找欧式思维下认知汉人

① (日)末广昭'他者理解としての学知と调查'"帝国日本の学知　第六卷　地域研究としてのアジア"(岩波书店,2006年),4—9页。

② 即认为社会的习惯和制度,是因应于一定的理由和必要性而产生的,若贸然更改必然会招致反抗。因此必须充分了解当地情况,根据实际情况施政。

③ 《临时台湾旧惯调查会第一部调查第三回报告书·台湾私法》,临时台湾旧惯调查会,1910—1911年。

社会结构的方式为指归的①。不过这次调查以及《台湾私法》的编纂提示我们,老百姓日常生活中使用的契约文书等文献背后蕴含着庶民社会的秩序原则和运作机制,通过对此类文献的收集和分析,可以探究庶民的生活情态与秩序观念。这一理念也是此后民间文献研究的合法性所在,就此而言,中文民间文献研究实肇始于临时台湾旧惯调查。就技术层面而言,《台湾私法》中收录的各类契约文书后被摘录出来加以解说,单独出版,这就是其副产品《契字及书简文类集》(盛文社,1916 年)。《台湾私法》所建立的契约文书分类体系对后来中文契约文书研究特别是台湾古文书研究影响极为深远②。

(二)清末民初的民商事习惯调查与本土契约文书研究的发端

清末新政的一项重要内容是修订法律③。光绪三十年(1904)修订法律馆成立,沈家本、俞廉三、英瑞被任命为修订法律大臣。沈家本为了编纂《大清民律草案》,组织翻译外国法典,考察日本法制。《大清民律草案》主要依据德国民法体系,并且参照日本的民法概念,由总则、债权、物权、亲属、继承五编构成。其制定主要由修订法律馆与礼学馆共同承担。修订法律馆负责起草民律草案前三编即总则、债权、物权,委托日本法学家松冈义正起草民律,冈田朝太郎起草刑律,志田钾太郎起草商律,小河滋次郎起草狱律。后两编亲属与继承由礼学馆制订。起草工作开始于1907 年,1911 年 8 月完成。当时采取了民商分立的原则。同时起草了《大清商律草案》(1909),包括总则、商行为、公司律、票据法、海船律。为

① 关于《台湾私法》的调查过程以及编纂者从如何惯行中抽象出民法概念与原则,参见(日)西英昭,《“台湾私法”の成立过程》,九州大学出版会,2009 年,23—36 页,65—124 页。

② 很长一段时间内,台湾的文献会在进行各地方契字整理时会按照《台湾私法》的分类,直到近年才略有改变。《台湾私法》分类体系的影响如此之大,以致当近年出版的一些文书集不采用该分类发的时候,均会在凡例中特别注明。比如《大肚社古文书》(刘泽民编著、台湾省文献委员会,2000 年)凡例称“因各类件数较少,并未按《台湾私法》之分类。”《大甲东西社古文书》(刘泽民编著、台湾文献馆,2003 年)凡例称“为便于研究者查阅,并不按《台湾私法》之分类,而是单纯按年代先后顺序排列。”

③ 眭鸿明,《清末民初民商事习惯调查之研究》,北京:法律出版社,2005 年。胡旭晟,《20 世纪前期中国之民商事习惯调查及其意义》,《湘潭大学学报》(哲社版),1999 年 2 期。张勤、毛蕾,《清末各省调查局和修订法律馆的习惯调查》,《厦门大学学报》(哲学社会科学版),2005 年第 6 期。

起草民法，在修订法律馆管理下，各省的调查局、各府县的法制科在宣统期间进行了习惯调查。除了专任的调查员，地方官员、商会、士人也参与其中。各省的报告有两份，一份送宪政编查馆，另一份送修订法律馆。清亡之后，两个机构被撤销。这些资料被移交法制局和司法部附属的法律编查会。民国六年（1917）北洋政府司法部撤销法律编查会，复设修订法律馆，这批资料又被移交新设的修订法律馆。

由于民法仍未制定，所以进入民国后，民商事习惯调查和制定民法也继续被列入国家议程。1917 年应奉天省沈家彝的请求，北洋政府司法部重开民商事习惯调查，1918 年—1921 年间由各省的民商事习惯调查会实行。1923 年施沛生、鲍荫轩、吴桂辰、晏直青、顾鉴等根据当时各省区法院民商事习惯调查会的报告书，编纂了《中国民事习惯大全》①。北京政府司法行政部 1926 年出版了《各省区民商事习惯调查报告文件清册》②。此外的报告书均未出版③。1930 年南京政府司法行政部将前北京政府司法部编辑的《民商事习惯调查录》中民国时代的民事部分中一部分修订，以《民商事习惯调查报告录》的名字出版④。

在这一过程中，调查人员搜集了一部分契约、会书等文献，并且按照民法框架做了编纂阐释。这可以视为中国本土对契约文书等民间文献重视的开端，研究者已经意识到关注民间文献背后蕴含的社会关系以及老百姓处理社会交往中所形成的秩序⑤。但是其编纂止于资料汇编，未能体系化，而且原始文书资料也没有被很好地整理出版。

---

① 法政学社编，《中国民事习惯大全》，上海：广益书局，1924 年。上海书店出版社，2002 年影印。

② 《司法公报》第 232 期（即第三十七次临时增刊）出版了司法部及修订法律馆收藏的清末民国民商事习惯调查资料的目录。第一部《前清时代之民商事习惯调查报告文件》（民事习惯调查报告文件、商事习惯调查报告文件，附属文件三类），第二部《民国时代之民商事习惯调查报告文件》（民事及商事习惯调查报告文件、商事习惯单独调查报告文件，附属文件三类）。《司法公报》第 242 期（第三十八次临时增刊）出版了一部分民商事习惯调查报告书。

③ 中国社会科学院法学所图书馆收藏有《山东调查局商事习惯报告书目录》《山东民事习惯第一次调查报告书》。

④ 《民事习惯调查报告录》中国政法大学出版社，2000 年。

⑤ 此外上海商务总会发起商事习惯调查，编纂了《商法调查案理由书》，也体现了类似诉求。

以上述两次调查为契机，以契约文书为代表的民间文献开始进入现代学术视野，首先是法学的视野。此后，日本出于殖民目的，先后按照类似方法在满洲、华北进行了旧惯调查，并出版了报告书①。而且在这一阶段，针对契约文书的专门研究也开始了②。这些研究主要围绕土地买卖关系契约的格式、所涉及的社会关系、诸方权利义务（先买权）等展开，也涉及了兑契、倒契、典契、押契等。特别值得注意的是《满州旧惯调查报告书》和3本关于契约的研究专著都是围绕契约的类型来编纂撰写的，这说明当时的研究者更加清晰地认识到不同契约形式背后所隐含的交往关系和秩序是有所差异的，契约文书的形式差异蕴含着乡民生活中所固有的逻辑区分。毫无疑问，这种整理方式比将文书强制嵌入民法体系的做法更加契合文书本来的知识系统。

（三）傅衣凌与社会经济视野下的契约文书研究

傅衣凌是最早从社会经济关系角度利用民间契约文书进行研究的学者。1939年他在福建省永安县发现了大量明清土地契约文书，以其中的租佃契约为基础，他撰写了《福建佃农经济史丛考》（1944年）。此后他带领厦门大学明清史群体，下乡入户，广泛搜集民间文书，先后出版了《明清农村社会经济》（1961）、《明清福建社会与乡村经济》（1987）等著作。他的助手杨国桢出版了《明清土地契约文书研究》（1988）。同样从社会经济视角研究契约文书但更偏向量化的经济分析的研究是中国社科院经济所章有义的《明清徽州土地关系研究》（1984），而更加侧重社会关系的则是广东省社会科学院叶显恩的《明清徽州农村社会与佃仆制》（1983）。

---

① 南满洲铁道株式会社调查课编，《满州旧惯调查报告书》，1913—1915出版。此外东亚研究所和满铁调查部北支调查所于1940—1942年在华北6村开展调查，其资料后结集成《中国农村惯行调查》，由岩波书店于1950年出版。关于日本战前战中在中国大陆所做调查情况，可以参考（日）末广昭"アジア调查の系谱"'帝国日本の学知　第六巻　地域研究としてのアジア'（岩波书店，2006年），21-66页。

② （日）矢野春隆，《华北地券（契）制度の研究》，南满洲铁道株式会社经济调查会，1935年。石田文次郎，《满洲に于ける契の研究》土地制度调查会资料第2号。（日）清水金二郎，《契の研究：满・支土地惯行规范について》，大雅堂，1945年。

（四）战后日本法制史学界与中文民间契约文书整理方法的规范化

相对于中国学界主要延续了傅衣凌开创的社会经济研究取向，日本学界对契约文书的关心更多延续了战前法社会学的问题意识①。仁井田升根据日用类书对明清时期契约文书的格式做了细致的探讨②。1975年，佐伯有一在东京大学东洋文化研究所组织了名为"17世纪以后东亚公私文书的综合研究"的研究班，对东洋文化研究所所藏中国土地文书进行细致整理，最终成果是《东洋文化研究所所藏中国土地文书目录·解说》③。这次文书整理确立了一些契约文书整理的原则，在中文民间文献整理的历程中颇为重要④。这些原则包括：（1）文书群分类原则。将文书根据原保有者名字分类归并设立文书群，原保有者不明的按照地域归并设立文书群。（2）文书群内的排列方法。首先按照文书的种类分组，每组内按照时间顺序排列。依照此顺序给文书打上整理编号。（3）然后给各文书群撰写解说，包括对文书群整体性介绍的概要和选择出来的文书样例的解说两部分。（4）对每一件文书，按照文书名、制作年代、发件人、收件人、地名、备考等项目逐一登记相关信息。这种整理文书的方式，与此前按照民法框架分类、或者按照契约类型分类的整理、研究方式不同，更加尊重了文书自身形成的形态。在原理上，这其实与今天民间文献整理中的归户性原则是相通的。在此笔者希望特别指出的是这种整理方式，其实本来乃是日本史中"古文书学"的方法。在日本史学中，"古文书"不简单等同于中文语境下的古文献或者历史档案，用佐藤进一的话说，它特指"向特定对象传达意志时表达意志的产物"，也就是"甲针对特定的乙，为了表明甲的意志而制作的意志表达手段"⑤。这就是文书整理

① （日）寺田浩明，《日本对清代土地契约文书的整理与研究》，《中国法律史国际学术讨论会论文集》，西安：陕西人民出版社，1990年，第359-374页。

② （日）仁井田升，《中国法制史研究·奴隶农奴法·家族村落法》，东京大学出版会，1962年。

③ （日）滨下武志，（日）久保亨，（日）上田信他编，《东洋文化研究所所藏中国土地文书目录·解说》东京大学东洋文化研究所附属东洋学文献センター，上1983，下1986。

④ 《凡例》，（日）滨下武志，（日）久保亨，（日）上田信他编，《东洋文化研究所所藏中国土地文书目录·解说》，东京大学东洋文化研究所附属东洋学文献センター，上1983年，9—10页。

⑤ 转引自《日本古文书讲座　第1卷总论编》雄山阁，1978年，16页。

中特别强调发件人和收件人的缘故[①]。关于利用契约文书进行的学术研究，岸本美绪在1993年和2009年已经分别做了精彩的回顾，在此从略[②]。

（五）台湾学界对台湾民间文献的搜集与整理

台湾光复后，承接日本占领时期惯行调查、土地调查中收集民间古文书的传统，在各地文献会的推动下，古文书整理研究陆续开展了[③]，但在1970年代中期之前更多表现为对日本调查所得资料的影印与研究，而较少大规模地搜集工作。1976年在美国亚洲学会台湾史研究小组召集人马若孟（Romon H. Myers）和执行委员张伟仁的推动下，由王世庆负责开展了古文书的搜集整理。其工作步骤是先探访家族、收藏家及相关机构是否保有相关古文书，然后与主人协议将古文书借出裱糊并且影印摄影，再将原件返还给文书主人。然后依据内容对影本进行分类，出版分类目录[④]。这一民间文献原地保存，整理者协助数字化的处理方式预示了今后民间文献整理的方向。此后，各地的文献会纷纷展开古文书搜集工作，并且做了精心的整理编辑工作，学界利用契约文书以及族谱进行台湾社会历史研究的成果也日益丰富[⑤]。

（六）中国大陆学界对民间文献整理方法的探索

随着20世纪50年代徽州文书的大量发现，如何整理大批量民间文献成为一个问题。早期民间文书整理中，多采取按照文书内容分类，或者按照时间顺序排列[⑥]。但是杨国桢在整理《闽南契约文书综录》时注意到

---

① 只要略微对照下国内出版的各种契约文书集对契约文书的题名即可发现，我国对契约文书进行描述时仅注重发件人而不太注意收件人。

② （日）岸本美绪《明清契约文书》，（日）滋贺秀三《中国法制史　基本资料の研究》东京大学出版会，1993年，759—805页。译文载王亚新、梁治平编，《明清时期的民事审判与民间契约》，北京：法律出版社，1998年。（日）岸本美绪，《明清契约文书研究の动向——1990年代以降を中心に》，大岛立子编《前近代中国の法と社会：成果と课题》东洋文库，2009年，3—22页。

③ 此时期杨云萍等学者起到了重要作用。

④ 王世庆，《台湾地区古文书之调查研究》，1978年第八次台湾研究研讨会记录，王世庆，《台湾史料论文集》，341页。影印件题称《台湾公私藏古文书影本》，共10辑，其中1—6辑又分别编有《台湾公私藏古文书汇编目录》。

⑤ 例如陈秋坤、洪丽完，《契约文书与社会生活（1600-1900）》，"中研院"台湾史研究所筹备处，2001年。

⑥ 安徽省博物馆，《明清徽州社会经济资料丛编》第一辑，北京：中国社会科学出版社1988年。《千年徽州契约文书》，石家庄：花山文艺出版社，1993年。

了编制原文书群索引，反映史料固有脉络①。近年中山大学历史人类学研究中心在《清水江文书》整理中使用“保持文献原来的系统”来描述文书整理原则，更为贴切地说明了重视文献被收集时状态的原则②。刘伯山在整理徽州文书时使用保持归户性（归户是指将收集的徽州文书全部按照“户”集中）来阐述类似的原则③。这一原则事实上与档案学中的来源原则是一致的。曹树基在整理石仓契约时也保持文书固有存放状态，并进而将各包文书与家谱比对，给出村庄—姓氏—字辈的对应关系④。而且清水江文书整理和石仓契约整理中都坚持了不取走文书原件，就地保存的原则。2005 年—2008 年中山大学历史人类学研究中心聘请郑振满为特聘教授，于 2005 年、2006 年和 2007 年分别围绕族谱、碑刻和契约举办了三届民间历史文献研讨班，有效地培养了青年学者利用民间文献的意识，扩大了民间历史文献在学术界的影响力。2008 年郑振满在厦门大学成立民间历史文献研究中心，于 2009、2010、2011 年举办了三届民间历史文献论坛，促进了相关学者的交流，并且正在编写《民间历史文献导论》⑤。近年来中国社会科学院历史研究所的学者在整合简帛文书、敦煌吐鲁番文书、黑城文书、徽州文书等出土或传世文书研究的基础上提出要超越断代文书研究，建立中国的古文书学⑥。

二、民间文书和民间文献的概念界定

从上文对民间文献学术研究的回顾可以看到，现代学术视野下对民间文献的发现与研究时间并不长，其研究事实上分别隶属不同的学科。在我国现行学科体制下，图书馆学、档案学主要注重于现代文献和档案。

---

① 《编者的话》，《闽南契约文书综录》，《中国社会经济史研究》1990 年增刊。

② 张应强，《清水江文书的收集、整理与研究》，《清水江文书》“编辑说明”第 1 辑第 1 册，桂林：广西师范大学出版社，2007 年。

③ 刘伯山，《前言：徽州文书的遗存与整理》，《徽州文书》，桂林：广西师范大学出版社，2005 年。

④ 曹树基，《石仓契约》第 1 辑第 1 册，杭州：浙江大学出版社，2011 年。

⑤ 《新材料与新史学：郑振满教授访谈》，未刊稿。

⑥ 黄正建，《“中国古文书学”：超越断代文书研究》，《中国社会科学报》，2012 年 7 月 25 日第 334 期

中国语言文学专业下设中国古典文献学,历史学专业下设历史文献学(含敦煌学、古文字学),其研究对象虽不限于、但事实上主要就是传世四部典籍。仅有部分学者关注到俗文学资料、明清契约文书等难以纳入四部体系的庶民文献。简帛文书、敦煌吐鲁番文书及黑城文书则主要在出土文献的名义下被加以研究,并未区分其中的官文书和民间文书。明清档案学虽然也会把民间的契约、谱牒等作为民间档案列入其学科范围,但由于档案学自学科确立之始就以政府档案为中心①,而且目前明清公藏官府档案尚得不到全面整理,各级档案机构实际基本无力顾及散落民间的档案性文献的搜集②。下面笔者拟对分别隶属于不同学科领域的民间文献进行综合考察,尝试对民间文献和民间文书的概念进行界定。

按照属加种差定义法,我们需要先界定两个与民间文献、民间文书相关的属概念:文献、档案。根据《中华人民共和国国家标准 GB3792.1—83 文献著录总则》,文献指"记录有知识的一切载体。"根据《中华人民共和国档案行业标准 DA/T1—2000 档案工作基本术语》,档案是指"国家机构、社会组织或个人在社会活动中直接形成的有价值的各种形式的历史记录"。在 1999 年国家档案局公布《中华人民共和国档案行业标准 DA/T18—1999 档案著录规则》之前,档案著录一直是遵从 1985 年公布的国家标准 GB3792.5—85《档案著录规则》,从标准号可知,该标准是 GB3792 文献著录总则的一项细则,易言之,档案是文献的一种类型。1987 年通过的《中华人民共和国档案法》第一章第二条规定"本法所称的档案,是指过去和现在的国家机构、社会组织以及个人从事政治、军事、经济、科学、技术、文化、宗教等活动直接形成的对国家和社会有保存价值的各种文字、图表、声像等不同形式的历史记录"。由以上定义可知档案与其他类型文献的本质区别在于档案是"从事社会活动中直接形成的",档案学界一般将这一特征称为"原始记录性"并作为档案的本质属性③。根据上

① 冯惠玲、张辑哲主编,《档案学概论》(第二版),北京:中国人民大学出版社,2006 年,214 页。

② 秦国经,《明清档案学》,北京:学苑出版社,2005 年,239—240 页。

③ 冯惠玲、张辑哲,《档案学概论》(第二版),北京:中国人民大学出版社,2006 年,第 5—8 页。

述规定，档案的形成主体包括国家机构、社会组织以及个人。档案可以按照形成者进一步区分为公共档案和私人档案。根据《DA/T1—2000 档案工作基本术语》，公共档案是国家机构或其他公共组织在公务活动中形成的为社会所有的档案，私人档案是私人或私人组织在社会活动中形成的为私人所有的档案。而作为档案实存形态之一的文书则是“社会组织或个人在各项活动中形成的、具有特定效用的凭证性信息记录”①。其中文件形成者为政府部门或公共机构的文件被称为“公务文件”。

（一）民间文书的界定

我们可以参照“私人档案”和“文书”的定义，把民间文书界定为私人或社会组织在从事社会活动、处理事务中直接形成的具有特定效用的原始记录。比如卖地契是老百姓在进行田地买卖过程中形成的，而禁约、应役合同则一般是乡民合议的结果。关于这个界定还有几点需要补充说明。

第一，这一定义从对文书产生构成主导作用（即因为某人的活动导致了某文书的产生）的人或组织的角度界定民间文书，排除了政府和公共组织形成的公共档案、公务文件；但是有一些处理官民之间关系的文书，比如纳粮执照、讼状等，应该如何归类呢？笔者认为应该把文书形成过程中的主导者与文书的制作者相区分，而且要在考虑主导者的同时考虑文书的受取者及最终保有者。理论上应该采取依照文书受取者来加以划分。比如纳粮执照乃是老百姓缴纳税粮之后从政府领到的凭证，理论上应该保存在老百姓手中，因此应该归于民间文书，而不是根据文书的制定者归于官文书。再如讼状乃是老百姓诉讼时呈交官府的文书，理论上应该存于衙署，因此应该归于官府文书，而不是民间文书。但是这个界定只能是理论上的，因为实际上会遇到两个无法解决的困难。首先，文书性质难以判断。以讼状为例，讼状原本虽然属于官府文书，但是老百姓在呈交讼状

① 王健，《文书学》（第二版），北京：中国人民大学出版社，2011 年，第 5 页。《DA/T1—2000 档案工作基本术语》中使用了文件这一术语，文件是“国家机构、社会组织或个人在履行其法定职责或处理事务中形成的各种形式的信息记录”。

之前往往拟制草稿、抄录副本①，单单根据一件讼状，我们很难判断它究竟是老百姓手上保存的草稿、副本，还是官府收取存档的原本。其次，确实有一些官府内部文书，比如盖有官印的府州县之间的往来公文，实实在在地保存在老百姓家中。其中原委有多种可能性：可能是该家先人为官任吏时因某种原因从官署中取出的，也可能是官署失窃流出的，还可能是战乱之中散失到民间的。文献现存状态（一件本应存于官府的文书实际上存在于某一平民家中）背后，是隐含着该文书的流传机制的。该件文书的价值，不仅在于其内容，更在很大程度上体现在它与其保存者家中的其他文书的关系上。所以这些发现于老百姓家中的官文书也应被划入广义的民间文献之中②。后文将详论这一问题。

第二，虽然根据这个定义，名人档案也应该被归于其中，但从实务角度考虑，应该把那些被档案馆系统接受的名人档案排除出民间文书的范围。因为名人的私人档案在既有档案系统下已经得到充分的重视③，无需再叠床架屋、重复劳动。民间文书的主要对象是庶民日常生活中形成的私人文书。

第三，关于界定区分社会组织形成的文书。国家机构、政府部门所形成的文书，及个人所形成的文书至少在理论上都还比较容易界定，即便是涉及到官民关系的文书，依照前述原则，至少在理论上也可以得到周密的划分。但是社会组织所形成的文书就比较难以区分了。问题首先出在如何区分公共组织和私人组织，其次出在如何界定私人组织的文书归属。

在今天档案学的理论体系下，社会组织被区分为类似国家机构的公共组织和类似私人的私人组织，前者所形成的档案属于公共档案，照此推理后者所形成的文书档案就是民间文书了。可问题在于，划分中国历史上的公共与私人领域，区分“公”的组织和“私”的组织面临着诸多学理上的重大问题。区分两类组织不具有逻辑严谨性和可操作性。

① 阿风，《明清徽州诉讼文书的分类》，《徽学》第五卷，2008 年，253—261 页。

② 依据文书、文献被发现时的存放状态（老百姓家中、公藏机构）来区分民间文献和其他文献这一原则，乃是承刘志伟教授教示，其学术原创性应属刘志伟教授。

③ 比如上海图书馆就致力于整理盛宣怀档案，不但编纂了《上海图书馆藏盛宣怀档案萃编》（上海古籍出版社，2008 年），而且将近 16 万件、1 亿余字的档案全部上传到上海图书馆局域网。

关于私有组织即企事业单位档案究竟应该归于公务档案还是私人档案的问题，档案学界一般认为私有组织档案按照所有权性质虽为私有，但是由于归私营组织（法人）所有，属于“私有档案中的公务档案”，在归类上被归类于公务档案①。但是对于历史上各类社会组织的文书却很难适用这一原则，原因如下。大多数会社组织，如钱会等，多是临时性的，满会之后即告终结②，不可能存在什么文书保存制度，目前所见的钱会文书都是保存在参会的各家各户之中。另一类社会组织——商号虽存在一定的契约账簿管理规范，但事实上除了部分商业账簿之外，我们很难区分私人文书和商号的文书，其原因在于很多时候商号的契约也是以业主个人名义签署的，无法将其与业主家庭的契约文书区分。管理制度最为完善的社会组织大约是宗族，但是目前多数祭产簿、抄契簿均发现自特定家庭，很难说其保管具有私人组织内的公共性。因此除了像近代式的企业（比如汉冶萍铁厂）、社会组织（比如苏州商团）的档案那样自身具有完备的管理制度、被发现征集时又处于非私人性保管状态的文书外，凡是发现于老百姓家中的社会组织的文书都界定为广义的民间文书。

（二）民间文献的界定

除了上述私人或社会组织在处理事务中直接形成的“民间文书”之外，在老百姓家中还存在大量其他类型的文献，比如族谱、唱本、曲本、科仪书、村落文书、日用类书等等。目前在公藏机构常可以看到的一个现象是，一张清乾隆时期庶民家族的族谱或抄契簿放在档案馆被称为档案，放在图书馆被称为古籍，放在博物馆被称为文物，如果在村民家中，那么就是民间文献。我们究竟应该如何在学理意义上界定民间文献，认识其不同于传世典籍的学术价值呢？

我们认为应该从文献被发现征集时的留存状态角度界定民间文献，

① 冯惠玲、张辑哲主编，《档案学概论》（第二版），北京：中国人民大学出版社，2006 年，15—16 页。

② 徐畅，《二十世纪二三十年代华中地区农村金融研究》，济南：齐鲁书社，2005 年，183—189 页。

即民间文献是征集时存于民间的文献①。具体而言,其主体是百姓在处理特定事务过程中形成的文书即前面界定过的民间文书,但也包括本来不应流传于民间、但事实上却在民间发现的官署文书档案,还包括百姓生活中使用的、被发现于民间的书籍著作(如日用类书、蒙书、商业书等)。这一界定排除了现存于档案馆系统的大量官府文书,但是把发现于民间的书籍著作纳入其中。这一定义看似缺乏逻辑上的严密性,但实际上有学理依据。

所有文献,均是由特定的个人或者集体出于某种目的制作出来的。多数文献被制作出来后均被使用于当时的社会生活,承担过一定职能。其被使用的过程一般也就是文献传播的第一阶段,本文将这种基于文献制作目的而发生的传播过程称为初始流传。从使用方法上看,又可以细分为文献制作者内部保存、一对一传播、一对特定的复数人(机构)传播、一对不确定的复数人(机构)传播等类型。这一过程结束之后或者同时,该文献大多还会被以其他目的保存、传承和使用,或者在没有特定目的的情况下保存和传承,本文将这些过程称为继发流传。不过同一文本进入不同的流传过程时被赋予的目的会发生变化,因此初始流传与继发流传的区分并非绝对的。譬如唐代的进士行卷,应试的士人写成文章的目的在于求得名流官宦赏识,其使用方式就是投卷于名流,此即初始流传过程。而后来被传阅刊刻,乃至进入文集,则属于继发流传。但是从编纂文集角度考查,将此文章收入文集、广为刊刻乃是目的,于是文集刊刻又是初始流传。由此可见文献的留存状态和流传过程本身就反映着特定的社会交往与关系。被征集者发现时文献的留存状态也是这个过程的一环,所以在哪里发现了哪些文献这个事实自身蕴含着丰富的信息。假设在一个徽商家族中发现大量藏书,那么这些书籍恰好是考察该家族阅读状况、知识水平的第一手材料。而这些书籍一旦与该家族的其他文书相区隔,那么这一层信息就丢失了。所以发现于老百姓家中的典籍,比如一册《古文观止》与保存于公藏机构的相同版本的《古文观止》的学术价值是不同

① 关于应当从留存状态界定民间文献,以及民间文献中的书籍的价值主要在于它与其他文献共同构成的整体性的观点,来自笔者向刘志伟教授请教时刘志伟教授的提示,特此说明。

的。保存于公藏机构的古籍,其价值主要体现在其文字内容上(当然也包括版本等价值)。而对于发现于老百姓家中的、同一版本的书籍而言,其价值主要体现在"这样一本书在这样一户人家"这个事实上。这本书的价值因其与发现于此家的其他文献所共同构成的这一家文献的整体性而得到凸显。如果强行将本来发现于一家的文献按照文书、古籍分开,分别在民间文书、古文献学的框架下处理,那么就损失了该家文献完整性所蕴含的信息。这一点就是民间文献不同于古文献学的一大关键。所以,我们从留存状态角度把民间文献界定为发现于(或收集自)民间的文献。

三、民间文献的收集与整理原则

在收集上,应当采取文献就地保存、由公藏机构复制副本的形式,而不是采取文献搬家的形式。在整理上,应当采取现状记录法。

先讨论就地保存、复制副本的原则。之所以采取就地保存,是因为文献有其固有的生成流传空间,它是与周围的地理景观、建筑、器物、特别是居民紧紧联系的,对于民间文献而言,只有当能把它与其产生、流传、保存的具体地点、人群相连接的时候才有可能开掘出最完整的信息,并且进而通过访谈、田野调查等手段,在具体的场景下构筑时空信息综合体,获取研究的现场感。目前,中山大学整理"清水江文书",上海交通大学整理"石仓契约",均是采取就地保存,大学仅扫描复制出版的工作方式①。这种工作方式既保护了当地居民的生活方式,又方便了研究者使用,还更好地维护了历史文化资料的全息性。

再讨论现状记录原则。上文曾经讨论过日本古文书学的文书归户整理方式,现状记录是在此基础上古文书整理研究原则的又一推进。世界范围内,英国中世纪档案整理中率先采取现状记录原则,日本的历史学者

① 张应强,《清水江文书的收集、整理与研究》,《清水江文书》"编辑说明",第1辑第1册,桂林:广西师范大学出版社,2007年。曹树基,《石仓契约的发现、搜集与整理》《石仓契约》第1辑第1册,杭州:浙江大学出版社2011年,7页。

在整理村落文书中也采取了这一原则，并且阐述了实施细则①。笔者认为该原则同样适用于我国民间文献的整理。

现状记录法即详细记录文献被收集者发现时的原始状态。原始状态不但包括文献发现所在地（征集来源地）、文献保有者、文献旧有的存放格局与分类系统，还包括文献被征集者发现的过程、现文书保存者获得文书的经过②。

民间文书是出于某种目的被制作出来的，被制作出来后必然承担某种功能，文书流传反映了其使用情况，文书的持有者、存放地，如家庭、宗族、祠堂、商号、会社、曲艺传人，都是文书因使用而自然流传过程中的一环。在没有战乱、水灾漂失、失窃、售卖等特殊扰动的情况下，就在村落、家庭中发现的文书而言，文书的现保存者、保存地应是上述历史过程的延伸。对文书保存现状的记载可以最大限度地保证文书被发现时所固有的系统性（被发现的地点、家庭，被发现时的文书群类别）。由于一件文书从产生到我们发现，其中很可能经历了太多今天无论文书现持有人还是学者都无法知晓、考证，带有极大偶然性的流传过程，所以文书保存现状所体现的系统性，并不能被完全等同于文书被制作和在实际社会生活中被使用时的系统性。虽然如此，保存现状所体现的系统性仍是我们今天找寻文书流传经历、尝试恢复文书应用实态的最重要的线索。而对文书发现经过的记载提供了文书如何从保存者手中走向公开出版的过程，保证了文书作为史料的可信性，使得研究者可以将文书与特定地域、家族、组织相联系，展开研究，也为研究者在使用这些材料的时候充分认识各文书史料群内在蕴含的问题提供了线索。对文书现保存者进行访谈，了解其所知的文书流传经过，可以有效地丰富我们对文书自然流传过程的理解。即便是因为某种原因，文书因使用而自然流传的过程被打断（目前最常见的一种情况是被文物贩子收购而流入文物市场和古旧书店），对文书

① （日）塚田孝，《小田町调查と小田町関系史料によせて》，《市大日本史》第1号，大阪市立大学日本史研究室，1998年。

② 刘伯山给每一批发现的文献撰写了“寻获记”，曹树基也在《石仓契约》卷首详述文书发现整理经历，笔者认为这些做法应该被作为民间文献整理的通例作为现状记录的内容，其内容包括文书被整理者发现的经过，以及现在文书保存者获得文书的经过。

被从文物市场上购得过程的记载以及文物贩子透露的关于文书收集地点的信息仍然是我们推测史料背景的有效信息。此种情况下，我们也无从得知文书旧有保存系统是否已经被打乱（被打乱的可能性极大），但是我们仍需要记载文书被整理者发现时的现状，因为这是最接近文书自然保存状态的。

对民间文献整理时首先进行现状记录这一原则实际上也是文献实体分类的原则，而这一原则与档案学中的来源原则和全宗理论①是一致的。关于这一点，留待今后讨论民间文献分类问题时再详细论述。

四、民间文献学作为独立学科的可能性与必要性

如前所述，民间文书与公务文书同属文书，本来都是文书学、档案学的研究范围。但事实上，现有文书学所处理的主要是公务文书②，档案学所处理的也主要是有着档案管理制度的公共档案馆或内部档案机构（企业档案馆、各类机构档案室）所入藏的档案，以及少量名人档案。民间文书所具有的独特形成、使用和流传机制要求一套不同于政府文书档案整理的方法论。比如，与藏于公藏机构的古籍和档案不同，田野调查收集来的民间文献可以对应回具体的村落和人群，从而可以在一个立体的时空背景下、在区域社会历史的内在脉络中理解文献，这就是既有古文献学、档案学所不具备的技法。方法论上的独创性为民间文书学作为一个独立学科提供了可能性。

文献的形成、流传过程，文献自身所固有的形式结构，以及各种文献类型的关联，其背后蕴含着特定的思维体系和认知架构。文献分类背后是知识分类。而当前我国图书分类法则呈现出三分状态：古籍沿用四部分类，民国平装书沿用刘国钧分类法等民国时期分类法，而新中国成立后图书采取中图法分类，已经放弃了新旧统一的尝试。而明清民国档案则另采用《中国档案分类法》。这其实反映了不同时代文书方面、不同文献

① 薛理桂，《档案学理论》，文华图书馆管理资讯有限公司，2002年，91—130页，。

② 如王健《文书学》（第二版）就称"本书以下所有内容将聚焦于公务文件"（第8页）。

类型内在蕴含的知识架构的差异。民间文献是老百姓日常生活中所形成、使用的原始资料。以民间历史文献为坚实的材料基础,有可能揭示庶民的思维世界和知识架构。将民间文献作为独立于传世典籍、官方档案之外的一种文献类型专门加以研究,可以有效地弥补传统中文文献仅能反映精英思想、官府意志的不足,揭示老百姓生活世界的逻辑,为民间文化遗产的承传搭建坚实的平台。郑振满近年来致力于民间文献研究,即着眼于此[①]。而探索基于民间文献形成、使用与流传机制的民间文献目录学的意义也就在于此。

民间文献独立成学,可以极大地拓宽中国史史料学对象的范围,为进一步开展比较史料学研究,促进中外史学在历史学基本方法论和辅助学科层面上展开深入交流奠定基础。历史学的基础是史料,围绕对史料的考证解读形成了诸多历史学辅助学科(Auxiliary sciences of history)[②]。在欧洲,围绕对希腊罗马经典以及教父文献的考证,形成了古文献学[③]。近年来,日本学者开始致力于在"如何考证、使用史料"这个历史学最基础的方法论层面上展开日本与英国的比较史料论研究[④],并且进而扩展到对中世和近世文书档案的制作和管理进行多国间比较研究[⑤]。这个研究计划首先根据档案学的来源概念,依照不同来源将文书分为统治组织(中央政府和地方行政组织)、村落(村落、家庭、宗族)、商人和城市三大类,对各自文书的管理和形成过程加以讨论。其次以诉讼文书和继承文书为例,讨论不同类型的文书,最后对"媒体与识字能力"这个档案研究的前提性领域进行了考察。其研究范围涉及日本、法国、奥斯曼帝国、朝鲜、意大利、英国、中国,特别值得提出的是涉及我国明清文书的论文有5篇之多,其中三篇以徽州民间文书为主题,充分显示了我国参与比较史料学研

① 郑振满,《民间历史文献与文化传承研究》,《东南学术》2004年增刊,293—296页。

② The Encyclopædia Britannica 中的"The study of history"词条提供了一个关于历史学辅助学科的简明解说。包括考古学、目录学、年代学、文书学、铭刻学、谱系学、古文字学、印章学、纹章学等。

③ 关于欧洲古文献学的形成与早期发展,参见彭小瑜,《近代西方古文献学的发源》《世界历史》2001年1期。米辰峰,《马比荣与西方古文献学的发展》,《历史研究》2004年5期。

④ (日)鹤岛博和、春田直纪等,《日英中世史料论》,日本経済评论社,2008年。

⑤ 国文学研究资料馆编,《中近世アーカイブズの多国间比较》,岩田书院,2009年。

究的潜力①。我国传统的史料学研究主要集中于二次编纂性史籍，随着敦煌文书出土、清代档案的大规模公开，对文书档案的研究日益受到重视。在文书总量有限的秦汉隋唐西夏时代，将官私文书统一研究是可能的，但对于明清、特别是清及民国时期，政府档案和民间文书的数量都至为庞大，分工合作，有助于更好的促进中国近世史料学研究，进而进行多国间比较史料学的交流。

参考文献：

1. 阿风. 明清徽州诉讼文书的分类. 徽学，2008(5)

2. 白化文. 佛教图书分类法(改定本). 北京：北京图书馆出版社，2001

3. 常建华. 社会生活的历史学：中国社会史研究新探. 北京：北京师范大学出版社，2004

4. 陈秋坤、洪丽完. 契约文书与社会生活(1600-1900). 台北：中研院台湾史研究所筹备处，2001.

5. 杜定友. 杜定友图书馆学论文选集. 北京：书目文献出版社，1988

6. 冯惠玲，张辑哲. 档案学概论(第二版). 北京：中国人民大学出版社，2006

7. 傅衣凌. 福建佃农经济史丛考. 邵武：福建协和大学中国文化研究会，1944

8. 黄正建. "中国古文书学"：超越断代文书研究. 中国社会科学报，2012(334)

9. 刘龙心. 学术与制度：学科体制与现代中国史学的建立. 北京：新星出版社，2007

10. 毛远明. 碑刻文献学通论. 北京：中华书局，2009

11. 苗怀明. 二十世纪戏曲文献学述略. 北京：中华书局，2005

---

① 包括我国学者的四篇论文和日本学者的一篇论文，分别是：唐力行《清代苏州における社会管理—苏州の碑刻の分类から—》、阿风《明清徽州诉讼文书の分类》、王振忠《村落文书と村落志—徽州歙県西溪南を例として》、王振忠《清代における徽州のある小农家庭の生活状况—天字号阄书に対する考察—》、臼井佐知子《中国における商业関系文书》。

12. 裴燕生. 历史文书(第二版). 北京:中国人民大学出版社,2009

13. 荣新江. 敦煌学十八讲. 北京:北京大学出版社,2001

14. 桑兵,赵立彬. 转型中的近代中国. 北京:社会科学文献出版社,2010

15. 眭鸿明. 清末民初民商事习惯调查之研究. 北京:法律出版社,2005

16. 孙钦善. 中国古文献学史. 北京:北京大学出版社,1994

17. 王世庆. 台湾史料论文集. 台北:稻香出版社,2004

18. 王亚新,梁治. 明清时期的民事审判与民间契约. 北京:法律出版社,1998

19. 徐畅. 二十世纪二三十年代华中地区农村金融研究. 济南:齐鲁书社,2005

20. 薛理桂. 档案学理论. 文华图书馆管理资讯有限公司,2002

21. 杨国桢. 明清土地契約文书研究. 北京:人民出版社,1988

22. 姚名达. 中国目录学史. 上海:上海古籍出版社,2002

23. 叶昌炽,韩锐. 语石校注. 北京:今日中国出版社,1995

24. 郑振满. 民间历史文献与文化传承研究. 东南学术,2004

25. 郑振满. 新材料与新史学:郑振满教授访谈. 学术月刊,2012(4)

26. 朱越利. 道藏分类解题. 北京:华夏出版社,1996

27. 左玉河. 从四部之学到七科之学:学术分科与近代中国知识系统之创建. 上海:上海书店出版社,2004

28. (日)赤松俊秀. 日本古文書講座 第1卷総論編. 東京:雄山閣,1978

29. (日)石田文次郎. 滿洲に於ける契の研究. 土地制度調査會資料,第2號。

30. 国文学研究資料館编. 中近世アーカイブズの多国間比較. 岩田書院,2009

31. (日)清水金二郎. 契の研究 : 満・支土地慣行規範について. 大雅堂,1945

32. (日)塚田孝. 小田町調査と小田町関係史料によせて. 市大日本

史(第1号).大阪市立大学日本史研究室,1998

33.(日)鶴島博和,(日)春田直紀等.日英中世史料論.日本経済評論社,2008

34.(日)夏井春喜.中国近代江南の地主制研究－租桟関係簿冊の分析.東京:汲古書院,2001

35.(日)仁井田陞.中国法制史研究 奴隶农奴法 家族村落法.東京:東京大学出版会,1962

36.(日)西英昭.『台湾私法』の成立過程.福岡:九州大学出版会,2009

37.(日)濱下武志,久保亨,上田信他.東洋文化研究所所蔵中国土地文書目録・解説.東京:東京大学東洋文化研究所附属東洋学文献センター,上1983,下1986

38.(日)末廣昭.帝国日本の学知 第六巻 地域研究としてのアジア.東京:岩波書店,2006

39.(日)村松祐次.近代中国の土地文書について:その種類と性質.一橋大学研究年報:経済学研究,1966

40.矢野春隆.華北地券(契)制度の研究.南満州铁道株式会社経済调查会,1935

古书旋风装形制赘言

程有庆

（中国国家图书馆）

旋风装是中国古籍一种特殊的装帧形式，由于存世实物罕见，加之历史文献记述欠详，其具体形制究为何状，至今仍然众说纷纭，莫衷一是。近年来，随着中国古代书籍装帧技术被列为非物质文化遗产，涉及古代书籍装帧技术的研究日趋深入，而其中有关旋风装的学术探讨更成为引人关注的热门话题。有鉴于此，笔者不揣谫陋，也试就旋风装形制问题略陈管见，并借此求教于方家。

一、旋风装形制的几种观点

中国古籍的演变发展，有着漫长的历史，然而探究其演进过程却困难颇多，马衡《中国书籍制度变迁之研究》为此感言曰："惜年湮代远，书阙有间，欲求完全而有系统之知识，实属不易。所幸载籍之记录，实物之流传，虽属东鳞西爪，尚可得其大较。"古书旋风装约出现于唐、五代时期，其传世实物早在宋、元时期即已十分稀见，无怪乎清代著名藏书家钱曾在遇见相关实物后，发出了"真旷代之奇宝"的惊叹。

20 世纪以来，旋风装得到书史研究者较多的注意，早在上世纪伊始，马衡、余嘉锡以及日本岛田翰等学者都已在各自的著作中对旋风装有所论述，然而时至今日，人们对旋风装具体形状的认识，却仍然存有歧见，未能统一。总结当今人们对旋风装形制的研究，主要有如下5种观点：

（一）旋风装即蝴蝶装

1918年出版的孙毓修著《中国雕版源流考》书中“装订”一节论述旋风装时加有按语：“按旋风叶即蝴蝶装”，明确表达了这一观点。

（二）旋风装即龙鳞装

其实物即现藏故宫博物院唐写本《王仁昫刊谬补缺切韵》。

此说见上海辞书出版社1979年出版的《辞海》“旋风装”第一条注释：“（1）卷子。清钱曾云：‘吴彩鸾所书《唐韵》，余在泰兴季因是家见之，正作旋风叶卷子，其装潢皆非今人所晓。’此卷现藏故宫博物院，宋人称之为龙鳞装。”

1981年，李致忠先生在《文物》杂志上发表《古书“旋风装”考辨》一文，根据故宫博物院所藏唐写本《王仁昫刊谬补缺切韵》实物，指出“龙鳞装”就是旋风装，旋风装是对卷轴装的一种改良。

（三）旋风装即经折装

马衡《中国书籍制度变迁之研究》说：“所谓旋风叶者，谓以卷轴之长幅，变卷舒以为折叠，自首至尾，可以循环翻检，今俗称经折式，唐宋时谓之旋风叶。释教经典至今犹有作此式者。”（《图书馆学季刊》一卷二号，1926年6月出版。）

李文裿《中国书籍装订之变迁》云：“卷轴展阅之时，舒卷极不便利，故进而为折叠状，谓之‘旋风装’。《墨庄漫录》云：‘世间所传《唐韵》犹有□旋风叶，字画清劲，人家往往有之。’此旋风装名称之所由来也。唐代佛教大盛，所有经典，因便于唪诵之故，多用此式，故亦名‘经折装’。”（《北平图书馆学季刊》第三卷第四期，1929年出版。转引自《装订源流和补遗》，1993年中国书籍出版社出版。引文及标点均据原貌。）

（四）旋风装即“类龙鳞装”

“类龙鳞装”的名称由笔者自拟。按我个人的理解，持此说者所举实物均与龙鳞装相似，但不够规范，故取此名。

此观点见杜伟生 1997 年在《文献》杂志上发表的《从敦煌遗书的装帧谈"旋风装"》一文，原文描述云："将书叶一侧码齐，在左边(或右边)涂上浆糊。逐叶粘牢，再粘上木棍或用一根破开的细竹管夹住书叶粘连处，打眼穿线装订。展阅时书叶虽参差不齐但排列有序，收藏时以集齐的一侧为轴心卷起，这种装帧就是'旋风叶'，也就是中国古书旋风装。"其参考实物为法藏敦煌遗书 P. 2046 号、P. 2490 号，英藏敦煌遗书 S. 6349 号。①

《文献》杂志 2012 年第一期发表侯冲《从凤仪北汤天大理写经看旋风装的形制》一文，其中"旋风装形制之我见"一节，叙述旋风装特点为：打开时形似龙鳞，叶子分单面写、双面写两种，比卷轴装便于翻检等。

(五) 旋风装即"包背式经折装"

"包背式经折装"的名称是笔者据周绍良先生文意而拟②，盖因其外观像包背装而取此名。

日本学者岛田翰所撰《古文旧书考》(1903 年出版)书首所附《书册装潢考》一章有云："旋风叶者，盖出于卷子之变，夫卷子之制，每读一书检一事，紬③阅展舒，甚为烦数，于是后世取卷子，叠折成册，两折一张褾纸，概粘其首尾于褾纸，犹宋椠藏经，而其制微异而其翻风之状宛如旋风，而两两尚不相离，则又似囊子，固皇国谓之囊草子也。"

余嘉锡先生《书册制度补考》赞成此观点，认为："此说甚得之。岛田所谓褾纸，即护叶也。旋风叶之护叶，必以整张纸包其前后而粘联之，今之册叶，则上下护叶各只半张，露出书背，惟此为异尔。"(《国立北平故宫博物院十周年纪念·文献特刊》1935 年 10 月印行)

---

① 杜伟生《中国古籍修复与装裱技术图解》(中华书局 2013 年 1 月)书末"附录"介绍了 4 种敦煌遗书旋风装的装帧形式，大致概括了 4 个特点：1. "书叶数量的多寡不一，有的双面书写，有的单面书写，书叶规格基本上都是横长竖短。"2. "有的书有底纸，有的书没有。没有的书一般情况下底叶加长，以用作底纸。"3. "书叶多数以左侧为准集齐，也有右侧集齐的。书叶集齐后，逐叶粘牢，然后或粘在木棍上，或用竹条夹住用麻线穿连订好。"4. "最重要的一点，这种装帧的书籍展阅时书叶有序排列，可逐叶阅览。卷收时以书叶集齐的一侧为轴心，卷起收藏。"

② 周绍良，《绍良书话》(北京：中华书局，2009 年第一版)第 364 页：依我的看法，所谓"旋风叶"，应该是指梵夹的包背装。

③ 紬：疑是"翻"字之误。

1979 年上海辞书出版社出版的《辞海》“旋风装”第二条注释云：“(2)册子。相传用长卷子，折迭成册后，加一书面，使首页和末页相连缀。阅时可以循环翻阅，连续不断，不致散开。宋侯延庆《退斋录》云：哲宗以一‘旋风册子’手自录次。”

以上几种观点基本反映了当今旋风装研究的状况，需要说明的是，第一种旋风装即蝴蝶装，现今已少有人再持这种观点了。原因很简单，现存旋风装的有关文献的记述与规范的蝴蝶装形制相距甚远，实在有些联系不上。

第二、第三、第五种观点均源于旧说，三家所指旋风装形制都比较明确、单一；第四种观点则显然由第三种观点即旋风装即龙鳞装衍化而出。近些年来持第四种观点的研究者较多，但观点微有异同，其形制描述也较为纷杂。新近出现了不少结合新见古籍实物，对旋风装形制加以研究、探索的好文章①，读后令人受益匪浅。但概观这些文章，似乎存在着重“新说”、轻“旧说”的研究倾向，或许可以说，这也正是自上世纪 80 年代以来有关旋风装研究的一个显著特点。

二、旋风装历史文献辨析

中国历史文化悠久，存世的古籍文献堪称浩繁，但令人颇感惋惜和惊异的是，其中有关旋风装的记述竟然出奇地少。本文为便于说明问题，不得不赘引数条人们引证最频的材料，以略作分析。

> 唐人藏书皆作卷轴。其后有叶子，其制似今策子。凡文字有备检用者，卷轴难数舒卷，故以叶子写之。如吴彩鸾《唐韵》、李郃《彩选》是也。
>
> （宋欧阳修《归田录》）

---

① 参阅：宋雪梅《“龙鳞装”与“旋风装”考》，《美术观察》2007 年第 7 期；王传龙《“旋风装”版本汇考》，《大学图书馆学报》2009 年第 3 期；方俊琦《古籍“旋风装”演变探微》，浙江师范大学学报（社会科学版）。

这段话的文意不难理解。意思是说唐代流行卷轴装，之后出现叶子，叶子装的形制像当时（北宋时期）流行的策子，即经折装。例如吴彩鸾《唐韵》、李郃《彩选》等都属于叶子书。

需要说明的是文中“策”字的理解。按照《汉语大词典》的解释，“策”有20义，其中第十六义引用宋代程大昌的话释云：“古书不以简策，缣帛皆为卷轴，至唐始为叶子，今书册是也。”（程大昌《演繁露》卷十五）程大昌的话可以为欧阳修的观点做旁证。他认为当时流行的书册，基本来源于叶子。换句话说，当时装订成册的书，都是叶子装。这两条材料代表了宋人的观点。

成都古仙人吴彩鸾善书小字，尝书《唐韵》鬻之。今蜀中导江迎祥书院经藏中《佛本行经》六十卷，乃彩鸾所书，亦异物也。今世所传《唐韵》犹有，皆旋风叶，字画清劲，人家往往有之。

（张邦基《墨庄漫录》卷三）

这段话大致是说唐代善于书法的女子吴彩鸾有《唐韵》等许多书法作品，到宋代已成稀罕物，当时还有一些吴彩鸾所书《唐韵》传世，都是旋风叶子装帧。

这段文字被视为旋风装即龙鳞装的重要证据，引用率极高。但有两点需提示注意：其一，文中虽然提到旋风装，但并未对旋风装的形状加以具体描述，故所言“今世所传《唐韵》”，其装帧形式不见得与现今藏于故宫的唐写本王仁煦《刊谬补缺切韵》相近或相同。其二，从这段文字的语意看，张邦基心中对旋风叶子装应该是清楚的，只不过他没有把话说明白。因此，如果仅仅依赖此文来证明现存唐写本《刊谬补缺切韵》即是旋风装，显然还缺少足够的说服力。

吴彩鸾龙鳞楷韵，柳诚悬题云：“吴彩鸾，世称谪仙也。一夕书《唐韵》一部，即鬻于市，人不测其意。稔闻此说，罕见其书，数载勤求，方获斯本。观其神全气古，笔力遒劲，出于自然，非古今学人所可及也。时大

(太)和九年九月十五日。"其册共五十四叶,鳞次相积,皆留纸缝。天宝八年制。

(元王恽《玉堂嘉话》卷三)

不少研究者认为,此段文字所记述的龙鳞装吴彩鸾楷书《唐韵》,即今存故宫博物院的唐写本王仁煦《刊谬补缺切韵》。因两者叶数不合,故又推测文中"其册共五十四叶"的"五"字当作"二"字之误,但认为龙鳞装与旋风装有别的黄永年先生不同意此看法,其所著《古籍版本学》(增订本,江苏教育出版社2009年6月出版)①中"旋风装"一节说:"吴彩鸾这个所谓的'女仙'(其实当是女道士之流)书写的《唐韵》并不止这一部,完全可以既装成旋风叶,也装成龙鳞式,怎样能够断定旋风叶就是像故宫博物院收藏的王仁昫《切韵》那样的龙鳞式呢?"

实际上,《玉堂嘉话》的这则记录明显存有疑问。如《唐韵》的书写时间在唐大和九年(835),卷子的制作时间在唐天宝八年(749),关键是二者前后时间居然倒差了近百年,它又怎么可能被装帧出来呢?因此,《玉堂嘉话》所记《唐韵》几乎不存在与宫博物院所藏唐写本王仁煦《刊谬补缺切韵》有什么联系的可能。

故宫所藏古写本《刊谬补缺切韵》,向被视为古书龙鳞装或旋风装最为典型的重要实物。可惜宝物隐藏深宫,人们难以辨识其庐山真面目。不少研究者据图片或超视距直观,认为其纸两面写字,从而得出若不采用此种装帧方式,则纸背文字无法观看的推论。但事实似非如此。曾任故宫博物院院长的马衡先生早年亲眼目睹过此书,鉴于他特殊的身份,我们有理由推测他是近距离细致观察过这本书的。试看他《中国书籍制度变迁之研究》中的记述:

"一九四七年秋,故宫博物院收得唐王仁昫《刊谬补缺切韵》一卷,为海内佚书。其装潢虽为卷子,而内涵散叶二十四叶。盖以两纸裱成一叶,故两面有字。其装为卷子也,则以第一纸裱于内。自第二叶起,仅以叶之一端粘著卷上,以次错叠,如鱼鳞然。卷之则成卷轴,不见散叶之迹。宋

① 以下引黄永年先生语均出此书。

濂跋称‘其装潢之精，出自宣和内臣’，是犹北宋原装也。其后虽有‘洪武三十一年四月玖日重装’字样，意必修整原装，未更形式也。”

按照马衡先生所说，因为《刊谬补缺切韵》用两纸裱成一叶，所以才会两面有字。这也是它为什么叶数少于其他《切韵》而只有二十四叶的原因。由此看来，《刊谬补缺切韵》采用此种装帧方法，其最主要的目的，似在于缩短卷子的长度，以利于翻阅。黄永年先生也因此而质疑说：“龙鳞式最多只能节省点卷子的长度，怎么能旋得起风来呢。”这句话也正是许多人心中的疑问。

> 《录》（云烟过眼录）云：“焦达卿有吴彩鸾书《切韵》一卷，其书‘一先’为‘二十三先’、‘二十四仙’。”相传彩鸾所书《韵》散落人间者甚多。余从延令季氏曾睹其真迹，“一先”仍作“一先”，与达卿所藏者异。逐叶翻看，展转至末，仍合为一卷。张邦基《墨庄漫录》云旋风叶者即此。真旷代之奇宝。因悟古人“玉躞金题”之意。《唐六典》所以有“熟纸装潢匠”之别也。自北宋刊本书行世，而装潢之技绝矣。余幸遇此《韵》，得睹唐时卷帙旧观。今季氏凌替，此卷归之不知何人。世无有赏鉴其装潢者，惜哉。
>
> （钱曾《读书敏求记》卷三）

这段话大意是说焦循家藏吴彩鸾书《切韵》1卷，钱曾在延令季氏人家看到过真迹，一叶一叶翻看，展转至末，仍合为1卷。张邦基《墨庄漫录》所说的“旋风叶”，应该就是这个样子。

这段文字中的“仍合为一卷”，研究者多视其为旋风卷子装的重要证据，但黄永年先生对此也有不同的看法，他说：“至于清初钱曾《读书敏求记》卷三《云烟过眼录》条说他在延令季氏所睹吴彩鸾《切韵》真迹，‘逐叶翻看，展转至末，仍合为一卷’者，则是由于旋风叶如前所说前后连起来包上了一张书皮的缘故。”这话并非没有道理。

> 吴彩鸾所书《唐韵》，余（钱曾）在泰兴季因是家见之，正作旋风叶卷子，其装潢皆非今人所晓。
>
> （《涵芬楼烬余书目》子部《墨庄漫录》提要）

这段文字见于涵芬楼旧藏的明万历商濬刻稗海本《墨庄漫录》①之中，原书经劳格校藏，劳格曾据钱曾等人旧藏的几个抄本校勘，过录了钱曾、鲍廷博等人的校和跋。除上面的引文外，劳格还过录了一段钱曾的跋语："己酉岁三月九日，从隐湖归，校此二卷，字句殊觉此本为胜。但两本俱未完善，惜其中脱落多耳。"由此推析，《涵芬楼烬余书目》引文为钱曾之语大致可以信赖。

由于引文中明确提到"旋风叶卷子"，所以它确有可能是卷子装。也正因为此，这段文字被作为旋风叶卷子装最为重要的证据，为学者广泛引用。

但我觉得，钱曾对传统旋风装是有认识的，此处"旋风叶卷子"的称呼，可能只是钱曾个人忽见唐代旧装兴奋难抑的临时性见解，并不能由此来否定之前人们对旋风装的基本认识和定义。

另有一点需要说明，钱曾记述旋风装的这段跋文，傅增湘先生早于1914年即据涵芬楼旧藏《稗海》本过录到了自藏相同版本的《墨庄漫录》上面，其中"正作旋风叶卷子"一句，并无"卷"字，或许傅先生认为此"卷"字为衍文。真若如此的话，那人们有关旋风叶子装的争论将会减少许多。

> 蔡确之子懋，先宣和末为同知枢密院事，因奏事，言确南迁时事，云："苏轼有章救先臣确，臣家尝传录。"因袖出章进。上皇云："苏轼无此章。轼在哲宗朝所上章，哲宗以一旋风册子手自录次。今宫中无此章也"。懋怅然而退。
>
> 宋侯延庆《退斋笔录》（引自涵芬楼本《说郛》卷四十八）

《退斋笔录》属于笔记小说，它讲述了这样一个故事：北宋奸臣蔡确之子蔡懋，在宣和末年做官时，想替自己的父亲翻案，便伪造了苏轼的文章，上奏宋徽宗说，苏轼曾写过救助蔡确的奏章。不料宋哲宗把苏轼所上奏章的名字都亲手抄录在了一本便于翻阅的旋风装册子上，很快就查清

① 本文所例举宋、元、明刻本，原书均藏国家图书馆。

苏轼没有这个奏章。蔡懋因此被宋徽宗驳回，只得悻悻而退。

这段文字的重要性，在于它明确记录了宋哲宗曾使用旋风册子记录苏轼进呈的策章。古代臣子上呈皇帝的奏章，又称折子，均为经折装形式，此形制作为惯例，历久不变，一直沿用至清末。由此可证，宋人所谓旋风装，显然是折叠的册子装，也就是我们今天所说的经折装。

以上6条材料代表了旋风装各种观点的基本依据，被引用的频率很高。其中直接提到旋风装的只有张邦基《墨庄漫录》、宋侯延庆《退斋笔录》、钱曾《读书敏求记》及《涵芬楼烬余书目》提要4条。另外两条是与之相互补充印证的。通过各条材料的分析，认为经折装即旋风装，似较他说更具说服力。

兹再补充两条材料，以证明旋风装即经折装。

江少虞《宋朝事实类苑》卷六十记有《日本扇》条，其文云：

> 熙宁末，余游相国寺，见卖日本国扇者，琴漆柄，以鸦青纸厚如饼，揲为旋风扇，淡粉画平远山水，薄傅以五彩，……

这段文字中的"揲为旋风扇"一句，显然说的是扇子，但由此联想古书旋风装的形制，不正说明经折装就是旋风装吗？可以说，《宋朝事实类苑》中的这条记述是目前所知旋风装各类资料中，对旋风装形态描述最为清楚的文字。

> 北宋小字本《妙法莲华经》七卷，作旋风叶装七册。首尾俱以宋藏经笺为副叶。字体纯似率更，行格亦极整齐。楮墨精洁，首尾完好，洵无双秘册也。半叶十行，行二十二字，得自装书工人（装书工人魏书衡，后死于娼院）。
>
> （引自王雨摘抄的《寒云日记》（乙卯日记，1915年）三月初一日记。见《王子霖古籍版本学文集》，上海古籍出版社2006年10月出版。）

袁世凯次子袁克文，号"寒云"，喜好藏书，仰慕黄丕烈，嗜爱宋版，藏书楼称后百宋一廛。后因收藏两部宋刻《妙法莲华经》,藏室又添“双莲华庵”之名。文中所记旧藏旋风叶装“北宋小字本《妙法莲华经》”,即其“双莲华”之一,今藏国家图书馆。书中有袁克文手书跋语及印鉴,为七册经折旧装,每册上下均有夹板,装潢佳善至极。据此实物,足可断定旋风装亦即经折装的别称。

三、黄丕烈与旋风装

前面我们通过文献分析,基本证明了古人所谓的旋风装,就是我们今天所知道的经折装。下面我们再对包背式经折装做一些探索和讨论。

包背式经折装向被视为旋风装而得到尊重,这一具有传承性的观点直到上世纪 80 年代之前,始终占据着主导的地位,如中华书局 1962 年出版的刘国钧《中国古代书籍史话》说:“旋风装与梵夹装的不同之点,仅在于它将梵夹装的前后封面改为一张整纸,以其一端粘于最前页的左边,另一端向右包到书背面而粘在最后一页的左边,这样便将书的首尾粘连一气,因此在翻到最后一页的时候,便可以连着再翻到首页。往复回环有如旋风,所以叫做旋风装。”再如书目文献出版社 1980 年出版的肖振棠、丁瑜《中国古籍装订修补技术》说:“折装的书籍普遍使用之后,有人觉得这种装裱形式的书极易散开,于是又加以改进。即把卷子折叠成册,然后用一张比折子宽一倍的厚纸,从当中对折起来,上半折粘于卷首,后半折粘于卷尾,折叠时像一册平装书,全部拉开如同一个大的纸套。翻阅时既不会有散开扯断的缺点,还可以从第一叶翻起,直到最后一叶,并仍可继续由最后一叶翻到前面:周而复始,不会间断。这种回环往复翻阅的书,婉转如旋风,就叫它作旋风装。”

令人遗憾的是,包背式经折装即是旋风装,尽管有余嘉锡、刘国钧以及日本岛田翰等一批著名学者的支持,但还是由于缺少早期历史文献的佐证,逐渐被一些研究者忽视。就以 1979 年版《辞海》“旋风装”的解释来讲,先说龙鳞装后说包背式经折装,这本身就颠倒了以往的侧重,具有明显的倾向性。再如 1999 年印刷工业出版社的《中国印刷通史》,也肯定龙鳞装即旋风装，说“旋风装近于卷轴装”。特别是近年来，如果从已发表的著述看，几乎很少能看到维护包背式经折装是旋风装的文章了。而各种版本学著作，基本上都以龙鳞装式作为旋风装的正源。例如人民美术出版社2008年出版，被列入“普通高等教育‘十一五’国家级规划教材”的《中国古代书籍装帧》一书，其中第二章有关旋风装的介绍，也是把龙鳞装作为主流，而把刘国钧认为的曾经有很大影响的“旋风装是经折装的变形”，列入“对旋风装书的另外的看法”。

包背式经折装的书籍虽已十分少见，但毕竟还有一些存世。难道承传已久的包背式经折装即是旋风装，真的就是空穴来风而就没有留下蛛丝马迹的根据吗？让我们来看一下黄丕烈旧藏善本的一个记录。《士礼居藏书题跋记》卷六著录《丁鹤年集》四卷，其开首记录了顾广圻、黄丕烈、夏文焘的3首唱和诗，之下有黄丕烈的题跋和题诗，试录文于下：

> 上《三益联吟》册中题元本《丁鹤年诗》也。此集为涧薲岁试玉峰时所收，而后归余者。故仿校宋本《建康实录》例，涧薲为首唱，而余次之，方米最后者。因余两人唱和时，方米挈徒小试玉峰归，后继和故也。时限“年”字而禁用本事者，亦册中例也。此书破损，不堪触手，重录三诗于卷首，以见题书纪事，一间宾主之欢有是也。荛翁跋。（均在卷首）
>
> 再赋《丁鹤年集》，得“丁”字，仍禁压本事。
>
> 搜来从架下，首叶已残零。我自一知己，人殊不识丁。收藏诚有数，呵护岂无灵。别具区区意，兹为隗始宁。（时命某贾为玉峰续访之役。）顾广圻稿。
>
> 重觏装潢旧，旋风叶未零。图章宜置甲，部次恰居丁。我愿稀千顷，君交托九灵。诗书情正切，空寐想难宁。（时玉峰书摊传闻有旧刻《大戴礼》涧薲欲与余买舟往访也。）次涧薲韵，荛圃黄丕烈。
>
> 莫嗟相见晚，全帙未奇零。他日夸黄甲，（二字借用荛圃将辑书目，此元刻元人集例入甲等）今朝笑白丁。（用涧薲诗压丁字句意。）受嗤遭目拙，特赏惬心灵。得陇休重望，教君五臧宁。荛圃同次韵，方米夏文焘。

中秋月，余得宋刻《千金方》，同人相约题诗纪事，限“孙”字而禁用其人本姓，自后因书而赋者，悉用是例矣。

初涧蘋得此书，重为元刻，诗以纪事，拟用“丁”字，畏其难，而改用“年”字，卷端三首是也。昨涧蘋自家至书塾，袖出一诗，谓向为所难者，今反见巧矣。所压“丁”字，果称巧绝，遂偕方米次和。时命工用也是翁所用旋风叶装潢法装之。事既竣，即就副叶界乌丝栏书其上，披览之余，亦颇快目。书中《哀思集》重第六叶，《续集》阙第八叶，总计七十七叶，每叶边楷书细字，笔墨亦古雅，涧蘋谓是明人书，余亦绝爱之，故并及云。

荛圃

读了上面的题跋、题诗，大致可以明白其中的原委。顾广圻先得到元刻本《丁鹤年集》，后又把书给了酷爱宋、元本的黄丕烈，顾广圻、黄丕烈、夏文焘三人分别在书上题诗唱和。一段时间之后，三人重又雅聚观书，各再题诗一首。其中黄丕烈诗句中的“重觏装潢旧，旋风叶未零”二句，向我们透露出了一个非常重要的信息，即此书是采用旋风叶装帧法装订的。而之下黄丕烈的题跋，更明确提到：“时命工用也是翁所用旋风叶装潢法装之。”句中所说的“也是翁”，就是称旧写本《唐韵》为“旋风叶卷子”的著名藏书家钱曾。

可惜的是，黄丕烈旧藏《丁鹤年集》原书今已无存，故也是翁旋风叶装潢法究竟什么样子，竟又难以知晓了。这真是一个让人遗憾至极的事情。

然而，根据上述诗文所讲，我们至少可以大致明白3个问题：其一，钱曾和黄丕烈不仅都十分了解旋风装，并且都掌握了旋风装的装帧技术；其二，黄丕烈的这本《丁鹤年集》，是采用特殊的“也是翁所用旋风叶装潢法”装订的。其三，从元刻《丁鹤年集》书名、内容分析，它装订出来的样式不可能与龙鳞装相似。

珍贵古籍流传于今而其装帧不经改易者，今已稀若星凤，但毕竟尚有一些依存旧貌。国家图书馆藏有一些黄丕烈旧装的宋元版书，其装潢颇具风雅，如宋刻本《白氏文集》的装帧，即为包背式经折装。此书《读书敏求记》(卷四)著录,且钤有钱曾、黄丕烈的印章,当即钱曾旧藏而后又传归黄丕烈者无疑。黄丕烈号佞宋主人,嗜宋本如命,其所藏珍贵宋元本,采用此种包背式经折装法装帧者不少。根据黄氏《丁鹤年集》的跋语,我们可否做出这样的推测:即黄丕烈旧藏宋刻本《白氏文集》所采用的装帧,极可能就是"也是翁旋风叶装潢法"。

按常理分析,像钱曾、黄丕烈这样的著名藏书家,定会采用优秀、典雅的古籍装帧方法,以装点、保护自己所酷爱的珍秘古籍。他们不仅想让好书流芳久远,也希望旋风叶装潢法能够传扬下去。因此,如果这个推理可以成立的话,那么我们就有理由断定,古籍包背式经折装就是旋风叶装潢法。

四、旋风叶子装考辨

通过前面的分析,我们明确了包背式经折装就是旋风叶子装,因而也就从形状上区分开了它与经折装或者说是旋风装的差别。其实包背式经折装与经折装的差异,仅仅是多了一层包住书背的封皮纸,但如此一个小小的改装,就使传统的经折装无法展开、拉长,只能像册叶装那样翻阅。

然而,从词义上说,包背式经折装是否可以直接解释为旋风叶子装?换句话说,旋风叶子装与旋风装是否仅仅只是装帧形式上的这一点点差别?这个问题仍有探讨的必要。究竟旋风叶子装有什么样的特点呢?我们结合书籍装帧及其相关实物,就此问题再作一些分析和探索。

中国古代纸质书籍在册子本产生之前,主要流行卷轴装。自外来的贝叶经传入之后,出现过梵夹装本书籍。但古人常说的梵夹本,主要包含了两种形制的佛经①:其一是指仿照外来贝叶经穿线连叶的佛经,如国家图书馆收藏的唐五代写本《思益梵天所问经》,该经两面书写,纸叶中间留有空白,以用于穿绳线,上下有漆色夹板。其二指带有夹板的经折本,

---

① 此为泛说。关于"梵夹",详参方广锠《谈梵夹与梵夹装(上)》,见《版本目录学研究》第三辑,北京:国家图书馆出版社,2012 年。

如周叔弢先生旧藏宋朱绍安刻本《大方广佛华严经》八十册①,每册上下均有漆板,为宋代旧物。从书籍装帧角度而言,前者源于外来的贝叶经,属于真正的梵夹装,后者则源于中国的卷轴装,实际属于经折装,二者形制其实是不宜混同的。

现存大量的唐代写经、文书等相关实物,基本上都是卷轴装,这表明梵夹装实际在唐代并不盛行。中国人接受了外来的佛经,但在典籍抄写格式与装帧形式上并未简单地仿照外来的梵夹、贝叶,而是按照自己的思维方式和习惯,发明了经折装。

经折装显然是学习了外国的梵夹装并继承了中国传统卷轴装的优点而产生的。经折装的纸张经折叠之后,外形很像外来的贝叶,而将折叠的纸张全部拉开,又与传统的卷轴装没有什么区别。现存宋刻折装本《毗卢藏》、《崇宁藏》的版式均是一纸一版,每纸折为5至6个半叶,每半叶6行17字,这与唐代标准写经每纸28行,每行17字的款式显然是有密切关联的。

随着经折装的出现,尤其是雕版印刷术的普及,大大加快了书籍制作的速度。纸张大,印刷的字数就多;字数多,纸张的叶数就少;叶数少,书籍装帧的速度也就快。单从节省大量的时间和劳力说,经折装淘汰梵夹装,可谓经济发展之必然。

至于叶子,当然是受外来贝叶的影响之后产生的。叶德辉《书林清话》(卷一)“书之称叶”一节早已指出说:“吾尝疑叶名之缘起,当本于佛经之梵贝书。释氏书言西域无纸,以贝多树叶写经,亦称经文为梵夹书,此则以一翻为一叶,其名实颇符。”叶德辉的观点,从有关的历史文献中可以得到印证:

> 近者太学课试,尝出“文武之政,布在方册”赋,试者皆谓册为今之书册,不知今之书册乃唐世叶子,古未有是也。(程大昌《演繁露》卷七)

① 此书周叔弢旧藏79册,于1952年捐献国家图书馆;傅增湘旧藏1册,傅氏后人于1990年捐赠国家图书馆,全书由此合璧。

程大昌(1123—1195)生活于蝴蝶装本书籍最为流行的南宋前期,因此,他所说源自叶子本的“今之书册”,当即指蝴蝶装本无疑。

缘于此,我以为“叶子”的大小会稍微比照外来的贝叶,它应该比用于卷子的纸张要短小一些,而长大些的纸张不能称作“叶子”。宋人称作“叶子”的书,只能是册叶装,而不能是卷子装。既然蝴蝶装属于叶子装,那宋人所谓的旋风叶子装,也就可以排除纸张长大的经折装。

考察现存宋、元时期各类刊本佛经的装帧,基本上就是卷轴装和形似贝叶的长条式经折装两种形式,它们所采用的纸张,都是需要经过多次折叠的长纸,各纸或各版之间,少有竖型的界栏(遇有不同的经文或章节,有时也会采用一些特殊的花饰、纹饰相隔),这便是具有传统概念的经折本。而考察同时期大量的诗文等非释、道书籍,则基本上全都使用只能一开一折的短纸,各纸或各版以及行与行之间均有界栏,这即是宋人所说“今之书册”的“叶子”本。其实,对于“叶子”的区分,关键看它是长纸还是短纸,这从宋人的有关记述中可以得到印证:

> 古书皆为长卷,至唐始有叶子,今称书册。
>
> (陈师道《后山丛谈》)①
>
> 古书皆为卷子,至唐始有叶子,今称书册。
>
> (程大昌《演繁露》卷10)

有了前面的分析,这两段引文的文意便不难理解,“长卷”、“卷子”意思相同,实际描述的是书籍的两种形状,意思是说书分两类,长纸类的是古书;短纸类的是今书,也叫“叶子”书。由于佛、道书都是长纸类,所以不能称为“叶子”;而非佛、道的文学、历史等书,由于都是短纸类,所以皆可以称作“叶子”。因此,佛、道经即使是经折装,也不能称为“叶子”本;“叶子”本实际是册叶本非佛、道类书籍的泛称。或许可以这样说,唐人

① 文渊阁《四库全书》本未见此文,疑出其他版本。据李景新《中国书籍装潢小史》(《书林》第一卷第五期,1937年5月)转引。

所谓的“叶子”和宋人所说的“叶子”，含义已有所不同。唐人的“叶子”较多指向广义的梵夹本书，而宋人所说的“叶子”本，多数情况下是指册叶本的非佛经类书籍。

以叶子本装帧成包背式经折装的实物，还有少量存世。如黄丕烈旧藏宋刻本《周贺诗集》、《唐求诗集》①、《朱庆余诗集》、《唐女郎鱼玄机诗》②、元刻本《梅花百咏》以及瞿氏铁琴铜剑楼旧藏蒙古时期刻本《歌诗编》等，都采用包背式经折装加以装潢，颇显典雅、庄重。这种优秀的装帧技术，在黄丕烈之后被继承了下来。如海源阁旧藏元刻咏梅“双璧”《梅花百咏》、《梅花字字香》，均是包背式经折装，前者为黄丕烈旧装，后者为海源阁旧装。可惜的是，有些书原本是旋风叶子装，但历经沧桑之后，已经改变了旧时的容颜。例如曾经袁克文及潘氏宝礼堂旧藏的宋刻本《韦苏州集》，内有袁克文手跋及题诗，其中的【千秋岁】词云：

> 道入经籍，二酉临安宅。联蝶翼，搜狐腋。十门工剞劂，四部同行格。存百一，苏州十卷千金易。　　独爱旋风册（原作叶，改为册），邈矣连城璧。唐小集，兹为伯，罗书真古趣，佞宋原痴癖。签帊里，雄观未灭琳琅迹。
>
> 丙辰（1916年）四月十一日寒云倚声。

从词中“独爱旋风册”来看，此书原是旋风叶子装。可惜其装帧已经后人改易，变成了现在的线装。虽然其容颜已变，但袁克文词中的“联蝶翼”一语，清楚地描述了这本书具体的装帧方法，是将蝴蝶叶子一叶一叶连接起来。由此足以证明，以往所说的包背式经折装即旋风叶子装，是完全可以认定的。

长期以来，人们对“叶子”的认识比较含混，由此导致了对旋风叶子装的认识不一。就以对旋风装大为赞赏的袁克文来说，他自己就把传统

① 此书中有黄丕烈手跋，题“士礼居命工重装”。

② 此书虽是折装，然已非黄丕烈旧装原貌。

经折装本的宋刻《妙法莲华经》又说成是旋风叶子装，混淆了两者的区别，人们对“旋风叶子”也愈发难于理解。那么，旋风叶子装是否只有包背式经折装这一种形式呢？我们再举一例，以便分析。

上世纪50年代，国家图书馆收进一批由故宫博物院转来的清宫天禄琳琅旧藏珍籍，其中排于首位的是一部清内府精抄的经折本《天禄琳琅排架图》，其开本宏大，上下采用红木夹板，十分引人瞩目。令人稍感诧异的是，原书并非包背式经折装，但故宫的旧书签却标明此书为旋风叶子装。这是怎样的原因呢？

这个折装本的纸张比较厚硬，它的特殊之处，是以叶子式的短纸，采用“联蝶翼”的方式连接成经折装。然而在粘连两边“蝶翼”的时候，不像规范经折装那样铺平后再加衬纸，而是不用衬纸，直接在两张原书叶的连接处采取背靠背式的连接。为使粘连的部位不能全部顺利展开，背靠背粘连部分的宽度约达两厘米左右。如此装帧的结果，便使各个粘连的部分都无法展平，所以它只能作为册叶装的书籍展读，从而达到了不采用包背式，也可以控制经折装纸张拉长的效果。像这类“蝴蝶式经折装”，故宫标签著录的很有道理，应该划归旋风叶子装。实际上，以“蝴蝶式经折装”装帧的书籍，存世实物不算少，很多字画以及大量的诗文、通俗书籍也都采用了改型的折装。有些蝴蝶装坏了之后，采用粘叶的方式把书改做成了折叠式。这大概也是产生蝴蝶装即旋风装说法的缘由。

综上所述，旋风叶子装应该包括“包背式经折装”和“蝴蝶式经折装”两种样式。总结旋风叶子装的特征，大致有这样三点：

1. 具有经折装的形状，但无法像经折装那样展开、拉长；

2. 纸张采用书叶式短纸，且只能以册叶方式展读；

3. 内容为非佛道类的书籍。

五、小结

旋风装是中国古籍装帧形式的一个形象而带有赞美性的称谓，它一定是有其指代的对象而非自属本身，那些不够优秀以及拙劣的装帧形式是没有资格享有这个声誉的。考察历史文献,经折装就是旋风装;包背式经折装和变形的蝴蝶式经折装就是旋风叶子装。而考察古籍装帧形式的演变历程,卷轴装和册叶装是两大主体,经折装作为二者中间的桥梁,承上启下,它既改进和克服了卷轴装难于卷舒、查找的缺点,又以翻检快如旋风的优点,使自身在古籍装帧上占有极其重要的一席之地。正由于经折装本的出现,才促成了册叶本书籍的发明、发展与成熟。

参考文献:

1.(日)岛田翰.古文旧书考.东京:东京文友社,1904

2.刘国钧.中国古代书籍史话.北京:中华书局,1962

3.肖振棠,丁瑜.中国古籍装订修补技术.北京:书目文献出版社,1980

3.叶德辉.书林清话.北京:中华书局,1987

4.黄丕烈.士礼居藏书题跋记.北京:书目文献出版社,1989

5.上海新四军历史研究会印刷印钞分会.装订源流和补遗.北京:中国书籍出版社,1993

6.李致忠.古书版本学概论.北京:北京图书馆出版社,1990

7.李际宁.佛经版本.南京:江苏古籍出版社,2002

8.黄永年.古籍版本学.南京:江苏教育出版社,2005

9.王雨.王子霖古籍版本学文集.上海:上海古籍出版社,2006

10.余嘉锡.余嘉锡论学杂著.北京:中华书局,2007

11.钱曾.读书敏求记.上海:上海古籍出版社,2007

12.杜泽逊.文献学概要.北京:中华书局,2008

13.曹之.中国古籍版本学.武汉:武汉大学出版社,2008

14.李致忠.简明中国古代书籍史.北京:国家图书馆出版社,2008

15.周绍良.绍良书话.北京:中华书局,2009

16.来新夏.书文化九讲.太原:三晋出版社,2012

17.杜伟生.中国古籍修复与装裱技术图解.北京:中华书局,2013

18.杜伟生.古书旋风装的再考辨.北京:北京图书馆通讯,1986

19. 李致忠. 敦煌遗书中的装帧形式与书史研究中的装帧形制. 文献，2004(2)

20. 张志清，林世田. s. 6439 与 p. 4924《易三备》写卷缀合整理研究. 文献，2006(1)

21. 宋雪梅. "龙鳞装"与"旋风装"考. 美术观察，2007(7)

22. 林世田. 中国古代书籍装帧形式演变的源泉与动力. 古籍保护新探索. 浙江古籍出版社，2008

23. 王传龙. "旋风装"版本汇考. 大学图书馆学报，2009(3)

24. 方俊琦. 古籍"旋风装"演变探微. 浙江师范大学学报(社会科学版)，2009(4)

25. 卢锦堂. 中国古籍纸本装帧演进考述. 佛教图书馆馆刊，2009(49)

沈德寿与抱经楼藏书

童银舫　王孙荣

（浙江省慈溪市地方志办公室）

一

慈溪沈氏抱经楼，是清末民初浙东著名的私家藏书楼，当年藏书之精富，可与清初鄞县卢氏抱经楼后先辉映。

抱经楼主人沈德寿，诸多文献记载不详。吴晗《江浙藏书家史略》最早著录沈德寿抱经楼，然其专条无生卒年及经历。《中国目录学家辞典》沈德寿条目，干脆只写成"清人，生卒不详"。顾志兴《浙江藏书家藏书楼》及杨立诚、金步瀛《中国藏书家考略》亦无记载，李玉安、陈传艺《中国藏书家辞典》则误作"沈得寿"。甚至连中华书局影印沈德寿《抱经楼藏书志》所写的书前说明，也只能写明"生卒年月不详"，对沈氏生平事迹亦无稍为详细的记载。而抱经楼到底在何处，更是只字未提。

近年有缘见到一份由同县陈师范撰、鄞县高振霄书的《沈药庵先生生圹志》手卷，纵 1 尺，长 8 尺，约 800 字，纸本，行书，墨迹高妙，乃书林珍品。

细读这卷《生圹志》，沈德寿的生平事迹终于有了大致轮廓。沈德寿字长龄，一字鹤年，号铁仙，又号仰峰、药庵，别号窳民，世为慈溪北乡师桥人。祖辈皆从商，尤以药业闻名。沈德寿 19 岁随祖父赴湖州新市镇，拜宋世滋为师习文。此时他只喜欢古人书画及历朝诸家尺牍,“遇有所获,必详其姓氏,识其真赝,采拾二十年来,属目者以数千计”①。而他对藏书发生兴趣,则是参观了陆心源皕宋楼藏书之后。

清光绪十年甲申(1884),沈德寿赴湖州拜访陆心源,50 岁的陆心源见沈德寿年轻好学,为人儒雅,乃牵手登楼,“悉发其所藏之书”②,并告诉他收藏图书之法。陆心源的皕宋楼专藏宋元珍本,遐迩闻名,人皆羡之。沈德寿大开眼界,“心窃慕之”③,听了陆氏之语,怦然心动。于是“归里,遍搜书肆兼采旧藏书家,遇有不成卷帙及亡其版者,出资精钞……不遑他事,而惟书是求”④,并刻有二枚印章纪念,印文分别为“光绪十年所蓄经籍记”⑤和“慈溪沈德寿鹤年氏甲申以来所见书画”⑥,以志光绪十年甲申为崭新之始。沈氏所采“旧藏书家”,就有慈溪鹳浦郑氏二老阁,当时二老阁部分藏书流入上海,沈德寿闻讯复从上海购入。没有几年,就积书 5 万余卷,遂将沈师桥老宅藏书之处命名为抱经楼。接着,仿范氏天一阁、卢氏抱经楼藏书规则,整理上架,逐一编目。

陆心源 26 岁中举,至 61 岁去世,在广东、福建当过官,官虽不大,但却是总办税厘、通商等事务,并兼任海防、粮盐等事宜的美差。他一生藏书 15 万卷,成为中国历史上四大藏书家之一。沈德寿“身不膺簪组,名不出里闾”⑦,但他的雄心和专心却不在陆心源之下。他在《抱经楼书目记》自序中道:“余仅温饱,不能巨资购书,……辄遇异书,倾囊必购,人皆迂而笑之。余以为夙好在此,愿薄富贵而厚于书。”这段话朴实、诚恳,与范寿金序言所称“静默寡言笑”气息相符。

沈德寿以藏书名于乡里,引来一批批文人学士。他总是“欢然引登书

---

① 沈德寿《抱经楼书目记》,见《抱经楼藏书志》。

② 沈德寿《抱经楼书目记》,见《抱经楼藏书志》。

③ 陈邦瑞《抱经楼藏书记》,见《抱经楼藏书志》。

④ 沈德寿《抱经楼书目记》,见《抱经楼藏书志》。

⑤ 钤清抄本《精选东莱先生博议句解》16 卷,据全球艺术网上海国际商品拍卖有限公司 2004 年秋季艺术品拍卖会古籍善本专场拍品简介。

⑥ 钤清光绪三年刻本翁方纲《复初斋文集》35 卷,据北京德宝国际拍卖有限公司网北京德宝 2006 年春季拍卖会拍品简介。后文所引各印文,均出自有关书目或拍卖会图录、简介。

⑦ 陈邦瑞《抱经楼藏书记》,见《抱经楼藏书志》。

楼，开箧纵观，置酒讨论，娓娓不倦，即有人持去假阅，亦慷慨不靳”①。

沈德寿少时工篆刻，晚年精于书画鉴别，“远近有骨董贸者，一经品题，声价十倍，咸服其赏鉴之精”②。他还著有《百幅庵书画记》书稿。

《抱经楼藏书志》原作《抱经楼书目记》（《中国目录学家辞典》误作《抱经堂藏书志》），编成于光绪三十二年（1906），共著录35000余卷，约1450种。全志64卷，其中经部14卷，史部17卷，子部19卷，集部14卷。内扉由杨兰言题写书名，慈溪陈邦瑞（慈溪掌起人）、镇海范寿金（今慈溪龙山范市人）分别作序，并有沈德寿自序一文。中华书局编辑部在《影印说明》中称“《抱经楼藏书志》系仿《爱日精庐藏书志》和《皕宋楼藏书志》而作，唯上述二志断自明朝，此志则延及清代，专载旧椠旧抄之流传罕见者，每书皆有解题，并兼收诸书序跋，登录前人手迹题识、校雠岁月，于考证古书源流足资参考”，这是沈德寿所定范例，可见其卓识。

《影印说明》称《藏书志》刊于甲子（1924）仲冬，大概本于孙殿起《贩书偶记》“民国甲子铅字排印本”。而《中国目录学家辞典》则记“有光绪三十二年（1906）印本”。考陈邦瑞序作于光绪辛丑（1901）春二月，范寿金序作于光绪二十六年（1900）五月二十日，沈德寿自序作于光绪三十二年正月，《生圹志》中亦记“著有书目记六十四卷刊行于世”，说明此书迟至《生圹志》写作的壬戌（1922）孟春早已印成，沈德寿撰作自序之光绪三十二年或即首版刊印时间。甲子年或许为重版，内容多有补充，书名由《书目记》易作《藏书志》。

据《生圹志》撰写时（即1922年）沈德寿61岁，可推算出其生年当为同治元年（1862），而卒年尚待考证。中华书局编辑部以《藏书志》卷末署“男家骧、家驹、家騋仝校正”而认为1924年沈氏已亡，所据无凭，结论过于武断。其实，沈氏至少在民国十四年（1925）尚在世，其所辑印《抱经楼丛刊》之五《徐文长佚草》，就有沈氏于百幅庵中所作序。《丛刊》于民国十五至十六年（1926—1927）间由姚江昌明印局代排，不知当时沈德寿尚在世否？

---

① 陈师范《沈药庵先生生圹志》，慈溪市博物馆藏。

② 陈师范《沈药庵先生生圹志》，慈溪市博物馆藏。

二

沈德寿藏书始于清光绪十年(1884),至光绪二十六、七年间,已蓄至5万余卷,于是开始《书目记》之作。越五年而书成,共著录"近来搜罗,将遇古本罕见而弃厨计三万五千余卷"①。当时,沈德寿以"能别版本,蓄书颇富"②而名重乡里。光绪三十四年(1908),23岁的同邑青年冯贞群开始藏书,经人介绍结识沈氏,"与之通函往来,互假传录"③。沈氏所藏王履端手写《玉楮诗稿》八卷、《谢叠山文集》六卷即从冯贞群藏本临写而来,而冯氏藏书中也有沈氏转售之本。尽管"后以属访各省通志,途中遗失,药庵坚不任责,意相左,绝函不通"④,冯贞群对沈德寿的评价还是较为中肯,称他"虽识字不多,能屏声色狗马之好,而从事于此,为世之难得而可贵者"⑤。

抱经楼藏书多宋元明善本旧抄,其中宋刊本达50余种,10种系明代常熟万卷楼主人杨仪旧藏,多钤有"海虞杨仪梦羽珍藏图书记"朱文方印。另有宋刊修补本2种,宋刊元修本1种,元刊元印本12种,元刊修补本1种,元刊明修本2种,覆宋刊本70余种,明刊本350余种,明抄本60余种,旧抄本120余种,抄本500余种,以及谢肇淛、万言、全祖望、卢文弨、叶名澧、翁方纲等名家校本。

沈氏生当晚清,当时社会对外交流日益频繁,因此沈氏亦常托亲朋采购东洋刊本。如《藏书志》卷三十六有跋云:"丁未岁正月,舍亲前往瀛洲,临行谒谒,嘱托购置《圣济总录》一书。后仅见寄《圣济纂要》以归。展卷翻阅,并未原书。复函致寻获,时违一载余,始于神户坊间搜罗东洋刊本《圣济总录》一册,什袭珍藏,宝如拱璧,且价亦甚昂云。光绪戊申年八月望日,沈德寿药庵识于守先居。"《藏书志》共著录东洋刊本47种,包括覆宋刊本9种,覆元刊本1种,影元泰定刊本1种,覆明成化刊本1种。

① 沈德寿《抱经楼书目记》,见《抱经楼藏书志》。
② 冯贞群《伏跗室群书题记》,载北平图书馆1931年新一卷第四期《图书季刊》。
③ 冯贞群《伏跗室群书题记》,载北平图书馆1931年新一卷第四期《图书季刊》。
④ 冯贞群《伏跗室群书题记》,载北平图书馆1931年新一卷第四期《图书季刊》。
⑤ 冯贞群《伏跗室群书题记》,载北平图书馆1931年新一卷第四期《图书季刊》。

诸多藏书中，有一册尤为奇特，竟是英国萨道旧藏本，钤有“孳孳斋文库记”朱方印、“英国萨道藏书”朱长印。

沈氏藏书中多鄞县私家藏书散出者，有卢址抱经楼旧藏17种，陈清瑞旧雨草堂旧藏17种，董沛六一山房旧藏14种，徐时栋烟屿楼旧藏10种，以及明代范钦、袁忠彻、沈一贯，清代陈仅文则楼、刘凤章青藜阁、蔡鸿鉴墨海楼等旧藏。又有汾阳宋氏旧藏9种，归安章绶衔旧藏6种。

冯贞群称，“药庵之书，时时更易，倘得旧本，新者出让，如两本俱佳，则并存之。贞群箧中书有‘诒一庐’、‘授经楼’印记者，其旧物也”①。可见，沈氏藏书重质量而轻数量，旧版精椠往往节衣缩食、尽力购藏，新刻习见之籍则随时转让。后来，为了编印《藏书志》及《丛刊》，其书大半转让，以书值充印资。这也是仿昔时张月霄散爱日精庐书以成《藏书志》之举。鄞县孙氏蜗寄庐、朱氏别有斋，徐氏积学斋多得其藏书精品，傅增湘、张寿镛、郑振铎等后亦辗转获得部分抱经楼散出之善本，今天一阁、国家图书馆、台湾“央图”、上海图书馆、浙江图书馆等多有沈氏抱经楼旧藏，海外如日本京都大学人文科学研究所、美国哈佛大学燕京图书馆等亦有收藏，近年拍卖会上亦时常出现沈氏旧藏善本。

三

藏书达到一定规模后，必然会有专门安置图书的地方。沈德寿庋藏和保管图书之所，位于今浙江省慈溪市观海卫镇塘下村基房大屋。这里原是沈氏基房祖宅，建于清道光间，前后三进，东西阔各十一间，沈德寿的房子位于第二进的中间几间。沈德寿虽然将其藏书处命名为“抱经楼”，但实际上并未建造专门的楼堂，而是在自己的居所专辟一室用于藏书。如《藏书志》卷二十六有一跋，“识于尚絅庐之抱经楼”，同卷另一跋则“书于百幅庵之尚絅庐”，而四十三卷一跋又作“识于守先居之百幅庵”，五十一卷有跋“识于抱经楼之寿石山房”。书斋命名辗转往复，其实都是在一

① 冯贞群《伏跗室群书题记》，载北平图书馆1931年新一卷第四期《图书季刊》。

处地方。这主要是由于他"家仅中人产"①,受经济条件限制,"不能巨资购书。则惟自奉简约,不为无益之费"②,自然也就不会去单独构建藏书楼宇。

尽管只是一处虚拟的藏书楼,这并不妨碍沈德寿取各种各样的藏书楼号,除了最著名的抱经楼以及前文提及的守先居、百幅庵、尚䌹庐、寿石山房之外,还有授经楼、双泉草堂、延绿轩、药庵、五万卷藏书楼等。无论是"抱经"还是"授经",都是表明藏书志向,以尊经崇儒自况。"药庵",则是以祖业经营药业为起名之由。"五万卷"是以楼号表明自己的收藏状况,以示藏书之富。"百幅"同样是数量,则重在表明书画碑帖收藏。守先居是为纪念先世遗泽而名。

斋号别署众多,沈德寿的藏书印也不少。一部刊印精美的古籍,把玩珍藏之余,钤上古雅别致的藏书印,顿时朱墨辉映,煦然可喜。沈氏藏印形制不一,风格多样,其印文以表明藏书归属者居多,或作个人姓氏名号,或为斋馆楼阁之名,或一印数兼,间或也标明书籍版本之珍稀。如:"沈德寿秘宝"白方印、"浙东沈德寿家藏之印"朱方印、"授经楼藏书印"朱方印、"吴兴抱经楼藏"朱方印、"抱经楼藏善本"白长方印、"百幅庵珍藏金石书画经籍之印"朱长方印、"亚东沈氏抱经楼鉴赏图书印"朱长印、"沈氏家藏"白方印,以及"藏在双泉草堂及延绿轩中"、"铁仙家藏"、"慈北沈氏鉴藏书画之章"、"沈德寿所宝名迹"、"四明沈氏双泉草堂珍赏印"、"授经楼珍藏秘笈之印"、"五万卷藏书楼"、"抱经楼藏书记"、"抱经楼"、"药庵珍玩宋元秘本"等。

"辛勤置书以遗子孙永固"一印,既是沈氏对自己聚书辛苦的感喟,也是希望子孙能够守护祖业的殷殷嘱咐。然而,毕竟世守陈编的事例实在太少了,沈德寿又不得不以一方"曾在沈德寿处"白方印来表明些许无奈之旷达。其他藏印尚有"沈德寿印"白方印、"吴兴药庵"朱方印、"药庵卅年精力所聚"朱长方印,以及"沈德寿印信"、"铁仙诗书画记"、"铁仙书画经籍藏志"、"德寿金石长年"、"慈溪沈德寿字鹤年号铁仙又号仰峰"、

① 陈邦瑞《抱经楼藏书记》,见《抱经楼藏书志》。

② 沈德寿《抱经楼书目记》,见《抱经楼藏书志》。

"百幅庵主人印"、"药庵读"等。

四

最后,还有一个问题需要探讨,那就是沈德寿别署"吴兴药庵"、藏书印作"吴兴抱经楼藏",这其中的"吴兴"该如何理解?有人认为,既然藏书印篆文"吴兴抱经楼",那么抱经楼就应当是在吴兴。何况沈氏19岁就随祖父到湖州经商,曾随从湖州学者习文,还因参观湖州皕宋楼而发心收藏古籍,以后又经常往来于湖州、慈溪之间,在湖州置有别业、专事收藏也是理所当然。而湖州恰是吴兴郡治所在,故沈氏在湖州的藏书楼称作"吴兴抱经楼",沈氏因为久居湖州便也间或自称为"吴兴药庵"。

笔者以为,此"吴兴"应当不是指地名,而是沈氏之郡望。据《书目记》记载,沈德寿在湖州登访皕宋楼后,"寻归里,遍搜书肆……弆厨计三万五千余卷"。大量古籍既是归里后搜集所得,自然不太可能路远迢迢由浙东慈溪运往浙西湖州收藏。何况他家庭经济"仅温饱",尚"不能巨资购书",又有何力再到外地营造藏书楼?

其实,从本文第三部分所引沈氏书跋也可以看出,寿石山房在抱经楼,抱经楼在尚䌹庐,尚䌹庐在百幅庵,百幅庵在守先居。守先居自然是在慈溪沈师桥。

师桥沈氏始祖沈恒,南宋初由温州永嘉迁来。而沈恒的祖父沈业则出自武康。武康旧属吴兴郡,故沈氏以吴兴为郡望,世称吴兴沈氏,自东汉以降,累世官宦,为江南豪族。《书目记》中称"间尝稽吾族家谱,梁时休文公聚书二万卷,是时啧啧,咸称盛举。自易代以来,荡焉无存。余欲踵其盛",这休文公便是南朝名相吴兴沈约。沈德寿既"欲踵其盛",则在别署及藏书楼前冠以郡望"吴兴"二字,便是情理之中、顺理成章的事了。

抱经楼藏书在沈德寿卒后十余年间——抗日战争之前,已陆续散佚几尽。至20世纪50年代末,慈溪县治初迁至浒山时,抱经楼内的红木书厨、桌椅等都由船装运至浒山,还有一些残存的书籍被扔在外面,多年后还有上海书商前来收购。

此后半个多世纪,抱经楼既已书去楼空,遂渐渐被人淡忘。图书聚散无常,这也是无可奈何的。好在尚有《抱经楼藏书志》一书,已由中华书局作为“清人书目题跋丛刊”之五重予影印,皇皇一巨册,广播人间,嘉惠士林,也算得上是吾慈溪藏书文化之集大成者也。

参考文献:

1. 沈德寿. 抱经楼藏书志. 北京:中华书局,1990

2. 吴晗. 江浙藏书家史略. 北京:中华书局,1981

3. 申畅. 中国目录学家辞典. 郑州:河南人民出版社,1988

4. 李玉安、陈传艺. 中国藏书家辞典. 武汉:湖北教育出版社,1989

5. 郑伟章. 文献家通考. 北京:中华书局,1999

6. 虞浩旭. 天一阁珍藏系列·善本. 宁波:宁波出版社版,2006

7. 杜泽逊. 四库存目标注. 上海:上海古籍出版社,2007

8. 天一阁博物馆. 清防阁蜗寄庐樵斋藏书目录. 上海:上海辞书出版社,2010

“庚壬书厄”：华东区“土改”运动与古旧书资源损毁

徐　雁

（南京大学信息管理学院）

“土地改革”被认为是中国民主革命的一项基本任务，它是中国共产党领导和发动人民群众，共同铲除封建剥削制度的一场深刻的社会革命。

1947年夏，中国共产党在河北省平山县西柏坡村召开了“全国土地会议”，制定和通过了彻底实行“土改”的《中国土地法大纲》，并于10月10日经中共中央批准后发布。其中明确规定：“废除封建半封建剥削的土地制度，实行耕者有其田的土地制度”；“乡村农会接收地主的牲畜、农具、房屋、粮食及其它财产，并征收富农上述财产的多余部分”；“乡村中一切地主的土地及公地，由乡村农会接收，连同乡村中其它一切土地，按乡村全部人口，不分男女老幼，统一平均分配”。此外，对若干特殊土地财产及分配中若干特殊问题的处理办法、“土改”执行机关及如何保护工商业等等，也作出了一些具体规定。在其指引下，中共解放区还根据各自具体情况，分别制订了实行《中国土地法大纲》的“补充条例”。

1950年6月，全国政协一届二次会议通过了中华人民共和国主席刘少奇（1898—1969）《关于土地改革问题的报告》，中央人民政府主席毛泽东随后颁布命令实施《中华人民共和国土地改革法（草案）》。于是，到1952年9月止，全中国除新疆、西藏等部分少数民族地区外，普遍实行并完成了“土改”。当年7月6日，中央人民政府政务院发布通令，颁布了

《保护古迹、文物、图书及稀有生物办法》，其《中央人民政府政务院令》中规定：

> 各地原有或偶然发现的一切具有革命、历史、艺术价值之建筑、文物、图书等，应由各该地方人民政府文教部门及公安机关妥为保护，严禁破坏，损毁及散佚；并详细登记（孤本、珍品并应照相）呈报中央人民政府文化部；
>
> 在反恶霸斗争和土地改革期间，应没收之地主、恶霸所有的上项文化遗产，不得听任损坏、散佚，或随意分掉；应一律由当地人民政府负责保管，并呈报上级政府转报中央人民政府文化部决定处理办法。

8月1日，中央人民政府文化部办公厅发出通知，要求各地组织"土改"干部学习时，要以之为"参考文件"。根据《土地改革法》，对被划为"地主"成分者，只没收其"土地、耕畜、农具、多余的粮食及在农村中多余的房屋"这五大财产，对"地主的其他财产不予没收"①。据此，才有了1951年5月，中央人民政府文化部依据该法第2章第2条的规定和刘少奇《关于土地改革问题的报告》第四项最后一节的补充解释，明确指示浙江省文教厅："刘氏（指嘉业堂主人刘承干，1881—1963——引者注）藏书不应予以没收。"②

诸班师等在其所著《中国的土地改革》一书中说，土地之外，"耕畜、农具、多余粮食和房屋的分配，大村以村为单位，小村以乡为单位，由分配委员会根据果实的多少和农民的实际需要，分别进行分配……在分配工作中，对于没收地主之具有历史和学术价值的文化遗产，坚决按照《土地改革法》和国家的有关规定，都不进行分配，一律送交上级人民政府处理"③。但据下述诸例，可知其所叙述，不过是就政策规定方面而言的；实

---

① 《中华人民共和国土地改革法》第二章，见《土地改革重要文献汇集》，北京：人民出版社，1951年3月，第2页。

② 李性忠，《刘承干与嘉业堂》，北京：文物出版社，1994年6月，第73页。

③ 诸班师等，《中国的土地改革》第三编第9章，北京：当代中国出版社，1996年8月，第413页。

际上，在广大农村基层干部、群众的具体执行过程中，对于当时被视为地主家“浮财”的古旧书和古玩之类文化资财，有的被擅自分散分配，更有大量的是被直接焚毁。作为具体而微的民族文化遗物，这其中任意损毁的一册一件，都是中华文化宝库中不可再生的文献、文物损失。

大抵在1949年10月中华人民共和国成立之前，占全国版图约三分之一的东北、华北等老解放区，有1.45亿农业人口的地区实行了“土改”。新中国成立后，按照《中国人民政治协商会议共同纲领》的规定，要“有步骤地将封建半封建的土地所有制”改变为“农民的土地所有制”。于是又在拥有3.1亿人口的新解放区进行了“土改”①。据《中华人民共和国事典(1949—1999)》记载：

> 《土地改革法》根据全国解放后的新情况，将过去征收富农多余土地财产的政策，改变为保存富农经济的政策，以便更好地孤立地主，保护中农和小土地出租者，稳定民族资产阶级，以利于早日恢复和发展生产。土地改革每期一般经历发动群众、划分阶级、没收和分配土地、复查、总结等阶段。1950年秋，土改在华东、中南1亿农业人口300多个县的区域内进行，其余1.6亿农业人口地区(主要是西南、中南地区)分别于1951年、1952年完成……广大农民真正从经济上作了主人，从而使农业生产力获得了极大的解放②。

在文化教育方面，有专家评估说，在上世纪50年代初、中期，我国农村普遍举办的“冬学”和“民校”，乃是“土改”结束后，出现“农民迫切要求学习文化的明显标志”，因为“过去上学的大都是地主、富农的子弟；土改后，贫、雇农子弟大量地涌进了学校，得到了学习的权利”，“此外，识字班、读报组、黑板报，在许许多多偏僻的农村中，也都陆续办了起来……不仅农民入学人数剧增，而且农民的学习情绪也非常热烈”，不过，当时在广

① 白希，《开国大土改》，北京：中共党史出版社，2009年1月，第353页。

② 李学昌主编，《中华人民共和国事典(1949—1999)》，上海：上海人民出版社，1999年9月，第31—32页。

大农民阶层中取得较好效果的，主要还是“扫除文盲”的工作①。

苏州地区在1950年8月开始，在中共苏州地委领导下进行“土改”试点，至次年3月上旬就宣布“土改”基本结束。随即出现了“农民普遍要求学习文化”的高潮，认为“土地分得到，文化分不到，要靠自己学”，于是苏南全区的民校学员人数快速增量，“农村的小学学生也急剧增加，土改后比土改前增加了32.38%，其中贫、雇农子弟占多数”②。但他们在识文断字之后，如何进一步提升自己的知识水平和文化程度，尤其是对作为中华民族精神文化重要资财之一的古书旧籍，建立接受和尊崇的心理，却还需一个不断积累和发展的过程。

1950年、1951年、1952年，岁当农历庚寅、辛卯、壬辰年。值此史无前例的“土地革命”，在地覆天翻、波澜壮阔的农民群众运动中，长期被民间富户、豪绅和大地主收藏的古旧书资源的命运如何？这是本文拟予叙述和探讨的一个文献史问题。

一、以家谱为代表的古旧书资源在全国“土地改革”过程中的损毁和救护

华岗（1903—1972）在论述20世纪中叶的“中国大革命史”时曾经指出：

> 土地革命问题是中国的资产阶级性民权革命中的中心问题，因为帝国主义对于中国的压迫，极大部分是依据中国经济的落后，依据于中国农村中的封建关系；中国社会经济关系及政治制度中的封建制度遗毒，是外国资本无限制剥削中国民众之最好的依据……所以非常之明显的是：反帝国主义的解放运动，同时就在以全力反对地主豪绅的政权。封建势力的扫除，就是帝国主义在中国的统治上严重的致命的打击。而要

① 诸班师等，《中国的土地改革》第三编第12章，北京：当代中国出版社，1996年8月，第576—577页。

② 莫宏伟，《苏南土地改革研究》第12章，合肥：合肥工业大学出版社，2007年3月，第266页。

> 根本扫除中国的封建势力，又只有用剧烈的土地革命。土地革命愈坚决愈剧烈，农民群众加入斗争的愈多，歼灭地主豪绅的统治愈厉害，则中国国民革命运动的规模愈广大，国民革命取得胜利愈有把握。所以土地革命实是中国国民革命的中枢……直到一九二八年六月，中国共产党第六次代表大会才得坚决确定“没收地主阶级土地”的口号，通过土地革命决议案，定出土地纲领，于是中国共产党对于土地革命问题才算得到了初步的认识①。

显然，自1928年夏开始的“土地革命”所明确的革命目标是，要发动并借助农民的暴力行动，来无情剥夺中国农业社会结构中的权贵阶级——地主豪绅们的既得利益，但由于民族历史的连续性和人类社会发展的继承性，当年绝大多数的知识分子正来自于这一阶级中大大小小的家庭，他们因与革命的对象之间有着千丝万缕的血缘关系、亲缘关系乃至地缘关系，而在政治上陷于极其被动的局面。

无庸讳言，早在20世纪上、中叶的农民运动过程中，作为历史文献的古旧书资源就已经备受损毁。据记述，1927年，毛泽东率领部分工农红军进驻江西井岗山地区后，就曾针对根据地“书报荒”的问题，要求部队每攻下一个城镇，必须把所有的书、报、刊尽可能地带回山上来，“他告诫红军战士：土豪坏，土豪家的藏书却是好东西。即使是坏书，也可供我们参考，不能糟蹋”②。但禁令行实际行动却未能止。1938年5月3日，毛泽东对抗大第三期二大队学员的讲话中说：“从前我在井冈山时，想到一个土豪家里去看看有没有《三国演义》之类的书，结果一个农民告诉我：‘没有了，没有了！昨天共了产。’”③显然，那些不能吃、没法穿的古书旧籍都给起来“革命”的农民们瓜分了，甚至更可能是给集中在一处烧

① 华岗，《中国大革命史，1925—1927》，北京：文史资料出版社，1982年5月，第329—339页。

② 张贻玖，《读书，他终生的爱好》，见《毛主席的书房》，北京：中国工人出版社，1987年7月，第5页。

③ 逄先知，《古籍新解，古为今用——记毛泽东读中国文史书》，见《毛泽东的读书生活》，北京：三联书店，1986年9月，第196页。

毁了。

由于“土改”能普遍满足广大农民内在的土地要求，这一运动在广大中共解放区农村迅速掀起高潮，并随即伴生了偏“左”的倾向和做法。而由于当时基层干部和群众的知识文化水平，尤其是政治思想观念方面的局限，在轰轰烈烈的“土地改革”运动期间，一向被某些地主豪绅之家视若身家性命收藏着的图书、文玩等，大多遭到了被没收散佚甚至被刻意损毁的下场。

1945 年 11 月，中共晋、冀、鲁、豫中央局和边区人民政府在中共解放区所属的河北邢台，成立了由范文澜（1893—1969）任校长的北方大学并建立了自 1946 年到 1948 年 8 月，以尹达、程德清为正、副主任的校图书馆。次年初，范文澜指示该校图书馆要广罗书籍，充实馆藏。同年 9 月 15 日，油印出版的校刊《北方通讯》第 2 卷第 2 期刊登了一篇报道：《从晋西南新收复区采集图书归来》。据著名作家、藏书家姜德明分析，它“反映了在战时条件下，学校仍重视保存文化的事迹”，但也暴露出了当时的一些重要问题：

当时正值新区实行“土改”，各地发现的图书很多，“但军事时期收集无人，损失不少”，大部被烧掉了。学校只能在邢台市的小书摊上零购一点书，又在邢台中华书局买了一批，此外就是新华书店出版的一些“土纸书”了，合起来约两千多册。加上个人和地方党政机关职员捐赠的书，共得五千余册。

晋西南各地藏书，先毁于日寇炮火，又毁于当时的“土改”。如曲沃县的邢家，洪洞县的韩家、刘家，都是藏书大户，如今都已所剩无几。翻身解放的农民痛恨地主老财剥夺了他们受教育的权利，因此视他们的藏书亦为封建势力的代表，他们“像痛恨老财们一样的心情来痛恨这些书；所以见到后不是烧去就是撕毁。这虽然是不应该（有）的现象，然而在不少地方是同样发生着。翼城西下庄张奋舞家有两窑洞书就是如此烧得光光，浮山车家垣、东关外、洪洞苏堡等地的书，也是如此的没有了”。这种过激行为，又何止限于华北？除了邓拓在此间抢救过古籍，孙犁拣拾过残余，李一氓、阿英在苏北解放区也抢救过古籍。

在革命的疾风暴雨中，这种自毁文化的事例，也许一时是难以避免的，但终归是图书古籍不应有的一次厄运。当然，这远不如后来"文革"中的破坏更加激烈和悲惨①。

孙犁(1913—2002)在《海上述林》一书的题跋中回忆说，他在河北安新县同口镇小学任教时，时常以薪酬向上海邮购新书，积得一批藏书。1937年暑假参加八路军后，"家人将书籍藏于草屋夹壁，后为汉奸引敌拆出，书籍散落庭院。其装帧精致者均不见，此书金字绒面，更难幸脱，从此不知道落于何人之手。余不相信身为汉奸者，领略此书之内容，恐遭裂毁矣。其余书籍，有家人用以烧饭者，有换取熟肉、挂面者，'土改'时遂全部散失"②。在《书的梦》一文中他还回忆说：

我的家庭成份是富农。按照当时党的政策，凡是有人在外参加革命，在政治上稍有照顾。关于书，是属于经济，还是属于政治，这是不好分的。贫农团以为书是钱买来的，这当然也是属于财产，他们就先后拿去了。其实也不看。当时，我们那里的农民，已普遍从八路军那里学会裁纸卷烟。在乡下，纸张较之布片还难得，他们是拿去卷烟了。

这时，我在饶阳县一个小区参加"土改"工作。大概是冀中区党委所在之地吧，发了一个通知，要各村贫农团，把斗争果实中的书籍，全部上缴小区，由专人负责清查保存。大概因为我是知识分子吧，我们的小区区长，把这个责任交给了我。书籍也并不太多，堆在一间屋子的地下，而且多是一些古旧破书，可以用来卷烟的已经不多。我因家庭成分不好，又由于"客里空"问题，正在《冀中导报》受到公开批判，谨小慎微，对这些书籍，丝毫不敢染指。全部上缴县委了③。

在《野味读书》等文章中，孙犁说，在解放区的冀中邮局曾有一些"土

---

① 姜德明，《毁书与访书》，见《猎书偶记》，郑州：大象出版社，2002年3月，第153—155页。

② 孙犁，《书林秋草》，北京：三联书店，1983年12月，第12—13页。

③ 孙犁，《书的梦》，见《秀露集》，天津：百花文艺出版社，1981年3月，第23—24页。

改”过程中收缴来的旧书，他从中找到过好几种亚东图书馆印行的白话小说，书品极好，可惜被弄乱了，配不上套，“有的只有上册，有的只有下册”。在大官厅搞“土改”时，则在一个地主家的方桌上，发现过一部竹纸印的疑为明版的《金瓶梅》。而在冀中导报社的驻地，也曾堆放过一些从清代《四库全书》的总纂官纪昀（1724—1808）老家所在的河间接收来的旧书，其中就有清内府刊刻的《全唐诗》，“我从里面拆出乐府部分，装订成四册”①。当时报社还在饶阳大张岗设有一个造纸厂，把收买来的旧书碾轧成纸浆造出新纸来印报。厂里一间工棚中，就堆放着大量旧书。他在这中间找到过王羲之的《圣教序》和石印本的《书谱》②。

周邨（1916—1985）是江苏扬州人。他在无锡师范毕业后曾在小学任教。1937 年参加革命，主要活动在扬州一带。受其父亲影响，他酷嗜收藏各种《三国演义》版本。即使是在抗日战争、解放战争年代，只要有机会接触古书，也总是以先睹能购为快。往往因战事需要而转移场地时，他宁愿甩掉一些生活用品，也要多带几册古书。人们不理解地问，战场上人命或有不保，何苦如此？他回答说：“我打仗也靠了它。”“物质不灭，我死书还在！”

康濯（1920—1991）在晚年也曾回忆说：“过去没有书，战争中从敌占区、游击区搜集，‘土改’时从胜利果实中抢救，全国解放后，在书店和旧书铺花费时间。永远难忘郑振铎先生，他协助并介绍我买了许多难以找到的书籍……只可惜‘十年浩劫’丢书不少。”③

仅以我国南、北方民间曾经大量散存的家谱（宗谱、族谱）文献为例。这是一种在中国封建宗法社会中，“同宗共祖的血亲集团以表谱形式，记载一个以血缘关系为主体的家族世系和事迹的历史图籍，是家族的档案资料、百科全书，也是我国传统的历史文献之一，具有重要的学术价值与

① 孙犁，《野味读书》，见《芸窗梦余》，北京：人民日报出版社，1996 年 6 月，第 305—306 页。

② 孙犁，《书的梦》，见《秀露集》，天津：百花文艺出版社，1981 年 3 月，第 25 页。

③ 康濯，《生命不息，读书不止》，见《往事·今朝》，重庆：重庆出版社，1992 年 12 月，第 367 页。

历史人文价值”①。吴大琨指出:“记得过去有名的优生学专家潘光旦就大量征采过族谱,用来研究优生学。我不想研究优生学,却很想根据这些族谱来研究中国文化发展中的一些问题,因为在中国的历史上,家族一直在社会的发展中占着非常重要的地位。要弄清楚某一地区的文化发展情况,就必须弄清楚这一地区的一些代表性家族的情况,两者是分不开的。”②

当代知名藏谱家励双杰指出:“明、清两朝,在封建统治者的提倡和鼓励下,私家修谱蔚然成风。这个时期,在经济比较发达的苏、浙、皖、湘、赣、鄂、粤、闽、川等地区,几乎姓姓修谱,族族有谱,而且一修再修,连绵不断,迄民国,有些家谱已续修过二十余次……很多家谱仿照正史、方志的纂修方式,体例日趋完备,内容更加丰富”,“到了民国时期,毕竟不再是封建社会,宗法思想受到了动摇,社会上出现了流散出来的家谱,如古籍一样沦为商品摆上了书肆,待价而沽……建国初期,家谱作为封建残余受到人们的唾弃,对家谱的研究也理所当然地停顿下来。上海图书馆所藏家谱原件为国内外之冠,然而,这些在今天被视为瑰宝的家谱,当初却是上海图书馆馆长顾廷龙先生打着‘保留批判封建主义材料’的旗号,带人从废品回收站和造纸厂的纸浆池边抢救出来的。直到改革开放后,人们的思想得到解放,家族的宗族观念发生了很大的变化,海外华人对寻根的迫切意识,以及全社会对家谱文化的日益重视,使得一度荒芜,无人敢问津的谱牒研究,又重新引起人们的关注”。③

据北京大学图书馆记述,因家谱仅限于自叙某地一姓一族的文献特性,“所以,一般刻印量不大。但因年代久远,战火兵燹,得以保存下来的已经不多。而所幸存者,特别是一些善本书,绝大部分都成了孤本。仅就《中国古籍善本书目(草目)》所收的600余种宗谱中,孤本书就占百分之九十以上。我馆报58种,其中49种为孤本。有些书虽不是孤本,最多也仅有两三部……近年来,随着海外华人寻根溯源热情的高涨和谱牒本身所具有的特点,谱牒学已成为一门学问,受到越来越多的学者的重视。美

① 励双杰,《中国家谱藏谈》引言,太原:山西古籍出版社,2008年1月,卷首。
② 吴大琨,《笔谈吴文化》,见《文史知识》1990年11期。
③ 励双杰,《中国家谱藏谈》引言,太原:山西古籍出版社,2008年1月,卷首。

国犹他州家谱学会利用交换、购买等手段，搜集到中国家谱资料近万种，港、台、日本等地也很重视家谱的研究，发表了不少谱学论著，一些图书馆也编了家谱目录或提要等"，"北大馆藏家谱近600种，其中善本家谱1000余种，包括明刊明抄本、清初刊本、清初抄本，总计130余姓……主要以安徽为多，也有浙江、江苏、福建、广东、山系、东北等地。这批家谱的购藏主要是在抗战以后和建国初期。特别是五十年代初，由于实行了'土地改革'，封建的土地所有制及宗法制度被打碎，藏于氏族大家和私人手中的家谱逐渐地散失出来，当时北京的一些古旧书店收购了许多，馆藏家谱多数购于此时"①。

如今回溯历史，民间世代珍藏的家谱，似乎不幸地成为了"土地改革"以至后来"破四旧"运动中，世家大户所藏古书旧籍等历史文献遭厄的一个引信。

在中华人民共和国成立初期，华东区的行政区划，包括山东、苏南、苏北、皖南、皖北、浙江、福建七个省、区和上海、南京两市，它们从1950年7月到1952年5月先后进行了"土改"②。据范凤书对我国历代记载的5045名藏书家籍贯分析统计，我国藏书家分布最密集的前三位省份是浙江（拥有藏书家1139人）、江苏（拥有藏书家998人）、山东（拥有藏书家495人），位列第五位的是福建（拥有藏书家287人）、第七位的是安徽（拥有藏书家206人）、第十一位的是上海（拥有藏书家135人），均属本行政辖区③。

1950年前后，分布在城镇乡村的世家大户的藏书在政治恐慌心理支配下，源源不断地损毁散佚，或为上海、苏州、杭州等地的古旧书贾大量收

① 杜润生，《新区土地改革的回忆》，见朱地主编《亲历者记忆》，上海：上海辞书出版社，2005年12月，第50页，第58—59页。安徽各地修谱又以徽州（又称"新安"）为盛。明、清时期的徽州一府之外辖有歙县、黟县、休宁、绩溪、祁门、婺源六邑，几乎不存在"无谱之族"，成为此地重要的文化特征之一。因此，黄山市博物馆（原"徽州地区博物馆"）馆藏家谱有170余种，1300余册，完帙约占一半。

② 诸班师等，《中国的土地改革》第三编第9章，北京：当代中国出版社，1996年8月，第348页。

③ 范凤书，《中国藏书家的区域分布》，见《中国私家藏书史》，郑州：大象出版社，2001年7月，第678—679页，第683页。

购后,流散于江南古旧书市场上。

二、浙江农村“土改”运动中的古旧书损毁、流散与救护

古书旧籍,作为我国古代一些崇文爱书的富贵人家所备之物,其功能主要在于藏书主人自修研读,或借以应举备考,或借以治学著述,并传承自家子孙作为文教之资。1932 年,吴晗据其搜集到的浙江历史上 399 位藏书家统计,杭县有 105 人,海宁有 38 人,绍兴有 27 人,海盐有 22 人,吴兴有 24 人,嘉兴有 21 人,平湖有 13 人,余姚、桐乡、萧山均有 9 人,兰溪有 7 人,浦江有 6 人,慈溪、上虞、嘉善均有 5 人,临海、义乌均有 4 人,衢县、金华、长兴、崇德、黄岩、瑞安、新昌、龙游均有 3 人,安吉、缙云、丽水、平阳、永嘉、镇海、武康、诸暨、常山、庆元均有 2 人,永康、富阳、德清、于潜、新登、昌化、温岭、孝丰、象山、临安均有 1 人,大抵自晋、梁代以来逶迤不绝,历经宋、元、明,至清代拥有 267 位藏书家为极盛时期①。

浙江农村的“土改”从 1950 年初开始动员、试点,以当年 12 月 25 日《浙江日报》发表《充分发动群众,彻底摧毁地主阶级封建统治,消灭地主封建剥削的土地所有制》为标志全面展开,绝大部分地区至 1952 年春宣告完成。基于 1951 年 11 月中旬,毛泽东发布的有关华东区“土改”要“放手发动群众,大胆开展运动”的最新指示,从事此项工作的各级干部在思想上,因怕自身被戴上“和平土改”的政治帽了而犯“立场错误”,便曾默许乃至怂恿了“乱斗、乱打、乱杀”地主的暴力举动②。

在此过程中,仅被文献有限记载下来,又被笔者相当有限地搜集到的史料,被焚毁藏书的案例就有如下几宗:

1951 年夏温州地区开始“土改”后,在当地有“书橱”之称的教师倪悟真(1892—1966),其五世相承之珍贵藏书 6 万余册(其中善本达万余

① 吴晗《两浙藏书家史略》序言,见《江浙藏书家史略》,北京:中华书局,1981 年 1 月,第 3—4 页。

② 莫宏伟,《苏南土地改革研究》第 9 章,合肥:合肥工业大学出版社,2007 年 3 月,第 213—214 页。

卷),在其家乡乐清县白象镇万家垟被焚毁,“余火三日不熄”①。后来倪氏咏出了“五世藏书斩一天,闲庭半月犹飞烟”的悲愤诗句。据说,当他在“土改”后住到其家老宅之半拉后厢房后,还曾撰有“百年桂易主/一炬火无情”的悲情对联。

案:倪悟真字悟真,号悲华居士,乐清万家垟人。家世儒业,毕生从事教育,曾为温州中学文史教员。擅诗、文,通英、日文。家中老屋内有闻香庼、居易轩等。以“居易轩”北首一楼一底为藏书室,于1942年改建竣工后,廊柱有楹联云:“小筑三楹聊寄傲/行年五十未知非”,“九十春光朝暮雨/两三间屋古今书”,“入世有情皆是累/治生无策敢言才”②。

临海杜桥镇的“大汾、卢家、上葛各村耕读诗礼传家,文风尤盛……一些富家乡绅和文人家中都有藏书。私家藏书皆在‘土地改革’和‘文化大革命’期间出卖或焚毁”③。

名列临海大田区“四大家”之一,时有土地3123亩,号称“董百万”的下洋峙大地主董丕芬家藏书,在“土改”初悉被焚毁。④

焚毁之外,更多的是向江南古旧书市场的大批量流失和散佚。据1920年考取国民政府官费赴日留学,归国后在浙江、上海等地历任教职编职的章克标(1900—2007)回忆,他在浙江嘉兴海宁庆云镇家乡遭遇到的实际状况是:

> 土改工作顶重要的项目,就是把“地主”评定出来。地主成份一决定之后,就可以做实际行动了,那就是没收其全部土地,及多余的房屋,财产,家里所有东西,都可以叫做“浮财”,都要拿出来,好像旧时代犯了法的人家被抄家一样,家里任何东西,都可以由工作队来搬走的,只要他认为这些物事是多余的,地主家里所不必要的,大量的四季衣服和家具杂什,都可以被搬走一空。这些都集中在一处堆放,再看看多少人家应

① 张宪文,《仰云楼文录》,香港:香港天马图书有限公司,2000年6月,第208页。

② 《倪悟真先生百龄纪念》,第45—46页。

③ 《杜桥志》第十四编,杭州:浙江人民出版社,2009年,第419页。

④ 《项士元自订年谱》,见《台州近代著名学者项士元》,台州地区地方志办公室、临海市博物馆1990年9月编印,第45页。

该可以分得，就作几份搭配均匀，让每户获得一份。这就是分“浮财”①。

项士元(1887—1959)回忆说，杭州市在1949年5月3日被解放后，杭州各家藏书就多有散出，仅他购买到的就有吴氏畸园、汪氏振绮堂、许氏义庄、蒋氏如园等旧藏之书一百数十种，极多珍善之本如王士禛(1634—1711)、宋荦(1634—1713)手批《杜工部集》，何焯(1661—1722)手批《李义山诗集笺注》，明正德本《湘山事状》，及汪宪(1721—1771)振绮堂全部书目写本，“均极珍贵，并闻各家多有作为废纸四、五百元一斤出售”，于是投书《浙江日报》，“建议市文教当局检查旧书店及书摊之书籍，并禁止卖给造纸厂或工商摊肆作为造纸原料或包裹之用”②。

陈训慈(1901—1991)回忆说：“解放以后，政府创立浙江省文物管理委员会，邵裴子先生任主任，命余以专委兼图书资料工作。当时一般群众，不了解国家保护图书文物之政策，竟有讹传今后古籍旧书为无用者，人心未定，乃有纸业生产者运取名贵旧书毁为造纸与伞扇原料之事。”③如为杭州松泉阁旧书铺主人王松泉(1913—2006)所惋惜不已的，是清光绪年间用活字仅排印了一百部的《古今图书集成》，1933年杭州藏书家王绶珊(1873—1938)以八千银元购入。解放初期，因王家急需用钱，以废纸价格秤卖给杭州文汇堂书店主人杜国盛(1912—1982)后，该店为求资金周转，便随后当作废纸转手秤给烟厂，直接拆散后作为包装烟丝用纸，“此为藏书家之可叹也，亦古籍之厄运”。

陈伯良(1925—2012)回忆说，在1957年他被打成“右派”之前的六年间，他在杭州编报之余或休假日，常常游逛位于解放街、官巷口以东一段的文汇堂、文澜堂、抱经堂、松泉阁、卿雯斋、出新书店等，当时在平海路上有“宝贻斋”，在河坊街上有“翰墨林”，岳王路近众安桥一带有众多旧书铺，以及随处可见的出售旧书旧物的地摊。他分析道：

① 章克标，《世纪挥手》第十章，深圳：海天出版社，1999年7月，第268—269页。

② 《项士元自订年谱》，见《台州近代著名学者项士元》，台州地区地方志办公室、临海市博物馆1990年9月编印，第43—45页。

③ 陈训慈《贩书经眼录》序言，见严宝善编录《贩书经眼录》，杭州：浙江古籍出版社，1994年12月，卷首。

那时,大量古旧书籍不断涌进市场,店多书也多,货源充足,供过于求,因为价钱便宜。"拣漏"的机会极多,真是寻常爱书人的好去处。造成这种现象的原因是:不少藏书家和世代书香门第的家庭,解放后都属于地主、资产阶级,这些世代相传、一直以来和主人相依为命的藏书,顿时成了包袱和负担;也有的由于书的主人迁避他乡,或是参加革命,或是遭遇变故,后人或亲邻有眼不识珍秘(那时除了农村"土改"之外,一般还没有发生禁止流通和烧书等情况),于是就大批大批手提肩挑、车载船装的流到市上,而且多数用作制爆竹、包东西和造回魂纸,成为最不值钱的东西。

再说,解放以后,时代不同了,人们的思想也要与之相适应,"咸与维新"、"脱胎换骨"地改造自己,古旧书籍已被社会上看作"背时货",甚至是"危险品",人们不得不与之"脱离关系",或避而远之。而真正热爱传统文化、有真知灼见、敢于砥柱中流的学者终究是少数。另一方面经营旧书这一行虽然利薄,却不要多少资金,碰得巧时也有发财机会。这是时势所造成的,也自然要"盛极一时"了。

除了旧书店和旧书摊,也有些人家寄售或出售旧书、字画。还有岳王路上大量地摊,有旧货也有旧书,那真不亚于今天有些城市的古玩集市。这里常常有令人意想不到的发现和收获。当时市上许多明、清间比较常见的"四书五经"一类刻本,价格几乎等同废纸;有些迹近封建迷信的看相、识风水一类书籍和佛经、家谱等等,更少人问津。至于民国时期大量石印、铅印的书刊等触目皆是,价钱非常便宜①。

1951年2月24日,时为浙江省人民政府委员之一的宋云彬(1897—1979),在返回海宁家乡参加工商界人士座谈会时,与衍芬草堂传人、姻亲蒋鹏骞(字霞举,?—1951)专门谈了衍芬草堂藏书事,略谓:"此种藏书理应捐献国家,由北京图书馆加以保藏。又告以中央愿仿铁琴铜剑楼例,付以适当之代价。霞举允于一月内拟好办法,再行函商。"

---

① 陈伯良《梦回杭州旧书市》,见《天一阁文丛》第一辑,宁波:宁波出版社,2001年1月,第256—261页。

“此种藏书理应捐献国家”,正代表了当时执政阶层的主流观念。但时正如火如荼进行着的“土改”运动的结果,着实也使宋云彬、张阆声们惊诧不已。据宋氏4月14日所记:“赴省立图书馆访张阆声,知蒋霞举已被捕,其罪状为恶霸地主、大汉奸。竞雄则已避往上海。数日前曾接蒋霞举来信,允将衍芬草堂藏书出售于北京图书馆,余以无具体办法,置不复,初不料其已作狱中囚也。蒋氏本为地主,霞举于硖石沦陷时闻曾入伪县政府办事,此次被捕原非意外,特于收购衍芬草堂藏书一事恐又现波折矣。竞雄闻亦在伪县政府办过文书,系属胁从一类,何必畏罪出走耶?”

当月19日复记云:“上午马君松来,谓竞雄于四日前投河身死,闻之惋愕。去年竞雄曾来函表示生活困难,将以一死了此残生,初不料竟成事实也。”次日告知时任浙江图书馆馆长的张宗祥(字阆声,1882—1965),“彼亦惊叹”①。

按:蒋鹏骞系衍芬草堂创始人蒋光焴(1825—1892)六世孙,蒋鉴周(字藻新,1879—1945)之子。衍芬草堂约始建于清乾隆末叶,位于硖石镇通津桥畔东河街(旧名南大街),面临市河,后跨溪流,为一苏南石库门厅堂式坐东朝西建筑,2002年9月被修葺后,编为海宁市硖石镇河东街86号。

蒋鉴周的祖父蒋光焴,字寅昉,号吟舫,别署敬斋。其家藏书始自其祖父辈,故至蒋光焴时藏书钤有“盐官蒋氏衍芬草堂三世藏书印”等。光焴增益家藏书尤力,并著述有《敬斋杂著》等。每遇善本不惜重金购置,或辗转传抄而得。藏至数十万卷,乃改其家当铺库房为“衍芬草堂”。与其兄蒋光煦(1813—1860)之别下斋藏书并称一时。太平军扰浙,为保护藏书,移藏数十箱柜至海盐南北湖的西涧草堂,又将珍、善本从海上辗转至汉口、武昌,终得保全,于同治三年(1864)归里珍藏于家。1937年抗战爆发后,蒋家又把藏书辗转移藏,终至贮存于上海一家银行保险库中,再

① 宋云彬《红尘冷眼——一个文化名人笔下的中国三十年》,太原:山西人民出版社,2002年3月,第224页,226页,第230—232页。宋氏系民盟中央委员,建国初时任浙江省政府委员、文史馆馆长、省体委主任及省政协副主席、省文联主席。历任第一届全国人民代表大会代表、第一届全国政协委员等,1957年被错划为“右派”。次年,调北京中华书局参与点校《二十四史》。1979年2月获得平反,同年4月逝世。

免劫难。

1951年5月，郑振铎曾专函托付浙江省文教厅和浙江图书馆领导加以关注保护，认为“硖石蒋家书，请和文管会邵裴子先生一商，须即派人去为要”，“蒋四房的藏书，善本极多，亦应集中代为保管”①。于是，蒋家在北京图书馆善本室主任赵万里和宋云彬“私人藏书深锁高阁，徒饱蠹鼠。新中国重视文物，藏书捐给国家，得到保护，对国家社会，对文化教育事业都有益处，你们也不必为藏书的安全而担心了”的游说下，合族议定愿意“无偿捐献”，“只希望浙江省文物保管委员会将我家的藏书妥为保存”。不久，蒋氏10余万卷藏书由火车运往杭州，交呈浙江省文物保管委员会。随后国家颁发了表彰证和奖金，并派赵万里为文化部专员前往接收，经诸方协议后，宋、元版珍本书籍归北京图书馆，其明版书存浙江省图书馆，清版书藏上海图书馆，并须向研究机构和高等学府的专家学者开放。②

黄裳的回忆则是：“解放初期，上海、杭州、苏州市上出现残本极多，大部头的明抄本如《册府元龟》、《太平御览》、《说郛》等，多半是棉纸蓝格黑格写本，亦有出于天一阁、世学楼的。但卷帙浩繁，藏书无地，没有法子多收。而且其中多有明人恶抄，写手粗劣，不堪藏弆……我的广收明刻残本，曾为故友汪曾祺所笑。不过将沦于还魂纸炉的残零故籍，于千百中救其一二，也不是没有意义的事。还有一种副产品，就是于残本中各取一叶，集成书影，自宋、元起都数百叶，俨然一部名实相符的《留真谱》，暇日展观，也是极有益有趣的。”③

其中浙江绍兴一带论斤售出过不少藏书，有一部分就为上海古旧书商所收购。中国书店老板郭石麒（1889—1962）曾得到山阴祁氏澹生堂遗藏之书，以时价10元一册出售，黄裳曾得其中百余册④，其余由他介绍给了郑振铎，后由北京图书馆全部收藏。

---

① 李性忠，《郑振铎先生的三封佚信》，见《中国图书馆学报》，1994年第5期。

② 李性忠，《海宁藏书家述略》，见《海宁藏书文化研究》，杭州：西泠印社出版社，2004年，第14页。

③ 黄裳，《断简零篇室摭忆》，见《春回札记》，福州：福建人民出版社，2001年9月，第88页。

④ 何倩，《腹有诗书气自华》，见《文汇读书周报》，2000年4月1日。

黄裳还在《几种版画书》一文中说：

> 1950年上海旧书市场曾经热闹了一阵子。修文堂主人孙实君伙同古董商孙伯渊买到了无锡孙氏小绿天的藏书，就陈列在孙家，整整摆满了楼下的三间客厅。孙毓修是商务印书馆的旧人，曾写过一本《中国雕版源流考》……他自己也收藏古书，没有宋、元本，以明刻为主，尤注意活字本。因为无锡安国是他的同乡先辈，所以更重视安氏桂坡馆的活字本以及安氏家集。身后家人出售藏书……最后折价为孙实君等三家合伙所得。
>
> 与此同时，修绠堂主人孙助廉又从北京买得王君九的遗藏若干种，带来上海。其中以毛抄和黄跋数种为最精。孙助廉又从抱经堂主人朱遂翔陆续买得精本若干种，每天收进的旧书就摊放在温知书店楼上厢房里的大案子上，真有点版本展览的味道。

黄先生说他在那个时候，"是每天午饭后都要去看看的，真的看到了不少好书"。其中如南、北宋间所刻《五臣注文选》残本的卷尾还有两行字可见："钱唐鲍洵书字，杭州猫儿桥河东岸开笺纸马铺钟家印行"，此外还有《吴骚合编》，是明代版画发展到成熟时期的代表性刻本①。

1951年，浙江省文物保管委员会从奉化棠岙一次性就抢救到元、明旧版书200余册，从此建立了检查回收废旧故纸并斥资购买有价值古书旧籍的制度，从而带动了杭州10余家旧书商都竞起收购旧书史料，既"补共计耳目所不逮"，又起到了"保护文物之作用"。如1953年春，杭州宝贻斋书肆主人严宝善，就曾在杭州发现了咸丰间苏松太兵备道吴煦后人所藏一大宗太平天国档案，并提供线索给浙江省文物管理委员会，从而为

① 黄裳《几种版画书》，见《榆下杂说》，上海：上海古籍出版社1992年3月版，第107—108页。朱遂翔原本是王体仁（字绶珊、君九，浙江绍兴人，1873—1938年）"九峰旧庐"的常客，王家所藏古籍，尤其是方志中的绝大部分，原来就是朱氏帮助他搜集的。王氏去世后，朱遂翔从王家买回了一批精本，一直秘不示人。这时的抱经堂已经基本上不做旧书和古籍的生意了，经营着金笔的买卖，似乎生意更好做。孙助廉致意他，可以出让旧书得来的资金去投资金笔厂，结果游说成功。

国家抢救性地保存了700余斤重的珍贵史料。

潘国存记述温州藏书家、教师朱烈的藏书遭遇道:“朱先生的藏书,历遭不少劫难。当温州第三次沦陷敌手,日寇占领磐石前夕,他冒险将藏书抢运至乐清潘垟亲戚家阁楼里,免遭日寇洗劫。建国初期,‘土改运动’中,朱先生藏书被没收入籍,他通过当年同学梅欣同志(乐清地下党领导)说项,终于得以全部发还。他喜出望外,连忙将全部藏书运到温州城区亲戚家。后来,他到建华中学教书,定居于军装局八号,才将书搬回身边。”①

有鉴于乐清藏书世家倪悟真家的藏书被焚毁,以及当日各地文物古书多有被毁坏者,时任温州籀园图书馆馆长梅冷生(原名雨清,1895—1976),进言温州军管会李培南、龙跃反映情况,吁请当局加以遏止和抢救,“在取得军管会文件后,即率同馆员赶赴各地,在当地政府协助下,将瑞安陈黻辰烛见知斋、张㭎杜隐园、平阳吴祁甫培英馆,以及永嘉戴家祥、王希逸、瑞安项慎初、林公铎、戴炳聪、平阳刘次饶等私家藏书全部抢救下来,作为国家财产,由温馆加以收藏。其时,冷先生披星戴月,废寝忘食,足足忙了几个月。事后,复将所集图书,粗加整理(时温馆古籍已达二十万册),提出复本三万余册,拨交各县及各中学使用。同时将自有劲风阁藏书,悉数无偿捐献市馆”②。

1955年8月6日,浙江省文化局发出了《关于改进和加强旧书保护的通知》,按照通知精神,浙江省图书馆派人赴各地调查古书旧籍情况,并传授整理、保护方法,接受捐赠、移交的旧书。据《浙江图书馆志》记载:“50年代和60年代,本馆着重于古旧地方文献的征集,经常性派员在城乡各地访求,取得较大成效。”③

① 潘国存,《爱书如命的朱烈先生》,见《温州读书报》2009第8期,载《瓯歌——〈温州读书报〉文选》,上海:上海远东出版社,2011年9月,第117—118页。

② 张宪文《斑斑心血照遗篇——记温州图书馆故馆长梅冷生先生》,见《仰云楼文录》,香港:香港天马图书有限公司2000年6月,第208—209页。

③ 王效良,《浙江图书馆志》,北京:中华书局,2000年10月,第13页,第93页。

三、安徽农村“土改”运动中的古旧书损毁、流散与抢救性征购

古称“徽州”的地区,包括安徽歙县、休宁、黟县、祁门、屯溪区、徽州区与宣城区的绩溪,以及江西的婺源县。此地“一般诗书之家和仕商之户,均有藏书。徽州本地的私家藏书在20世纪40年代,大量流散到上海、南京的书店、书摊上被出卖。其实,从民国初期开始,上海、江苏、浙江等地的书商便纷纷到徽州收购古籍。解放初期,屯溪更形成了一个规模不小的古籍市场。伴随着50年代的‘土地改革’,私人藏书被抄被毁现象频发,损失惨重,大批珍贵古籍被送到纸厂化为纸浆。在这种情况下,皖南人民文物馆(安徽省博物馆前身之一)受命对徽州地区的古籍、文书、文物进行抢救,经过两三年的努力,收回了旧书约20万册,字画、文物约10万余件。1956年9月,成立了屯溪古籍书店,仅头四个月就收购古籍800多斤,其中有一批珍、善本。书店和文物所抢救的古籍除归入安徽省博物馆、安徽省图书馆外,其他大多卖给了全国各收藏单位。此外,在50年代以来全国私家藏书的捐献热潮中,也有一些徽籍藏书家将家藏捐给了政府”①。

1950年冬,皖南一带开始“土改”后,徽州大量的文书古籍流入了北京。韦庆远回忆说:

> 50年代前期,在安徽省发现的徽州文契,已大量流散到北京,在琉璃厂、东安市场和隆福寺大街的旧书店,经常有摆卖这些文件的。我自己也经常骑车到这些书店参阅,中间也有挑选个别与自己研究专题有关而价格便宜的购买下来,以备参考。有一天,我在琉璃厂大街,看到有一个个体书贩在马路边上摆卖一些徽州文契。我随便翻阅了一会,惊奇地发现,其中竟然夹有着两份洪武四年(1371)颁发给徽州府祁门县谢允宪等户的“户帖”。“户帖”是在洪武十四年(1381)建立黄册制度之前,用以稽管户口和征调赋役的主要凭据,也可以说是黄册的前身……这个

① 薛贞芳,《徽州藏书文化》第二章,合肥:安徽大学出版社,2007年3月,第89—90页。

书贩子不明底细，仅每份索要旧币十万元（即现在的人民币十元——作者原注）。我当时身上没有这么多钱，便飞快骑车回校向人借了二十万元旧币，赶回琉璃厂将之买下来，以后又拍成照片，连同其内容引用于拙著（即《明代黄册制度》，中华书局 1961 年版——引者注）上。这两份“户帖”，我将其中一份交给系资料室，另一份则送交中国历史博物馆典藏①。

1950 年 6 月，原芜湖文物馆曾派员前往泾县、歙县、休宁三地搜集革命文物和历史文献，有一定的收获。当年冬，皖南开始“土改”后，据刘序功记述，他们在总结经验的基础上，分三组人员到、池州和宣城三区征集，并曾反复多次深入泾县、歙县、休宁、绩溪等地，收获甚丰。据其反映，在“镇压反革命”和“土地改革”运动初期，“对于没收的反革命分子和恶霸地主的文物不重视，并有严重的破坏现象”，征集人员到位后，依靠当地组织和在民间择请“特约采集员”的方式，获得很大成效。如黟县文化老人程梦余不仅带头捐献了古代字画 10 余件，包括明版在内的家藏书 2000 余册，还“对保护黟县恶霸地主所藏的文物、图书，尽了相当的力量”。因此获得的一个重要经验是：

我们采集的文物，主要是结合了“镇压反革命”、“土地改革”和“老区访问”等中心工作而得到的。尤其是“土改期间”，由于掌握了情况，对各地区散布的文物，有了基本的了解。这些散布的文物，收集容易，但遭受破坏的可能性也很大。是可以有丰富的收获的②。

1950 年 9 月，由皖南区革命文物收集委员会改建而来的皖南人民文物馆成立，由历史学家李则纲（1891—1977）担任了首任馆长。据李嘉回忆，当年 11 月下旬“他就组织动员文物馆全体人员（共十一人），除必须

① 韦庆远《我和明清档案、明清史》，见张世林编《学林春秋》二编下册，北京：朝华出版社，1999 年 12 月，第 458—459 页。

② 刘序功《在搜集合革命文物工作中的几点体会》，见《文物参考资料》1953 年第 8 号，第 60—62 页。

留守者外，分成三个小组，配合皖南土改工作队，前往徽州、贵池、宣城三个专区，进行文物图书的采集”，收获颇丰：

由于徽州地区经济、文化、历史地理条件较为优越，文物、图书藏量尤为丰富。而我们部分干部和群众由于政策水平和文化水平不高，不少文物、图书被视为封建的东西，遭到焚毁和破坏。这种情况几乎到处可见。下去采集的同志感到十分痛惜，一面配合土改工作队宣传文物保护政策，一面从灰堆乃至火焰中奋力抢救。前后达数月之久，获得图书二十多万册(后来移交给省图书馆十多万册)，古物、字画数千件；同时也收集了不少革命文物……

遗憾的是，由于运费紧缺，已经采集到的休宁吴蛙卿藏书因为运送不及时，结果还是在基层“受到破坏”①。

据当时参与被列为重点征集序列的宣城、绩溪、歙县、休宁、屯溪、黟县、祁门一组的姚翁望，回忆当时的工作方式道：

其时棘手的问题是：一般工农干部尚不理解文物资料的重要性。又因过左思潮的影响，认为这些文物，全是封建残余。有些地方出现破坏、烧毁图书文物的严重情况。但也因此得把图书、文物集中到各地方政府。而给我们带来的是：既有便利，也添了大量的麻烦。

首先要赶赴各地宣传国家对文物的保护政策，再回头来逐县接收清理，包扎装箱待运。就这样还是顾此失彼。回顾当时情况，与其说是征集，不如说是抢救②。

尽管如此，1953年4月23日开始筹备的安徽省博物馆(以李则纲为筹备处处长，至1956年正式建立)先后入藏的文物、资料20余万件，大得

① 李嘉《安徽文博事业的开拓者李则纲先生》，见《安徽文博：建馆三十周年纪念特刊，1956—1986》，1986年第6号，第77页。

② 姚翁望《文物工作三十年的回顾与前瞻》，见《安徽文博：建馆三十周年纪念特刊，1956—1986》，1986年第6号，第9页。

其力。据吴兴汉回忆:“我省徽州地区流散文物特别丰富,李先生经常派出文物征集小组,深入到歙县、休宁、屯溪、黟县及绩溪等地进行流散文物的征集工作,我馆现藏的大量的古籍版本、古字画及有关古代工艺美术品等方面的文物资料大多是在五十年代征集入馆的。”①

据当年新华社报道,安徽省博物馆筹备处成立不久,就征集和整理出了138种珍贵的中医古书,“这些古书是金、元、明、清四个朝代的木刻版本、稿本和抄本。其中有七百五十多年前金代泰和年间(即南宋嘉泰年间)的《证类备用本草》木刻版本,有明末方以智所著的《医学会通》、《内经经络》两种稿本,这两种稿本在我国还是首次发现”②。

1955年,安徽省文物管理委员会根据中央政府文化部等有关部门的指示精神,先后选择历史文化资源比较丰厚的“三市一县”(芜湖、安庆、屯溪三市和桐城县)设立了“文物收购站”,“以收购、保存散失的有价值的书籍、文献以及废铜中有历史及艺术价值的文物”。据《文物参考资料》报道:

> 通过当地文教科的支持与协助,以上地区组织了收购委员会或小组,参加的单位及成员有合作社、工商联合会、学校教员、文化馆、文史馆员、省博物馆筹备处特约采集人等。其中特约采集人、文史馆员、学校教员负责审查鉴别。经费由文教科掌握使用。
>
> 徽州专署和芜湖市文教局、桐城县人民政府均依据中央指示及文管会设站的精神,转知各合作社基层收购单位,并转知各地同业公会转知各私营纸厂,在收购废铜、废纸的业务中,应注意检查,将其中可能有价值的文物检出另行保管,不得视同一般废铜、废纸敲碎或损毁,并禁用旧板书、科学书作纸浆原料,以保护祖国文化遗产③。

① 吴兴汉《李则纲先生对安徽文博事业的卓越贡献》,见《安徽文博:建馆三十周年纪念特刊,1956—1986》,1986年第6号,第85页。

② 《安徽省博物馆筹备处征集和整理出一批中医古书》,见《文物参考资料》1954年第12期,第161页。

③ 《安徽省文管会在芜湖等地区设立文物收购站保护流散的文物、图书》,见《文物参考资料》1955年第9期,第161页,第157页。

1956年下半年,安徽各地书店开展了古旧书收售业务。全省确定22个县级书店为古旧书收购点,并在安庆、芜湖、屯溪、合肥四个有文化基础的城市建立了古籍书店。新华书店皖北分店于当年10月25日制订并颁布了《古旧书店收购暂行办法》。

新华书店合肥支店所属古籍书店设址于宿州路116号临街门面,约有40平方米。由姚洪才负责筹备,当年9月开始对外收购古旧书,1957年3月1日合肥古籍书店正式开业。当日曾邀请合肥市各位知名画家徐子鹤、王石岑、肖龙士、童雪鸿、张建中、光元鲲、冯儒珍、孔小瑜等作画庆贺,并以此名流墨宝,装饰店堂。次年2月15日,合肥古籍书店由宿州路116号迁入73号,原支店综合门市部的北侧,改名为"古旧书店"。主要向民间收购,经整理后,把有价值的陈列于门市进行再销售,无价值的转售给废品公司。

1960年7月15日,安徽省新华书店转发了《合肥市古旧书店怎样组织旧书回收工作》的经验总结报告。次年9月,合肥市古旧书店还增设了一个"租书小组",主要出租文艺小说和少量政治、科技和工具书。1964年,中国人民解放军元帅刘伯承在当时安徽省负责人陪同下,到该店选看了碑帖和有关安徽历史的古书。合肥市古旧书店一直正常营业至1966年6月,因发生了"文化大革命"而被迫停业。据安徽省业内人士的总结:

> 从1956年10月到1961年,古旧书收售成绩显著,共收购古旧书一百多万册,其中稀有、珍贵的古旧书有三千多种,达二万多册。如《大清实录》、《明朱买臣家谱》、《五朝名臣言行录》、《新安名宗志》、《董西厢》等书都有重要研究价值。其中《董西厢》(即《董解元西厢记》,也称"北西厢")全国仅发现这一本,后来同其他四十多种稀有古旧书一起献给国家图书馆。此外还收购到不少珍贵的革命史料,保护和抢救了祖国的文化遗产①。

① 《知识彩虹架江淮——安徽省新华书店简史》,见《新华书店五十春秋(1937—1987)》,新华书店总店,1987年3月,第230页。

1966年6月，合肥古旧书店在“文革”开始时被迫停业。17日市店将古旧书店停业封存的古旧书赠送给省图书馆63226册，价值46004.09元；赠给市图书馆6815册，价值3930.70元①。

1956年，全国图书馆工作会议号召各地图书馆注意抢救和保存当地的古旧书籍，公共图书馆界积极响应。如甘肃省图书馆联系了兰州市文化造纸厂派员拣选，“共计选出较有价值的旧书2269册，其中有明朝胡赞中的《乌鼠山人集》、《雍音》及光绪二十五年的《申报》等名贵书刊。并派专人去临洮、临夏、武都、文县等地进行了搜集古旧书籍的工作”②。陕西省图书馆制订了《征集散佚图书资料办法》，有捐赠、寄存与价购3种方式。数月间于民间，尤其是在黄河三门峡水库区，抢救性收集了包括明刻《墨苑》等在内的古书③。

四、在50年代专门负责抢救性收集历史文献的“文物管理委员会”

文物管理委员会是上世纪50年代初成立的一个专门负责珍贵历史文献和文物古董收集的机构。1951年5月7日，中央人民政府文化部、内务部正式发布了准备达一年之久的《地方文物管理委员会暂行组织通则》，略云：

为了更好地保护、管理各地方的古建筑、古文化遗址、革命遗址，并为征集散出各地的珍贵文物、图书、革命遗迹，并为征集散在各地的珍贵文物、图书、革命遗物的便利，各省、市得设立“文物管理委员会”。

各地方“文物管理委员会”直属该省、市人民政府。由该省、市人民政府的文教机构和民政机构会同组织之。以该二机构的负责人为当然

① 宋昌晓、张树俊《合肥市图书店发行志（市新华书店志）》，见《合肥文化志》，合肥市文化局史志办公室编印，第148页。

② 《甘肃省图书馆搜集古旧书籍》，见《图书馆工作》，1957年第3期。

③ 《古书的收集、保护和整理工作》，见《图书馆工作》，1957年第5期。

委员，并得延聘当地专家为委员或顾问。

> 地方文物管理委员会之经费，由各地方人民政府负担之……各地方征集到的文物，图书和革命遗物，委员会得暂时接收、保管并加以鉴定。凡地方上已有图书馆、博物馆机构的，应即行移交各该机构保管。如发现有特别珍贵的文物、图书和革命遗物时，应即行报告地方的主管机关转报中央人民政府文化部处理，不得自行处置或移交其他机关。

从而规范和保障了各地方文物管理委员会的组织原则和经费拨付等重要问题。郑振铎在《文化部文物局1950年工作总结报告》中指出："这个《组织通则》颁布后，对于现在各地区的'文物管理委员会'各自为政的无政府的情况，可以纠正过来。"①

(一)苏州市文物管理委员会与苏南区文物管理委员会

清中期以来江东的"三府一州"(镇江、常州、苏州、太仓)，包括了如今江苏省长江以南丹徒(镇江府治地)、丹阳、金坛，武进(常州府治地)、无锡、宜兴、江阴，吴县(苏州府治地)、长洲、吴江、昆山、常熟，镇洋(太仓直隶州治地)，以及嘉定、宝山、崇明等广袤地域，它们是以太湖为中心的长江下游金三角洲的锦绣膏腴之地，不仅经济繁荣、富甲天下，而且文教昌盛、人文荟萃，往往晴耕雨读，讲究风雅，因而诞生了大量特别重视家族成员文教素质的著姓望族，"读书、著述与藏书蔚然成风，诗礼传家，硕儒辈出，尤其是明、清科甲之盛冠甲天下"，并"大力支持地方公益活动，积极参与地方文化建设，努力协助地方政府维护社会秩序，在一定程度上促进了地区经济与文化的繁荣"②。如在南宋以来多有"书香世家"的苏州，就以历代累计拥有277名藏书家胜逾有207名藏书家的杭州，位居"中国藏书家数最多的十个市、县"第一；常熟也以拥有146名藏书家而位居有

---

① 郑振铎《文化部文物局1950年工作总结报告》，见《郑振铎文博文集》，北京：文物出版社，1998年12月，第100页。据该书卷首插页知该《组织通则》是由郑振铎先生亲自拟稿的。

② 吴仁安，《明清江南望族与社会经济文化》，上海：上海人民出版社，2001年12月，第72页，第75页。

109 名藏书家的宁波之前，名列第三①。

1949 年 4 月 23 日，中国人民解放军渡江作战后，接连解放了南京、镇江、常州、无锡、苏州，于是据预案设置了“苏南行政区”，首府位于无锡。同月 26 日，成立了以陈丕显（1916—1995）为书记的中共苏南区党委，以管文蔚（1904—1993）为主任的苏南行政公署。辖镇江、常州、苏州、松江四个专区和无锡、苏州两个直属市。

陈丕显晚年回顾说：“历史上，苏南号称人文荟萃之地，文化教育比较发达，但解放前因受半殖民地半封建社会的制约，也存在许多弱点”，当年，“全区有将近 10000 所学校，数量虽多，但 90% 以上系私人办学，其中大半又是氏族‘义庄’或城市工商业者捐钱，以社会公益形式兴办的学校。解放带来的社会大变动，使私人办学失去了原来的经济基础，整个教育事业遇到很大困难”，这一教育体制使得“工农子弟”能有条件入学的很少②。而管文蔚则认识到：“江南大、中城市集中，经济发达，工厂多，除少数买办官僚资本外，大多数是属于民族资产阶级……苏南人文荟萃，学者名流云集，如钱基博、钱基厚、王文治、顾述之、钱穆、宗白华、陈翰伯、姜桥芳、顾颉刚、华应申、戴伯韬、徐悲鸿、吕凤子、郭绍虞、范烟桥、周瘦鹃等等，都在无锡、苏州、常州、常熟、丹阳登第。这些人学术造诣都很深，在海内外学界有深广影响，更应该尊重他们，爱护他们。”③

苏南区的“土改”工作，大抵从 1950 年 2 月开始准备，到次年 12 月结束，历时近 2 年。1950 年 8 月 25 日，陈丕显在中共苏南区第一次代表会议上的报告中，特别强调了“各地名胜古迹，历史文物，必须注意保护，不得破坏”等原则④。最后，苏南区所属 18 个县，共评议出地主48397户，“总的说来，苏南地主占有土地较分散，大地主不多，很多地主兼营工商

① 范凤书《中国藏书家的区域分布》，见《中国私家藏书史》，郑州：大象出版社，2001 年 7 月，第 679 页。

② 陈丕显《苏南三年》，见《解放初期的江苏经济》下册，江苏省发展计划委员会 2002 年 6 月编印，第 521—522 页。

③ 管文蔚《为建设新苏南而奋斗》，见《解放初期的江苏经济》下册，江苏省发展计划委员会 2002 年 6 月编印，第 536 页。

④ 陈丕显《为有步骤有秩序地进行苏南土地改革而斗争》，见《江苏土地改革运动（1950—1952）》，中共江苏省委党史工作办公室、江苏省档案馆等 1998 年编印，第 90 页。

业，或者从事其他职业，文化程度也较中国其他地方的地主高"①。在此次"土改"中，在苏州城居住的30万人口中被划出了地主4000户，常熟被划出地主6153户。

此外，历来以多出读书人、藏书家和科举人才的吴县划出地主5480户，武进划出5122户，吴江划出3366户，江阴划出3323户，昆山划出1527户，松江划出2727户，太仓划出1527户等等。这些在无产阶级新政权体制下的被"镇压、管制和改造的对象"②，面临"解放"和"土改"这一系列天翻地覆的社会大事变，其家业再也典守不住了。

1951年夏末至冬初一段时间，正在位于苏州的华东人民革命大学政治研究院学习的何满子，经常在下午三四点钟后上街游逛旧书店（摊）和书画、古玩店。他回忆说，当年的护龙街，后来改叫"人民路"的一个地段就有不少，"也有一些卖古钱、案头小摆设和雨花石之类的摊头，据说都是'土改'后潦倒了的地主家人，拾掇点家里剩下来的小零小碎变点钱……旧书店里也颇有些好书，明版不少，清初刻本更多。但明刻本多数残缺，这些书想必也是土改后地主藏书家捆载而来变点钱的"，"我非藏书家，对明版什么的并不追求，残本更无兴趣，却淘到了一部完整的《知不足斋丛书》，系字墨精良最早（的）木版印刷本……"③

谢孝思（1905—2008）回忆说，"苏州是一个历史悠久的文化名城，所以历代的珍贵文物都十分丰富，但是，一由于百多年来的战乱兵燹，二为为政者的从来不思认真管理，因而散失毁败者也早已难计其数。五十年代，国家初安，苏州市'文管会'才得以应运而生，从此结束了任其自生自灭的境况"。1950年5月，在他议下，筹组了一个面向苏州的文物保管机构，并在7月26日正式成立后开始活动。他回忆说：

1951年前后，正是"土改"、"镇反"、"三五反"大运动之后，我时任

① 莫宏伟，《苏南土地改革研究》，合肥：合肥工业大学出版社，2007年3月，第160—161页，第246页。

② 莫宏伟，《苏南土地改革研究》，合肥：合肥工业大学出版社，2007年3月，第256页。

③ 何满子《苏州旧游印象钩沉》，见《名人文化游记》，北京：新世界出版社，2002年1月，第49—51页。

苏州市各界人民代表会议协商会副主席兼秘书长，机关在临顿路"荣社"。工作中，我眼见抄家物质中的许多图书、文物、书画艺术品等无法收拾，有的甚至流落于荒摊野担，十分惋惜心痛。其时，苏州尚未设立文物管理机关，我便建议市长王东年，得他的同意，成立了一个不挂牌、无编制，仅刻有一颗"苏州市文物管理委员会"图章的机构。我自为主任，另聘雇钱镛、黄慰萱（后加汪星伯）三个临时工作人员，每人每月工资三十元。

于是，当政府有关部门去接受几类人家的财物时，我们三人就一齐出动，凡我们认为有收藏、保管价值的书画、碑帖、金石、瓷器、雕刻，乃至雕饰精工的红木、楠木橱柜家具等等，都接收下来。在此期间，社会各界知道国家有此专门机构，有识之士皆纷纷捐献，所以文物、图书就源源而来。不两年，就总计得图书三四万册，文物八千多件，内容丰富多采，可谓洋洋大观，以致"荣社"已堆存不了……①

1951 年，谢孝思受王东年市长委托接待李根源时，与他谈起了苏州拟以政府所得文物为藏品基础，建立一座地方博物馆的计划。李根源闻言慨然将其位于十全街的宅第中的全部文物、图书作了捐献。其中有其历年积存的藏书上万册，苏州各地摩崖碑碣、桥栏石刻和名胜古迹之地的拓片千余张，以及汉墓出土的空心大砖 40 余块，洛阳出土的唐人墓志 90 余块等，成为苏州文管会建立以来接受的最为突出的一宗捐赠。

1952 年 10 月，南京市与苏南、苏北两行政区合并成立了江苏省。次年 12 月，江苏省文化局以苏州市已创办江苏博物馆（1958 年迁至南京）为由，宣布撤销苏州市"文管会"，并"通过苏州文化部门匆匆将我们三年之间收集的图书、文物中的精品八千余件，其中有三代铜器，宋、明、清历代名家书画及工艺美术等，都调往苏南文管会（后转南京博物院）"②。因

① 谢孝思《五十年代苏州文管会记略》，见《苏州杂志》，1995 年第 1 期。1954 年 3 月 10 日，苏州市文物管理委员会被撤销，同年 8 月 14 日重建为苏州市文物古迹保管委员会。至 10 月，江苏省人民政府又正式批准恢复苏州市文物保管委员会原名。参《苏州词典》，苏州：苏州大学出版社，1999 年 9 月，第 991 页。

② 谢孝思《五十年代苏州文管会记略》，见《苏州杂志》，1995 年第 1 期。

而，南京图书馆、苏州图书馆等都在这一时期获得了大量线装书籍的补充。据回忆：

在"土改"期间，苏南文管会收集了大批书籍，都归到该馆。"文化大革命"以后，明清史学家朱希祖先生所藏研究明清史尤其是南明史的重要史籍、文集，也归到该馆中收藏。该馆所收的宋、元佳本书籍虽然多被运送到台湾，可是解放以来又新收进了东南各地的文献，自从元、明以来的典籍，尤其是南明野史，以迄鸦片战争、太平天国的杂史笔记，所藏的史籍资料种类尤为繁多，较胜于前……①

从1950年开始到1953年被撤销，当时（苏州市）文管会保管着大约45000册图书，其他文物也有8000余件……主要来源是没收的，其中相当一部分是很不错的东西。后来江苏省博物馆搬走时，带走了一些文物和不少图书。后来，苏州图书馆提出图书类应该由他们接收、保管，所以，相当一部分图书后来就直接流向了图书馆②。

苏州大学的前身江苏师范学院图书馆，也曾在1956年获得过数量庞大的线装古书的补充。据该馆瞿冕良回忆："从苏州博物馆接收了一批'土改'时收集来的，经过选剔的残破线装书，约五万余册。"③

据《南京图书馆志》记载，该馆在50年代初到60年代初的10年间，是接收和收购古旧书作为馆藏较多的一个时期：

建国初期，社会上古籍较多，常有人来馆接洽，贱价出售明、清以来的刻本线装书，每斤不过2000元（旧币）左右。这些是国家的重要典籍，如不挽救，必将毁作纸浆。仅1951年，本馆便收购古籍3000余斤。一刘姓读者还将珍藏多年的敦煌写经十卷，以12万元（旧币）廉价让与本馆。

---

① 谢国桢《江、浙、成都访书观感》，见《江浙访书记》，北京：三联书店，1985年12月，第5—6页。

② 夏侃，《钱镛访谈录》，见《苏州博物馆建馆五十周年纪念文集》，第205页。

③ 瞿冕良，《陈璧诗文残稿笺证》前言，上海：上海古籍出版社，1984年5月，卷首。

50年代末与60年代初,是建国后本馆收购古籍的重要时期。1961年曾提出本馆两三年内古籍部的重点工作是采购补缺。这一时期,经常派有鉴定古籍版本经验的行家去上海、扬州、苏州、常熟等地收购。1961年月12日,省文化局致函各行署、市、县文化局,规定:"今后凡发现珍贵图书资料,应编造清册送当地文化主管部门备案,出售时间,应首先满足省馆(南京图书馆)的需要。"此后省内各古旧书店收到罕见本后,即通知本馆,询问是否收购。省内外各古旧书店还将自己收存的古旧书书目分期寄来本馆,供选购①。

出生于南京书香之家,时任南京市文物管理委员会图书组组长的陈延杰(1888—1970),与同事们负责整理了原国民政府总统府所遗藏书90余万册,拨付给了南京图书馆,"为南京图书馆的建设做出了贡献",但其个人藏书却在"文革"中被抄没,还以七旬高龄被组织上下放到了江苏宝应②。

1954年10月,江苏省人民政府正式批复成立苏州市文物保管委员会,任命谢孝思为主任,周瘦鹃、王言为副主任,钱镛、汪星伯、黄慰萱为正式工作人员,办公场所设于狮子林园子内。还聘请了费朴安、胡觉民、张晋、陆尹甫、萧退暗、尤墨君、潘圣一、俞钰、顾公硕等27人为委员,汪旭初、金兆梓、刘敦桢、沈瓞民、吕凤子、陈从周、顾颉刚、吴湖帆等专家学者为顾问。诸委员每月津贴"车马费"40元,周一为集中碰头时间。

其中原在东吴大学图书馆工作的潘圣一和专长图书版本的沈维钧二人整理了数万册的古旧书和文献史料,并为之一一编目成册;自中学退休的尤墨君,从三四万册历史典籍中,整理出了800多部有关苏州的古旧书,拟为计划中建立的"苏州文献室"的基础藏书;精通昆曲的韦钧一,负责整理了所有有关昆曲的著作;陆尹甫以3年时间整理了市工商联转交的3万多卷档案,编写成了《苏嘉铁路》、《第一次欧战时的苏州》、《唐代吴兴修水利资料越》等17种史料。而顾颉刚则分两次捐赠了大批藏书和

① 《南京图书馆志》第二章,南京:南京出版社,1996年9月,第53—55页。

② 史笔《陈延平生平述略》,见《文教资料》1986年第6期,第93—94页。

一批古墨。

苏州市文管会正式成立后，从 1953 年到 1956 年，又通过直接、间接的征集、收购和接受捐献，获得了数万册古书旧籍和数千件民间文物，从而奠定了在 1960 年成立苏州博物馆的藏品基础。谢国桢（1901—1982）说："苏州藏书有两个地方：一个是苏州图书馆；一个是苏州文物管理会，即苏州博物馆……苏州博物馆收藏的苏州地方文献、图书和碑刻，如'叫歇碑'之类，极为繁多；并代为保存了元和顾鹤逸家所藏的书画和善本书籍。"①

苏州市文管会还曾与上海市文管会合作，在 1962 年合编了《苏松地区太平天国史料》3 种。该书系合刊本，由《苟全近录》、《癸丑纪闻录》和《见闻录》三种合刊而成。大 32 开本，铅字排印，全书将近 200 页，是薄牛皮纸的封面，草纸的内芯，俱见当日出版条件之艰辛。三种文献均是太平天国期间江南文人亲历亲闻的社会见闻记，其文本价值自不待言。而编者于 1962 年 7 月撰写的三篇"书跋"，则提供了两地"文管会"征书活动的信息片段。如《苟全近录》跋文说："姚氏（指松江人姚济，号苇城道人——引者注）原稿藏松江雷氏，上海市文物保管委员会录副排印"，《癸丑纪闻录》跋文说："向无刻本流传，原稿系苏州市文物保管委员会在嘉善访得"，《见闻录》跋文说："作于清同治八年己巳（一八六九），苏州市文物保管委员会藏稿本一册……"，可见当日搜辑文献之功。跋文作者自是"文管会"中的高士，可惜已难考证具体是谁了。

陈纶（1887—1970），字谷岑，出生于江阴西乡葫桥镇。幼受庭训，志学力行，苏州优级师范学堂博物学科（即现在的生物学），以最优成绩毕业，奖授师范科举人，履职邮传部，未就。先后执教于浙江湖州等地中学，并任江苏江阴南菁中学、无锡中学校长，是无锡地区一位负有声望的教育家。他虽家境清贫，但在江南沦陷于日寇期间，以老母在堂为托辞，始终不任敌伪之职。抗战胜利后，任江苏省教育厅秘书兼江苏省立图书馆馆长。1949 年 10 月担任苏南文物管理委员会主任。他是苏南行政公署第

① 谢国桢《江、浙、成都访书观感》，见《江浙访书记》，北京：三联书店 1985 年 12 月，第 9 页。

一届特邀人民代表，后来担任了江苏省文物保管委员会主任，为筹备建立江苏省博物馆做出了贡献。

陈鸿佑在《回忆二叔陈谷岑》中写道，作为“无锡一位很有声望的教育家”，他“办学时既循循善诱地鼓励学生好好读书，又抓实物教育，所办的学校、图书馆和博物馆内容充实，是当时全省各中学中规模最大的，可惜在日军入侵时都毁于战火”，但“他为发展教育，抢救、保护和整理苏南地区文物、图书工作，都作出了不少贡献”，尤其是在担任江苏省文物保管委员会主任期间，“主持收集、整理、抢救、保护了战后遗留下来的文物及文史资料；修复了拙政园（这是苏南行政公署领导，根据周恩来总理的指示提出的）”①。

吴霖（1916—2006）在《陈谷岑与苏南文管会》一文中也曾专门回忆说：

> 苏南文管会初设于无锡中市桥巷秦宅，苏南行署文教处派我和何人俊协助陈老开展筹备工作。1951年，文管会从无锡迁到苏州，会址选定在太平天国忠王府，当时这里是苏州专署的所在地……苏州的许多收藏家，如李根源、叶恭绰、吴湖帆、潘景郑、顾公硕、彭恭甫等，在陈老的鼓励推动下，先后捐赠了不少文物、图书。
>
> 文管会除了派员分头接收“土改”、“镇反”运动中所没收的以及由各界捐献的文物、图书外，当时又接到两项十分艰巨的紧急任务：一是虎丘塔突然发生危险，有倒坍之虞；二是保圣寺内唐人杨惠之所塑的罗汉遭到麻雀破坏，亟须抢救……1956年，苏南、苏北两区文管会合并，在南京成立“江苏省文物管理委员会”，另在苏州筹设江苏省博物馆，馆址仍在忠王府。于是文管会将拙政园、留园和狮子林等园林移交给苏州新成立的园林管理处，大批古籍图书陆续移交给江苏省图书馆（即南京图书馆——引者注）。当时苏州市文物管理委员会也由地方人士谢孝思、范

① 陈鸿佑《回忆二叔陈谷岑》，见《无锡文史资料》第18辑，1987年11月印行，第26—28页。

烟桥、周瘦鹃、顾公硕、余彤甫、王志芳等筹组成立①。

对于苏南区文物管理委员会的贡献，顾颉刚（1893—1980）在1954年3月为沈燮元所编《苏南区文物管理委员会方志目录》的序言中评价说："苏南区文物管理委员会创立于解放初，五年以来精进迈行，兼收并蓄，图书、博物两馆已杰然为国内重镇。沈君燮元，好治流略之学，掌理图书，在陈主任委员谷岑领导下，各方奔走，毕力寻求，无锡薛君民见，又举抗战中所收若干种归之，凡得方志千四百种，以江苏占百七十七种为最，河北、山东、浙江、四川次之，皆逾百种，因汇编一目以资检索，有志为地方文献之学者，知必有取于斯……"②

（二）积极抢救、收集和整理历史文献、文物的上海市文物管理委员会

史载，1949年4月，在中国人民解放军进军上海的途中，时任第三野战军司令员的陈毅（1901—1972），就向部队指战员反复强调"上海是人民的上海，人民的上海应完整保存好"，他指出："还应组织力量加强对文物、图书的保护，因为上海也是书海。"③

5月27日，上海解放。9月17日，由时已担任上海市市长的陈毅，聘任李亚农（主持工作）、徐森玉、柳诒征、吴仲超、吴景周、张崇禅、尹石公、沈迈士、沈尹默、谢稚柳等，正式成立了上海市文物保管委员会，并拨出专项经费，在上海市今淮海中路（旧称"霞飞路"）1708号开始工作（后迁天平路）④。

1950年至1953年在上海新闻图书馆任馆员，同时兼授上海圣约翰大学新闻系新闻史专题课的方汉奇回忆说："50年代的最初三年在上海，赶上'土改'和'三反五反'，一些旧的大户人家纷纷贱卖存书，旧书市场

① 吴霖《陈谷岑与苏南文管会》，见《山水情未了》，上海：文汇出版社，2010年3月，第166—170页。

② 顾颉刚《苏南区文物管理委员会方志目录》序，见《图书馆杂志》，1982年第1期。

③ 汤伟康、孙秉良，《上海图书馆》，见《上海风物志》，上海：上海文化出版社，1982年12月，第251—252页。

④ 赵晓恩，《六十年出版风云散记》，北京：中国书籍出版社，1994年4月，第120页。

价格低廉，线装书尤其便宜，便宜到可以用一斤普通的报纸换一斤书，一部线装的《二十四史》，当时只值十来二十斤废报纸的价钱。可惜我当时的兴奋点在搜访和新闻史研究有关的旧报纸上，不大留意于这些线装书，但也着实买了不少有价值的旧报资料，其中有不少还是较为罕见的海内孤本，它们在当时的价钱比那些不值钱的线装书还要便宜。小小的书斋也因此充实了起来。1953 年到北大后，历年收集的近 3000 种藏报，全部送给了公家……"①

当其时也，上海市文物管理委员会的主要职责是，接收该市各单位移交和公民捐献的古物、书画和图书，收购和抢救流散各处的珍贵文物古籍，调查和保护该市重要的古迹、古墓和名胜，审查和鉴别上海海关出口的文物等工作。而其工作目标，则一开始就颇为明确，即为创办上海图书馆和上海博物馆打下藏品基础。

在上海文管会委员中，以著名文史学家、图书馆学家柳诒征（1880—1956）年事为最高。柳氏字翼谋、希兆，号知非，晚署劬堂。江苏丹徒人。当日分工专任古书旧籍的鉴别审定之职。遂有一部八册的《检书小志》（稿本待刊，藏于其孙柳曾符处），逐日记录了他在"文管会"工作期间所检视之书，此项工作大抵至 1953 年 3 月稍毕。

徐森玉（1881—1971）是著名的文物鉴定家，金石学家，版本、目录学家。1950 年 6 月 11 日，郑振铎在致唐弢的私函中还曾特意交待抢救大量流散于市的"废纸"工作时交代说，应万分地爱护这位当今"国宝"。

1951 年 6 月，因郑振铎推荐而参加上海市文物管理委员会工作的瞿凤起（1908—1987），曾代表该会至上海董家渡造纸厂检查报废书刊资料。结果检出旧刊古籍甚多，如唐弢所说的宋代葛洪《蟠室老人文集》，就是其可喜收获之一。此外还有有关太平天国的文献资料等。此后又从所谓"废纸"堆中发现了明刊《三峡通志》、清康熙刻本《通州志》等。

1951 年 3 月，上海市军管会聘请顾颉刚、顾廷龙、柳诒征等 9 人为即将创办之上海图书馆筹备委员会委员。次年 7 月 22 日，该馆成立，接收

① 方汉奇《书斋回首》，见《我的书斋》，北京：科学普及出版社，1998 年 3 月，第 210 页。

了上海市文管会建立以来的所有征集品和捐献物①。因此，在早期的馆史介绍中，上海图书馆都称"由上海市文物保管委员会筹办"，并说："截至1956年3月底为止，我馆藏书数量共有一百四十余万册，其中大部分是在文物管理委员会时代接管各机关移交及接受社会人士捐献的。线装书占八十余万册，多通行之本，而且复本很多，其中方志、医书、金石、书画等类书已编有专题目录。中文善本有三万五千余册，其中有宋刻本七十余种，金、元刻本十余种，孤本秘笈若干种……"②

1950年3月，上海市文管会接受了姚昆群、姚昆田向上海市人民政府捐献的其父姚光（1891—1945）的复庐遗书283箱，又61麻袋，计5万册，其中多抄校本、乡邦文献、清人文集和金石碑版，孤、善本不少，成为后来建立的上海图书馆的重要藏书基础之一。

次年，该会又接受了刘体智（1880—1963）的远碧楼所藏书籍400箱、约67 873册的捐献。刘氏40年间辛勤藏书，好收《四库全书》原本，得宋本如《宏秀集》、《切韵指掌图》等近10部，方志1000余种，自著有《善斋吉金录》和《小校经阁金文拓本》等。其《远碧楼书目》由10卷增益至32卷，著录藏本2400部，约七八万册。郑振铎曾编有《远碧楼书目提要》5卷。

近代知名词家、南社诗人陈匪石（1883—1959）出身于江宁书香门第，其先辈久居南京明瓦廊，以香月楼为藏书之所，毁于清同治三年（1864）太平军占领南京之役。匪石之父陈道南再事藏书，匪石亦增益秘古书旧籍甚多，复藏至近万卷，于1937年日寇侵占南京城时失去其半，所残存之抄校本，连同匪石自藏之书，编为《旧时月色斋藏书目》。去世后，其女陈芸遵遗愿将所遗古书旧籍、字画文物等4000余册（件）全部捐予陈氏生前供职的上海文物保管委员会，遗著有油印本《陈匪石先生遗稿》③。其弟

① 据顾廷龙回忆，陈毅十分关心"上海的文物、图书事业"，上海市文管会、上海图书馆、上海博物馆等的建立都得到了他的直接关怀和支持。他在《十年苦干，抢编出善本书总目》一文中说，1965年的一天，陈毅在锦江饭店接待时表示，杜甫和王安石的诗文集，是他最喜爱的两部古书。当时桌上摆着的本子，前者是商务印书馆根据上海图书馆收藏的宋版本影印的，后者是上海古籍书店影印的。

② 《四年来的上海图书馆》，见《图书馆工作》1956年第3期，第66—71页。

③ 隋璧《陈匪石传略》，见《文教资料》1989年第3期，第6页。

子霍松年回忆说:"1983 年冬我在上海开会,特意到陈芸师姊家去寻访陈老师的遗书遗稿,看看能否整理出版。但除看到几个薄薄的油印本而外,别无所见。据陈芸师姊说:陈老师逝世后,她将宁、沪两地藏书和手稿全部捐献给上海文物管理委员会,'文革'中幸得保全,现藏上海图书馆。据我所知,陈老师的藏书数量很大,又多是珍善本,很足珍贵。"①

1955 年秋,上海造纸工业原料联购处从浙江遂安县收购了一批约二百担左右"废纸",将被化为纸浆再造新纸。上海市文化局获悉根据浙江文物保管委员会的通知联系后,了解到其中线装书较多,就组织人力开展了抢救工作,前后花了 11 天时间,挑选出了很多有价值的文献入藏上海图书馆。顾廷龙回忆说:

> 我连夜奔赴现场察看,发现"废"中藏宝,翌日即率员前往翻检。工作现场是纸屑飞扬的垃圾堆,我们不顾尘垢满面,汗流浃背,一大包接一大包地解捆,逐纸逐页地翻阅,片纸只字,只要有资料价值,绝不轻易放过。经过连续十一天的劳作,一大批珍贵历史文献被抢救出来。从内容上说,有史书、家谱、方志、小说、笔记、医书、民用便览、阴阳卜筮、八股文、账簿、契券、告示等。就版本而言,有传世孤本、明万历十九年刻《三峡通志》,流传稀少的明本《国史纪闻》、《城守验方》,明末版画上品《山水争奇》,还有不少旧抄与稿本。值得一提的是,清代朱卷与家谱之所以能成为上海图书馆的收藏专门,与这次在废纸堆中披沙拣金是分不开的。
>
> 鉴于此次发现的大量有关经济、教育、风俗等史料,绝非从正史中能找到,也不是化钱可随便买到,我当即在报上撰文,呼吁各地教育机关必须关心当地图书文物情形,向群众进行广泛宣传,以杜绝将珍贵文献弃为废纸的现象再有发生。同时提出了十数种容易被人们忽略的资料,譬如旧社会死人,大都要发"讣闻",有的附上"小传",有的附上"哀启"。若将许多"小传"汇编起来,就会起到类似明朝《献征录》、清代《碑传集》的作用。又如旧的电影说明书,汇集起来,就是电影事业发展史的重要

---

① 霍松年《怀念匪石师》,见《文教资料》1989 年第 3 期,第 24 页。

资料……①

他认为，"在挑选的问题上，首先碰到的问题，就是'取'、'舍'的标准，在这个问题上，可能大家的看法还有些不一致。我的看法是标准应当宽些，如果紧了很容易使许多历史文献失之交臂"，因而所谓"废纸"，大致可分为以下3种类型：

①确实毫无用处的废纸，如：复本多、流通广、传本众的旧书，年代近而又同型同时的契券、账簿、教科书、学生作业簿等，可作废纸处理。

②可以供历史研究参考的，如这次搜集的八股文、账簿、万宝全书、阴阳卜筮等书，都可以从中得到经济、教育、风俗等的史料，这些史料决不是正史中找得到的。这一类的书籍应当尽量保存。

③很有价值的书，但曾被误认作无用而废弃的，如这次挑选出的《国史纪闻》、《三峡通志》、《严州府志》、《山水争奇》等。

因此，废纸内容包罗万象，要做好这项工作，必须多吸收研究各种专史的人来参加，或提供意见，否则许多材料会因外行人认为无用而仍旧当作废纸处理的。同时，我又体会到单从抢救废纸着手，仍旧会使许多珍贵的资料受到损失……各地的文教机关必须经常关心当地的图书文物的情形，除主动访求外，并应向群众进行广泛宣传，引起广大人民的注意，重视图书、文物的保存，从而杜绝把珍贵文献当作废纸②。

1957年上半年，上海市文化局、上海图书馆、上海市古旧书店组织人员，从废纸堆中抢救性整理出14万余册古旧书籍，其中有一些是珍贵的善本。

1960年秋，江苏人民出版社、南京图书馆和省新华书店曾组成了一个联合"访书小组"，转赴全省各地搜集具有史料和版本价值的书刊，此

① 顾廷龙《我和图书馆》，见张世林编《学林春秋》初编上册，北京：朝华出版社，1999年12月，第59—60页。

② 顾廷龙《我在废纸中抢救历史文献的一点体会》，见《顾廷龙文集》，北京图书馆出版社、上海科学技术文献出版社，2002年7月，第638页。

举一共购得300余种,其中包括明代万历以后的善本书13种,以及《新青年》等早期革命书刊多种。此行访求而来的成果,江苏省出版局资料室曾开辟过专室,陈列展览。

从1953年7月到1957年4月,上海市文物保管委员会将这三年半时间内新征集到的文物珍品,选择一部分举办了"工作汇报展览会"。仅仅在这一段时间内,该会新接受的私人捐赠就有:(1)吴篁铭所藏线装书5册;(2)陈达力所藏稿本41册;(3)劳绯所藏线装书10册;(4)黄廷豪所藏线装书25册;(5)陶美珍所藏线装书35册;(6)张美道所藏平装书38册;(7)陈福咸所藏平装书57册;(8)于宗傍所藏线装书282册;(9)费霍所藏线装书1168册;(10)汪守中所藏线装书204册;(11)郑允恭所藏散页图书14包;(12)孙伯渊所藏拓本4000件;(13)徐森玉所藏瓷器和明刊本3件;(14)陈叔龙所藏刻本、抄本77册;(15)徐遂千所藏线装书1773册;(16)周越然所藏元、明刻本133册;(17)罗伯昭所藏文物、资料和书籍75件;(18)冯纪宗、冯纪宪所藏中文平装书和线装书100册;(19)周煦良、王纪泽所藏集邮杂志、图书2938册等。

此次"上海市文物保管委员会工作汇报展览会",共计列展书籍200余种,其中:

古写本有《维摩诘经》、《华严经》和敦煌唐写本河西户籍等。

刻本有北宋的《陀罗尼经》、南宋的《春秋经传集解》、金代卷子《法苑珠林》、元代的《大乘本生心地观经》等,其中明刊最多,有《牡丹百咏》、《律条疏议》、《德清县志》、《按辽疏稿》,以及带图本《琵琶记》、活字本《夷坚志》、《松筹堂集》等。清刻精本也不少,有《遍行堂集》、《白岳凝烟》和活字本《洗雪斋时议》等。

抄本有天一阁抄《摄生要义》、《西京杂记》以及澹生堂丛抄20种等。

稿本有《文征明诗文稿》、《建安七子集》、《毛诗地理释》和《隐居通议》等。

与此一起展出的,还有旧拓本、名人尺牍和朝鲜旧刻本等,可谓琳琅满目。

当年检出的善本如松江姚光收藏的张文虎(字孟彪,号啸山,1808—1885)同治间日记两册,顾尚稿本,陈眉公评本《西厢记》,崇祯《松江府志》,姚氏过录柳氏旧藏的惠定宇、张皋文批本《汉书》等,均存上海图书馆。至 2001 年 12 月，经陈大康标点整理后，以《张文虎日记》为名，由上海书店出版社印行出版，凡 21 万余字。

笔者曾在北京大学图书馆得见一册上海市文物保管委员会于 1956 年 10 月 5 日寄赠北京大学陈岱孙（1900—1997）的线装写刻油印本《上海市文物保管委员会善本书目》，其附函云："兹将我会自一九五三年七月至一九五五年十二月所征集的珍本图书，编印《善本书目》一种，以适应学术研究参考的需要，谨随函附奉一册，请予指正。至一九五三年七月以前所征集的珍本图书，则已全部拨交上海图书馆，故不列入。"

现观《上海市文物保管委员会善本书目》，依照经、史、子、集四部分类。其《编印说明》指出："本编所著录善本为我会一九五三年九月至一九五四年十二月所收购接收及受赠者（绝大部分系收购），一九五五年一月至十二月则为续编，一并付印，以供参考"，"善本范围各家藏目皆未确定，本编于宋、元、明刻本，明钞本外，清代刻本、钞本则暂以传本较罕、有裨实用者著录之，然不免有过而存之者"。

《上海市文物保管委员会善本书目》正、续编合装为一册，凡著录经部明范氏天一阁抄本《苏氏易传》九卷三册、清焦循《毛诗草木鸟兽虫鱼释》十二卷三册，史部元刻残本《史记》一册等书约四百种。1956 年，又编印了《上海市文物保管委员会善本书目三编》。此外，该会还曾利用征集到的文献，整理编纂了《上海农谚》（中华书局 1961 年版）等书出版。

当年，上海市文管会不仅接受捐赠书籍，对于一些流散在市面上的重要历史文献也曾斥资购买。顾颉刚（1893—1980）记道："一九五三年五月回苏州，在琴川书店见王颂蔚稿本一束，大部分为《周礼》分类及辑佚书，蝇头小字，足见其勤。索价四十万元，予力不能购，劝苏南文管会购之，不知能成事否？"此批稿本，实为苏州学者王颂蔚（1848—1895）遗稿，有《明史考证捃遗》原稿以及所抄录的史料，珍贵可知。后又补记交代说："此稿今已由上海文管会以七十万元得之萃古斋书肆，归上海图书馆保存。"①

但"文管会"专家们开展有关工作时的社会压力甚大。陈训慈

① 顾颉刚《王颂蔚稿本》，见《苏州史志笔记》，南京：江苏古籍出版社，1987 年 12 月版，第 177 页。

(1901—1991)回忆说:“解放以后,政府创立浙江省文物管理委员会,邵裴子先生任主任,命余以专委兼图书资料工作。当时一般群众,不了解国家保护图书文物之政策,竟有讹传今后古籍旧书为无用者,人心未定,乃有纸业生产者运取名贵旧书毁为造纸与伞扇原料之事。”①

在1958年3月6日召开的全国文物、博物馆工作会议上,王冶秋(1909—1987)则曾批评说,当时文物收购工作中存在的问题,主要集中在“错”和“漏”两方面。他举例说:“如一张元代‘大驾卤簿图’很好,本来要1600元,未买,后走私至香港,1956年上海文管会又以高达二三万元价格买回。”②

可见当日各地“文管会”的专家们在开展珍贵历史文献和文物的抢救工作时实为不易。

五、光明日报社社论《古旧图书不应再任令损毁!》所披露的民间毁书现象

对于我国古旧书行业的从业者来说,20世纪50年代中叶,注定是一段在精神上十分纠结的岁月。

1956年2月9日,时任副总理的陈云(1905—1995)发出了“对古旧书业的改造要慎重些……要很好使用那些懂行的专家,不要轻易大变,丧失他们应有的积极性”等有关指示。6月上旬,文化部在北京、上海、天津等八省市对古旧书业改造的座谈会上,形成了“这个行业就其性质而言,是一个文化服务性质的行业。它属于私营商业,但又不同于一般性的资本主义商业”的共识,并在随后发出的《关于加强对古旧书业领导、管理和改造的通知》中,明确批评了把古书业一律改为新书业或转营其他行业,旨在“消灭古书业”的错误做法,提出了“这个行业中的专门人才,应当当作技术专家看待,是国家宝贵财产的一部分,要很好地加以使用”的

① 陈训慈,《贩书经眼录》序言,见严宝善编录《贩书经眼录》,杭州:浙江古籍出版社,1994年12月卷首。

② 王冶秋,《反浪费,反保守,思想大跃进,工作大跃进!》,见《王冶秋文博文集》,北京:文物出版社,1997年9月,第60页。

指导性意见，以及注意发挥其“特长和积极性，推动其改善经营，加强古籍的搜集、整理和供应，更好地满足学术研究工作者的需要；同时要注意掌握它们的图书目录，防止珍贵的古典文籍流失和出口”的具体工作方针……这一系列方针政策的内涵，在当年9月6日《人民日报》发表的《安排和改造古旧书业》的社论中，得到了进一步的昭示。因为该社论明确指出：“适时地纠正私营古书业工作中的缺点，加强对古书业的安排和改造，特别是积极地领导他们开辟货源，扩大古籍流通，是当前文化部门的一个重要任务。”

9月3日，较多地掌握了全国各地实际古书古物损毁情况的郑振铎，在《人民日报》的一篇专栏文章里，从上海一位古旧书书商到徽州收购时在当地废纸堆中“救”出了明万历年间余象斗所刻小说《列国志传》残本第八册说起，尖锐地批评了安徽等地有关人员“糟蹋、毁坏文献和科学研究的资料”的现象。他谴责道：

> 禁止以古书造纸，早已有了明令。但未能贯彻下去，各地造纸厂，不知毁坏了多少有用的好书和资料。四川省曾经抢救出“只手打孔家店”的吴虞的日记的稿本，足足有百册。浙江省救出了太平天国时代做过上海道，和帝国主义者们勾结起来，组织“长胜军”的吴煦家里所保存的档案。南京赵世暹先生曾从论担称斤的旧书里，获得了宋刻本的《金石录》三十卷的全书。上海方面，也在造纸厂所收集的将作纸浆的旧书里，找出了不少好书、好资料。没有被发现而在不声不响之中被毁灭了的好书、好资料，更不知道有多少！一旦失去，从此不见天日！
>
> 安徽省是一个文献之邦，徽州一带，尤为古旧书籍集中之地。据上海的那位“专家”告诉我，一扎一扎的古书，不知道有多少，在等待着“入锅化浆”。他想仔细地检查一番，但造纸厂的人却不耐烦俩，只好草草地收场回来。又曾看见炮仗铺里，用明朝白棉纸印的书，撕得一页半页的作为鞭炮的心子，据说，用这种好纸做炮仗，会放得特别响。他和他们商量，能够在纸堆里检些什么出来。但他们干脆地拒绝了，连纸捆子也不让打开。这不是很可伤心的事么？
>
> 不仅安徽省得好好地、大力地杜绝这样的糟蹋、毁坏文献和科学研

究的资料的事的继续进展下去，别的地方也应该同样努力地防止把古书作为“废纸”，作为造纸浆的原料。有的地方，收废纸的人为了怕文化部门的人找“麻烦”，在打包运出之前，就把整本、整部的书，故意地先行撕破扯烂，省得有人来检拾什么，正像收集“废铜”的“社”，收到古代青铜器或旧的铜佛像等等，便先行打烂敲碎，碎得一片片地，一小块一小块地，以免“文管会”等等的人来挑选。我们不明白，这是一种什么心理在作祟！这一册《列国志传》是幸运地才不至“冤沉海底”了，但其他七册呢？已化为纸浆了！见此一册的得“救”，益感他册，乃至无数他书的不能及时“救”出的痛心！这便是我们之所以要这样“大张旗鼓”宣传这部或这一册书的主要原因了①。

但在实际工作层面，由于文化价值观的时代变换，尤其是广大基层干部在时政观念所受束缚，及文化素养和知识水平上的局限，古书旧籍资源在民间的流散和损毁问题，一直没有在三令五申中得到很好的解决，这集中体现在1956年10月25日《光明日报》的社论《古旧图书不应再任令损毁》之中。

据该社论披露，“农村财主家的藏书大量被毁”，被认定为与“把古书作为造纸原料”、“商店、摊贩拆散古书作为商品包装用纸”并列的古旧书大量损毁的三大途径。该社论举例说，仅安徽歙县一个纸坊，一年就要销毁五六万斤古书；至于“土改”运动中，更有许多地主家的藏书被农村干部当作封建迷信的东西随便销毁，也有的被作为“浮财”分配给农民后，做了引火纸、包装纸，或被烧火作炊，或长期封存，在鼠咬、虫蚀和霉烂中不断毁坏。因此，该社论号召各级政府要积极采取搜集和保护民间古书的切实可行措施②。

同年12月24日，郑振铎在对《文汇报》记者发表谈话时，仍在急切地呼吁社会各界要“宝爱民族遗产，保护文化古物”。他说：“上海最近从废纸堆中抢救出明刻本《三峡通志》和康熙刻本的《通州志》两部重要的志

① 郑振铎《漫步书林》，见《西谛书话》，北京：三联书店，1983年10月，第671页。

② 《古旧图书不应再任令损毁》（光明日报社社论），见《光明日报》，1956年10月25日。

书……目前各地用线装书造纸的情况仍然严重，必须从根本上禁止并加紧检选工作，改变毁坏文物的情况。根据政府法令，凡毁坏重要文物者必须依法惩处；凡保护文物有功者也必须加以表扬和奖励。”

为此，文化部文物局加快了公布“文物保护单位名单”的工作，可惜当时没有对如何保护珍贵的古书善本提出更具体的办法①。

如笔者家乡所在的江苏太仓，在实行“土改”期间，曾集中有从民间没收来的各类古旧书三大间，满满堆存在县城城厢镇新东街钱氏祠堂内，数量多至10余万册，内有不少宋、元刻本，直至1957间仍堆叠于此。据1985年参与编写《太仓县志》文化志部分的知情人介绍，在“文革”前，时有上海市及江苏省里一些党、政领导人到太仓视察工作时，挑拣一些古籍、文物带回。在60年代初，当时的县委曾聘请10多位耆老与书商黄云鹏等人一起进行整理和编目，直至1966年发生“文化大革命”为止。在“文革”后期，被用大卡车拉至沙溪造纸厂打成纸浆制成了生活用纸。

至于太仓文化馆与太仓师范原也藏有大约万册左右的古籍，还有一些太仓藏书家、刻书家缪朝荃“东仓书库”的木刻书版，结果这些书版在“文革”时期被人烤了火，而这些古籍除一部分被焚毁外，其余被调拨到新成立的常熟师范专科学校。省、市有关部门也曾调走部分古书。

如今收藏在太仓图书馆的600余部古籍残本，均系“文革”初期本地“红卫兵”与“造反派”抄家所得的残散幸存之物，1977年，由“太仓县革命委员会文管委”移交给县文化馆的，当时登记在册者为2100余册。1979年图书馆单独成立后，对这批古籍进行了造册登记。至1984年、1985年“落实政策”进行被“抄”文物清退时，退还了其中一部分。因此，在现存1600余册古籍残本中，有明末版《鲍参军集》（二册全，为足本），

① 郑振铎《宝爱民族遗产，保护文化古物》，见《郑振铎文博文集》，北京：文物出版社，1998年12月，第333页。他在1956年9月3日《人民日报》的专栏中，从上海古书铺一位书贾到徽州收购时，在当地废纸堆中“救”出的明代余象斗所刻小说《列国志传》残本说起，尖锐地批评了安徽等地有关人员“糟蹋、毁坏文献和科学研究的资料”的现象。他说：“禁止以古书造纸，早已有了明令。但未能贯彻下去，各地造纸厂，不知毁坏了多少有用的好书和资料……有的地方，收废纸的人为了怕文化部门的人找‘麻烦’，在打包运出之前，就把整本、整部的书，故意地先行撕破扯烂，省得有人来检拾什么……我们不明白，这是什么一种心理在作祟！”

有清康熙、乾隆版书籍多部（凡100余册），有近千册一般性古籍，还有一些地方史、志，大多为残缺不全，还有版本重复的《康熙字典》之类，以及部分民国年间印本。

在此过程中，原太仓文化馆长陈庆元曾在沙溪纸厂，在将要被打成纸浆的古旧书中，拣回过1000余册古籍，后被江苏省文管会调走，送往省博物馆收藏，是为一桩大功德。

总之，从1950年开始的“土改”到1976年结束的“文革”，是珍贵的历史文献在中国古旧书文化史的一段辛酸史，不说也罢。

（本文据徐雁著《中国古旧书文化史》下册有关手稿编缀而成，该书将由科学出版社2013年出版）

藏书印章与版本考证

——以红雨楼藏书为例

马泰来

（美国普林斯顿大学葛思德东亚图书馆）

藏书印章有助版本考证，尤其是认识某书的递藏经历。但是，印章有可能是赝品，因此不可盲从。反之，印章即便是真，也可能出于后人钤盖。近年因为追访红雨楼旧藏，看到不少福州徐氏家族藏书印记，兹以为例，述说中国藏书印章的一些特点。

徐氏家族藏书第一世是徐棉（1513—1591），贡生，曾两任教官，以知县致仕。藏书后多归长子徐熥（1561—1599）及次子徐𤊹（1570—1643）。徐棉并无藏书题记传世，藏书印记亦罕见。第二世是徐棉儿子：长子徐熥，字惟和，举人，未仕早卒；次子徐𤊹，字惟起，又字兴公，明季诗人清客。兄弟先后修建绿玉斋及红雨楼，用为藏书及读书之所。第三世是徐棉孙子，徐𤊹的儿子徐陆（1590—1616）和徐延寿（1614 年生）。第四世是徐棉曾孙，徐陆的独子徐钟震（1611 年生），字器之。

存世徐氏藏书印记，详见附录，备供查考。藏书所盖印章，其实仅少部分是专为藏书而刻的印章，大部分是个人私章。不过盖章目的相同，就是显示所有。徐氏家族在藏书上所写题记，多有印记，今亦收入。见闻有限，缺漏难免，尚待方家补订。

徐家专为藏书而刻的印章，知见有 8 种："闽中徐𤊹惟起藏书"，"闽中徐惟起藏书印"，"徐惟起藏书印"，"晋安徐兴公家藏书"，"鼇峰徐氏宛羽楼藏”,“鳌峰藏书”,“鳌峰徐氏家藏书画”,“徐熥真赏”。后二种应亦盖在书画,而不单在藏书。

红雨楼藏书,所盖私章,徐棉有:“徐棉私印”,“徐棉之印”。徐熥有:“徐熥之印”,“徐氏惟和”,“徐印惟和”。徐𤊹有:“徐𤊹”,“徐𤊹私印”,“徐𤊹之印”,“徐印惟起”,“徐氏惟起”,“惟”“起”,“徐兴公”,“徐氏兴公”,“兴公”,“兴”“公”,“兴公父”,“风雅堂印”。徐钟震有:“雪峰樵”,“器之”。此外“绿玉山房”,疑为徐熥、徐𤊹兄弟二人共用。“鳌峰”,“鳌峰学者”,“鳌峰清啸”,疑皆为徐𤊹印章。

引用藏书印章,必须能辨字,及熟习人名字号。例如“兴公父”印章,近人或识为“兴公文”①,明显不通。“闽中徐惟起藏书印”,有人照字面解释为“闽中为旧时福州府的别称,显然这原是福建省福州府徐惟起的私人藏书”②,没有花时间追查徐惟起为谁。

书籍如为作者或编订者自藏本,多为首印精品,价值高于一般后印本。倘书传三世,尤应特别说明。台北“中央研究院”历史语言研究所傅斯年图书馆藏《沧浪诗集》四卷《沧浪诗话》一卷,明何望海编。卷首徐𤊹序,末云:“兹樵阳何若士先生博雅穷诗,敬恭维桑,复校订精详,欲(寿)[授]诸梓。余因考其岁月地里,庶几得先生之大都矣。”有“闽中徐惟起藏书印”及“雪峰樵”、“器之”等藏书印记。

应为徐𤊹自藏初印本,后归其孙徐钟震。此书为邓邦述(1868—1939)群碧楼旧藏,《群碧楼善本书录》但云:“明刻本。前有徐𤊹序,《诗话》有咸淳四年黄公绍序。”群碧楼及傅斯年图书馆,似皆未晓“雪峰樵”、“器之”为谁,致未重视这些藏书印记③。按徐钟震文集曰《雪樵集》,前国立北平图书馆旧藏,现寄存台北“故宫”。“雪峰樵”为徐钟震别号,应无疑问。

① 林英,陈煜奎:“《寿宁待志》何时佚失与如何流入日本”,《宁德师专学报(哲学社会科学)》1984年第2期,第45页。

② 任沛霖:“历代《涿州志》收藏考略”,《档案天地》2004年第4期,第27页。

③ 邓邦述,《群碧楼善本书录》(1930家刊本),卷3页24—25。

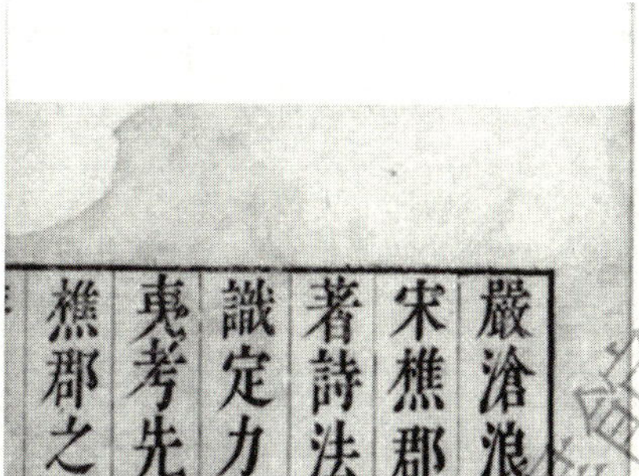

嚴滄浪集序
宋樵郡嚴滄浪先生工於詩嘗
著詩法上下古今辨別體製卓
識定力後世奉爲蓍龜無論已
夷考先生生於宋之末季高隱
樵郡之莒溪群從九人俱能詩

图 1 傅斯年图书馆藏《沧浪诗集》

徐𤊹书斋,名号甚众,其一为“风雅堂”,时彦或以为徐𤊹堂名①。按徐𤊹编、张维诚刊,宋谢翱撰《晞发集》十卷,傅增湘(1872—1949)旧藏本现存中国国家图书馆。傅氏云:“卷中有‘徐惟起印’、‘风雅堂印’白文两印,知为兴公刻成后自藏初印之本……楮墨明净,触手如新,无朱墨点污之痕,无虫鱼蠹损之迹。”

① 陈庆元辑:“徐𤊹佚诗佚文”,第 5 页,收入《徐𤊹集》,扬州:广陵书社,2005 年,第 2 册。

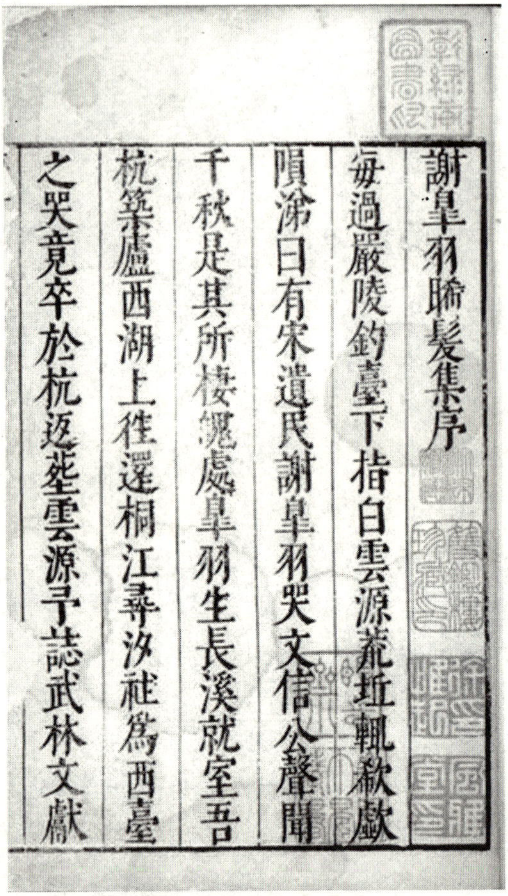

謝臯羽晞髮集序
每過嚴陵釣臺下指白雲源荒址輒欷歔
隕涕曰有宋遺民謝臯羽哭文信公聲聞
千秋是其所棲魂處臯羽生長溪就室吾
杭築廬西湖上往還桐江尋汐社爲西臺
之哭竟卒於杭返葬雲源予誌武林文獻

图2　中国国家图书馆藏《晞发集》①

印记又见北京大学图书馆之徐𤊹旧藏明嘉靖十九年(1540)私淑轩刊本《文心雕龙》。②

① “万历本〈晞发集〉跋”,《藏园群书题记》卷15。

② 马泰来:“北京大学图书馆藏明私淑轩刊本《文心雕龙》徐𤊹题记考释”,《华学》第9—10辑(2008),第1979—1984页。

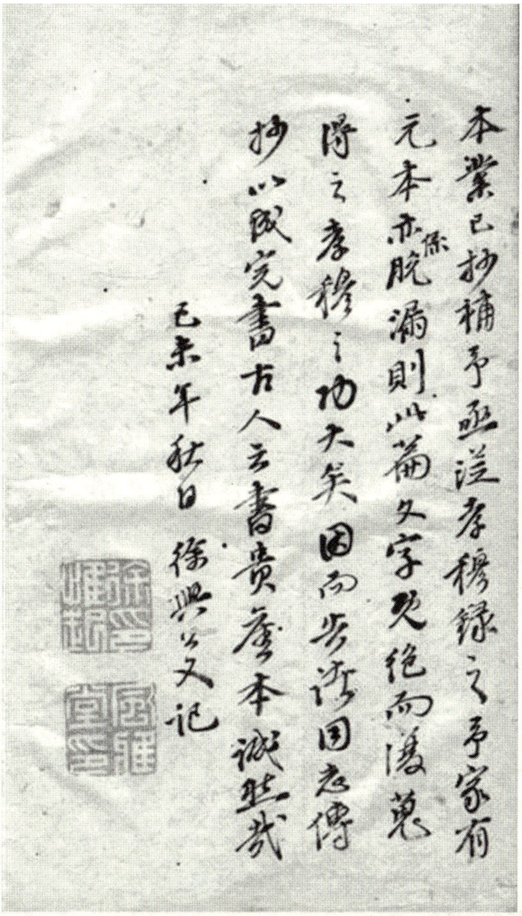

图 3　北京大学图书馆藏《文心雕龙》

个人私章盖在藏书，便成藏书印章。但亦用于平日题署。上述《晞发集》刊本，书首有徐𤊹序，序后刻有“徐氏惟起”和“风雅堂印”两印。

总之“风雅堂”为徐𤊹书斋，不容置疑。

今日追访红雨楼旧藏，端赖藏书印记及少量藏书题记；未见有赠书题记或印记，大异今人赠书惯例。一些红雨楼藏书，作者为徐氏友好，而书上仅有徐氏印记，猜想应为作者赠书，例如冯梦龙（1574—1646）撰《寿宁待志》、曹学佺（1574—1646）撰《诗经质疑》等。又如中国国家图书馆藏，明费元禄撰《鼂采馆清课》，有徐𤊹题记：

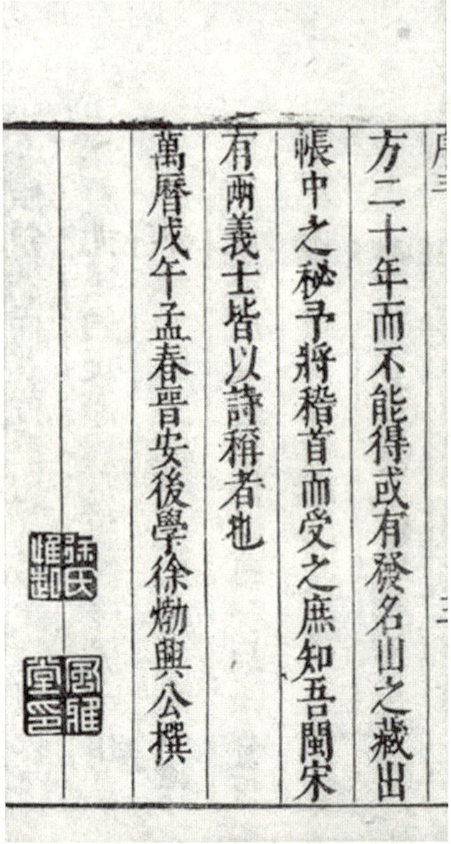

方二十年而不能得或有發名山之藏出
帳中之秘予將稽首而受之庶知吾閩宋
有兩義士皆以詩稱者也
萬曆戊午孟春晉安後學徐𤊹興公撰

图4　中国国家图书馆藏《晞发集》

> 万历辛丑(1601)长至后,过铅山,得费学卿出此示教。是夜风雪至甚,宿鼍采馆中,围炉达旦,遂阅终卷。徐惟起识。
>
> 及"兴公父"印记(倒盖!)。

此书无疑是费元禄贻赠,但无费氏题记或印记。

藏书印记可助考证版本年代,但并非绝对。王重民《中国善本书提要》,著录美国国会图书馆藏清顺治间刻本《阅史约书》,王光鲁著,有崇祯十六年(1643)自序,卷内有"晋安徐兴公家藏书"印记①。据徐钟震"先大父行略",徐𤊹卒于崇祯十五年十一月二十五日,即公元1643年

① 王重民,《中国善本书提要》,上海:上海古籍出版社,1983年,第126页。

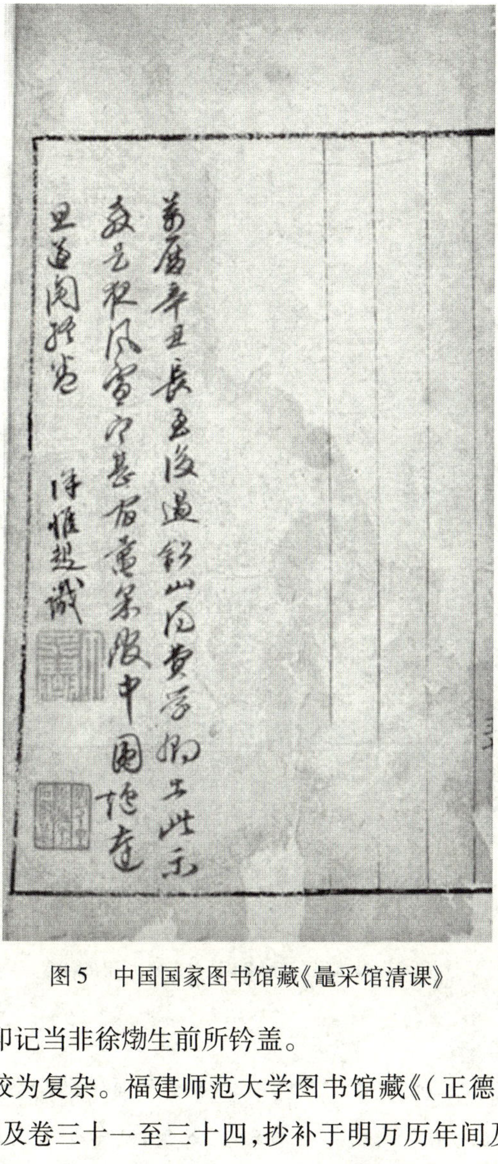

图 5　中国国家图书馆藏《鼂采馆清课》

1 月 15 日①。印记当非徐𤊹生前所钤盖。

另一例子较为复杂。福建师范大学图书馆藏《(正德)福州府志》40 卷,卷一至十五及卷三十一至三十四,抄补于明万历年间及上世纪中叶。原有徐𤊹手书题记,今已失落,幸康熙年间林佶收入《红雨楼题跋》,清季缪荃孙(1844—1919)又据之收入《重编红雨楼题跋》。

① 徐𤊹卒年考证,见马泰来:"明季藏书家徐𤊹丛考",《文献》2010 年第 4 期,第 135—136 页。

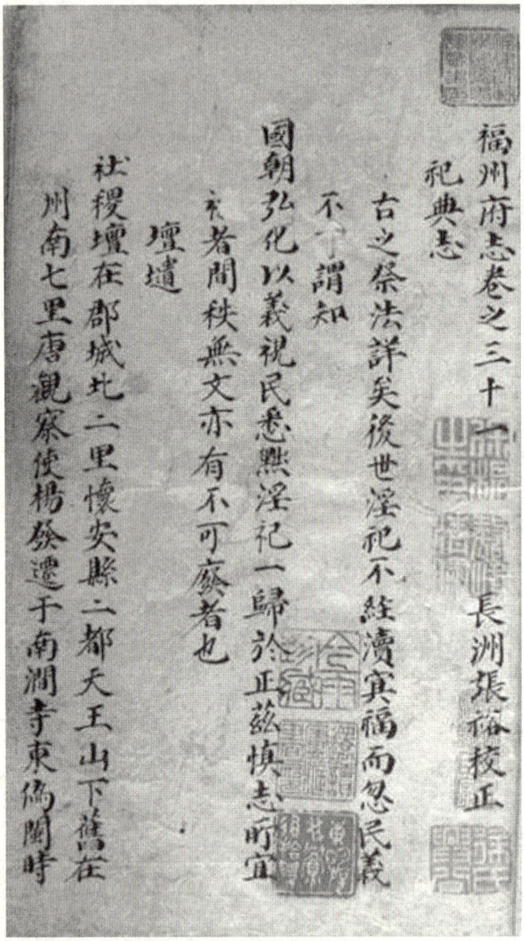
福州府志卷之三十一　長洲張裕校正
祀典志
古之祭法詳矣後世淫祀不經瀆冥福而忽民義
不可謂知
國朝弘化以義視民悉黜淫祀一歸於正茲慎志所宜
存者間秩無文亦有不可廢者也
壇壝
社稷壇在郡城北二里懷安縣二都天王山下舊在
州南七里唐觀察使楊發遷于南澗寺東偽閩時

图6　福建师范大学图书馆藏《福州府志》

旧府志十二册,先君向所储也。万历丁酉(1597),古田令刘君欲考本邑事,向先兄借二册去。越三载,先兄殁,刘令亦不以见还。余屡托古田丞李君元若转索,仅得其一,而第十册竟无有也。蹉跎十载,未遑抄补,今岁因纂修之便,乃补一帙,复成完书。此志刻在正德庚辰(1520),未及百年,故家鲜有藏者。自今以往,愈不可得矣。子孙其慎重之哉。壬子(1612)仲夏,徐兴公书。

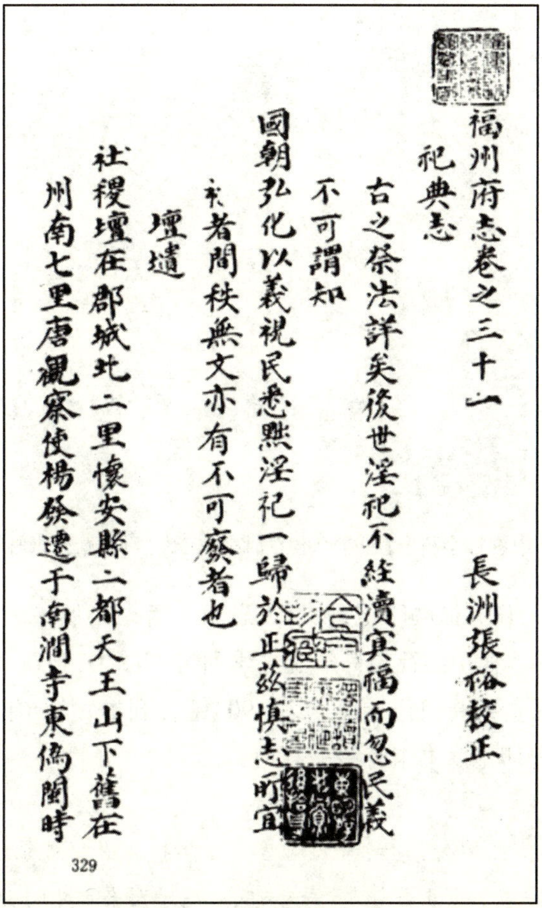

福州府志卷之三十一　長洲張裕校正
祀典志
古之祭法詳矣後世淫祀不經瀆貢福而忽民義
不可謂知
國朝弘化以義視民悉黜淫祀一歸於正茲慎志所宜
祀者間秩無文亦有不可廢者也
壇壝
社稷壇在郡城北二里懷安縣二都天王山下舊在
州南七里唐觀察使楊發遷于南澗寺東偏閣時

329

图 7　影印本《福州府志》

“先君”是徐棉，“先兄”是徐熥。福建师范大学图书馆藏本，卷三十一至三十四，乃万历四十年（1612）抄补。该书卷十六迄末册，每册卷端，有“徐棉之印”印记，包括抄补部分，各印记位置相同。

徐棉万历十九年（1591）卒，抄补时徐棉谢世已 20 年。各卷“徐棉之印”印记应该都是徐𤊹补盖以追念先人，并无作伪动机。

《（正德）福州府志》，现有影印本，收入《福建师范大学图书馆藏稀见方志丛刊》（北京：北京图书馆出版社，2008），甚便读者。可惜影印本删去“徐棉之印”等印记，未能存真，贻害匪浅。

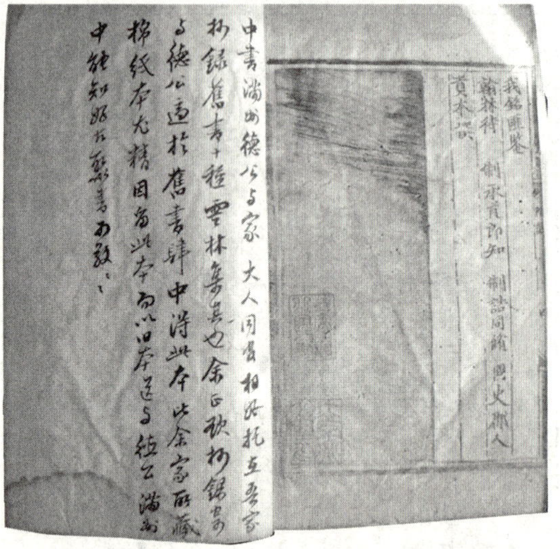

图 8　中国社会科学院文学研究所图书馆藏《贡文靖公云林诗集》

一些书籍,仅有徐𤊹印记,及后人题记。著录者偶一大意,往往以为题记亦出徐手。如中国社会科学院文学研究所图书馆藏《贡文靖公云林诗集》六卷,元贡奎撰,明弘治三年(1490)范吉刊本,书上有"徐𤊹之印"、"徐氏惟起"等印记。书末有手书题记:

> 中书满州德公,与家大人同官相好。托在吾家抄录旧书十种,《云林集》其一也。余正欲抄录,寄与德公,适于旧书肆中得此本,比余家所藏棉纸本尤精,因留此本,而以旧本送与德公。满州中能知好古聚书,可敬可敬。

《中国古籍善本书目》著录此本有"明徐𤊹跋",不确。"满[洲]德公"云云,此跋明出于清人手。

台北"中央图书馆"藏《欧阳行周文集》十卷,唐欧阳詹撰,明正德刊本。其《善本书志初稿》(1999)称:"首册扉叶有徐惟起墨笔题书名,并手书题记一则(附印记)。……书中钤有'闽中徐惟起藏书印'朱文长方印、'国立中央图书馆收藏'朱文长方印。"按该手书题记称:

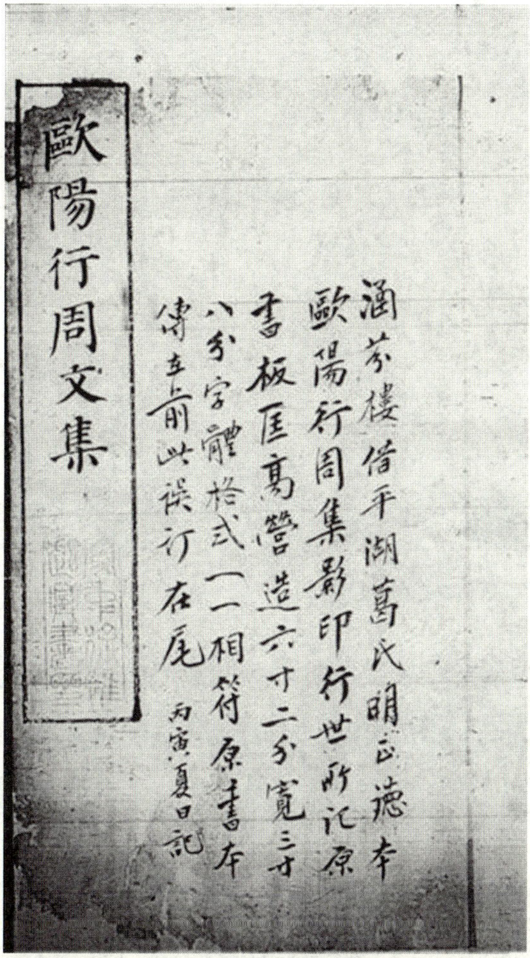

图9 中央图书馆藏《欧阳行周文集》

涵芬楼借平湖葛氏明正德本《欧阳行周集》影印行世。所记原书板匡高营造六寸二分，宽三寸八分，字体格式，一一相符。原书《本传》在前，此误订在尾。丙寅夏日记。

题记撰于商务印书馆《四部丛刊》影印本面世后，丙寅应为民国十五年(1926)。二书目著录失误，皆因书上有徐𤊹印记，而著录者不审读题记本文。

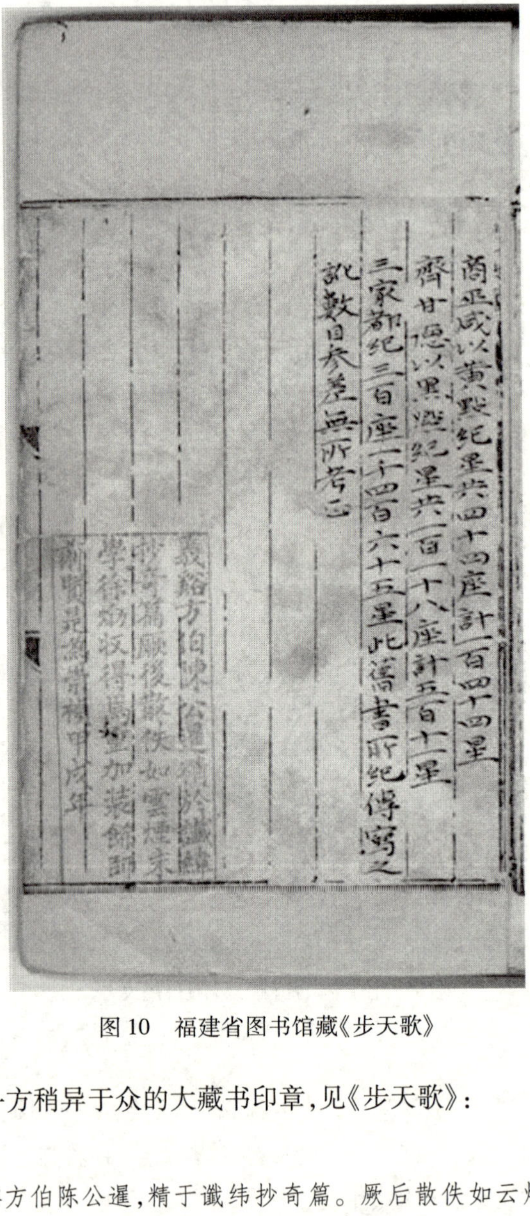
商巫咸以黃點紀星共四十四座計一百四十四星
齊甘德以黑點紀星共一百一十八座計五百十一星
三家都紀三百座一千四百六十五星此舊書所紀傳寫之
訛數目參差無所考正

图 10　福建省图书馆藏《步天歌》

徐𤊹有一方稍异于众的大藏书印章，见《步天歌》：

> 义豁方伯陈公暹，精于谶纬抄奇篇。厥后散佚如云烟，末学徐𤊹收得焉。重加装饰师前贤，是为崇祯甲戌年(1634)。

陈暹(1503—1566)，字德辉，号暗窗，福建闽县人，嘉靖十四年(1535)进士，仕至广东布政使(方伯)。徐𤊹应收得陈暹谶纬书不少，不然不会特制藏书印章。罗振常(1875—1943)《善本书所见录》卷三,亦提到《新印六壬总要》书上有同一印记。

印章主人去世,印章或传与后人,但亦有流于市上。徐家世交陈衎尝撰《有携谢在杭方伯印章求售,乃庄晋叔国博所刻也,为之慨然悲感》律诗①,即为一例。徐家印章虽未即时散佚,最终命运恐亦如此。幸徐𤊹旧藏至清代中晚期,价值尚一般,故罕见有伪品流传,并未有李盛铎(1857—1934)印章的种种真伪问题。

藏书印章有助版本考证,前人书志多有记录。可惜,近世图书馆馆藏目录,甚至善本书目,一般只著录藏书题记,不提藏书印记,以至难以追溯藏书历程。盼望日后古籍普查,记录尽量详细,包括刊书序跋和藏书印记。各图书馆可先设置馆藏藏书印记资料库,然后合并为全国,乃至国际的藏书印记资料总库。众志成城,古人难以办到的事,今人想能逐步实现。

后记

文中提到罕闻有伪托徐𤊹旧藏图利,大抵是因为徐氏名望远逊于清代的一些大藏书家(如黄丕烈)。近日在网上看到两件伪品,亦未以徐氏为卖点,似作伪者并未熟悉徐氏生平。其一声称是程十发在2001年画的《阿Q画传》,上有“鼇峰徐氏宛羽楼藏”印记。② 其二是2012年春季拍卖的清仁宗(嘉庆)撰的《皇考圣德神功全韵诗》,亦钤有“鼇峰徐氏宛羽楼藏”印记。③

可能是“鼇峰徐氏宛羽楼藏”印章近日重现于世,为好事者所得,因印章古雅,遂钤盖于书画,以图增值。其实宛羽楼早毁于康熙时战火。

总之,日后如续有钤盖“鼇峰徐氏宛羽楼藏”的文物求售,至需细心研考。

---

① 陈衎,《大江草堂二集》弘光元年(1645)家刊本,影印本,卷6叶26下。

② http://guohua.findart.com.cn/show/98290/

③ http://lp.gucn.com/index.aspx? u=/Lepai/curio_xiangxi/128417/486

附录：现存红雨楼藏书目初稿

《白榆集诗》8 卷文 20 卷，明屠隆撰，明万历刊本。美国国会图书馆藏。钤有“闽中徐惟起藏书印”。

《辨惑续编》7 卷，明顾亮撰，明刊本。福建省图书馆藏。钤有“鳌峰徐氏宛羽楼藏”。

《步天歌》1 卷，唐王希明注，明嘉靖陈暹抄本。福建省图书馆藏。钤有“闽中徐惟起藏书印”，“晋安徐兴公家藏书”，“义谿方伯陈公暹，精于谶纬抄奇篇。厥后散佚如云烟，末学徐收得焉。重加装饰师前贤，是为崇祯甲戌年”。有徐𤊹题记。

《蔡中郎集》6 卷，汉蔡邕撰，明嘉靖二十七年（1548）杨贤刊本。福建省图书馆藏。钤有“徐𤊹私印”，“晋安徐兴公家藏书”。

《沧浪诗集》4 卷，《沧浪诗话》1 卷，宋严羽撰，明何望海编，明刊本。傅斯年图书馆藏。钤有“闽中徐惟起藏书印”，“雪峰樵”，“器之”。

《茶解》1 卷，明罗廪撰，明万历刊本。北京大学图书馆藏。钤有“徐氏兴公”，“徐氏惟起”。

《鼌采馆清课》1 卷，明费元禄撰，明万历刊本。中国国家图书馆藏。钤有“兴公父”（倒盖）。有徐𤊹题记。

《吹剑录》1 卷，宋俞文豹撰，明嘉靖二十六年（1547）百川高氏抄本。福建省图书馆藏。钤有“晋安徐兴公家藏书”。

《重刊革象新书》2 卷，元赵友钦撰，明正德刊本。日本静嘉堂文库藏。有徐𤊹题记。

《词品》6 卷，明杨慎撰，明嘉靖珥江书屋刊本。台北“中央图书馆”藏。钤有“晋安徐兴公家藏书”。

《大学述》1 卷，《答问》1 卷，附《大学古本》1 卷，明许孚远撰，明万历福建刊本。原北平图书馆藏（现寄存台北“故宫博物院”）。钤有“徐𤊹之印”，“徐兴公”（倒盖）。有徐𤊹题记。

《丹铅余录》17 卷，明杨慎撰，明刊本。台北“中央图书馆”藏。钤有“闽中徐惟起藏书印”。

《弹雅》16 卷，明赵宧光撰，明天启二年（1622）刊本。山东大学图书馆藏。钤有“闽中徐惟起藏书印”。

《澄怀录》2卷,宋周密撰,明嘉靖二十六年(1547)百川高氏抄本。中国国家图书馆藏。钤有“晋安徐兴公家藏书”。

《独断》2卷,汉蔡邕撰,明弘治十六年(1503)刊本。傅斯年图书馆藏。钤有“徐𤊟”,“徐氏惟起”,“晋安徐兴公家藏书”,“徐兴公”,“绿玉山房”。

《樊川文集》20卷外集1卷别集1卷,唐杜牧撰,明刊本。北京师范大学图书馆藏。钤有“闽中徐惟起藏书印”。有徐𤊟题记。

(《正德)福州府志》40卷,明叶溥修,张孟敬纂,明正德福州刊本。福建师范大学图书馆藏。钤有“徐𤊟之印”,“鳌峰清啸”,“闽中徐惟起藏书”。

《新编分类夷坚志》51卷,宋洪迈纪述,明叶祖荣类编,明嘉靖清平山堂刊本,傅斯年图书馆藏。钤有“闽中徐惟起藏书印”。

《傅与砺诗集》8卷,元傅若金撰,明洪武十五年傅若川建溪精舍刊本。中国国家图书馆藏。钤有“徐𤊟之印”,“闽中徐惟起藏书”,“闽中徐惟起藏书印”,“惟”“起”,“徐”。有徐𤊟题记。

《高东溪先生文集》2卷,宋高登撰,明嘉靖五年(1526)黄直刊本。南京图书馆藏。钤有“徐氏兴公”,“徐氏惟起”,“鳌峰学者”,“闽中徐惟起藏书印”,“徐兴公”。有徐𤊟题记。

《古乐府》10卷,元左克明辑,明嘉靖二十六年(1547)汪尚磨刊本。日本国立公文书馆藏。有徐𤊟题记。

《贡文靖公云林诗集》6卷,元贡奎撰,明弘治三年(1490)范吉刊本。中国社会科学院文学研究所图书馆藏。钤有“徐𤊟之印”,“徐氏惟起”,“晋安徐兴公家藏书”。

《桧亭稿》9卷,元丁复撰,元至正十年(1350)集庆学宫刊本。日本静嘉堂文库藏。钤有“徐兴公”,“晋安徐兴公家藏书”,“闽中徐惟起藏书印”,“鳌峰徐氏宛羽楼藏”。

《韩五泉诗》4卷,明韩邦靖撰,明嘉靖十九年(1540)樊得仁刊本。福建省图书馆藏。钤有“徐𤊟之印”,“徐兴公”。有徐𤊟题记。

《鹤年诗集》3卷,元丁鹤年撰,明正统刊本。日本静嘉堂文库藏。钤有“闽中徐惟起藏书印”,“徐□之印”,“徐氏兴公”。有徐𤊟题记。

《洪芳洲先生摘稿》4 卷，明洪朝选撰，明嘉靖四十年(1561)华复初刊本。美国普林斯顿大学东亚图书馆藏。钤有“晋安徐兴公家藏书”。

《淮海集》40 卷，后集 6 卷，长短句 3 卷，宋秦观撰明嘉靖二十四年(1545)刊本。天津图书馆藏。钤有“徐𤊹真赏”，“绿玉山房”，“晋安徐兴公家藏书”。

《皇极经世书》12 卷，《观物外篇》2 卷，宋邵雍撰，明刊本。福建省图书馆藏。钤有“徐𤊹真赏”，“绿玉山房”。

《洪武正韵》16 卷，明乐韶凤、宋濂等撰，明万历三年(1575)司礼监刊本(?)。福建省图书馆藏。钤有“徐氏惟和”，“绿玉山房”。

《揭文安公文粹》1 卷，元揭傒斯撰，明天顺五年(1461)广州府学刊本。福建省图书馆藏。钤有“徐印惟起”。

《金精风月》2 卷，元苏天一辑，明嘉靖叶天与刊本。日本国立公文书馆藏。钤有“徐兴公”，“晋安徐兴公家藏书”，“徐□之印”，“鳌峰清啸”，“徐𤊹之印”。有徐𤊹题记。

《菊径漫谈》14 卷，明石磐撰，明万历十九年(1591)刊本。河南省图书馆藏。钤有“兴公父”，“徐兴公”。有徐𤊹题记。

《橘山四六》18 卷，宋李廷忠撰，明抄本。中国国家图书馆藏。钤有“闽中徐惟起藏书记”。

《孔子家语》8 卷，明何孟春注，明嘉靖二年(1523)高应祯刊本。中国国家图书馆藏。钤有“晋安徐兴公家藏书”，“徐兴公”。有徐𤊹题记。

《梨岳集》1 卷，唐李频撰，明万历龚道立刊本。中国国家图书馆藏。钤有“晋安徐兴公家藏书”，“徐𤊹之印”。

《两汉诏令》存 22 卷，宋林虙编，宋楼昉续编，元至正九年(1349)苏天爵刊明印本。台北“中央图书馆”藏。钤有“晋安徐兴公家藏书”。

《临川王先生荆公文集》100 卷，宋王安石撰，明刊本。日本国立公文书馆藏。有徐𤊹题记。

《龙龛手鉴》4 卷，辽释行均撰，宋刊本。(傅增湘旧藏，有多种影印本)钤有“鳌峰徐氏家藏书画”，“兴”“公”，“宛羽楼”，“鳌峰徐氏宛羽楼藏”。有徐𤊹题记。

《龙江集》14 卷，明唐锦撰，明隆庆三年(1569)唐氏听雨山房刊本。原北平图书馆藏(现寄存台北“故宫博物院”)。钤有“徐惟起印”,“徐私印”。

《吕氏家塾读诗记》30卷,宋吕祖谦撰,明嘉靖十年(1531)傅凤翱刊本。天津图书馆藏。钤有“闽中徐惟起藏书印”。

《茅洁溪集》24卷,明茅维撰,明崇祯茅氏凌霞阁刊本。台北“中央图书馆”藏。钤有“闽中徐惟起藏书印”。

《闽书抄》,明刊本。福建省图书馆藏。钤有“晋安徐兴公家藏书”。

《牛首山志》2卷,明盛时泰撰,明万历七年(1579)刊后人增补本。台北“中央图书馆”藏。钤有“兴公”,“徐氏兴公”,“徐之印”。有徐𤊹题记。

《偶记》2卷,明佘翘撰,明抄本。中国国家图书馆藏。钤有“徐氏兴公”,“徐私印”,“徐氏惟起”。有徐𤊹题记。

《欧阳行周文集》10卷,唐欧阳詹撰,明正德刊本。台北“中央图书馆”藏。钤有“闽中徐惟起藏书印”。

《清庵先生中和集》6卷,元李道纯撰,明谢朝元抄本。北京大学图书馆藏。有徐𤊹题记。

《三山志》42卷,宋梁克家撰,明崇祯十一年(1638)林弘衍重刊本。台北“中央图书馆”藏。钤有“晋安徐兴公家藏书”。

《(嘉靖)沙县志》10卷,明叶联芳撰,明嘉靖刊本。日本国会图书馆藏。钤有“晋安徐兴公家藏书”。

《(嘉靖)山阴县志》12卷,明许东望撰,明嘉靖刊本。日本宫内厅书陵部藏。钤有“闽中徐惟起藏书印”。

《商文毅公集》10卷,明商辂撰,明万历三十年(1602)刘体元刊本。原北平图书馆藏(现寄存台北“故宫博物院”)。钤有“闽中徐惟起藏书印”。

《少谷山房杂著》不分卷,明郑善夫撰,明崇祯徐氏抄本。上海图书馆藏。钤有“徐𤊹之印”,“徐兴公”。有徐𤊹题记。

《升庵诗集》9卷,文集12卷,明杨慎撰,明嘉靖三十六年(1557)刊本。福建省图书馆藏。钤有“晋安徐兴公家藏书”,“徐兴公”,“徐𤊹之印”,“徐印惟和”。有徐熥题记,徐𤊹题记。

《石湖居士文集》34卷,宋范成大撰,明抄本。山东省图书馆藏。钤有“闽中徐惟起藏书印”。有徐𤊹题记(残缺甚)。

《诗经质疑》14卷，明曹学佺撰，明活字本。北京大学图书馆藏。钤有“晋安徐兴公家藏书”。

《石田清啸集》，明朱翰撰，明成化十七年(1481)周瑾刊本。福建省图书馆藏。钤有“徐𤊹印惟起”。

《事物纪原集类》10卷，宋高承辑，明成化八年(1472)李果刊本。福建省图书馆藏。钤有“徐𤊹之印”，“徐兴公”。有徐𤊹题记。

《寿宁待志》2卷，明冯梦龙撰，明崇祯刊本。日本国会图书馆藏。钤有“兴公父”。

《蜀郡县释名》1卷，明佚名撰，明刊本。傅斯年图书馆藏。钤有“徐氏兴公”。

《书林外集》7卷，元袁士元撰，明正统刊本。福建省图书馆藏。钤有“徐𤊹之印”，“兴公氏”。有徐延寿题记。

《庶物异名疏》30卷，明陈懋仁著，明崇祯刊本。美国国会图书馆藏。钤有“晋安徐兴公家藏书”。

《宋纪受终考》3卷，明程敏政撰，明崇祯徐氏绿玉斋抄本。韦力芷兰斋藏。钤有“晋安徐兴公家藏书”，“徐之印”，“徐兴公”。有徐𤊹题记。

《四如黄先生文稿》6卷，宋黄仲元撰，明刊本。南京图书馆黄裳分藏。钤有“闽中徐惟起藏书印”。有徐𤊹题记。

《苏州三刺史诗集》3卷，明钱谷编，明隆万间龙氏苏州刊本。台北“中央图书馆”藏。钤有“晋安徐兴公家藏书”，“徐氏兴公”。

《太白山人诗集》5卷，明孙一元撰，明万历刊本。原北平图书馆藏(现寄存台北“故宫博物院”)。钤有“徐熥真赏”。有徐𤊹题记。

《唐甫里先生集》20卷，唐陆龟蒙撰，明万历许自昌刊本。日本静嘉堂文库藏。有徐𤊹题记。

《陶靖节集》10卷，晋陶渊明撰，明何孟春注，明嘉靖六年(1527)罗辂刊本。厦门大学图书馆藏。钤有“徐氏兴公”，“徐𤊹之印”。有徐𤊹题记。

《(万历)通州志》8卷，明沈明臣撰，明万历刊本。日本宫内廳书陵部藏。钤有“晋安徐兴公家藏书”。

《王忠文公文集》24卷，明王祎撰，明嘉靖元年(1522)张齐刊万历补修本。日本国立公文书馆藏。钤有“闽中徐惟起藏书”。有徐𤊹题记。

《文心雕龙》10 卷，梁刘勰撰，明嘉靖十九年(1540)汪一元私淑轩刊本。北京大学图书馆藏。钤有“徐𤊹之印”，“鼇峰藏书”，“闽中徐惟起藏书印”，“闽中徐惟起藏书”，“徐印惟起”，“风雅堂印”，“晋安徐兴公家藏书”，“徐氏兴公”，“绿玉山房”。有徐𤊹题记。

《闻一斋诗稿》不分卷，明郑赐撰，明崇祯六年(1633)徐氏抄本。中国科学院图书馆藏。钤有“鼇峰”，“闽中徐惟起藏书印”，“徐𤊹之印”，“兴公父”。有徐𤊹题记。

《武经摘要》6 卷，明吴相辑，明嘉靖二十七年(1648)张玭刊蓝印本。广东省中山图书馆藏。钤有“闽中徐惟起藏书印”。

《武林旧事》6 卷，宋周密撰，明正德十三年(1518)宋廷佐刊本。北京大学图书馆藏。钤有“闽中徐惟起藏书印”，“晋安徐兴公家藏书”。“徐𤊹之印”，“兴公”。有徐𤊹题记。

《吴兴掌故集》17 卷，明徐献忠撰，明嘉靖三十九年(1560)湖州刊本。台北“中央图书馆”藏。钤有“闽中徐惟起藏书印”。

《晞发集》10 卷，宋谢翱撰，明徐𤊹编，明万历四十六年(1618)张维诚刊本。中国国家图书馆藏。钤有“徐惟起印”，“风雅堂印”。

《下雉纂》1 卷，明马欻撰，明天启四年徐抄本。福建省图书馆藏。钤有“徐𤊹之印”，“徐兴公”，“闽中徐惟起藏书印”。有徐𤊹题记。

《谢先生杂记》不分卷，明谢启元辑，稿本。中国国家图书馆藏。有徐𤊹题记。

《心印绀珠经》2 卷，明李汤卿撰，明嘉靖二十六年(1547)赵瀛刊本。福建省图书馆藏。钤有“闽中徐惟起藏书印”。

《续刻蔀斋公文集》15 卷，明林志撰，明万历福州林氏活字本。原北平图书馆藏(现寄存台北“故宫博物院”)。钤有“闽中徐惟起藏书印”。

《(嘉靖)徐州志》12 卷，明梅守德撰，明嘉靖刊本。日本宫内厅书陵部藏。钤有“闽中徐惟起藏书印”，“绿玉山房”。

《晏子春秋》8 卷，明刊本。日本静嘉堂文库藏。有徐熥题记。

《遗山先生文集》40 卷，金元好问撰，明弘治十一年(1498)李瀚刊本。福建省图书馆藏。有徐𤊹题记。

《寓轩诗集》9 卷，拾遗 1 卷，明朱润祖撰，明刊本。中国国家图书馆藏。有徐𤊹题记。

《阅史约书》5 卷，明王光鲁撰，明刊本。美国国会图书馆藏。钤有"晋安徐兴公家藏书"。

《自警编》9 卷，宋赵善璙辑，明嘉靖十九年(1540)陈光哲刊本。福建省图书馆藏。钤有"徐𤊹之印"，"晋安徐兴公家藏书"，"闽中徐惟起藏书印"。

《子汇二十二种》，明周子义编，明万历五年(1577)南京国子监刊本。福建省图书馆藏。

钤有"晋安徐兴公家藏书"，"闽中徐惟起藏书印"，"绿玉山房"。

《致身录》1 卷，明史仲彬撰，明天启徐氏荔奴轩抄本。福建省图书馆藏。钤有"徐𤊹之印"，"徐兴公"。有徐𤊹题记。

《祝氏集略》30 卷，明祝允明撰，明嘉靖三十六年(1557)张景贤刊本。浙江大学图书馆藏。钤有"闽中徐惟起藏书印"。

《中和集》6 卷，元李道纯撰，明谢朝元抄本。北京大学图书馆藏。钤有"徐𤊹之印"。有徐𤊹题记。

《(正德)涿州志》12 卷，明张逊撰，明万历三十七年(1609)增补刊本。日本国会图书馆藏。钤有"闽中徐惟起藏书印"。

泰来按：本目除亲自目验者外，又参考各家书影、目录及其他著录。原书下落不明者，仅《龙龛手鉴》一种。文字记载难保全无误失。例如傅增湘"明万历本《梨岳集》跋"，谓所见龚道立本有"晋安徐兴公家藏书"和"徐𤊹之印"印记。此书现存中国国家图书馆，有"傅沅叔藏书印"、"晋安徐兴公家藏书"及"徐熥之印"印记，而没有"徐𤊹之印"。未悉此为傅氏偶然笔误，抑或出于印刷厂手民之失。本目非定稿，待补订处不少：有题记之书，多应有印记，但题记多在书末，印记则在卷首，笔者收集书影时，重点在题记，卷首印记未尽注意。

参考文献：

中国古籍善本书目. 上海：上海古籍出版社，1986—1999

《古今图书集成》的编纂成书及其所用铜活字问题研究

柳向春

（上海博物馆）

在康熙统治的中前期，满人政权的合法性问题尚未得到全民公认，各地多有以明裔为号召，以恢复汉家衣冠相鼓噪者，故圣祖玄烨于明末清初间的书籍颇为留意，于满汉之辨更是瞩目。而以修纂书籍为名，借以查核文献，一则收拢人心，再则寓禁于征，一举解决民族、思想两大障碍，实在有事半功倍之效①。故而，在康熙年间，各种官修之书竟有60余种之多，数量、种类，都是极为可观的。但整个康熙时期，乃至清代前期，最为人瞩目的，却是另一部大书：《古今图书集成》。作为一部集大成的类书，《古今图书集成》无论在内容上，还是在质量上，都是首屈一指的，较诸同是开始编纂于康熙四十年（1701）的类书《渊鉴类函》，无疑更能代表这一时期的文化高度。雍正和乾隆时期的重臣张廷玉在其《澄怀园语》卷三中曾论《古今图书集成》云："自有书契以来，以一书贯串古今，包罗万有，未有

① 就连燕行使者朝鲜朴思浩在道光八年（1828）也能深刻体会此意，他曾于其《燕蓟纪程》中记录他的观感道："康熙时，天下初定，人心未服，海内豪杰之士扼腕而谈愤，开口而咏叹，无非尊攘之义也。海可蹈也，山可隐也，剃发左衽，投帽而抵地曰：甚麼物也。于是乎康熙大忧之。开文渊阁，集天下文学之士，縻以美衔，厚其饩养，裒辑书籍，（尽）[昼]夜考校。向所谓豪杰之士，埋头蠹鱼之间，不知老之将至，而愤叹之心，如雪遇阳。此乃赚得英雄之术，非但出于右文之意。"转引自杨雨蕾见《燕行与中朝文化关系》，上海辞书出版社，2011年，第136页。

我朝《古书图书集成》者也。康熙年间，圣祖仁皇帝广命儒臣，宏开书局，搜罗经史诸子百家，别类分门，自天象、地舆、明伦、博物、理学、经济，以至昆虫、草木之微，无不备具，诚册府之钜观，为群书之渊海。历十有余年而未就，世宗宪皇帝复诏虞山蒋文肃督率在馆诸臣重加编校，正其伪讹，补其阙略，经三载而始釐定成书。图绘精详，考定切当，御制序文弁其首，以内府铜字联缀成版，计印六十余部，未有刻本也。"①提纲挈领，最能道出此书的大要。

关于《古今图书集成》的研究，其实已经是蔚为大观了，不仅有一本专著《古今图书集成研究》②，还有以此为核心的 100 多篇文章，这还仅仅是"中国期刊网"上的。而相关研究中，涉及《古今图书集成》的，如内府刻书研究、活字研究、出版史研究等方面，则更是浩若烟海，难以遍读了。另外，陈梦雷本人的研究，也是铺天盖地，以《陈梦雷研究》为名的，至少有硕士论文一篇③。因此，想要在这个领域写出点新意来，想要有些突破，那真是有些不容易。不贤识小，所以只能在些小问题上，对一些前人的提法，做一点补订而已。

一、《古今图书集成》的成书及编纂

(一) 关于《古今图书集成》的编纂缘起

《古今图书集成》编纂的发端者，无疑是陈梦雷。在其《重修郑夹漈先生草堂序》中，他就说道："余幼年不自揣量，谬思合三书(指《通典》、《通志》、《通考》)之长，更为之标纲区目，绘图立表，以扩其所未备而续其余。"④此文的写作时间，大概是在康熙四十年(1701)之前，也就是说，陈梦雷想要编纂一部大类书的想法，早已有之，并非始自康熙四十年其着手编纂《古今图书集成》之时，也并非始自康熙三十八年(1699)由辽东返回京师之时。

---

① 乾隆间刻《澄怀园全集》本。

② 裴芹，《古今图书集成研究》，北京：北京图书馆出版社，2001 年。

③ 石海英，指导老师张善文教授，福建师范大学 2007 年硕士论文。

④ 《松鹤山房文集》卷十，康熙末年铜活字印本。

康熙四十五年(1706)四月,陈梦雷将已经编竣的《古今图书集成》前身《汇编》进呈于府主皇三子允祉,在其《进〈彙编〉启》中,说起编纂此书的缘由云:“愚读书五十载,而技能无一可称;涉猎万余卷,而记述无一可举。深恐上负慈恩。惟有掇拾简编,以类相从,仰备顾问。而我王爷聪明睿智,于讲论经史之余,赐之教诲,谓《三通》、《衍义》等书详于政典,未及虫鱼草木之微;《类函》、《御览》诸家,但资词藻,未及天德王道之大。必大小一贯,上下古今,类列部分,有纲有纪,勒成一书,庶足大光圣朝文治。雷闻命踊跃,喜惧交并,自揣五十年来无他嗜好,惟有日抱遗编,今何幸大慰所怀。不揣蚊力负山,遂以一人独肩斯任。谨于康熙四十年十月为始,领银顾人缮写。蒙我王爷殿下颁发协一堂所藏鸿编,合之雷家经、史、子、集,约计一万五千余卷。至此四十五年四月内,书得告成,分为汇编者六,为志三十有二,为部六千有零。凡在六合之内,钜细毕举,其在十三经、二十一史者,只字不遗。其在稗史子集者,亦只删一二。以百篇为一卷,可得三千六百余卷……”①又康熙四十五年秋,陈梦雷以其所纂《汇编》一书告终,于是托其府主皇三子允祉代上《告假疏》云:“臣今年五十六岁……向以进京涓埃未报,不敢遽及私情。而臣本资性愚下,加以日夜痛心之故,凡事多至昏忘,虽读书五十余年,阅历不止万卷,而十不能举其一二,

① 《松鹤山房文集》卷二。又裴芹《陈梦雷〈进《彙编》启〉探疑》(见 http://blog. sina. com. cn/s/blog_446e04120100ns5y. html),以为此文应该撰于康熙四十八年,但其说恐不可从,以文中明确有“至此四十五年四月内书得告成”和“雷自康熙十八年(1679)入京师,至今共二十八载”的说法,不容置疑。且此书本来就是为了报答皇三子对他的特恩所编,再加上系“领银”纂修,故成书之后,其第一要务就是要报告允祉其完工的状况,没有理由在三年之后才有进呈之举。至于裴文所疑的“王爷”的称谓,则恐怕不能以此为定论。因为“王爷”本为俗称,大致上说,皇子、宗室都可用此称呼,并非一定要爵封郡王或亲王。允祉当时虽为贝勒,但他本为皇子,又曾封郡王,称其为王爷,并无不妥。如《世宗宪皇帝上谕内阁》卷八十四(雍正七年闰七月十七日上谕,文渊阁《四库全书》本):“宗人府府丞蔡嵩奏折内称王子为王爷。伊由翰林历任中外,服官多年。从古来,曾有在君前奏对,称呼王爷之文理乎?”又《世宗宪皇帝上谕八旗》卷三(雍正三年七月二十九日上谕,文渊阁《四库全书》本):“(允禟)从前诈取明珠家银百万余两,将应赔钱粮抗不还项,携带数万金前往西宁,要买人心,所以地方人等俱有九王爷之称。伊不过一贝子耳,何尝一日得居王位?尚未及贝勒职分,又安得漫称为王?无耻卑污之至,情甚可恶,洵属不识臣子大义悖乱之人。允禟著革去贝子,撤其佐领属下。并行文陕西督抚,嗣后仍有称允禟为九王爷者,定行提拏,从重治罪。特谕。”这两个虽然都是不许称“王爷”的例子,但正可见“王爷”之称,并非只有拥有王爵的人的专属称呼。又王钟翰先生有《满族贝子称王考》中曾比较详细地讨论过这个问题,可参看,文见《王钟翰清史论集》,中华书局,2004 年,第 1336—1344 页。

深恐上负皇子贝勒使令。是用竭力于数年之内,皆自黎明以至三鼓,手目不停,将家中所有书籍万余卷,自上古至元明,皆按代编次,共分类为六千余,约计可及三千六百余卷。臣以独立检点,所抄写之人字画粗率,未及校正舛误之字尚多,然此书规模大略已定。先将凡例、目录誊写进呈皇子贝勒,其中或存或删,或分或合,俟贝勒裁定之后,聚集多人,细加雠校誊清,进呈御览,得蒙我皇上指示,方可成书。"①对比两篇中所言,可知陈梦雷所以编纂《古今图书集成》,从他的意愿来看,只是为了报恩,当然,同时可以借机实现他"幼年"的心愿,也是其中原因之一。从陈梦雷编纂的初衷来考察这部大书,其实与当时的国政完全不相干涉,但事实上,《古今图书集成》一书,因其编纂者所处的环境以及其所追求的成书效果,的确能够做到像玄烨所希望的那样:"学者或未能尽读天下之书,观于此而得其大凡。因以求尽其始终,条理精义之所存,其于格物致知之功,修辞立诚之事,为益匪浅鲜矣。"②

(二)关于《古今图书集成》的成书

关于《古今图书集成》的编纂,虽然过去有御纂之说、蒋廷锡编纂之说等,但经过诸如裴芹等先生的研究,现在大都认为是陈梦雷编纂的。这一说法,可由陈氏康熙四十二年(1703)孟秋所作《题扇头读书图》八首③中的两首得到证实,其四云:"腰拳齿豁一经生,雠校编摩岁月赢。俯首不知秋色老,任他杂树乱蝉声。"其五云:"坐啸行吟历岁年,何须瀛海觅神仙。个中丘壑悠然意,掉臂凌风一洞天。"但《古今图书集成》的前身《汇编》虽然可以说是陈梦雷所编,而《古今图书集成》的编纂,则只能说是由他来主持,而非如之前一样,由他来独立完成的。

---

① 《松鹤山房文集》卷一。

② 《渊鉴类函》玄烨御制序,文渊阁《四库全书》本。事实上,真正应该能够代表康熙时期学术政策的,就是与《古今图书集成》同年开始编纂的官修《渊鉴类函》。不过,《渊鉴类函》主要是以明代《唐类函》为蓝本增补扩充而成,虽然从方方面面来说,更能体现康熙朝的学术水准和学术眼光,但在集大成这一点上来说,却较逊于《古今图书集成》。关于《渊鉴类函》的详细情况,可参戴建国《〈渊鉴类函〉研究》,华东师范大学2009年博士论文,指导老师:刘永翔教授。关于《古今图书集成》与康熙时期学术的关系问题,可参拙文《康熙末年的学术与〈古今图书集成〉》,待刊。

③ 《松鹤山房诗集》卷八。

从前引两段陈梦雷之文可以知道,在康熙四十五年《汇编》完工之时,其卷数约计为三千六百余卷。而至四十八年(1709),奉天李炜序《松鹤山房诗文集》云:“(先生)所学浩浩无涯,往古之书皆已读之矣,凡有关于道统治化、象纬典制者,悉考订为《汇编》,为卷三千六百有奇。”①还是三千六百多卷。又其《水村十二景》之小引有:“……其下书室三楹,贮所著《汇编》三千余卷,校阅之暇,泛艇渡河……”②云云,此诗后附陈氏自识云:“此题拟于壬辰之春,诗成于癸巳之秋……”壬辰系康熙五十一年(1712),故其小引亦当作于此时。而此时,还是三千六百多卷。又娄江王掞序云:“省斋先生……侍诚亲王殿下辅道先后,以文章为职业。先生于是研精覃思,撰集类书三千余卷,牢笼三才,囊括万有。此书成,于以藏之名山,传之其人,洵不朽之盛业矣。”③长白能吉图序所言大致相似。两序未署时间,但大概也在四十八年到五十二年(1713)间所作,所言《汇编》也都是三千余卷。众所周知,现在的《古今图书集成》是一万卷,可见,自从康熙四十五年完工后,陈梦雷于《汇编》一书,即使不是完全束之高阁,其修正也是有限的,如果说有,恐怕也仅仅停留在文字校勘等细节方面。当然,据前引《进〈汇编〉启》“以百篇为一卷,可得三千六百余卷……”,而现在的成书,显然并非每卷百篇,即分卷是万卷还是三千六百余卷其实并非部头改变的关键。但无论如何,这个分卷的改变,应该不是在进呈之前完成的,也就是说,恐怕不是陈梦雷自己的主张。否则,从四十五年至少到五十二年的数年中,这一分卷的变化不会完全没有体现的。再据雍正元年蒋廷锡、陈邦彦所上折云:“其修书人员,陈梦雷所取八十人,今除陈圣恩、陈圣眷已经发遣,周昌言现在缉拿,汪汉倬、金门诏已经黜革,其陈梦雷之陈梦鹏、侄陈圣瑞、陈圣策,应驱逐回籍。林镡、方侨、郑宽、许本植四人,皆福建人,系陈梦雷之亲,林在衡、林在莪二人,系已革中书林佶之子,亦应驱逐,李莱已先告假,王之栻从未到馆,亦应除去外,存六十四人。”④可知在“古今图书集成馆”成立之后,人员大为充实。这些

① 《松鹤山房诗集》卷前。

② 《松鹤山房诗集》卷五。

③ 与能吉图序同见于《松鹤山房诗集》卷前。

④ 《清内府刻书档案史料汇编》,翁连溪编,广陵书社,2007年,第95—96。

人中，相当部分应该只是校对人员，但其中一些，对于《古今图书集成》的编纂，显然也是颇有贡献的，如金门诏就是其中的典型。据裴芹研究："顾惇量《东山文集序》中称：'圣祖朝，命大臣开馆辑《古今图书集成》，(招)[召?]试辇下诸生。见先生首列，独纂《经籍》，书成五百卷……'五百卷正与《古今图书集成》的《经籍典》相符合。《经籍典》里收有《辽金元史艺文志》，未署编撰者姓名，其实即出自金门诏之手，今亦收录在《二十五史补编》中。"①也就是说，《汇编》在进呈之后，不仅书名被改为《古今图书集成》，而且在内容上也有了大量的扩充，而这些工作，虽然应该还是在陈梦雷的指导下进行的②，但毕竟已经不再是他个人的事业了③。

(三)关于《古今图书集成》的进呈

如上所述，《汇编》一书，康熙四十五年修成之后，陈梦雷曾接连给允祉上《进〈汇编〉启》和《告假疏》，两文中均详述《汇编》成书之事，并以此为由，希望能够批准他告假南归。这两次告假，显然都没有得到许可④。而其后四十八年、四十九年，陈梦雷又曾为告假一事上疏两次⑤，但这两次疏文与前两次显著不同的是，文中并无只言片语提及《汇编》一书。陈梦雷作为钦犯，他的一举一动都要有所限制，诸如出京南归等大动作，肯定是要得到皇帝本人的批准的。因此，现在《松鹤山房文集》中的三篇请假疏，其实是请皇三子允祉代呈玄烨的。四十五年疏，现在可以肯定，玄烨一定不曾见过。而后两次是否曾经御览，应该是可以肯定的⑥。但问题的关键不在此，而在于后两次疏文中，为何不再言及《汇编》一书呢？

① 见《古今图书集成研究》之《古今图书集成编纂考》，第37页。

② 《世宗宪皇帝上谕内阁》卷二(文渊阁《四库全书》本)康熙六十一年(1722)十二月十二日上谕有"陈梦雷处所存《古今图书集成》一书……"云云，则陈氏必为此"古今图书集成馆"实际主持人，才会有"陈梦雷处所存"之说。

③ 据金门诏《明史经籍志小序》："圣祖朝，集天下儒生修《古今图书集成》一万卷，令各分任一二百卷。门诏以经籍素所熟谙，遂独任《经籍典》五百卷，而以所增辽金元三史艺文志附入其中。"(见于金门诏《金东山文集》卷一，乾隆间刊本。)可知当时参与《古今图书集成》编纂时，分纂诸人的大概工作情况。

④ 《松鹤山房文集》卷一《告假疏》末陈氏自注云："此疏修于丙戌之秋。再三哀恳吾王，未蒙赐允，竟未得达天听。从此遂患心痛之疾。"

⑤ 即《四十八年二月请假疏》和《四十九年请假疏》，均见《松鹤山房文集》卷一。

⑥ 陈梦雷特意于四十五年疏后说明未被上呈，则未注明的《四十八年二月请假疏》和《四十九年请假疏》理应是曾被允祉代呈于皇帝的。

依我的愚见，之所以不再提及，是因为允祉的指示，是允祉希望能找到一个更恰当的时机，再来报告此书的成功，以谋取较大的利益。而这，也就是提及《汇编》的四十五年疏未被代呈的原因所在。直至康熙五十二年十月朔，钱塘乔逸人序《松鹤山房诗文集》依然云："（陈梦雷）诗文在闽中作者，多余所鉴定。其在留都及京邸之作与夫《汇编》之纂，余亦尝寓目焉，大抵字字根于子臣弟友血诚，非独扬镳艺苑、树职骚坛而已。"①可知至少在五十二年十月，此书尚在陈处，未经呈进②。那么，此书到底是何时进呈御览的呢？

康熙六十一年十二月十二日，也就是胤禛嗣位刚刚一月，就有上谕内阁云："谕内阁九卿等，陈梦雷原系从耿逆之人，皇考宽仁免戮，发往关东。皇考东巡，念其平日稍知学问，带回京师，交诚亲王处行走。累年以来，不思改过，招摇无忌，不法甚多。朕以皇考恩免之人，不忍加诛，然京师断不可留。皇考遗命以敦睦为嘱，陈梦雷若在诚亲王处，将来必致有累。九卿等知陈梦雷者颇多，或其罪有可原，不妨直言，朕即赦免。如朕言允当，应将陈梦雷并伊子远发边外。或有陈梦雷之门生，平日在外生事者，亦即指名陈奏……陈梦雷处所存《古今图书集成》一书，皆皇考指示训诲，钦定条例，费数十年圣心，故能贯穿今古，汇合经史，天文、地理，皆有图记，下至山川草木、百工制造、海西秘法，靡不备具，洵为典籍之大观。此书工犹未竣，著九卿公举一二学问渊通之人，令其编辑竣事。原稿内有讹错未当者，即加润色增删，仰副皇考稽古博览至意。"③正是这一上谕，引发了日后《古今图书集成》是否玄烨钦定的争议。但即使是在如此痛恨主持者的胤禛眼里，此书依旧价值非凡，故而有改派蒋廷锡、陈邦彦为正、副总裁，以接续此事的后命。此书虽然没有因人而废，但对于主持人陈梦雷的痛恨却深刻得出奇。至雍正元年（1723）二月初十，上谕内阁云："如陈梦雷罪大恶极，朕尚询问九卿大臣云：'陈梦雷如应宽宥，尔等秉公具奏。'佥云：'陈梦雷罪大恶极，断不可留，应行正法。'朕犹免其死罪，将伊一切恶款俱未详究，止坐以发遣之罪，系狱待遣。孰知陶赖、张廷枢竟将陈梦

① 《松鹤山房诗集》卷前。

② 如已进呈，则序文中势必会言及。

③ 《世宗宪皇帝上谕内阁》卷二。

雷二子擅自释放，陶赖、张廷枢之罪甚大，朕犹欲保全大臣，免其治罪，止以降级结案。”①而据《清史编年》雍正元年正月二十二日：“因审拟陈梦雷一案徇纵，刑部尚书陶赖降四级调用，张廷枢降五级调用，侍郎王景曾降二级留用。”②从道理上讲，陈梦雷虽然是“从逆”之人，但既经玄烨赐其回京，以其一介书生的能量，不会引起皇帝如此的重视，虽然有“据允祉府中术士周昌言供：曾于礼斗时，祝愿保佑诚亲王沐帝欢心，传继大位。陈梦雷有一木牌，上面画一人像，旁边写有两行字‘天命在兹，慎秘无泄，敕陈梦雷供奉。’他说这是甲午年（康熙五十三年〔1714〕）拜斗之夜，风雨雷电，一声大响，木梁上凭空降下此牌，令我供奉，必是要我辅佐之意”的说法③，但这种事后的供认，多半是难以取信的。那么，究竟是什么原因，让胤禛竟悍然置“子三年不改父道”④的古训于不顾，对于这位年过七旬的老书生如此痛恨，乃至于连仅仅是依据惯例对其出关一事稍加宽限的两位尚书就加以如此严惩呢⑤？根据陈梦雷一生的行迹，无疑，只有《古今图书集成》一书，才是他晚年苦难的源泉。而正如前面所说的，胤禛对此

① 《世宗宪皇帝上谕内阁》卷四。

② 第四卷（雍正朝），中国人民大学清史所编，中国人民大学出版社，2000年，第5页。

③ 《清史编年》雍正元年正月二十二日条注，第5页。

④ 《汉书》卷二十七下之上《五行志七下》之上。

⑤ 胤禛对于陶赖和张廷枢两人，直至数年之后仍旧余怒未消，据《世宗宪皇帝上谕内阁》卷七十二雍正六年（1728）八月二十二日：“上谕，陈梦雷系降附耿逆之人，蒙圣祖仁皇帝宥其重罪，从宽发遣。后又开恩赦回京师，令其在诚郡王处行走。乃伊生事招摇，交结邪党，意欲扰乱国政，其种种不法之处，朕知之甚悉。此诚国家之逆贼，不可一日姑容者也。本欲明正其罪，置之重典，因伊恶迹多关系诚郡王，若声张究问，则牵累匪轻，朕心实为不忍。是以于雍正元年仍令将伊发遣，不使留住内地，煽惑人心。似此重罪之犯，而刑部尚书陶赖、张廷枢于朕初登极之际，徇情枉法，故意宽纵，二人之罪，实不可逭。本应将陶赖、张廷枢即时正法，因陶赖等疎纵之案系隆科多参奏者，且在朕前极言陶赖平日贪赃妄行之处。朕知隆科多与陶赖、张廷枢原有嫌隙，意欲假公济私，是以特宽二人之罪，止令降职闲居。此朕莫大之恩，伊二人当深知感戴，省愆改过。昨陶赖藏匿勒什布赃私数万两，始初，该旗王大臣询问时，尚敢傲慢不恭，咆哮狂肆，不肯承认。及至欲加刑讯，始一一据实供出。目今此案尚未审结，将来陶赖自有应得之罪，另有谕旨。至于张廷枢名下应追银两，皆贪婪不法之赃欵，自当遵奉法度，速行完纳，何至以抗延被参？伊子张缙又称病家居，不肯供职效力，显系父子心怀怨望，又复倚仗声势，荡检逾闲，聚敛营私，剥削乡里，甚属可恶。张廷枢、张缙俱著革职拏问，交与该督抚严审，定拟具奏。若云士可杀而不可辱，伊等便应依律正法也。”又对于陈梦雷的严惩，可与同为胤禛政敌门客（皇八子允祀之门客）的何焯遭遇相较（何死后胤禛为其官复原职），也可与同因事获罪而以修书受到褒奖的方苞遭遇相较（何焯、方苞事可参《永宪录》相关部分），可见胤禛对于陈梦雷的痛恨，必有特别原因。

书也是异常重视,那么,问题的症结就不在书的本身,而在与书相关的事情之中了。

据杨珍《清朝皇位继承制度》中分析,玄烨的十四子允禵以上的11位成年皇子中,皇三子允祉、皇五子允祺、皇七子允祐、皇十二子允祹4人,属于非反太子党的中立派①。但中立派并非意味着对于储位没有幻想,而这四人之中,尤其以年长的皇三子允祉较有竞争力。

康熙晚年,尤其是在经历了第二次废太子事件之后,诸子对于皇位的争夺日趋激烈。但事实上,其中真正有实力来争取储位的,只有皇三子允祉、皇四子胤禛、皇十四子允禵三人而已。而其中三、四子两人,不但年龄相近,且都得晚年康熙的欢心②。皇三子允祉文化素养极高,且骑射、书法俱佳,尤其值得一提的是,他还是玄烨诸子中,算学水准最高的一位,与其父的共同兴趣颇多。这些,都是他在储位竞争中的有利因素。而尤其为其父所嘉许的,则为允祉洁身自好这点,据康熙四十七年(1708)九月庚辰上谕:"至于三贝勒允祉,平日与允礽甚相亲睦。所以诏允祉来者,因有所质问,并非欲拘执之也。伊虽与允礽相睦,未尝怂恿为恶,且屡曾谏止允礽,允礽不听。此等情节,朕无不悉知。"③字里行间,无不透露出玄烨对于这位成年皇子的好感。正因为如此,所以虽然允祉的夺位活动较为平和,依旧受到了他的政敌如皇四子胤禛的强烈瞩目。因此,他们互相之间的防范,也就更加严密。康熙五十二年六月丁丑日,玄烨于热河行宫"谕和硕诚亲王允祉:律吕、算法诸书,应行修辑。今将朕所制律吕、算法之书发下,尔率领庶吉士何国宗等,即于行宫内立馆修辑"④。至八月甲子日返回畅春园后,又"谕和硕诚亲王允祉等修辑律吕、算法诸书,著于蒙养斋立馆并考定坛庙、宫殿、乐器,举人照海等四十五人,系学习算法之人,尔等再加考试,其学习优者,令其于修书处行走"⑤。据萧奭《永宪

① 见该书第三章《嫡长子皇位继承制度(上)》,学苑出版社,2001年,第213—214页。

② 可参冯尔康《康熙朝的储位之争和胤禛的胜利》五《胤禛结党图位》相关部份,见于《康雍乾三帝评议》,紫禁城出版社,1986年,第274—275页。

③ 《圣祖仁皇帝实录》卷二百三十四,《大清历朝实录》本,日本大藏出版公司据沈阳崇谟阁本影印,1936年,第6B页。

④ 《圣祖仁皇帝实录》卷二百五十五,第13B页。

⑤ 《圣祖仁皇帝实录》卷二百五十六,第8A页。

录》:“(畅春)苑在京师西北,上时驻跸,计一岁之中,幸热河者半,余驻畅春者又三之二。”①故而,在蒙养斋编书②,可以与玄烨时时沟通,不仅方便父子间讨论算学、律吕,对于允祉而言,能够更方便地接触到皇帝,恐怕是其尤为看重的一点。而且,据我的个人看法,五十二年蒙养斋算学馆的这一设置,正是日后数年允祉集团用以谋取储位的大本营③,也正是这一机构的设置,让允祉本人对于储位的谋求,可以按部就班,逐步下手,之后的几种书籍的编纂、摆印以及《汇编》的进呈,无不与之相关④。

康熙五十五年(1716)九月,皇八子允祀病伤寒一事,胤禛处置不当,引起玄烨不快⑤。这在当时表面上势均力敌的允祉、胤禛两兄弟之间,无疑都会产生此消彼长的感觉。而后此事虽然波澜不惊⑥,但在向来忌刻的胤禛眼里,未必不是一件深以为憾的事情。九月二十八日,玄烨驻跸畅春园⑦,与允祉的熙春园和陈梦雷所居松鹤山房近在咫尺⑧,如果允祉选择在此时进呈《古今图书集成》,结合当时的情势,无疑是对胤禛一个沉重的打击。也是允祉展现自己特长,借以引得康熙更加重视自己的一步好棋。晚年的康熙,本来就与允祉父子之情尤其深厚,往来密切,在其生前的最后10年中,除五十七年(1718)在皇太后的百日服孝期内,命停止朝贺筵宴外,其他的9次寿辰,有7年8次是在允祉的熙春园中庆贺的。

① 卷一,《清代史料笔记丛刊》本,中华书局,1959年版2007年第3次印本,第7页。

② 蒙养斋,据王兰生《交河集》卷一《恩荣备载》:“康熙五十二年九月二十日。诚亲王、十六阿哥奉旨:尔等率领何国宗、梅瑴成、魏廷珍、王兰生、方苞等编纂,朕御制历法、律吕、算法诸书并制乐器,著在畅春园奏事东门内蒙养斋开局,钦此。”(道光十六年〔1836〕家刻本)则蒙养斋的位置也可确知。

③ 韩琦以为蒙养斋是因历算书籍编竣,所以撤销,从而导致康熙时代的科学活动最终偃旗息鼓。但我个人意见则是因其中涉及允祉与胤禛对于储位的争夺,所以蒙养斋才在胤禛继位之后被撤。韩说见其《康熙时代的历算活动:基于档案资料的新研究》,见于《史料与视界——中文文献与中国基督教史研究》,张先清编,《人文社科新论丛书》本,上海人民出版社,2007年,第60页。

④ 但与陈梦雷不同的是,算学馆众人受到允祉的牵连较小,这或许一则因为算学馆所修《律历渊源》全书是康熙全力扶持,“每成一卷,皇上复字字斟酌,使无遗蕴”(《清内府刻书档案史料彙编》,第86页),确属康熙御纂,且其随成随进,并未对胤禛形成落井下石印象的缘故。

⑤ 《圣祖仁皇帝实录》卷二百六十九,九月十八日至二十七日。

⑥ 杨珍认为,此事说明玄烨仍然将胤禛视为与允祀关系密切之人。参《清朝皇位继承制度》第四章《嫡长子皇位继承制度(下)》,第314—316页。

⑦ 参《康熙起居注》,中国第一历史档案馆整理,中华书局,1984年,第2312页。

⑧ 《松鹤山房诗集》卷前诸葛璐序:“辛卯孟夏,乃得谒先生于松鹤山房,斋联王宫,离畅春苑五里许。”

另外两年,则是在胤禛的圆明园中度过①。在这种情势之下,允祉将陈梦雷负责编纂的《汇编》进呈,无疑可使一贯重视文化的玄烨龙颜大悦。从这个角度来说,过去那种认为此书为五十五年进呈的说法②,应该是有其根据的。而如果此说成立,则此书的进呈,更可以确认在九月下旬左右。这次的风波,虽然不曾发生最终的效用,表层上的高下未见分晓,但对于睚眦必报的胤禛而言,允祉在其张惶失措之际出此一招,实在是令其痛恨之至。这也就是他继位不久,就将陈梦雷迅速处理的原因所在,即陈梦雷作为允祉的替罪羊,必须在第一时间就要受到清洗。而这一清洗,同时又是作为一个信号,借以传递给他当年的政敌——包括允祉在内的那些同样参与储位竞争的兄弟们,这就是对立的下场。

二、《古今图书集成》所用铜活字

清代内府铜活字印书,大概存世 8 种③,即《御定星历考源》6 卷,康熙末年印本④;《御制钦若历书》上编 16 卷下编 10 卷表 16 卷⑤,康熙末

---

① 《圣祖仁皇帝实录》相关年份。详参苗日新《康乾盛世的熙春园》一文,见 http://www.tsinghua.org.cn/alumni/messageshtml/6101/1158720795793.htm。

② 裴芹《古今图书集成研究》之《古今图书集成编纂考》,p. 35。

③ 翁连溪《清代内府刻书图录》之《清代内府刻书概述》七《清代内府铜活字印书》相关部分,北京出版社,2004 年,第 42—43 页。需要说明的一点是,活字印刷在中国古代并不被重视,一般情况下只是权宜之计,这有很多文献和事实可以证明。内府铜活字同样如此。在玄烨、胤禛眼里,这批铜活字恐怕难逃“奇技淫巧”之讥,所以并不十分在意。这也就是为何耗资巨大的这批活字,在制成之后仅仅刷印了寥寥数种书籍的原因,也是在短短 20 余年中,便被窃不少的原因。据康熙六十一年(1722)“臣何国宗、梅瑴成、王兰生等谨奏为恭请颁发《御制律历渊源》序文事”:“(《律历渊源》)共成书一百卷……现在缮写校算,付武英殿刊刻,约计明春告成。”(《清内府刻书档案史料汇编》,第 86 页)这个刊成于雍正二年(1724)的《律历渊源》,其实在此之前已经分为《御制钦若历书》、《御制数理精蕴》和《律吕正义》三个部分,都有铜活字印本问世了。而此时又重新刻板印刷,最能说明以上所述现象。

④ 此书各家都著录为康熙五十二年印本,但并未说明著录依据。据《四库全书总目提要》卷一百九子部十九·术数类二“御定星历考原六卷”条(文渊阁《四库全书》本):“康熙五十二年圣祖仁皇帝御定。初,康熙二十二年(1683),命廷臣会议修辑《选择通书》,与《万年书》一体颁行。而二书未能画一,余相沿旧说,亦多未能改正。是年因简命诸臣明于数学、音学者,在内廷蒙养斋纂辑演算法、乐律诸书,乃并取曹振圭《历事明原》,诏大学士李光地等重为考定,以成是编。”则所谓康熙五十二年印本者,大概就是以此为依据的。但此处仅说是此年编就,并未说明为此年印成。

⑤ 此书又名《历象考成》。

年印本;《律吕正义》,康熙末年印本[①];《御制数理精蕴》53 卷,康熙末年铜活字印本[②];《古今图书集成》10000 卷目录 40 卷,雍正初年印本;《妙圆正修智觉永明寿禅师心赋注》4 卷,雍正初印本;《御制宝筏菁华》2 卷,雍正初印本;《金屑一撮》不分卷,雍正初印本。这些铜活字印书,现在研究界基本上已经达成共识,其所用为同一套活字[③]。那么这些活字到底何时何处雕制的呢[④]?

康熙四十二年之后,朝廷采取以保证洋铜进口等多种措施,来扩充和稳定铜斤来源,并在一定时期内使得长期以来的铜荒问题基本得到解决[⑤]。而至康熙五十三年后,则因日本限制向中国出口,再度引起铜荒问题。到了五十五年,则已经到了"令京局暂行收买旧铜以充鼓铸"[⑥]的地步。因此,如果说《古今图书集成》馆成立于康熙五十五年,那么,此时以正值内外铜荒困境的情况下,是绝无可能再铸造铜字来从事印刷书籍等不急之务的。那么铜活字的镌刻,究竟始于何时呢?现在因为没有切实的文献资料,还很难断言。但康熙年间铸钱数量的变化,或许可以引为参照。康熙四十九年(1710),铸钱二万九千七百九十六万三千四百有奇,而至次年,则已突飞猛进到了三万七千四百九十三万三千四百有奇,突然增额近七千七百万之多[⑦]。这一剧增,虽说与当时的经济状况息息相关,

① 康熙五十三年十二月二十三日梅毂成奉上谕(转引自《梅勿庵先生年谱》,见于《李俨钱宝琮科学史全集》第九卷《钱宝琮论文集》,辽宁教育出版社,1998 年,第 135 页):"汝祖留心律历多年,可将《律吕正义》寄一部去令看,或有错处,指出甚好。"则此时《律吕正义》的铜活字印本当已面世。但此书铜活字印本有四卷、五卷、六卷三版(参曹红军《康雍乾三朝中央机构刻印书研究》第五章《清代中央机构之铜活字印书研究》第二节《清内府其他铜活字印本概述》,南京师范大学 2006 年博士论文,指导老师赵生群教授,第 63—64 页),未知此处所言为几卷本?

② 范景中以为此书为铜活字套印本,参其《铜活字套印本〈御制数理精蕴〉》,见于《"故宫博物院"院刊》1999 年第 2 期,第 88—91 页。而翁连溪则以为此非套印本,其中朱色句圈均为手工钤印。

③ 参范景中、翁连溪、曹红军文相关部分。

④ 关于这批铜活字是镌刻而非铸造,已为学界共识,详参裴芹、翁连溪等相关研究成果。

⑤ 参《清朝文献通考》卷十四《钱币二》相关部份,《万有文库》第二集《十通》第九种,商务印书馆,1937 年,第 4977—4978 页。

⑥ 同上,第 4979 页。

⑦ 铸钱数量参王先谦《东华录》"康熙八十六"、"康熙八十八",光绪十年(1884)长沙王氏刻本。

但是当时铜源充足，也是这一增长的必备条件。故而，将铜活字的镌刻时间大致断定为始于康熙五十年（1711）左右，应该是比较符合事实的。

另外值得一提的是，与这些内府铜活字印书相关的，还有一部铜活字印书，即陈梦雷的《松鹤山房诗集》9卷、《松鹤山房文集》20卷。此书为铜活字本，绝无异议。但关于它的印制时间，却也存在争论。过去的著录，都将其视为康熙五十二年本，而裴芹则认为："从书内作品推断，五十二年是它出版工作的开始时间。《诗集》、《文集》中都有少数康熙五十二年以后的作品。《诗集》'七言绝句'末有'补遗'，其中收有康熙五十四年（1715）的诗作。《文集》最晚的作品写于康熙五十六年（1717）三月或稍后。这反映，五十二年《诗集》、《文集》都还没有最后编定。五十四年时《诗集》已基本编好，为了方便，采取'补遗'的办法来处理遗漏和新写的诗作。《诗集》中还有写于康熙五十六年的识语。由以上所述，我们可以判断，《诗集》的竣工最早不过康熙五十六年，《文集》竣工可能还要晚一点。"①这些说法，基本都不成问题，值得重视。但显而易见的是，《松鹤山房诗文集》所用铜活字与其他内府铜活字形制并不完全相同。所以，过去大家都将其视为两套完全不同的活字，认为二者之间并无关系。可事实上，正如裴芹研究发现的那样，《松鹤山房诗文集》的铜活字大概可以分为三种：一、粗壮方正型；二、细弱修美型；三、典型的宋体字，酷似《集成》字体。裴芹对此的解释是："《松鹤山房诗文集》的三类铜活字，第一种数量最多，第三种最少。组织铜活字的官员怎么会让技术低的人刻制多数字呢？所以，我认为，三类字反映了总体刻制水准和提高的轨迹。印刷书籍必得有一定数量的基本用字，因此第一类的字占了绝大多数。活字可以临时增刻，避免大量贮存活字造成铜材的浪费，又不必一次刻制太多的字，无谓地占用过多的铜材。多次刻制铜活字，每次总希望制作得美观一些，而刻制技术因此不断提高，就产生了《松鹤山房诗文集》活字多规格、多风格、同一字的字迹有细微差别的特殊现象。"②裴氏的说法，自然不

---

① 参其《〈松鹤山房诗文集〉的版本、铜活字问题》，见于 http://blog.sina.com.cn/s/blog_446e04120100ide4.html。

② 裴芹关于《松鹤山房诗文集》所用铜活字的看法，均见其《〈松鹤山房诗文集〉的版本、铜活字问题》。

错，可惜的是，他并没有将这第三种类型的活字与内府铜活字联系起来考察。

正如上文已经谈及的，康熙年间，曾经经历过数次铜荒风潮，但事实上，即使不存在铜荒问题，铜作为贵金属，其资源也是极其有限的。因此，若说在康熙晚期同时曾经存在过两套铜活字，实在是有些不可思议。据《四库》馆臣介绍："梦雷字省斋，闽县人。顺治己丑进士。官翰林院编修。缘事谪戍，后蒙恩召还，校正铜板。"①这里的陈梦雷在返京后"校正铜板"的说法，值得重视。即在距离这段时间不久后的《四库》馆臣眼里，陈梦雷在这一段时间的主要工作应该是"校正铜板"②。联系到康熙四十九年之后，陈梦雷再未有过告假之举，再结合前文所述康熙五十年前后，铜斤来源较充足的情况，那么，我们基本上可以从另外一个角度证实，大概就在康熙五十年前后，陈梦雷开始了铜活字的制作和试印工作。用来实践铜活字印刷效果的，就是他本人的《松鹤山房诗文集》。这也就是这部部头不算大的别集印刷会持续好几年的原因所在。而这，也就是《松鹤山房诗文集》中那些相对较少的宋体字部分与《古今图书集成》等内府铜活字本高度相似的原因③，因其本来就是同一套活字。而其他两种类型的活字未见的原因也很清楚，就是早就融化重新利用了。而这批铜活字的制作地点，如果不出意外的话，也就在允祉的熙春园或者蒙养斋中了。

又有人认为清代宫廷铜活字的镌刻，是与意大利传教士马国贤及其传授的铜版画技艺有关，但这一点恐怕值得怀疑。虽然马国贤其人深得玄烨喜爱，且其后来制作的铜版画《避暑山庄三十六景图》（康熙五十一年至五十二年）也精良美观，但他初次制作版画，已经是康熙五十一年，而

① 《四库全书总目提要》卷六经部六·易类六"周易浅述八卷"条。

② 因《古今图书集成》被胤禛上谕定为康熙御纂之书，所以馆臣在行文时不可能提及此事。

③ 如可以断定印刷较晚的《松鹤山房诗集》卷四《孙思哉邀登月峰》一诗，就是典型的宋体字。该诗作于陈梦雷27岁时，而其后的识语则是在"偶检旧篇，四十年如一梦"后加上去的。这里的"四十年"即使是虚指，那也不会距离康熙五十六年太久。另外值得一提的是，即使在康熙五十五年《汇编》进呈之后，铜字的镌刻工作并未完全完成，这点不仅可由《松鹤山房诗文集》中印刷较晚的这些实物可以证明，也可参康熙五十五年十一月二十八日允祉奏："皇父览后，样子定准，再命一面缮写，一面镌刻。"见《清内府刻书史料汇编》，第82页。

真正做到技艺纯熟，则已经到了次年①。而此年，陈梦雷主持的铜活字镌刻工作应该早已开始了②。所以，虽然马国贤的确为中国培养了第一批版画人才，但他们的作用，主要是发生在日后乾隆时期的铜版画战图上③，如《平定伊犁回部战图》、《平定两金川战图》、《平定台湾战图》、《平定安南战图》等，并不能对同时已经镌刻精美的铜活字发生多大的影响力。且马国贤及其受业的徒弟们，采用的版画制作方法，都是线蚀法，与铜活字的镌刻，完全是两种方法。

辛德勇《重论明代的铜活字印书与金属活字印本问题》："铜是贵金属，与同一重量的铜钱差相等值。"④这个说法虽然有很大问题⑤，但20余万铜活字中蕴藏的经济价值相当可观，确是事实。这批被雕为宋体的铜活字，具体价值如何，已经很难考究，但可以参考的是道光年间福建林春祺以私人之力镌刻铜活字的情形："岁乙酉捐费兴工镌刊，时春祺年十八。至丙午而铜字板告成，古今字体悉备，大小书籍皆可刷印，为时二十载。计刻有正韵、笔划、楷书铜字大小一各二十余万字。为之实难，成更不易，中间几可而不成者屡矣。今幸成此铜板，则古今宿儒硕彦有所著述无力刻板与夫已刻有板而湮没者，皆可刷而传之于不朽。是春祺不惜耗赀二十余万金，辛苦二十年，半生心血，销磨殆尽，岌岌乎黾勉成此，庶亦勿忘夫祖与父之夙志云尔。"⑥也正是因为这个原因，至乾隆九年(1744)"奏

① 马国贤《清廷十三年：马国贤在华回忆录》，李天纲译，上海古籍出版社，2004年，第58，62—63，71页。

② 更何况，康熙时所以开蒙养斋算学馆，其目的就是要扶持中国自己的科技人才，排除西洋传教士的影响力。所以蒙养斋中，西洋人寥寥可数。若是再依靠马国贤来指导活字的镌刻工作，则完全违背了其消除西洋人影响的初衷。关于康熙此期对于传教士的态度，可参韩琦等相关研究成果。

③ 阎辉《清代战图类宫廷版画研究》，见于《美术研究》，2006年第3期，p.50。

④ 《燕京学报》，新第二十三期，北京：北京大学出版社，2007年，第99—154页。

⑤ 铜活字的材质、品质怎样？现在很难断定。但就铜钱而论，除去它本身作为货币的附加价值之外，不仅各局所铸的品质不同，就连材质，都有黄铜、红铜等差别，所以泛泛而言同一重量即价值相近，实在不可靠。即使仅就黄铜铸钱而论，其各时期及各地的成分都有所不同，其概况可参周卫荣《中国古代钱币合金成分研究》第三部分《中国古代钱币合金成分的特点与意义》第二章《黄铜铸币》第一节《黄铜铸币合金成分的分布及其特点》二"清代"2"康熙通宝"部分，《中国钱币丛书》甲种本之十三，中华书局，2004年，第436页。

⑥ 《音论》卷前《铜板叙》，道光末年福建侯官林氏福田书海铜活字印本。

准,将铜字库所贮铜字、铜盘交该处销毁”①。但这批铜活字是否仍有劫余留存,也需深入探究,如北京瀚海拍卖有限公司在其2001年春拍“古籍善本”专场中,即曾推出所谓乾隆铜活字一盒,计436枚,并介绍说其中“弘”字不避讳。但众所周知,乾隆帝时避讳极其严格,如果真是乾隆年间活字,断无不避讳的道理。因此,如果这批活字确是清代中前期的留存,那它很有可能就是当年曾经刷印过《古今图书集成》的部分活字②。

综上所述,本文主要说明的问题有以下几点:一、虽然《古今图书集成》是清代初期最重要的也是最大部头的一部类书,但它的缘起,完全是与陈梦雷自己的经历有关,是他早年的构想与他的报恩心态的驱使,才使得这部大书得以成型。虽然此书恰好能够与康熙年间的文化学术政策与趋向相吻合,成为这一时期文化学术发展的代表,但却不应该反过来以之作为这一时期文化学术政策的成果而对其进行研究和探讨。二、《古今图书集成》的初稿《汇编》,我们在没有发掘到进一步的资料之前,可以姑且认为它是陈梦雷以一己之力完成的。但在此书进呈之后,已经有很确切的证据可以表明,陈梦雷此时的身份已经转化为一位主持人,而非身体力行的编纂者。三、《古今图书集成》的进呈,在陈梦雷的府主皇三子允祉眼中,是一个能够加重他在争夺储位斗争中的筹码。何时进呈以使得此一筹码发挥最大作用,才是重点。而康熙五十五年的进呈,虽然不至于使允祉的愿望实现,但却使其政敌皇四子胤禛怀恨在心,必欲报此一箭之仇。这也是胤禛继位伊始即将陈梦雷重新流放的原因所在。四、《古今图书集成》所用铜活字,就是陈梦雷《松鹤山房诗文集》所用铜活字的改良品。这批铜活字应该是在康熙五十年前后开始镌刻的,而其工艺恐怕也并非受到西洋人马国贤的指点。

---

① 《钦定大清会典事例》卷九百六《内务府》“武英殿库作”条,嘉庆刊本。又可参乾隆帝《御制题武英殿聚珍版十韵》:“埏泥法似疏,毁铜昔悔彼。”自注:“康熙年间,编纂《古今图书集成》,刻铜字为活版。排印蒇工,贮之武英殿。历年既久,铜字或被窃缺少,司事者惧干咎。适值乾隆初年京师钱贵,遂请毁铜字供铸,从之。所得有限,而所耗甚多,已为非计。且使铜字尚存,则今之印书,不更事半功倍乎?深为惜之。”见于《钦定武英殿聚珍版程式》卷前,乾隆间武英殿聚珍版印本。

② 按:此文写成良久,偶遇宋平生教授于复旦大学,据宋先生云,这批活字肯定与《古今图书集成》无关。虽然如此,但类似的古代铜活字的留存仍然偶见于市,也不能完全否定均与这批活字有关。

参考文献：

1. 赵晨译. 康熙皇帝. 哈尔滨:黑龙江人民出版社,1981

2. 玄烨. 圣祖仁皇帝庭训格言. 雍正六年内府刻本

3. 江晓源,钮卫星. 天文西学东渐集. 上海:上海书店出版社,2001

4. 玄烨. 圣祖仁皇帝圣训. 文渊阁《四库全书》本

5. 马国贤撰,李天纲译. 清廷十三年:马国贤在华回忆录. 上海:上海古籍出版社,2004

6. 史景迁撰,吴根友译. 中国皇帝:康熙自画像. 上海:上海远东出版社,2001

7. 古今图书集成. 中华书局、巴蜀书社影印本,1985

8. 李约瑟. 中国科学技术史. 北京:科学出版社,1976

活字本鉴别与著录的几个问题及思考

姚伯岳

（北京大学图书馆）

在古籍的各种版本类型中，活字本近年来得到了社会上越来越多的关注，围绕着活字本开展的研究也越来越深入。作为一个古籍编目工作者，笔者在实际工作中也碰到了一些关于活字本的问题，并在活字本的鉴别和著录方面有一些新的认识和思考，所以撰写这篇小文，借此中文古籍整理与版本目录学国际学术研讨会的宝贵机会，求教于各位方家大德。

一、活字本的翻刻、覆刻问题

笔者曾在沈乃文先生主编的《版本目录学研究》第一辑和第二辑上分别发表过《论覆刻本》和《古籍版本鉴别和著录中的内封、牌记依据问题》两文。现在看来，笔者在这两篇文章中所作的结论也都适用于活字本的鉴别和著录。

按照本人在《论覆刻本》一文中所述，覆刻本是将古籍原书拆成散叶，直接粘贴到木版上作为版样，照其版式、字划原样雕镌，制成新的书版后刷印而成的本子。而依据此说，活字本是最有可能会被用来作为覆刻的底本进行复制的。因为活字本一般不保存印版，即使是原出版者，再印也需要重新排版，在版权意识尚不突出的中国古代社会，复制一部活字本图书,如果采用覆刻的方法,也就是将其原书叶拆散直接上版刻印,无疑是最为简便易行的。

活字本有覆刻,其实早已有专家指出。例如魏隐儒先生在其《古籍版本鉴定丛谈》第八章“活字本的鉴定”中就曾说过,明铜活字本《锦绣万花谷》、《会通馆印正文苑英华辨证》和《蔡中郎集》这三部书都有覆刻本传世(书中称覆刻为“影刻”)。其中《锦绣万花谷》覆刻本将原书版心“会通馆活字铜版印”字样改刻为“徽藩崇古书院”6 字;而《蔡中郎集》仅在卷六第十叶版心上端刻有“兰雪堂”3 字,未有其他任何说明,书叶中有断版痕迹,说明其为刻本无疑。而明铜活字本《会通馆印正文苑英华辨证》的覆刻本,除国家图书馆有藏之外,北大图书馆也存有一部。

韩国曹炯镇先生在其所撰《中韩两国古活字印刷技术之比较研究》(台北学海出版社 1986 年版)一书中也曾提到,朝鲜铜活字中,癸未字印本有 2 种覆刻本(第 108 页),庚子字印本有 4 种覆刻本(第 109 页),甲寅字印本有 2 种覆刻本(第 110 页),乙亥字印本有 10 种覆刻本(第 112 页)。曹先生的书出版得较早,书中所说的“覆刻”,是否笔者意中的覆刻,还有待于进一步证实;但即便如此,也起码是用雕版印刷方式所进行的一种翻刻。

《武英殿聚珍版丛书》编印出版后,乾隆四十二年(1777),有诏将该部丛书颁发到东南五省,并准所在翻板通行。江、浙、赣、粤乃奉敕重锓,世称外聚珍。翁连溪先生在其《清代内府刻书概述》一文说:“此书翻刻本有大小两种,原大本多为用内府聚珍本原书贴版影雕。”这就是说外聚珍中的大本应该是覆刻本。但实际上江苏和浙江两省翻雕,均为小本;江西、福建两省所谓大本,系照原书大小重新写样上版。据魏隐儒先生说,只有后来广东广雅书局所刻之聚珍版各书,才是采用了覆刻也就是翁氏所说的“用内府聚珍本原书贴版影雕”的方法(见魏隐儒《古籍版本鉴定丛谈》第八章“活字本的鉴定”)。这也许是因为各省只收到很少的复本,也可能只有一部,非常珍贵,不舍得或者是不敢将原书毁坏,所以只好重新写样上版了。

笔者近年来负责中国高等院校文献保障系统(简称CALIS)三期重点项目“高校古文献资源库”的具体实施工作,其发布平台名为“学苑汲古”,其上共有24所高校图书馆几乎全部的馆藏古籍书目记录约63.4万条。检索一部古籍,就会有各个馆的相关书目记录显示出来。这样一来,各馆著录的差异也就凸显出来了。活字本的情况也不例外:同书同著者,出版年也相同,但有的著录为活字本,有的著录为刻本。“学苑汲古”上还有各馆提交的古籍书影图像约24万幅,我们查看相应的书影图像,发现不少著录为活字本的古籍其实是刻本;准确地说,应该是活字本的翻刻本,甚至就是覆刻本。

例如《平定粤匪纪略》18卷附记4卷,在“学苑汲古”上可以看到,北京大学、人民大学、南开大学、山东大学、苏州大学、厦门大学、郑州大学等校图书馆都有所谓同治十年(1871)京都聚珍斋捡子板的收藏(见图2),除山东大学图书馆外,各馆都提交了书影图像,经比对应为同一版本。但各馆在版本类型上著录不一,有的著录为活字本,有的著录为木活字本,有的甚至非常谨慎地著录为印本,更多的藏馆则著录为刻本。笔者调出北大图书馆藏本细细察验,发现虽然该本内封题“京都聚珍斋捡子板”,版式风格也颇类活字本,但雕版印刷的各种特征极为明显,其为刻本毫无疑问。少数几个馆将之著录为活字本,是上了内封所镌“京都聚珍斋捡子板”几个字的当。

北大图书馆还有该书一个同治八年(1869)群玉斋的活字本。在“学苑汲古”上检索,看到上述各馆也几乎都有该本收藏,都著录为活字本,而且也大都提交有书影图像。笔者经过仔细比对,确认各馆所藏为同一活字本。有意思的是,当我将北大馆所藏群玉斋活字本和所谓的“京都聚珍斋捡子板”两个本子放在一起比对时,发现二者竟然惊人地相似!不仅字体非常近似,版式行款完全一样,而且版框尺寸也都是21厘米。

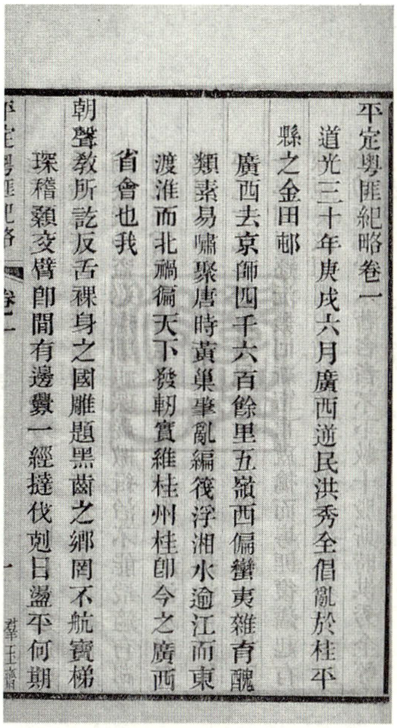
平定粵匪紀略卷一
道光三十年庚戌六月廣西逆民洪秀全倡亂於桂平
縣之金田邨
廣西去京師四千六百餘里五嶺西偏蠻夷雜育醜
類素易嘯聚唐時黃巢肇亂編筏浮湘水逾江而東
渡淮而北禍偏天下發軔實維桂州桂郡今之廣西
省會也我
朝聲教所訖反舌裸身之國雕題黑齒之鄉罔不航賨梯
琛稽顙交臂即間有邊釁一經撻伐剋日盪平何期
平定粵匪紀略 卷一 一 羣玉齋

图1　同治八年群玉斋活字本《平定粤匪纪略》

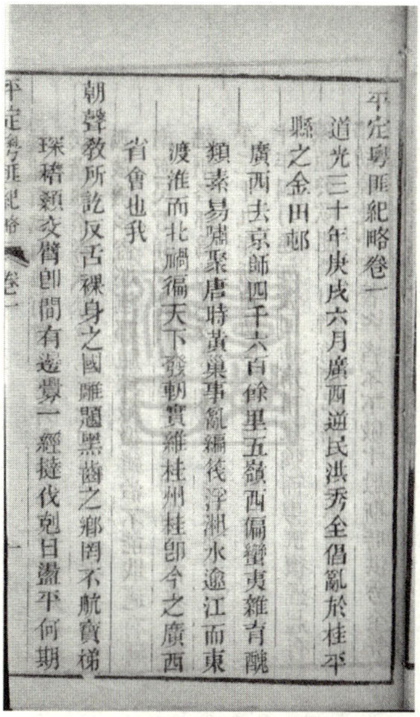
平定粵匪紀略卷一
道光三十年庚戌六月廣西逆民洪秀全倡亂於桂平
縣之金田邨
廣西去京師四千六百餘里五嶺西偏蠻夷雜育醜
類素易嘯聚唐時黃巢事亂編筏浮湘水逾江而東
渡淮而北禍偏天下發軔實維桂州桂郡今之廣西
省會也我
朝聲教所訖反舌裸身之國雕題黑齒之鄉罔不航賨梯
琛稽顙交臂即間有邊釁一經撻伐剋日盪平何期
平定粵匪紀略 卷一 一

图2　同治十年京都聚珍斋捡子板《平定粤匪纪略》

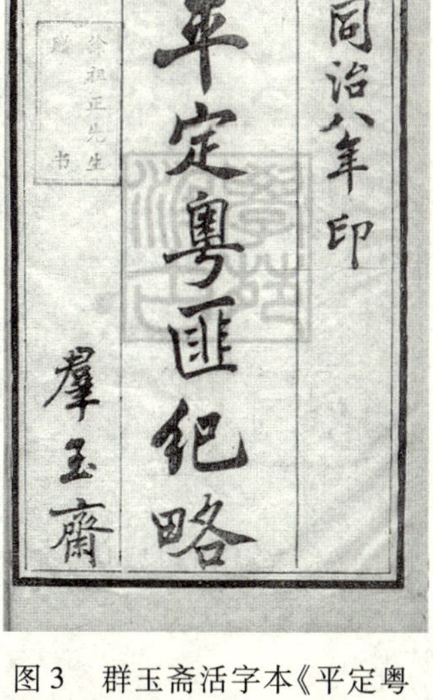
同治八年印
平定粵匪紀略
羣玉齋
徐祖正先生赠书

图3　群玉斋活字本《平定粤匪纪略》内封

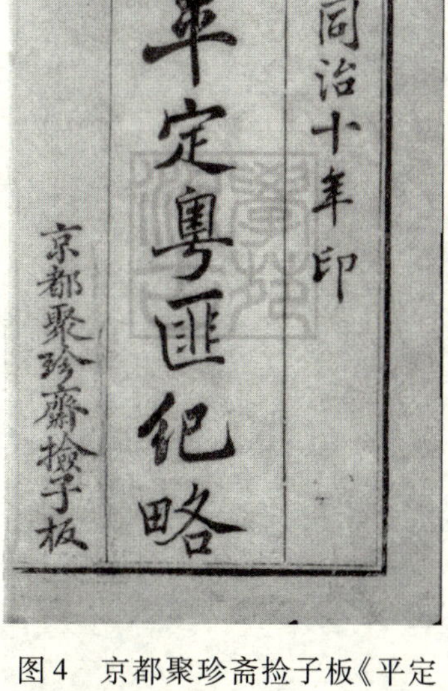
同治十年印
平定粵匪紀略
京都聚珍齋撿字板

图4　京都聚珍斋捡子板《平定粤匪纪略》内封

在没有看到群玉斋活字本之前，我曾经设想应该是先有一个真正的“京都聚珍斋捡子板”，但因其印数有限，而此书社会上需求量很大，于是其他书商据该本翻刻，甚至连内封的文字也不改换，就像今天的盗版书一样。但在看到群玉斋活字本之后，我不敢这样说了。因为聚珍斋的活字不可能与群玉斋的活字一一对应地那么相像，说明绝不是聚珍斋用自己的活字重排了《平定粤匪纪略》。据我所知，聚珍斋只有一部真正的活字本传世，那就是光绪四年（1878）印行的《吴兴合璧》（见图5、图6）。苏州大学图书馆收藏有该活字本。将其字体与群玉斋《平定粤匪纪略》的字体相比，就可以发现聚珍斋的活字稍显瘦长，而群玉斋的活字更趋方正，二者整体上的风格是不同的。

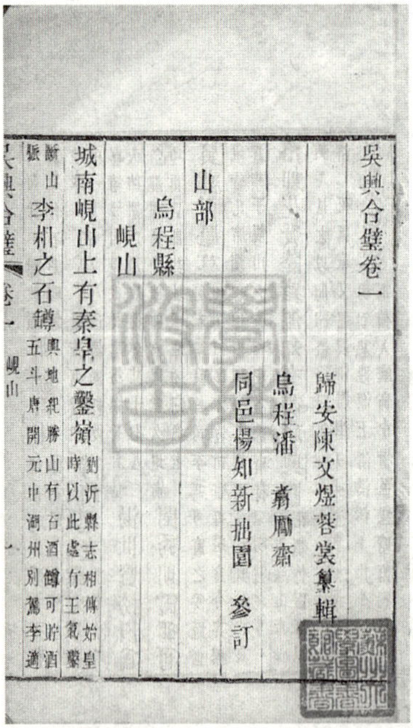

图5　光绪四年聚珍斋活字本《吴兴合璧》

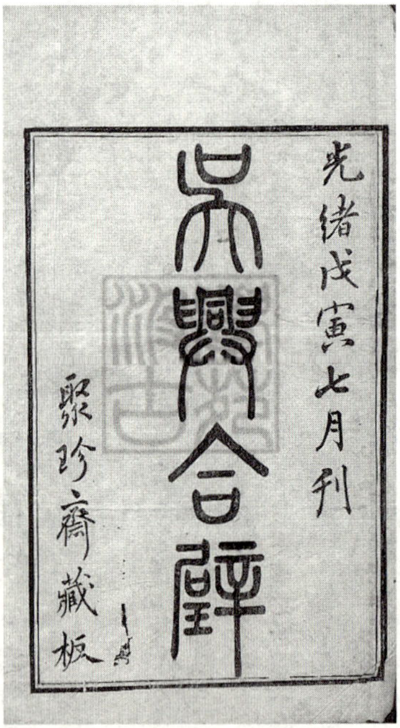

图6　光绪四年聚珍斋活字本《吴兴合璧》内封

这样一来,结论只可能有两个:一个是聚珍斋翻刻或覆刻了群玉斋的活字本《平定粤匪纪略》,一个是其他书商假借聚珍斋的名义翻刻或覆刻了群玉斋的活字本《平定粤匪纪略》。

除了“聚珍斋捡子板”之外,还有一件很奇怪的事情,就是所谓的“都城琉璃厂半松居士排字本”,目前我们所知所见的都是刻本,没有一部是真正的活字本!

例如《明季北略》24 卷,中国人民大学图书馆和北京大学图书馆都有收藏,二本确属同一版本,但北大馆藏本版面边栏界行多有残损,显然是刷印在后(见图 7 至图 10)。这种现象证明,这两个藏本应该是同一刻本的前后印本。

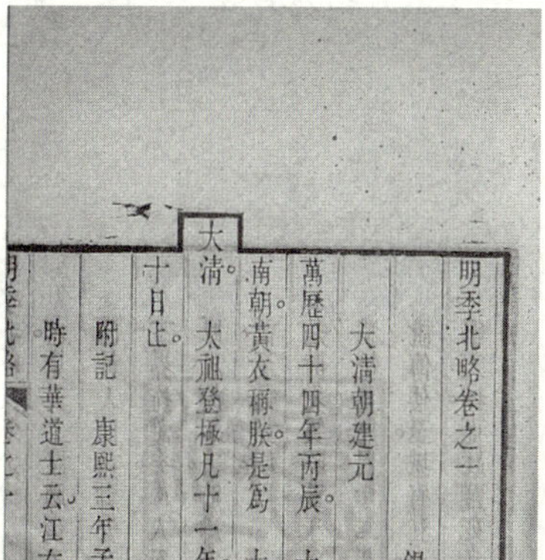
明季北略卷之一
錫山計六奇用賓氏編輯
大清朝建元
萬歷四十四年丙辰。大清朝建元天命指中國爲
南朝。黃衣稱朕是爲　太祖。然是時猶稱後金後改
大清。　太祖登極凡十一年至天啟六年丙寅八月初
十日止。
附記　康熙三年孟夏四日。先君子日予壯年
時有華道士云江右張眞人北都建醮伏壇久
明季北略　卷之一

图 7　人大图书馆藏琉璃厂半松居士排字本

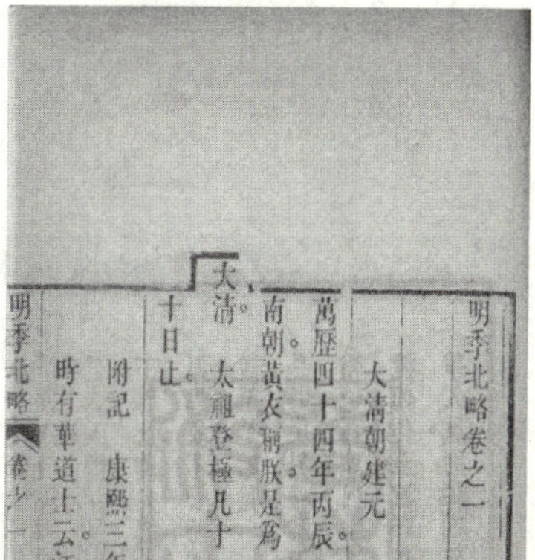
明季北略卷之一
錫山計六奇用賓氏編輯
大清朝建元
萬歷四十四年丙辰。大清朝建元天命指中國爲
南朝。黃衣稱朕是爲　太祖。然是時猶稱後金後改
大清。　太祖登極凡十一年至天啟六年丙寅八月初
十日止。
附記　康熙三年孟夏四日。先君子日予壯年
時有華道士云江右張眞人北都建醮伏壇久
明季北略　卷之一

图 8　北大图书馆藏琉璃厂半松居士排字本

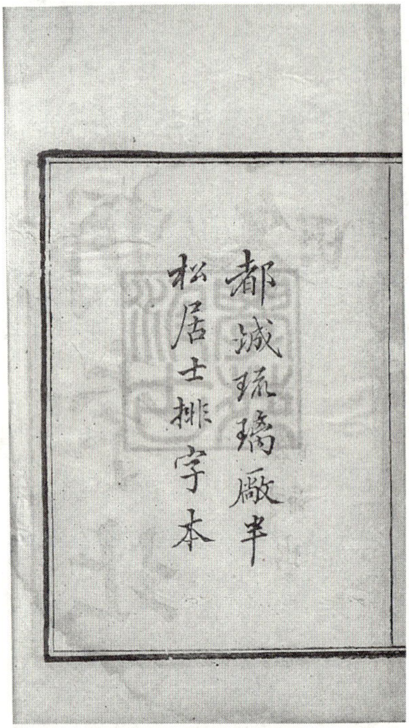

图 9　人大图书馆藏琉璃厂半松居士排字本牌记

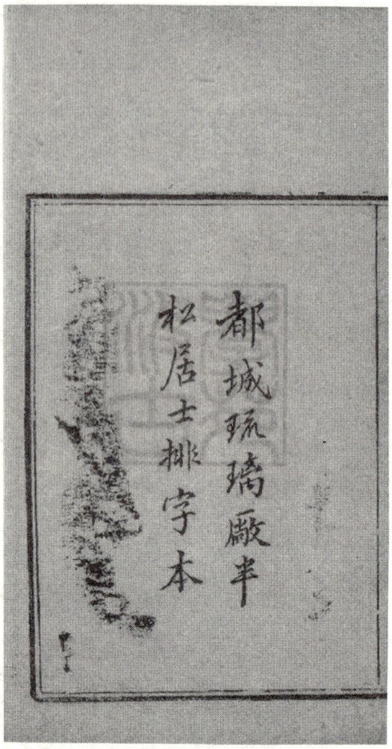

图 10　北大图书馆藏琉璃厂半松居士排字本牌记

而且我们还进一步发现,即使是都有"都城琉璃厂半松居士排字本"牌记的同一部书,也可能是不同的版本。例如《贰臣传》12 卷,下面图 11 至图 14 所示分别是北京大学图书馆和厦门大学图书馆关于该书的卷端页和牌记,两个本子虽都号称排字本,其实都是刻本,而且还不是同一个版本。但是版式风格字体又极为相似,显然有极为密切的关系。

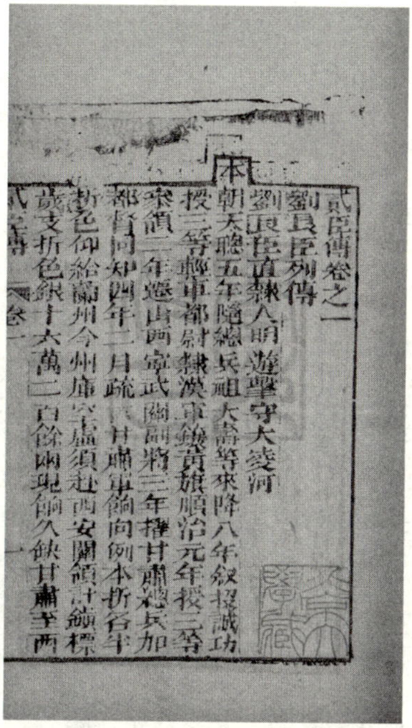

貳臣傳卷之一
劉良臣列傳
劉良臣直隸人明遊擊守大凌河
本朝天聰五年隨總兵祖大壽等來降八年叙投誠功
授三等輕車都尉隸漢軍鑲黃旗順治元年授三等
參領二年遷山西寧武關副將三年擢甘肅總兵加
都督同知四年二月疏言甘肅軍餉向例本折各半
折色仰給蘭州今州庫空虛須赴西安關領計餉標
歲支折色銀十六萬二百餘兩現餉久缺甘肅至西

图 11　北大藏《贰臣传》卷端页

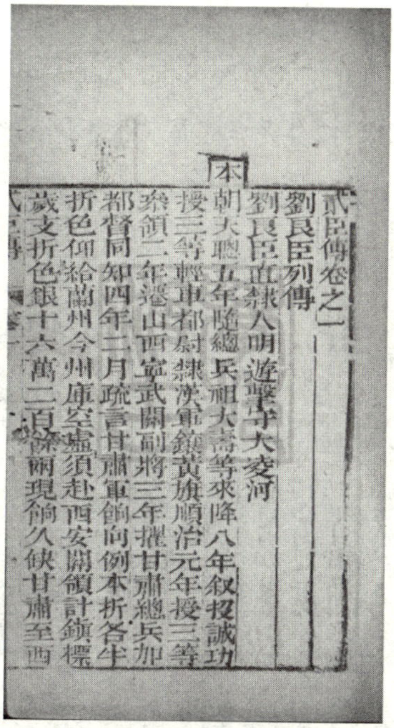

貳臣傳卷之一
劉良臣列傳
劉良臣直隸人明遊擊守大凌河
本朝天聰五年隨總兵祖大壽等來降八年叙投誠功
授三等輕車都尉隸漢軍鑲黃旗順治元年授三等
參領二年遷山西寧武關副將三年擢甘肅總兵加
都督同知四年二月疏言甘肅軍餉向例本折各半
折色仰給蘭州今州庫空虛須赴西安關領計餉標
歲支折色銀十六萬二百餘兩現餉久缺甘肅至西

图 12　厦大藏《贰臣传》卷端页

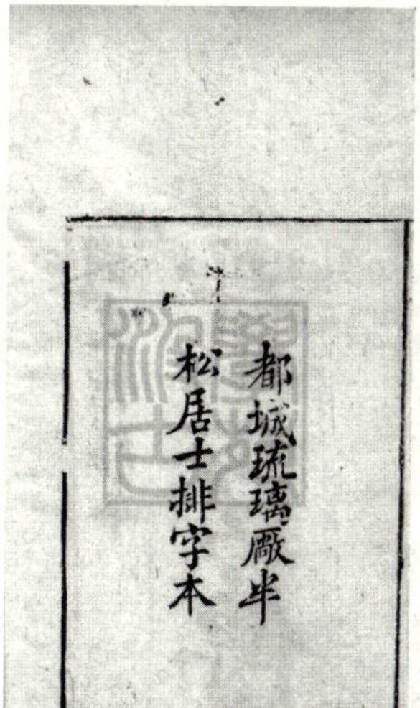

都城琉璃厰半
松居士排字本

图 13　北大藏《贰臣传》牌记

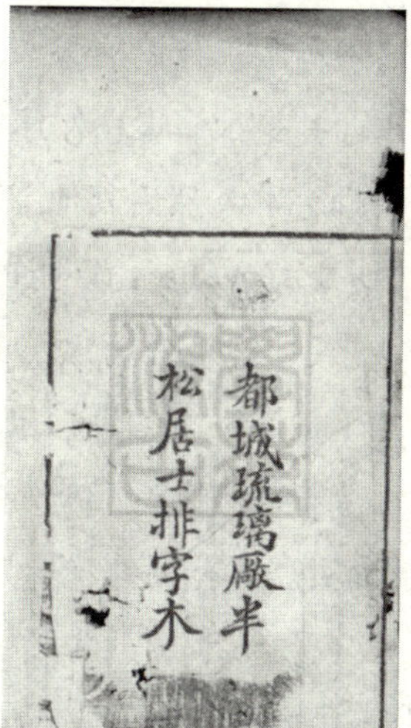

都城琉璃厰半
松居士排字本

图 14　厦大藏《贰臣传》牌记

又如都有“都城琉璃厂半松居士排字本”牌记的《明季南略》18 卷,笔者将北京大学图书馆、中国人民大学图书馆和四川大学图书馆 3 个藏本相比对,发现竟然是 3 个不同的刻本!

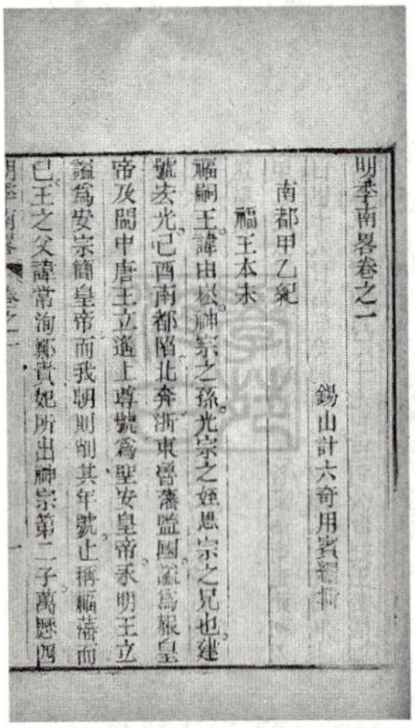

明季南畧卷之一　錫山計六奇用賓編輯
南都甲乙紀
福王本末
福嗣王諱由崧神宗之孫光宗之姪思宗之兄也建號玄光已酉南都陷北奔浙東魯藩監國謚爲赧皇帝及閩中唐王立遙上尊號爲聖安皇帝永明王立謚爲安宗簡皇帝而我朝則削其年號止稱福藩而已王之父諱常洵鄭貴妃所出神宗第二子萬曆四

图 15　北大藏半松居士排字本

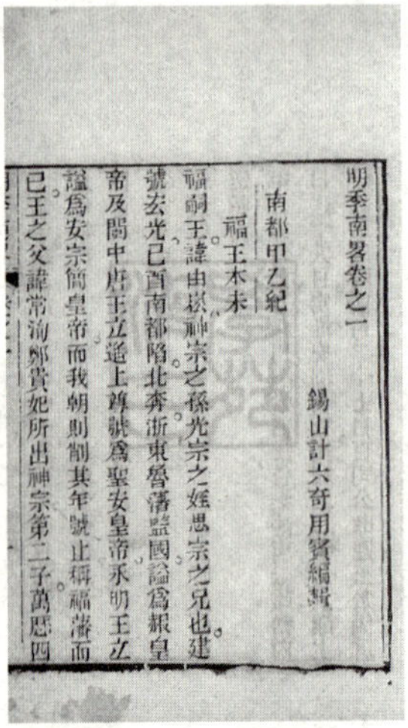

明季南畧卷之一　錫山計六奇用賓編輯
南都甲乙紀
福王本末
福嗣王諱由崧神宗之孫光宗之姪思宗之兄也建號玄光已酉南都陷北奔浙東魯藩監國謚爲赧皇帝及閩中唐王立遙上尊號爲聖安皇帝永明王立謚爲安宗簡皇帝而我朝則削其年號止稱福藩而已王之父諱常洵鄭貴妃所出神宗第二子萬曆四

图 16　人大藏半松居士排字本

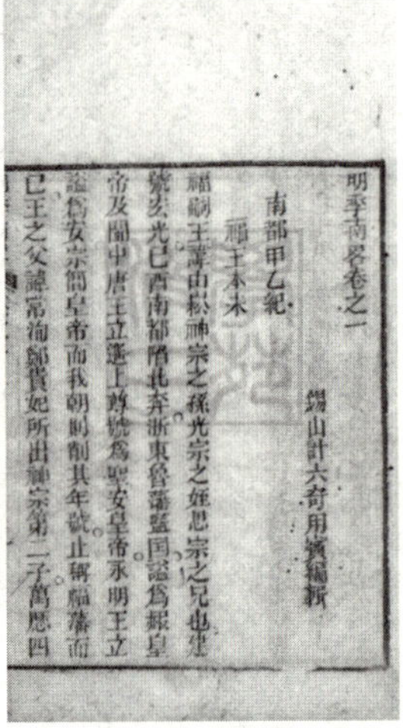

明季南畧卷之一　錫山計六奇用賓編輯
南都甲乙紀
福王本末
福嗣王諱由崧神宗之孫光宗之姪思宗之兄也建號玄光已酉南都陷北奔浙東魯藩監國謚爲赧皇帝及閩中唐王立遙上尊號爲聖安皇帝永明王立謚爲安宗簡皇帝而我朝則削其年號止稱福藩而已王之父諱常洵鄭貴妃所出神宗第二子萬曆四

图 17　川大藏半松居士排字本

现在困扰我们的,是天底下到底有没有琉璃厂半松居士的活字本这种东西?是纯属虚构?还是当初确曾有过一个名副其实的“琉璃厂半松居士排字本”,然后其他书商据其翻刻或覆刻?迄今为止,我们还没有发现《明季南略》的任何一个活字本,所以也无法查证所谓的“琉璃厂半松居士排字本”是否是翻刻或覆刻了其他的什么活字本。还有一个问题是:既然不是活字本,为什么要在牌记上标明为“排字本”?

鉴于内封、牌记有被原样翻刻或覆刻的可能性,我们在鉴定活字本时,确实需要有翻刻、覆刻的意识存在,不能仅据书上的一二处活字本的特征,就贸然断定其为活字本,更不能轻易相信书上内封或牌记中的说明,一定要看全书的版式风格,在进行综合鉴别之后,才能最后下结论。

最后要提醒一下:就上述所举各本而言,既然已经断定其不是活字本,那么对出版项的著录当然也不能依据其内封或牌记上的文字了。例如有的藏馆著录为都城琉璃厂半松居士刻本,好像鉴别得很准确,但其实未必。因为对翻刻本或覆刻本来说，出版者大多已经发生变化了。应该著录为清末刻本，内封或牌记的情况可放到附注项去详细描述。

二、怎样看待断版、裂版现象？

在活字本的鉴别上，版本学界有个共识，就是活字本绝无断版、裂版现象。因为活字印书，版面各个部分相对独立，不会像雕版那样因存放年久或气候干燥而出现断版、裂版情况。

2010 年 8 月，中国社会科学出版社出版了邹毅先生的《证验千年活版印刷术》一书。作为一个非专业人士，作者花费 5 年的艰苦卓绝的努力，专心致志地投身于活字印刷术的研究、探索，其精神和毅力令人感佩。作者在书中提出了"活印线"的说法。什么是"活印线"？照邹毅先生的说法，就是版面上水平方向笔直穿破所有界栏和两端边框的白道子。这种白道子不是因雕版印刷中的裂版、断版而产生的，而是活字印刷时因使用浸了桐油的捆版绳横向将活字版紧紧捆住所致。

邹毅先生论述"活印线"的意图在于告诉人们，今后在版本鉴定时，不要再仅凭版面上有所谓的裂版、断版，而不敢将在各方面都具备活字本特征的版本鉴定为活字本了。

活印线的说法是否成立？我在看到邹先生《证验千年活版印刷术》一书后，对此说法很感兴趣，从此特别留心寻找相关的证据，以证其说。但我在屡次试图验证邹毅先生的说法时，都失败了，因为这些看起来似乎可以用"活印线"来解释的本子，其实都是活字本的翻刻本甚至是覆刻本。

例如，北大图书馆藏有一部所谓"聚珍斋摆字"的《忠武侯诸葛孔明先生全集》五种，11 册 1 函，内封右上角镌"同治元年秋月"6 字，左下角镌"聚珍斋摆字"5 字(见图 18)。观其版式字体和版面神气，也确实有活字本的特征。但该书几乎每叶靠下方大约在版框三分之一的地方，都有一道白线横贯版面，并穿破版框(见图 19)。起初，我曾试图用邹毅先生的"活印线"理论来解释这个现象，但发现许多白道上方或下方的文字扁平而且变形，说明系采用了拼版的方法，即用两块甚至几块小木版拼成一个完整的书版，在刻版时，为了避开拼版中的裂缝，不得不改变文字的大小形状。如果是因“活印线”而形成的白道，就不会发生这种情况了。此外，书中还有一些叶面出现角上大片字迹残缺不全的现象，分明是版面残损所致，这是雕版印刷的特征。“高校古文献资源库”中辽宁大学图书馆著录该本为“翻刻本（根据聚珍斋活字本）”，大概也是发现其绝非活字本，才这样描述的。于是，我本想用这个本子来证实邹毅先生“活印线”说法的愿望又落空了。

图 18　北大藏《忠武侯诸葛孔明先生全集》内封

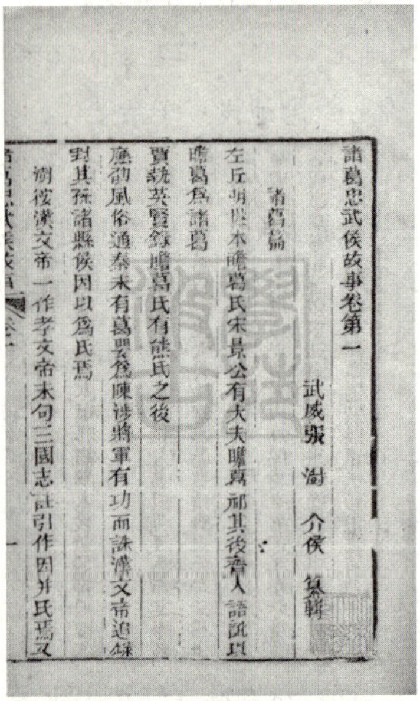

图 19　北大藏《忠武侯诸葛孔明先生全集》卷端页

邹毅先生还进一步说一些近代的铅印本上也有这种“活印线”，这就更令人疑惑了：假如说，因为中国古代印书所用墨中油的成分较少，所以捆版线在桐油中浸泡过，可以不沾染墨迹；那么近代的铅印本是用油墨印刷的，是否捆版线就应该用水来润湿呢？而水是很容易蒸发掉的，如果印的时间长了，那捆版线不就沾上油墨了吗？那不就很容易印出一道道黑线了吗？

笔者以为，捆版线在一些活字印刷中可能是应用了的，但应如李致忠先生在其《古书版本鉴定》中所说，捆版的方法应该是从版框四周来捆扎，而不是将线绳横贯版面来捆扎。“活印线”的说法，有待于进一步地认证。

邹毅先生在其《证验千年活版印刷术》一书的第四章中还提出，活字本也有“断版”现象。但所举例子都是一些版面上局部的、细微的裂纹，有的是因纸张皱褶而产生，有的是因木活字产生裂纹所致。这些裂纹不是“断版”，在具体的鉴别中，人们是能够轻易识别的，不应与雕版印本中的“裂版”现象等同齐观。而如果版面上的裂纹真是裂版甚至断版，那就一定不是活字本。

例如，我在编目时，碰到清内府印本《御制钦若历书》上编十六卷下编十卷表十六卷一书，发现其版式字体酷似清内府铜活字本《古今图书集成》，因而怀疑其为活字本。查翁连溪先生编《清代内府刻书图录》书后附《清代内府刻书概述》一文，也说康熙、雍正间内府铜活字本中有《御制钦若历书》一书。再查北大、中山大学、人民大学、复旦大学图书馆的书目记录，都有该书康熙雍正间内府本，但都著录为刻本。而且该书印出后随即改名为《御制历象考成》，故各馆藏本版心上方“御制钦若历书”中的“钦若历书”4 字均用墨涂去。而各馆所藏《御制历象考成》内府印本，除版心已改为“御制历象考成”外，其他正文文字与《御制钦若历书》完全相同，毫无二致。笔者仔细观察，发现各本版面有程度不同的轻微裂痕。如全书正文首页次行“历象”二字中间对应的右边框，在《御制钦若历书》本上只微现裂痕（见图 20），到《御制历象考成》本上，此裂痕已穿破“历”、“世”二字，甚至有向左延展至“月”、“欲”二字者（见图 21），各馆藏本仅在裂纹长短上有些微差异。如果是活字本，重印时需重新排版，版面、字体必会有所不同，更不会有裂纹扩大的现象，可见其必为雕版印本无疑，事实上，也确实没有一个藏馆将内府本《御制历象考成》著录为活字本的。就这样，《御制钦若历书》因为这个版面上的轻微裂纹最后被鉴定为刻本。至于是否确实有铜活字本的《御制钦若历书》存在，那就有待于日后的寻找和发现了。

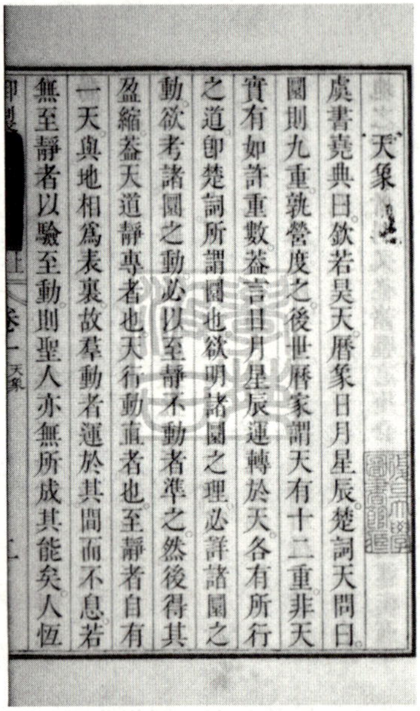
天象
虞書堯典曰欽若昊天曆象日月星辰楚詞天問曰
圜則九重孰營度之後世曆家謂天有十二重非天
實有如許重數蓋言日月星辰運轉於天各有所行
之道卽楚詞所謂圜也欲明諸圜之理必詳諸圜之
動欲考諸圜之動必以至静不動者準之然後得其
盈縮蓋天道静專者也天行動直者也至静者自有
一天與地相爲表裏故羣動者運於其間而不息若
無至静者以驗至動則聖人亦無所成其能矣人恆

图 20　清内府本《御制钦若历书》卷端页

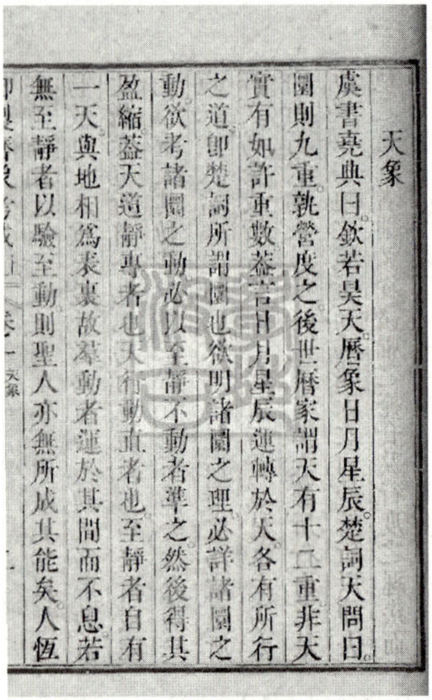
天象
虞書堯典曰欽若昊天曆象日月星辰楚詞天問曰
圜則九重孰營度之後世曆家謂天有十二重非天
實有如許重數蓋言日月星辰運轉於天各有所行
之道卽楚詞所謂圜也欲明諸圜之理必詳諸圜之
動欲考諸圜之動必以至静不動者準之然後得其
盈縮蓋天道静專者也天行動直者也至静者自有
一天與地相爲表裏故羣動者運於其間而不息若
無至静者以驗至動則聖人亦無所成其能矣人恆
御製曆象考成上編　卷一　天象

图 21　清内府本《御制历象考成》卷端页

三、关于活字本字与字之间的笔划交叉问题

过去的版本学著作，包括本人所著的《中国图书版本学》一书，都很肯定地说，活字本字与字之间笔划绝不交叉，否则就不是活字本。邹毅先生《证验千年活版印刷术》第四章中指出，活字本字与字之间笔划可以交叉。邹毅先生主要的论据有二：第一，某些金属活字丁并非是上、下规格一致的立方体，而是不规则的异形活字丁。他举了曹炯镇、艾俊川、刘大军三位先生的著作或文章作为支持。第二，木活字规格不一，排版时如出现排不下的情况，可以用刀切削字丁的空白部分，使字丁与字丁之间相互榫接，从而产生上字与下字之间的笔划交叉现象。我对以上观点表示赞同。

邹毅先生还指出，出现上、下字笔划交叉的另一个可能，就是连字印的使用。他举了史金波先生鉴定宁夏灵武出土的元代木活字本西夏文

《大方广佛华严经》的例子。笔者这里可以再追举两个例子。

如1991年在宁夏贺兰县拜寺沟方塔出土的西夏文佛经《吉祥遍至口和本续》，被认定为木活字本，但书中出现了上、下文字之间连笔甚至笔划交叉的现象，如卷五的汉文页码，“十一”、“十六”等，上、下二字相连；、“二十二”、“二十五”、“二十九”、“三十三”中的后两个数字，均为二字相连；“廿七”上、下笔划交叉。这些现象应该是将二字或三字刻在一个字丁上所致。

20世纪初在黑水城遗址和1987年5月在甘肃武威亥母洞出土的西夏文佛经《维摩诘所说经》，被认定为泥活字本。但其卷首有西夏仁宗尊号题款“奉天显道耀武宣文神谋睿智制义去邪惇睦懿恭”一行西夏字，其中有的上下字有相接或交叉现象，字左右部的撇捺，特别是右部的捺伸出较长，笔端尖细，且文字书写风格相同，为一人手笔，字体与经文正文风格迥异，与活字本的特点不相符合，推断此行字是被刻在一整块长条木印上，检字排版时，将整条木印嵌于活字版内。因为仁宗的这个尊号可能不止一个地方出现，而且文字较多，如果以字为单位进行检排则费时费力，所以就采用了这种连字长条木印嵌入的方法。

其实这种连字印的做法在汉文活字本中也是被经常使用的。如家谱中经常需要用墨围表示世系的“××世”如“第七世”、“十七世”等，就常常刻在一个字丁上。其他一些特殊类型文献中使用频率较高的词语如日期、年号、人名、官名、地名，等等，都有可能刻在一个字丁上，成为连字印，并有可能出现上、下字之间的笔划交叉。由此看来，古代活字的制作不一定完全以字为单位，还可以是两个字、三个字，甚至十几个字，完全视其使用的频率而定。所以活字本中出现上下文的笔划交叉并不是不可理解的。

由此看来，以往那种认为活字本活字与活字之间的笔划绝不交叉的观点，确实是显得武断了一些。

四、活字本是否包含铅印本？

活字本的类型虽然很多，有泥活字本、铜活字本、锡活字本、木活字本，甚至铁活字、瓢活字本，但都可以活字本概括称之。问题在于，近代出现的采用西方铅印术印刷的铅印本能否作为铅活字本而归入活字本的行列？

表面上看，铅印本当然是活字本，称之为铅活字本没有问题。在铅印本最初出现时，人们就是这样认识的，所以在铅印本的内封、牌记上仍然沿用过去传统活字本的各种说法。如：清咸丰十一年（1861）上海墨海书馆铅印本《大美联邦志略》，其内封仍题“沪邑墨海书馆活字板”（见图 23）。

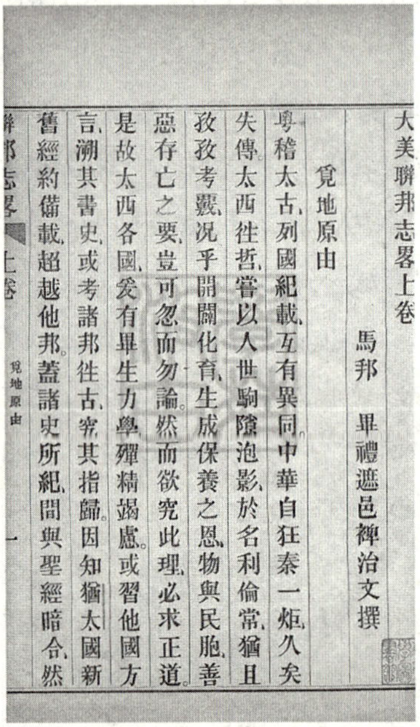
大美聯邦志畧上卷
馬邦 畢禮遮邑裨治文撰
覓地原由
粤稽太古、列國紀載、互有異同、中華自狂秦一炬、久矣失傳、太西往哲、嘗以人世駒隙泡影、於名利倫常、猶且孜孜考覈、況乎開闢化育、生成保養之恩、物與民胞、善惡存亡之要、豈可忽而勿論、然而欲究此理、必求正道、是故太西各國、爰有畢生力學、殫精竭慮、或習他國方言、溯其書史、或考諸邦往古、究其指歸、因知猶太國新舊經約備載、超越他邦、蓋諸史所紀、間與聖經暗合、然
聯邦志畧 上卷 覓地原由 一

图 22　墨海书馆铅印本《大美联邦志略》卷端页

辛酉夏續刻
大美聯邦志畧
滬邑墨海書館活字板

图 23　墨海书馆铅印本《大美联邦志略》内封

清宣统二年（1910 年）上海华美书局铅印本《阿里巴巴遇盗记》，内封题“上海华美书局摆印”。清同治十二年（1873）中华印务总局铅印本《普法战纪》十四卷，内封背面牌记题“同治十二年岁次癸酉秋七月中华印务

总局活字板排印”（见图 25）。

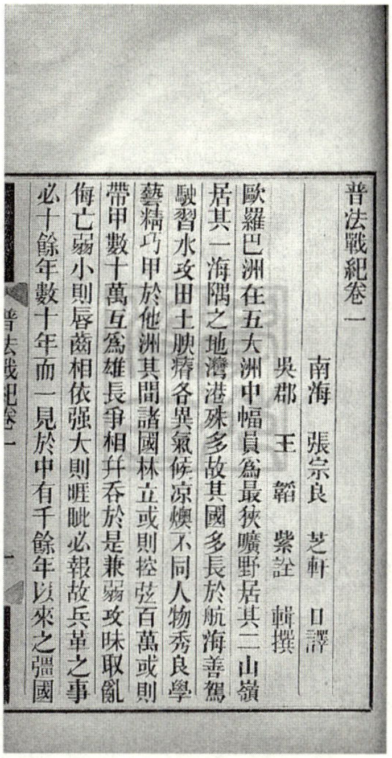
普法戰紀卷一
南海 張宗良 芝軒 口譯
吳郡 王 韜 紫詮 輯撰
歐羅巴洲在五大洲中幅員爲最狹曠野居其二山嶺
居其一海隅之地灣港殊多故其國多長於航海善駕
駛習水攻田土肥瘠各異氣候凉燠不同人物秀良學
藝精巧甲於他洲其間諸國林立或則控弦百萬或則
帶甲數十萬互爲雄長爭相幷呑於是兼弱攻昧取亂
侮亡弱小則唇齒相依强大則睚眦必報故兵革之事
必十餘年數十年而一見於中有千餘年以來之彊國

图 24　中华印务总局铅印本《普法战纪》卷端页

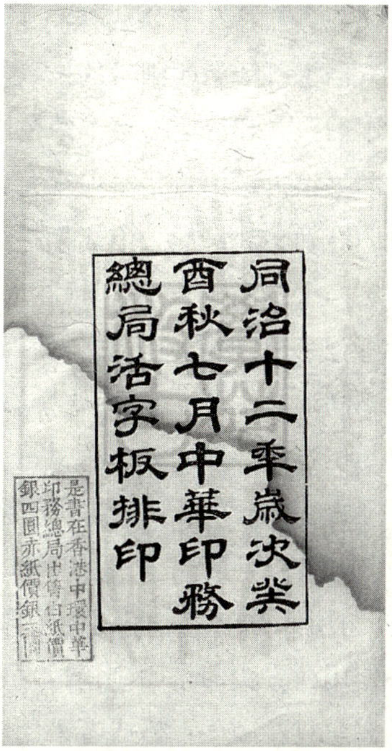
同治十二年歲次癸酉秋七月中華印務總局活字板排印
是書在香港中環中華印務總局出售白紙價銀四圓赤紙價銀二圓

图 25　中华印务总局铅印本《普法战纪》牌记

像这样的本子，过去各家著录编目时，也常常顺着书上的说法，将其著录为活字本。例如江澄波先生的《江苏活字印书》一书，收录明、清两代及民国时期铜、木、泥、铅各种活字本图书 1800 种，书中设“清代铅活字印书”、“民国铅活字印书（线装本）”两节，明确将铅印本称为“铅活字本”而归入活字本。我们在“学苑汲古——高校古文献资源库”中，也常常看到对这类本子五花八门的著录方法，有称“铅印本”的，有称“铅活字本”的，有称“活字本”的，还有称“排印本”的。

现代一些论述活字本的专著也在某种程度上加剧了这种混乱。例如徐忆农所撰《活字本》一书（江苏古籍出版社 2002 年版，《中国版本文化丛书》之一），以介绍中国古代的活字本为宗旨，但在最后却加入了铅印本的内容：印刷出版机构重点介绍了 19 世纪中期著名的上海墨海书馆；期刊出版印刷详细描述了《格致汇编》的编印情况；图书则举当代有代表性的铅印本《新华字典》为例；书中甚至还以“当代——活字印刷术的变革时代”为题，用相当篇幅介绍了20世纪80年代王选院士的激光照排。这对人们了解活字印刷术的发展史来说是有益的；但对于人们清楚认识活字本的概念和界定活字本的范围，则是不利的。

图书馆古籍编目是一项规范性很强的工作，古籍的版本类型也应该是概念准确，界限分明，不能模棱两可，让人无所适从。中国活字本的印刷方法是手工刷印，而铅印本的印刷方法是机器压印，所以在纸面字迹的凸凹感觉和墨迹、墨色方面二者都有明显的区别。活字本和铅印本之间各种不同的版本特征，每一个合格的古籍编目工作人员都是知晓的，是可以轻易识别的。他们需要的，只是一个明确的规定。

从古籍编目的角度出发，笔者不赞成称铅印本为铅活字本。据文献记载，中国古代确曾有过铅活字本，但那是属于中国传统活字印刷技术的产物，与用西方铅印术印刷的铅印本不是一回事。铅印本这个概念专指那些使用西方铅印术印刷而成的图书，它跨越古今且数量庞大。而活字本的概念只在中国古籍或者采用中国传统活字印刷技术的印本范围内使用。在古籍编目中，活字本和铅印本应该是两个各自独立的版本类型，它们是并列的关系，不是包含或交叉的关系。在现在的古籍书目数据库系统中，如果将铅印本著录为铅活字本，会影响活字本的检索结果，造成混乱，这也是我们需要严格区分铅印本和活字本的一个重要原因。

（注：本文中所有图片均采自“学苑汲古——高校古文献资源库”，故图中均有“学苑汲古”水印。特此说明。）

参考文献：

1. 学苑汲古——高校古文献资源库. http://rbdl.calis.edu.cn:8086/aopac/jsp/indexXyjg.jsp

2. 邹毅. 证验千年活版印刷术. 北京：中国社会科学出版社，2010

3. 徐忆农. 活字本. 南京：江苏古籍出版社，2002

4. 曹炯镇. 中韩两国古活字印刷技术之比较研究. 台北：学海出版

社,1986

5. 张秀民著,韩琦增订. 中国印刷史(插图珍藏增订版). 杭州:浙江古籍出版社,2006

6. 上海新四军历史研究会印刷印钞分会编. 活字印刷源流. 北京:印刷工业出版社,1990

7. 江澄波. 江苏活字印书. 南京:江苏人民出版社,1997

8. 牛达生. 西夏活字印刷研究. 银川:宁夏人民出版社,2004

9. 史金波. 西夏出版研究. 银川:宁夏人民出版社,2004

10. 魏隐儒. 古籍版本鉴定丛谈. 北京:印刷工业出版社,1984

11. 姚伯岳. 中国图书版本学. 北京:北京大学出版社,北京:2004

12. 姚伯岳. 论覆刻本. 版本目录学研究(第一辑). 北京:国家图书馆出版社,2009

13. 姚伯岳. 古籍版本鉴别和著录中的内封、牌记依据问题. 北京:版本目录学研究(第二辑). 国家图书馆出版社,2010

14. 翁连溪. 清代内府刻书图录. 北京:北京出版社,2004

15. 翁连溪. 清代内府刻书概述. 清代内府刻书图录. 北京:北京出版社,2004

16. 张树栋,庞多益,郑如斯. 简明中华印刷通史. 桂林:广西师范大学出版社,2004

深入考察考证破解活字谜团

邹　毅

（私人收藏家）

第一部分　实地考察　修正错误结论

1999年，美国时代生活出版公司隆重推出画册《人类1000年》，专家组评选出过去一千年对人类影响最大的一百件事，德国人谷登堡1455年用活字排印《圣经》之举，昂然列在第一位。能在人类千年排行榜上高居第一，足见被誉为"文明之母"的活字印刷术对全人类的影响之大之深。

《人类1000年》虽然提到中国的工匠毕昇在1040年左右发明了活版印刷术，但认为中国的活版印刷并不盛行，因为要用到1万个单字。

海内外学术界普遍认为，古代中国活字印刷技术发展缓慢，活版印刷只是支流，雕版印刷才是主流，因为汉字数量庞大，不适宜大规模制作活字。这一结论，可能是受李瑶、翟金生、林春祺等人影响。他们在亲手制作活字模并从事活版印刷之后，均撰文大吐苦水，称制作活字太艰辛，活版印刷难乎其难。

不过，有文献记载，元代王祯请人刻字，3万多木活字两年便制作完成。清代龚显曾说："明人用木活字板刷书，风乃大盛。"张秀民先生在《清代的木活字》一文中，记载某知县出资不到1千元，刻成木活字36万个，比武英殿的还多11万个。

中国古代活版印刷的字模主要是木活字。那么,制作木活字到底难不难呢?只有搞清楚这个问题,才能真正揭开中国活版印刷史的谜团。

2010 年 7 月,笔者专程到福建省宁化县,深入到几个农民谱匠家中,详细了解他们制作木活字及排印家谱的情形。实地考证的结果,大大超出预料:当地木活字超过 30 万枚,制作一套木活字并非太大的难事,甚至可以说是轻而易举!

一、农民谱匠轻易制作木活字

(一)木活字雕刻能手

笔者在第五个文化遗产日看到,宁化县文化馆等单位在广场上开展宣传活动,农民谱匠邹建宁在现场表演活版印刷技术,免费刷印《宁化木活字》宣传单。

活动结束后,笔者随同邹建宁到家中考察。邹家的木活字摆放在四楼,占了整整一间大屋,有数十盘,小字约 3.8 万枚,大字约 8 千枚,均系邹建宁近年所刻。47 岁的邹建宁,1980 年学修谱,1985 年学刻字,后来自学木雕。

谈及木活字雕刻,邹建宁告诉笔者,这是很容易的事。雕刻前,他先用"印床"(雕刻木活字用的夹板,与雕刻印章的夹板类似)夹住 10 个木坯。木坯大约 1 厘米见方,高度约 2 厘米,印床的规格约为 10×15 厘米,正好可以一次性夹 10 个木坯。然后以极细的特制毛笔在木坯上写反体宋体字。宋体字横平竖直,下刀容易,一刀可切出同样的笔画。一批 10 个简单的活字,十几分钟就可刻完。

1989 年,当地谱匠邱炉明家急需刻工,请邹建宁去刻字,每日早七点刻到晚七点,少则每天刻 170 字,多则 200 字,最多一天曾刻 220 字。邹建宁还证实,刻活字效率高,速度至少是雕版的两倍。1988 年,他曾在中沙庙帮寺庙刻雕版,因木板转动不便,下刀总顾忌上下字及两旁的栏线,每天只能刻 70 来字,速度很慢。

邹建宁告诉笔者,在福建当地有一个传统,谱匠不用自己掏钱买木料,需要时,直接向客户提出,客户便会找人上山伐树,锯成木板,送到谱匠家中。阴干一年后,谱匠将木板刨平,锯条,锯块,制成木坯,便可雕刻活字。

1986年邹建宁开始收徒弟，有些徒弟学五、六年，基本掌握了全套修谱的手艺。目前，邹建宁主要是对外刻章，家中其他业务有木雕、圆雕和花版。他自己也设计一些百家姓活字版大版面，用于装裱镜框。

(二)既修谱又种地

笔者又到淮土乡的廖家和谢家实地考察。廖庆元从1991年开始修谱，家中4—5万个木活字全是自己所刻，每天能刻200字左右，同样是用“印床”夹多个木坯，一刀切。他拿出几册家谱，都是自己刻印的。因近几年没有家谱业务可做，廖庆元干脆将家中的一套木活字搁在老房子里，自己种庄稼过活。

花甲之年的谢应生是木匠出身，1989年修谱高潮之中，谢师傅改行修谱，本来请邻村的廖庆元帮着刻了3万多枚木活字，但做事讲究的谢师傅觉得字体刻得不够美观，自己便操刀，慢慢雕刻，每天只刻70来字，不求速度，但求质量。两年下来，重新刻了约4万个大字小字，装满五六十盘，自己排版刷印，弟弟谢应金搭帮手。十几年下来，有谱修谱，没谱则种庄稼。到了2008年就再也没有族谱可修，谢氏兄弟只好将两套木活字捆扎起来，放在阁楼上。

(三)祖传专业修谱师

32岁的邱志强，是当地唯一还在继续修谱的谱匠。邱家现有3套木活字，超过10万枚。最老的一套大约刻于晚清时期，其余两套则是近年所刻。邱家修谱技艺四代相传，“文林堂”号已持续了100年左右，远近闻名。“文革”时期，邱家将祖传的活字悄悄隐藏起来，躲过一劫。

20世纪80年代，华夏大地逐渐兴起家谱热，修家谱渐成气候。1985年，邱家接续历代香火，开始利用木活字为邻近几个县的乡亲排印族谱，经济收入逐步好转。

邱氏老活字全是小号字，为长方形。80年代新刻的一套约有4万字。90年代初，又刻一套方形字体，大约4万个，先后新添了大字1万多，目前邱志强家的木活字总数约11万枚。叔父邱忠水也是谱匠，其家中也有数万枚木活字。

由于长期使用磨损，邱志强家这些年用坏了一万多枚木活字，曾一次性淘汰1500多字。缺失的木活字，小邱便自己雕刻，每天可以刻150—

160 个木活字，同样是用印床，夹住多个字坯，一刀切。

出生于修谱世家的邱志强耳濡目染，从小学艺，跟家人学，跟师兄学，把祖传的一套技艺全部掌握，成为全能型谱匠：既是木匠、雕刻匠，又是排字工、印刷工，还是装订工，全部十多道修谱工序烂熟于心。小邱不但会刻字、排版、印刷、装订，还能绘图及雕刻图版，十八般武艺样样精熟。

二、改变学术界的结论

笔者通过对宁化农民修谱印刷的实地考察，不仅了解了当地谱匠的修谱情形，同时还澄清了几个学术上的疑难问题，改变了学术界以往的错误结论。

（一）两年可雕刻四万枚活字

宁化县的农民谱匠人人会雕刻活字。他们文化程度虽低，但大多能识繁体字，自己会写反体宋体字，手书在木坯上，随即雕刻成活字。一般来说，一人两年刻成一套活字不成问题，速度快的一年可刻制完一套，每套约 4 万字左右。

（二）制作木活字成本低廉

雕刻数万枚木活字并非难事，成本并不大。宁化县几家农民谱匠的木活字多达 30 余万枚，大多是 20 世纪 90 年代所刻，按当时的工本计算，一个大号字成本约 1 元，一个小号字成本约 0.8 元。一套 4 万枚木活字，成本大约要 3 万多元。不过，这是计算了木料和各项人工费用后的成本价。

实际上，农民谱匠自刻一套木活字，几乎不用花销，所付出的仅仅是一两年农闲时间而已。总的说来，制作木活字成本低廉，普通的农民家庭都能负担和承受。

（三）古代文献误导研究者

李瑶、翟金生、林春祺、徐兆稷、冯兆张等一批明清读书人，皆撰文说活字版耗时耗材耗巨资，异常艰难。虽分别从事过陶活字、铜活字与木活字印刷实践，但他们的所作所为，根本不能真实反映古代中国业内的活版印刷水平。说到底，他们皆非印刷专业人才，隔行如隔山，偶一为之，肯定艰难，其艰辛体会写成文章，显然容易误导后人。

学术界素有古代活字印刷“不成气候”、“不是主流”的看法，主要是受了上述几位读书人的影响。一些学者既没有仔细分析其文章背景，更没有进行实地调查，人云亦云，轻易得出了“汉字数量庞大，不适宜大规模制作活字”的错误结论。

古代的活版作坊刻工，手艺更精熟，一人一年内刻制一套木活字毫无问题。由于成本低廉，活版作坊备有多套木活字，或备有数十万枚木活字，不足为奇。因此，笔者得出与学术界完全不同的结论：大规模制作木活字，在古代中国是一种普遍现象。

第二部分　创新方法　发现宋代活版

笔者利用业余时间，常常到各地的古玩市场去淘宝，也到网上古旧书店淘书，不仅收获了一批活字印本，还有陶活字、铜活字和木活字字模，更淘到了活版排版框、拣字盘、固版材料等一批活版实物。

一、创新方法

自从笔者对某些传统的活字鉴定方法产生怀疑之后，便开始探索新的路子。经过多年艰苦努力，考证历代活字本，终于寻找到新的活字鉴定突破口，克服了传统活版鉴定的盲区和误区，找到了各种实物依据，验证了自己的一系列新发现。

(一)活版同一性

北宋庆历年间，毕昇使用泥活字印书，其方法被沈括收录进《梦溪笔谈》，成为中国古代活字印刷最早的文字记载。由于迄今尚未发现毕昇的印刷品传世，一些海外学者不愿承认中国活版印刷的历史地位，甚至认为毕昇的方法只不过是一种概念而已，从未付诸实践。

那么，除了文献探寻与仿制陶活字以外，还有没有其他途径来进一步证实《梦溪笔谈》关于活字印刷的可靠性呢？笔者在这方面进行系统探索，终于解开了谜团。

《梦溪笔谈》记载了毕昇交替排版的方法：常作二铁板，一板印刷，一板已自布字，此印者才毕，则第二板已具。更互用之，瞬息可就。这段话说明，毕升用两套活版来交替刷印，加快了活版印刷的进度。

笔者收藏有一册晚晴活字本《地藏菩萨本愿经》(简称《地藏真经》)，

活字特征明显：边框缝宽大，有鱼尾缝，字体歪斜，浓淡不一。笔者进一步观察，发现是书由两副活版交替印刷而成，同一副活版所刷印的许多书叶，其边框和版心都在某种程度上完全相同，两副活版各有其特征。

甲版：第1、3、5、7、8、10、12、14、16、18、20、22、24、26、28叶。甲版每叶边框的内栏中部，均有两处明显的断裂痕迹。

乙版：第2、4、6、9、11、13、15、17、19、21、23、25、27、29叶。乙版边框内栏的右上角，均有断开并且倾斜的印痕。（图版详见《证验千年活版印刷术》一书）

不同书叶的边框和版面上面，却在相同的位置出现相同的墨迹特征，表明这些书叶出自同一副活版。笔者将活版的这种现象称为"活版同一性"。

《地藏真经》甲乙两套活版所印的书叶，不仅边框各具同一性，版心也具有同一性。甲版和乙版交替出现，说明排印《地藏真经》的时候，就是采用两副活板作业，由两名工人轮流排版刷印。这种作业方式与沈括的描述恰好一模一样。

从晚清的《地藏菩萨本愿经》，到清初康熙时期的《临川吴文正公集》和明代的《小字录》，再到与宋朝并存的西夏王朝西夏文活字本《维摩诘所说经》，都具有活版同一性。从两副活版交替，再到多副活版交替排印，这些活字本充分还原了古代工匠交替排印活版的真实情景，说明活版技术广泛使用，发展迅速。

虽然各朝代使用的活版材料发生了变化，作坊使用活版的数量各不一致，但交替排版印刷的原理和方法却是一脉相承的。活版同一性不仅证实了北宋时期沈括记载的使用两套活版交替排印的方法准确无误，而且证明千年前古人使用活版交替排印的方法，一直流传到晚清和民国时代，甚至当今仍然采用这种传统进行排印。

活版同一性的发现与总结，对于活字本的鉴定有着重要意义。活版同一性是鉴定活字本的铁证，只要一册古书的版心、边框及版面具有同一性，就可确定其为活字本。因此，同一性是鉴定活字本最可靠最为有效的方法之一。

(二)界栏槽与夹条槽

笔者在研究古代活字本的时候,注意到清代翟金生泥活版的《泥版试印初编》等书上下边框与众不同,每一条界栏所对应的上下边框都有明显的凹槽,一些界栏线甚至深入到了边框之中。

笔者发觉,这是翟氏在活板固版技术方面所采取的特别方式——事先将上下边框所对应的每一个界栏的交接处都挖了一条凹槽。一行字排满,便将界栏片直接插进上下边框的凹槽,界栏片与凹槽正好咬合,能起到固版的作用,保证活字字丁不松动。

显然,《泥版试印初编》中,这种带凹槽的边框是活字本的标志之一,专门用于界栏的插入,笔者称之为"界栏槽"。

笔者所藏活字本《通鉴纪事本末》,界栏槽的表现形式则不一样。是书由多副活版交替排印,其中一些书版中,栏线对应的上下边框,右侧均有界栏槽。界栏线虽然没伸进边框,但与界栏线相对应的上下边框右侧,均有一个小豁口。原本界栏两边各有一个夹条,其中,右侧的夹条则伸进了边框,形成凹槽。《通鉴纪事本末》边框中的这种凹槽专门用于安放夹条,笔者称之为"夹条槽"。

各种活字本边框中的凹槽,主要用于安放界栏片和夹条,有的凹槽较大,有的凹槽全暴露,明显呈锯齿形。界栏槽与夹条槽主要作用于固版,能扎扎实实地安放各种竹木界栏条。

界栏槽的发现与总结,对于活版与雕版的区分,具有积极的意义。只要正确掌握界栏槽的识别方法,辅以传统的鉴别方法,便可以有效地鉴定活字本。

(三)木纹边框

笔者收藏有一册民国活字本《八卦图》卷一。细观之,四周边框上面出现许多细小的纹路,或长或短,有时具有一定的方向性,或呈倾斜状,或呈横线状。这种纹路如此醒目,是如何产生的呢?笔者百思不得其解。

后来,笔者陆续在所藏其他活字本当中,也注意到这种不寻常的边框:充满细小的纹路,或倾斜,或水平,形状不一。笔者琢磨了许久,也没有悟出其中的道理。

孰料在浙江温州东源村考察时,笔者看到当地刷印的现代木活字本,也有这种带纹路的边框，真是格外惊奇。急忙请教村里从事木活字印刷多年的老师傅吴魁兆和王士生，才揭开了谜团。

原来，用于木活字印刷的木质边框，往往长期使用，排印各种内容的活字本。木质边框长期被墨汁浸透，质地逐渐松软，在长年不断的刷墨过程中，边框的肉质部分渐渐被棕刷带走了，只剩下筋络部分。原本平滑整齐的木边框，实际上已经慢慢变得凹凸不平了。当然，这种凹凸部分是很微小的，刷印工人往往没有觉察到，不过印在纸张上面，还是会留下各种细小的纹路。

雕版印刷通常不会出现木纹，因为一块木板雕刻完毕之后，一次性刷印的数量有限，一般不过百十部。若干年后将雕板再多次刷印，数量仍然不多，雕板的材质受损有限，边框印在纸张上面，十分完整。如若边框都被刷得只剩下筋络，那文字部分也早就刷坏了。

而活字作坊中，许多种书籍都采用同样的行款同样的规格来排版，这样可以节省材料节约时间，提高生产效率。因此，活字作坊的一套木质边框，往往连轴转般使用，一部书印完，边框刚刚干透，又开始下一部书的排印。这样，同一套边框连续刷印数以千计万计的书，木质损耗较大，渐渐地，边框印在纸张上面，便显现出木纹来。

于是，笔者将这种具有木纹的活字边框，称为“木纹边框”。这种木纹边框，是识别活字本的又一标志。

（四）金属栏线

笔者所藏光绪版《五牧刘氏宗谱》，排版刷印精良，书中活字特征明显：有规整的边框缝和鱼尾缝，书口整齐划一，行字墨色浓淡不一。特别值得一提的是，是书的栏线笔直精细，十分别致。

手工雕刻的界栏线，如果仔细观察，印在纸张上面总会时粗时细，不太均匀。活字版的栏线，如果是竹片或木片，同样存在着粗细不匀的情况，与雕版区别不大。而《五牧刘氏宗谱》的界栏线与众不同，有一个明显特征：十分精细均匀。其实，这种精细的栏线既非竹片的印迹，也非木片的印迹，而是金属片的印痕。

这种金属界栏片，多出现在清中期以后，大约系由机器加工而成，精细程度高。印在纸上，栏线非常精巧美观，远胜于传统的竹木界栏片。细巧精致的金属栏线，是活字本的一个重要特征。笔者将这种金属界栏片所印的栏线简称为“金属栏线”。

具体说来，金属栏线具有典型的特征：同一根栏线上下基本一致，同一叶书每一根栏线均是同样粗细。尽管栏线有时断断续续，但每一段每一截栏线看上去都是同样的粗细规格。一句话，所有栏线的精度基本上是完全一致的。

金属栏线是区分雕版与活版的重要依据之一。有金属栏线的印本肯定是活字本，其他则不一定。因为，金属栏线仅是活字本的一种特殊栏线，许多活字本并未采用，仍是用传统的竹片或木片作界栏。

（五）活印痕

1. 活字模印痕

（1）边缘印痕

边缘印痕的产生，大致有两种情形。其一，排版的时候，少数字丁出现严重倾斜，刷印在纸上，字丁的边缘墨痕也印在纸上了。其二，字丁并不倾斜，但邻近版面的空白处，刷印时纸张受到一定压力，将活字字丁靠近空白处一边的边缘墨迹暴露出来。尤其是暗界栏活字本，邻近空白处活字字模的边缘更容易显露出来。

（2）偏心印痕

活字版排版时，字丁严重倾斜出现边缘印痕的情况较少，大多是由于没有垫平，字丁略有倾斜，或偏左或偏右，或偏上或偏下。这种略有倾斜的字丁印在纸上，便出现一部分吃墨多一部分吃墨少，一个单字的上下或左右便有浓淡不均的现象。而雕版是刻印在平坦的木板上，单字通常不会产生墨色浓淡不均的现象。

2. 活字版印痕

一些活字本中有种奇特的现象：偶尔见到一片片、一条条散乱的墨迹，出现在书页的空白之处。经过仔细观察和分析这些墨迹，结合观察一些雕版板片，再和一些雕版印本比较，笔者终于得出结论，这些活字本中的墨痕，应该是活字版的特殊印痕，表述为“活版印痕”，简称为“活印痕”。活印痕有多种表现形式：

(1)夹条印痕

偶尔在行字的左边或右边空白之处出现活印痕，便是由于夹条印痕所致。用于夹固活字字丁的夹条，其高度本来应低于活字字丁。但排版时因挤压产生高低不平，刷墨敷印时，夹条局部沾上墨，刷印出来便在活字的旁边留下印痕。

仔细观察夹条印痕，就会看出，有些印痕成线条状，或细条状，能大致反映出夹条的轮廓。有些印痕成点状、小块状或散漫状，漫布在活字周围。

(2)顶木印痕

顶木用于活字版的空格或空行，其宽度与活字字丁宽度相同，其长度则随空格的长度而不一致，其高度则低于活字字丁。排版时，顶木因挤压而高低不平，刷墨敷印时，顶木局部沾上墨，刷印出来便在活字的空格内或空行内留下印痕。

顶木面积较大，留下的印痕较为明显，甚至一目了然，多呈片状或块状。带有夹条的活版，顶木宽度较窄。有些活字版，行字之间没有夹条，只有界栏相隔，顶木的宽度便与行间距一致。

(3)横木印痕

《临川吴文正公集》卷七的卷末，有“临川吴文正公集卷之七终”字样。后面5行则没有栏线，取而代之的是两条横木以及夹条的印迹。

其他活字版的版末或卷末，通常用一块或几块木版取代栏线，或用几条夹条顶替。相比之下，使用两三截横木更省事。

(4)小卡印痕

活字版固版之时，为了卡紧行字界栏条等，常常在版面的边角旮旯地方塞进一些小薄片。这些小薄片通常是木片或竹片做成，即小木卡或小竹卡。有时候，随着刷印的次数增多，小卡渐渐松脱，露出一小部分，敷墨刷印后，留着印纸上，便会出现小小的墨迹。

(5)参差印痕

有些活字作坊排版时，因版面挤压而产生凹凸，会留下一些参差不齐的特别痕迹。高低不一，便是活字版最常见的技术问题。相邻的字与字之间，字与边栏之间，栏线与字之间，鱼尾与栏线之间，等等，往往高凸的一部分墨迹浓黑而完整，低凹的部分墨迹则淡薄，模糊甚至缺损。

(6)空白印痕

活版无行字的地方，留下一片空白。有时候，出现大片的空白。这些空白之处，往往是用几段木条，或者用大块的木板来填充。刷墨时，空白处的木块往往会粘上墨，印在纸上就会出现或浓或淡的墨迹。

空白印痕可能在活字版的任何部位出现。

(六)横排不齐

活字版在固版过程中，为了使得行字挤紧，排版工人往往在底排行字与版框之间，塞进一些竹木薄片，甚至塞挤一些小木块。由于某些作坊的活字模规格不完全一致，经过挤塞之后，底排行字与边框之间的空隙不等，便会出现底排行字不整齐的现象。

如果书叶为两节排列，或是多节排列，就像许多目录叶所看到的那样，每一节的最后一排字多有不齐整的现象。

(七)栏线压痕

活字版排完后，有一道特别工序，便是“挤版”。工匠须得一排排、一行行将文字和栏线挤紧。版面挤紧后，还有一道工序，叫做“压版”。用一块平整的木板，将版面压平。栏线通常是由细长的竹片制成，挤版的过程中，薄薄的竹片由于受力不均，会略微凸起，压版的过程中，又会略微凹陷。从整条竹片来看，便容易出现高低不平的现象，印在纸上，就是断断续续的线条。

许多活字本的目录最容易观察栏线压痕这一现象。有文字的地方，两旁的栏线往往被压低，墨迹很淡，甚至看不见。而无文字的地方，栏线的墨迹则清晰可见。

二、发现宋代活字本

北宋有毕昇，南宋有周必大，元代有王祯等，均留下活版印刷的文字记载。与宋朝同期的西夏王朝广泛使用活版技术，多种西夏文活字本早已得到学术界公认。然而，存世的众多宋版元版汉文书籍中，至今却没有一册公认的活字本。《中国古籍善本书目》著录最早的活字本《会通馆印正宋诸臣奏议》，已迟至明代弘治三年(1490年)，不仅比韩国早期的活字本晚得多，甚至比欧洲谷登堡的活字本还晚了数十年，这是中国活版印刷史上的又一大谜团。

2009年2月,笔者开始全面查阅《中华再造善本》,决心在宋元版中找出突破口。经过不懈努力,笔者翻阅完全部700多种影印宋元版,终于找到了早期活字的多种证据。

(一)宋代活字本《文苑英华》

《文苑英华》1000卷,存130卷,周必大勘补,于嘉泰四年(1204年)定本梓行。半叶13行,行22字。

《文苑英华》的活字特征:界栏槽、栏线压痕、活印痕、边框缝、鱼尾缝、边框歪斜、栏线弯曲等。突出特征则有上下界栏槽、四角边框缝、栏线插边框等。

南宋绍熙四年,周必大以胶泥铜版刷印过《玉堂杂记》。成功采用活版印书之后数年,再出版《文苑英华》,周必大自然更应该采用活版,而不会采用雕版大大增加开销。《文苑英华》开本疏朗,字体较大,很少小字,非常适宜于活版排印。

(二)宋代活字本《东莱先生音注唐鉴》

国家图书馆所藏《东莱先生音注唐鉴》,具备许多活字特征:活版同一性、木纹边框、活印痕等。其中,同一性是《唐鉴》最明显的活字特征,某些书叶的版心,不仅文字一模一样,甚至连鱼尾也完全一样。(图版详见《证验千年活版印刷术》)

三、更多宋元版亟待探索

(一)《中华再造善本》唐宋编中疑似活版

从《中华再造善本》的唐宋编来看,《周易正义》、《大唐六典》、《宋书》、《吕氏乡约》、《许用晦文集》、《离骚草木疏》等,都有较多的活字特征,可能都是活字本。

另外,唐宋编中,《周易上经》、《周易本义》、《大易集义》、《群经音辨》、《鲍氏国策》、《律》、《路史》、《梁书》、《资治通鉴》、《通典》、《通鉴纪事本末》、《汉官仪》、《重雕改正湘山野录续录》、《大藏经纲目指要录》、《西山先生真文忠公读书记》、《謦隅子歔欷琐微论》、《张文昌文集》、《赵清献公文集》、《淮海集》、《司空表圣文集》、《骆宾王文集》、《丁卯集》等也有一些活字特征,也有可能是活字本。

(二)《中华再造善本》金元编中疑似活版

《中华再造善本》的金元编当中,《孔氏祖庭广记》、《观音偈邙山偈》等,均有明显的活字特征,很可能是活字本。

金元编中,《四书经疑问对》、《读四书丛说》、《仪礼集说》、《五服图解》、《尔雅》、《幽兰居士东京梦华录》、《后汉书》、《通鉴释文辩误》、《通志》、《牧民忠告》、《新雕注疏珞琭子三命消息赋》、《周子通书训义》、《棠阴比事》等,也有一些活字特征,可能也是活字本。

(三)宋元活版与明清活版差异巨大

一些学者认为,活字本不可能有笔画交叉现象。凡是有笔画交叉现象的,就不可能是活字本。其实,正是因为这条硬性"原则",导致活字鉴定出现重大偏差。

笔者仔细观察过一些明清活字本,发现笔划交叉现象、笔划侵占现象确实存在,且例子不少。例如,明代活字本《渭南文集》就有许多活字笔划交叉。某些高丽活字本中也有笔画交叉的现象,如1377年的《直指》。

一些学者不同意现存的宋版元版有活字本,因为他们脑海中的活版印象,仅仅局限于明清活字版的形状。他们以为,宋元版如若有活字版,也应当像明代华氏、安氏活字本一样,是歪歪斜斜、大小不一、浓淡不均的。

其实,大多宋元版和明清版在版式和字体上,有着巨大的差异。宋元版的普遍特点,行款不一,字数不等,字与字之间的距离大都很近,甚至字体的笔划相互渗透,相交相插。这是因为,当初书家誊写书稿,非常重视书法的韵律,悉心照顾上下字体间的行气,一般不会考虑字数的统一,也不会顾及刻字工刊刻的方便与否。宋元时期的刻工,雕刻极有耐心,多重质量,少讲效率,故而大多宋元版书法精美,版式漂亮。

笔者推测,由于宋元版的字体大都挤得紧紧的,笔划普遍交叉,因此,宋元时期采用活字排版印书,不论是陶活字还是木活字,也必须遵循这一规律。因此,在制作活字模时,便已考虑到字体之间如何才能挤紧,在字模的上下部分,做些特别处理。例如,制作陶活字时,事先削去字模上下笔划之间多余的部分,然后再将字坯放进炉火中烧制。这样做成的字模,字与字之间笔划能相交相插。由于字模只是上下部分被适当削去,左右保持不变，因此，不会影响字模的平衡，便于排版。

大约从明代中期以降，书籍的版式和字体格式，发生了巨大的变化。

第一，字距大大拉开。明清版本的字距，普遍较大，笔划交叉的现象明显减少。明清版本版式改良，拉开字距，主要是便于刻工刊刻，不伤及上下字的笔划，从而提高刊刻速度。同时，行款一致，字数统一，能快速计算工本费，不再像宋元版那样需要每页注明大小字数。

第二，大量使用硬体字，即宋体字，便于刊刻。宋体字笔划横平竖直，下刀容易，较之宋元版软体字（主要是楷书），会明显提高刊刻速度。这样，就能大大提高生产效率，降低生产成本，有利于作坊的运营。

为适应版式改良，明清书坊的活版随之改变形状，字数相等，字模之间距离加宽，版式疏朗，与宋元版大相径庭。此外，明代很注重刊刻排印的效率，某些书坊为了最大限度追求经济效益，往往排版仓促，校对草率，活字版几乎成了粗制滥造的代名词，像华氏、安氏活字本，便是其典型的代表，版本质量与宋元版根本不可同日而语。

综上所述，宋元活版完全不同于明清活版，决不能以明清活字版的形状，套用在宋元版的鉴定上，否则，必然要错判宋元活字本。

第三部分　实物考证　揭秘历书活版

现存最早的汉文印刷品当中，有唐代的历书印品。也许，这些早期历书印品与活版印刷术有关。

古代社会，历书的运用十分普遍。历书的字体细小，格式复杂，雕刻十分困难。历书内容年年不同，民间书坊不大可能耗时费工专门刻制一套历书雕版，只使用一年便报废，如此成本势必太高。

历书在民间需求量大，按道理说，用活版排印则更为经济实用。不过，迄今几乎没有一种历书被公认为活字版。

难得的是，中国社会科学院学部委员史金波先生在《现存最早的汉文活字印本刍证》一文中证实，黑水城出土的一批汉文历书残页，当属于南宋嘉定四年（1211）的活字本。

既然宋代已经开始用活版排印历书，明清的历书中为什么没有发现活字版呢？这是活版印刷史上的又一个谜团。

笔者收藏有几块民间择吉黄历活版实物，经过仔细观察研究，发现其意义重大，或可揭开活版历书的谜底。

黄历上面，注明从正月到冬月腊月的吉凶等文字。各段文字，雕刻在一个个大小不等的木块上面。木块是活动的，可以任意替换填补。

活动木块上有黄历常见的内容，字体细小密集，多达数十字。例如，其中一块有31个字：初八兴，初九十仁，元化，十一二三平，十四五吉，十六七八万人占，十九廿光天下。

又如，另一活动木块有28字：初八九生才（财），十十一平，十二三夜勿出行，十四五六吉，十七至廿一大吉。

这种择吉黄历活版实物十分珍罕。因为它的木块多，体积小，字体紧密，在雕刻过程中，字体笔划普遍交叉，印在纸张上面，与雕版完全一样。若非亲眼见过实物，断难相信是活版。

恰巧，笔者收藏有一册清光绪版本《日用择吉便览》，牌记注明：活字板排印以供日用。仔细观察，该书全部由活版印刷，其中，有很多复杂的版式，字体密集细小。综观《日用择吉便览》，许多版式与择吉黄历活版实物类似。

历书又称为时宪书。笔者所藏清代同光时期的历书，均为活版套印本，且为朱墨双色套印。活版特征：四角均有边框缝，版心可见黑口缝，栏线之间有活印痕等。

例如，《大清同治十一年时宪书》，“年神方位之图”中，“神”、“方”、“位”三字均有偏心印痕。

这些历书都不具备同一性，说明书坊是整版保存，一年当中多次刷印，直到印量足够满足市场的需求，再拆版。等到官方公布了新年日历，便更新资料，更替活动木块，排印来年的历书。

从历书的排印来看，从择吉黄历活版实物来看，古代作坊的活版技术细腻，形式多样，说明活版这一先进的印刷技术曾得到广泛应用。

敦煌藏经洞出土有唐乾符四年（877）的历书，为现存早期最完整的历书印品，藏经洞还出土了唐中和二年（882）的历书残片。历书的活版印刷起源于何年代？目前仍是一个未知数。加强对早期历书印品的研究,或许能将活版印刷术的起源年代大大提前。

笔者以为,有关中国古代活版印刷术的研究,除了寻找文献资料以外,还必须扎扎实实进行实际调查,不断研究活版实物和活字印刷品。只有悉心探究活版印刷术的内在规律,才能拨开层层迷雾,还原千年活版印刷史的真实面貌。

参考文献:

1. 邹毅. 证验千年活版印刷术. 北京:中国社会科学出版社,2010

2. 美国时代生活出版公司. 人类 1000 年. 北京:三联书店,1999

3. 张秀民,韩琦. 中国活字印刷史. 北京:中国书籍出版社,1998

4. 张秀民. 清代的木活字. 上海:上海新四军历史研究会印刷印钞分会编. 活字印刷源流. 北京:印刷工业出版社,1990

5. 邹毅. 活版修谱薪火相传——福建省宁化县农民木活字修谱考察. 第七届中国印刷史学术研讨会论文集. 北京:印刷工业出版社,2011

6. 史金波. 现存最早的汉文活字印本刍证. 中国印刷史研究文辑. 2001

中山大学图书馆藏碑帖的来源与整理

李　卓

（中山大学图书馆）

中山大学图书馆藏碑帖3万余件，上自秦汉，下迄民国，涵盖碑、志、刻经、造像、题名题字、诗词与法帖等石刻类型，尤以宋明以后江浙碑刻居多，是研究中国古代尤其是江浙地区历史文化的重要文献资源，是珍贵的文化遗产，它的史料价值、文物价值与艺术价值不容忽视。但80多年来，这些碑帖却因多重原因，未能得到全面揭示、充分利用与合理保护。本文试图分析馆藏碑帖的来源、整理过程及成果，以理清各个时期整理工作的侧重点与成就，廓清之前误识，为今后的整理工作提供借鉴。

1. 渊源流变

国内公藏单位的碑帖，多来自三种途径：购买、捐赠和新拓。中山大学图书馆亦如此，其大部分是1927年5月至10月顾颉刚先生在江浙一带采购所得，其次为各家捐赠，少量近年新拓。

1.1 旧藏

中山大学图书馆将民国时期购买及采拓碑帖统称旧藏，以区分捐赠与新拓。馆长程焕文教授《中山大学图书馆馆藏碑帖的整理与保护》①一文详述顾颉刚先生所购碑帖的缘起、整理与保护，本文不再赘言。

1927年4月，著名史学家、民俗学家顾颉刚先生受聘国立中山大学史学系教授。主持校务的朱家骅副校长延请顾颉刚先生协同中山大学图书馆馆长杜定友先生搜购各种书籍并制定国立中山大学购书计划。1927年4月30日，顾颉刚先生完成《国立广州中山大学购求图书计划书》。5月16日，学校委派其赴江浙一带搜购图书。5月17日，顾颉刚先生离粤，22日抵沪，10月13日返回。他曾记述碑帖采购情形："碑帖虽无大宗收藏，但旧家总积存着许多，又有专做营业的碑帖铺，所以也觅得了不少"，"这样做了五个月（从五月中到十月中），第一期六万元尚未用完，而学校已连电促归，总计买到的书约有十一万余册，碑帖约有三万张"②。这批碑帖奠定了中山大学图书馆馆藏碑帖的基础。

这批文献运抵中大后，因"图书馆书库狭小，不敷收藏，故在本校语言历史研究所三楼特设旧书整理部一所，（计占房屋一十二间）专为整理是项书籍，并与该所以研究之便利"③。经过近三年时间的整理，根据顾颉刚先生的意见，黄仲琴先生和胡鋆棱先生先后在《国立中山大学图书馆周刊》上发表一批目录与提要。但整理工作随着1930年碑帖回归图书馆而中断。

除顾颉刚先生在江浙所购之碑帖，旧藏亦有部分为民国时期采拓。1929年，商承祚先生在北京购买到一批石刻文物，计20种④。1930年，语史所从广州高第街购得汉晋唐宋元明砖石200余件⑤。这些石刻运抵学校后曾雇工精拓。现存碑石多已严重损坏或佚失，如北齐皇建二年（561）二月的《阴显贵道俗一百七十人等造像记》，原石雕刻精细，花纹秀

① 程焕文，《中山大学图书馆馆藏碑帖的整理与保护》载《中山大学学报》（社会科学版），2010.6:62-71

② 顾颉刚，"卷头语"载《国立中山大学图书馆周刊》，1929.2:2-3

③ 《旧书整理部一年来大事记》载国立第一中山大学语言历史学研究所周刊，1929.62-642:167-177

④ 《本校新购入大批古物》载《国立中山大学日报》，1929.5.20(3)

⑤ 《语史研究所购得大批古砖》载《国立中山大学日报》，1930.2.10(2)

美，现已裂为两截，图案字迹漫漶。又如唐武周长安三年(703)的《康郎墓志》，是研究中古时期入华粟特人迁徙路径的重要实证，如今原石只存右上一角。当年所拓之拓片，完整再现了原石风貌，更显珍贵。1929 年，商承祚先生代理国立中山大学语言历史研究所主任，曾提出“拓全两粤碑碣”，“至他省碑碣亦应尽力购拓之”和“搜罗考古书籍拓片照片”之计划。但计划实施进展如何，仍待考知。

抗战爆发后，1938 年 10 月，日军逼近广州。为保珍贵文献免受兵燹之厄，中山大学图书馆提前将“善本书八十六箱 11368 册，志书四十四箱 13279 册，杂志二十三箱 1061 册，碑帖十九箱 30000 张，另医学院存书二十七箱，共计一九九箱”①移存香港九龙货仓。中山大学图书馆曾有存港公物清单，遗憾的是现存档案中自“碑帖目录”首页以下缺失。日军占领香港后，这批文献下落不明。

抗战胜利后，杜定友先生多方寻找这批图书，曾致信香港大学冯平山图书馆主任陈君葆，北平图书馆办事处何多源协同查访。1946 年 1 月 21 日，陈君葆在西环“永源货仓一看发现所存的一百七十一箱东西正是中山大学的书，其中有碑帖，也有英文书”，“中大原有一九九箱，这样失去的已廿八箱了”。② 当陈君葆先生将这一消息告知杜定友先生时，他欣喜若狂。3 月 16 日，杜定友先生亲送这批劫后余生的珍贵文献自港归穗。

碑帖归校后，因馆舍局限，暂存于中山大学文学院历史系文物室。1950 年，历史系曾对其进行简单清点登记。1952 年 10 月中山大学与原岭南大学合并，中山大学从原石牌校址迁入康乐村校址，碑帖亦随之迁入康乐园。1954 年，图书馆馆舍调整完成，“漂泊”在外的碑帖再次回归图书馆。碑帖的整理又一次中止。之后，因政治运动不断与馆舍限制，这批碑帖一直处于封存状态，鲜有利用。1982 年，图书馆新馆落成，这批碑帖随之迁入新馆的善本书库，但保存条件很不理想。2004 年 9 月，图书馆扩建改造工程竣工，2012 年 6 月，善本书库改造完成，实现恒温恒湿的保

① 《国立中山大学图书馆存港书籍清单》，1941 年 10 月 8 日，广东省档案馆，档案号：020-004-1029-023

② 谢荣滚，《陈君葆日记》，香港：商务印书馆，1999 年，第 860 页。

管环境，碑帖保存条件得以彻底改善。

原岭南大学亦有采集碑帖之传统。如曾由中央研究院、北平图书馆、清华图书馆、燕京图书馆、岭南图书馆五机关发起，拓全盛京行宫所藏古铜器。但这些拓片现存情况，尚不明确。

由于中山大学和原岭南大学前辈不遗余力，方奠定今日中山大学图书馆丰富的碑帖资源，使中大馆成为目前国内收藏碑帖较多的高校馆之一。

1.2 捐赠

中山大学和原岭南大学图书馆惯有接收个人捐赠书籍的传统，捐赠活动自民国延续至今。中山大学图书馆所藏捐赠碑帖，多为随书捐赠。捐献者不乏陈寅恪、商衍鎏和商承祚、容庚等名家。

1928 年 5 月，《国立中山大学图书馆周刊》第 2 卷第 1 期和第 4 期的“寄赠图书志谢”，提及收到杭州精古斋《泰山铭》、《徂来山》各一套，《水牛山》一张，李星槎先生捐赠《爨宝子碑》和《李朝彦墓志铭》二纸，另有顾燮光先生捐赠碑帖《袁州醮□记》、《圣岗古钟记》二种。但这些捐赠碑帖，因当年未对购买和捐赠碑帖进行详细区分，故现已无法区分是否为当年捐赠之物。目前整理可知，本馆藏近 20 种钤有“鼎梅审定”之拓本，为顾燮光先生后续捐赠之物。

1946 年 11 月，广东省政府教育厅曾函知中山大学图书馆：“查前从香港运回被敌伪掠夺图书中有无物主标记与本省无关之地图半箱，碑帖二箱，共占运费国币柒仟伍佰元，兹拟拨由贵大学图书馆，备费接收，以备参考。”①

1946 年，原岭南大学亦曾接收李仙根先生捐赠碑帖。李仙根(1893—1943)，名蟠，中山石岐人，1917 年回国追随孙中山，曾任其机要秘书。“生平酷嗜典籍，所藏甚富，且多珍本”。1942 年香港沦陷时，“日军调查班长肥田木中尉强自李仙根夫人住宅移出，寄赠与香港图书馆”，后“移入港大冯平山图书馆，始用寄存名义，重加整理，并制就目录若干

① 《广东省政府教育厅关于请派员洽取从香港运回地图碑帖等事的函》(1946.11.1)广东省档案馆，档案号:020-004-1460-286 ~287

份,计共得书七百〇一种,凡五千二百七十余册”。1943 年,李仙根在重庆逝世。1946 年 9 月,李仙根夫人孙佩莪致信香港大学冯平山图书馆主任陈君葆,言“香港失陷时,敌人将佩莪家藏古今书籍五十余箱征用存放贵馆,兹际国土重光,佩莪由渝返粤,经将该项存港书籍赠送岭南大学图书馆”①。1952 年后,这批书籍归入中山大学图书馆。本馆据“李仙根寄讬”与“香港图书馆管理”两枚印鉴,整理得李仙根藏碑帖 13 种 13 册,多为经折装。有明拓《孔子庙堂碑》、《兰亭序》,其中《兰亭序》12 种。

解放后,一些曾经在中山大学工作生活过的著名学者教授,如商衍鎏和商承祚父子,陈寅恪、容庚等人,将其收藏的图籍,捐献给图书馆。他们庋藏之碑帖,亦随书入馆。

商衍鎏(1875—1963),广东番禺人,清末最后一科探花。商承祚(1902—1991),商衍鎏之子,与陈寅恪、容庚、饶宗颐并称岭南四大家。我国著名的古文字学家、考古学家、书法家、文物鉴定家,中山大学教授。1957 年,“商衍鎏先生最近捐赠图书碑帖 475 种,2443 册与本校图书馆”②。现存商氏碑帖约有 161 种,243 张,92 册,其中多刻帖。有明拓《道因法师》、晚明《飞灵经》、《西狭颂》等。《集拓新出汉魏石经残字二编》、《汉魏石经残字》两书,与容庚所赠《魏三体石经尚书春秋残石集拓本》、《六经堪藏汉石经残字》两书,对研究汉魏石经有较高参考价值。

岑仲勉(1886—1961),广东顺德人。著名史学家,中山大学历史系教授。1962 年,岑仲勉“逝世后,其全部遗书、手稿,由其家属赠送我校图书馆”,“书刊计有四千八百余册”③,整理所得碑帖 61 种,95 张。

陈寅恪(1890—1969),江西义宁人。著名历史学家、语言学家、古典文学家,中山大学教授。1969 年,陈寅恪夫人唐筼根据陈寅恪的遗嘱,将陈寅恪教授的全部书籍、资料捐赠本校。现有碑帖 222 种,373 张。拓本年代虽较晚,但众多的河南安阳宝山塔铭、塔记,有助于研究河南省安阳宝山的佛教文化。在造像《摩尼诸神像》中,施安昌先生曾经专门撰文论

① 谢荣滚,《陈君葆书信集》,广州:广东人民出版社,2008 年,第 135 页,第 135—141 页。
② 《图书馆收到两批赠书》载《中山大学周报》,1957.3.30
③ 《岑仲勉教授遗书、手稿等赠送图书馆》载《中山大学周报》,1962.1.6

述该拓片的价值,他提到“四方神名采用了古梵文(也许是中亚其他语言,这里姑且称梵文)的音译,这在文物上罕见,可见,这些信众(或其前辈)是熟悉梵语的,他们很可能是自西域迁陇西再入吴越的使用梵语的民族”,“摩尼神如释迦佛一般处于主尊位置。如果摩尼神只是佛教王中的诸神,不会这般处理。此物罕见,从题记文字和神像看,似是摩尼教徒供奉的神探”。① 另有蓝拓《棉花图》,线条精美,且为蓝拓,较少见。

容庚(1894-1983),广东东莞人。著名考古学家、甲骨文学家、古文字学家,中山大学教授。容庚教授所藏图书中金石书籍最多,号称“五千卷金石书室”。1980 年,容庚教授“将其毕生珍藏的珍贵图书 130 多箱,10000 多册,捐赠给本校图书馆”②。馆藏碑帖约有 660 种,995 张,42 册。拓片品相完好,种类丰富,拓工精良。拓片类型涵盖墓碑、志、刻经、造像、题名题记、诗词与法帖各种类型,还有一些器物拓,如重种牌、刀币、李进忠造犁等拓片。另有石磨、秦汉量全形拓。施安昌先生曾撰文《为祖母吕氏敬造神像题记——对古器物局部拓本的研究》,对这张拓片的器物进行了探讨。

另有梁方仲(1908—1970)所赠碑帖 3 种 10 张,黄海章(1897—1989)所赠碑帖 24 种 39 张 1 册。

此外,在新中国成立后的多次政治运动中,中山大学图书馆也曾接收过一批抄家所得书籍文献,其中有一定数量的碑帖。拨乱反正后,这批文献或因无人认领,或由后人捐献,留在馆内,构成本馆捐赠碑帖的一部分。

1.3 新拓

新拓主要指近年来,中山大学图书馆在广东尤其是广州地区访碑活动中所采拓的碑帖。

2005 年底,新拓本馆所藏石刻 81 张。

2005 年至 2006 年上半年,中山大学图书馆曾在广州附近访碑,新拓云门寺、华峰山和海幢寺碑刻 37 张。

2007 年,中山大学历史系于河北蔚县访得一批碑刻,收得拓片 201

① 施安昌,《摩尼七神像石刻拓片考略》,故宫博物院院刊,2008.6:99-105

② 《容庚教授捐赠珍贵文献图书》,中山大学(复),1980.7.5

件,276 张。

2005 年至 2012 年,中山大学图书馆与丹霞山管理处合作,新拓石刻 408 张

日前,中山大学图书馆又与西樵山管理处协商合作,中山大学图书馆协助西樵山管理处采拓西樵山摩崖石刻并数字化,同时,对方赠送本馆一套拓片。相信未来,中山大学图书馆还会与更多单位合作,访碑拓碑,将商承祚先生当年"拓全两粤碑碣"、"他省碑碣亦尽力购拓之"的计划进行下去。

2. 整理传承

中山大学图书馆所藏碑帖,从购买抵校至今,共有 3 次整理过程。1928 至 1929 年,语言历史研究所旧书整理部初期整理。1950 至 1953 年,文学院历史系文物室清点登记。2003 年至今,图书馆再次清点,并进行系统地编目。

2.1 初期整理

初期整理工作始于 1928 年 1 月 12 日。"在初一二个月,除由图书馆调来一二人,及招任二三书记而外,余皆请各科教职员帮同办理"①,因人手缺乏,又招收临时书记十名,加上原有职员,图书馆共安排 19 位职员参加旧书整理部工作。黄仲琴先生担任金石书及碑帖的整理。

其整理过程如下:第一,分别朝代登记于簿,同时装入封套;第二,分类编目,其手续与书籍同样。从现存碑帖封套看,含以下五项:流水号、名称、时代、所在地、张数。

据 1928 年底统计:本部所藏碑帖,共计 34000 张,已登记者 17619 张,未登记者 16381 张,就中已登记而又分朝代者,南北朝 104 张,隋唐 1397张,宋 1680 张,辽金 71 张,元 464 张,明 1455 张,清 7921 张,民国 726 张,无年号 1449 张。又已登记而未分朝代者为 2352 张(内有汉晋各

① 《旧书整理部一年来大事记》载国立第一中山大学语言历史学研究所周刊,1929.62-642:167-177

刻),已裱装成本者为 183 册①。

表 1:碑帖整理草目表

朝代	张数	朝代	张数
南北朝	104	隋、唐	1397
宋	1680	辽、金	71
元	464	明	1455
清	7921	民国	726
无年号	1449	小计	15267

登记整理的同时,黄仲琴先生和胡鋆棱先生相继在《国立中山大学图书馆周刊》上发表一系列目录与提要,公布整理成果。

1928 年 11 月,傅斯年先生离开中山大学,1929 年 2 月,顾颉刚先生请假离校。1930 年 4 月,图书馆书库修缮完毕,碑帖由语史所转交图书馆。同时,黄仲琴先生转任原岭南大学,商承祚先生辞职,11 月,语史所停办。随着诸多学者的离去,人事和工作条件的变迁,碑帖整理工作逐渐陷入停滞。

《国立中山大学图书馆现存中西文杂志统计表》②中附碑帖统计表:指出民国十六年(1927)十月至二十年(1931)六月止:

表 2:碑帖统计表

	张数	价值
已编目	34,500	16380
未编目	985	465.5
合计	35,485	16845.5

① 《旧书整理部一年来大事记》载国立第一中山大学语言历史学研究所周刊,1929.62-642:167-177

② 《国立中山大学图书馆现存中西文杂志统计表》广东省档案馆,档案号:020-002-35-373

2005年,中山大学各院系资料室撤销。从历史系回收图书中,发现《国立中山大学所藏金石文字登记册》残本4册:唐(附五代十国伪周武后)、明、清(其一)、现代。书眉有“以下七月何锡理”,《旧书整理部职员名录》中有“书记何锡”,可知其为当年旧书整理部之原始整理档案。登记册共录有碑帖唐540种,明819种,清838种,现代484种。从登记册中所录石刻地点可见,自宋代始,石存江浙一带拓片逐渐增多,明清及民国,90%属于江浙一带碑刻拓片,这与当年顾颉刚先生自江浙购买这批拓片的史实相吻合,也再次说明旧藏碑帖是研究宋元明清以来江浙历史文化的巨大文献宝库。

2.2 战后清点

1946年,险遭兵燹的碑帖回到中大,存放于文学院历史系文物室。1950年,历史系梁钊韬教授、刘节教授着手对碑帖清点登记,以期掌握碑帖散佚情况。原中山大学哲学系李锦全教授时为大四在读学生,曾作为学生助理,协助整理工作。这次整理是根据初期整理形成的碑帖封袋进行清点登记,清点完成后,形成16册的《碑帖目录》。

据李锦全教授回忆,他1951年毕业离校,分配至当时的中南文化部,不知此次整理工作何时结束。1954年,中南文化部撤销,他重回中大执教时,这批碑帖已转交图书馆。馆藏《碑帖目录》有两种以上笔迹,且目录背后有“杨校”、“林校”和“李校”,可知李锦全教授毕业后,还有人继续完成这项工作。

1952年10月,全国高校院系合并,时任原岭南大学文物馆馆长的冼玉清教授,继任中山大学文物馆馆长。1953年1月至7月,冼玉清教授曾与梁钊韬教授、刘节教授等整理中山大学文物馆文物,并邀请麦华三先生协助鉴别整理历代碑帖①。馆藏碑帖中一些拓片上有麦华三先生的题跋,可为此次鉴别工作的佐证。这次鉴别整理,是1950年以来整理工作的延续,但随着1954年碑帖回归图书馆而告终。

2001年,图书馆特藏部根据《碑帖目录》进行清查,结果见下表:

---

① 黄炳炎、赖达观,《冼玉清文集》,广州:中山大学出版社,1995年,第878页。

表 3:馆藏碑帖历代分布表

朝代	种数	朝代	种数
秦	9	汉	281
三国	24	晋	49
北朝魏	719	齐	285
周	33	五胡十六国	7
隋	160	唐	2125
五代十国	73	南朝宋	4
齐	2	梁	43
陈	3	宋	1300
西夏	1	辽	21
金	92	元	377
明	1130	清	5730
民国	682	合计	13150

说明:以上合计:13150 种,乃已编入草目(复本未计),未编入草目及朝代不清者,若干捆。

表 2 与表 1 相较可知,1929 年之后,旧书整理部继续完成了秦汉魏晋、五代十国、南朝宋齐梁陈等年代拓片的整理。时隔数年,因战乱及搬迁,碑帖的损失也可见一斑。仅以宋元明清四朝为例,就已经亡佚近 3000 张。

2.3 系统整理

1990 年以来,原中山大学图书馆馆长赵燕群教授与继任馆长程焕文教授多次呼吁抢救这批碑帖。2000 年初,原中山大学校长黄达人教授为碑帖抢救整理筹到第一笔 30 万人民币捐款,图书馆正式启动"中山大学图书馆馆藏碑帖抢救整理计划"。2001 年,黄达人校长又从美国岭南基金会筹集 12.5 万美元(约合 100 万人民币)捐款,为中山大学图书馆馆藏碑帖的数字化提供了雄厚的资金支持。

2003 年,中山大学图书馆特藏部李庆涛、钟稚鸥老师着手对碑帖进行系统编目。他们沿着初期整理的轨迹，先从旧藏南北朝开始，对已登记年代的拓片进行编目。同时，中山大学图书馆购置了近百万元的馆藏碑帖数字化设备，包括：普通平面数字扫描仪 2 台，大幅面数字扫描仪（120cm×200cm）1 台，大幅面真空吸附台（120cm×200cm）1 张等，开展碑帖数字化工作。2012 年，又购进一台大幅面数字扫描仪（84×118）1 张，大幅面真空吸附台（84×118）1 张，既可以扫描碑帖，又可以数字化照片、报纸等文献。目前，已数字化馆藏拓片近 5200 张。中山大学图书馆馆藏碑帖以数字化形式公之于世指日可待。

2006 年 12 月，针对本馆碑帖编目人员新老交替，业务薄弱的情况，中山大学图书馆特聘碑帖鉴定专家、原故宫博物院研究员施安昌先生指导碑帖鉴定整理工作，培养碑帖编目人员。他指出应对馆藏碑帖进行全面清点，掌握 1927 年至今碑帖存佚详细信息。年轻一批碑帖编目人员经过 4 个月的努力，完成全部清点工作。清点后可知：已登记张数为 30780 张，未登记 4799 张，各类捐赠 1743 张，馆拓 197 张。

表 4：馆藏碑帖整理数据表

类型	张数	册数	类型	张数	册数
已登记	30780		陈寅恪赠	373	
未登记	4799		李仙根赠		13
馆拓	197		岑仲勉	95	
容庚赠	995	42	梁方仲	10	
商氏赠	243	92	黄海章	39	1
其他	642		总计	38173	148

全面清点完成后，从培养编目人才角度出发，施安昌先生建议整理工作先从捐赠入手，以便大量接触各形式碑帖，掌握碑帖编目技巧，继而重新编目当年旧藏已登记碑帖，最后清理未登记部分。基本程序如下：

1. 对捐赠碑帖进行编目鉴定，赋予其典藏号；

2. 对原初编过的碑帖按朝代排序、编目和鉴定，保留原号码，并给出新典藏号；

3. 对未整理碑帖进行编目和鉴定，冠以典藏号；

4. 在对碑帖初步鉴定基础上，聘请专家鉴定评级。

鉴于原有碑帖登记目录著录过于简单，存在以下问题：缺少石刻书体，撰、书、刻者，拓本传拓年代，尺寸，附刻等项目；存在一些错谬，如拓本题名错误，年代错误等；序号无序，不便检索。故此次整理，重新制定了碑帖编目的著录项目：

1. 题名项：包括典藏号、题名

2. 石刻项：包括刻石年代、藏石地点、书体、责任者、附刻等；

3. 版本项：包括拓本年代、拓本尺寸、数量、破损现状；

4. 附记项：包括版本说明、其他题名、相关记载、印鉴、题记、题签等。

目前，已完成捐赠碑帖的整理，旧藏已登记碑帖按朝代顺序也已完成秦汉、南北朝、隋唐三个时期。整理所得秦汉 306 种 366 张，魏晋 48 种 69 张，南北朝 1186 种 1420 张，隋 221 种 289 张，唐 2006 种 2307 张 3 册。

表 5：馆藏碑帖整理数据

朝代	种数	张数	册数
秦汉	306	366	
魏晋	48	69	
南北朝	1186	1420	
隋	221	289	
唐	2006	2307	3
共计	3767	4451	3

整理后可知，其中两类碑帖较为珍贵：

其一，珍稀拓本，分以下几种情况：

首先，拓本年代较早的。除捐赠的明拓拓本外，旧藏中有清初拓本《韩敕造孔庙礼器碑》、《西狭颂》、《契苾明墓碑》等，还有较多数量的清中期拓本。

其次,名家藏拓或名家钤印。钤龚显曾“晋江龚咏樵所藏金石书画”拓片 21 种,陈介祺“簠斋藏古”、“君子砖馆藏砖”拓片 9 种、顾燮光“鼎梅审定”拓片 20 种。

再者,是数量众多的展现不同历史时期文化风俗的拓片。此类拓片,看似极其普通,发现其价值,需要深厚的学术功力。如施安昌先生根据馆藏拓片撰写的《摩尼七神像石刻拓片考略》和《为祖母吕氏敬造神像题记拓本——对古器物局部拓本的研究》两文,即是对此类拓片价值的深入挖掘。

其二,匋斋藏石拓片。清末著名金石学家端方(1861—1911),清末大臣,金石学家,托忒克氏,字午桥,号匋斋,是 20 世纪初著名收藏家之一,也是私家藏石著录碑文第一人,著有《匋斋吉金录》、《匋斋藏石记》、《匋斋藏砖记》等著作。《匋斋藏石记》44 卷,所录均为端方所藏碑刻、墓志及造像记等拓片,始于汉代,止于明代,共 628 件。1911 年 9 月,端方被杀后,藏石散出,除少部分可知下落或损毁外,大部分下落不明,故而,匋斋藏石拓片对研究这批藏石颇为重要。根据整理数据可知,中山大学图书馆藏此类拓片近 280 种,占《匋斋藏石记》半数。这批拓片以造像最多最精,墓志、碑刻次之。其拓纸之考究,拓工之精良,图像之秀美,内容之丰富,非一般造像拓片可媲美。其中不乏较《匋斋藏石记》拓本拓年更早的拓片,可与匋斋藏拓互校,以补错谬。如《乐天佑廿人等造塔记》,《匋斋藏石记》著录为《乐天佑等造像记残石》与《张畅之等造像姓名残记》两石,本馆藏拓本为同一造像,中有裂痕,据此可知实为一石裂为二石。

3. 整理成果

中山大学三次整理过程,都形成了一批研究成果。只是因时代和条件所限,研究的侧重点和成就有所不同。第一次整理,需要把江浙购来的杂乱繁芜的碑帖清点整理有序,产生的成果多为目录,并对馆藏的名碑名刻进行介绍。第二次整理,因着重对战后碑帖的数量核查,故仅形成清点数据,李锦全教授的毕业论文,也是第一次整理的一个简缩版。而第三次整理,因尘封近 50 年,外部学术研究环境和科技发展水平均有所变化,更

多是揭示单个碑刻的价值,或采用高科技出版技术揭示馆藏拓片详细信息。三次整理成果如下:

3.1 第一次

1928 年,黄仲琴和胡鋆棱先后在《国立中山大学图书馆周刊》上发表了一系列关于中山大学馆藏碑帖的目录和提要:

目录:

1. 黄仲琴:《本部所藏碑帖目录》,《国立中山大学图书馆周刊》第 6 卷第 1、2、3、4 期合刊,1929 年 2 月 1 日,81-100。

2. 胡鋆棱:《本馆所藏碑帖目录》,《国立中山大学图书馆周刊》第 7 卷第 3 期,1929 年 5 月 16 日:22-33。

3. 胡鋆棱:《本馆所藏碑帖目录(续前)》,《国立中山大学图书馆周刊》第 7 卷第 4 期,1929 年 6 月 1 日:46-53。

4.《浙东后思园藏碑目》,《国立中山大学图书馆周刊》第 7 卷第 6 期,1929 年 7 月 1 日,16-17。

5. 夏廷棫:《四十九山房石刻》,《国立中山大学图书馆周刊》第 7 卷第 4 期,1929 年 6 月 1 日,9-14。

提要:

1. 黄仲琴:《唐碑提要》,《国立中山大学图书馆周刊》第 1 卷第 2 期,1928 年 4 月 2 日:23-26,7 篇提要。

2. 黄仲琴:《唐碑提要(续)》,《国立中山大学图书馆周刊》第 1 卷第 3 期,1928 年 4 月 9 日:17-19,4 篇提要。

3. 黄仲琴:《唐碑提要(续)》,《国立中山大学图书馆周刊》第 1 卷第 4 期,1928 年 4 月 15 日,9-10,4 篇提要。

4. 黄仲琴:《唐盐池灵庆神祠颂——唐碑提要之一》,《国立中山大学图书馆周刊》第 1 卷第 5 期,1928 年 4 月 22 日,14-16,1 篇提要。

5. 黄仲琴:《唐故朝议郎前行宣州南陵县尉柱国张府君墓志铭》,《国立中山大学图书馆周刊》第 1 卷第 6 期,1928 年 4 月 29 日:5-7,1 篇提要。

6. 黄仲琴:《唐马君起供养石浮图碑》,《国立中山大学图书馆周刊》第 2 卷第 1 期,1928 年 5 月 6 日:4-5,1 篇提要。

7. 黄仲琴:《跋玉垒山碑》、《跋秦朗碑》,《国立中山大学图书馆周刊》第3卷第3、4期合刊,1928年7月8日:7-8,2篇提要。

8. 胡鋆棱:《本部所藏秦汉碑刻提要》,《国立中山大学图书馆周刊》第7卷第1期合刊,1929年4月16日:25-27,4篇提要。

9. 胡鋆棱:《本部所藏秦汉碑刻提要(续)》,《国立中山大学图书馆周刊》第7卷第2期,1929年5月1日:17-19页,6篇提要。

10. 胡鋆棱:《本馆秦汉碑刻提要(续)》,《国立中山大学图书馆周刊》第7卷第3期,1929年5月16日:19-21,6篇提要。

11. 胡鋆棱:《本馆所藏碑刻提要(续)》《国立中山大学图书馆周刊》第7卷第4期,1929年6月1日,23-25,4篇提要。

12. 胡鋆棱:《本馆藏碑提要》《国立中山大学图书馆周刊》第7卷第6期,1929年7月1日:1-5,4篇提要。

3.2 第二次

清点整理工作形成16册《碑帖目录》。同时,李锦全教授的毕业论文即以《中大历史系文物室入藏唐代石刻目录附跋文》为题,整理形成中山大学所藏唐代碑帖目录及跋,收录唐代碑帖1015种,撰写唐碑提要15篇。

碑志提要分别为:

1. 房谦彦碑
2. 皇甫诞碑
3. 李靖碑
4. 李英墓志
5. 李勣碑
6. 泉男生墓志
7. 李秀碑
8. 卢正道清德颂
9. 郭氏家庙碑
10. 虞世南书兰亭序
11. 欧阳询书兰亭序
12. 魏徵书洪范

13. 女子苏玉华墓志

14. 卧龙寺黄叶和尚墓志

15. 尚书台词

3.3 第三次

前两次整理,成果集中在目录与提要。第三次整理,更多研究碑刻的史料价值及公布这批碑帖,备研究学术之需。

论文:

1. 施安昌:《摩尼七神像石刻拓片考略》,《故宫博物院院刊》,2008 年第 6 期 99-105。

2. 钟稚鸥、马德鸿:《东魏〈邑义五百余人造像碑〉考释》,故宫博物院院刊,2009 年第 3 期:121-130。

3. 施安昌:《为祖母吕氏敬造神像题记拓本——对古器物局部拓本的研究》,http://www.dpm.org.cn/shtml/400/@/118780.html,2012.10.25。

图录:

2010 年起,中山大学图书馆将以《历代珍稀石刻拓片》为题名,分卷分期出版馆藏碑帖。第一期出版的《历代珍稀石刻拓片》(秦汉魏晋南北朝卷),共收录碑帖 686 种,其中秦 5 种,汉 66 种,三国 6 种,魏晋 20 种,南北朝 589 种,是研究秦汉三国魏晋南北朝历史和文化的重要一手资料,具有极高的书画艺术价值。

此次整理,编目工作人员多为从未接触过碑帖的年轻图书馆员。在施安昌先生的指导下,他们从入门到熟练掌握编目技能,历经数年时间。虽然目前研究成果较少,但随着知识的不断积累和丰富,尤其是对宋元明清碑帖整理工作的开展,相信未来会有深入的研究和探索,形成一批研究成果。

参考文献:

1. 程焕文. 中山大学图书馆馆藏碑帖的整理与保护. 中山大学学报,2010.6

2. 顾颉刚. 卷头语. 国立中山大学图书馆周刊,1929.2

3. 旧书整理部一年来大事记. 国立中山大学语言历史学研究所年报，1929. 2：167-177

4. 本校新购入大批古物. 国立中山大学日报，1929. 5. 20(3)

5. 语史研究所购得大批古砖. 国立中山大学日报. 1930. 2. 10(2)

6. 国立中山大学图书馆存港书籍清单. 1941 年 10 月 8 日 . 广东省档案馆. 档案号：020-004-1029-023

7. 谢荣滚. 陈君葆日记. 香港：商务印书馆，1999

8. 广东省政府教育厅关于请派员洽取从香港运回地图碑帖等事的函. 1946. 11. 1. 广东省档案馆. 档案号：020-004-1460-286 ~287

9. 谢荣滚. 陈君葆书信集. 广州：广东人民出版社，2008

10. 图书馆收到两批赠书. 中山大学周报，1957. 3

11. 岑仲勉教授遗书、手稿等赠送图书馆. 中山大学周报，1962. 1

12. 施安昌. 摩尼七神像石刻拓片考略. 故宫博物院院刊，2008. 6

13. 容庚教授捐赠珍贵文献图书. 中山大学(复). 1980. 7

14. 黄炳炎，赖达观. 冼玉清文集. 广州：中山大学出版社，1995

哈佛燕京图书馆藏稀见方志述要

李　坚

（中国国家图书馆古籍馆）

美国哈佛大学哈佛燕京图书馆，典藏着8000余种中文古籍，其中仅清乾隆前修纂刊刻的地方志资料，即达700余种。作为海外的东亚图书馆，中国地方志收藏如此丰富，确实令人刮目相看。2011年9月至2012年8月，笔者受国家图书馆派遣，前往美国哈佛燕京图书馆，协助撰写其馆藏善本方志书志。一年的工作，使我对该馆藏善本方志古籍的概貌有了基本了解。该馆藏古籍方志大多国内常见、藏存量也较多，但也不乏海内外难得一见的珍品。本文仅就其中几部较为珍稀的善本方志，略作提要和考证，既为介绍，亦借此求教于方家。

一、清康熙刻本南宫县志　T 3134／4236.81

（康熙）《南宫县志》12卷，清胡胤铨纂修。清康熙十二年（1673）刻本。6册。半页10行20字，小字双行同，白口，四周双边，单鱼尾。框高21.2厘米，宽14.9厘米。首有康熙十二年魏裔介序，康熙十二年胡胤铨序，凡例，修志姓氏，图，目录。卷端题“知县楚孝感胡胤铨重辑”。

南宫县，位于今河北省南部，邢台市东北部。西汉置，属信都国。三国属安平郡，晋属安平国。北魏属长乐郡。北齐废，隋开皇六年（58）复置，属冀州。唐初属宗州，贞观元年(627)改属冀州。五代至清，属冀州。

胡胤铨，号逊斋，湖广孝感人，顺治八年(1651)举人，康熙十年(1671)任南宫县知县。

卷一封域志(星野、沿革、山川、里社、物产、风俗)，卷二营建志(城池、公署、学校、坛壝、庙寺、坊表)，卷三赋役志(田赋、丁瑶、起运、存留、额外杂赋)，卷四礼仪志(圣诞元旦冬至节、诏赦至、日食月食、鞭春、向饮酒礼、阅武、文庙祀典、坛壝祀典)，卷五事异志(事异、灾异、蠲赈)，卷六官师表(历代官制、知县、教谕训导)，卷七选举表(历代贡举、进士、举人、贡士、武进士举人)，卷八锡命表(封建、封赠、卹典、恩荫)，卷九循良传(县令(附县丞典史)、教职)，卷十人物传(宦业、方正、理学、文苑、武功、忠节、孝子、高义)，卷十一列女传，卷十二艺文志。

胡胤铨序曰："志历数十年弗修，残缺失次。……胤铨不敏，承乏兹土，钱谷刑名日以不给，是惧而能堪修明之责乎？……铨于是弗敢辞，复惴惴焉弗敢自任，乃进乡先生而谘之，有教我者曰：'是志也，一修于叶令讳恒嵩者，年远矣，书弗获存矣。再修于邢令讳侗者，亦百年远矣，书虽存，存而弗备，犹弗存也。'铨听之，……益复惴惴焉，广耳目，竭心思，搜故家之藏，集鸿儒之秘。审定风谣，综核佚事。凡一邑之所见异辞，所闻异辞，所传闻异辞，皆一一而考证之。其间有不逮者，则式贤达之卢而借为指南，登著作之堂共为参稽。虽才拙无状，而幸奉成书。将百年已坠之典章，蔚然明备，于以鼓吹休和，奉扬文教。"

钤印："南宫毛氏/金石书画"，"小汲/古阁"。

明嘉靖年间叶恒嵩所修《南宫县志》五卷，仅存台湾汉学研究中心，万历时期邢侗又纂修县志 13 卷，有清抄本存世。清代凡三修县志，一即此胡胤铨纂修本；二是周栻修、陈桂纂 16 卷本，道光十一年(1831)刻本；三即戴世文修、乔国桢等纂 18 卷本，光绪三十年(1904)刻本。

胡胤铨纂修《南宫县志》，中国国家图书馆、天津图书馆、湖北省图书馆、中国第一历史档案馆、南京地理所图书馆、台北"故宫博物院"、美国国会图书馆等少量图书馆有藏，其中间有雍正年间增刻本，每卷第二行署名及其他署名避世宗讳改"胤"字为"景"字。国家图书馆所藏系康熙原刻，惜"胤"字被墨笔涂改为"景"字。哈佛燕京馆藏本纸墨精良，墨黑如漆,"玄"字避讳,"胤"、"弘"、"历"均未避讳,官师表至康熙十二年。当系康熙年间印本,弥足珍贵。

《中国地方志总目提要》"康熙南宫县志十二卷"条,著录该书著者为"胡景铨",误。"胡景铨"应作"胡胤铨",盖避世宗讳改"胤"字为"景"字。据此推断,提要作者所见当系雍正年间增刻本。

二、清康熙刻本盐山县志　T 3134 / 7127.81

(康熙)《盐山县志》12 卷,清朱鸾鹭修,钱国寿等纂。清康熙九至十年(1670—1671)刻本。8 册。半页 9 行 19 字,小字双行同,白口左右双边,单鱼尾。框高 20.4 厘米,宽 13.5 厘米。首有康熙十年朱鸾鹭序、旧序(嘉靖十二年〔1533〕时尚儒序、嘉靖十二年冷宗元序、嘉靖杨文卿跋、隆庆六年〔1572〕赵润序、隆庆六年李萼跋、隆庆六年霍焰跋)、目录、图。末有康熙十年钱国寿跋。

盐山县,位于今河北省东南部,东邻山东省。汉置高成县,属渤海郡,东汉更名高城县,隋开皇十八年(598)改名盐山,唐属沧州,宋、金、元、明、清因之。清雍正九年(1731)改属天津府。

朱鸾鹭,字翔子,号集岩,江南扬州府泰兴县人,贡监,康熙五年(1666)任盐山县知县,后升广西泗城府同知。钱国寿,字子彭,顺天府大兴县人,举人,康熙七年(1668)任盐山县教谕。

卷一星野、疆域、山川、古迹,卷二沿革、建置,卷三里分、户口、地亩、赋役,卷四坛庙、寺观、典礼,卷五职官、寓贤,卷六至卷八人物,卷九风俗、占侯、灾祥、物产,卷十一至卷十二艺文。

朱鸾鹭序曰:"……昔无志,创自嘉靖癸巳(十二年,1533),续修于隆庆壬申(六年,1572),因陋就简,殊多阙轶,迄今百年,未经纂辑。……庚戌(康熙九年,1670)修学,稍有成局,课士之暇,乃议修邑志,博采广搜,虽断碣残碑,亦所不遗。旧志之可者因之,否者革之,其简略未备、固陋不文者,从而增益润色之。述者之事,体作者之心焉。若夫品骘褒扬,俱集同人之舆论,本吾心之懿好,市恩沽誉,非予小子之所敢也。……始事于庚戌五月,脱稿于辛亥(康熙十年,1671)六月。……是役也,学博钱君国寿,乡前辈郡守刘公泽霖,郡丞傅公继说,赵生广;鼓赞举行,采访事实,则褚生爽、张生润,刘生运祺、霍生琏也;商榷订正而终其事者,褚、张两生暨明经霍子恪之力居多,尉张君汝珍,诸生李鄂、高铠、刘鹏起俱与有劳,例应并书。”

“玄”、“弘”、“历”三字均不避讳。

有墨笔批注。偶有补抄。

明代盐山县志均已亡佚。此为现存最早盐山志,中国国家图书馆还藏康熙十二年黄贞麟续修刻本。之后有王福谦、江毓秀修,潘震乙纂同治盐山县志十六卷首一卷末一卷,同治七年(1868)刻本。

《中国地方志总目提要》著录该书目录内容,其中“界分”误,应为“里分”;又云是志“康熙十一年(1672)脱稿”,亦误,是志脱稿时间是康熙十年,朱鸾鹭序中所言辛亥年,即康熙十年。《中国地方志总目提要》还提到“有康熙十二年增刻本”,不妥。该志有康熙十年刻和康熙十二年黄贞麟增刻两种不同版本,提要作者显然未注意到二者区别。

清康熙刻本《盐山县志》,除哈佛燕京图书馆外,仅上海图书馆、美国国会图书馆藏此本。哈佛燕京藏本纸墨俱精,显系康熙初印本,弥足珍贵。

三、清抄本历城县志　T 3140 / 714.83B

(乾隆)《历城县志》50 卷首 1 卷存 5 卷,清胡德琳修,李文藻等纂。清据乾隆三十八年(1773)刻本抄本。5 册。半页 9 行 18 至 22 字不等,框高 13.7 厘米,宽约 11.9 厘米,无格。函套签题:“历邑县志”,首册题签“历城县志”。

历城县,位于今山东省济南市,秦置,属济北郡,因城南历山(今千佛山)而得名。西汉属济南国,西晋属济南郡,唐为齐州治,宋为济南府志,元为济南路治。明清为济南府治。

胡德琳,字书巢,广西临桂县(今广西桂林)人。乾隆十七年(1752)二甲进士。乾隆三十一年(1766)由济阳县调任历城县知县,后升任济宁知州和直隶州知州,东昌府知府等职。学识渊博、政绩卓著,善治河,好修志，济阳、历城、东昌三地的《河志》均出自其手。李文藻，字茝畹，又字素伯，号南涧远子，青州府益都（今山东省青州市）人，乾隆二十七年（1762）进士（志书云“乾隆二十六年（1761）进士”）。乾隆三十四年起，先后担任广东恩平、新安、潮阳知县，后升任广西桂林府同知，曾参与编纂《历城县志》、《诸城县志》，李文藻一生著述甚多，有《毛诗本义》、《南北史考略》、《益都金石考》、《泰山金石考》、《金石书录》等。

存卷一目次，乾隆三十六年（1771）胡德琳序，凡例，总纪，圣制，宸翰，诗附，地域考（沿革）；卷二山水考（山）；卷三山水考（水一）；卷四山水考四（水二）；卷五建置（府城县署，坛庙，学校）。

此抄本据清乾隆三十八年刻本节录，卷首序文有节录者，有仅录其目者。各卷前有本卷目录。

其中内容亦有与乾隆三十八年刻本相出入者。如卷一宸翰之后“诗附”含《韦谦恒九日登历山次方伯韵诗》、《大明湖秋泛诗》、《雨后大明湖诗》、《鹊华桥晚泛诗》、《历下亭早秋诗》、《日照楼晓坐诗》、《拗芥亭即事诗》、《玉玲珑馆诗》、《石芝书屋诗》、《濯缨桥坐月诗》、《王象春登高诗》、《车麦诗》、《铺衙诗》、《官舫诗》、《西门道诗》；卷二山水考“华不注山”有曾巩《登华不注望鲍山诗》、沈廷芳《龙山对月诗》等，均为刻本所无。

有朱笔圈点。首册题签上书墨笔字“仔肩堂耿记”。

《中国地方志联合目录》、《中国地方志总目提要》均未提及此本，其珍贵可知。

四、清乾隆刻本博山志稿　T 3140／4427.8

（乾隆）《博山志稿》不分卷，清洪銮纂修。清乾隆四十年（1775）刻本。1册。半页10行19字，小字双行同，白口，左右双边，单鱼尾。框高18.2厘米，宽13.0厘米。首有扉页、乾隆四十年洪銮序、目录；末有后序，胡炳跋。

博山县，位于今山东省淄博市南部。曾名颜神店、颜神镇。清雍正十二年（1734）析益都、淄川、莱芜三县地置博山县，治今淄博市西南博山镇，属青州府。

洪銮,安徽芜湖人,乾隆三十九年(1774)任博山知县。

卷一总志,卷二山川,卷三田赋,卷四风俗,卷五官师,卷六人物,卷七列女,卷八杂志。

洪銮序曰:"海内郡邑志毋虑数千百家,独康对山武功志单行三百年无与抗行者。近得韩汝庆朝邑志,赡而核,简而有法,盖不在武功下。予吏博山,公事多暇,乃取旧志而钩稽之,作志稿八篇,犹二子志也;顾文不及二子远甚。天下事,有力者不暇以为,有暇者又无力以为,多矣。独志也欤!"

后序曰:"先是,通判叶先登偕、乡官张联翼创修颜神镇志,文采华缛,体例或疏。吴人仲是宝客赵宫赞家,著志略二卷,颇不失法度。知县富申踵修县志,多采其说,然失之芜,距今二十年矣。此二十年中,潜德幽光,孝子节妇,盖棺论定者,又岂少哉?是稿但援据旧志,不敢增入一人,惧耳目未广,挂漏遗讥,邑君子有来告者,当别入续志稿,以俟后人。夫后之视今,亦犹今之视昔。安知后人不更议吾简耶!稿成,命门人韦布书付梓人。"

胡炳跋曰:"洪侯为政之期年,民和讼息,闭阁萧然。芟芜旧志,别为志稿。首总志,提纲也;次山川,述职方也;次田赋,悯民劳也;次风俗,宣教化也;次官师,风有位也;次人物列女,发微阐幽也;次杂志,拾遗也。事增于前,文省于旧,称类广而援据核,体例严而好恶正,循吏良史,庶几兼之矣。"

现存最早《博山县志》为乾隆十八年(1753)刻十卷本,又有首一卷,富申修、田士麟纂;次即此洪銮纂修《博山志稿》,有刻本和抄本传世。此清乾隆四十年刻《博山志稿》为写刻风格,"弘"字避讳。书中钤"哂庐鉴存"印。

清乾隆刻本《博山志稿》仅美国国会图书馆有藏。《中国地方志联合目录》和《中国地方志总目提要》等著录北京大学图书馆和上海图书馆藏抄本(据二馆目录,皆系二十世纪传抄本),均未著录此刻本。《中国地方志总目提要》云:"是志继乾隆十八年志而修。始于乾隆四十年,同年成稿,未刻。"哈佛燕京藏本之存,可证此言之误。

五、清康熙刻本常熟县志　T 3205 / 9203.81

（康熙）《常熟县志》26 卷首 1 卷末 1 卷，清高士鸃、杨振藻修，钱陆灿等纂。清康熙二十六年（1687）刻本。10 册。半页 10 行 21 字，白口，左右双边，单鱼尾。框高 20.2 厘米，宽 14.2 厘米。首有扉页，康熙二十六年杨振藻序，康熙二十六年钱陆灿序，凡例，修志姓氏，目录。扉页题："康熙二十六年重修。常熟县志。"

高士鸃，字冕侯，北直隶滦州人，贡监，康熙二十一年（1682）至二十三年（1684）任常熟知县。杨振藻，字讷庵，直隶永平籍，辽东复州人，康熙九年进士。曾任山西祁县知县，康熙二十四年（1685）任常熟知县。钱陆灿（1612—1698），字湘灵，号园沙，常熟（今江苏常熟）人，明代著名抗倭英雄钱泮玄孙，顺治十四年（1657）举人。榜姓陆。为"听社"十七子之一，清代著名学者。

卷首图，卷一建置沿革、分野（祥异附）、疆域（形胜附），卷二山、水，卷三城池、官署（仓库附），卷四学校（书院附）、祠祀，卷五乡鄙、市镇、坊巷、桥梁，卷六水利、户口，卷七卷八田赋，卷九徭役、税课、风俗（方言附）、物产，卷十官师年表（县令、丞、簿、尉、教职），卷十一选举年表（进士、举人、贡生、荐辟、武科），卷十二封赠、恩荫、监仕、椽仕、兵防（平寇附），卷十三坛庙、寺观，卷十四古迹（名胜附）、第宅（园林附）、陵墓，卷十五宦迹，卷十六至卷二十二人物（邑人、忠节、循吏、孝友、义侠、儒林、文苑、武略、隐逸、笃行、耆硕、艺学、方伎、列女、流寓、仙释），卷二十三艺文，卷二十四集诗，卷二十五集文，卷二十六杂记，卷末旧序（南宋宝祐二年（1254）丘岳序，褚中序，元至正二十五年（1365）戴良序，至正二十三年（1363）卢镇序，明宣德九年（1434）张洪序，弘治九年（1496）李杰序，弘治十二年（1499）桑瑜序，嘉靖十□邓韨跋，万历三十三年（1605）管一德序）。

杨振藻序曰："自南宋庆元以来，或有志而弗详，或详焉而弗核，虽屡经订证，而断简残编，遂同鲁灵光殿，几无以答明诏，诚可慨焉！于是前令冕侯高君崇请邑献湘灵钱君董其事，佐之以王严诸子，皆博物君子，具良史才，而雠校之际，其难其慎，期于征信，而不期于速成。故泚笔于癸亥

(康熙二十二年,1683)之五月,至丁卯(康熙二十六年,1687)三月而始告竣,网罗见闻,综核名实,琴川一志,于是乎有成书。藻虽承乏,已再更冬,然此役一出,于前人之经营,藻惟乐观厥成,宁敢攘善以为己力也哉!"

钱陆灿序:"皇帝御世二十有二年,…爰命儒臣修《一统志》以资御览,……其年滦州高侯在职,开局纂修,今方伯刘公以粮宪驻临安,防海刘公时时入局监其事,而陆灿与共事严子熊,王子家震,王子孙兰,冯子行贤,王子孙芸,实载笔以从。郡檄旁午,抄写促迫,草本上而书未竟也,故亦未及有序以识岁月。会高侯去,而剞劂之事几顿。二十五年(1686),北平杨侯起家进士,补令吾邑,甫下车,……毅然捐廉奉,不足借助罚锾卒业。仍命陆灿领其事,于是又退而与共事诸君重翻其已刻者十之五,而未刻者半,矢心斋笔,追亡补阙,鼓瞶剔盲,凡皆述而不作,曩志述其所已有,不敢漏;今志述其所必有,不敢私。"

官师至康熙二十六年。"玄"字有避讳,有不避讳者。

清初统治者非常重视志书修纂。康熙十一年,保和殿大学士卫周祚奏请各省修通志,为编撰《大清一统志》做准备;康熙二十二年,礼部奉旨檄文催各省设局纂修通志。在朝廷的严令督促下,掀起全国各省、府、州、县的修志热潮,此康熙《常熟县志》就是这一时期的产物。

《常熟县志》屡经官、私修纂,现存最早常《熟县志》为明弘治四卷本(杨子器修,桑瑜纂,明弘治十六年〔1503〕刻本),其次为嘉靖十三卷本(冯汝弼修,邓韨等纂,嘉靖十八年〔1539〕刻本),还有万历年间管一德纂《皇明常熟文献志》十二卷本(万历三十三年刻本)和十八卷本(万历三十三年刻本),万历四十五年(1617)姚宗仪纂《常熟县私志》二十八卷稿本和抄本,以及崇祯十二年(1639)龚立本纂《常熟县志》十五卷抄本。清代除此康熙志外,还有康熙五十一年(1712)刻八卷本(章曾印、曾倬纂修),乾隆陈三恪纂《海虞别乘》(抄本),乾隆六十年(1795)《常昭合志》十二卷首一卷(王锦、杨继熊等修,言如泗等纂),陈揆纂《琴川续志草》十卷《续志草补》二卷(抄本),道光黄廷鑑纂《琴川三志补记》十卷(有道光十一年刻本和光绪二十四年〔1898〕活字本)和《琴川三志补记续》八卷(有道光十四年〔1834〕刻本和光绪二十四年活字本),道光《虞乡志略》十二卷(邓琳纂,稿本和抄本),光绪《常昭合志稿》不分卷(杨泗孙纂),《常昭合志采访录》不分卷(杨泗孙、曾士常编辑,稿本),光绪《常昭合志稿》四十八卷首一卷末一卷(郑钟祥、张瀛修,庞鸿文等纂;光绪三十年活字本)。

此书钤印“常熟翁同龢藏本”,系翁同龢旧藏本。翁同龢曾据明弘治桑瑜志、万历管一德志、崇祯龚立本志等详校,故书中存翁同龢朱、墨笔校注甚多。

此康熙二十六年刻本《常熟县志》传世较多,中国国家图书馆、上海图书馆、南京图书馆等二十一馆及日本东洋文库有藏。然此本系翁同龢旧藏,颇显珍贵。

六、清康熙刻本淮南中十场志　T 3206 / 3142.81

(康熙)《淮南中十场志》10 卷,清汪兆璋修,杨大经纂。清康熙十二年(1673)刻本。4 册。半页 9 行 20 字,小字双行同,白口,四周单边,单鱼尾。框高 21 厘米,宽 13.4 厘米。卷一首题(其余卷首无):“泰州分司汪兆璋芾斯父定正　卢阜逸史杨大经石袍氏纂辑”。首有康熙十二年汪兆璋序,康熙十二年杨大经序,原序(陆世科序,周汝玑序,天启徐国光序,王相说序,魏公辅序),发凡,目录。

淮南中十场,明代泰州所辖富安、东台、安丰、何垛、梁垛、丁溪、拼茶、草堰、角斜、小海十个盐场的总称,是两淮盐场的重要组成部分。

汪兆璋,字芾斯,浙江钱塘人,贡士,康熙六年(1667)任盐运道泰州分司。杨大经,江西九江(庐山)人,字石袍。

卷一图经,建置(设官、职掌、品俸、衙役),星野,风俗(习尚、岁时、冠、婚、丧、祭、宴会),食货(盐、禾、麦、菽、菓、蔬、草、木、花、果、竹、药、羽、毛、鳞、介),灾眚(旱、涝、蝗蝻、地震、风潮、星变、日食);卷二疆域,古迹;卷三卷秩官(分司、大使、副使),选举(进士、举人、贡士、例监、荐辟、封荫、武达、掾阶);卷四公署(分司署、申明亭、鼓楼、盐课司署、察院、盐仓、预备仓、养济院、冬生院、坊、铺),赋役(户口、版籍、田粮、总催、盐课、折价、水乡、草荡、贡课、工脚、灰墩、卤池、灶房、盘铁、锅鏾);第五卷学校(书院、社学、社田、社店、祭典、庆贺、开读、迎春、就获、到任),武备(营寨、操场、把总、百长、灶勇、烟墩),坛庙,循良;第六卷第七卷人物,第八卷第九卷艺文,第十卷诗。(目录与实际内容略有区别)

汪兆璋序曰:"寓内产盐之省会凡八,而两淮为最。两淮产盐之区凡三十,而中十场为最。是中十场者,东南之泉府,而朝廷委输积贮之薮也。其职盐之官,最上有御史,其次有运道之属,有同、有副、有判,皆主于综理盐政,而城守、民社、封疆之责不及焉。城守、民社、封疆之责不及于盐官,此场之前此所以无志也。无志则无征,无征则无信,无征无信,则无以法今而垂后,上不知所以施治,而下不知所以更化,其为阙略,非止于典籍沦亡,故事湮灭而已。盖显之有关于世道,而微之有系于人心,甚不可不亟亟也。闻之故老其宦此者,有明蜀中徐子九霄,初议修于弘治时;浙中周子继元,再议修于万历时;皆以事会不逢,行之未果。至天启甲子(四年,1624),常山徐子瑞征毅然行之,旷古大典,始克有成,距今五十年。……承乏以来,恒欲有所纂述,而为暇也。会朝廷修明一代之典,遐迩内外,车书玉帛,无不备载,以示王者无外,一视同仁之至意。夫既已括其大凡,上之史馆,而兹复别其义例,缕析条分,付诸剞劂。"

杨大经序曰:"钱塘汪芾斯先生清才俊望,筮仕得泰州鹾运,莅任以来七载,……爰取旧志而订正之,踵故增新,弗狥弗执,不以余为暗昧无文,猥命以笔石之役。敘次纪录,率本前人,而规模梗概,则稍为变易,要令不悖于史氏之法程而止。……是役也,梨枣锓锲之费,修脯聘币之需,与夫邮传驿递,谘诹访问之糗糒,举出自汪公之俸薪,而一丝一粟,曾不以累其民,是尤非常之异数,不可以不书者也。"

《发凡》云:"十场均隶泰州版图,所属悉详郡志。有明以前,远莫可考,故不著沿革。","他志建置,皆详明郡县设立之创始,场地撮嚷,僻在海澨,既莫可考其所从来,又籍隶吴陵,理应无别异,今直以设官立署之岁月当之,非懵于义例也。""十场均受摄于分司,犹之两淮均受摄于鹾使。运道则十场固一志也。旧本场各为志,殊失统纪,今特合为一集,如府之隶有郡县,分检一条既可以连类互见,合观全帙,又足以该括靡遗,庶纲举目张,而条理咸宜矣。"

《中国地方志目录》、《中国地方志总目提要》未著录。中国国家图书馆、日本内阁文库有藏本。

七、清抄本至元嘉禾志　T 3209／4678.6

《至元嘉禾志》32 卷，元单庆修，徐硕纂。元至元二十五年（1288）修，清抄本。12 册。半页 10 行 20 字，小字双行同，无栏格。开本高 25.6 厘米，宽 16.4 厘米。首有至元二十五年郭晦序，至元二十五年唐天麟序，目录。

嘉禾，浙江嘉兴府别称。

单庆，字克斋，山东济宁人，至元二十一年（1284）任嘉兴路经历。徐硕，时任嘉兴路儒学教授。

卷一沿革、星野、道里、风俗；卷二城社、坊巷；卷三乡里、镇市；卷四山阜、江海、湖泖水附；卷五浦溆、溪潭、陂塘、河港、泾沟、堰闸；卷六户口、物产、赋税、征榷；卷七学校、科举、廨舍、院务、仓库、徼巡、官驿；卷八邮置、桥梁；卷九楼阁、堂馆、亭宇斋屋附；卷十至十一寺院；卷十二宫观道院附、祠庙；卷十三塚墓；卷十四仙梵；卷十五宋登科题名；卷十六至二十六碑碣，卷二十七至三十二题咏。

郭晦序曰："嘉禾为志何昉乎？犹记袁似衢为郡治中，其家富有古书，江浙图志无不备，独禾阙，然非阙也，禾兴经邑为州，才三百载，五代至宋初皆倥偬不暇，真宗景德四年（1007）尝诏诸道修图经，仅得海盐一志而已，淳熙甲午（1174）郡守张元成始延闻人伯纪为郡志，此作古也，前乎伯纪所谓旧经，虽得览之士，无所见其简略，可知后乎伯纪。郡守岳珂，尝命乡先辈关表卿重修，且遍檄诸邑，搜访古迹，可谓劳于用力，书未成而倦翁改调，上而无纪录之册可参，次而无老成之士可质，又次而无贤子弟可询其家世，其欲正讹补阙，岂不难哉？仰惟皇帝考图数贡自北而南，此不容于浸废往者。郡经历单君庆因请重修，郡博士徐君硕承命属笔，搜猎散亡，其纲正其篇目加多既完矣，而毋邱之板则未也。莱山刘公杰来殿是邦，路推翟公汝弼，启其议诸路官，又相其成，可谓是书之幸。……今嘉禾志阙而全，绝而续，郡侯其有功矣哉。昔窦德元不能对帝邱之问，人到于今陋之。今郡人得事书，可以不德元矣。余故喜为之辞。至元戊子（1288）孟夏里人郭晦序"。

唐天麟序曰："嘉禾在春秋为檇李，至吴黄龙三祀，以禾生由拳野，故名。自春秋距今千七百余年，其间有沿有革、有废有置，世道污隆之故，人物盛衰之由，……其可纪者，何可胜数？而旧志多简略弗载。宋嘉定甲戌(1214)，郡守岳侯珂悼前闻之遗阙，尝命乡先辈关表卿杙、任行人子羽之事，编稿将上而岳侯去，乡论惜之。越六十三载，皇帝抚有江南，寸天尺地，无一不入版图内。乃至元甲申(1284)，克斋单公庆来佐郡幕，公余过从，辄清谈竟日，每喟然叹曰：'图志三岁一上，法也。此邦自总府开藩，亦既数年，而郡志未备，非阙典也欤?!'遂创议檄，委郡博士徐君硕重加修纂，君承命惟谨，网罗散失，抉剔幽眇，考古订今，裒辑荟粹，曩之为卷者五，今之为卷者三十有二，曩之为门者二十有五，今之为门者四十有三，彪分明列，此志得为全书。徐君之用功亦劳矣。编成，而莱山刘侯杰实来。一日哕鸾戾泮，路推良佐，翟公汝弼以是白侯，侯喜退而稔于同列，同列亦喜，亟命工刻之梓。时与人会事与机投，莫不庆是书之遭。"

此本旧经为清经学大师王鸣盛及藏书家汪士钟所藏，钤印有"光禄/卿章"，"甲戌/榜眼"，"西庄/居士"，"王鸣/盛印"，"曾藏汪/阆源家"等。

此《至元嘉禾志》系现存最早的嘉兴府志。今刻本无存，仅各种抄本流传。

八、清康熙刻本云龙州志　T 3250／1301.81

(康熙)《云龙州志》12 卷首 1 卷，清王𪸩等纂修。清康熙五十五年(1716)刻本(卷十二配抄本)。4 册。半页 9 行 20 字，小字双行同，白口，左右双边，单鱼尾。框高 18.5 厘米，宽 13.9 厘米。首有康熙五十五年王𪸩序，原序(明天启四年周宪章序，天启四年赵惟精序，康熙四十四年(1705)顾芳宗序，康熙五十一年毕仕魁序)，修志姓氏，凡例，目录。末有康熙五十五年胡锡熊跋。卷端题："大理府云龙州知州王𪸩纂修"。

云龙州，位于云南省东北部。西汉元封二年(前 109)设比苏县，属益州郡。东汉至西晋属永昌郡。南朝梁末废比苏县。大理称云龙赕，属大理王畿。元初设云龙甸军民府，隶属金齿宣慰司。后改称云龙州，属大理府。明、清因之。

王𪸩，字征远，山东福山县贡生，康熙五十二年(1713)任云龙州知州。

卷首图考，卷一星野附气候，卷二沿革，卷三疆域附山川、形势、里寨、场市、铺哨、津梁、胜景、古迹，卷四建置附祠祀、寺观，卷五风俗附种人，卷六赋役附盐政，卷七物产，卷八学校附选举，卷九官师附名宦、兵防、土司，卷十人物附仙释，卷十一灾祥附杂异，卷十二艺文。

王淯序曰："云龙虽山谷小郡，……自前明万历以旋，改土设流，削平逆段者，几二百年，又经大圣人仁恩普被，远及穷荒，文明之运日渐昌炽，骎骎乎非复六诏摈弃之旧习矣。……乃翻阅旧刻，创始于□孝廉赵惟精，订正于顾牧可亭，增定于毕牧云章，亦卷分十二，而实载州事者不盈数幅，微特挂一漏万，抑且鱼目莫别。……然而中丞之命不可违也，前代设州之意，数君子经理之方不可没也。爰取旧册而汰其繁冗，正其舛杂，益以三年于兹之目见耳闻，与都人士之记述，参互而校雠之，事必核实，论归有据。"

官师至康熙五十四年(1715)。"玄"、"祯"、"弘"、"历"未避讳。

此本为现存最早《云龙州志》；次为雍正六年(1728)刻陈希芳修、胡禹谟纂12卷首1卷本；三为光绪十二年(1886)胡程章纂修《云龙州志》不分卷本(有抄本残卷存世)；四系光绪十八年(1892)张德霈修、杨文奎纂13卷本(有民国抄本流传)。

此清康熙刻本《云龙州志》，《中国古籍善本书目》、《中国地方志联合目录》、《中国地方志总目提要》未著录，各馆目录亦未见著录，堪称珍稀善本。

参考文献：

1. 中国科学院北京天文台. 中国地方志联合目录. 北京：中华书局，1985

2. 金恩辉，胡述兆. 中国地方志总目提要. 台北：汉美公司，1996

美国弗利尔/赛克勒图书馆藏中文古籍撷英

李勇慧

（山东省图书馆）

2011年7月，笔者应美国史密森学院图书馆弗利尔/赛克勒图书馆（Freer/Sackler Library, Smithsonian Institution Libraries）的舒悦和麦克·史密斯（Mike Smith）邀请，前往华盛顿，培训、指导并帮助他们开始做史密森学院科研项目《美国史密森学院图书馆弗利尔/赛克勒图书馆藏中文古籍善本解题目录》（*An Annotated Catalogue of the Chinese Rare Books in the Collection of Freer/Sackler Library, Smithsonian Institution Libraries*）。其间，为弗利尔/赛克勒图书馆藏的千余册善本做了新的鉴定，并从其普通古籍中挑选出善本百余册；培训、指导舒悦和麦克·史密斯如何准确地鉴定版本及按照《中国古籍编目规则》进行标准的古籍著录；制订《美国史密森学院图书馆弗利尔/赛克勒图书馆藏中文古籍善本解题目录编辑体例》，讲解王重民《中国善本书提要》、沈津《美国哈佛大学哈佛燕京图书馆藏中文善本书志》、台湾"央图"特藏组《善本书志初稿》。

弗利尔/赛克勒图书馆收藏的中文古籍，以前已做过很用心的整理，主要来自查理斯·朗·弗利尔（Charles L. Freer, 1854—1919）与柔克义（William Woodville Rockhill, 1854—1914）的捐赠，内容以佛教与中国艺术两大类为主。刊刻时间多在明末以后，所见最早版本是明正德十五年

(1520)《药师琉璃光如来本愿功德经》、明崇祯四年(1631)《画史绘要》、庞元济《虚斋名陶图录》拓本。

一、经部

1.《大戴礼记》13卷,(汉)戴德撰,(北周)卢辩注,清乾隆二十三年(1758)卢见曾刻雅雨堂丛书本,4册。框18厘米×13.58厘米,10行21字,白口,四周单边,单黑鱼尾,版心上镌"大戴礼记",中镌卷次,下镌"雅雨堂",封面题"乾隆丙子镌/大戴礼/雅雨堂"。

2.《埤雅》20卷,宋陆佃撰,清康熙常熟顾棫如月楼刻本。框19厘米×13.3厘米,10行21字,白口,四周双边,双黑鱼尾,版心上镌书名及卷次,卷二十末镌"后学顾棫校本"。

二、史部

1.《异域录》不分卷,清图理琛撰,清乾隆五十八年(1793)钞本,无框栏,9行24字,与《异域琐谈》、《把打克山列传》合函。卷端题"椿园七十一著",第二册末页书"乾隆五十八年夏至前五日在金塔署中手钞"。案,弗利尔/赛克勒图书馆原依卷端所题"椿园七十一著",定作者为"椿园七十一",然已注意到本书前清康熙五十九年(1794)蒋锡廷及雍正元年(1723)杨琳《异域录》内称作者为"图君"、"图瑶圃"。图理琛(1667—1740),清舆地学家、康熙朝内阁侍读。满洲正黄旗人,姓阿颜觉罗,字瑶圃,号睡心主人。历任康、雍、乾三朝内阁侍读,官至兵部职方司郎中。康熙五十一年(1712)五月,奉命出使土尔扈特,途由喀尔喀越俄罗斯国至其地。五十四年(1715)三月,回京师复命。撰《异域录》,述沿途各地道里、山川、民风、物产以及应对礼仪,恭呈御览,冠以舆图,以备圣览,颇有价值,收入《四库全书》。

2.《三藩纪事本末》4卷,明杨陆荣编,清康熙五十六年(1717)刻本。9行20字,白口,左右双边,单黑鱼尾。封面题"康熙丁酉春镌/三藩纪事本末/本衙藏板",卷端次行题"青浦杨陆荣采南氏编"。书衣书签手书

"三藩纪事本末/蓬莱馆藏书"。

3.《广舆图》2卷,元朱思本原图,明罗洪先增纂,明胡松校,明万历7年(1579)钱岱翻刻韩君恩本。框28.5厘米×18.5厘米,行字不等,白口,上下双边,双黑鱼尾,版心上镌书名,中镌卷次。前有《舆图旧序》提绘图事,钱岱万历七年《重刻广舆图叙》提重刻书事。

4.《古列女传》7卷,(汉)刘向撰,续一卷,明万历三十四年(1606)文林阁唐锦池刻本。框20厘米×13.9厘米,10行20字,白口,四周单边,双黑鱼尾。封面镌"新安原板图像古列女传/文林阁唐锦池梓行"镌书名,前有万历丙午三十四年黄嘉育《新刻古列女传序》。

5.《博古图录考正》30卷,宋王黼等撰,明郑朴考正,明万历二十四年(1596)郑氏刻本。框17厘米×11.8厘米,8行17字,白口,四周单边,前有万历丙申二十四年郑朴"博古图录序",卷三十末镌"徐铭摹写图式林之茂书"。

6.《重修宣和博古图录》30卷,宋王黼等撰,明万历二十七年(1599)于承祖刻本。框21厘米×13厘米,8行17字,白口,四周单边,单白鱼尾,版心上镌"博古图",中镌卷次。

7.《亦政堂重修考古图》10卷,宋吕大临撰,亦政堂重修考古玉图2卷,清乾隆十七年(1752)黄晟槐荫草堂重刻本。框24.7厘米×15厘米,8行17字,白口,四周单边,单黑鱼尾,版心上镌"考古图"或"古玉图",中镌卷次。封面题"乾隆壬申年秋月/亦政堂藏板",前有乾隆十八年(1753)黄晟壬申《重刊考古图序》及《序重刊古玉图》,序末镌"重校刊于槐荫草堂"。万历辛丑二十九年(1601)吴万化《考古图跋》及壬寅三十年(1602)《集古考玉图跋》。

8.《宋淳熙敕编古玉图谱》100卷,宋龙大渊等编纂,刘松年写图,清乾隆四十四年(1779)江春康山草堂刻本。框23.2厘米×15厘米,8行,字数不等,白口,四周单边,单白鱼尾,版心上镌"古玉图谱",中镌卷次。封面题"乾隆己亥年镌/古玉图谱/康山草堂藏板",总目题"龙大渊等奉敕编纂",卷端题"刘松年奉旨写图"。

9.《集古印谱》5卷,明甘旸辑,明万历二十四年(1596)甘氏自刻钤印本。框 15.3 厘米×12.5 厘米,行字不等,白口,四周双边,单鱼尾,版心上镌书名及卷数,首有牌记"连四纸朱砂双印/古玉夔龙为记"并附夔龙红印一枚,卷端次行题"秣陵甘旸/旭编"。有明万历年《集古印正序》、《存甘旭印正》、《集古印正自叙》3 篇。"凡例"、"印正附说目录"之后为朱印"秦传国玺制"及朱印传国玉玺 3 枚。案:是书正文收录三代、秦、汉以降至元印数百枚,一页一枚至六枚不等,钤印清晰,下以文词考释之。"印正附说"详考制印源流、工艺等。此书存世甚少,仅国家图书馆等数家单位庋藏,历年拍场亦是罕见,且品相保存精好,连四纸初刊前印,必当为藏家所宝。

10.《石墨镌华》8 卷,明赵崡撰,明万历四十六年(1618)刻清乾隆间印本。框 21.8 厘米×13 厘米, 8 行 18 字,白口,四周单边,单黑鱼尾,版心上镌书名,中镌卷次。案:涉清代乾隆及以前讳者均被剜,如赵崡万历戊午四十六年自序中"历"字。

11.《虚斋名陶图录》不分卷,庞元济撰,拓本。框为印制,镌"虚斋名陶图录",各陶器拓片后均有庞元济题跋,均钤"虚斋"、"虚斋真赏"、"虚斋藏陶之印"朱印。案:庞元济(1864—1949),字莱臣,号虚斋,浙江吴兴人,清季举人,加四品京堂。经办纱厂、造纸厂,开设米行、当铺、钱庄等大小企业。自幼嗜画,山水近法倪、黄,远宗董、巨,花卉则以南田为宗,尤精鉴赏,收藏有铜器、瓷器、书画、玉器等文物,尤以书画最精,私家收藏之富为全国冠,编《虚斋名画录》20 卷,《续录》4 卷,为近代著录最丰富之作。《虚斋名陶图录》拓印精良,多为全形拓。书中所录陶器约 150 余个,原陶器收藏在弗利尔艺术馆(The Gallery of Freer Art)与赛克勒艺术馆(The Arthur M. Sackler Gallery),近年,已有国内的收藏家在进行研究。

三、子部

1.《刘雪湖梅》谱 2 卷,明王思任辑,明万历二十三年(1595)王思任刻清康熙二十年(1681)盛振英补刊墨妙山房印本。框 23.6 厘米×16 厘米,11 行 20 字,白口,四周双边,单黑鱼尾,一函 4 册。封面题"会稽钟式林订/刘雪湖梅谱/墨妙山房藏板”，卷末有康熙二十年辛酉山阴盛振英《补重刻刘雪湖梅谱跋》。案：是书为白纸印本，内有刘雪湖“一枝春信”、“数点天心”、“斗柄初升”等梅花谱版画26幅，雕镌甚佳，为明万历年间著名版画。

2.《铁网珊瑚》16卷，明朱存理集录，明赵琦美补，清雍正六年（1728）年希尧澄鉴堂刻本。框20.8厘米×14厘米，10行21字，白口，左右双边，单黑鱼尾，版心中镌书名“书品”或“画品”、卷次，封面镌“澄鉴堂藏板”，前有雍正戊申六年年希尧跋，言刻书事。案：是书分《书品》10卷，《画品》6卷。

3.《画史绘要》5卷，明朱谋垔撰，明朱统鉷重校，明崇祯四年（1631）刻本。框19厘米×13厘米，10行，19至20字，黑口，四周单边，单黑鱼尾，版心中镌“画要”及卷次。案：此书稀见。

4.《绘事备考》8卷，清王毓贤撰，清乾隆四十七年（1782）北平翁氏钞本。无框，无界栏，8行16字。封面题“内府藏本”，封面背题“乾隆四十七年北平翁氏传钞”。

5.《般若波罗蜜多心经》1卷，明释达如圆秀注，明崇祯九年（1636）丰城熊汝学一圆居刻本。框20.8厘米×13.5厘米，9行19字，白口，四周单边，单黑鱼尾，版心上镌“心经劝注”。卷末镌“崇祯九年四月浴佛日刊于一圆居”，卷端次行题“明金台华严庵达如圆秀注/丰城菩萨成弟子熊汝学较刊”，版心下镌“江右抚金李中和书”。案：卷端题“较刊”，乃避明熹宗朱由校讳。

6.《金刚般若波罗蜜经》1卷，唐鸠摩罗什译，明任翰文重刻本。框高25.4厘米，4行11字，上下双边，卷末题“信心弟子任翰文重刊”，有扉画，经折装。

7.《金刚般若波罗蜜经》1卷，唐鸠摩罗什译，清镇澄修释，清乾隆二十九年（1764）圆明园善缘庵刻本。框高19.3厘米，9行18字，白口，左右双边，单黑鱼尾。版心及书签题“金刚经修释”，书末镌“乾隆二十九年七月中元节/圆明园善缘庵存板”。

8.《大般涅槃经》40卷，北凉昙无识译，清雍正十三年（1735）刻本。

框20厘米×13.3厘米，10行18字，白口，四周单边，单黑鱼尾，有扉画，扉画背有牌记镌“大清雍正十三年五月初一日”。

9.《妙法莲华经》7卷，唐鸠摩罗什译，一如集注，明崇祯六年（1633）刻本。框23厘米×14.5厘米，16行16字，白口，四周单边，版心中镌“科注”及卷次。卷一前“妙法莲华经”经文题“一如集注”，书签题“法华经科注”前有崇祯癸酉大贤“刻法华科注序”及如六“跋”皆言刻书事。

10.《妙法莲华经》7卷，唐鸠摩罗什译，清雍正五年（1727）千佛寺比丘真干钞本。框高26.2厘米，4行11字，上下双边，经折装。前有观音莲花座手绘图5折，第6折手书“大清雍正五年岁次丁未谷旦千佛寺比丘真乾记”牌记。

11.《大佛顶如来密因修证了义诸菩萨万行首楞严经》10卷，清顺治十年（1653）愍忠三韩沙门妙亮重刻本。框28.9厘米×11.5厘米，8行17字，白口，四周双边，版心上镌“楞严经”。前有图，图下镌“愍忠三韩沙门妙亮重刊”。卷末有跋，言顺治癸巳十年各舍资重刊之事。

12.《药师瑠璃光如来本愿功德经》，明正德十五年（1520）刻本。框高25厘米，5行15字，上下双边，经折装，书牌镌“正德十五年正月十五日施”。

13.《金光明最胜王经》10卷，明万历二十年（1592）姑苏经坊马文台印本。框高25.2厘米，5行15字，上下双边，版心上镌“楞严经”，卷首有牌记“万历二十年六月十九吉日”，卷末镌“姑苏经坊马文台印行”。

14.《维摩诘所说经》2卷，唐鸠摩罗什奉诏译，清雍正十三年（1735）刻本。框20.2厘米×14.2厘米，10行20字，白口，单黑鱼尾，四周单边，版心上镌“维摩诘所说经”，下镌卷次。封面题“大清雍正十三年”，卷端次行题“姚秦三藏法师鸠摩罗什奉诏译”。

15.《首楞严经义海》30卷，天竺沙门般剌蜜谛译经，乌长国沙门弥伽释迦译语，宋福唐沙门咸辉排经入注，明崇祯五年（1632）杭州化城寺比丘福观刻本。框22.8厘米×14.8厘米，10行20字，白口，四周双边，有图。版心上镌“支那撰述”，下镌“翦”，卷末镌“径山大殿比丘福观助刻……崇祯五年……径山化城识”。

16.《千手千眼观世音菩萨广大圆满无碍大悲心忏》,清康熙二十一年(1682)明珠刻本。框高 26 厘米,5 行 14 字,上下双边,经折装。书签题“大悲心忏法”,卷末有跋,末署“康熙壬戌冬十月大学士明珠室觉罗民谨识”。

17.《日诵大悲咒仪》,伽梵达磨译;《续法定大悲像手咒释》,续法述,清刻本。框 22×14.8 厘米,10 行 20 字,黑口,四周双边,无鱼尾,版心中镌卷数。前有康熙丙戌四十五年(1706)续法撰《大悲心咒手像合释序》,目录又题“大悲像手咒释全集”。

18.《大悲心忏》,清乾隆十年(1745)刻本。框高 22.9 厘米,5 行 15 字,上下双边,有扉画,经折装。书签题“大悲心忏”,扉画末镌“乾隆十年岁在乙丑五月朔日”,卷末有书画家张若靄(1713—1746)跋。

19.《慈悲道场忏法》10 卷,明万历三十年至三十一年(1602—1603)衍法寺重刻本。框高 26.7 厘米,5 行 15 字,小字双行,上下双边,经折装。前有校正重刊序,末镌“大明万历岁次壬寅重刻”,卷十末镌“大明万历岁次癸卯衍法寺圆经重刊流通”。

20.《敕赐金经慈觉寺戒坛同戒录》,明末清初刻本。框 21 厘米×13.3 厘米,行字数不等,黑口,版心上镌“同戒录”。

21.《弘觉忞禅师北游集》6 卷,清释道忞撰,门人真朴编,清顺治十六年(1659)径山寂照庵刻本。框 23.3 厘米×15 厘米,10 行 20 字,白口,四周双边。版心上镌“支那撰述”,下镌“翦”,中镌“弘觉禅师语录”。

22.《玉清无极总真文昌大洞仙经》2 卷,元卫琪注,清康熙四十三年(1704)福建晋水施肇聪刻本。框 17 厘米×10.7 厘米,行字不等,白口,四周单边,单黑鱼尾,有图。版心上镌“大洞经”,下镌“福建晋水施肇聪刻”。

23.《琼琯真人集》6 卷,宋白玉蟾著,清刻《道藏辑要》本。前有何继高序,末署“万历甲午年端职日龙沙会中式首座粤地教宗会稽泰宁何继高书”,该书版心镌“白真人集/娄集”。

四、集部

1.《容台文集》9 卷,《容台诗集》4 卷,《容台别集》4 卷,明董其昌撰,明崇祯三年(1630)刻本。框 19.3 厘米×12.6 厘米,8 行 19 字,白口。版心上镌"容台文集",或"容台诗集",或"容台别集",中镌卷次,卷端版心下镌"金泰卿写顾公彦刻"。前有崇祯庚午陈继儒"叙",言刻书事,叙末有"顾绍勋镌"字样。目录末题"孙男延编次"。案:此本刻印俱良,书品上佳,如弗利尔/赛克勒图书馆其他古籍一样,属初刻初印本。

2.《明诗综》100 卷,清朱彝尊录,汪森辑评,清康熙四十四年(1705)六峰阁朱稻孙家刻本。框 19.3 厘米×13.8 厘米,11 行 21 字,白口,左右双边,单黑鱼尾,版心中镌书名及卷次,前有康熙四十四年朱彝尊序。封面题"朱竹垞太史选本/六峰阁藏版",并钤"六峰阁藏"、"阳湖陶氏沈园所有书籍记"朱印。案:六峰阁,乃朱彝尊孙朱稻孙斋名。

3.《御定历代题画诗类》120 卷,清陈邦彦敕编,清康熙四十六年(1707)扬州诗局刻本。框 18.3 厘米×12.2 厘米,11 行 23 字,黑口,左右双边,单黑鱼尾。前有康熙四十六年四月十六日"御定历代题画诗类序"言刻书事,版心中镌"历代题画诗类"及卷次,卷端次行题"翰林院编修臣陈邦彦奉旨校刊"。

4.《全唐诗》900 卷,目录 12 卷,清曹寅辑,清康熙四十六年(1707)扬州诗局刻本。框 16.7 厘米×11.2 厘米,11 行 21 字,小字双行同,细黑口,左右双边,双黑鱼尾。前有康熙四十六年"御定全唐诗序",版心中镌书名及小题。

另外,该馆还藏有《格致丛书》万历本、《广汉魏丛书》乾隆本等明清著名大型丛书的初刻本,限于篇幅,不复著录。

在美期间,笔者还应弗利尔/赛克勒图书馆邀请,举办了"中文古籍版本鉴定与书志编辑培训班",为来自耶鲁大学、伊利诺伊大学、哈佛燕京图书馆、加州大学洛杉矶分校等近 20 个大学、博物馆的 20 余名北美图书馆同行,讲授如何从古籍著录入手进行古籍版本鉴别,收效甚佳。

不列颠哥伦比亚大学的中文特藏

刘　静

（加拿大不列颠哥伦比亚大学）

加拿大不列颠哥伦比亚大学（又译为英属哥伦比亚或卑诗大学，University of British Columbia，简称 UBC）是北美汉学研究重镇。其亚洲图书馆不仅收藏了数量惊人的亚洲文献，尤为可贵的是藏有 6 万余册中文线装古籍。其中有 20 世纪 60 年代采购自香港和澳门的线装书，90 年代中购买的珂罗版印刷的东亚画册以及后来接受捐赠的来自中国北方的私家藏书等。在线装古籍中，蒲坂藏书和庞镜塘藏品最具文献和文物价值。本文介绍不列颠哥伦比亚大学这两种特藏如何辗转而来，其藏书特点、使用情况以及学者们的推介与研究。也希望以此为鄙馆寻求国际合作将中文特藏与全球学者共享的举措之一。

一、特藏的由来

蒲坂藏书由执教于本校的何炳棣教授在 1958 年赴澳门购得，共计 3000 余种，40000 多册。在此基础上不列颠哥伦比亚大学于 1960 年成立了亚洲图书馆，次年设立亚洲研究系并开始广罗全球的汉学家。蒲坂的主人是澳门的富商姚钧石（1889—1973）先生。姚先生出生于广东南海的医生世家，本人也在广州和澳门行医，并在中国大陆、港、澳、台之间有生意往来。他在1940年从举家躲避战乱的徐信符手中购买了一大批藏书。自认为舜帝后裔的姚先生,以舜都命名了自己扩充后的私藏——“蒲坂藏书”,鄙馆沿用此名称至今。

蒲坂藏书中大部分继承了南州书楼的旧藏。南州的主人徐信符名绍棨,广东番禺人,生于光绪五年(1879)。他曾就学于海堂菊坡精舍,与朱执信、汪季新等革命党人在广州结社切磋学问。徐先生在众多的广府新式大学教授文史和古籍书目,并担任过广东省图书馆委员、广东省立图书馆首任特藏部主任,同时又负责主编广雅丛书、学海堂丛书,著有《广东藏书纪事诗》等。徐先生以保存乡邦文献为职志,其南州书楼持续到了20世纪的前半页。30年代初,藏书已达1200箱数十万卷。自1937年起,为躲避日本入侵,徐先生携大量南州善本迁居港澳,只能靠卖书治病过活。至1940年,他出售数千种藏书给姚钧石先生时,南州书楼已经元气大伤,以致嗜书如命的他“神为不怡者累月。”

二战后,年事已高的姚先生担心澳门的前途,广泛宣传求售他的蒲坂藏书。南洋大学的林语堂先生、澳门的何贤都为这批文化遗产谋划过。那时,远在太平洋彼岸的不列颠哥伦比亚大学图书馆决定将预算外的捐赠善款全部用来购买中文藏书。机缘巧合,严文郁先生也就在那时将蒲坂目录转给何炳棣教授,何教授代表不列颠哥伦比亚大学远赴澳门购入了这第一批中文藏书。正如当年校长所言,蒲坂藏书的到来将本校的亚洲研究推向世界领先的位置。源于广州的南州书楼在躲避到港、澳,经两次易主之后,漂洋过海来到太平洋对岸的加拿大温哥华定居,一晃就是半个多世纪。

正当不列颠哥伦比亚大学开始大力发展亚洲研究的时候,庞镜塘之古籍、书画、碑帖及手札随着其次女庞祎由台湾移居加拿大,随后庞祎就读于本校的亚洲研究系。在她2000年去世之后,其子方志豪主动联系不列颠哥伦比亚大学图书馆,将其母保存的外公庞镜塘的书籍及部分碑帖捐赠。庞镜塘(1900—1977),山东菏泽人,生长于官宦世家。1925年,庞镜塘参加国民革命,曾任黄埔军校政治教官、国民党中央组织部秘书长、国民党山东省党部主任委员等职。1948年济南战役时,庞镜塘被解放军俘虏,其妻杨宝琳携两女赴台,杨曾在台湾担任“立法”委员。庞镜塘喜爱收藏古书和名人字画，曾收藏书籍多达9万余册，其中有不少珍本秘籍。而现藏于鄙馆的60余种书，加上碑帖和手札也不过90种，800多册。

这两种分别来自山东和广东的特藏远渡重洋、殊途同归，而在国内却鲜为人知。他们的前世代表了上个世纪中国传统文化的劫运；而其今生正在逐渐为全球的学人所重视。

二、藏书特点

虽然两种特藏颇具规模上的差异，但都不乏珍品且各具其地方特色。蒲坂几年前的统计如下：共计3105种，其中元版1种，明版179种，清初（1644—1795）版本628种，清稿本121种，其他版本2176种。如论册数，约45000册。包括广东省56个地区之方志以及中国境内约50个著名山脉。蒲坂半数为文学类尤以广东名家的稿本为珍贵，例如《朱九江遗墨》。哲学类收书不多，但具有趣味性之艺术、考古学、拓本，尤以印章为多。还有一些当年徐先生搜罗的来自日本和韩国的珍、善本。蒲坂当中超过1000种书如今少见存世，其中100多种为孤本，还有为数不少的手批本。蒲坂的一大特色为其大量的藏书钤印之善本，如《乐典》，36卷，清黄佐（1490—1566）著，清康熙二十一年（1682）刻本，有"陈澧""番禺陈氏东塾藏书印"印记。再如《唐丞相曲江张先生文集》，12卷，唐张九龄（678—740）撰，又称《曲江集》，明嘉靖十五年（1536）南京湛若水刻本，有"面城楼藏书印"等印记。面城楼，近人曾钊（1793—1854）藏书楼。曾钊道光乙酉拔贡生，历官合浦教谕、钦州学正，藏书数万卷。

不列颠哥伦比亚大学所藏庞镜塘藏书中，被《中国古籍善本书目》收录的同种古籍有26种，被《国家珍贵古籍名录》收录的同种古籍有5种，还有数种为海内外罕见之书。庞镜塘的这部分藏书数量虽然不多，但总的说来，多明刻本，多集部、史部书籍，多善本。具体而言，该批藏书有如下几个特点：从形成时代来看，以明代为主，有29部书刻于或抄于明代。从地域看，由于庞镜塘本人为山东人，故这批捐赠当中有数部书为山东学者编、著或抄写的作品。例如赵执信之作品有《声调谱》、《饴山诗集》等。《唐诗鼓吹》，为赵念抄本，国内不存，为研究山东赵氏家族的珍贵资料。

另外还有高凤翰曾藏并题序的《冯舍人遗诗》。从经、史、子、集四部来看，以集部书为最多，有 37 部，其次是史部，有 12 部。从刊刻形式，以刻本最多，还有一些名人抄本。从收藏来源看，有一部分来自著名藏书楼海源阁。

三、蒲坂使用情况

蒲坂入藏之后，带来了不列颠哥伦比亚大学亚洲研究的兴旺局面，除何炳棣、王伊同等史学教授外，叶嘉莹教授也利用其中的文学典籍和大量的清人文集来教授中国古典诗词。叶教授已经桃李满天下，她的学生中又产生了几代教授，无论他们服务于哪所大学，仍在使用蒲坂或南州特藏。叶教授对女词人的作品研究入微，近年又惊喜地发现汪精卫诗集，并对其中的烈士情结兴趣浓厚。她的研究成果再次引起了学界的瞩目。同为叶教授的学生，现在我校的亚洲研究系的施杰瑞教授（Jerry D. Schmidt）认为蒲坂藏书中的诗文集至今无法被编辑重印的新版本取代。他所研究的郑珍诗集，现代影印版除校勘的错误外，往往删除了作者本人的序，而蒲坂中的《巢经巢诗抄》大信息量的序来自作者、其好友莫友之以及翁同书。对这些序言的研究构成了其著作的主干线。

蒲坂的使用者已经远超过了本校的师生。普林斯顿大学的马泰来博士需要《闽中十子诗》。他认为1886 版的藏本虽然不被作为珍善本，但它比明代原版的更有使用价值。北京大学的潘建国教授辗转地追溯邓志谟万历年间的明刻本《锲音注竹溪蝉吟稿》，虽然其他文献中反复提及，但找遍了中国和日本，似乎已不存，但是此孤本就在鄙馆隐居。潘教授看过全书并发表论文时说：“夙愿得偿，曷胜快慰”①。还有很多学者寻求身在加拿大的朋友代为查询，例如麦吉尔大学的方秀洁教授代国内学者查问恽敬的各种版本的《蒹塘词》。当然近年也不乏从亚洲来的学者，例如广东的学人亲赴温哥华查询温子颙《倚铜琶馆词钞》和《广东驻防小志》，它

① 潘建国，加拿大英属哥伦比亚大学亚洲图书馆藏明刊孤本《蝉吟稿》考略，载《文献季刊》，2012 年第 2 期。

们同为仅存的抄本。

更有长期的访问学者对该特藏研究深入。《五百四峯堂诗稿》,残本手稿,1 卷 3 本。作者黎简,钱仲联先生称之为"在乾嘉时殆可独步岭南"之诗人。其诗稿在过去的 300 多年里已有不少刊本,2000 年有中山大学出版社出版梁守中先生辑录校理本《五百四峰堂诗钞》。但是,蒲坂中的南州残稿仍有重要价值。来自安徽的管锡华教授以手稿与前集、后集刊本细细对勘, 知刊本悉依手稿改删刊印,黎简所删之诗共 19 首。今天的观察角度,黎简所删的 19 首诗,无论思想还是艺术价值都颇高。他为此研究撰文并发表在 2008 年第二期的《中山大学学报》上①。

当然蒲坂多年来服务的主要对象还是本校的学者们。随着教学和研究的国际化,他们与世界上其他地区的汉学家的合作也日益紧密。例如由本校卜正民(Timothy Brooke)教授领衔的一个课题组与法兰西学院的学者合作研究邱濬的《大学衍义补》。书中集中国古代行政管理经验大成,对明代以降的中国政权,甚至欧洲的行政管理均产生过影响。课题组惊喜地发现蒲坂中该书的版本似乎与众不同,是否就是已失传的最早的弘治版?课题组将它与所有在传版本进行了对比,相关的研究成果也会于近期出炉。

四、两种特藏的推介工作

王伊同教授(1914—),字斯大,早年毕业于燕京大学历史系,与何炳棣教授是同学。1957 年至 1962 年他在不列颠哥伦比亚大学任教,得以接触刚刚购入的蒲坂藏书。他先是以英文推介②又择善本整理出《加拿大英属哥伦比亚大学宋元明及旧抄善本书目》。王教授在历史研究方面功力深厚,研究领域涉及名物制度考证、舆地、版本学、民族史等多方面。他曾先后在芝加哥大学、哈佛大学、匹兹堡大学以及中国台湾"清华大

① 管锡华、吴欣欣,黎简诗集手稿及其自删诗辑录,载《中山大学学报》2008 年第 2 期第 48 卷。

② Wang, Yitong, *The Puban Chinese Library at the University of British Columbia*, Pacific Affairs, 34:1 (1962:Spring) p. 101.

学”历史研究所从事学术研究与教学工作。不列颠哥伦比亚大学影印王教授以俊逸小行书手写的书目，装订成册。但恐怕印数不多，发行量有限。该书目后来被收入2006年中华书局的《王伊同学术论文集》。

20世纪90年代，美国瑞典裔的艾思仁博士（Dr. Soren Edgren）主持的研究图书馆信息网络（简称RLIN）善本书计划，将几百种蒲坂善本进行了编目。艾博士不愧是版本目录学的权威，且记忆力惊人。他在东西方学术交流当中有力地向亚洲的同仁推介过我校的蒲坂。2006年，RLIN合并进入了联机计算机图书馆中心联机目录，也将蒲坂的善本书目植入了联合目录在线编目联合目录当中。同时，从香港中文大学退休的李直方教授，受邀担任了蒲坂藏书的顾问，基本完成了在本馆和联机计算机图书馆中心（简称OCLC）共享的联机编目工作。但是由于时间和工具的限制，很多条目过于简略，不足以给读者足够的信息量来判断版本的价值。然而，毕竟全球的学人都可以通过联机目录得知蒲坂特藏的基本信息。

尽管西方以及中国台湾的学者对蒲坂使用频繁，成果丰富，也出版了一些各自专业的书目，但是中国内地的读者甚至学界并不熟悉。沈迦先生在2010年对蒲坂的前世与今生进行了深入的研究，并在国内的《藏书家》中发表了文章。管锡华教授花费了12年的时间对蒲坂中的1003种书撰写了书目提要并准备近期出版。2011年杭州师范大学的李最欣教授也对其中的诗词类书撰写了部分书志。今年更有英国牛津大学的博士毕业生戴联斌先生表示对研究蒲坂藏书很感兴趣。

庞镜塘藏书入馆以来的情况则有所不同。毕竟是旧藏散落出的极小一部分，没有原来的目录。谢琰先生曾做过简单的入藏清单，之后那几十种书便被束之高阁。近三年，本人才得以接触到它们，并对其中来自老家山东的文化遗产而惊叹。工作之余，在天一阁谷敏博士的远程帮助下将其梳理，并对其中的珍善本在《中国典籍与文化》中择要叙述①。我们对其中熊廷弼及杨涟的手书真迹也有较深入的研究②。去年秋天，普林斯

① 刘静、谷敏，《不列颠哥伦比亚大学庞镜塘藏书述要》，载《中国典籍与文化》，2011年第2期。

② 谷敏、刘静，《浅谈加拿大不列颠哥伦比亚大学所藏熊廷弼、杨涟手札二通》，载《当代海外中国研究》，第一辑。

顿大学东亚图书馆馆长马泰来博士应邀前来对庞镜塘藏书进行了估价。

五、数字化形式的回归

以上两种特藏仍然在吸引众多的学者前来。北京大学中国古文献研究中心的安平秋、刘玉才等学者专门前来调研,国家图书馆出版社的郭又陵社长也带领部下前来,再有广西师范大学出版社的何林夏社长和广东中山图书馆倪俊明馆长等利用他们在温哥华公干的有限时间仔细检阅过善本特藏。大家也注意到一些书已经不能承受翻阅,亟待修补。

今年夏天,作者与本馆的数字化部合作,试验性地开始了中文善本数字化扫描。其间对一些特殊问题进行了处理,并收到较好的效果。目前有不少国内包括广东的机构希望合作整理、保护和数字化这些流落在外的中国传统文化遗产,使其以不同形式回归故里。希望凭借此文同与会的同仁探讨,使不列颠哥伦比亚大学所藏中国文献受到更多学者的关注。

参考文献:

1. 高炳礼.“南州书楼”聚散史略. 图书馆论坛, vol. 23(3), 2003, 12.

2. 沈迦. 蒲坂藏书的前世今生. 藏书家,2009(15)

3. 何多源. 广东藏书家考. 广州大学图书馆季刊. 1934(3)

4. 潘建国. 加拿大不列颠哥伦比亚大学亚洲图书馆藏明刊孤本《蝉吟稿》考略. 文献,2012(2)

5. 管锡华,吴欣欣. 李简诗集手稿及其自删诗辑录. 中山大学学报. 2008(2)

6. 刘静,谷敏. 不列颠哥伦比亚大学庞镜塘藏书述要. 中国典籍与文化,2011(2)

7. 谷敏,刘静. 浅谈加拿大不列颠哥伦比亚大学所藏熊廷弼、杨涟手札二通 . 当代海外中国研究,2012(1)

略说家谱中的特色版本

励双杰

（私人收藏家）

无论是收藏，还是研究，"稀、奇、古、怪"这四个字也算是绕不过的坎，似乎很少有人不喜欢那种偏门的、稀少的、奇特的、边缘的藏品。沈津先生在《一封三十三年前的信》里曾说："在善本书库里我没有去看那整齐的书柜里的善本书，而注意角落里的东西。"这与他以前说过的"我是个少见多怪的人，也有好奇心"(《自己的著作"以稀为贵"》)、"我的兴趣却不在此，我倒是很在乎别人不太在意的近人所抄的二种戏曲图书"(《干孝慈抄的戏曲书》)一脉相承。眼界越宽广，反而越有好奇心。而这些能引发人们好奇心的藏品中，也往往蕴藏了许多不为人知的信息。

作为珍贵的历史文献典籍——家谱，其重要性也正在逐渐为人们所认识。对于我来说，其一些特殊的版本，更是引起我莫大的兴趣。"稀奇古怪"这一成语统指"很少见，很奇异，不同一般"。下面就以稀奇古怪四字为引线，略说思绥草堂收藏的一些比较有特色的家谱。

稀，《汉典》解释之一：少的意思，有稀少、稀罕、稀奇等。

物以稀为贵，家谱也不例外。家谱"稀"的含义又可分为几种。首先，就是家谱的存世量。从《中国家谱总目》可以看出，几乎是百分之八十的家谱，只有一家收藏单位，也就是说，这百分之八十的家谱，名义上都能算是"孤本"，至少可以说是"稀见品"。

再就是家谱的印量。家谱服务的对象是本家族，以传承为目的，为了防止被别有用心的人利用及其他种种原因，在印数上有严格控制，一般仅在数部、十部、数十部之间，百部以上者就较为罕见。

思绥草堂有一部清宣统三年(1911)木活字本湖北兴国(今阳新)《京兆杜氏族谱》不分卷1册，据“领谱字号”载，当时共印四部，分为“光、前、裕、后”四号。这四部家谱，其中白纸本两部，为“光”、“后”字号；黄纸本为“前”字号；而“裕”字号则是极为稀见的红纸印本。依照“领谱字号”记载，这“光、前、裕、后”四字号四部家谱应该分别由水口、墩下、李坑等地的族人领收，但不知何故，这四部品相奇佳的家谱在2000年左右同时出现于武汉的古玩市场，被思绥草堂购得。只能猜想是由于政权更替，社会动荡，而集中在一起并没有及时散发。

思绥草堂另一部印量稀少的是民国十六年(1927)木活字本浙江嵊县《剡北李氏宗谱》，当时只印了“天、地、人”3部。其他还有江西玉山《张氏宗谱》，光绪七年(1881)清河堂木活字本，也只印了两部。作为印刷品，印量只有几部，与以营利为目的的古籍相比，是不可想象的。

除了印量稀少，家谱中还有一个“稀”，即稀见姓。稀见姓，又作稀姓、罕见姓，指的是分布人群较少的姓氏。2003年央视15集系列片《百家姓》中称作“小姓”，此片中专家对小姓的定义是，人数排名中国姓氏300位之后的姓氏，可统理解为“小姓”姓氏。明朝杨慎著《稀姓录》、清孙星衍撰《两汉稀姓录》，都说明了历代学者对稀姓的关注和重视。姓稀见，存世的家谱更稀见。数千上万个姓氏中，有家谱流传的，据2009年出版的《中国家谱总目》著录，仅608个姓氏，极大部分稀见姓氏，并没有修纂家谱或修纂后已经失传。思绥草堂收藏比较稀见的有可、信、郤、衷、库、阴、闾、双、衣、危、朋、利、焉、阙、开、井、雍、生、凤、扶、斯、门、官、宛等姓氏家谱。

奇，《汉典》解释之一：特殊的，稀罕，不常见的意思，有奇闻、奇迹、奇志、奇观、奇妙、奇巧等。

在上面提到的湖北《京兆杜氏族谱》中，有一部“裕”字号是红纸印本。传世的古籍，历来是白纸黑字，或者红字、蓝字，但印刷的载体依旧是白纸,或者黄纸,从来没有用过红纸印刷的。而在湖北的黄、麻地区周边,就有用红纸印刷家谱的习俗,至今依旧。这是一个非常特殊的现象。

为了弄清这个现象,我查找了很多资料,后来在民国三十六年(1947)怀本堂木活字本黄冈《李氏宗谱·旧凡例》中看到:"谱成之日,红谱议藏东祠;南祠存白谱一卷(部),均属公共。至分派各甲之谱俱有字号为记,归长房收藏,如次房调阅,长房不能固执。"另在"续修凡例"中亦有记载:"谱成之日,新红谱及老红谱仍藏一分祠,即东祠;二分祠即南祠,仍存新白谱及老白谱各一卷,均属全族公共……"再又在民国三十五年(1946)四箴堂木活字本黄冈《程氏宗谱·凡例》中看到也有类似的内容:"谱竣之日先印红谱一卷(部),务须置木箱一口,秘密藏祖庙中,后如有事查阅,以红谱为据。其各房所请之谱编以字号,如有添减等情,一经查出,重惩不贷。"原来家族中修印完成的家谱中,红纸印家谱只有一部,是专门用来珍藏于宗祠或祖庙中,既为祖本,亦作为核查对照白纸印家谱有无添减等作弊行为所用。故这一类红纸印家谱,应该都算是独一无二的"孤本"。思绥草堂现共藏红纸印本家谱20余部,谱籍在黄冈、麻城、罗田、红安、商城、罗山等一带,虽涉及湖北、河南两省,却属毗邻之区。

与上面印量少相对应的,还有一种印量奇多的家谱,如民国二年(1913)中华图书馆铅印本浙江慈溪《师桥沈氏宗谱》。据沈嘉玱在《翻印宗谱刍言》中云:"复虑财政困难,不定印谱部数,则以六百元为限额。议决后即托俊卿、佐卿二君,向上海各印书馆探明宿(缩)小印价问题。旋据排板工程费钜,印刷纸料较省,部数多则价廉,部数少则价虽减亦微。于是十月二十日,又在大宗祠复议,决以印刷壹千部,限价洋壹千壹百伍拾元。其费由宗祠新草畈地租花抵付,而不取各房分文。"印数达到1000部的家谱,恐独此一家,再无分店。这亦为一奇。

而思绥草堂藏品中,最让人拍案称奇的,是《圳上文联社谱》和《韩氏女谱》。

《圳上文联社谱》2卷首1卷3册,民国二十九年(1940)木活字本。据《社谱》载,清乾隆三十年(1765),江西万载县秀才喻桂林、曹沂川、林严谷、王华川、曹云亭等12人"叙尊卑长幼,结为异姓兄弟",取名"联社"。后考虑到"朝夕过从相劝勉者大都不离乎学问文章",改名为"文联社",并于乾隆五十七年(1792)各出银两,创办"文联书院",乡邻童子,均可入院求学。至道光五年(1826),十二结义兄弟仅剩78岁的曹云亭一人,见"社中诸子姓生齿日繁,无谱以系之",深恐"伯叔而等于途人,兄弟而视同秦越,前人之信义不将自此堕乎",由他主持,在原有《金兰谱》的基础上,沿袭家谱的纂修方式,创修了《文联社谱》,以"令尊卑长幼,等级分明"。

这部民国二十九年《社谱》,即为道光五年后的递修本,是十二结义兄弟的后人喻受祉、王凤林、曹炳生等发起续修的,此时距上次修谱已有116年,从十二兄弟结义之时起,已传至八世。《圳上文联社谱》当时共印13部,除一部保存在"文联高等小学"外,其余12部由12结义兄弟的后人领收。今思绥草堂陆陆续续收藏到了其中的6部,除此之外,尚未见有其他相同或类似谱牒的报道。

山西绛州《韩氏女谱》,清宣统二年(1910)稿本,绛州庠生韩勤学主修。他在自撰的《韩氏女谱序》中说:"窃见大家宗卷,凡条例无微不至,乃略于女,而详于妇,用意周祥,无可非闲。即适人,有贤孝节烈之行,乃始得附注于父之名下,未闻有女谱之设耳!迩者余修族谱之暇,乃更为女谱一卷,非自相矛盾乎?虽然子妇能承我宗祀,绳绳不已,而女不能邀朝廷之褒,赏荣施于父族耶。故立为专谱。"

"女谱"一词,在道光时,开封人常茂徕曾经用过,辑有《春秋女谱》一卷,有道光三十年(1850)夷门怡古堂刻本。其虽亦有"女谱"两字,但那是把古代女性的资料收集在一起,却与家族家谱一点关系也没有。以女性为主体而修纂家谱的,韩勤学的《韩氏女谱》为独一份,在当时的社会环境下产生这样的一部家谱,说是惊世骇俗,也不过分。

而如此类般奇特的谱牒,思绥草堂还有宣统元年(1909)木活字本江西《吉赣抚宁佛门总谱》不分卷4册、光绪十三年(1887)崇文堂木活字本湖南湘潭《易氏义塾社谱》3卷3册、民国二十五年(1936)影印清乾隆七年(1742)的《南山宗统》10卷4册、天宝二年(743)(民国)精钞本《代宗家谱》不分卷1册、光绪三年(1876)临济堂木活字本湖南平江《释氏宗谱》2 卷首 2 卷 4 册等。这些谱牒虽然严格依照家谱的体例修纂，但大部分本身并没有血缘关系。

古，《汉典》解释之一：时代久远的、过去的，与“今”相对的意思，有古代、古稀、古典、古风等。

家谱多由家族自己保管，保存的环境条件与古籍相比明显要劣势许多，故现在能保存下来的家谱中，毫无争议确为宋版家谱的仅为宋皇室《仙源类谱》写本一种，真正意义上的元代家谱也无从谈起，一般已知较古的家谱，都是明代所修纂。而且大都为明中晚期，明中前期的也较为稀见。以收藏家谱原件最多的上海图书馆为例，最早的家谱，是明成化四年（1468）的《新安孙氏重修宗谱》不分卷一册。

思绥草堂藏品中，清乾隆以前的有 200 余部，明版家谱有二十几部，其中“天顺二胡”是比较有特色的。天顺是年号，明代天顺年间所纂修；二胡，就是两部胡姓的家谱。

这两部天顺年间的胡氏家谱，谱籍一在婺源，一在歙县，都属于以纸、墨、刻著称的徽州地区。《清华胡氏族谱》6 卷 1 册，天顺二年（1458）刻本；《璜田胡氏族谱》3 卷 1 册，天顺八年（1464）刻本。这两个胡氏家族同出一源，璜田胡氏是从婺源清华胡氏分支而来。据《璜田胡氏族谱》载，始祖福公，“讳福佑，字缘善，任姑孰守，今太平府是也。仕至宣歙间刺史，善得民心，歿后民以王礼葬之，立庙祀焉。五世十八常侍公讳学，字真翁，年十八随父曈游婺源灵观炷香，至古邑清华，见其地址，曰此中佳山水，住此，子孙必有兴者，于是迁居。十三世百十七公，讳汝从，字元吉，自清华而迁绩溪大石门。十五世墠公，讳世基，字永图，迁歙之定潭。十八世十公，讳再还，字圣保，宋嘉祐七年赘于璜田江氏妇，为始居璜田之祖。”

今《清华胡氏族谱》国家图书馆藏相同版本一部，而《璜田胡氏族谱》当时共印 13 部，现或已为孤本，不见其他书目著录。《璜田胡氏族谱》珍稀之处在于谱中收录的《重修谱后序》中，末有“大明天顺八年岁在甲申清和月毕文灏重书”的纪年，并有“新安歙西仇川黄文海、文敬、文齐刊”字样。李致忠先生在《历代刻书考述》曾描述：“明代歙县虬村黄氏，从黄文敬、黄文汉于弘治二年（1489）始刻《雪峰胡先生文集》起。”今以《璜田胡氏族谱》所载,歙县虬村黄氏刻书之始,当以明天顺八年的《璜田胡氏族谱》为最早实物佐证。

怪,《汉典》解释之一:奇异,不平常的意思,有怪诞、怪事、怪物、怪圈、怪异、奇形怪状等。

袁世凯为了过皇帝瘾,做了83天的"洪宪皇帝"。因为时间短,有"洪宪"纪年的实物极少。1998年中国书店曾拍卖过一册1916年教育部中央观象台印本《洪宪元年历书》,河北有名的方志学家贾佩卿曾跋之曰:"民国五年丙辰,袁世凯复帝制,改元洪宪,未几身殄国除,有如泡影。是书在当时刊而未布,实历史上之绝大纪念品也。异日考史者,当视为惊人秘笈矣。"薄薄的一册《历书》从起拍价1000元竟拍到了6600元。而家谱比之于《历书》,只有更少,如上海图书馆,2万部20万册家谱中,听说没有一部有洪宪纪年的家谱。思绥草堂经过多年探访,至今共藏"洪宪元年"纪年的家谱5部,谱籍涉及江西、湖北、浙江等地,其中浙江嵊县《剡西李氏宗谱》四卷四册,还有设色彩绘的祖宗像72幅。

这类特殊年份的家谱,在思绥草堂还有"康德"年间、"昭和"十几年及1951年以后的好几个版本。"康德"是伪满洲国傅仪的年号,"昭和"十几年的家谱是台湾地区所修,而民国年号在大陆只到三十八年,像这样的纪年都是名不正言不顺,称之为"怪",自然是不过分的。

除此之外,还有一些纪年也很独特。如浙江鄞县《鄞东史氏支谱》,修于1922年,题作"宣统后十一年壬戌";湖南新化《谢氏三修族谱》,修于清宣统三年即1911年,题作"大汉黄帝纪元四千六百零九年辛亥";湖南临澧《李氏族谱》,修于1912年,题作"汉族光复壬子元年";江苏扬州江都《史氏宗谱》,修于民国元年壬子即1912年,题作"宣统壬子年";湖南慈利、石门《熊氏族谱》,修于1913年,题作"中华湘国元年",盖此年湖南曾宣布独立;安徽桐城《麻溪吴氏族谱》,修于1913年,题作"癸丑年",全谱32册找不出一个"民国"字样来。耐人寻味。

思绥草堂还有一部浙江《新昌南洲丁氏宗谱》,民国七年(1918)木活字本,12卷12册,谱中有彩绘祖像22幅。浙东地区家谱有彩绘的习俗,以彩绘祖宗像、墓图等最为常见。在这部《丁氏宗谱》中,有"明朝佥都御史川公像”彩绘一幅。丁川，字大容，号东陵，新昌人，明天顺八年进士，官至左佥都御史，巡抚延绥，有《东陵文集》行世。令人不解的是，在这一幅彩绘像中，丁川的左肩上另绘有一只左手，轻扶在他的左肩上，这显然不可能是他自己的手掌，颇有些怪诞不经的味道，何以如此，至今难解。

早些时曾经在《最大、最小家谱》的文稿中说过思绥草堂收藏的几部大开本和小开本的家谱。其中有浙江永嘉《刘氏宗谱》，光绪四年(1878)蓝格写本，长66厘米，宽33厘米，如果拦腰一切，就是方的。还有光绪七年(1881)的木活字本江西南丰《汪氏族谱》，长有68厘米，宽48厘米，版框的高度达到53厘米，7卷7册，这是我所见过最大的木活字本家谱。与之递修的还有这个家族的明代万历和清代乾隆的递修本。这两部家谱，每一部都是2册，不同的是，乾隆修本仍是活字本，而万历修本是刻本，500多页，光雕版用的大型木料，也是一笔了不得的投资。

在“最小”方面，思绥草堂有一部九册湖南邵东《杨氏添发公直系谱》，是民国三十年(1941)四知堂木活字本，长16.7厘米，宽10.6厘米，是我见过最小的印本家谱。制作这样小的家谱，据家谱凡例称，“原为便携带也，因族谱繁重，难以随身，故修此小谱，家藏一册，以防迁徙”。还有一部更小的钞本家谱《姑苏葑溪李氏家乘》，光绪九年(1883)李麟佑修，长11.7厘米，宽7.3厘米，是思绥草堂所藏1700余部家谱中开本最小的一部。

从开本的大小再说厚薄。江西地区的家谱，似乎自古就盛行大而厚的风格，像明代嘉靖间刻本江西庐陵《泸江曾氏族谱》就厚达10厘米，几近千页。如果不用大开本，根本就没法翻阅，所以长和宽各分别有47厘米和35厘米。有些家族一部家谱就是十数册、数十册，仅凭外观，就十分的雄伟。除了江西省，还有与江西省毗邻的广东始兴、南雄、乳源及湖南郴州等地区，也是以盛产大厚家谱著称。思绥草堂所藏大而厚的家谱，基本出自这些地方。

除了厚，还有薄。思绥草堂有一部民国二十七年(1938)木活字本浙江兰溪《王氏宗谱》不分卷1册，全谱上下除了民国二十七年序言外，还有太原王氏迁居滕家排行字母、世系、行第，仅此而已，共计10页。这是我所见过最薄的印本家谱。然而，没有最薄，只有更薄，因为在《王氏宗谱》的这十页里面，竟然是相同的两部《王氏宗谱》装订在一起，每一部仅为5页，是用白、黄两种颜色的纸张印制，还有比这仅有5页更薄的印本家谱吗？

也许，从“稀、奇、古、怪”的角度去谈论历史典籍未免有失偏颇，但作为家谱来说，几乎没有哪一种研究著作关注过它的版本，所以也不见得多此一举。我认为，无论是研究还是收藏，最好的老师就是兴趣。在阅读欣赏研究的过程中，能让自己获得最大的快感，并能从中发现点什么，自然是最好不过了。

天一阁藏清抄本《明史》考述

周慧惠

（浙江省宁波天一阁博物馆）

除了入选"第一批国家珍贵古籍名录"，并在学界掀起明史研究热潮的万斯同《明史稿》①之外，天一阁另藏有一部清抄本《明史》。该抄本共20册107卷，只有列传，包括两部分，一是专传及合传92卷（前15册），自卷一韩林儿、郭子兴，至卷九十二姜洪、曹璘（二人皆成化十四年〔1478〕进士）等人。二是类传15卷（后5册），包括文苑传6卷（2册）、儒林传3卷（1册）、循吏传3卷（1册）、隐逸传1卷、佞幸传2卷（合1册）。抄本无边框，无行格，半页10行，每行21字。版心下端题页码。诸臣传卷端首行上题"明史卷"，下题"列传几"，次行以下为本卷传主名。类传略同，惟首行下题类传之名（如"文苑一"、"循吏上"、"隐逸传"）。每册首页下方钤"四明卢氏抱经楼藏书"白文方印，则其曾为清代宁波藏书家卢址（1725—1794）②抱经楼藏书。

关于此书的抄写时代，根据卢址的生卒年，当抄于乾隆以前。再根据

① 万斯同《明史稿》，原为浙东著名藏书家朱鄮卿先生别宥斋旧藏。该书为万斯同手稿，不分卷，共12册，朱墨烂然，钤印累累。上世纪30年代，河南周氏携此书至金陵求售，沙孟海先生居间，朱先生以九百银元购得。1979年，先生家属将别宥斋藏书10万余卷捐赠给天一阁，此书即其中之一。"国家珍贵古籍名录"号:01491。

② 卢氏生平详见郑伟章《文献家通考》，中华书局1999年版，第319—322页。

避讳情况看,书中"玄" 字多不避,然偶有避者,如第九册列传五十七丁铉传,"铉"字皆缺末笔。"弘"字亦大多不避,如第十三册列传第七十九毛弘、丘弘二人之传,第四册列传第二十一阮弘道传,第六册列传三十四丘福传,"弘"、"丘"字皆显然不避,如此者甚多。惟第十四册卷八十二第二十五页"弘"字缺末笔。可知此书避讳不严。然据"弘"字有缺末笔的情况,结合收藏者卢址的卒年,则此书似当抄于乾隆年间。

此抄本从各方面方面情况来看,应该属于《明史》修纂过程中的一个文本,或者说,是《明史》的未定稿。第一,从卷次方面看,全书现存107卷各卷首行上均题作"明史卷",卷数空白,说明全书尚未完成,故总卷数未确定。第二,从其完整性看,此本只有列传,而且不全,专传及合传仅92卷,大致至成化时期,此后皆无;类传也只有6种,所缺尚多;其他本纪、志、表皆无。这种不完整可以分为两种情况。一为版本的不完整,比如专传及合传部分,成化以后全无,这有可能是此抄本本来不缺,后来由于某种原因部分卷次遗失了。二为文本的不完整。此本篇目有残,比如无本纪、志、表,而且篇中内容亦不完整,如其每篇传后大多皆有论,而卷一至卷六6篇传后却无论。然而对比其他存世的几种《明史》抄本,如国家图书馆藏313卷本、复旦大学图书馆藏267卷本①,前者只有本纪、列传,后者也唯有列传,都是属于未定稿。同样,此本亦因此而体现了未定稿的特点。第三,从传文的编排方面看,全书就整体而言比较齐整,但仍存在传文与卷前目录不符的情况,反映了此本的未定稿状态。如卷十四最后4个传正文依次为茅成、胡深、孙兴祖、濮英,卷前目录却为茅成、孙兴祖、濮英、胡深;卷五十六卷前目录有赵登、黄瑜及黄瑜后所附吴孟俅、翟观,正文相应位置却分别为目录中所无之黄子威、陈敏之传。前者如果还可以解释为传抄之误的话,后者则绝非传抄所能致误,而应该是在编排过程中传文调整后目录未及随之调整所造成的,下文将进一步证明这一点。

① 关于313卷本的情况,详见李晋华《明史纂修考》七《明史因袭成文之例证》,哈佛燕京学社1933年版;黄爱平《明史稿本考略》,《文献》18辑,1983年12月;关于复旦本的情况,详见王欣夫《蛾术轩箧存善本书录》(下),上海古籍出版社2002年版,第1569至1572页。李春博《复旦大学藏万斯同〈明史列传稿〉述略》,载《万斯同与〈明史〉》(下),宁波出版社2008年版。李开升《万斯同〈明史稿〉研究述论》,载《万斯同与〈明史〉》(下)。

以上所述此本无总卷数、内容不完整及传文编排不完善三点，可以说明其文本的未定稿性质。那么此本在《明史》修纂过程中的位置如何，即与其他未定稿的关系如何，是很值得探讨的一个问题。《明史》在近百年的修纂过程中，留下了不少历次修订的文本，除了上文提到的国家图书馆藏 313 卷本（下文简称 313 卷本）和复旦大学图书馆藏 267 卷本（下文简称复旦本）之外，还有两部很重要的本子，即天一阁藏稿本《明史稿》12 册和国家图书馆藏清抄本《明史》416 卷①。关于天一阁藏稿本，学者从笔迹、编排方式、传目分合、增删内容及文献记载等方面，已证明其为康熙时明史馆纂修官所撰，经万斯同亲笔审核、修订之稿本②（下文称稿本）。关于 416 卷本，学者均认为是在稿本基础上修订而成的③。关于 313 卷本，学者认为它应该在稿本之后、416 卷本之前④。关于复旦本，李春博认为它应该在稿本之后、416 卷本之前，与 313 卷本同时或稍早⑤。笔者将天一阁藏的这部清抄本（下文简称阁抄本）与以上诸本做了比勘，初步认为阁抄本当在稿本之后、416 卷本之前，而与复旦本及 313 卷本最为接近。限于条件，笔者未见到 313 卷本，因此不能确定阁抄本与 313 卷本的确切关系。关于阁抄本与复旦本的关系，通过对比，二者似为同时或阁抄本稍早。

① 本文所引 416 卷本据《续修四库全书》第 324 至 331 册影印中国国家图书馆藏本。

② 参见沙孟海《万季野明史稿题记》，《宁波大学学报》1990 年第 1 期。方祖猷《天一阁藏万斯同明史稿考述》，《清史研究》1993 年第 2 期。万明、解扬：《天一阁藏〈明史稿〉述要》，黄爱平《天一阁藏万斯同〈明史稿〉辨析》，均载《万斯同与〈明史〉》（下），宁波出版社 2008 年版。

③ 见前引李晋华《明史纂修考》七《明史因袭成文之例证》；黄爱平《明史稿本考略》，《文献》18 辑，1983 年 12 月。李晋华认为此非万斯同所修订本，黄爱平认为是万斯同修订本。另外有学者将此本定为熊赐履进呈本，见朱端强《万斯同与〈明史〉修纂纪年》，中华书局 2004 年版，第 285 页。朱端强《布衣史官——万斯同传》，浙江人民出版社 2006 年，第 284 页。衣若兰：《〈明史〉稿本探研——从万斯同〈明史稿〉到四库本〈明史〉》，载前引《万斯同与〈明史〉》（下）。衣若兰《旧题万斯同 416 卷本〈明史〉列女传研析》，载《汉学研究》第 28 卷第 1 期，2010 年 3 月。李开升《万斯同〈明史稿〉研究述论》，载前引《万斯同与〈明史〉》（下）。但各家均赞同此本在稿本之后。笔者同意熊赐履进呈本之说，此处不及讨论。

④ 前引李晋华《明史纂修考》七《明史因袭成文之例证》、黄爱平《明史稿本考略》以为 313 卷本在 416 卷本之前，二文并未见到稿本。前引黄爱平《天一阁藏万斯同〈明史稿〉辨析》以为 313 卷本在稿本之后、416 卷本之前。

⑤ 前引李春博《复旦大学藏万斯同〈明史列传稿〉述略》。

第一,传文编排顺序、卷次及其分合。稿本因为尚未经过认真编排,故既无严格次序(或原有大致顺序,但在流传过程中散乱),大多又无明确分卷,或即使有明确分卷,其卷前目录与正文亦多有出入。因此稿本只能以册数来称述(稿本共12册,每册以第一篇传记人名命名①)。而阁抄本则编排完善,卷次分明。通过将稿本有分卷的部分与阁抄本分卷情况相互比较,可以发现阁抄本对稿本的继承和修改。如稿本《王士性》册有目录一叶,上朱笔书"方瑛李震赵胜曹义施聚卫颖孙镗"7人之名,而此七人之传即在此册,只是由于叶次错乱,道致目录叶反在7人传记之后。阁抄本此七人之传皆在卷六十三,而此卷另外增加陈友、董兴、赵辅、刘聚4人,其中董兴、刘聚之传在稿本《高燿》册,共11人合传。又如稿本《宋钦》册,正传、附传共41人,其中《申时行传》不但字体与他传完全不同,而且时代亦与他传迥然不合(宋钦等皆明初人,申时行却为明末),当为他册错入此册。另外40人在稿本中当为同一卷,其中32人之传见于阁抄本卷五十六,卷五十六另有10人入之传,共42人合传。由此可见,阁抄本在部分继承稿本的同时也做了一定的调整。最值得注意的是,上文提到的阁抄本卷五十六卷前目录中有赵登、黄瑜及黄瑜后所附吴孟俅及翟观4人之名,而正文中却并无4人之传。而在稿本中,恰恰有其中黄瑜及其后所附吴孟俅、翟观3人之传。这说明阁抄本确实是在稿本的基础上做的调整修订,传文中已将此三人调出本卷,而卷前目录却未及删去,留下了修订的痕迹。而416卷本和复旦本该卷目录中已无4人之名,且传文与目录统一。这也透露出416卷本和复旦本可能在阁抄本之后的信息。

因稿本所存无多,阁抄本列传又缺了成化以后大半段,因此二者共同的卷比较少,卷次分合方面可供比勘者不多。而复旦本列传大部分都有,416卷本则全部列传都有,故与阁抄本可比较者较多。通过比勘可以发现,三者在卷次分合方面非常近似,阁抄本列传卷一至九十二共92卷,相当于复旦本的列传卷八至九十九共92卷和416卷本的卷一百五十六至二百四十七,即列传七至九十八共92卷。中间除了个别卷次序不同,几

① 本文所据为天一阁博物馆藏原稿,宁波出版社2008年出版此稿影印件次序有所调整。

乎可以一一对应。三者间的比较重要的差异有:(一)阁抄本列传以韩林儿、郭子兴为首卷,而复旦本与416卷本此卷之前尚有皇后、诸王及公主传。(二)阁抄本卷二十七《李暹传》末有郑和、侯显二传,416卷本列传卷三十三《李暹传》后无此二传,其传末云:"是时通西洋者,中官郑和功最著,自有传。"复旦本卷三十四同416卷本。阁抄本《李暹传》此句无"自有传"三字,因其后即接以郑和之传。416卷本郑、侯之传在《宦官传》中。复旦本《宦官传》残缺,但显然也是将这二人调到了《宦官传》。复旦本、416卷本更像是对阁抄本的调整。而此后无论王鸿绪《明史稿》还是武英殿刻本钦定《明史》,郑、侯二人皆属《宦官传》。(三)416卷本列传卷三十七《王艮传》后附《高逊志传》,复旦本卷三十八《王艮传》后亦有《高逊志传》,其《王艮传》与416卷本很接近。阁抄本《王艮传》在卷三十一,后无《高逊志传》,《王艮传》亦较416卷本简略。而此后的王鸿绪《明史稿》及钦定《明史》中《王艮传》后皆有《高逊志传》,且《王艮传》内容与416卷本接近。(四)阁抄本卷十四有《胡深传》,复旦本、416卷本相应之卷皆无此传。(五)阁抄本卷四十六至五十一共6卷、卷五十八至六十一共4卷、卷八十九至九十共2卷,此三处与复旦本、416卷本卷次不同,而后二者卷次相同。(六)阁抄本、复旦本《文苑传》6卷,416卷本为3卷,313卷本《明史纪传》中的《文苑传》为6卷,而据学者研究,313卷本在416卷本之前①。以上前三点表明阁抄本似乎更粗糙、原始一些,最后一点表明阁抄本、复旦本可能较416卷本为前。前五点复旦本与416卷本更接近,最后一点阁抄本与复旦本更接近。如果将三者的先后顺序排列为阁抄本、复旦本、416卷本,似乎比较合理。

第二,传文结尾之论。论直接涉及历史人物评价问题,在修史中尤为重大。《明史》在修纂过程中,康熙皇帝曾屡次指示甚至指责纂修官关于《明史》的评价②。因此在《明史》的修纂中,论之撰写比较迟,并且改易最多。通过论来判断《明史》的不同修纂阶段,是一个很有效的方法。以此

① 参见前引黄爱平《明史稿本考略》及《天一阁藏万斯同〈明史稿〉辨析》。

② 参见前引朱端强《万斯同与〈明史〉修纂纪年》,第201、202、236、237页。

来看，稿本12册仅《王宪》册有一篇论，其他各传均无论，表明了稿本的原始性。阁抄本及复旦本大部分卷后有论，而416卷本则相应各卷后都有论。这显示出416卷本似乎更晚。就论的内容而言，通过比勘表明，阁抄本与复旦本非常一致，而二者与416卷本大不相同。如阁抄本卷八《沐英传》论曰：

太祖封诸勳臣众矣，或身婴祸，或中绝。其剖符授土、延十余世者，惟中山、黔宁为然。黔宁名虽番（藩）臣，实则君长一方，视中山尤盛。迹其威制百蛮，藩屏王室，功亦懋矣。迨于末造，犹能阖门抗节，矢志不渝。呜呼！斯无愧世臣者欤？

复旦本仅“延十余世者”中“者”字误作“矣”，“名虽藩臣”脱“名”字，其余与阁抄本全同。两本像这样几乎全同的论很多，不少论甚至一字不异，如《蓝玉传》论、《陶安等传》论、《杨士奇等传》论。而416卷本《沐英传》论曰：

太祖盖子视英也。滇南之事，英悉身任之。南方既定，经理有法，垦田惠商，诸政虽比之充国可也。春能绍修其业，中朝亦嘉赖之。数传而后，富溢生骄，难言由礼矣。天波丁末造，无能有为，而以身殉事，大节罔亏，犹庶几世臣之谊云。

文字几乎全部改过，评价也有所改变，阁抄本对沐氏一族只有正面评价，而416卷则对其末世之富而骄有所批评。从论的角度看，阁抄本与复旦本接近，而二者与416卷本则明显属于两个阶段的文本。不过在论的有无方面，阁抄本与复旦本亦有一些差异。综合阁抄本列传前九十二卷，阁抄本有论而复旦本无者有（卷次依阁抄本）：卷十至十五、十九至三十三、八十六、六十三至六十七，共17卷。阁抄本无而复旦本有者：卷一至六，共6卷。两本皆无者：卷五十八、七十三，共2卷。其余67卷是两本都有论且论基本相同者。从这个角度我们可以作一个判断：此二者应该在416卷本之前。这与通过卷次分合比勘得出的结论是一致的。

另外,据李春博的研究,313 卷本论与复旦本比较接近[1],则从这个角度看,阁抄本、复旦本与 313 卷本是比较相近的,而三者与 416 卷本较远。

第三,传文内容方面。稿本许多传记屡经万斯同补充、修改,将阁抄本与稿本比对,可以发现,阁抄本往往与稿本修改后的文字相同。稿本《汪应蛟》册《刘中敷传》,阁抄本在卷六十。稿本传文原文"值岁祲",墨笔改"值"为"尝",又朱笔删去"尝",于"岁"下增"大",此句遂改为"岁大祲"。阁抄本作"岁大祲"。又稿本原文"正统改元"下增"丁父忧夺情视事俄"八字,阁抄本有此八字。又稿本原文"尝用重典",墨笔改为"治尚严",阁抄本作"治尚严"。又稿本《宋钦》册《况钟传》,原文:"县令动遭捶辱,至縶缚郡佐,置之水次。"朱笔改为:"郡佐以下动遭捶缚。"阁抄本卷五十六同传作"郡佐以下动遭搔缚"。其中"搔"字当为"捶"字之讹。又稿本《邹来学》册《张鹏传》,原文"即授山西道御史",墨笔改为"授御史",阁抄本卷七十四同传作"授御史"。又稿本"帝立从之,且概行之",墨笔改为"帝立报可,且命诸边概行之",阁抄本与改后之文同。又稿本高燿册《于大节传》,原文"京师地震",墨笔改为"南京及山东河南地震",阁抄本卷八十同传作"南京山东河南地震"。又稿本原文"即抗疏致仕去",墨笔改为"即抗疏引疾去",阁抄本作"即抗疏引疾去"。以上阁抄本内容皆与稿本修改后相同,可以说明阁抄本即承自稿本。阁抄本与复旦本及 416 卷本的传文内容非常近似,如 416 卷本卷二百十三《刘中敷传》与阁抄本卷六十《刘中敷传》几乎全同,而阁抄本略有传抄之误,如正统三年"振以京军",误倒作"军京","子机幼有异性",误作"异姓","敕所不载",误作"勃所不载"。另外,阁抄本文中又有原抄误而已改正者多处。当是抄手误抄,后来校改而未尽。

经过以上初步对比,天一阁藏清抄本《明史》在《明史》诸稿系列中当在稿本之后、416 卷本之前,而与复旦本及 313 卷本最为接近,可能与复旦本同时或稍早,此皆有待进一步的深入研究。

此外值得一提的是,这个版本为《明史》修纂过程中的文本系列增加了新的一环,将为研究《明史》纂修过程提供更加完整的一手资料。同时

① 参见前引李春博《复旦大学藏万斯同〈明史列传稿〉述略》。

我们还应当认识到，清廷纂修《明史》，对当时的学术界甚至整个知识分子社会，影响甚大。这中间有痛定思痛的历史经验总结，也有对明王朝的复杂感情，还有保存一代信史的使命感。为争夺史书中的话语权，《明史》的修纂过程中充满了各种各样的明争暗斗，君臣在较量，朝野在较量，满汉在较量，不同的学术观点也在较量，所以《明史》前后经历了将近一百年的时间才得以定稿。我们所发现的越来越多的《明史》未定稿，正反映了那个时代政治文化生活的一个侧影。

参考文献：

1. 郑伟章. 文献家通考. 北京：中华书局，1999

2. 李晋华. 明史纂修考. 波士顿：哈佛燕京学社，1933

3. 黄爱平. 明史稿本考略. 文献，1983(18)

4. 王欣夫. 蛾术轩箧存善本书录. 上海：上海古籍出版社，2002

5. 李春博. 复旦大学藏万斯同《明史列传稿》述略. 万斯同与《明史》(下). 宁波：宁波出版社，2008

6. 李开升. 万斯同《明史稿》研究述论. 万斯同与《明史》(下). 宁波：宁波出版社，2008

7. 沙孟海. 万季野明史稿题记. 宁波大学学报，1990(1)

8. 方祖猷. 天一阁藏万斯同明史稿考述. 清史研究. 1993(2)

9. 万明，解扬. 天一阁藏《明史稿》述要. 万斯同与《明史》(下). 宁波：宁波出版社，2008

10. 黄爱平. 天一阁藏万斯同《明史稿》辨析. 万斯同与《明史》(下). 宁波：宁波出版社，2008

11. 朱端强. 万斯同与《明史》修纂纪年. 北京：中华书局，2004

12. 朱端强. 布衣史官——万斯同传. 杭州：浙江人民出版社，2006

13. 衣若兰.《明史》稿本探研——从万斯同《明史稿》到四库本《明史》. 万斯同与《明史》(下). 宁波：宁波出版社，2008

天一阁藏明代司法文书《刘东山招由》述略

袁　慧

（宁波市天一阁博物馆）

《刘东山招由》（以下简称《招由》）1册，系天一阁主人、明兵部右侍郎范钦搜集的文献档案之一，在研究中国明代法制史、政治史上具有珍贵的史料价值。谢国桢先生曾在《江浙访书记》中提到此书时指出："《刘东山招由》文件，得以流传今日，由此可见当日讼狱文件之形式，徇为明代重要之史料。"

一

《招由》一书，半叶10行，行20字，白口，左右双栏，部分版心镌有"刘东山招由"字样，竹纸印刷，系明嘉靖十八年（1539）三法司官署刻本①。全书一册45叶（包括首缺2叶），约一万数千字。未见他家著录，为海内孤本。2010年《天一阁藏明代政书珍本丛刊》54种由线装书局影印出版，全套精装22册，阁藏《招由》收录于册21。

《招由》乃是嘉靖十七年（1538）初三法司呈报的刘东山案材料，末有

① "三法司，曰刑部、都察院、大理寺。刑部受天下刑名，都察院纠察，大理寺驳正"。这三者体现了当时司法制度、司法程序及三法司之间相互制约的关系，开今日公、检、法分工之先河。《明史》卷九十四《刑法》，北京：中华书局，1974年。

世宗嘉靖皇帝于是年正月对此案的定谳意见。至于无籍刘东山，只要把案情审明，三法司即可量刑定罪了，但这个案件涉及的人物和背景实在不简单：一是涉及到了皇亲国戚中的重要人物——孝宗张皇后胞弟昌国公张鹤龄和建昌侯张延龄兄弟俩；二是案件的背后，牵涉到嘉靖初年“大礼议”及“祔庙之争”的特大政治事件①，所以必须具本奏明皇帝，等待御批下来，才能执行。

与《招由》同一类型的司法文书，天一阁珍藏中另有一本《奏进郭勋招供》②，与此书可称姊妹篇③。《招由》与《招供》同为司法文书，既有共同之处，亦有不同之点。“招供”着重于犯罪嫌疑人的口供；而“招由”则是案情材料，详细记录该案的发生、发展与审理的全过程。

二

张鹤龄和张延龄兄弟俩，原籍河间府兴济。他们是孝宗张皇后的胞弟，弘治朝国丈张峦之子，早年就仗着皇亲国戚的权势，骄横跋扈，强占民田，纵奴行凶，殃民祸国的事干得不少。册立朱厚熜之时，他们有定册之功，张鹤龄晋爵为昌国公，张延龄初封建昌伯，正德年间已晋为建昌侯。到了“大礼议”和“祔庙之争”的节骨眼上，他俩站到了反对世宗的一方，放言道，“要把张璁等人剐了才解气”。所以他们的下场很惨：嘉靖十二年(1533)遭革爵，张鹤龄先贬南京锦衣卫指挥同知，接着又被逮下狱，最终瘐死；延龄由于张皇后求情，大臣们亦有争论，虽经几次拖延处决日期，最后还是不免处死。而刘东山的揭发，成了他们定罪的主要依据之一。张皇后(世宗登位后改称孝康皇太后)晚景凄惨，先后失去身为“九五之尊”的丈夫、儿子(孝宗朱祐樘、武宗朱厚照)，接着连两个胞弟的性命也保不住，足见封建时代宫廷斗争之残酷无情。

---

① 《明史》卷十七《世宗一》，北京：中华书局，1974 年。

② 袁慧，《天一阁藏明嘉靖刻本〈奏进郭勋招供〉考评》，载《浙东文化》1999 年第 2 期，宁波出版社 2000 年 1 月版。

③ 谢国桢，《江浙访书记 · 天一阁藏书》，北京：三联书店，1985 年。

刘东山为直隶河间府人①,《招由》中称其为“无籍奸民”。但据民间传说,此人“姓刘名嵌,叫做刘东山,在北京巡捕衙门里当一个缉捕军校的头。此人有一身好本事,弓马娴熟,发矢更无空落,人号他‘连珠箭’。随你异常狠盗,逢着他便如瓮中捉鳖。”②

谢国桢先生说,“据沈德符《野获编》(即《万历野获编》)卷十八‘刑部刘东山’条:京师人刘东山,狡猾多智,善笔札,兼习城旦家言。初以射父论死得出,素为昌国公张鹤龄、建昌侯张延龄门客,托以心腹。二张平日横恣,皆其发纵,因默籍其稔恶事状时日,毫发不爽。世宗入缵,张氏失势,东山屡挟之,得赂不赀。最后挟夺张延龄爱妾不得,即上变告二张反状。上震怒,议族张氏。”③可见刘东山为人之一斑。他武艺出众,足智多谋,熟悉公文与讼词,为张氏兄弟收为心腹。平时张氏兄弟为非作歹,多由其出谋划策,依为智囊及打手,直至张氏失势,即翻脸不认人,据其平时所记张氏兄弟的隐私,向朝廷告密,反戈一击,既欲置张氏兄弟于死地,复胁迫张延龄爱妾从己。尽管二张为朝野所不齿,然而对刘东山这等卖主求荣的行径,不少大臣都感到无法容忍。《万历野获编》又云:“赖永嘉(张璁,永嘉人)为首揆,与方南海(方献夫)力抗之,得小挺(从宽处分)。锦衣帅王佐者,素知东山奸宄,力为辨析,且发其生平诸罪状甚悉,上始悟。东山坐论如法,枷示而死。……京师人无不快东山之伏辜,并服王佐之持正,至称为‘王青天’。”④《万历野获编》在明代笔记中堪称上乘之作,为万历举人沈德符根据民间传闻整理撰写而成。

说刘东山是无籍奸民,并非指他是无业流民。关于“籍”的涵义,旧时可作“仕籍”解释,登籍就是取得了做官的身份或资格。刘东山无籍,就是说他还未取得一个有品级的官职,只是一般的衙役胥吏。

刘东山最终披大枷示众三月,然后“充军戍边,死于戍所”。此事由锦衣卫负责执行。明代用于罪犯的刑具“枷”夙有定制,死刑犯戴的枷重

① 一作京师人。

② 谢国桢,《江浙访书记·天一阁藏书》,北京:三联书店,1985年。凌蒙初,《初刻拍案惊奇》卷三《刘东山技夸顺城门》,北京:华夏出版社,1994年。

③ 谢国桢,《江浙访书记·天一阁藏书》,北京:三联书店,1985年。

④ 谢国桢,《江浙访书记·天一阁藏书》,北京:三联书店,1985年。

35 斤;徒罪、流罪犯戴的重 20 斤;杖罪犯戴的重 15 斤;长短轻重之数据都均刻在枷上。明太祖在洪武二十六年(1393)下诏,凡在京各衙门刑具,必须经过检验,符合规定标准才准许使用。①

三

刘东山广交三教九流,上至官衙内庭,下至胥吏皂隶、流氓恶棍,包揽讼事,欺压平民,甚至诈欺官员,成为京师黑恶势力的一名核心人物。他还巴结上层官僚中的败类,熟知并利用官场中各种利害和矛盾,上下其手,为非作歹,他与张鹤龄、张延龄兄弟二人的关系就是如此。一旦主子出事,权倾势倒,东山即乘机反噬,并勒索诈取其钱财实物,直至霸占其妾媵。从《招由》的内容来看,罪行历历在目,举例言之:

(一)交结朝廷上下、官场内外,兼通黑恶势力。他结交的人物,自锦衣卫官员、胥役直至大内宦官,探听和传递讯息,甚至捏造重大的机要的"九重消息",制造假象,从中渔利。如《招由》称:"锦衣卫指挥同知、掌镇抚司事翟裕下……,东山与在官陈大绅、庞永洪、于良臣、郭文振、于云鹤、王文正、刘琦、冯锦,并先问结,今行提未到;班明、董至等俱系无籍奸徒,惯捏(虚构、捏造)本词,互相党结,专一在京挟诈人财为生。因张鹤龄兄弟各积有财物,见张延龄平素造恶,久未处决,易为生词诈取。陈大绅不合捏称:'先在锦衣卫今奉钦依(即圣旨之别称)调发南京内官赵稷,并该卫行提未到内官杨天祐,各向张鹤龄传说:圣躬疾重,也是不久,著老舅放心。若是当今崩世,就将恭穆献皇帝庙号,并四郊都拆了,定将张孚敬(即张璁)凌迟等'。张鹤龄举手加额,仰天祝愿称:'见今天子病重,太子早崩,正应彗星三见,五星聚室,群星坠落,天数昭然。'欢喜不尽。置酒管待,将金厢宝石绦环二副、银二百两作谢。赵稷俱妄指,先在锦衣卫今奉钦依释放张鹤龄男张宗瀚,张宗说男张瑶,并王氏、沐氏、郑氏及该卫行提未到周氏为证。又捏称张鹤龄惧怕抄没,将仁寿宫盗出传国玉押一颗,朱红戗金升降苍龙盒一个,钑金龙锁钥匙事件俱全,玉印在内。又将金厢宝

① 《明史》卷九十四《刑法》,北京:中华书局,1974 年。

石、珍珠、睛碌、黄绫软鞓宝带二围，湖珠穿就龙凤帐幔走水一副，令故家人赵经台送近发南京今(已)故内官王政，并先在锦衣卫今奉钦依调发南京内官李勋接收。又将盗出金厢青红宝石、珍珠、睛碌、绦镮并首饰各二副，钩子二把，令先在锦衣卫今奉钦依释放家人张钊、李义台，送王政并杨天祐接收。又捏称张鹤龄商串赵稷等转盗内帑、宝物，探听九重消息等项，虚词具本，赴通政司投进。本司因本违式，退出。陈大绅思得奏俱不实，虑恐有罪，不曾再奏，不合将原本仍留存在家。嘉靖十五年十月内，班明捏称在官灵显宫原给度牒道士金正德，传说张鹤龄交通益(王)府，又捏称本宫未到道士薛润，伊不在官弟薛正，道书、符咒水魇镇帝星等项虚词，与同于云鹤，各行具本奏行。锦衣卫差人前往南京，行提张鹤龄，并拏金正德等，俱送镇抚司。问理间，张鹤龄被累在监身死，该司审得班明等所奏俱系诬捏。题奉钦依，开送本部四川司问拟，班明比依诬告人因而致死，随行有服亲属一人绞罪，仍照可矜事例，奏请发遣充军；于云鹤减等，徒罪，递回原籍浙江余姚县去讫。彼时金正德、薛润在职镇抚司监内，各不合商同潜写小帖一纸，内称：上覆锐先生，向三耳讨内里话说出来，我们放心。宫里向段说‘典卖房屋使用’等语，放在饭罐内，要行打出，当被校尉陈林搜出，眼同东山并刘琦看毕，随该看监。百户贾润，将帖呈送翟裕等，止将帖收藏，各不合失于严治……”。

(二)强占他人妻妾，兼掠钱财器物。他对张延龄之妾庞氏早已垂涎，只是张国舅权势熏天，他忙于巴结，不敢显露歹心；而今延龄收监，庞氏被发送乐坊。《招由》记载：“嘉靖十六年正月内，东山不合将银三两，向已问结今奉钦依释放庞氏买奸。至三月内，东山要买庞氏为妾，不合串同已问结妻兄徐鉴及在官车宗，亦不合听从向庞氏已问结今奉钦依释放母贺氏，吓说伊‘今故父庞玺系是充军人犯，若不将庞氏与我为妾，明日本内带写一笔，累你一家致死’等语。车宗用言和劝，许与银一百五十两。后东山只将低银二十两强与贺氏接收。东山就不合将庞氏强抬来家，奸占为妾。东山又不合违禁置买玄色妆花缎袄，玄色缎比甲，大红缎比甲，大红纱裙各一件，大红缎被、锦被各一床，金满冠、金花、金秋凉各一件，金蝴蝶、金蝉、金花各一对，金耳环一双，金界指六个，珍珠箍一个，并蓝缎裙一件，俱与庞氏穿用。又逼令贺氏置办各色纱罗细绢衣服共二十六件，金银首饰一十一件，黑漆箱三只，使女一口，俱与庞氏陪嫁。东山不合倶倚势霸占收用。”

刘东山案的出现，自有其特定的历史背景：到了明代中叶，我国开始进入了封建社会后期，专制集权达到了空前强化的程度，皇室、贵戚、官吏，自上而下形成了一个特权阶层和既得利益集团，仅从镇抚司、京城兵马司等官衙的情况来看，贪官污吏已比比皆是。一些骄横不法的皇亲国戚，更是网罗社会上的渣滓，收为心腹，用为爪牙；而社会上的黑恶势力，亦有意投靠权势，觅取靠山。这两者相互结合，其危害性、腐朽性和没落性比前朝更甚。刘东山一案，透视出封建社会的中后期官场腐败的一个侧面。

除皇亲国戚外，本案招结是实23名：于良臣，年36岁，山东济南府德州德平县人，系金吾右卫后所百户；张钺，年55岁，顺天府昌平州密云县人，系锦衣卫后所斧钺司百户；张伟，年40岁，直隶保定府雄县人，由小火者选入皇城；御马监太监陈仲，年40岁，直隶河间府任丘县人，由小火者选入皇城；时任司设监太监陈让，年45岁，福建泉州府晋江县人；由进士见任浙江道监察御史钱珊，年41岁，浙江湖州府乌程县人；由监生见任东城兵马司副指挥陈大绅，年28岁，系镇抚摸司军匠余；庞永洪，年23岁，系武功左卫舍余；郭文振，年48岁，系义勇前卫左舍军余；于云鹤，年36岁，系浙江绍兴府余姚县民；王文正，年51岁，系府军右卫所小旗；刘琦，年29岁，系武骧右卫所军余；冯锦年37岁，王智年30岁，车宗年43岁，俱顺天府大兴县民；张爵，年38岁，系锦衣卫后所斧钺司舍余；刘济，年31岁，系兴武卫中舍军余；王完年40岁，胡兑年52岁，胡淮年21岁，俱应天府句容县民；金正德，年37岁，顺天府大兴县民，系显灵宫道士；圆福（即赵其），年61岁，顺天府大兴县民，系吉祥寺僧；李见，年42岁，系山东临清州民，各招与刘东山招同①。在这二十三起（涉及27人）与刘东山有关的案犯中，上至监察御史、皇城兵马副使和大内太监，下至卫所军卒及县民，还有道士、僧人等夹杂其中，刘东山结交的社会基础可谓广矣。

① 《刘东山招由》，明嘉靖三法司刻本，天一阁藏。

四

《招由》对各个审理过程中的细节记录甚为清晰翔实，可与它史互为补正。如《明史》、《世宗实录》及《万历野获编》记载，均言东山因射父坐死[①]，而《招由》则称东山所射者为其母舅，其父刘孜为重东山之罪，谎称其射己。《招由》记载："东山因不在官弟刘东鲁同居，要得将伊逐出，不合用言毁骂，及用弓箭追射，不著箭到墙上击回，致将先在锦衣卫今奉钦依释放母舅沈寅即沈云左鬓射伤血出。东山跑走，次日带同在官教师李见回家。东山不合攘闹，李见亦不合助攘，致在官父刘孜恼怒，将沈云扶出，在街喊叫，当被先在锦衣卫今奉钦依释放总甲彭舟拏送。先在锦衣卫今奉钦依释放火夫王纲铺内，东山惧怕逃走，出其不意外，刘孜仍又具状添称东山将伊毁骂，及用箭射等项，虚情告赴陈让处，批发该城在官兵马使钱珊，添提徐鉴等一干人证到官，究出东山强买庞氏等情。比钱珊就不合失将刘孜原告东山事情详审虚实，照依告词一并取供，呈送本部山东司，将徐鉴等俱问拟杖罪，庞氏断归该院，照旧当差。刘孜递回山东原籍差操。东山原置违禁物件，并财礼银，俱追收入官。贺氏原陪嫁衣饰等物并使女，俱给付领回，取领附卷讫。"究以何者为准，笔者认为范钦收藏的《招由》所记，源自第一手资料，可信度当高于后人纂修的《明史》、《世宗实录》；而《万历野获编》主要根据民间传闻整理撰写，与司法文书不能同日而语。这也正是本书的价值所在。

又如关于锦衣卫王佐辨析东山案一节，《招由》云："锦衣卫掌卫事都指挥使等官王佐等题前事众称，犯人刘东山因家事起讼端，法司执法过严，不与量情分理，致使掇拾他人已结虚词，欲求脱免己身实罪，引类呼朋，妄讼蜂起，形迹固为可恶，情词似有可推……。"其记录亦比《明史》详备。[②]

查阅《明史》，涉及到刘东山案件主要有二处记载，一为卷一百十四《后妃二》；二为卷三百《外戚传》（附张峦传内），今移录如下：

---

① 《明史·外戚》："东山以射父亡命。"《明实录·世宗实录》："东山以射父坐死。"《万历野获编》卷十八刑部"刘东山"条："初以射父论死得出。"

② 《明史·外戚》："指挥王佐典其狱，钩得东山情，奏之。"

初，兴国太后以藩妃入，太后犹以故事遇之，帝颇不悦。及帝朝，太后待之又倨。会太后弟延龄为人所告，帝坐延龄谋逆论死，太后窘迫无所出。哀冲太子生，请入贺，帝谢不见。使人请，不许。大学士张孚敬亦为延龄请，帝手敕曰："天下者，高皇帝之天下，孝宗皇帝守高皇帝法。卿虑伤伯母心，岂不虑伤高、孝二庙心耶？"孚敬复奏曰："陛下嗣位时，用臣言，称伯母皇太后，朝臣归过陛下，至今未已。兹者大小臣工默无一言，诚幸太后不得令终，以重陛下过耳。夫谋逆之罪，狱成当坐族诛，昭圣独非张氏乎？陛下何以处此！"冬月虑囚，帝又欲杀延龄，复以孚敬言而止。亡何，奸人刘东山者告变，并逮鹤龄下诏狱。太后至衣敝襦席稿为请，亦不听。久之，鹤龄瘐死。及太后崩，帝竟杀延龄，事详《外戚传》。①

（延龄）系狱四年，狱囚刘东山发延龄手书讪上，东山得免戍，又阴构奸人刘琦诬延龄盗宫禁内帑，所告连数十百人②。明年，奸人班期、于云鹤又告延龄兄弟挟左道祝诅，辞及太后。鹤龄自南京赴逮，瘐死，期、云鹤亦坐诬谪戍。又明年，东山以射父亡命，为御史陈让所捕获，复诬告延龄并构让及遂安伯陈鏸等数十人，冀以悦上意而脱己罪。奏入，下锦衣卫穷治，让狱中上疏言："东山扇结奸党，图危宫禁。陛下有帝尧既睦之德，而东山敢为陛下言汉武巫蛊之祸。陛下有帝舜底豫之孝，而东山敢导陛下以暴秦迁母之谋。离间骨肉，背逆不道，义不可赦。"疏奏，帝颇悟。指挥王佐典其狱，钩得东山情，奏之。乃械死东山，赦让、鏸等，而延龄长系如故。太后崩之五年，延龄斩西市。③

从这两处记述来看，《明史》对唐龙领衔的"三法司"审理的实情，未曾提及或引用，笔者据此推测，编纂《明史》的总纂与修撰者，或未见过此材料。

《招由》为我们了解明代的司法制度提供了一个实物证明。从此文

① 《明史》卷一百十四《后妃二》，北京：中华书局，1974 年。

② 《招由》中记录此案所牵连为数十人。

③ 《明史》卷三百《外戚》，北京：中华书局，1974 年。

书可以看出，告发过张氏兄弟种种不法罪行的并不止刘东山一人，在正德皇帝时，就有曹祖揭发过，结果被武帝关入诏狱，被迫仰药死，时颇以曹祖暴死疑延龄兄弟。后有指挥使聪者，亦揭露过二张受贿，被延龄幽禁并谋害。在以后的刘东山案件中，三法司初审此案竭力彻查其真相，既弄清张延龄的种种不法罪行，又明察刘东山开始投靠二张，后又乘危勒索恐吓、谋财霸妾的事实，使两者各得其应有之罪。因刘东山一案牵及到内宫贵戚，非同一般案件，所以锦衣卫也插手此案的深入调查与梳理辨析，弄清前因后果、来龙去脉，《招由》中亦叙明此事。这也是明代专制皇权更加集中的体现，也形象反映了锦衣卫这一明代皇帝特务机构无所不入的事实。

《招由》明白记录了刘东山及其在此案中所牵连数十人的大小罪状，使之一一量罪定刑，全过程清晰有序。文末所载的题奏具名，都是当时的重臣。首先由嘉靖十七年正月十七日太子少保刑部尚书唐龙领衔，左、右侍郎杨志学、周期雍会签；接着由太子少保兵部尚书兼都察院左都御史掌院事王廷相、右都御史王尧封、右副都御史秦钺、左佥都御史王□、右佥都御史杜柟同署名；最后由大理寺卿屠侨，左右少卿周煦、王以旂，左右寺丞钱学孔、魏有本合署，当时三个最高层的司法和监察机构，会同具题。本月二十一日奉圣旨："这事情，你每（即'们'）既会同问拟明白，刘东山等着锦衣卫枷号满日发遣，张伟、陈仲各降三级，麦福等免究，宋良臣着照旧供职，张宗说调南京卫，带俸，并张宗俭各家口，俱著随住田宅等项，户、工二部查明，但□奏讨的，都着还。张延龄牢固监候处决。原赐本家铁券，都著追夺了。其余依拟（即同意按"三法司"拟呈的意见办理）。"全案至此告一段落。此书也给我们提供了明代"三法司"详尽的审案记录，实属难得。

从《招由》一书不难看出明王朝复杂宫廷斗争、贪官污吏蔓延滋生以及权黑勾结之若干情况。综观明朝吏治，以明初为较好，永乐朝次之，往后则每况愈下，以致蛀空了社稷江山，直至崇祯帝，要想挽回颓势，也回天无力了。

参考文献：

1. 刘东山招由. 明嘉靖刻本. 天一阁藏

2. 明史. 北京：中华书局，1974

3. 凌濛初. 初刻拍案惊奇. 北京：华夏出版社，1994

4. 谢国桢. 江浙访书记. 北京：三联书店，1985

赵烈文遗文知见录及其《天放楼碑跋》稿本纪略

王贵忱　王大文

（广东省社科院历史所　南海石油广州服务总公司）

清季阳湖赵烈文（1832—1893），表字惠父、惠甫，号能静，室名能静居、落花春雨巢、天放楼等，其学行仕履，俱见陈乃乾《阳湖赵惠甫先生年谱》。

笔者喜追求搜集赵烈文先生书翰，但身居岭外一隅，见闻寡陋。近几十年间承蒙师友推爱，时有投赐，或见示所知赵氏遗墨存在处，也有随缘就市购得者，总共所得不过六七件而已。烈文先生著作颇多，散佚之作也不少。我们拟就见闻所及，将未见著录之赵氏遗著篇目分列简介如下。错误和不当之处知所不免，敬请与会专家学者不吝赐教。

一、《大方广圆觉修多罗了义经略疏》，上下两卷，唐终南山草堂寺沙门宗密述，清道光四年（1824）刻本，苏州娄门内三家村善庆禅林藏板，半页10行，行24字，楷书精刻，官堆纸初印本。卷首天头栏外朱钤篆书“能静图书”四字方型印，书脑右侧栏外朱钤篆书“赵”字圆型一字印，卷尾末页左下方朱钤篆书“惠父珍藏”四字方型印，盖为赵氏加钤3方印识。全书朱笔圈点，间中有朱笔批注，审之乃赵氏手笔。原承北京中国书店雷梦水先生推荐，以薄值得之者。后持请潘景郑（寄沤）师审定，潘师略谓道光本《圆觉经》虽是新刻，但传本甚稀，又是赵烈文手自批注本，的是珍贵秘籍云。

二、赵烈文致子梅尊兄书札1通2页，早年行书笔迹。[①] 按：子梅为沈能虎表字，海盐人，曾入李鸿章幕，官至直隶通永道。

三、赵烈文代其妻致蓉生妹倩、四妹书札1通1页，小字行书16行，俱言家务事。[②]

四、赵烈文致吴云(1811—1883)书札1通2页。[③] 吴氏为晚清金石家，善书法，与俞樾、赵烈文友善。书札一角加钤"景郑持赠"印，为潘师持赠时钤押者。

五、赵烈文书赠培之先生冷金扇面，正书陆游《上章纳禄恩畀外祠，遂以五月初东归》诗2首。原件未发表。按：马文植(1820—1903)字培之，江苏武进人，晚清名医。史称马氏以字行，赵、马既是同乡，儒学、医师相交换书赠文，理固宜然也。

六、往承雷梦水先生见告，赵烈文别有精刊本《天放楼诗集》4卷本传世，此书未见他家称引，不知尚在人间否？

七、据潘师见告，赵氏别有能静居钞本《长春真人西游记》2卷，也未见他家著录。

八、2003年初因事赴沪，专程趋谒潘师。拜别时，寄沤夫子出示此《天放楼碑跋》稿本一册投赐，并用原子笔在纸片上题写"天放楼碑跋"。卷首钤有篆书"景郑秘笈"四字印，乃著砚楼珍秘也。此稿本高29.5厘米，宽20厘米，分别用"亦龙亦蠖之居"蓝格稿纸、"能静居钞"乌丝栏格稿纸、"赵氏世德录"蓝丝栏稿纸和"江苏通志稿"蓝格稿纸4种稿纸，由钞手正书恭写文稿，每页均有赵氏亲笔校勘文字或注明刻印注意事项，有一页则是赵烈文本人手写正书文稿，由知此本是赵氏整理后之待刊清稿本。全书收跋文46篇，都69页。现将《天放楼碑跋》目录录下：

1. 红崖石刻　(光绪庚寅二月廿二日撰)

2. 周石鼓文　赵次侯藏　(光绪十三年闰四月十九日撰)

3. 秦泰山刻石残字　二世元年　(光绪十一年七月初一日撰)

---

① 《可居室藏清代民国名人信札》，北京：国家图书馆出版社，2012年，107—108页。

② 《可居室藏清代民国名人信札》，北京：国家图书馆出版社，2012年，109页。

③ 《可居室藏清代民国名人信札》，北京：国家图书馆出版社，2012年，110—111页。

4. 琅玡台刻石十三行本　（壬辰正月十九撰）

5. 汉琅玡太守朱博残碑　无年月 当在哀平间　（光绪十一年七月初一日撰）

6. 赵群臣上寿刻石　无帝国元号

7. 三老讳日记　无年月 建武末　（光绪十一年六月十九日撰）

8. 王稚子左阙　元兴元年以后

9. 云中太守裴岑纪功碑　永和二年八月　（光绪十四年十月二十一日撰）

10. 郎中郑固碑萃编列　延熹元年四月　（光绪戊子十月撰）

11. 仓颉庙碑　延熹五年正月　（光绪丁亥四月十二日撰）

12. 孔宙碑会　延熹七年七月　（光绪五年六月五日撰）

13. 东汉封龙山神碑　延熹七年　（己丑正月撰）

14. 延熹西岳华山碑　长垣本 延熹八年四月　（光绪十一年六月二日撰）

15. 金寿门藏华山碑非长垣本说　（光绪十一年六月初十日撰）

16. 华山碑勾本　（光绪十一年六月十一日撰）

17. 新出郭太碑　原碑当在建宁二年　（光绪丁亥闰四月二十日撰）

18. 析里桥郙阁颂　建宁四年六月　（光绪甲申仲春撰）

19. 武都太守李翕脩西狭颂　建宁四年六月　（光绪十二年九月初七日撰）

20. 三公山碑　光和四年　（光绪十四年夏撰）

21. 王君碑　中平二年　（光绪十三年十二月二十三日撰）

22. 巴郡太守樊敏碑　建安七年十月　（光绪十四年撰）

23. 高颐阙　无年月 建安十四年后　（光绪十三年十月廿二日撰）

24. 太尉尹公郎中尹君阙　无年月　（光绪十三年闰四月十八日撰）

25. 仙山唐公房碑　年月泐　（光绪十四年夏撰）

26. 残碑阴　无年月　（同治九年七月廿七日撰）

27. 无名碑残石　无年月

28. 光禄勋刘曜碑　无年月

29. 汉车骑将军冯绲碑宋重模本

30. 受禅表　黄初元年十月　（光绪十四年十一月十六日撰）

31. 魏公卿将军上尊号奏　魏文帝黄初元年　（光绪壬辰腊月十二撰）

32. 无名残石刻　黄初五年

33. 吴天发神谶文　天玺元年八月　（光绪十五年正月十六日撰）

34. 赠司空东武侯王基碑　景元二年四月　（光绪十五年十二月初十日撰）

35. 禹陵窆石　无年月　（乙酉十二月十六日撰）

36. 骠骑将军韩君神道刻石　无年月　（光绪十四年六月撰）

37. 叶媛贞造像题辞　建平

38. 衡阳太守葛祚碑额　无年月

39. 晋任城太守羊妻孙夫人碑　泰始八年十二月　（光绪十四年六月撰）

40. 梁追尊太祖萧顺之陵西阙　天监初

41. 安成康王萧秀东碑额　天监十七年后

42. 萧秀西碑额　天监十七年后

43. 始兴忠武王萧憺东碑额　天监十八年后

44. 吴平忠侯萧景西石柱　普通四年后

45. 新渝宽侯萧映石柱　无年月

46. 建安敏侯萧正立西石柱　无年月

传世大藏经《碛砂藏》

贾晋珠

（美国加利福尼亚州州立大学河滨分校历史系）

引言

汉文大藏经卷帙浩繁，通常印刷版本包含五六千册线装书。然而令人吃惊的是，这些经书的雕版和印本的传世量却非常之少。10 至 14 世纪之间，大藏经至少印刷了 7 个不同的木版印本，但是没有一个版本保存了全本。[①] 在宋元时期印刷的大藏经中，我们有幸见到 3 套几乎保存了全本的《碛砂藏》（1216—约 1322），以及在中国和日本保存的另外 6 套包

① 关于大藏经，参见李富华与何梅的《汉文佛教大藏经研究》（北京：崇教文化出版社，2003 年），该书对近期研究做了全面介绍。另一部简短并附有插图的著作，是李际宁的《佛经版本》（南京：江苏古籍出版社，2002 年）。除了《碛砂藏》外，宋元时期在中国用本版印刷的大藏经有：《开宝藏》（972—983），《崇宁藏》（1080—1112），《毗卢藏》（1120—1151），《圆觉藏》（也称《资福藏》，大约 1132—12 世纪末），《赵城藏》（也称《金藏》，大约 1148—约 1173），《普宁藏》（1277—1290），以及《元官藏》（14 世纪）。此外，还有契丹国印制的《辽藏》（约 1031—约 1060），以及高丽的两个版本（1011—1087 和 1236—1251）。所有版本中，只有高丽第二版本的雕版保存至今。另一方面，正如李际宁在书中谈到的，现在也不断有学者发现未经确认的版本卷册。

含有几百至几千卷册。[①] 因此，学者得以研究版本细节，诸如佛教僧人与信徒如何编辑、整理、印刷及资助这一伟大工程。其文本信息有助于阐释《碛砂藏》与宋元后期印刷的其他大藏经版本，以及经书之间的联系。

本论文开始于笔者对普林斯顿大学所藏相当完整的《碛砂藏》印本的研究。因为其他学者对《碛砂藏》做过相关研究，[②]笔者并非试图呈现新发现的或未研究的内容，而是希望能在探讨以下问题时有所贡献：中国封建王朝时期，大藏经的刊印发行对涉及其中的寺院僧侣、个人及群体产生怎样的影响，从而对《碛砂藏》的当地及地区历史增加更多的了解。

大藏经的第一部分是《大般若波罗蜜多经》。正如李际宁所指出的，[③]在众多《碛砂藏》印本中，大般若经并非从原版雕版印刷，而是从1330年后刊行于湖州路吴兴县的妙严寺印出的。第一卷末的刊记为1332年写于妙严寺藏经局，刊记指出没有为整个大藏经刻雕版，而是从宋元时期5个版本的大藏经中选出，印行4部最重要最流行的经书（简称为《般若经》、《涅槃经》、《华严经》和《大宝积经》）。5个版本的大藏经分别藏于大都弘法寺、杭州南山普宁寺、湖州思溪圆觉寺、福建福州古闽东禅寺以及苏州碛砂延圣寺。妙严寺的刊印工程历时26年（1324—1349），超过印行整个《普宁藏》所需的14年（1277—1290），或是刊印第一部汉文大藏经《开宝藏》（972—983）的时间。

事实上，从《碛砂藏》中《大般若经》第一卷卷末的刊记中，可以看到

---

① 这三套几乎全本的大藏经分3处收藏：一是中国山西太原的崇善寺（5418册），二是普林斯顿大学东亚图书馆的Gest收藏（一套5323册加其他12册），三是山西省图书馆（由开元寺和长安的卧龙寺的收藏合并而成）。第三套（约有5000册）从其他版本大藏经中补充缺失的卷册，并从宋元明时期印刷的一些佛经中补充。这形成了1933—1935年首次影印本的基础，于1962—1965年重印，又在1987年再次印刷。最后一次再版包括了普林斯顿的部分收藏（见参考文献中关于《碛砂藏》的相关条目。第二个最大的收藏在日本大阪的杏雨书屋（4548册）。参见李富华与何梅的《汉文佛教大藏经研究》（254—256页）列出了藏有《碛砂藏》部分卷册的图书馆。

② 这些学者包括李富华、何梅的《汉文佛教大藏经研究》（253—315页），李际宁的《佛经版本》（119—134页），及关于再版《影印宋碛砂藏经》的文章。其他讨论《碛砂藏》的文献将在本文中提及。

③ 见李际宁《佛经版本》127页。该刊记在《影印宋碛砂藏经》、的屋胜《碛砂藏经》50—51页，以及李与何《汉文佛教大藏经研究》的286页中都有收录。的屋胜的著作《影印宋碛砂藏经》中的刊记汇编起来，方便查看。

有关印刷出版的几个重要问题,在大藏经的其他版本中也值得研究。首先,原版《碛砂藏》中的《大般若经》雕版刻于一个世纪前,根据日本奈良西大寺版本的捐款人刊记,开始时间为1216年。① 其次,在《碛砂藏》工程开始后的120年内,全部完成不久后(大约1322年),②一些需求最广的佛经雕版或者丢失或者损坏而不能使用。然而,《碛砂藏》雕版的变化并不太大,或者说小于宋元时期印行的其他版本大藏经。至1330年,3个版本的大藏经(在《妙严般若经》的刊记中提到的《普宁藏》、《圆觉藏》和《东禅藏》)的雕版都没有留存。第三,一般对于损坏的雕版,就根据留存的印本刻新的雕版。第四,在妙严寺和福建南部的建阳县后山报恩万寿汤至少启动了两项工程,重刻4部佛经(并非整部大藏经)。很可能的是,这两项工程都不是为了修补损毁的《碛砂藏》雕版,而是为了重印需求量最大的佛经。但是问题在于,谁认为有必要保存整部大藏经而不仅仅是需求量最大的经书?在笔者探讨这一问题之前,先来考查一下《碛砂藏》工程的历史。

一、宋代《碛砂藏》

延圣院是宋代印制《碛砂藏》的寺院(1216—约1272),③最早建立时是一座庵,1172年由平江府华亭县名为寂堂禅师所建,在吴县陈湖的北岸拥有一座费氏的碛砂岛,大约在县府东南方20公里处。④ 到12世纪后期,碛砂岛在城西边太湖旁,渐渐伸入鱼米之乡陈湖,因为宋代的水域

① 见李富华、何梅《汉文佛教大藏经研究》,263页。

② 大部分《碛砂藏》完成于1322年,但有些秘密经一直到1363年才全部印成收录。这些秘密经大约占总共591函中的最后28函。本论文中,将《碛砂藏》按照千字文顺序排列函号,加上册数。例如,《菩萨地持经》在《碛砂藏》中是203维1至203维8。即在《碛砂藏》中,此经书按千字文中"维"字排列,在第203函,第1—8册(在《大正藏》中为T1581)。

③ 16世纪早期,该寺院名为碛砂(禅)寺,见地方志如《常州县志》:10.14a,及《姑苏志》:29.82b—83a.

④ 关于延圣寺的历史,在有关《碛砂藏》影印本的论文中有所讨论,如近期的李富华、何梅《汉文佛教大藏经研究》(256—261页)。有两篇文献离寺里印大藏经的时期最接近,由圆至和尚在元代至元末年记录(1264—1294)。见圆至的《牧潜集》,在李富华、何梅的《汉文佛教大藏经研究》(257—259页)全文收录。在地方志中,有关寺院最长的记录见《苏州府志》:42.32b—33a.

治理而形成现代的轮廓，并与其他水系联系起来，包括北边的武松江及南边的淀山湖。在陈湖岸边建立寺院似乎有点危险，因为有可能被水淹，而且湖本身是大约在747年（唐天宝六年）降雨和洪水时期，由于地陷而形成。[①] 事实上，只有另一座于唐朝建立的永寿寺位于陈湖岸边。[②]

延圣寺在当时一些地方志如《吴郡志》（1192）中没有提及。[③] 也许，僧侣信徒们开始《碛砂藏》工程的动机是为寺院赢得声誉。到南宋时期，该寺院在州府之外，经济上落后于湖州府和杭州地区。这也反映在佛教寺院的数目上，与杭州的770座寺院和湖州的110座相比，平江府在宋代只有60座寺院，一半在州府内。

不确定碛砂延圣寺最初是想印制整部大藏经，还是仅仅印四大部而流行的佛经以在当地赢得捐款和声誉。印刷出版的前几十年，似乎捐助者并不多，最重要的一位是赵安国，官名为“保义郎”，后为“成忠郎”，在刊记中被称为“大檀越”。原版碛砂藏《大般若经》刊记中记载，他资助雕版刻印600卷经文，直到1260年，赵安国都被列为捐款人或筹款人。似乎到1232年，四大部佛经雕版完成时，寺院僧人和赵安国这样的重要捐款人想要完成整部大藏经的刻印，并按照《圆觉藏》的分类编辑了目录（1234—1236）。然而，比较《圆觉藏》与《碛砂藏》目录会发现，有时两个目录会错误地分开单个佛经，或合并两三部经文。有时，《碛砂藏》目录会犯《圆觉藏》目录没有的错误。这些细节说明可能《碛砂藏》目录制订仓促，只为感兴趣完成整部大藏经的捐款人提供参考。[④] 无论怎样，按李富华、何梅的估计，在1237年《碛砂藏》工程停止前只完成了约五分之一，而元代刻印是按照《普宁藏》目录。

南宋晚期，很多施主捐款量比赵安国小。例如，长洲凤池乡凤池村人

① 《周庄镇志》（1882年）：1. 15b—16b. 陈湖有不同的名称，可能是纪念被淹没的陈县或陈州；或称沉湖、澄湖。澄湖是现在认可的名称，表明水质清澈能看到2米深的水底。传说湖水平静时，可以看到很久以前淹没的街道村庄。

② 《姑苏志》：29. 78a.

③ 该寺从“庵”升为“院”的时间不太确定，但在1216年印行佛经时，刊记上记录为延圣院。

④ 见李富华、何梅《汉文佛教大藏经研究》，278—279页，有表格详细比较了两个目录。

金铸，捐257吊730钱来雕刻《放光般若波罗蜜经》中的8591个字。[1] 在此刊记和其他刊记中，赵安国也被提及，被称为“都劝缘”。有趣的是，像金铸一样的小额捐款者在刻宋版《碛砂藏》时比元代多，且大多来自平江和湖州府等地区。这些小额捐款人是佛教徒，大多是平江府华亭县和吴江县人。可是与元代另外两个大的佛经出版工程不同——这些捐款人不构成主流，也不是《碛砂藏》的主要支持者。事实上《碛砂藏》于1297年才重新开始刻印，可能是因为信徒们参加《普宁藏》工程的进行 。

总体上，大额捐款包括私人和官方，且南宋时期比元代少。事实上，宋代完成的刊记时间，没有按照函数顺序印制，表明《碛砂藏》工程不能赖于固定的捐款人。甚至一部经书的不同册页不是按顺序刻印的。例如，《法苑珠林》从1233—1256年刻印间隔有12年之久。[2]

而且，1258年的大火烧毁了延圣寺的大部分，也可能损毁了一些雕版。大多《放光般若波罗蜜经》（紧接着《波罗蜜经》，为大藏经的第一部）于1243—1245年刻印，但第8卷印于1265年，表明该卷很可能在大火后重新刻印。[3] 较长的刻印时间表明，到1260年时，在江南地区不容易获得捐款，朝廷日衰且担心蒙古人的入侵。

二、元代《碛砂藏》

24年（1273—1296）的停顿使《碛砂藏》延长了完成时间，从动工到完成超过了100年。即使选择较早的完成时间1322年，而不是选择《秘密经》并入《碛砂藏》的1363年，也超过宋元时期其他大藏经的完成时间。比较而言，第一部印本大藏经《开宝藏》完成时间短，从最开始刻板的972年到1036年在宋代完成附卷。同样，第一高丽版的大藏经用了大约3/4

---

① 61 菜 1 - 63 芥 10；*T*221.

② 《法苑珠林》:《碛砂藏》481 杜 1-490 罗 10；*T*2122. 见李富华、何梅《汉文佛教大藏经研究》附录7（宋）与8（元），702—742页，提供了《碛砂藏》中佛经的刊印时间。

③ Tekiya, zōkyō, 61, entry for 61 菜□。李富华、何梅《汉文佛教大藏经研究》260页，认为既然留存有1258年大火前的印本，那么早期雕版并没有完全烧毁，而可能缺损了。在普林斯顿大学葛思德的收藏中，“61 菜”中的所有册为手抄本，真实再现了原版刊记，可能是雕版损毁之后抄的。

个世纪(1010—1087),加上等待宋版附卷的时间。①

而最好的比较可能是《普宁藏》,只用了14年(1277—1290)即完成。②《碛砂藏》与《普宁藏》最初由私人群体发起,并得到很多佛教徒的支持的工程。以《普宁藏》为例,核心人物是僧人道安(?—1281),是活跃在杭州和嘉兴府等江南地区的白云宗领袖,以杭州余杭的南山普宁寺为中心。③在1257年成为普宁寺主持之前,道安在妙严寺,该寺有印经的传统,开始印行了部分大藏经。这在1332年的《大般若经》的刊记中有记载,如本文前所述。而且,妙严寺与圆觉寺都位于湖州,而第四部宋版大藏经在圆觉寺印于1130年,刊经局到13世纪早期还在发挥作用。④道安不仅尽力推动白云宗,也期望印制大藏经,即使在南宋快被元征服的时候。有一点可以证明他的政治敏感,在南宋灭亡前,他前往北方元大都为白云宗和重印大藏经取得支持。⑤事实上,大约在工程启动4年后,道安在大都去世。他的4位弟子在普宁寺任主持,以同样的热忱继续印行大藏经。所以《普宁藏》的开始与完成十分顺利,而《碛砂藏》则耗时很长。而且,尽管白云宗在1320年被禁,首领被处决,《普宁藏》继续印行,到1355年前不断增加经文。⑥然而元代末年,《普宁藏》雕版与整个寺院被大火烧尽,在命运转变中,《碛砂藏》成为保留到明代的雕版,是明代第一部印本《洪武南藏》的底本。⑦尽管如此,《普宁藏》的遗产留存于《碛砂藏》,因为在1297年重启工程时,经文顺序是按照《普宁藏》的分类,⑧而

① Lancaster, *Buddhist Canon*,176—77页。

② 李富华、何梅《汉文佛教大藏经研究》,319页。

③ 关于白云宗的补充资料较多,例如,Ogawa Kan'ichi,"Gendai Hakuunshū," Overmyer,"White Cloud Sect"; ter Haar, *White Lotus*,尤其32—37。

④ 刘欣如,《佛教寺院》,有45处引用《吴兴志》(1201年),13.34a。

⑤ Ogawa Kan'ichi 小川贯弌,"元代白云宗教団の活跃,"9—16; 李富华、何梅《汉文佛教大藏经研究》,316—354页; and Overmyer,"White Cloud Sect,"634—636页。

⑥ 李富华、何梅《汉文佛教大藏经研究》,347—349页。

⑦ 《洪武南藏》几乎是《碛砂藏》的翻版,有同样的经文顺序。在李富华、何梅讨论明代第一部大藏经时,认为称《建文南藏》更准确,因为雕版时间应该是明代建文帝时期(1399—1402).

⑧ Overmyer,"White Cloud Sect,"635. 至少有两部经文加在《普宁藏》最后,作者为白云宗创造人清觉(1043—1121),似乎没有被并入《碛砂藏》,可能出于政治原因,因为白云宗在1319年被禁止。

且经文整理与音释与《普宁藏》一致。

元代《碛砂藏》的工程比宋代时更复杂，在大量资料中有更多有趣的细节。这些信息也揭示了《碛砂藏》与各种佛经、大藏经其他版本（汉文、藏文、西夏文）的复杂关系。而且，这一过程既包含了受元朝廷支持的佛教寺院的活动，也包含了与元朝关系不好的僧侣与居士的活动。

在元代《碛砂藏》工程的有效完成说明了几个原因。一是苏州地区自宋代以来，州府和个人不断开垦土地、治理河流，使土地和水域受益，经济不断增长。似乎苏州府在宋末叶到元的变迁中受的影响小于杭州地区。例如，元代一个重要的治水工程是在延圣寺附近的武松江定时清理淤泥，使船只进入。吴淞江连接大运河和太湖，并连接海岸边嘉定县宝山。因而，与宋代相比，长州地区与太湖西部地区的经济发展更有竞争力。①

当地政府官员对土地和治水活动积极参与，同时也支持其他项目如继续刊印《碛砂藏》。1297 年工程重新开始时，②似乎有几位捐款人给予了很大支持，包括僧侣和俗家弟子。例如有一位名朱文清，任河南江北等处行中书省左承，及其家人捐资刻印 1000 卷经文。第二年，中书省任职的另一位官员张文虎，为《碛砂藏》雕版捐款。③ 同样，1310—1311 年，一群延圣寺僧侣用去世主持留下的善款刻印了 1000 卷。④ 而碛砂寺的僧侣们监管大藏经的雕版和印刷。事实上，从 1303 年到 1306 年，没有任何捐款人的记录表明《碛砂藏》工程可能有像在宋代那样慢慢的进展。幸

① 梁庚尧，“宋元时代苏州的农业发展”，265—266；and Marmé, *Suzhou*, 45—59。

② 1297 年是元代《碛砂藏》分册的最早日期，见李富华、何梅《汉文佛教大藏经研究》726 页，附录 8。

③ 朱文清的官衔为“河南江北等处行中书省左承”。文清的儿子显祖，是唯一指明的家庭成员。目前笔者尚未在《碛砂藏》以外的元代资料中找到文清的记录。不清楚为何竺沙雅章（Chikusa Masaaki）《宋元佛教文化史研究》（*Sō-Gen Bukkyō bunkashi kenkyū*）认为，朱清是扬子江口崇明岛（今上海市的一部分）上的海盗。张文虎的官衔为“江浙等处行中书省参知政事”，嘉定人士（《嘉定人传记》，1117 年）。如果竺沙是正确的，那么两人都是延圣寺附近的当地人。张文清的名字出现在《碛砂藏》1301 年卷的刊记上，而张文虎出现在 1302 年。见李富华、何梅《汉文佛教大藏经研究》附录 8，列出了元代《碛砂藏》佛经的主要捐款人。

④ 例如，这些捐款人资助了《阿毘达摩大毘婆沙论 》（372 恻 1-391 神 10；T 1545），刊记时间都为 1310 或 1311 年。Tekiya “Sekisha zōkyō,” 130（373 造 1）。

好有时任“松江府僧录”的管主八募集和管理经费。①

然而,讨论管主八在《碛砂藏》的工作之前,有必要提及另两位非汉人僧侣在江南地区的佛教活动,他们在元代积极推动佛教密宗。尽管从6世纪后期就开始将密宗佛教翻译成中文,②但大部分编入中文大藏经开始于元代。因为喇嘛教僧侣的努力,其中不仅包括西藏僧侣章嘉节,特别是影响力很大的头衔为帝师的八思巴(1225—1280),也包括西夏僧侣沙罗巴(1259—1314),③也可能包括杨琏真加(13世纪后期),以及管主八。这三人都有监管江南地区寺院的头衔。杨琏真加在中文史书中名声不佳,因为他在杭州附近盗损南宋皇家陵墓,并过分热心修建寺院,管理不善而中饱私囊。④ 相反,沙罗巴和管主八因为对大藏经的贡献而获得中立或者良好的名声。

沙罗巴显然对汉佛教更友好,他师从八思巴学习西藏喇嘛教,1295年任江浙等处释教总统,⑤在杨琏真加被驱逐的前几年。沙罗巴常被提及为佛经的翻译者,于1310年和1313年,奉皇命将6部经书编入《普宁藏》。⑥ 其中之一是八思巴的《彰所知论》,基于章嘉节佛经,用于指导忽必烈的皇子真金(1243—1285),也被并入《碛砂藏》。将沙罗巴的翻译收入《普宁藏》,表明在13世纪晚期和14世纪早期的中南部地区,佛教官员

① 不确定管主八在位多长时间。至少在《碛砂藏》1306年两部经文的前言中,由僧人(吴)克己两次提到,称管主八为“前”僧录。见李富华、何梅《汉文佛教大藏经研究》294页。但在管主八于1307年写的刊记中,并没有加“前”字(《碛砂藏》585何10)。也许他在1306—1307年不再任松江府僧录,但继续监管杭州地区的佛经刊印。这一细微差异Pelliot也注意到了,见“Les Débuts,”90—91。

② Gimello,“‘Canonization’ of Zhǔntí 准提”。

③ Franke,《沙罗巴》中有他的传记,翻译自僧人念常撰写的《佛祖历代通载》;*T*(CBETA 2011)no. 2036,49:729—730。

④ 杨琏真加,在1277—1291年任“江南总摄掌释教”。见Franke,《元代中国的吐蕃人》,321—325. 不确定杨是西藏人还是西夏人,他与元代《碛砂藏》有点联系。郑振铎《中国古代木刻画选集》卷1卷首插图(卷9,12页有简介),大约于1290年在杨的指道下刻印。插图上没有日期,但因为1291年杨不在任职,时间上是可能的。那么比管主八监管下印制的《碛砂藏》早12年。

⑤ 沙罗巴的官衔是“江浙等处释教总统”,但在1298年前,他在福建任类似职位(Franke,“Sha-luo-pa,”204)。

⑥ Ogawa Kan'ichi,“Gendai Hakuunshū kyōdan,”8。

推崇此版本的藏经，可能因为《普宁藏》是最近完成且保存有雕版。① 这些雕版藏于普宁寺，在元代末年完全损毁。这也解释了这些经文没有在任何其他大藏经中再现，直到 19 世纪晚期。②

相反，元代增加入《碛砂藏》的经书，及超过 90 部的秘密经，也包括《彰所知论》，在明清时期刊刻大藏经以及近现代大藏经中得以重现。这些《碛砂藏》的增补主要归功于管主八，③他的名字从 1306 年开始，被列入校勘、编辑，雕版和筹款的名单，他本人也是主要的捐款人。④ 正如《碛砂藏》几卷经书的刊记列举的，管主八在编译和校勘佛教经书方面早有很多经验，语言涉及西夏文、藏文、汉文等。⑤ 例如，至 1302 年，他在杭州完成了西夏文大藏经的雕版刻印，并要求印刷 100 份，另外在宁夏分发 1000 份大藏经中的经书。宁夏在中国的西北部，西夏王所在地（1033—1227）。⑥ 同一年，他正式被授权在杭州地区的万寿寺设刊经局，继续印刷各种语言的佛经。⑦ 管主八在题记中说，因为《碛砂藏》没有完成，他自

① 沙罗巴翻译的六部经书（T 925，926，976，1189，1417，and 1645），Franke 做过简介（"Sha-lo-pa，" 209-12），指出除了《彰所知论》，其他经书不确定从哪种语言翻译，但所有工作都是奉朝廷之命。1310 年，真金皇子任命沈仁明完成印刷工作。沈仁明当时为白云宗的首领。但 10 年之后，他失宠并被处决，白云宗活动被取缔（Franke，"Sha-lo-pa，" 210；Overmyer，"White Cloud Sect，" 636—639）。

② 《普宁藏》之后，沙罗巴的翻译首次再现于东京 1880—1885 年的缩印版。

③ 李富华、何梅《汉文佛教大藏经研究》，275，290—295；李际宁《佛经版本》，122—123. 除了管主八在他编译或印刷的经书末所写的刊记，没有看到其他资料。见徐汝聪《佛教祖师像》考察元代介绍秘宗佛教进入江南地区的线索，以及管主八和他儿子所起的作用。

④ 参见 1299 年一个类似的清单，在李富华、何梅《汉文佛教大藏经研究》中重印，264—265。

⑤ 例如，此刊记出现在《大宗地玄文本论 》卷 3（581 践 3），见李富华、何梅《汉文佛教大藏经研究》中重印，291—292 页。另一个更完整的版本在一部佛经卷末（西夏文），在敦煌莫高窟发现，由 Karmay 全文翻译（*Early Sino-Tibetan Art*，43—44 页；中文文本在 119 页）。此刊记与《碛砂藏》一样日期为 1307 年，当时管主八在杭州。

⑥ 王函，"元代杭州刊刻《大藏经》与西夏的关系"中认为开始时间为 1293 年。虽然有可能，但在元代资料中，没看到管主八那时在杭州地区的记录。Demiéville，在 *Notes additionelles*，136—137 页，认为沙罗巴可能于 1295 年在江浙一带恢复刻西夏文大藏经的雕版，工程开始于西北地区的河西走廊（西夏王所在地），但于 1294 年不明原因地被元朝廷停止了。

⑦ 万寿寺在杭州西湖北边的孤山上，是由杨琏真加重建的佛教寺院（1297—1307）。万寿寺在南宋改建为道教寺院（田汝成《西湖游览志》，19.12a；梁时正等编，《西湖志纂》，3.21b。

已捐款并筹款印了 1000 卷。[①] 其他主要筹款人包括张闾等官员。他可能在 1306 年左右是江南地区的传教者，因为《碛砂藏》题记中有他的名字，其中一页注明是 1306 年。[②]

此外，虽然有证据支持李际宁的论点，认为碛砂延圣寺的僧侣积极整理和编译《碛砂藏》的经文与注释，但他们不再监督雕版和印刷工作，而由管主八在杭州建立的“刊经局”来完成。[③] 然而，元代刊刻的《碛砂藏》有刊记表明，有些雕版还在延圣寺的“刊经局”刊刻。例如，1306 年记载，有位僧侣不是捐款，而是捐出 76 石白米来供给雕版工匠。

然而，可以推测 14 世纪早期的杭州，由《碛砂藏》记录的雕版工匠刻了更多书籍的雕版。杭州地区的刻工不仅为《碛砂藏》刻版，也修复了其他书籍的雕版。例如，《礼记正义》，原版由黄唐（南宋两浙东路茶盐司的一位官员）刻于 1191 年。[④] 因为《礼记正义》雕版在杭州修复，几乎可以肯定刻工在杭州工作，而不是苏州地区。[⑤]

管主八在杭州设立刊经局是很自然的，因为该地区在 10 世纪以来就是最大最重要的印刷中心。杭州作为吴越的首都时期，统治者对佛教非常虔诚，建造大量佛主雕像、图画和经文。13 世纪晚期，刻印出版业有大量熟练技工，包括抄写、插图和刻工，很多印坊与官府，寺院和个人联系，出售大量印刷品并传承雕版印刷的传统。[⑥] 当地印刷资源的丰富，使《普宁藏》在相当短的时间内完成。

---

① 有两张题记，见李富华、何梅《大藏经研究》，291—293 页。

② 张闾的官职在不同的刊记中而不同。例如，张闾官职为中书省左承，而在《瑜伽师地论》（229 福 4）第 64 卷末，他是宣政院官员。

③ 李际宁，《佛经版本》，123 页。

④ 原版刻工及元代版本的刻工名录，见王肇文《宋元刻工》，305b—306b。关于《碛砂藏》刻工的早期研究，见杨绳信《从碛砂藏刻印看宋元印刷工人的几个问题》和《论碛砂藏》，以及张新鹰对杨的评论，《论〈碛砂藏〉读后》。

⑤ 很多刻工往返于苏杭地区，两地乘船只需 8 天时间。14 世纪早期，这些在杭州工作的刻工不太可能都前往苏州。

⑥ 1305 年全真道《玄风庆会图》的雕版印刷，证明当时的杭州是印刷中心。全真道士在中国北方已经刻了《道藏》（1234—1277），而在杭州地区筹款印刷《玄风庆会图》。Katz，“Writing History，” and Chia，“The Uses of Print，” 193-201。

不足为奇的是，杭州印刷业也影响着宗教图画的绘画和风格。① 然而，在宗教印刷的创作和产量方面可以与杭州相比的，不是在宋，而在西夏。佛教作为西夏主要宗教，对佛教的虔诚表现在宗教经文和图画的大量印刷。② 因而，管主八在杭州的印刷工程体现了两种丰富且各有特点的佛教印刷传统。

特别的是元代《碛砂藏》10 幅扉画中的 9 幅，体现了之前汉艺术作品所没有的藏传佛教的绘画风格。事实上，西夏地区早期印刷的佛教插图已经体现了多文化的影响，非常可能的是，印工和刻工们无论来自哪个民族，他们都掌握了多种艺术风格。

同样，杭州的工匠和印坊与管主八设立的"印经局"一起，印刷多种风格和语言的佛经和插图。③ 如杨家印坊至少在明代早期还在运营，位于城市商业区，和其他印坊、集市、寺院、贡院和医局在一起。④ 杨德春的生卒年月不详，但在图像的绘画风格与西夏文藏经的扉画非常类似，也是在管主八的指导下于 1302 年在杭州完成。而且，现存《碛砂藏》印本中，只是用装饰纹盖住原来的印行名和插图人。国家图书馆所藏《碛砂藏》中有类似的扉画，但是画工是杨信真，可能在元后期或明代刻印了插图。⑤

重刻扉画可能是非常频繁的，因为这些雕版用来印制很多佛经的插图，包括需求量很大的流行经卷，捐款人愿意买几千个印本。因而雕版很

---

① 有关宋元时期杭州印刷业的研究较多，见 Huang, "Early Buddhist Illustrated Prints in Hangzhou"及参考书目。

② 研究西夏文和西夏印刷的学者认为，西夏国的多文化和多语言环境（西夏文、藏文、维吾尔文、汉文等）为汉文佛教和印刷提供了新的视角。关于西夏国支持的佛教印刷，其中见 Dunnell, *Great State*, 尤其 pp. 50—83; Saliceti-Collins, "Xi Xia Buddhist Woodblock Prints" 及参考书目。感谢 Anne Saliceti-Collins 将硕士论文提供给我。

③ 关于这些扉画与 1302 年西夏藏经的相同点，详细讨论见 Karmay, *Early Sino-Tibetan Art*, 41—54. 除了 Karmay's 列出的《影印宋碛砂藏经》中的 8 幅图，至少还有 2 幅，见 Lee and Ho, *Chinese Art under the Mongols*, Figs. 279 and 281. 因为这十幅图风格上的相似，原雕版可能都刻于 14 世纪前 10 年。

④ 关于杨家印坊，及南宋杭州北部地区商业印坊的讨论，见 Edgren, "Southern Song Printing at Hangzhou," 36—37。

⑤ Monnet, *L'empire du trait*, 128 (Fig. 85b) 有重刻的牌记而牌记内容用黑钉删除。李际宁，《碛砂藏研究》73 页，认为杨信真为明代的画工。

快就损毁了，这也许可以解释为什么没有现存的宋元《碛砂藏》的扉画。尽管图上没有标明时期，风格的类似和插图的名称表明现存最早的版可能刻于14世纪前10年。① 刻好的雕版图像，其印本可以加上在早期或后期佛经的前面，因而经文的日期不能认为是扉画的日期。②

而且有3幅《碛砂藏》扉画列出了画工陈昇，其中一幅列出刻工陈宁。后者在维吾尔文《八阳经》的插图中也出现了（用中文名字）。③《八阳经》，虽然中国西北部的吐鲁番盆地出土了唯一的残本，很可能扉画和经文都于杭州刻的，④又证明了管主八致力于在整个中国流传不同语言的佛教经典。

1322年左右，大部分《碛砂藏》已完工，比南宋晚期要快得多。而且，管主八不仅仅局限于寺院僧侣所希望的——完成《碛砂藏》，而且要包括佛教秘密经、律藏和《碛砂藏》、《普宁藏》和其他汉语大藏经所缺的论藏。他的目的是为了流传各种经到各个寺院。通过自大都弘法寺所有的大藏经重印，也在杭州刊经局汇集了一些经书，他完成了这一计划。⑤ 从八思巴的注释的《苾蒭习学略法》卷末刊记，可以了解这些秘密经的流传。这些雕版可能一直保存在杭州，直到1363年，八思巴的儿子管辇真吃剌把雕版运到延圣寺。⑥

① 元代后期或明代重刻雕版，见 Karmay, *Early Sino Tibetan Art*, 47（图 28）；Monnet, *L'empire du trait*, 128（图 85a—b）。

② Lee and Ho, *Chinese Art under the Mongols*, 认为图 276—281 的日期来自于卷末刊记，可是扉画和经文不一定是同日期。例如，尽管图 278 的扉画可能刻于大约 1306 年，《大般涅槃经》（122 迩 1-125-率 10）经文雕版可能刻于宋代 1260 至 1270 年早期（就在《大藏经》暂停时间之前）。而图 276—277，《佛说秘密三昧大教王经》（541 微 1—4）的刊记表明经文刻于 1301 年，可能刻于碛砂延圣院，但扉画很可能在几年之后刻于杭州。Karmay, *Early Sino-Tibetan Art*, 48；Edgren, *in Chinese Rare Books*, 80；以及 Edgren, "Southern Song Printing at Hangzhou," 36，大致有相同的意见。

③ Karmay, *Early Sino-Tibetan Art*, 48；冯家升，《八阳神咒经》，插图中刻工的名字不太清楚。

④ 陈宁作为刻工至少在另外一个印本中也出现了，刻于元至大时期（1308—1311）的杭州地区；见王肇文，《古籍宋元刊工姓名索引》，258b.

⑤ 管辇真吃剌，《大乘理趣六波罗蜜多经》（565 多 7）卷 7 末的刊记，重印于李富华、何梅《汉文佛教大藏经研究》295 页。

⑥ 1363 年刊记，见李富华、何梅《汉文佛教大藏经研究》，295 and Tekiya, "Sekisha zōkyō," 157。

另一个可能与《碛砂藏》有关联的佛经印刷工程，是原版刻于宋代（1120—1151），于14世纪早期部分重刻的《毗卢藏》。① 1315年重印藏经由白莲教成员支持，为首的陈觉琳，来自福建道建宁路建阳县后山报恩万寿堂，该堂建于1239年。②《碛砂藏》与白莲教的的关联不太明确。田海（Barend ter Haar）认为，白莲教的起源可以追溯到南宋僧侣茅子元（大约1088—1166），他的白莲忏堂在淀山湖附近，大约在陈湖西南8公里处。而且，禅师寂堂在碛砂建了延圣庵，也致力于莲宗。在南宋前几十年刻印《碛砂藏》，刊记显示一些来自吴江县和华亭县的捐款人的名含有"普"或"觉"字。直到1315年，后山堂才开始动工印刷。

事实上，计划不是刻印整部大藏经，而是重刻四大部经书，与20年后湖州妙严寺所印的一样。报恩万寿堂（或后山堂）的支持者可能认为主要是重印《毗卢藏》这一部分，因为他们有在福州完成的印本。③ 后山堂作为印刷项目的中心非常合理，因为它在建阳县崇泰里，而建阳自12世纪晚期以来，是仅次于杭州的刻书中心。④ 许多经卷的刊记显示，捐款人来自不同地方。尽管大多来自福建北部——从建宁府和绍武府的一些县，其他来自不同的路，包括江西交界的地方，比如抚州路，也来自广州、湖北和河南。有位河南的捐款人叫陈觉圆，也许是陈觉琳的亲戚，或是白莲教的成员，大多在名字中含有"觉"或"圆"字。⑤

后山堂白莲教的追随者可能与其他佛教刻经活动有关系，例如有名的资助人，高丽的忠宣王（1308—1311），他作为元皇族的近亲，在中国比在高丽生活更长时间。⑥ 1308年，白莲教被禁，后山堂成员被判秘谋异端

---

① 李富华、何梅《汉文佛教大藏经研究》，207页。

② Ter Haar, *White Lotus*, 65, 69. 但没有证据表明南宋时期白莲教的僧侣或信徒支持《碛砂藏》的印刷工程。后山堂的建立和位置日期，见《建阳县志》1553：7.25a.

③ See ter Haar, *White Lotus*, 特别7289; ter Haar, "Buddhist-Inspired Options," 140—147。

④ 尽管后山堂刻经业兴盛，但建阳坊刻家与宗教好象没什么联系。也许坊刻家刊佛经可是没有在印品上刊牌记。而且，几个重要的刻书氏与朱熹（他住在当地）和其他道学家有关联，也许不想与白莲教有联系。关于建阳在宋元时期的商业出版，见 Chia, Printing for Profit, chs. 3—4。

⑤ 很多闽北居民世系认为先祖来自河南固始县，所以猜测陈觉圆和陈觉琳有血缘关系，可能是对的（李富华、何梅《汉文佛教大藏经研究》，356）。

⑥ 关于忠宣王，see Huang Chi-chiang, "Ŭich'ŏn's Pilgrimage," 259—262。

邪的信仰，忠宣王在朝廷为他们辩护而免于死罪。① 不清楚他为什么这样做，但作为虔诚的佛教徒，他不断的捐出经书或捐赠给寺院整套藏经，特别是在杭州地区，他也许对后山堂的刻经业感兴趣。事实上，尽管杭州慧因寺在北宋时被称为高丽寺，因为由高丽王和官员赞助，包括杭州地区的主要寺庙和大都的大庆寿寺，都接受佛经捐赠。除了一个例外，1312年忠宣王下令在大都刻印大量的佛经雕版，不清楚是重新雕版或是印刷已有雕版。忠宣王和高丽大臣元瓘都捐赠了藏经和田给杭州寺院。②

因而14世纪前半叶，管主八竭尽全力完成《碛砂藏》，其他群体如福建北部后山堂的白莲教和妙严寺白云宗的追随者也很活跃，但他们不是印刷整个藏经，而是选取最重要的，如四大部佛经。因为这是最经常重印的，雕版很快就损毁了。那么问题就出现了——为什么刊印整个藏经？原因之一是这体现了极大的功德和声望，来编辑出版整部大藏经，而不是一部分经文或是小册子，或是单张的祷文或图像。似乎延圣寺被提及最多的是汇集了大藏经，而不是其他方面。对管主八和他的助手来说，有机会看到完成汉文大藏经，并且将300卷的秘密经加入《碛砂藏》，一定非常令人鼓舞。一旦完成，可以使有名的资助人捐赠印本给各大寺院，包括中国和外国，如日本和朝鲜。③

也许最紧急的原因是完成佛教著作的汇编，而留存雕版可以为以后重印。如前所述，很多大藏经的版本在东亚都没有留存长久。在中国14世纪早期，显然有整套雕版的大藏经为《普宁藏》和《碛砂藏》在南方，而北方有几套御制刊刻的大藏经。从元大都刻的大藏经的现存部分来看，

---

① Ter Haar, *White Lotus*, 76。

② 见《慧因寺志》6.6a—9a 关于元瓘捐给慧因寺一套藏经；7.5a—6a 关于忠宣王和高丽大臣元瓘捐赠田；7.8b—9b 关于忠宣王捐赠50套藏经给杭州地区的寺院。其中的记文（为1314年）用“印造”而不是“刻”或“刊”，所以可能是用已有雕版印刷的，很可能是用《普宁藏》雕版，因为藏于杭州府普宁寺。支持的证据是，在北京智化寺的佛像中发现《普宁藏》的一卷《付法藏因缘经》（许慧利，智化寺发现元代藏经，1—2）。另一个可能是《碛砂藏》，当时已差不多完成了。无论怎样，就算方便起见，很可能用中国已有的雕版印刷，而不是高丽的第二版。

③ 可能有人认为自13世纪中期高丽第二版本藏经刻成，在高丽的需求量变少了。而且从藏语或其他语言翻译到中文的新佛经，或其他原因缺损的佛经，可能运到高丽补充藏经。佛经的流传是双向的，补充两国缺失的经文。尽管元代与以前相比减少了。见 Jorgensen; “Regeneration of Chinese Buddhism”; Faure, “Ch’an Master Musang”; Huang, “Ŭich’ŏn’s Pilgrimage.”

可能没有南方的流传广泛。例如,13 世纪后期在大都弘法寺版(现代学者称元官版),[①]虽然有些中国、高丽和日本的寺院有幸收到藏经捐赠,显然普通佛教徒难以得到。在北京智化寺发现的延祐时期(1314—1320)版本,也是同样情况。[②] 因而完成《碛砂藏》并修补早期损毁的刻版有充分的理由。而在什么地方,由谁把缺失的雕版在明代修补完整,形成了《碛砂藏》另一个复杂的章节。

三、明代《碛砂藏》

如前所述,《大般若经》属于南宋时期(约 1216—1229)延圣院雕版印刷的第一批佛经。然而,到了 14 世纪的第二个十年,原始雕版显然已不再可用。因此,持有或希望获得《碛砂藏》副本的寺院必须用其他版本来补充缺失的卷册,例如从后山堂或妙严寺获得。但在一个世纪或更短时期内,即便是这两套雕版显然也无法获得,所以 1411 年至 1412 年左右,在一个名为鲍善恢的沙弥的带领下,一群佛教信徒在杭州重新制作了几部佛经的雕版。[③] 善恢与仙林讲寺有关,仙林讲寺又称高丽慧因讲寺,元末时被毁,明朝期间开始重建,直至 16 世纪末左右完成。因而并不奇怪,高丽忠宣王和离任的大臣元瓘百年前捐赠的大藏经已不再完整。[④]

在善恢资助刻版的部分《碛砂藏》的刊记中,他提到试图通过碛砂延圣和妙严寺的版本来替代仙林讲寺收藏中丢失的经文,但发现许多雕版已被损毁,不能使用。[⑤] 善恢的刊记中说"遂往碛砂、妙严二刹补印藏

① 李富华、何梅《汉文佛教大藏经研究》, 356—374; 李际宁《佛经版本》,138—339.《弘法藏》是 12 世纪中部山西《赵城藏》的扩展。后者又基于《开宝藏》,雕版来自开封,由金国入侵北宋首都时获得。

② 许慧利《元代藏经》;李际宁《佛经版本》, 139 页。事实上《弘法藏》和智化寺的版本,是 20 世纪早期才发现在国内, 虽然已知日本有两个版本。

③ 关于鲍善恢, 他自称沙弥,佛经末的刊记是已知关于他的唯一信息。

④ 《慧因寺志》1.2a ,十分之八九的寺院在元至正时期 (1341-67) 被毁,在明早期重建;吴之鲸《武林梵志》3.7a. 注意第一部佛经中寺院名字为慧因,第二部为惠因。

⑤ 两个刊记见李富华、何梅《汉文佛教大藏经研究》,296—299,及李际宁《佛经版本》131—133 (其中图 55 是《大般若经》528 卷末的刊记)。

典”,似乎存留的《碛砂藏》和妙严寺的版本仍保存在各自的寺院里。①

《碛砂藏》中鲍善恢的第二个刊记,包含了有历史意义的内容,有助于说明藏经的不同版本。此刊记时间为1411年,含有很早前由金国官员赵沨完成于1183年的文本,该文本来自纪念尼姑崔法珍的石碑,她在山西中南部积极筹款,刻印赵城(金)藏(约1148—1173)。近两个半世纪之后,鲍善恢引用了部分碑文颂扬她的功绩,也许表明自己在小范围内效仿她的努力。我们不禁要问善恢从哪儿获得碑文?可能在元大都的弘法寺内,管主八也在那印刷佛经以完成《碛砂藏》。当然,《弘法藏》是《赵城藏》的扩展,其雕版最终运到了大都。②

明代,杭州的印坊为重印《碛砂藏》继续发挥重要作用。附于《碛砂藏》在明代或后期重刻部分的末页表明由杨家刻经铺刻印,地址在后朝门附近。我们不知道印刷的时间,但如果由信徒捐款印制,而他们的名字记录在莲花图的刊记内,那么时间应该是1432年(宣德七年)。但其中的韦驮像刻于10年前(永乐二十年,1422)。从该末页的信息看,我们得知杨家刻经铺至少存在了100年。有位捐赠人叫董福成,自称从北京地区大兴县来,那么他来自很远的地方,可能是香客来朝拜杭州和周围地区著名的寺院。他代表家里的妻子、弟弟、儿子和妾等许愿,印刷“一藏”(即5048部)的佛经。事实上,在董福成重印了《碛砂藏》的几部佛经里很明显地看出来书法字体与宋元版本区别明显。杨家刻经铺所用的雕版在明代是补刻。③

仔细研究《碛砂藏》中明代印刷的卷册,还有许多疑点有待解决。例如,有一些《碛砂藏》卷册末页有刊记格、韦驮像,由南京姜家印坊刻印,此印坊在聚宝门和报恩寺附近。事实上,如果看经文的字体书法风格,像是明早期重印本。普林斯顿所藏《碛砂藏》的《大般若经》41卷卷末,有完全相同的刊记格、杨家印坊和韦驮像,只是刊记格是空白的,而且字体

① 引文来自1411年刊记,见一些佛经的刊记,善恢和同僚资助刻印雕版,包括《大般若经》(比如,卷528)。

② 关于《赵城藏》和《弘法藏》的关系,见李富华、何梅《汉文佛教大藏经研究》,103—110。

③ 李际宁2002年著作(133页)是另一个例子,董福成资助重刻《佛吉祥德赞》(522功1)。

风格不同。

另一个例子是《大藏圣教法宝标目》卷末刊记，似乎不是来自1306年原版《碛砂藏》，而是明中期在北京重印，此刊记标明时间是1436年。① 根据捐款人提到的，整部大藏经有6400卷，这部经书的雕版可能不是为了弥补《碛砂藏》缺失的部分，而可能按御制汇编的洪武版（1372—1398）。② 卷末的空白纹饰缺少捐赠人的记录，但在韦驮像的右下角，写明是致和街沈家经坊印行。

胡家印坊也在北京崇文门内，但显然此印本或者没有捐赠人，或者信息没有记录。前面原来应该列出刻工、编辑和筹款人的一页被删，表明印坊重印佛经给可能的捐赠人备用。胡家印坊也印刷了《碛砂藏》中的《四分律藏》(336随1—10），其中前九卷印自1306年的原雕版。然而第十卷来自《永乐南藏》或者印本，因为原版千字文顺序是"姑六"，而此卷用于一部《碛砂藏》，所以函号改为"随十"。

这些印坊怎样得到《碛砂藏》的印本（或者是其他版本）？很可能的是，雕版存于一个地方（虽然可能留存的寺院都很近）。全国的印坊可以付钱印经文，也可以自己加刊记格和韦驮像。因而他们已经准备好大藏经中的各种佛经，特别是流行的经书如《莲华经》甚至是其中最流行的部分《普门品》来满足顾客的需求。③ 也可能由印坊重刻藏经中的经书，或者有时是手抄本。《永乐南藏》的雕版存于南京报恩寺，胡家印坊可能买印本运回北京，为捐款人备用。④《四分律藏》的第十卷何时刻印难以猜测，但从书法风格看，可能是在《永乐北藏》（即第三版官版）在北京完成于1440年之前的15世纪前半叶。尽管北藏版更正了前面南藏版的一些

① 《影印宋碛砂藏经》有一个管主八写的刊记，卷九末标明1306年（Tekiya, *Sekisha zōkyō*, 160〔586 遵9〕）。这是北宋著作第一次并入佛教大藏经。

② 《洪武版》通通分印自《碛砂藏》，保留了后者的函号和千字文顺序，但所有卷数超过7000卷。

③ 《普门品》单独流传了几个世纪，常常作为单独的经书出版，书名如《观世音经》。见Yü 2001：75。

④ 明代第二个官版《永乐南藏》，其雕版很容易获得，但因为存放条件不好而损毁严重。而且，该版因为有很多错误而收到批评。例如，见冯梦祯（1548—1605）在晚明《嘉兴藏》中的序言。（引自Long Darui, "Managing the Dharma Treasure"）。

文字错误,比较而言版本较好,但雕版存在紫禁城,普通人和印坊很难得到而复制印本。

这也解释了《碛砂藏》中的经书到16世纪末还在印刷。刊记没有注明印坊,但有捐款人的信息,是湖广麻城县芝佛院僧侣,时间是1599年,大约在大藏经的首部经书刊刻了3个世纪后。然而我们不知道《碛砂藏》雕版在1599年是否还留存。延圣寺可能在1417年重修但之后就被忽视了。15世纪有几位诗人描述了陈湖边一座寺院破败的景象。吴宽(1435—1504)的诗文提到有座经坊,鸟儿不敢飞入,因为存有雕版和经书:"过碛砂寺寺西有蛟龙浦,中有藏经坊,僧云:鸟雀不入坊……"。无论如何,似乎寺院的屋顶或墙壁已经倒塌,到崇祯年间(1628—1644),寺院成为一片废墟。①

然而,《碛砂藏》将近4个世纪的长命,除了高丽第二版藏经任何其他刻本的汉文藏经都无法与之匹配。如此长的时间使《碛砂藏》影响深远,也被其他版本的藏经影响。例如,当《碛砂藏》的底本有《思溪藏》、《普宁藏》和《弘法藏》。反之,《洪武南藏》主要复制《碛砂藏》的印本。而且如果我们考察任何一部现存的《碛砂藏》,会发现卷册印制的混合情况,或是从原雕版,或是从《碛砂藏》之前的其他版本藏经或经书雕版印制。而且,因为管主八致力完成《碛砂藏》,这一版本成为最早的藏经之一,收入了不少密宗卷,并在扉画上体现了西藏—尼泊尔的艺术风格的影响。最后,在《嘉兴藏》出现之前,《碛砂藏》比任何其他版本藏经的卷册都多,我们可以探寻(在某些程度上已经在研究)捐款人的记录,来了解佛教僧侣和信徒怎样,特别是为何要支持印制整个藏经的庞大计划。事实上,《碛砂藏》的历史不仅有助于理解佛教的经书,而且更广泛的,理解中国人对书写文字的著迷。

参考文献:

1. 皇甫汸. 隆庆长洲县志(1571). 天一阁明代方志选刊续编, 23. 上

① 诗文和寺院成为一片废墟,见《苏州府志》, 42. 31b-32a.

海：上海古籍书店，1990

2. Chia, Lucille （贾晋珠）. *Printing for Profit: The Commercial Publishers of Jianyang, Fujian (11th—17th Centuries)*. Cambridge, Mass.: Harvard University Asia Center, 2002

3. Chia, Lucille（贾晋珠）. "The Uses of Print in Early Quanzhen Daoist Texts." In *Knowledge and Text Production in an Age of Print: China, 900—1400*, ed. Lucille Chia and Hilde De Weerdt, 167—213. Leiden: Brill Academic Publishers, 2011

4.（日）竺沙雅章. 宋元佛教文化史研究. 东京：汲古书院，2000

5. Demiéville, Paul. "Notes additionnelles sur les éditions imprimées du Canon Bouddhique." [Appendix to Paul Pelliot, *Les Débuts de l'imprimerie en Chine*, 121—38]. Paris: Impr. nationale Librairie d'Amérique et d'Orient, 1953

6. Dunnell, Ruth W. *The Great State of White and High: Buddhism and State Formation in Eleventh-Century Xia*. Honolulu: University of Hawai'i Press, 1996

7. Edgren, Sören. "Southern Song Printing at Hangzhou." *Bulletin of the Museum of Far Eastern Antiquities* 62 (1989)

8. Edgren, Sören, *Tsien Tsuen-hsuin*, Wang Fang-Yu, and Wan-go H. C. Weng. *Chinese Rare Books in American Collections*. New York: *China Institute in America*, 1984

9. Faure, Bernard. "Ch'an Master Musang: A Korean Monk in East Asian Context." In Robert Buswell, ed., *Currents and Countercurrents: Korean Influences on the East Asian Buddhist Traditions*, 153—72. Honolulu: University of Hawai'i Press, 2005

10. 冯家昇. 刻本回鹘文佛说天地八阳神咒经研究——兼论回鹘人对于大藏经的贡献. 考古学报，1955(1)

11. Franke, Herbert. "Sha-lo-pa (1259—1314): A Tangut Buddhist Monk in Yuan China." In *Religion und Philosophie in Ostasien: Festschrift für Hans Steininger zum* 65. *Geburtstag*, ed. Gert Naundorf, Karl-Heinz Pohl,

and Hans-Hermann Schmidt, 201—222. Würzburg: Köningshausen & Neumann, 1985。

12. Franke, Herbert. "Tibetans in Yüan China." In *China under Mongol Rule*, ed. John D. Langlois, Jr., 296—328. Princeton: Princeton University Press, 1981

13. Gimello, Robert M. "The 'Canonization' of Zhǔntí: The History of an Esoteric Cult Told in the Development of Its Canonical Corpus, from the Seventh through the Seventeenth Century." Paper presented at the conference, "Spreading Buddha's Words in China," University of Arizona, AZ, March 25—27, 2011

14. 王鏊等. 正德姑苏志(1506). 四库全书本

15. Huang, Chi-chiang 黄启江. "Ŭich'ŏn's Pilgrimage and the Rising Prominence of the Korean Monastery in Hang-chow during the Sung and Yüan Periods." In Robert Buswell, ed., *Currents and Countercurrents: Korean Influences on the East Asian Buddhist Traditions*, 242—276. Honolulu: University of Hawai'i Press, 2005

16. Huang, Shih-shan Susan. "Early Buddhist Illustrated Prints in Hangzhou." In *Knowledge and Text Production in an Age of Print: China, 900-1400*, ed. Lucille Chia and Hilde De Weerdt, 135—165. Leiden: Brill Academic Publishers, 2011

17. 李翥. 玉岑山慧因高丽华严教寺志(1627). 中国佛寺史志彙刊. 第1辑第20册. 台北: 明文书局, 1980

18. 冯继科等纂. 建阳县志(1553). 天一阁明代方志选刊本, 31. 上海: 古籍出版社, 1964。

19. Jorgensen, John. "Korea as a Source for the Regeneration of Chinese Buddhism: The Evidence of Ch'an and Sŏn Literature." In , Robert Buswell, ed., *Currents and Countercurrents: Korean Influences on the East Asian Buddhist Traditions*, 73—152. Honolulu: University of Hawai'i Press, 2005

20. Karmay, Heather. Early Sino-Tibetan Art. Warminster: Ans and

Phillips Ltd, 1975

Katz, Paul R. "Writing History, Creating Identity: A Case Study of *Xuanfeng qinghui tu.*" *Journal of Chinese Religions* 29 (2001): 161—78.

22. Lancaster, Lewis R. "TheBuddhist Canon in the KoryŏPeriod." In Lewis R. Lancaster, Lewis; Suh, Kikun; Yu, Chai-Shin, eds. ,*Buddhism in Koryo: a royal religion*, 173—192. Korea research monograph, 22. Berkeley: Institute of East Asian Studies, University of California, 1996

23. Lee, Sherman and Wai-kam Ho. *Chinese Art under the Mongols: The Yüan Dynasty*, 1279—1368. Cleveland: Cleveland Museum of Art, 1968

24. 李富华,何梅. 汉文佛教大藏经研究. 北京：宗教文化出版社, 2003

25. 李际宁. 北京图书馆藏碛砂藏研究. 北京图书馆馆刊,1998(3)

26. 李际宁. 佛经版本. 南京：江苏古籍出版社, 2002

27. 梁庚尧. 宋元时代的苏州. 文史哲学报,1982

28. 梁庚尧. "宋元时代苏州的农业发展." 许倬云, 毛汉光, 及刘翠溶编,第二届中国社会经济史研讨会论文集, 257—81. 台北：汉学研究资料及服务中心, 1983

29. 梁诗正等编. 湖志纂. 四库全书本。

30. Liu Xinru 刘欣如. "Buddhist Institutions in the Lower Yangtze Region during the Sung Dynasty." *Bulletin of Sung-Yuan Studies* 21 (1989): 31—51

31. Long, Darui. "Managing the Dharma Treasure: Collation, Engraving, Printing, and Distribution of the Canon in Late Imperial China" In *Spreading Buddha's Word in China: The Formation and Transformation of the Chinese Buddhist Canon*, ed. Wu Jiang and Lucille Chia. Forthcoming

32. Marmé, Michael. 2005. *Suzhou: Where the Goods of All the Provinces Converge.* Stanford: Stanford University Press

33. Monnet, Nathalie. *Chine: l'Empire du trait; Calligraphies et dessins du ve au XIXe siècle.* Paris: Bibliotheque nationale de France, 2004

34. (日)小川贯弌. 元代白云宗教团の活跃. 佛教史学 3.1 ,1952

35. Overmyer, Daniel L. " The White Cloud Sect in Sung and Yüan China. " *Harvard Journal of Asiatic Studies* 42. 2 (December 1982): 615—42

36. Pelliot, Paul. *Les Débuts de l´imprimerie en Chine.* Paris: Impr. nationale Librairie d´Amérique et d´ Orient, 1953

37. 碛砂藏（作者所见）

38. 碛砂大藏经(卷 5359). 普利斯顿大学东亚图书馆葛思德东方书库收藏

39. 影印宋碛砂藏经. 591 册 . 上海: 上海影印宋版藏经会, 1933—1936

40. 宋版碛砂大藏经(卷 40). 台北: 新文丰出版社, 1987

41. Saliceti-Collins, Anne. " Xi Xia Buddhist Woodblock Prints Excavated in Khara Khoto: A Case Study of Transculturation in East Asia, Eleventh-Thirteenth Centuries. " MAthesis, University of Washington, 2007

42. 李铭皖,冯桂芬. 同治苏州府志. 1874; 1882. 中国方志丛书—华中地方, 5. 台北:成文出版社, 1970

43. (日)的屋胜. 影印宋碛砂藏经尾跋集. 日华佛教研究会年报, 1936

44. ter Haar, B. J. *The White Lotus Teachings in Chinese Religious History.* 1992. Reprint. Honolulu: University of Hawai' i Press, 1999

45. ter Haar, B. J. " Buddhist-Inspired Options: Aspects of Lay Religious Life in the Lower Yangzi from 1100 until 1340. " *T' oung Pao* 87. 1/3 (2001): 92—152

46. 田汝成. 西湖游览志(16 世纪). 四库全书本

47. 王菡. 元代杭州刊刻《大藏经》与西夏的关系. 文献,2005(1)

48. 王肇文. 古籍宋元刊工姓名索引. 上海: 上海古籍出版社, 1990

49. 范成大等. 吴郡志(1192、1229). 丛书集成初编. 北京: 中华书局, 1985

50. 吴之鲸. 武林梵志. 四库全书本

51. 许惠利. 北京智化寺发现元代藏经. 文物,1987(8)

52. 徐汝聪. 一件珍贵的藏传佛教祖师像. 东南文化,1992(2)

53. 杨绳信. 中华文史论丛29,1984(1)

54. 杨绳信. 论《碛砂藏》. 文物,1984(8)

55. 影印宋碛砂藏经. 上海：上海影印宋版藏经会，1933—1935。

56. 王德毅等编. 元人传记资料索引. 台北：新文丰出版社，1979—1982

57. 释圆至. “平江府陈湖碛砂延圣院记”及“延圣院观音殿记”. 牧潜集(13世纪晚期). 四库全书本

58. 张新鹰. 论《碛砂藏》读后. 文物,1986(9)

59. 郑振铎. 中国古代木刻画选集. 北京：人民出版社，1985

60. 陶煦. 光绪周庄镇志(1882). 续修四库全书本. 上海：上海古籍出版社，1995

吴越国时期雕版印刷的“宝箧印经”版本研究

李际宁

（中国国家图书馆）

“宝箧印经”，全称《一切如来心秘密全身舍利宝箧印陀罗尼经》，又简称为“宝箧经”、“宝箧印心咒经”。著名的“雷峰塔经”是其中的一种。唐大历七年（772），三藏沙门不空上表，奏请玄、肃、代三朝译出经典包括“宝箧印经”在内“七十七部凡一百一卷并都目一卷”上进流传。《大唐贞元续开元释教录》著录，历代大藏经收入。在中国历史上，极度崇拜并大量雕印《一切如来心秘密全身舍利宝箧印陀罗尼经》的，大概首推钱俶据有吴越国时期，“宝箧印经”不仅是研究中国和东亚地区“宝箧印经”思想的重要资料，也是研究中国早期雕版印刷史的重要实物资料。

据已公布的资料，目前在中国大陆发现的吴越国时期刊雕的《一切如来心秘密全身舍利宝箧印陀罗尼经》有多种，其中显德三年（956）丙辰本、乾德三年（965）乙丑本、开宝八年（975）乙亥本影响最大。本文利用相关资料，对上述三个“宝箧印经”的版本特点作初步研究。

一、中国流传的“宝箧印经”的系统

日本《大正藏》收录的“宝箧印经”分“大”、“小”两本，编号 No. 1022A 本，文字稍短，本文称为“小本”。编号 No. 1022B 本，文字稍长，本文称“大本”。

《大正藏》校勘说明,“小本”底本为《高丽藏》,应是历代入藏本。“大本”来源于“享和元年刊长谷寺藏本,此经与丽本大异,故别载之”①。明显的证据在于宝箧印陀罗尼之后的一段文字,小本简明而大本繁缛:

小本:

“尔时世尊说是陀罗尼时,从朽塔处有七宝窣堵波自然涌出,高广严饰,庄严微妙,放大光明。时彼十方九十九百千俱胝那庾多如来,皆来称赞释迦牟尼佛,各作是言:善哉,善哉,释迦如来,能说如是广大法要,安置如是法藏,于阎浮提令诸众生利乐安隐,若有善男子善女人安此法要,安置此陀罗尼于塔像中者,我等十方诸佛,随其方处,恒常随逐,于一切时,以神通力及誓愿力加持护念。”

大本:

“尔时佛说是神咒已,诸佛如来自土聚中出声赞言:善哉,善哉,释迦世尊。出浊恶世为利,无依无怙众生,演说深法,如是法要久住世间,利益广多,安稳快乐。于时佛告金刚手言:谛听,谛听,如是法要。神力无穷,利益无边。譬如幢上如意宝珠,常雨珍宝满一切愿。我今略说万分之一,汝宜忆持利益一切。若有恶人死堕地狱,受苦无间,免脱无期。有其子孙称亡者名,诵上神咒才至七遍,洋铜热铁忽然变为八功德池,莲生承足宝盖驻顶,地狱门破,菩提道开,其莲如飞,至极乐界,一切种智自然显发,乐说无穷,位在补处。复有众生重罪报故,百病集身苦痛逼心,诵此神咒二十一遍,百病万恼一时消灭。寿命延长,福德无尽。若复有人悭贪业故生贫穷家,衣不隐身,食不续命,羸瘦衰蔽人所恶贱,是人惭愧,入山折采无主搞华,若磨朽木持以号香,往至塔前礼拜供养,旋绕七

① 见《大正藏》No. 1022B 卷端注文。该经卷末有附记:“此经与大明藏兴函仪轨离部第八不空所译《宝箧印陀罗尼经》同本,而其异不少也。此本者,遍照金刚及慈觉智证三师之请来,文义通畅也。先亮汰和上注此本行天下,今因刻诸轨,更标藏本之异于冠,以上木。享和改元辛酉仲秋月丰山勤息快道志,享和癸亥三月二十八日一校加笔毕慈顺。”

匝流泪悔过。由神咒力及塔威德，灭贫穷报富贵忽至，七宝如雨无所阙乏。但当此时弥饰佛法施与贫乏，若有吝惜财宝忽灭。若复有人为种善根随分造塔，或泥或砖，随力所办，大如庵罗高四指许，书写神咒安置其中，持以香华礼拜供养，以其咒力及信心故，自小塔中出大香云，香气云光，周遍法界。薰馥晃曜，广作佛事，所得功德如上所说。取要言之，无愿不满。若有末世四辈弟子善男善女，为无上道尽力造塔安置神咒，所得功德说不可尽。若人求福至其塔所，一华一香，礼拜供养，右旋行道，由是功德，官位荣耀，不求自至。寿命富饶，不祈自增。怨家盗贼，不讨自败。怨念咒咀，不厌归本。疫疠邪气，不拔自避。善夫良妇，不求自得。贤男美女，不祷自生。一切所愿，任意满足。若有乌雀鸮枭鸠鸽，鸺鹠狗狼野干，蚊虻蚁蝼之类，暂来塔影及踏场草，摧破惑障，觉悟无明。忽入佛家，恣领法财。况有众人或见塔形，或闻铎声，或闻其名，或当其影，罪障悉灭。所求如意，现世安稳，后生极乐。或人随力，以一丸泥涂塔坏壁，运一拳石，扶塔硕倾。由此功德，增福延寿，命终之后，成转轮王。若我灭后，四部弟子，于是塔前，济苦界故，供养香华，至心发愿，诵念神咒，文文句句，放大光明。照触三途，苦具皆辟。众生脱苦，佛种牙萌。随意往生十方净土。若人往在高山峰上至心诵咒，眼根所及，远近世界，山谷林野，江湖河海，其中所有毛羽鳞甲一切生类，碎破惑障，觉悟无明，显现本有三种佛性，毕竟安处大涅槃中。若与此人往过道路，或触衣风，或踏其迹，或唯见面，或暂交语，如是等人，重罪咸灭，悉地圆满。尔时佛告金刚手言：今此秘密神咒经典付嘱汝等，尊重护持，流布世间，不令众生传受断绝。金刚手言：我今幸蒙世尊付嘱，唯愿我等为报世尊深重恩德，昼夜护持流布宣扬一切世间。若有众生书写受持忆念不断，我等麾催释梵四王龙神八部，昼夜守护，不暂舍离。佛言：善哉，金刚手，汝为未来世一切众生大利益故，护持此法，令不断绝。”

上述两本比较，结果非常明显，“大本”将有关念诵、抄写、供养、入塔安奉宝箧印陀罗尼诸功德，不厌其详地铺陈，大大增加了这一部分的文字量。而这一部分文字的来源，目前尚未有明确说法，好在这不影响我们辨别两个系统的特点。

通过校勘知道，五代吴越国时期流传的“宝箧印经”，以“小本”为主，不论显德三年丙辰本、乾德三年乙丑本、开宝八年乙亥本，无出其右。这个现象说明，吴越国时期流传的不空译《一切如来心秘密全身舍利宝箧印陀罗尼经》底本来源，就是当时在中国内地流传广泛的属于“小本”系统的“宝箧印经”。

通过校勘还知道，在韩国收藏的几种刻本“宝箧印经”，也以“小本”系统为多，比如，“统和二十五年（1007）”本、“乾统年（1101—1110）”本，与中国江南地区发现的显德三年丙辰本、乾德三年乙丑本有许多相似之处。由此推想，当时在朝鲜半岛流传的“宝箧印经”，与中国内地流传的“小本”系统有某种渊源，或者可以说是这些版本的传刻本。

二、显德三年丙辰本

目前发现的五代时期至北宋初年在吴越国地区雕印的“宝箧印经”，以显德三年本为最早。这个版本，就笔者所知，已经公布的资料有两条：

其一，1917 年在中国浙江湖州天宁寺石幢中发现，现藏瑞典斯德哥尔摩东方博物馆。袖珍卷轴装，卷首有扉画，扉画前有发愿文：“天下都元帅吴越国王/钱弘俶印宝箧印经/八万四千卷在宝塔内供/养显德三年丙辰岁记。”①。扉画四周双边，经文上下单边。全卷共 4 版，338 行，每行 8 字（间有个别 9 字者，首尾题及陀罗尼行字不等）。第 1 版经文 70 行，第 2 版 97 行，第 3 版 91 行，第 4 版 83 行。各版端未见版片号。

关于此本，王国维说：“同时所出二卷，大小行款均同而字体微异，可证其有数板也”②。这两件，一件现存瑞典，另一件收藏单位不详。

① 王国维，《两浙古刊本考》，载《闽蜀浙粤刻书丛考》，北京：北京图书馆出版社出版，2003 年，该本影印 1940 年商务印书馆印《海宁王静安先生遗书》本。艾思仁（Sored　Edgren）：*The Printed Dharani-Sutra of A. D.* 956 Reprinted from *The Museum of Far Eastern Antiquities* Buiietin No. 44 1972。承先生赠送抽印本，谨此表示感谢！该文特别重要的价值在于，论文后附有整卷图版。

② 王国维，《两浙古刊本考》，载《闽蜀浙粤刻书丛考》，北京：北京图书馆出版社出版，2003 年，该本影印 1940 年商务印书馆印《海宁王静安先生遗书》本。

瑞典斯德哥尔摩东方博物馆收藏本

其二,1971 年于安徽省无为中学宋代舍利塔地宫发现一件,卷首有同样的发愿文,存"天下都元帅吴越国王/钱弘俶印宝箧印经□……□"几字,年款处文字残损严重,难以辨认。现藏安徽博物院(简称"安博")。

关于安博本,最近有黎毓馨主编《吴越胜览——唐宋之间的东南乐国》一书刊布全图①,据资料公布的数据,本件长约 150 厘米,高 7 厘米,"用质地柔软的绵纸印制,至少三张粘连,卷轴装"。

斯德哥尔摩东方博物馆收藏本品相完好,文字清晰。安博本前半段残损较为严重,托裱时经文有错简。经过比勘发现,上述两本虽属同一系统,但字体版刻风格尚有些微差别,可以肯定两者之间有覆刻关系,但非同一版本。孰前孰后,有待深入研究。

安徽省博物院收藏本(扉画)

① 黎毓馨主编,《吴越胜览——唐宋之间的东南乐国》,北京:中国书店,2011 年 10 月。从本人的角度来看,该书最重要的文献价值在于第一次完整地公布了有关吴越国时代几个重要"宝箧印经"的图版,编撰者功德无量。

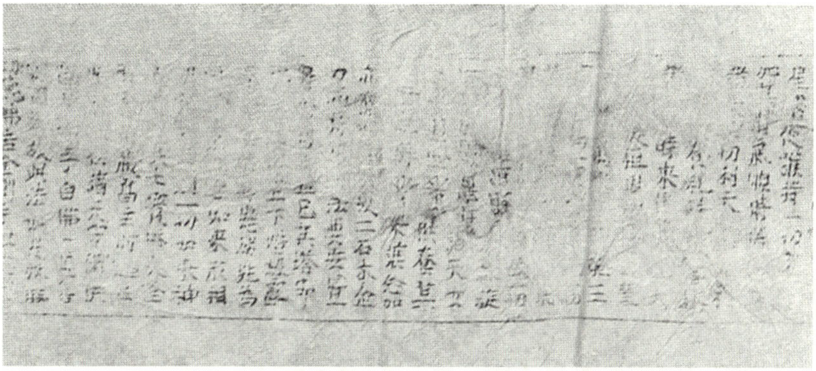

安徽省博物院收藏本(局部)

三、乾德三年乙丑本

1971 年在浙江省绍兴市区物资公司工地(现大善塔附近)铁铸阿育王塔内发现,塔上铸“吴越国王钱俶/敬造宝塔八万/四千所永/充供养时乙丑岁记”,塔中有小木筒,内装经卷。现藏浙江省博物馆。该本是一个独立的系统,目前仅发现一件,尚无第二件①。该件近在《吴越胜览——唐宋之间的东南乐国》书中刊布全图,极为宝贵。根据图版知道,本件经文上下单边。通卷 4 纸,长 182.8 厘米,高 8.5 厘米,总 220 行,第 1 纸 64 行,第 2 纸 81 行,第 3 纸 49 行,第 4 纸 26 行,每行 10 至 14 字不等。本件现藏浙江省博物馆。

本件书品状况,诚如张秀民的评价:“不但扉画线条明朗精美,文字也清晰悦目,如宋本佳椠。纸质洁白,墨色精良,千年如新”。② 以该本与其他本校勘,可以发现,此本经文更胜。如:

1.“大众明日晨朝至我宅”一句,“雷峰塔经”各本作“宇”,乙丑本是;

2.“于是世尊即从座起”一句,“雷峰塔经”各本作“时”,乙丑本是;

3.“时薄伽梵告金刚手:此大全身舍利聚如来塔”一句,“雷峰塔经”各本阙“此”字,乙丑本是。

---

① 部分文字与显德本、乙亥本都有较大差距。

② 张秀民著、韩琦增订,《中国印刷史》(上)第 36 页,杭州:浙江古籍出版社,2006 年。

乙丑本(扉画)

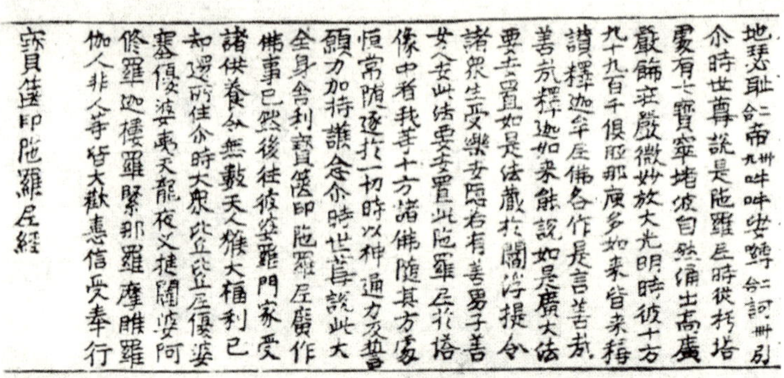

地瑟耻二帝九卅吽吽娑嚩二訶卅別
尒時世尊說是陀羅尼時從彼塔
處有七寶窣堵波自然涌出高廣
嚴飾莊嚴微妙放大光明時彼十方
九十九百千俱胝那庾多如来皆来稱
讚釋迦牟尼佛各作是言善哉
善哉釋迦如来能說如是廣大法
要安置如是法藏於閻浮提令
諸衆生受樂安隱若有善男子善
女人安此法要安置此陀羅尼於塔
像中者我等十方諸佛隨其方處
恒常隨逐於一切時以神通力及誓
願力加持護念尒時世尊說此大
全身舍利寶篋印陀羅尼廣作
佛事已然後往彼婆羅門家受
諸供養令無數天人獲大福利已
却還所住尒時大衆苾芻苾芻尼優婆
塞優婆夷天龍夜叉揵闥婆阿
修羅迦樓羅緊那羅摩睺羅
伽人非人等皆大歡喜信受奉行
寶篋印陀羅尼經

乙丑本(局部)

四、瑞安慧光塔出土本

1966 年在瑞安慧光塔出土。卷轴装,楷书,长 193 厘米,高 9.3 厘米,总 251 行,行 11 字。同时发现的刻本有 5 件,另有不同抄写风格的写本多件。笔者仅见首尾两张图版,未详全卷共有几版,每版版式行款如何。因为本件没有题记,故其刊雕年代尚待考证,研究者认为:“五卷版式相同,唯一卷纸硬脆,余四卷为白棉纸。①”又说:“经文中的殷、敬等字都不

① 金柏东主编,《白象慧光——温州白象塔、慧光塔典藏大全》第 225 叶,北京:文物出版社,2010 年。

避宋讳，应属五代吴越国刻本。”①“字迹清晰，墨色浓厚。经题‘一切如来心秘密全身舍利宝箧印陀罗尼经’。后为经文。应为五代吴越国后期的刻版，或北宋用旧版重印。”②

根据公布的数据，知道此卷高度较其他各本略大，字形亦相对较大。字体基本为正楷，刀法成熟，字形规范，经文校勘精良，少用异体、别体。该本的雕版时代，笔者参以同塔所出其他写本“宝箧印经”，姑且自妄加推测，其雕版年代可能较显德三年丙辰本、乾德三年乙丑本、开宝八年乙亥（雷峰塔经）本略晚一些，当在北宋中期。之所以“殷”、“敬”等字没有避讳，盖因佛经可不避讳也。

五、开宝八年乙亥本

此即俗称之“雷峰塔经”者，因1924年杭州西湖雷峰塔倒塌后在塔塼中大量发现故名。袖珍卷轴装。卷首有扉画，扉画前有发愿文：“天下兵马大元帅吴越国王钱俶/造此经八万四千卷舍入西关/砖塔永充供养乙亥八月日纪/”。“雷峰塔经”的特点如下：

第一，系统相对独立

目前存世的五代吴越国时期刊本“宝箧印经”，以开宝八年乙亥“雷峰塔经”本存世最多。“雷峰塔经”属于“小本”系统，但是，又与其他各“小本”文字有差别，是一个相对独立的系统。以第一句经文为例，“薄伽梵”为佛陀的十大名号之一，在汉译佛教经典中有时又译为“佛”、“世尊”。“雷峰塔经”卷首经文称“佛薄伽梵”，而与其他各本称“佛”或“薄伽梵”不同，这显示了“雷峰塔经”在写版雕印过程中形成的独特现象，使其成为一个独立的系统。见下表：

① 金柏东主编，《白象慧光——温州白象塔、慧光塔典藏大全》第12叶，北京：文物出版社，2010年。

② 黎毓馨主编，《吴越胜览——唐宋之间的东南乐国》，北京：中国书店，2011年10月。

《大正》"小本"	显德三年"本	"乙丑"本	"慧光"本	"雷峰塔经"本
如是我闻，一时薄伽梵在摩伽陀国无垢园宝光明池中。	如是我闻，一时薄伽梵在摩伽陀国无垢园宝光明池中。	如是我闻，一时薄伽梵在摩伽陀国无垢园宝光明池中。	如是我闻，一时薄伽梵在摩伽陀国无垢园宝光明池中。	如是我闻，一时佛薄伽梵在摩伽陁国无垢园宝光明池中。

"雷峰塔经"卷端经文的这个特点，可以作为比较"雷峰塔经"与"显德"本、"乙丑"本、"瑞光塔"本最明显的差别，是区分"雷峰塔经"系统与其他系统的重要标志。

第二，"雷峰塔经"有三个版本系统

"雷峰塔经"当年到底刻印了多少版多少件，长期以来没有定说。佛典记载，钱俶"慕阿育王造八万四千塔，金铜精钢冶铸甚工，中藏《宝箧印心咒经》，亦及八万四千数。布散部内以为填宝镇，镇钱唐诸邑，西湖南北山诸刹相望，皆忠懿之创立也。"①俞平伯先生说："（雷峰塔经）有竹制、绵纸两种。因当时一板有八万四千，故板式印刷均有参差，很有优劣，随大致相仿。"②所谓"八万四千"之数，沈津先生已有文辩证："八万四千，本为佛教表示事物众多的数字，后来用以形容数量极多。……凡此种种，都并非实数，而只是虚数罢了。""因此，雷峰塔经当年印了多少，实在是个未知数，但一定有多块板子，方能印出较多的卷子，因为一块板子，只能刷印数百张。"③

干扰认识"雷峰塔经"版本系统的因素很多，比如：（1）经卷大多糟朽残损严重，难有完好者提供研究标本；（2）修复时纸张、字体、扉画变形，严重影响研究者判读；（3）装裱或收藏者往往将属于不同经卷的残片拼接在一起；（4）修裱人员用墨笔修描图版字迹；（5）真假混杂缀接。如是之故，"雷峰塔经"到底有哪些共性特征，竟成为难以说清楚的问题。

厘清"雷峰塔经"有多少个版本系统，是鉴定"雷峰塔经"版本真伪的前提条件。以笔者经眼者言，"雷峰塔经"至少存在 3 个版本系统。这三

① 《佛祖统纪》卷第十。

② 俞平伯，《杂拌儿》，南昌：江西人民出版社，1982 年。

③ 沈津《书林物语》，上海：上海辞书出版社，2011 年。

个系统，可以中国国家图书馆收藏品为例。3 件的善本藏书编号为 0925、18063、9280，为行文方便，以下依次以 A、B、C 本对应，分别述之。

1. A 本（0925 号）

此本即印入《中国版刻图录》者。版式行款如下：上下单边，通卷 4 版，第 2、3、4 版端刊版片号，全卷经文应为 271 行，其中第 32 行残佚，现存 270 行，每行 10 字。前段残破较为严重，卷尾偶有残损。各版版刻风格、纸张品质统一，非杂卷拼凑。各版存况如下：

第 1 版存 52 行（1—31，33—53 行）、第 2 版 73 行（54—126 行）、第 3 版 73 行（127—199）、第 4 版 72 行（200—271）。

其中第 1 版第 32 行“无垢妙光言已顾视大众”10 字残佚。目前所知，国内流传的“雷峰塔经”，大部分属于这个版本系统，数量最多。

2. B 本（18063 号）

本件扉画保存较好。版式行款如下：通卷上下单边，全 4 版，第 2、3、4 版端刊版片号，全卷存经文 271 行，每行 10 字。通卷文字书品较好。各版版刻风格、纸张品质统一，非杂卷拼凑。各版存况如下：

第 1 版 53 行（1—31，33—53 行）、第 2 版 73 行（54—126 行）、第 3 版 73 行（127—199）、第 4 版 72 行（200—271）。

国内流传的“雷峰塔经”，这个版本系统的数量较少。

3. C 本（9280 号）

本件扉画及经文残破严重，有陈曾寿朱笔补写，卷尾署“宣统甲子冬十月十七日，陈曾寿补”。版式行款如下：通卷上下单边，全 4 版，第 3、4 版端存版片号，全卷经文总 271 行，每行 10 字。首尾残损较严重，偶有残破，字损处朱笔补写。各版版刻风格、纸张品质统一，非杂卷拼凑。各版经文行数与 A、B 本不同：

第 1 版 53 行（1—53 行）、第 2 版 73 行（54—127 行）、第 3 版 73 行（128—201）、第 4 版 72 行（202—271）。

该本数量极少，目前所知，仅有中国国家图书馆存 1 件、大英博物馆存 1 件。

第三,“雷峰塔经”3个系统的特征

1. A、B两本行款相同,C本异

“雷峰塔经”由4版连缀组成,第1版端有扉画,其余各版版端有版片号。比较3个系统的“雷峰塔经”后,笔者非常惊异地发现,A本、B本的行款是相同的,而C本与之有差异。第1版A、B、C三本都是53行,第2、3版A、B本为73行,C本为74行,第4版A、B本都是72行,C本为70行。这样,3个本子的总行数虽然一致,但3个本子的行款差异,已经可以成为判定C本与其他两个本子不同的重要依据。列表如下:

编号	第1版	第2版	第3版	第4版
A本	1—53(53行)	54—126(73行)	127—199(73行)	200—271(72行)
B本	1—53(53行)	54—126(73行)	127—199(73行)	200—271(72行)
C本	1—53(53行)	54—127(74行)	128—201(74行)	202—271(70行)

图版比较如下:

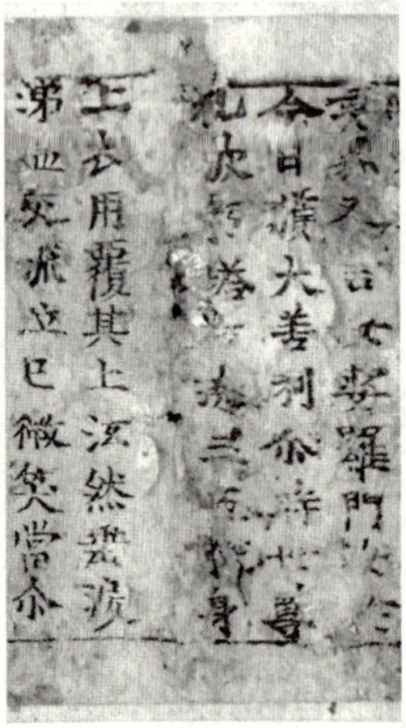

(A本第2版端)

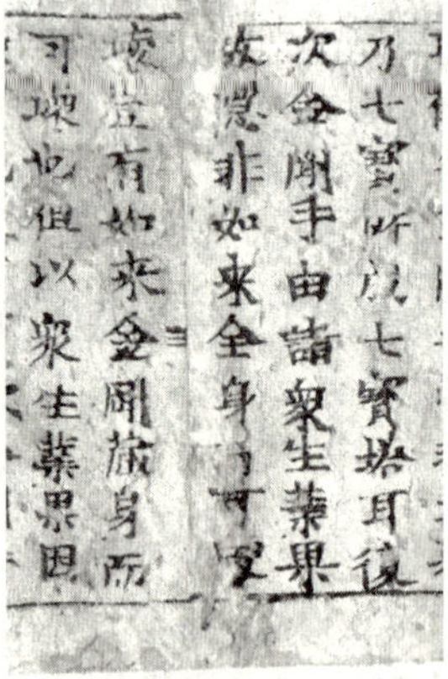

(A本第3版端)

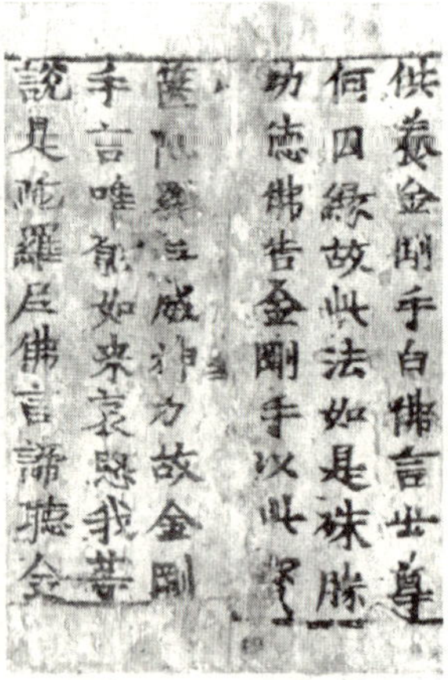

(A本第4版端)

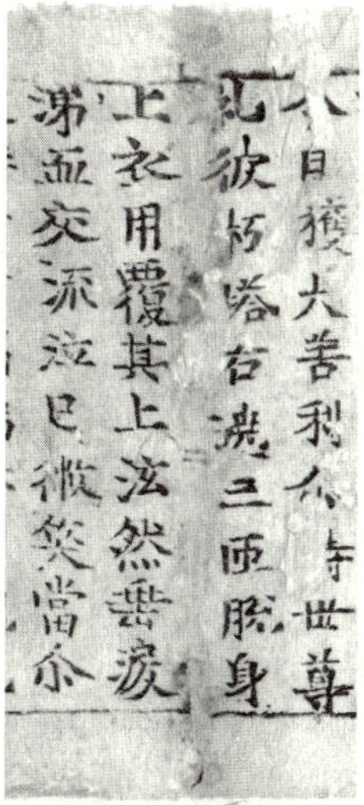
（B 本第 2 版端）

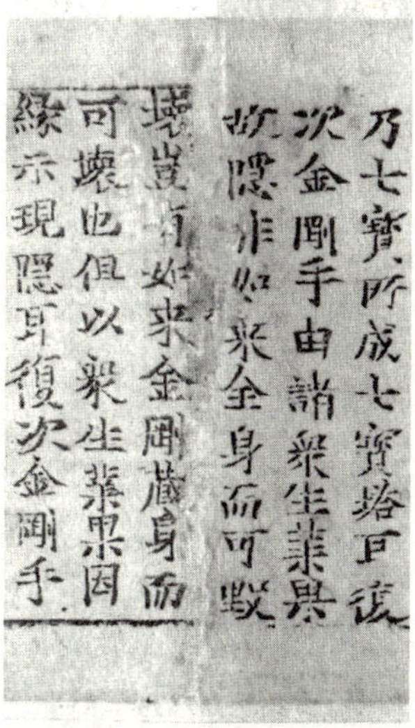
（B 本第 3 版端）

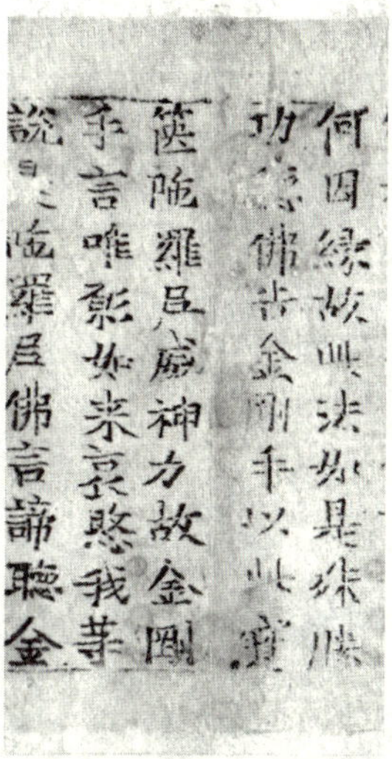
（B 本第 4 版端）

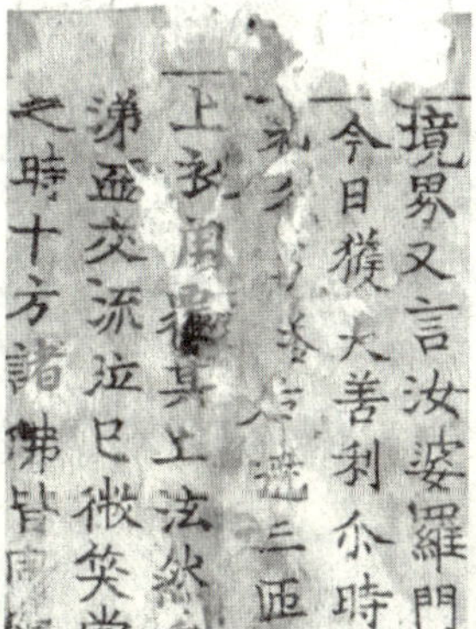
（C 本第 2 版端）

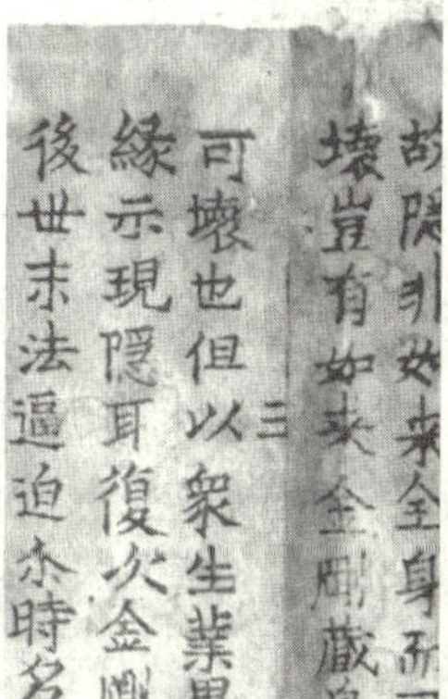
（C 本第 3 版端）

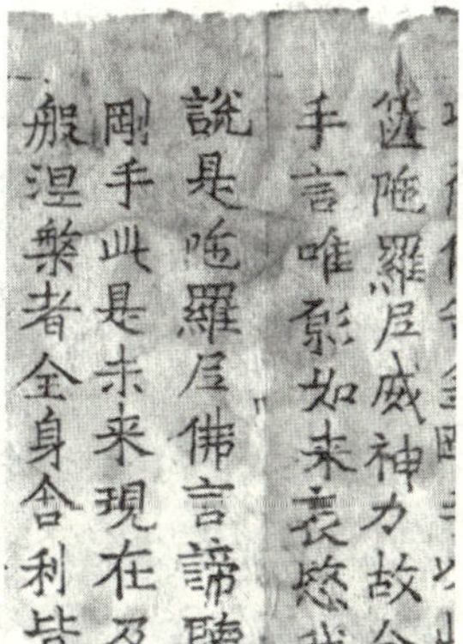
（C 本第 4 版端）

2. 版刻字体风格 3 本各有差异

“雷峰塔经”3 个系统的字体有差异，除去导致经卷书品差异的后天因素而外，仅从版刻风格而言，A 本似乎更紧凑，B 本笔画较为松散，C 本字体则纤细工整。

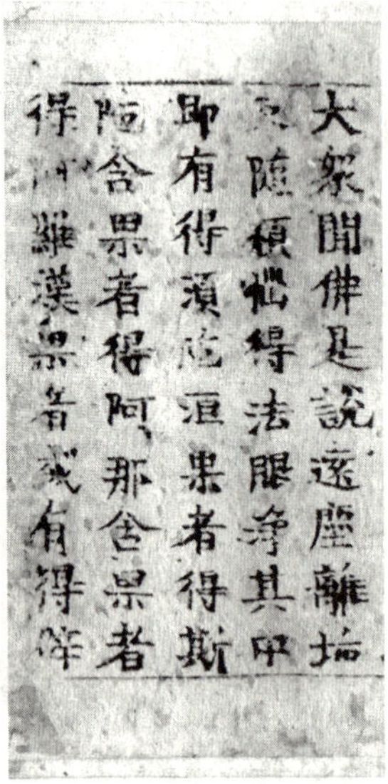

（A 本）

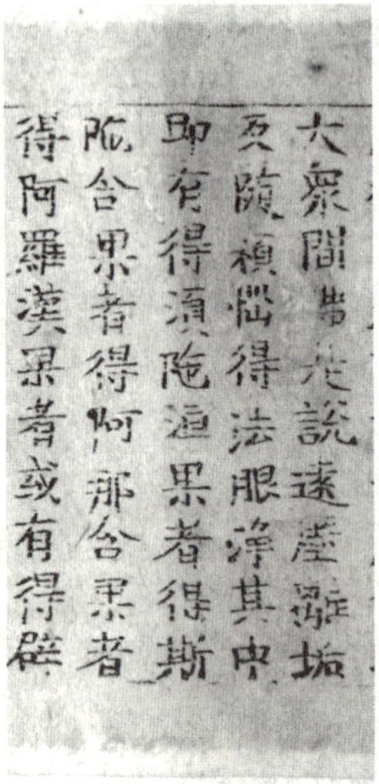

（B 本）

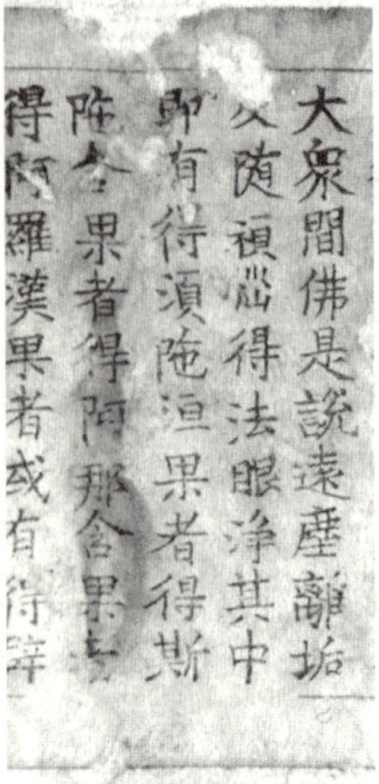

（C 本）

3. A、B 本最大区别在“互”、“属”等字形的差异

“雷峰塔经”A、B 两本版式相同，风格接近，那么，如何区别 A 本与 B 本呢？笔者以为，最重要的是建立比较两本的标准“坐标”。但是，“雷峰塔经”经历千年风雨和沧桑历史，影响各个本子的因素很多，如经卷破损、纸张变形、墨色消褪、水渍污染，加之后天人为因素，给今人研判带来众多干扰因素，仅仅比较“点”、“横”、“撇”、“捺”的形态，已经不能解决问题。笔者的方法是，利用校勘的方式，逐行比较经文，寻找异体字、别体字等特征。比如：两本第 118 行“是已各怀希奇互相谓言”，其中的“互”字写法颇有特色，B 本保留了唐人写经的异写风格，而 A 本则是后人翻刻时误认的错误写法。而第 177 至 178 行间“四大天王与诸眷属昼夜护卫”一句，其中的“属”字，B 本省笔简略，写成一个俗体字。如图：

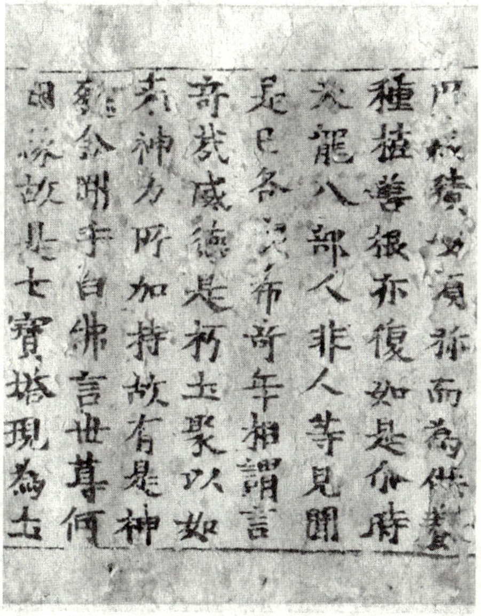

門[illegible]積如須彌而爲供養
種植善根亦復如是爾時
天龍八部人非人等見聞
是已各[illegible]希奇互相謂言
奇哉威德是朽土聚以如
來神力所加持故有是神
變金剛手白佛言世尊何
因緣故是七寶塔現爲土

（A 本“互”字写法）

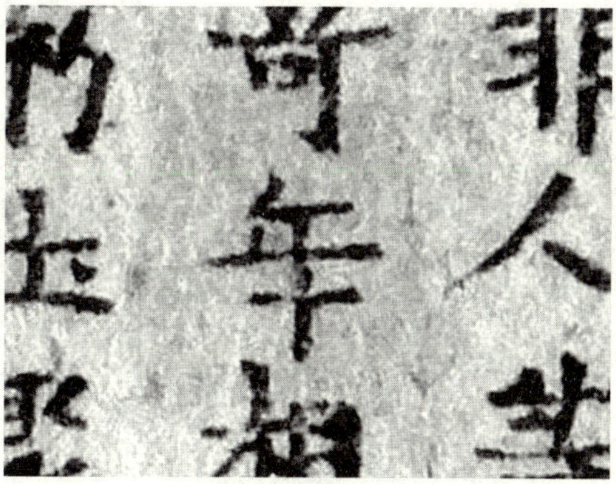

（A 本“互”字放大）

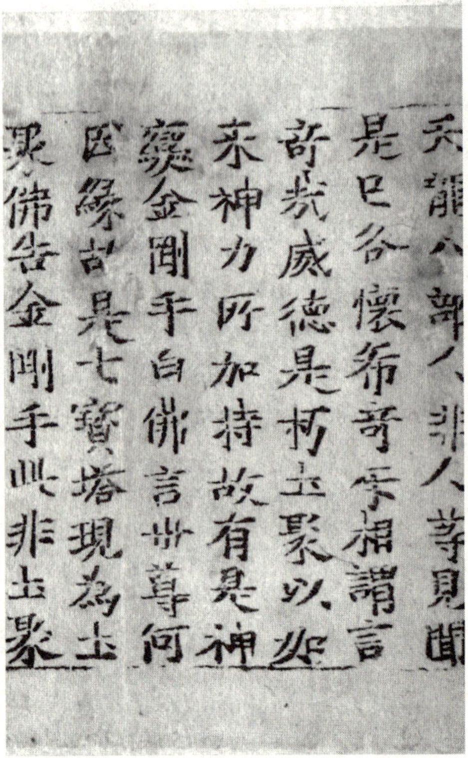
天龍八部人、非人等見聞
是已各懷希奇互相謂言
奇哉威德是朽土聚以如
來神力所加持故有是神
變金剛手白佛言世尊何
因緣故是七寶塔現為土
聚佛告金剛手此非土聚

（B本“互”字写法）

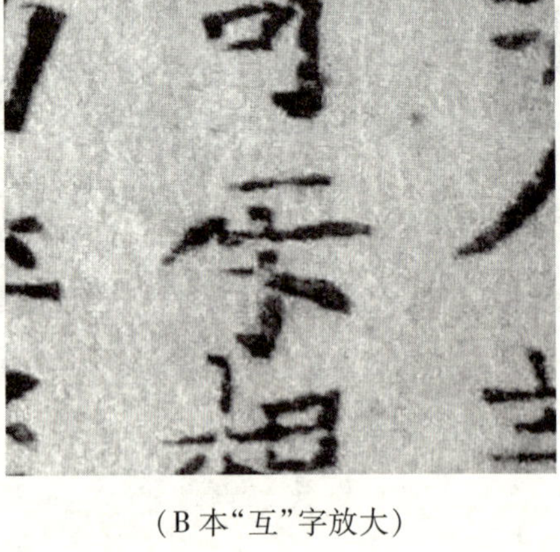

（B本“互”字放大）

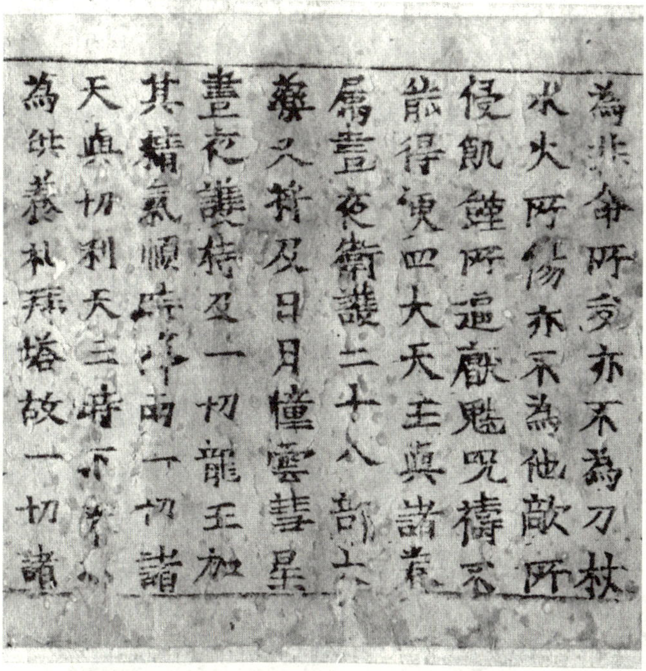

為非命所夭亦不為刀杖
水火所傷亦不為他敵所
侵飢饉所逼厭魅呪禱不
能得便四大天王與諸眷
屬晝夜衛護二十八部大
藥叉將及日月幢雲彗星
晝夜護持及一切龍王加
其精氣順時降雨一切諸
天與忉利天三時下來
為供養禮拜塔故一切諸

（A 本“屬”字写法）

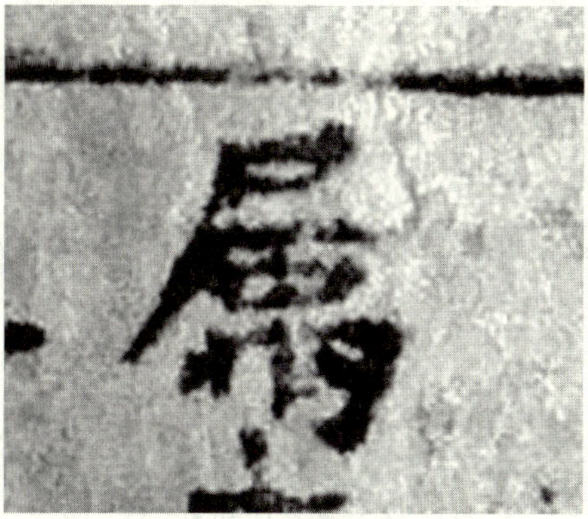

（A 本“屬”字放大）

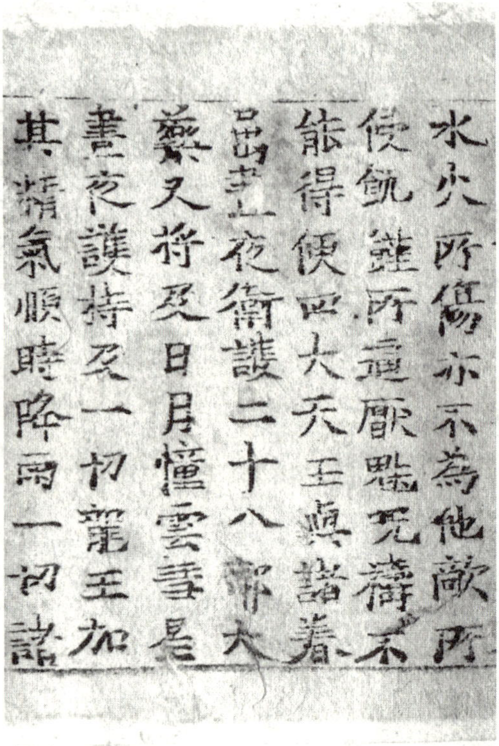
水火所傷亦不為他敵所
侵飢饉所逼厭魅咒詛不
能得便四大天王與諸眷
屬晝夜衛護二十八部大
藥叉將及日月幢雲等是
晝夜護持及一切龍王加
其精氣順時降雨一切諸

（B 本“属”字写法）

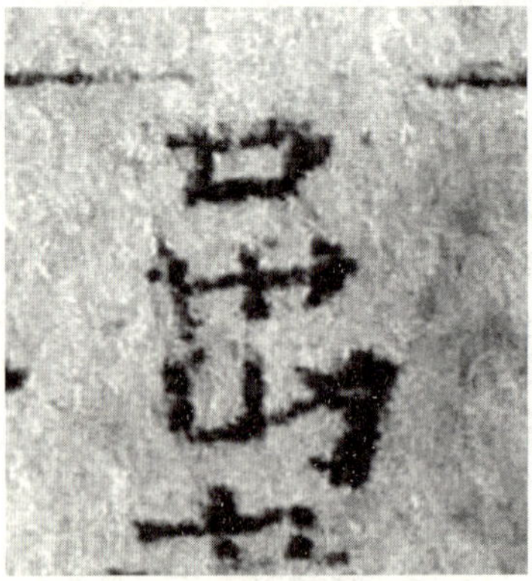

（B 本“属”字放大）

七、总结

1. 吴越国时期雕印的“宝箧印经”版本较多,但都以“小本”为主。

2. 以目前资料比较,尚难判断显德三年丙辰本、乾德三年乙丑本和开宝八年乙亥本之间的关系。考虑到上述 3 个系统出现的时间较近,其相互之间的关系,尚应深入研究。

3. 温州慧光塔所出 5 件没有年款的刻本,是一个新的资料,其版本特征鲜明,是一个独立的系统,应给予注意。

4. 存世最多的开宝八年乙亥本“雷峰塔经”有 3 个系统,国家图书馆收藏的 3 件,可以视为这 3 个系统的标志。

5. 目前已经公布的“雷峰塔经”,大多属于上述 A 本或 B 本系统,除部分未完整公布图版的经卷,几乎无出其右者。“雷峰塔经” 3 个系统的存世数量,A 本最多,B 本较少,C 本非常稀少。

6. 仅以目前收集到的资料看,民国年间复制的“雷峰塔经”,几乎全部属于 A 本系统,或属于由 A 本再整理的版本。

浅谈清释弘赞所辑佛书三种

李福标
（中山大学图书馆）

《六道集》、《观音慈林集》、《兜率龟镜集》三书，都是子部释家类感应之属的通俗读物。撰者释弘赞，广东新会人，俗姓朱，字在犙。生于万历三十九年(1611)，弱冠补县学生员，博雅能文。后入佛门，参博山元来无异下鼎湖道丘栖壑而得印可。初住广州宝象林，后继席鼎湖庆云寺，为第二代住持。宗风特重实践笃履，虽精于禅，而痛心于丛林之浮夸不实，绝口不言禅道，仅弘律仪，宣道戒行，以为职事。康熙二十五年(1686)示寂，世寿75，僧腊53。生平勤于笔耕，著述数十种，这里所列的《六道集》等是其著述中的重要三种。

一、此三书的基本内容及其佛学价值

(一)《六道集》

所谓“六道”，指有情生活、轮回于其中的6个界别，即天道、阿修罗道、人道、畜生道、饿鬼道、地狱道。其中上三道为三善道，因其业力较善良故；下三道为三恶道，因其业力较惨恶故。一切处于分段生死的众生，皆在此六道中生死轮回，无有出期，故名六道轮回。只有佛、菩萨、罗汉才能够跳出三界，超脱轮回。六道轮回理论是佛教的基本理论之一，也是世俗劝善惩恶的利器。弘赞辑《六道集》五卷,卷一“天道”,卷二“人道”,“阿修罗道”,卷三“鬼神道”,卷四“畜生道”、“地狱道”,卷五“地狱道”。每卷首列诸相关经文,并稍加音注诠释。次列天竺(今印度)、西域及中国自汉晋至清康熙间的故事。其中天道故事20则,人道45则,阿修罗道3则,鬼神道52则,畜生道17则,地狱道68则。陈恭尹序云:“人所以迷而不悟者有二端,其一曰:‘吾人也,何至流为异物。’其一曰:‘人生快意耳,遑恤他生。’然就其一日之间,一念之顷,已不知几为天、几为人、几为畜生饿鬼,诚得秦镜悬之于前,使其肝胆毕呈,意念尽露,六道之变相纷纭交错,一时并见于胸臆之中,庶其惧而知返乎。”李龙标序云:“最爱其《六道》一集,痛醒群蒙。夫影必随形,谷必答响。种瓜不得豆,结果定从因,此理势之所必然,然俗汉恬不之觉。和尚不舍慈悲,悲夫众迷于六道轮回靡艾也,猛然拈出示之,昭昭然如揭日月而行,无幽不烛,普使人人深知报应不爽,因果无差,皆能回光返照,各办前程者,功不在菩萨下也。”皆对其佛教的价值极力推崇。民国间丁福保又有《六道轮回录》之辑,是沿袭此书体例而重辑,多着意于明清以后乃至近现代之轮回故事。

(二)《观音慈林集》

观音(观察音声者)或观世音(观察世间音声者)信仰渊源古老,观音灵佑故事无朝无之;且信众广泛,即所谓“家家阿弥陀,户户观世音”。在弘赞之前,刘宋傅亮有《光世音应验记》、刘宋张演《续光世音应验记》、齐陆杲《系观世音应验记》以及清顺治十八年(1661)周克复《观音持验记》之辑,专门收录观音感应故事。弘赞重编《观音慈林集》三卷,又分上、下二篇。上篇即卷上,列藏经中11篇有关观世音菩萨的经典,表明观音“大悲覆一切,施我今世乐”的悲愿;下篇包括卷中、卷下,采集印度及中国自秦晋至清顺治间的感应故事154则(其中印度共9则)。这些故事都是对众生在水火、牢狱、兵灾等困厄中诵念观音慈名而得福报、解脱的礼赞。

(三)《兜率龟镜集》

兜率又作都率天,意译知足天、喜乐天。乃欲界六天(王众天、忉利天、时分天、知足天、乐化天、自在天)之第四天。关于此天之名,《立世阿毗昙论》卷六谓:“欢乐饱满,于其资具满足,于八圣道不生知足,故称为兜率陀天。”此天有内、外两院,兜率内院传有49院,乃即将成佛者(即补处菩萨)之居处,后则为弥勒菩萨之净土;弥勒现亦为补处菩萨,于此宣说佛法,若住此天满四千岁,即下生人间,成佛于龙华树下。外院属欲界天,为天众之所居,享受欲乐。龟镜,比喻可供人对照学习的榜样或引以为戒的教训。慈宗弥勒法门是非常适合娑婆佛子修持的法门,它能让众生更容易地解脱生死,进一步于佛菩萨前继续修学,以利早成佛道,度化众生。在明末清初的岭南地区,以在惨弘赞禅师为核心,以比丘宝象开觉、慧弓开诇、鼎湖开沩,比丘尼戒丘成慈,沙弥远目开晢、铁有开荦,以及邹优婆夷等为周边的"上生社",在广州南海宝象林、肇庆鼎湖山庆云寺一带掀起了信仰弥勒净土的热潮。弘赞《兜率龟镜集》之编,收集种种事迹,就是为弘扬慈宗法门,也为信众修持之方便而来的。书前《兜率龟镜集缘起》云:"是集之由作也,初,本师和尚侍者远目上座以童真入道,精修密践,得上生征应,缁素见闻,莫不感羡咨嗟。时清士曾通绍因启师曰:'绍闻西方有《往生集》行世,而兜率上生,古今不乏名贤,何独无乎?愿师撰之,以为万世龟镜。'师曰:'善哉!子之问也,诚为救病之良药,渡苦海之慈舟。'……弥陀、弥勒真大知识,舍而不参;观音、势至、天台、净慈诚为良友,胡不亲哉。觉生母邹氏,已蒙慈尊接引,得升内院。洪恩浩瀚,图报莫由。乃复恳本师,速成斯集,为四众之宝筏,后代之资粮。"此书分三卷,上卷又称"初集",收"应化垂迹"故事25则,卷中"中集",收"上生内院"故事22则,卷下"中集之余"收"上生内院"故事24则,另"后集"收"经咒愿文"11篇。

此三书所收故事大部分从各种经典文献中采集而来,于每件之下均记其出处,所谓无征不信。一部分清朝感应故事,则采自岭南闻见,多是故事主人向作者自说,并要求作者编入者。无论采自书传或闻见,其故事都以"信"字为准的。如《观音慈林集》"尼等龄"条:"等龄,广州番禺人,俗姓邓,母洪氏。大清初出家,晨昏礼诵,翘志净土,称念大士洪名,不辍于口。于庚寅年七月廿三日,礼念至中夜,四壁寥然,惟自一身,恍如掌中有物,不觉将纳入口。咽已,开拳尚余三颗在手,其色鲜赤,形类朱砂。自此绝食,了无饥渴。礼念犹谨。于今稍饵时果,而七谷不沾唇,肤体如故,精神较健。今现居广州严净庵。"又"邵以贞"条:"以贞,广州府诸生也,归心佛教。戊子岁,穗城有新兵丁,强易于市,贾者与之抗言,兵遂告开府李公,谓民欲叛,以服短衿为号。然岭南俗,内衿多短,即闭城捕执,但见衿短斩之,李公不容分诉,如是已斩数十名。时贞在列,唯一心悬念大士名,次至贞即止,而众被枉者亦由是悉免。贞因属予编入焉。"皆纪事至其年月日及现在处所,令人不得不信。这势必提高其说服力,宗教的力量也就更强。又,三书收集耳闻目睹的岭南故事最多,带有鲜明的岭南佛教文化特色,是考察明末清初岭南出家释子与在家居士佛教信仰和佛教文化的最好的史籍。

二、三书的文学价值

三书的内容有一个共同的特点,即大抵为《搜神记》一类小说家言,在崇尚科技文明的今日,似乎是虚妄不实的。然而起码在撰著编辑者来说,甚至在当时的受众那里,都是认为确实可信的。东晋干宝曾著《晋纪》20卷,直而能婉,咸称良史。而性好阴阳术数,撰集古今神只灵异人物变化,成《搜神记》30卷,并作序以陈其志曰:"今之所集,设有承于前载者,则非余之罪也。若使采访近世之事,苟有虚错,愿与先贤前儒分其讥谤。及其著述,亦足以明神道之不诬也。"弘赞辑此三书,其宗旨与态度也是如此。据《观音慈林集记》云:"赞甫年二九,而二亲邻亡,每诵《蓼莪》,空惭乌鸟。闻说持斋能资冥福,遂断荤羶。未三载,阅《坛经》,便会宿怀,知人能作佛,即舍家趣于非家,立身行道,以益先灵。虽晨夕代为礼恳,及逢盂兰必荐,而中情耿耿,愧诚力之未湔。爰于丁酉春,以西洋白毡绘千手千眼大悲圣像,举高七尺。革除皮胶,而用香汁和彩,仍令画者日别沐浴更衣。像成,罄衣钵资,延集僧众,先为讲释《大悲忏法》宗趣,次乃三七日修礼。遂感大士身放金色光,手所执青红二莲花,频放白光,缁素咸睹,诚为希有。私衷庆慰,必蒙慈力度亲灵于上界矣。……自惟慈恩浩瀚,虽粉身莫报。由是寻究三藏,捡诸传记,据所见闻,用编此集,拟答洪庥之万一。俾见者闻者,同升般若之宝筏;归者敬者,共入无畏之慈林。长辞苦趣,直趋乐邦。"这虽然说明编集的来由与目的,其实也是一篇真实感人的感应故事,正可谓现身说法者。

此三种感应故事之辑,目的在于引道与教化。其普及性是首要的,也是显而易见的。故其所收故事皆与日常生活极为贴近,篇幅短小,文字通俗而易懂。陈恭尹《六道集叙》云:“盖圣贤相告,其词宜简而该;与流俗人言,则其词宜详而近,势则然也。佛说六道之旨,以穷一心之变,极幽明之故,可谓痛哭流涕。而后之人,犹漠然视之。吾乡在惨和尚乃为采古今近事家喻户晓者,著以为《六道集》。盖为未悟人说法,不得不然。”作为文学大家的陈氏,对《六道集》的评价独具只眼。

《六道集》之作,受护法居士东莞张穆影响较大,其材料多有从《铁桥山人遗集》中采出者。张穆(1607—1687),字尔启,号穆之、穆芝、铁桥,东莞茶山人。少时倜傥任侠,工诗画,善击剑,好骑射,鄙视儒术。后越五岭犹游北,南明隆武间与张家玉回东莞募兵。事败后回老家茶山隐居,不再出。所作的纪游诗多奇杰可诵,海内很多名士都曾与他交游。晚年好道,每到一地,皆大谈其修炼术,八秩高龄仍步履如飞。卷三“鬼神道”有“钱公子”一则采自张穆,云:

东莞寮步村,康熙戊申三月,有鬼仙自称钱公子,时能现形在邝孝廉公锡家,夜间常与姬人七八絃管歌唱,而能诗文,人皆就之。锡每设食同欢,恣锡拊摩遍身罗绮并新绒靴,惟不许摩头及然灯烛耳。或时嫌主人设食不精,即唤使者另取,须臾热肴煖酒忽至,共为乐饮。时锡内人忽病,锡启公子曰:“宁有方术耶?”公子即撮药,命使者当前煎好,送服之。时张穆芝闻知,六月初一日至邝家,欲延公子与语佛道,令其知有向上大事。值公子他游,尚留使者在邝家,穆即作书焚致之,并寄香荔。使者报曰:“公子远去,若他人书不能为投,张先生不敢不为奔走也。”越二十日,穆时在莞城外东湖如庵,与诸子偕破浪、用微二三上人清话,一友人见案上有一缄未启,问曰:“是何人书?”穆亦不知何人何时送至。发而读之,乃公子复书,而柬封绝佳,笺皆浮花甚奇。另封香七炷,似有奇香薰袭,芳馥如宫饼。其文清新,书法颇奇,非俗笔之所能也。书曰:“承远致奇香丹荔,谢谢。先生盖世才也,道不逢时,寄迹于山林泉石之间,能人之所不能者,舍人之所不能舍,其去仙一间耳。余浪迹蓬山玉洞,辄闻芳名,啧啧天外矣。兹承先生援我入于禅关,我亦欲援先生入于仙苑。方游海岳,未及南来。紫虚碧落,接晤有期。并致高友。不宣。”另一笺曰:"先生至诚,故不惜破格修复。阅竟,祈即火之,勿泄勿戏。不然,是求亲而反疏,不独余之过也。"时穆与诸子读讫即焚之,忌其使者在傍,以报公子,谓穆之不诚也。遂与诸子共记录之。

这无疑是一篇让人惊艳的文人故事。在此三书中,此类清雅可诵的文字尚多,不一一例举。

三、三书的流传

《六道集》前有李龙标康熙二十一年(1682)序,《观音慈林集》书末有弘赞自撰《观音慈林集记》云:"康熙戊申(1668)夏日鼎湖释弘赞和南重编。"《兜率龟镜集》书前有释开觉撰《缘起》云:"师由是捡诸经论传记,并所见闻者,汇编成帙,授我锓梓,公诸天下。觉因问师曰:'未审和尚志在西方耶?兜率耶?'师曰:'可问取木橛去。'曰:'某甲不解木橛音。'师曰:'苍天苍天。'曰:'乞和尚垂慈显示。'师曰:'今日舌头不快,且待别时向你道。'觉因作礼,述其巅末。时康熙岁次辛亥(1671)孟夏,宝象林释开觉和南识。"则此三集都辑在清康熙年间,其中《观音慈林集》辑之最早,《兜率龟镜集》次之,《六道集》最晚。三集最初的传本为康熙刻本。此外,《六道集》又有民国9年(1920)北京刻经处刻《六道集节要》本流传。《兜率龟镜集》又有乾隆大藏经本,清宣统三年(1911)常州天宁寺刻本,民国十二至十四年(1923—1925)上海商务印书馆影印本,1989年北京中国佛教协会、文物出版社影印《大清三藏圣教》本等。可见读者对此三书的重视,流传不绝。

四、此三书在编辑体例上的细微不足

此三集编排体例大致相同。每卷主要有两大部分,首列"述诸经文"或"及诸经文",摘录相关经文,并随加音注和评论(评论中又多引经论)。后接以各种感应故事(皆在该条末注明文献出处),为给信众更切实的说服力,特又收录耳闻目睹的真实人事。不外天竺、西域、本土三个范围,而本土故事按汉、晋、秦、宋、齐、梁、元魏、北齐、周、隋、唐、南唐、宋、明、清之顺序编排,除在文中亦随有音释外,每卷末专列“音释”。

这自然显示了作者方便信众的婆心。然做这些深层的加工时,编者是较为随意的,以至于全书体例并不统一。例如,原文中的音释或在题下注,或在当句中注,或在当句末注,或在注释之中又加注;后或有未尽之意,则又在当条之尾注之。有些音释的位置也并非准确对应,乙处而注甲,句中之文而注释在条目之尾(甚至有个别音释实属添足,如《兜率龟镜集》卷下“恒超法师”条注“范蠡”云:“蠡,音里。蚌属。”)。除此之外,编者又在每卷之后专门另出“音释”一栏作为附录,这就未免给人以拖泥带水之嫌。而就每卷之后所列“音释”本身而言,体例亦不甚严谨。如《兜率龟镜集》卷上“音释”中列“荼毗”、“禅那”等条目,而在卷上正文中并不存在,实际上是属于卷中内容的。又有前后重出者,如《六道集·人道》卷末所附“音释”中有“八难”条,其他卷中亦有此条注释。此等情况尚多,在三书中都有存在。故若将此三书整理以供流通,必须整齐体例,取消附录“音释”部分,而将其条目分散各附于所注释原文之下。

在条目的安排上,三书也存在一些问题。例如,《观音慈林集》卷中“释法力”条合“道集”、“法禅”故事为一条,逸出一般体例。《观音慈林集》卷下“慧锷”条后注明文献出处后又用数语添加“唐僧慧宽”之故事。此本应单出一条,而附于“慧锷”条之后者,殆以内容、教义差同故。还有将原正文大字改为小字附于本条之末的例子。如《六道集》卷三“李录事”条:

> 濩泽县,武德六年,李录事死经七日,隐身谓妻曰:“计吾犹有六年在世,但为司命枉来取我,我已诉阎王,蒙放在人间浮游六年,今在鬼道。”又曰:“人命无常,何不修福?可往玄鉴法师所听法。”遂与妻共入讲堂。与人言议,有问曰:“何不现形?”答曰:“鬼趣受身极陋,自不忍见,况复他人?”又往景业寺听余法师讲《维摩经》。余曰:“今讲此经,感何人听?”答曰:“自人头已上,便是鬼神,上及诸天,重级充满。然见诸天闻法师酒气,皆回面而听。非惟此会独感诸天,但有法事,无不来降。”余闻即悔过,遂不复饮。

此条原注:“出《续高僧传》。”在原注之后又有正文大字云:“余虽犯酒,而具正见,慧解无谬,故感天龙鬼神共听。所谓破戒不破见,闻即悔过,非智莫能。倘说不合经旨,即有谤法之罪,鬼神得而诃之,奚感天听耶!”此是辑者所赞论文字,本不应与原故事系于一处。

又,《六道集》每条目首,有以地题者,亦有以人题者。大概弘赞编书时,并没有想到要给这些条目各安其题。而后来刻书时,随手拈取每条头二字为题。这种做法,虽有古意,但无疑使其本身体例不纯一,不如统以此条所系主人名为题更较适宜。《六道集》中有些条目也并非按时代先后及地域来排列的。有的条目不在正文中体现,而在卷末所附“音释”中出现。如《六道集·人道》中“音释”下有“宋郊附后”字样。而“宋郊”条在“阿修罗道”音释之后出现,也就是说,此条被置于整卷的最末,且内容较其他条目为简略。

出现这些问题,我们当然不能以世俗的标准来衡量释家而目之为不严谨。倘我们一定要寻究这些问题出现的缘由,例如,为什么编辑者不把“宋郊”条放在人道后,而放在整卷的最末?为什么不在“人道”正文后说明“附后”,而在此卷所附的“音释”后说明?我们似乎可以这样来解释:所谓“附”者,殆是弘赞编定初稿之后,又随阅览闻见之广而随加录入者,《六道集》等书非一次所编定者,或不止一次刊行者,而为多次续刻、增刻。如《六道集》卷四“清·马翁芝”条末评注中有“此集刻在先,翁芝事在后,故续入此”数语,在明确表明《六道集》有续编续刻之事。《观音慈林集记》末亦云“重编”,以此也。《六道集》卷四“马翁芝”条原附于“畜生道”音释之后。此条小字补注后,有云:“此集(按即《六道集》)刻在先,翁芝事在后,故续入此。”在续刻、增刻时,大约是采取“见缝插针”式的方式来进行的,也就是说,哪个地方有空隙,就在哪个地方续刻、增刻。这尽管不太规范,然限于寺庙的经济状况时宽时紧,大约也是无可奈何的事情。此三集体例的不纯,或可作如是观。

参考文献：

1.（清）释弘赞辑. 六道集. 清康熙刻本
2.（清）弘赞辑. 六道集节要. 民国九年（1920）北京刻经处刻本
3. 丁福保辑. 六道轮回录. 民国上海医学书局铅印本
4.（清）释弘赞辑. 观音慈林集. 清康熙刻本
5.（清）释弘赞辑. 兜率龟镜集. 清康熙十年刻本
6.（清）张穆撰，容庚辑. 铁桥山人遗集. 容氏稿本
7.（清）释成鹫撰. 鼎湖山志. 清康熙六十年刻本
8.（晋）干宝撰. 搜神记. 北京：中华书局，1979

《法显传校注》版本琐议

曹旅宁　陈　莉

（华南师范大学 中山大学图书馆）

《法显传校注》一书由章巽先生校注，最早由上海古籍出版社 1985 年 2 月出版，笔者 1989 年有幸购读一册。2008 年 11 月中华书局根据作者亲笔校订的本子，再加上徐文堪、芮传明先生《新版前言》及所作 11 条补注，将其列为“中外交通史籍丛刊”出版，为研读《法显传》的读者提供了很大方便。但笔者购读之余，发现该书在版本取舍上仍沿袭旧版，存在一些不妥之处，特写出向学界请教。

《法显传校注》一书在日本学者足立喜六《考证法显传》的基础上做了大量的校勘工作。首先在底本的选择上，不再以北宋版的东本作为底本，而改由 1955 年古典文学出版社影印的源出东本但经过校订的南宋圆本作为底本，并撰写细致的《校注说明》，列出从北宋版的东本及其化身开本，一传而为南宋版的圆本及其后身资本，再传而为碛本，又传而为元明诸本的流传系统。与此同时，还列出《法显传》另一个流传系统，金本、丽本，丽本诸孳生本。《法显传校注》一书将后者在校勘中置于从属的地位，而且过于强调版本刊刻年代早晚的重要性。

汤用彤先生曾在《评〈考证法显传〉》一文，对足立氏忽视丽本的重要性，以东本为底本的情况进行评论：

足立氏此书校合日本现存各种古本,实与学者一极大便利,氏所根据之原本为北宋版东禅寺与开元寺本,而以石山寺写本以及丽本共五种作参证。北宋东禅寺本特异之点,在其中记叙傿夷国少十二字,毗舍离国少三百余字,狮子国少十三字。按丽本毗舍离国多放弓杖一段三百余字,初见于《水经注·河水篇》中所引之《法显传》。今北宋本既缺此段,丽本所多之三百余字系后人抄录《水经注》窜入,抑系北宋本印行时原有脱简,实为一问题。足立氏因北宋版最古,既缺此段,则余本多此一段谓系后来加入。其所陈理由,并不甚充足。如丽本叙傿夷国事曰:"傿夷国僧亦有四千余人,皆小乘学,法则整齐。秦土沙门至彼都,不预其僧例(自秦字下十二字北宋本所无)。法显得符行堂公孙经理,住二月余日。"按此傿夷国戒律整齐,中国沙门来,不得入其僧伽,受供给。法显到此,幸而有符公孙之经理,而得住二月余。北宋版缺"不预僧例"一句,遂使人不能明了何以法显须受符公孙之供给。因此北宋本缺此十二字,实是刊印脱误,并非丽本(及他本)刊行时此十二字自他处窜入也。(叙狮子国丽本多十三字,文义亦较完足情况进行评论)。盖版本年代甚早,固有价值。但版本之善否,不能全依年代断定。按丽本(即高丽新雕本)源出于北宋官版,并且曾与丹本等校勘。据今日所存守其的校勘记说起来,其工作时颇为审慎。故丽本之佳良,实应不下于北宋东禅寺刊本也,因此作者校勘多以所见之北宋本为主,未见其甚确当也。①

按:"其库看比丘满四十腊然后再入",《法显传校注》亦云:"今新见到的镰本亦有此,更可为非经窜加之证明",镰本系日本古抄本。

《法显传校注》一书十分注意吸收汤用彤先生的研究成果。如认为"汤用彤《汉魏两晋南北朝佛教史》(中华书局,1955 年),书中有关法显之记述及论断,最为精审。"《法显传校注》征引汤氏结论达 8 次之多,包括《评〈考证法显传〉》中的观点。但惟独不肯完全接受汤氏对法显传版本极其精审的论断。并且对汤氏的见解有误解之处。如《法显传校注》的《校注说明》说"圆本根据当时所见异本对北宋本增补上去的,向来最

---

① 汤用彤,《汤用彤学术论文集》,北京:中华书局,1983 年,第 37 页。

引起注意的有3处,一即[傷夷国]节中'秦土沙门至彼都不预僧例'之十二字;二即上述[毗舍离国]节之三百余字;三即师子国[王城及佛齿供养]节中'关于摩尼珠库藏之十三字'。汤用彤氏以为圆本此三处都补得很好(详见以下各条校注)。"其实汤氏撰写书评时尚未见过圆本,所称赞的为丽本。《法显传校注》这种说法容易引起后人以为汤氏亦赞同以圆本为底本的误解。

丽本之优良,举世公认,虽先后覆刻三次,但其出自北宋《开宝藏》,又曾与同出《开宝藏》的《契丹藏》对校,其精审自在其他大藏刻本之上。吕澂先生《佛典泛论》称其"去短取长,成一最精之本。"①丽本《法显传》的优胜除汤用彤先生所举三例外,也有其他较为显著的事例。如王邦维先生指出:

① 中华书局版《大唐西域记校注》即以高丽新藏本为底本。范祥雍先生在《校勘例言》中已说的很明白。据柳洪亮《〈大唐西域记〉传入西域的年代及有关问题》一文,1981年在新疆鄯善县千佛洞出土《大唐西域记》残页,编号81SAT:1,从《大唐西域记》卷七"战主国"条:"印度曰"到"我覩货逻国人也"十行,与高丽新藏本文字完全相同,背面裱糊《唐西州下宁戒、丁谷等寺帖车牛事》,上钤西州之印,该印行用时间当为贞观十四年(640)—显庆三年(658)。而贞观二十年(646)玄奘始完成《西域记》的著述。千佛洞为唐代西州丁谷寺,估计是麹文泰之子麹智湛永徽二年(651)出任安西都护、西州刺史时带回的玄奘赠书残片,因玄奘西行时曾在高昌受到麹文泰的礼遇及资助。(《新出吐鲁番文书及其研究》,新疆人民出版社,1997年,第372—381页)再如,高丽新藏本《大唐大慈恩寺三藏法师传》也极为精审。其一,黄永年先生《古籍整理概论》"理校":"我读过《大慈恩寺三藏法师传》的民国十二年(1923)南京支那内学院本刻本,其校勘夙称精审,但卷一〇讲玄奘之死时'房州刺史窦师伦奏法师已亡'的话,案玄奘死于玉华宫,而玉华宫在坊州而不在房州,这里的'房州刺史'显系'坊州刺史'之误,而这个本子未能勘正,其原因就在于校勘者虽是佛学专家,但对唐代史地尚欠熟悉。"高丽藏本正作"坊州"。中华点校本误作"房州"。其二,同书:"内学院本《大慈恩寺三藏法师传》卷六列举协助玄奘译经的'缀文大德九人'中,有幽州照仁寺沙门慧立",显系'豳州昭仁寺'之误。因为贞观时所立豳州昭仁寺碑是唐初名碑之一,原石至今尚存,拓本更多流传,如果具备碑刻学知识,就不至漏校。"高丽藏本正作"豳州"。中华点校本沿误作"幽州"。其三,笔者以唐褚遂良书《雁塔圣教序记》拓本校以内学院本《大慈恩寺三藏法师传》卷六、卷七所引原文,高丽本不误而宋本多误,且脱、讹亦复不少;序中"民仰德而知遵"的"民"应为"人","莫能一其旨归"中的"旨"应为"指","思欲分条[木+片]理"的"[木+片]"应为"析","零露方得泫其华"的"零"应为"云"、"华"应为"花";记中"履之者莫测其际"中的"履"应为"理","缘无恶而不剪"中的"剪"应为"翦","所谓法性常住"中的"性"应为"相"。中华点校本皆沿袭无改。举世闻名的金赵城藏中有《法显传》,现在所知有台湾"中央研究院"傅斯年图书馆藏残本43页及北京图书馆藏周一良捐献本。1974年饶宗颐先生根据台湾藏本撰写《金赵城藏本法显传题记》一文,丽本《高僧法显传》一卷的千字文编号为"广"字,与《赵城金藏》的千字文编号相同。《法显传校注》得以利用。指出:"若非金本出自相同或相近之祖本,即丽本曾以金本为祖本或祖本之一种。"但根据饶氏一文所论,金赵城藏本《法显传》虽有胜处,也存在一些明显的刊刻讹误,总体上似乎不如丽本精审。

书中有的地方，还可以补充或商榷。例如第55页(按，上海古籍原版页码，新版第47页)讲到摩头罗国一段，各本的文字有一些不同，章巽本作：'众僧大会说法。说法已，供养舍利弗塔，种种香华，通夜然灯。使彼人作舍利弗本婆罗门时诣佛求出家。大目连、大迦叶亦如是。诸比丘尼多供养阿难塔。以阿难请世尊听女人出家故。诸沙弥多供养罗云。阿毗昙师者，供养阿毗昙。律师者，供养律。年年一供养，各自有日。摩诃衍人则供养般若波罗蜜、文殊师利、观世音等。'其中'使彼人作舍利弗'一句，章巽书中的校记说，《高丽藏》本此处作'使伎乐人作舍利弗'。这里的'彼人'在上下文中虽然不能说不通，但比较勉强，而作'伎乐人'则是对的。因为这指的是演佛戏。……法显到达摩头罗国时，遇上佛教大会，'伎乐人作舍利弗'……法显的这一段话，对我们今天了解古代印度佛教戏剧的历史，其实是一条非常重要的资料。这一点，似乎从来还没有人指出过。①

我们也注意到，丽本《法显传》中亦有关于舍利弗的记事：

从此西南行一由延到那罗聚落。是舍利弗本生村。舍利弗还于此中般泥洹。即此处起塔。今现在。从此西行一由延到王舍新城。新城者是阿阇世王所造中有二僧伽蓝。出城西门三百步阿阇世王得佛一分舍利起塔。高大严丽。出城南四里南向入谷至五山里。五山周围状若城郭。即是蓱沙王旧城。城东西可五六里南北七八里。舍利弗目连初见颎鞞处。

《法显传校注》第99页(新版)注[7]颎鞞即《大唐西域记》卷九之阿湿婆恃(马胜)，佛教相传，阿湿婆恃先师事释迦牟尼，舍利弗于王舍利旧城见之，闻其说法而开悟，又告之目连，亦开悟共得道。可见舍利弗于王舍利旧城见释迦牟尼，闻其说法而开悟是一个广泛传播的故事，所谓"伎乐人作舍利弗"就是演出关于舍利弗见释迦牟尼得道的故事。这条内证，

---

① 王邦维，《法显与〈法显传〉：研究史的考察》，《世界宗教研究》2003年第4期，第25—26页。

证明王先生的说法是正确的。

再如:《法显传校注》作:"商人于是还向扬州。刘沇青州请法显一冬、一夏。夏坐讫,法显远离诸师久,欲趣长安。但所营事重。遂便南下向都。就禅师出经律。法显发长安,六年到中国。停六年。还三年达青州。凡所游历,减三十国。沙河已西,迄于天竺。众僧威仪法化之美。不可详说。窃惟诸师来得备闻。是以不顾微命,浮海而还。"饶宗颐先生指出:金藏本称"诸师""就禅师出经律藏",高丽本亦作"经律藏",足立据东禅本作"就禅师出律"。考《出三藏记》二"法显于中天竺、师子国得胡本,归京师,住道场寺,就天竺禅师佛驮跋陀共译出,其长杂二《阿含綖经》、《弥沙塞律》、《萨波多律抄》,犹是梵文,未得译出。"是当包括经与律,不宜但作"出律"而已。[①] 又"诸师来得备闻"中"来",金藏本、高丽本皆作"未",玩味上下文义,似亦作"未"为长。再如:第97页《法显传校注》作:"昔有比丘在上经行。思惟是身无常苦、空,得不净观。厌患是身。即捉刀欲自杀。复念世尊制戒,不得自杀。又念虽尔,我今但欲杀三毒贼。便以刀自刎。始伤,再得须陀洹。既半得阿那含。断已成阿罗汉果,般泥洹。"丽本"始伤肉得须陀洹"义较长,《法显传校注》作"始伤,再得须陀洹",不甚可通。

此外,《法显传校注》虽以圆本为底本,根据笔者的统计,但依照丽本据改20余处。此外列出丽本异文以为参考者,数目更多,而且所列异文与正文相较,前者义较长,后者往往不甚可通。由此可见,《法显传校注》实际上沿袭了足立喜六的错误看法,认为丽本对原文任意改动较多,所以"纵令经文之意义得以疏通,而其在考证上之价值则已有限。"这样一来,《法显传校注》一书,如果仅从校勘上来看,可能转不如汤用彤先生称许的丽本及南京内学院本之具学术价值。如果以丽本为底本,再分清其他传本之主要源流,则不仅可减少校勘数量,亦可使得读者收一目了然之

① 饶宗颐,《金赵城藏本法显传题记》,台湾"中央研究院"历史语言研究所《集刊》第45本第3分(1974)。饶先生更在《我与史语所》一文中回忆:"山西广胜寺藏本的《法显传》本所有残本四十三页,我再取故宫博物馆万历庚戌年刊本的《禅乘》中的《法显三十国记》参校,写成一篇题记,这些材料为章巽等人所未利用,文载《集刊》第四十五本第三分(1974)","中央研究院"历史语言研究所70周年纪念文集《新学术之路》,第1044页,台北1998年。

效。这是周祖谟先生校勘《洛阳伽蓝记》时树立的光辉楷模。

参考文献：

1.（东晋）沙门释法显撰，章巽校注. 法显传校注. 上海：上海古籍出版社，1985

2. 汤用彤. 汉魏两晋南北朝佛教史. 北京：中华书局，1955

3. 汤用彤. 汤用彤学术论文集. 北京：中华书局，1983

4.（唐）玄奘，辩机原著，季羡林等校注. 大唐西域记校注. 北京：中华书局，1985

西域得悉神考

马小鹤
（美国哈佛燕京图书馆）

一、祆、得悉和顺天

宋代董逌《广川画跋》卷四所载的《书常彦辅祆像》是关于宋代火祆教的重要资料，通行本文字如下：

> 元祐八年七月，常君彦辅就开宝寺之文殊院，遇热疾，大惧不良。及夜祷于祆神祠，明日良愈。乃祀于庭，又图像归事之。属某书，且使世知神之休也。祆祠，世所以奉胡神也。其相希异，即经所谓摩醯首罗。有大神威，普救一切苦；能摄服四方，以卫佛法。当隋之初，其法始至中夏。立祠颁政坊。常有群胡奉事，聚火祝诅。奇幻变怪，至有出腹决肠，吞火蹈刃。故下俚佣人就以诅誓，取为信重。唐祠令，有萨宝府官，主司又有胡祝，以赞于礼事。其制甚重，在当时为显祠。今君以祷获应，既应则祠，既祠则又使文传，其礼至矣！与得悉唐国顺大罽宾同号祆神者，则有别也。

元祐八年为公元1093年，开宝寺在汴京。中山大学林悟殊教授指出，常彦辅显然原先并未读过火祆教经典，但是祈祷祆神应验时，对火祆神崇敬备至。这证明宗教的传播不一定非有文字经典不可。① 暨南大学张小贵博士认为：董逌关于祆祠"番人奉事，聚火祝诅"、"唐祠令有萨宝府官主司"的叙述大抵符合史实。所供奉的祆神当为偶像，其之附属于文殊院，则是由于人们将其视为摩醯首罗之故。该神既"能摄服四方，以卫佛法"，自是佛教诸神之一。"祆祠，世所以奉梵相也。其相希异，即经所谓摩醯首罗"一句，表明宋时将二者比附的错误观念依然存在。摩醯首罗原为婆罗门教之主神湿婆。②

令人费解的是最后一句。得悉为中亚神名，罽宾为中亚国名，可谓众所周知。但是何谓"与得悉唐国顺大罽宾同号祆神者，则有别也"？翻检哈佛燕京图书馆藏清末顺德冯氏版《翠琅玕丛书》所收的《广川画跋》，原文作："与得悉（双行夹注：曹国）、顺大（双行夹注：罽宾）同号胡神者，则有别也。"最早引述这条史料的日本学者神田喜一郎引用的《王氏书画苑》本《广川画跋》也作"曹国"③。显然，四库本以及以其为底本校注的通行本的"唐国"实乃"曹国"之讹。然而"顺大"仍难以索解。翻检燕京藏《适园丛书》，钱塘丁氏旧藏校本《广川画跋》作："与得悉（双行夹注：唐国）、顺天（双行夹注：罽宾）同号胡神者，则有别也。"④显然，通行本"顺大"为"顺天"之讹。"同号祆神者"可能为"同号胡神者"之讹。能够解释得通的文本应该是："与得悉（双行夹注：曹国）、顺天（双行夹注：罽宾）同号胡神者，则有别也。"我们先对顺天（罽宾）稍加介绍，然后主要研究得悉（曹国）。

① 林悟殊，《唐人奉火祆教考辨》（原载《文史》第 30 辑，1988 年），《林悟殊敦煌文书与夷教研究》，上海：上海古籍出版社，2011 年，第 387—388 页。

② 张小贵，《中古华化祆教考述》，北京：文物出版社，2010 年，第 77—84 页。感谢张先生以此书相赠。

③ 神田喜一郎，《祆教杂考》，《史学杂志》第 39 篇第 4 号，收入《神田喜一郎全集》，同朋舍，1983—1987，第一卷，第 78 页。

④ 神田喜一郎根据《适园丛书》、《王氏书画苑》本和《十万卷楼丛书》合校的录文也作"顺天"。同注 3，第 76、78 页。

二、顺天（罽宾）

关于罽宾的顺天[神]，《隋书》卷八十三《西域传》“漕国”条云：

漕国，在葱岭之北，汉时罽宾国也。其王姓昭武，字顺达，康国王之宗族。都城方四里。胜兵者万余人。国法严整，杀人及贼盗皆死。其俗淫祠。葱岭山有顺天神者，仪制极华，金银鍱为屋，以银为地，祠者日有千余人。祠前有一鱼脊骨，其孔中通，马骑出入。国王戴金鱼头冠，坐金马座。

《大唐西域记校注》云“顺天神”似指稿那天。《大唐西域记》卷十二云：

漕矩吒国周七千余里。国大都城号鹤悉那，周三十余里；或都鹤萨罗城，城周三十余里。……天祠数十，异道杂居，但多外道。其徒极盛，宗事稿锄句反，下同那天。其天神昔自迦毕试国阿路猱山徙居此国南界稿那呬罗山中，作威作福，为暴为恶。信求者遂愿，轻蔑者招殃。故远近宗仰，上下只惧。邻国异俗君臣僚庶，每岁嘉辰，不期而会，或赍金银奇宝，或以牛马驯畜，竞兴贡奉，俱伸诚素。所以金银布地，羊马满谷，无敢觊觎。唯修施奉，宗事外道，克心苦行。天神授其咒术，外道遵行多効，治疗疾病，颇蒙痊愈。

《大唐西域记校注》注释写道：

鹤悉那，Ghazni 或 Ghaznīn，今译加兹尼或哥疾宁，为今阿富汗首都喀布尔以南 155 公里自喀布尔至坎大哈途中要地。

稿那天：梵文 Šuna 音译，婆罗门教天神之一，意译福乐。此天性猛烈，信奉者予福，不信者予祸。《隋书》卷八十三《西域传》漕国条：“其俗淫祠。葱岭山有顺天神者，仪制极华，金银鍱为屋，以银为地，祠者日有千余人”，似指稿那天。阿拉伯文献中记载的 Zunbīl 也极可能与 Zūn 或 Zhūn 即稿那天有关。①

① 季羡林等校注，《大唐西域记校注》，北京：中华书局，1985 年，第 954—958 页。

《大唐西域记》卷一记载了稿那天神从迦毕试国阿路猱山徙居而来的细节：

> 瞢蔽多伐剌祠城南三十余里至阿路猱奴高反山，崖岭峭峻，岩谷杳冥。其峰每岁增高数百尺，与漕矩吒国稿士句反，下同那呬罗山髣髴相望，便即崩坠。闻诸土俗曰：初稿那天神自远而至，欲止此山，山神震恐，摇荡谿谷。天神曰："不欲相舍，故此倾动，少垂宾主，当盈财宝。吾今往漕矩吒国稿那呬罗山，每岁至我受国王大臣祀献之时，宜相属望。"故阿路猱山增高既已，寻即崩坠。

迦毕试国在今阿富汗喀布尔西北60公里的贝格拉姆城(Begram)。①稿那天神的名字可能与当地王公的称号有关。巴托尔德(W. Barthold, 1869-1930)《蒙古入侵时期的突厥斯坦》第二章"截至十二世纪的中亚史"说明:9世纪末,亚尔库卜崛起,他首先致力于巩固其在塞吉斯坦的权力;他杀死号称鲁比勒(Rutbīl)的当地王公,制服了哈里吉派。对于鲁比勒,巴托尔德的原注、博斯沃斯(C. E. Bosworth)为英译本所做的增注(括以方括弧即[ ]并标出C. E. B.)、张锡彤、张广达先生的附注(括以弦月形括弧即〖 〗)如下：

> 或作尊比勒(Zunbīl)。马夸特认为读作Zunbīl是最确切的(Ērānshahr,页248),但他的意见似乎没有充足理由。参照Nöldeke, ZDMG, lvi, 页432。
>
> [Rutbīl或Ratbīl的读法,虽已为阿拉伯的辞典编辑者或语言学家所公认,但迄未得到令人满意的解释。看来马夸特的意见可能正确,即应将此词读作Zunbīl,使与名为Zūn或Zhūn的天神具有联系,此天神有祠在阿富汗东南部之扎明达瓦尔(Zamīndāwar)地方,亦有中文译名可资印证〖按此天神之中文译名当即见于《大唐西域记》卷一毕试国阿路猱山条下之"稿那天神"〗。在近年刊行的有关撰述中,可参看M.

① 季羡林等校注,《大唐西域记校注》,北京:中华书局,1985年,第137、146—149页。

Bussagli, "Cusanica et serica. I La fisionomia religiosa del dio Žūn (o Shūn) di Zābul," R. S. O., XXXVII, 1962, 79—91, 与 G. Scarcia, "Zunbīl or Zanbīl?" Yádnámeye Jan Rypka, Prague, 1967, 41—5。——C. E. B.]。①

如果说"顺天(罽宾)"相对比较清楚,"得悉(曹国)"则仍然有较多的探讨余地。

三、得悉(曹国)与帝赊(石汗那)

《隋书》卷八十三《西域传》"曹国"条云:

> 国中有得悉神,自西海以东诸国并敬事之。其神有金人焉,金破罗阔丈有五尺,高下相称。每日以驼五头、马十匹、羊一百口祭之,常有千人食之不尽。

《北史·西域传》"曹国"条采自《隋书·西域传》。②《新唐书》卷二二一下《西域传》"西曹国"条可以与此互相参证:

> 西曹者,隋时曹也,南接史及波览,治瑟底痕城。东北越干底城有得悉神祠,国人事之。有金器具,款其左曰:"汉时天子所赐。"③

中山大学蔡鸿生教授考证了得悉神和金破罗,指出《隋书》讲的得悉神祭器"金破罗"可能与《新唐书》讲的"金器具"为同物,是一种供神的大

---

① (俄)巴托尔德著,张锡彤、张广达译,《蒙古入侵时期的突厥斯坦》,上海:上海古籍出版社,2007 年,第 1 卷,第 250—251 页。感谢张广达先生以此书相赠。

② 余太山,《两汉魏晋南北朝正史西域传要注》,北京:中华书局,2005 年,第 579—580、669 页。感谢余先生以此书相赠。

③ E. Chavannes, *Document sur les Tou-Kiue (Turcs) occidentaux*, Peipei: Ch'eng Weg, 1969, p. 139, n. 3 (cf. p. 312). (法)沙畹著,冯承钧译,《西突厥史料》,北京:中华书局,2004 年,第 130 页。

酒器。“破罗”源出伊朗语 padrōd，似指“碗”，粟特文作 patrōδ，希腊文转写为 φάλη，“碗”、“杯”之意；突厥语作 пилà 或 фиалà；汉语“叵（破、颇）罗”，即其音译。①

瑟底痕城当是穆斯林地理文献中之 Ithtākhanj，Ithtikhan 之对音，其地在飒秣建（今撒马尔罕）之西偏北。②

《隋书》讲到得悉神时说：“其神有金人焉”。中山大学姜伯勤教授认为，金人当指铜质神像。他引用了别列尼茨基（A. M. Belennitskii）《片治肯特古代绘画》一书中所收的《粟特的思想与崇拜问题（根据片治肯特寺庙资料）》一文的意见：“中国史籍记载中，提到得悉神神像，这些神像表现为人形。”③

汤马斯彻克（Wihlelm Tomaschek，1841—1901）认为得悉神源于波斯琐罗亚斯德教的特什塔尔（Teštar）。④ 夏德（F. Hirth）则认为得悉神与突厥神托司（Tös，复数 Töstör）有关。白鸟库吉大正十三年（1924）发表的《粟特国考》则认为，二说皆不误，突厥人学习信奉伊朗的 Teštar，系可能之事，但其神名则变为 Töstör。他认为，故欲详述得悉神，大可以 Teštar 作为一助也，比较详细地引用了斯庇琪尔（Spiegel）对此伊朗神的描写。⑤ 蔡鸿生则认为，某些学者把阿尔泰人的“托司”与曹国的“得悉神”等同起来，断言突厥“事火”是通过中亚昭武九姓向伊朗“学习”的，未免失之附

---

① 蔡鸿生，《唐代九姓胡与突厥文化》，北京：中华书局，1998 年，第 11—14 页。感谢蔡先生以此书相赠。

② 马小鹤，《摩尼教与古代西域史研究》，北京：中国人民大学出版社，2008 年，第 372—373、392 页。

③ А. М. Беленицкий，“Вопросы идеологии и культов Согда，” *Живопись Древнего Пянджикента*，стр. 61，Москва，1954. 姜伯勤，《中国祆教艺术史研究》，上海：三联书店，2004 年，第 160—161 页。感谢姜先生以此书相赠。

④ W. Tomaschek，*Centralasiatische Studien*，Bd. I.，Vienna，1877，p. 152.

⑤ 白鸟库吉，《粟特国考》，《西域史研究（下）》，《白鸟库吉全集》第七卷，岩波书店，昭和 46 年（1971），第 79—85 页。中译本参阅白鸟库吉著，傅家勤译，《康居粟特考》，上海商务印书馆，1936 年，第 42—46 页；白鸟库吉著，王古鲁译，《粟特国考》，《塞外史地论文译丛》第二辑，商务印书馆，民国 29 年（1933），第 429—435 页。Friedrich Spiegel（1820—1905），*Erānische Alterthumskunde*，Leipzig：W. Engelmann，1871—1878，II，pp. 71—72.

会了。① 自此以后,没有看到可靠的新资料能证明得悉神出自突厥。但是,关于得悉神源于特什塔尔神的假设,自1924年白鸟库吉的研究以来,有数种新的文字与图像资料,以及若干新研究,值得作一综合分析。

此神阿维斯陀语称作"蒂什特里亚(Tištrya)",帕拉维语称之为"蒂什塔尔(Tištar)",新波斯语称作"特什塔尔(Teštar)",通常勘同为夜空中最亮的恒星——天狼星(Sirius),被尊崇为雨神,是琐罗亚斯德教中最重要的神只之一。② 在琐罗亚斯德教历法中,四月和每月的第十三日是以蒂尔(Tīr)神的名字命名的,后来蒂尔神和蒂什特里亚神混为一谈。1933年,苏联中亚撒马尔罕以东140公里的穆格山城堡发现了一批粟特文文书。根据少量刊布的穆格山资料,亨宁(W. B. Henning)1939年发表文章研究粟特历法,指出每月第十三日,在比鲁尼(Bīrūnī)的《古代遗迹》关于粟特历法的记载中被称为蒂什(tyš〔تيش〕),在穆格山文书中也被称为蒂什(tyš)。③

里夫什茨(Vladimir Aronovich Livshits,1923—)1962年出版了《穆格山所出粟特文书》第二册《法律文书和书信》,指出几个人名与蒂什特里亚有关。文书B-4是租磨契约,写于粟特王、飒秣建(撒马尔罕)城主迪瓦斯梯奇第一年(720年?)④,结尾说明,是在玛希安(m'γ'n)的授权下,由蒂什奇(tyšyc)之子西阿米奇(?)(sy'm[?]yc)写成的。蒂什(tyš)是粟

① 蔡鸿生,《唐代九姓胡与突厥文化》,同注10,第133页。关于得悉神源于突厥的观点,张小贵作了介绍和批评,见其《曹国"得悉神"考》,提交"丝路胡人暨唐代中外文化交流学术谈论会"论文,西安,2008年10月11~12日,第191—192页,及其新简体版本,请参阅。感谢芮传明先生将张小贵的这篇会议论文发给笔者参考,感谢张小贵先生赠送修订后的新简体版本。

② Antonio Panaino, "Tištrya", July 20, 2005, *Encyclopædia Iranica*, http://www.iranicaonline.org/articles/tistrya-2 在中国古代星象学说中,天狼星主侵掠之兆,屈原《九歌·东君》曰:"举长矢兮射天狼",苏轼《江城子》曰:"会挽雕弓似满月,西北望,射天狼"。

③ *The chronology of ancient nations*; an English version of the Arabic text of the Athâr-ul-Bâkiya of Albîrûnî, or "Vestiges of the past", collected and reduced to writing by the author in A. H. 390-1, A. D. 1000. Translated and edited, with notes and index, by Dr. C. Edward Sachau, London, Pub. for the Oriental translation fund of Great Britain & Ireland by W. H. Allen and co., 1879, p. 56. Henning, W. B., "Zum Soghdischen Kanlender", Orientalia, 1939, pp. 87-95. Henning, W. B., "The Manichaean Fasts", *Journal of of the Royal Asiatic Society of Great Britain and Ireland*, 1945, p. 149. Gharib, B. *Sogdian dictionary*: *Sogdian-Persian-English*, Tehran: Farhangan Publications, 1995, #9758 (p. 395)

④ 马小鹤,《摩尼教与古代西域史研究》,北京:中国人民大学出版社,2008年,第371页。

特历法每月第十三日的名称，琐罗亚斯德教圣经《阿维斯陀注释（Zend）》中的蒂什特里亚（Tištrya）即天狼星（Сириус）。蒂什奇可能生于第十三日而得名。文书 Nov. 3 和 4 则有一人名拉姆蒂什（r' mtyš），字面意为“（享有）天狼星的安宁”。里夫什茨已经注意到类似人名也出现在《泰伯里史》（at-Тлблрй）、汉文史料和《摩尼教赞美诗集》（Mahrnāmag）中。①

博斯沃思（C. E. Bosworth，1928—）1981 年发表的研究伊斯兰时代早期支汗那诸王的论文中指出，《泰伯里史》记载，8 世纪初阿拉伯倭马亚王朝的呼罗珊总督屈底波进军中亚时，石汗那王（Chaghān-Khudā）的名字的阿拉伯文辅音字母写作 B. y. sh. ' l-A□. w. r，可以拟构成伊朗语人名 Bīshtāsp；但是，汉文史料记载的石汗那王名叫“帝赊”，因此阿拉伯文名字可以拟构为蒂什（Tīsh）。② 1990 年出版的英译《泰伯里史》接受了博斯沃思的这一拟构，翻译如下：

屈底波（Qutaybah）然后检阅军队，补足武器与粮秣，把木鹿（Marw）的军事事务委托给伊雅斯（Iyās b. ʿAbd Allāh b. ʿAmr），把税务委托给奥斯曼（ʿUthmān b. al-Saʿdī），率军出发。当他在塔里寒（ʿālaqān）时，受到巴里黑（Balkh）的德赫干（dihqān）及一些要人的迎接。当他渡过河以后，石汗那（al-ʿaghāniyān）王蒂什·阿瓦尔（Tīsh al-Aʿwar）带着礼物和金钥匙来迎接他，邀请他到其国家中去。然后古弗坦（Guftān）王带着礼物和财宝来迎接他，也邀请他到其国家中去。他和蒂什一起到石汗那去了，将其国家还给了他。③

---

① B. A. Ливщиц, *Согдийские документы с горы муг, вып. II, Юридические документы и письма*, Москва, 1962, стр. 22—23, 25—26, 40, 57—58, 63. Antonio Panaino, Tištrya, Roma: Istituto italiano per il Medio ed Estremo Oriente, 1990—1995, pt. II, pp. 69—70. P. B. Lurje, *Personal Names in Sogdian Texts*, Wien, 2010, #1295 (p. 403); #1004 (p. 325—6), r' mtyš 也可能是一个并列复合词名字：“Rām+Tištrya（拉姆+蒂什特里亚）”意为“正气之神与雨神（所生）”。

② Bosworth, C. E., “The Rulers of Chaghāniyān in Early Islamic Times”, *Iran*, vol. 19 (1981), pp. 2, 17, n. 10.

③ Tabarī, *The zenith of the Marwānid House*, translated and annotated by Martin Hinds, (*The history of al-ʿabarī = Taʾrīkh al-rusul wa' l mulūk*; *v.* 23) Albany, N. Y. : State University of New York Press, 1990, pp. 127—128. “德赫干”即领主，屈底波所渡之河为阿姆河。

博斯沃思与里夫什茨所据汉文史料都出自《册府元龟》卷九七一的记载，这一记载由沙畹（Édouard Émmannuel Chavannes，1865—1918）《西突厥史料》为《新唐书》卷二二一下《吐火罗传》作注时所引用，又在其《西突厥史料补》中所法译：

（开元七年〔719〕）六月，大食、吐火罗国、康国、南天竺国遣使朝贡，其吐火罗国支汗那（Djaghanyan）王帝赊（Tes）上表献解天文人大慕阇。其人智慧幽深，问无不知，伏乞天恩唤取慕阇，亲问臣等事意，及诸教法，知其人有如此艺能，望请令其供奉，并置一法堂，依本教供养。①

李特文斯基（B. A. Litvinsky）等根据博斯沃思等学者的研究说："八世纪的头25年，石汗那由蒂什（'独眼'）所统治（在粟特语中，蒂什〔Tish〕是天狼星的名称）。"又说："700—725年之间，石汗那统治者是'独眼'蒂什，他也拥有尊号叶护（yabghu），统治整个吐火罗斯坦。"注解说明："'蒂什'是天狼星的巴克特里亚文名字。"②中山大学王媛媛博士指出，这个"蒂什"很可能就是上述汉文史料中记载的"帝赊"。

近年来在塔吉克斯坦南部发现了一些钱币，在卑路斯（Pērōz，459—484）和胡司洛一世（Xusrō I，531—579）德拉克马（drachmae）上打有戳记，戳记中有人名tyšβ'n，显然这是5—6世纪这一地区某国王的名字，可能

① Chavannes, Edouard, *Documents sur les Tou-Kiue (Turcs) occidentaux*, St.-Pétersbourg, Commissionnaires de l'Académie impériale des sciences, 1903 (http://nrs.harvard.edu/urn-3:HUL.FIG:004378060) p. 157, n. 5, p. 292. 中译本见冯承钧译，《西突厥史料》，中华书局，2004年，第144页，注七；第306页。

② *History of civilizations of Central Asia*, *v.* 3. *The crossroads of civilizations*, *A. D.* 250 *to* 750, *editor B. A.* Litvinsky, Paris : Unesco, 1996, pp. 146, 177. 中译本：马小鹤译，《中亚文明史》第三卷《文明的交会：公元250—750年》，北京：中国对外翻译出版公司，2003年，第117、146页，笔者在译文或索引中均未注明"蒂什"很可能即汉文"帝赊"，承中山大学王媛媛博士在其博士论文中不吝指正。见王媛媛，《从波斯到中国：摩尼教在中亚和中国的传播》，北京：中华书局，2012年，第28页。王媛媛以其博士论文及此书相赠，特此致谢。

就是帝賒。①

中古波斯文《摩尼教赞美诗集》(文书编号 M 1)跋文列有漠北回鹘可汗和塔里木盆地北缘各城镇统治者,以及众多摩尼教听者的名字。于术的人名名单中有一个抄写人名叫 tyšfrn。② tyš 即指琐罗亚斯德教神只蒂什特里亚(Tištrya),frn 则是"荣幸、运气"之意。这个人名的意思是"天狼星的好运",吉田豊先生根据《吐鲁番出土文书人名地名索引》,勘同于"㕶尸番",③这一勘同得到了韩森(Valerie Hansen)、王媛媛、王启涛等学者的认可。④ 施瓦茨(Martin Schwartz)认为,粟特文 tīš 出自 Tišθriya-。⑤

亨宁(W. B. Henning)1965 年发表的《一个粟特神只》高度评价了里夫什茨对穆格山文书的研究,他总结说,几乎伊朗万神殿中的所有神只都出现在粟特,有些表现在人名中,其中一个例子就是蒂什特里亚(Tištrya)

① P. B. Lurje, *Personal Names in Sogdian Texts*, Wien, 2010, #1291 (p. 402).

② Müller, F. W. K. *Ein Doppelblatt aus einem manichäischen Hymnenbuch* (*Mahrnâmag*), [Berlin, Verlag der Königlichen Akademie der Wissenschaften, in Commission bei Georg Reimer, 1912] [Abhandlungen der Königlich Preussischen Akademie der Wissenschaften] Phil[osophisch]-Hist[orische] Klasse. [Jahrg.] 1912, Abh. V, p. 33. Sundermann, W., "Iranische Personennamen der Manichäer", Die Sprache 36 (1994[1996]), p. 254. Durkin-Meisterernst, Desmond, *Dictionary of Manichaean Middle Persian and Parthian*, Turnhout: Brepols; NSW, Australia: Ancient History Documentary Research Centre, Macquarie University, 2004, p. 333.

③ Y. Yoshida, "Personal Names, Sogdian. i. in Chinese Sources", *Encyclopedia Iranica*, http://www.iranicaonline.org/articles/personal-names-sogdian-1-in-chinese-sources(2013/1/5); P. B. Lurje, *Personal Names in Sogdian Texts*, Wien, 2010, #1292 (p. 402);可能因为罕见字难以排印,作"知尸番"。李方、王素编,《吐鲁番出土文书人名地名索引》,北京:文物出版社,1996 年,第 312 页。

④ 唐长孺主编,《吐鲁番出土文书》,北京:文物出版社,1992 年,第 3 册,第 253 页,66TAM61:29(b)唐田绪欢等课役名籍(四);韩森(Valerie Hansen)著,王锦萍译,《丝绸之路贸易对吐鲁番地方社会的影响:公元 500—800 年》,收入《法国汉学》第十辑(2005 年)《粟特人在中国——历史、考古、语言的新探索》第 129 页;王媛媛,《从波斯到中国:摩尼教在中亚和中国的传播》,第 59、61 页;王启涛,《吐鲁番出土文献词典》,巴蜀书社,2012 年,第 1284 页,"尸番"作"尸潘"。

⑤ Schwartz, M., "The Religion of Achaemenian Iran", in *The Cambridge History of Iran*, 2, *The Median and Achaemenian Periods*, ed. by I. Gershevitch, Cambridge, 1985, p. 673.

(蒂什[tyš])。①

四、蒂什特里亚、箭、沃鲁·卡沙海和白骏马

天狼星常与箭联系在一起。在李约瑟的《中国的科学与文明》第3卷中,引用了宋代苏颂《新仪象法要》中的“浑象西、南方中外星官图”,图上天狼星表示为“狼”,另外9颗星组成“弧矢”,张弓搭箭,箭头直指“狼”。现藏伦敦英国国家图书馆,编号为S第3326号的《敦煌星图甲本》上也有类似的图像,标明一个“狼”字。② 敦煌写本P2512中有一首《玄象诗》,以通俗的文句,形象地描述了天上所有的星座,其中讲到:“东有狼弧矢”。唐代的《步天歌》写得更详细一些:南方井宿“……阙丘两个南河东,丘下一狼光蓬茸。左畔九个弯弧弓,一矢拟射顽狼胸,……”③伊朗文化则与此不同,蒂什特里亚本身就是“箭”。《阿维斯陀》的21篇《亚什特》中的第8篇为《蒂什塔尔·亚什特(Tištar Yašt)》,是歌颂蒂什特里亚神的,第6和37节把蒂什特里亚描绘成雅利安人神箭手埃勒赫沙(Ǝrəxša)射出的箭一样在空中飞向沃鲁·卡沙(Vourukaša)海。④ 另一个因素可能也加强了蒂什特里亚与箭的联系。琐罗亚斯德教历法将每月第十三日称为蒂尔(Tīr)。同时,在中古波斯文中,“箭”写作gygr,出自阿维

---

① W. B. Henning, “A Sogdian god”, *Bulletin of the School of Oriental (and African) Studies* (*BSO*[*A*]*S*), University of London, 1965, p.252. 亨宁在同一篇论文(p.53)中根据粟特文2号古信劄中的一个人名Txs'yc-βntk(意为“得悉之奴”),将“得悉”拟构为TaxsI č(txs'yc)。P. B. Lurje, Personal Names in Sogdian Texts, Wien, 2010, #1274 (pp.398–9). 1990年新疆焉耆七个星乡老城村出土了一件银碗,碗沿刻有粟特铭文,西姆斯·威廉姆斯(N. Sims-Williams)释读为:“这件器物属于得悉神(txs'ycyh)”。见林梅村,《汉唐西域与中国文明》,北京,文物出版社,1998年,第160—161页。毕波认为,txs'yc读作Takhsīch,系粟特人崇拜的水神(或雨神)Tishtrya的形容词。见毕波,《粟特文古信劄汉译与注释》,《文史》2004年第2辑,第87页。参阅张小贵,《曹国“得悉神”考》,同注15,第191—192页。

② Needham, J., *Science and Civilization in China*, *Mathematics and the Sciences of the Heavens and Earth*, *III*, Cambridge 1959, p. 277, fig. 104, Plate XXV.

③ 潘鼐,《中国恒星观测史》,上海:学林出版社,2009年,第146、189—191页、第209页图5.3.1、第330页图6.4.2(3)。

④ Kellens, J., “Vibration and Twinkling,” *Journal of Indo-European Studies* 5, 1977, pp. 197—200.

斯陀文 tiγri-，新波斯文作 tīr。① 民间有时误将蒂尔神（Tīr）等同于"箭（tīr）"。而蒂什特里亚神与蒂尔神的关系相当复杂，后来常常混为一谈，"箭"也就成了蒂什特里亚神的标志。②

根据琐罗亚斯德教历，四月份（阳历 6 月 21 日—七月 21 日）是蒂尔（Tīr）月，很可能就是在这个月的上旬、中旬和下旬，蒂什特里亚神分别幻化为英姿勃勃的 15 岁青年、金犄角的公牛和戴着金辔头的金耳朵白骏马。蒂什特里亚神是雨神，他要呼风唤雨，必须与旱魃阿普什（Apaoša）恶战一场，蒂什特里亚神化为白马，妖魔阿普什则化为一匹秃耳朵、秃马鬃、秃尾巴的黑秃马，在沃鲁·卡沙海里鏖战三天三夜，妖魔阿普什占了上风。因为人们对雨神献祭不足，使雨神败北。后来雨神蒂什特里亚求神主马兹达赐予大力，马兹达答应给他献祭，赋予他十匹马、十头骆驼、十头牛、十座大山和十条大渠的力量。雨神获得了如此大力，再次降临沃鲁·卡沙海，与妖魔阿普什作殊死搏斗，直到中午，终于打败阿普什，将其远远地逐出沃鲁·卡沙海边。蒂什特里亚化身为一匹白骏马，在海里风驰电掣，搅得海水腾空而起。其辅神萨塔瓦伊萨（Satavaēsa）腾云驾雾，将丰沛的雨水洒向大地。（*Yt.* 8.13—8.33）③

侯会先生认为，"在西域曹国，得悉神每日祭品为'驼五头、马十匹、羊一百口'。巨量的祭享牺牲，似当象征蒂什塔尔从主神马兹达处获得的'十匹马、十只骆驼、十头牛……'之神力。"④笔者推测，中亚曹国的得悉神以"金人"的形象出现，可能因为蒂什特里亚的第一个化身是一个 15 岁的青年。

---

① Henning, W. B., "A list of Middle Persian and Parthian words", *BSOS*, Vol. IX, 1937, p. 88.

② 张小贵，《曹国"得悉神"考》，同注 15，第 192—194 页，及其新简体版本讨论了琐罗亚斯德教文献中的 Tištrya 及其与吠陀中的 Tisya 的关系、Tištrya 被比喻为箭，以及他与琐罗亚斯德教每年四月和每月第十三日的保护神 Tīr 的关系，以及 Tištrya 的副手，请参阅。

③ J. Darmesteter, (tr.), *The Zend-Avesta*, pt. II, *The Sīrōzahs*, *Yasts and Nyāyis*, *in F. Max Müller ed. Sacred Books of the East*, v. XXIII, repr. Delhi: Motilala Banarsidass, 1969, pp. 97—102. Antonio Panaino, Tištrya, Roma: Istituto italiano per il Medio ed Estremo Oriente, 1990—1995, pt. I, pp. 39—57. 元文琪，《二元神论：古波斯宗教神话研究》，北京：中国社会科学出版社，1997 年，第 19、152—153、206—209、213—214、234—236 页。

④ 侯会，《二郎神源自祆教雨神考》，《宗教学研究》2011 年第 3 期，第 200 页。

中古中亚崇拜蒂什特里亚神的事实得到了考古发现的证实。在阿富汗西北法尔亚卜(Raryab)省古尔比杨(Ghulbiyan),1977 年发现了山上石窟中的一幅壁画(参见附图)。此壁画显示出帕提亚的影响。1980 年葛乐耐(F. Grenet)等撰写的初步报告认为此石窟可能是王陵,正面坐着的是国王,围绕在其周围的是贵族。① 但是,进一步研究以后,葛乐耐等学者们认为,至少有 3 个正面坐着的是神只,周围则多为供养人。画面上从左面算起,第八个形象是一个坐着的神只,显然是整幅构图的主角。他的双脚搁在一张脚凳上,脚蹬下面有是一个水塘,水塘中游动着 4 条鱼。他手里所持的并非长矛,而是马尔沙克(B. I. Marshak,1933—2006)所建议的,是一支箭。水塘与箭毫无疑问地说明此神是蒂什特里亚神,水塘象征蒂什特里亚取水的沃鲁·卡沙海,箭也是蒂什特里亚神的象征。② 北京大学荣新江教授同意,这里所画的毋庸置疑是雨神的形象。③

蒂什特里亚的化身白骏马也引起了学者们的讨论。戴仁(J. -P. Drège)和葛乐耐在 1987 年的论文中提出,段成式撰《酉阳杂俎》中记载的从乌浒水中出来的金色马可能就是蒂什特里亚的化身。《酉阳杂俎》前集卷十"物异"记载:"铜马:俱德建国乌浒河中,滩[派]中有火祆祠。相传祆神本自波斯国乘神通来此,常见灵异,因立祆祠。内无像,于大屋下置大小炉,舍檐向西,人向东礼。有一铜马,大如次马,国人言自天下,屈前脚在空中而对神立,后脚入土。自古数有穿视者,深数十丈,竟不及其蹄。西域以五月为岁,每岁日,乌浒河中有马出,其色金,与此铜马嘶相应,俄复入水。近有大食王不信,入祆祠,将坏之,忽有火烧其兵,遂不敢毁。"④蒂什特里亚化身为白马的时候,耳朵是金的,辔头也是金的,《酉阳杂俎》描写的马"其色金"可能与此有关。蒂什特里亚打败阿普什之后,

① Grenet, F., J. Lee, & R. Pinder-Wilson, "Les monuments ancients du Gorzivan (Afghanistan du Nord-Ouset)", *Studia Iranica* 9:69-98.

② Lee, J. L., & R. Grenet, "New Light on the Sasanid Painting at Ghulbiyan, Faryab Province, Afghanistan", *South Asian Studies*, 14, 1998, p. 82.

③ 荣新江,《Miho 美术馆粟特石棺屏风的图像及其组合》,《艺术史研究》第四辑,中山大学出版社,2002 年,第 208 页。

④ (唐)段成式著、方南生点校,《酉阳杂俎》,北京:中华书局,1981 年,第 98—99 页。

不仅在沃鲁·卡沙海上,而且也在百川之上兴风作浪(*Yt.* 8.46)。《蒂什塔尔·亚什特》1.2提及的 Vaŋᵛhī,在萨珊时代可能就是指乌浒水(Oxus)。① 帕纳诺(Antonio Panaino)同意,《酉阳杂俎》所描写的金马很可能就是蒂什特里亚神的化身。②

综上所述,宋代董逌固然不一定了解曹国的得悉神和罽宾的顺天神的来龙去脉,但是,他仍然相当清楚:得悉神出自曹国,是祆神,顺天神出自罽宾,并非祆神,两者通称之曰"胡神"。但是,这种知识后来逐渐被士大夫所遗忘,以至于后世将"曹国"讹为"唐国","顺天"讹为"顺大","胡神"改为"祆神"。四库馆臣不察,以讹传讹,遂不可解。

① J.-P. Drège & F. Grenet, "Un Temple de l'Oxus près de Takht-I Sangin, d'après un tèmoignage chinois du VIIᵉ siècle", *Studia Iranica*, 16, 1987, pp.117—121.

② Antonio Panaino, *Tištrya*, v.2, pp.105—106.撒马尔干的阿弗拉西亚卜(Afrasiab)的一幅七世纪的壁画上,有一匹无人乘骑的马,图像参见:http://www.orientarch.uni-halle.de/ca/afras/text/shorse.htm,有的学者判断,此马是蒂什特里亚神的化身。日本秀美美术馆(Miho Museum)所藏的中国北朝时期的一组石屏风的石板B上有一匹没有骑者的马,图像参见:http://www.douban.com/photos/photo/266883441/#image。有的学者曾判断此马为蒂什特里亚神的化身,有的学者则判断此马为阿姆河之神。参见姜伯勤,《中国祆教艺术史研究》,第88页;张小贵,《曹国"得悉神"考》,第194页;Frantz Grenet, "Religious Diversity among Sogdian Merchants in Sixth-Century China: Zoroastrianism, Buddhism, Manichaeism, and Hinduism", *Comparative Studies of South Asia, Africa and the Middle East* (2007) 27(2): p.470.

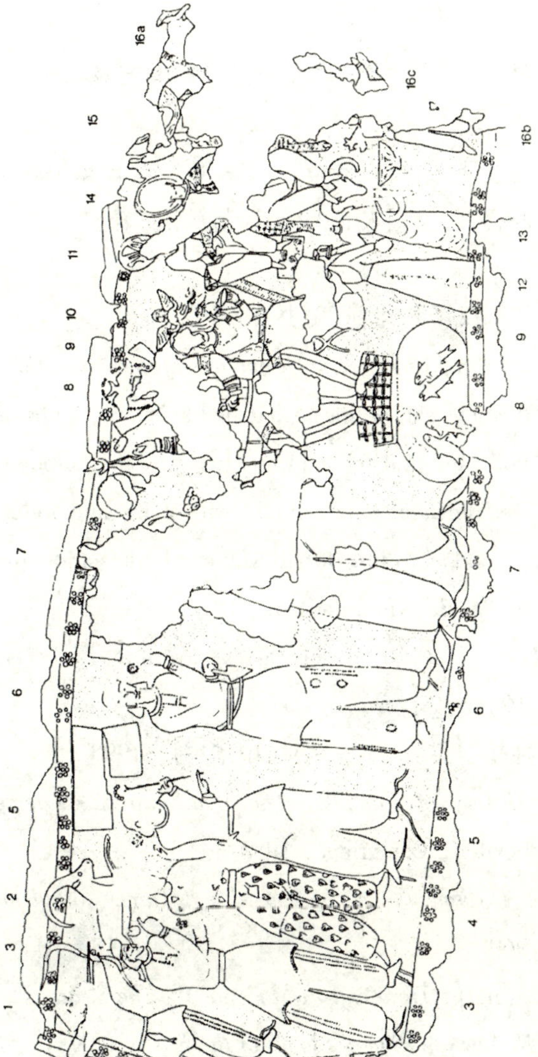

Fig. 2. Key to the Ghulbiyan painting
1. Archer
2. Ibex
3 to 6. Male donors
7. King of male donors
8. Seated male deity
9. Seated (?) female figure
10. Female destiny/victory figure or *fravasi*
11. Seated male (?) deity
12 & 13. Female donors
14. Seated male (?) deity
15. Male figure (deity?)
16. a,b,c, Other figures/deities

阿富汗古尔比杨石窟中4世纪壁画上的蒂什特里亚(Tištrya)神(8)①

① J. Lee & F. Grenedt, "New Light on the Sasanid painting at Ghulbiyan, Faryab province, Afghanistan", p.78, fig.2.

参考文献：

1. 巴托尔德著，张锡彤、张广达译. 蒙古入侵时期的突厥斯坦. 上海：上海古籍出版社，2007

2. 白鸟库吉著，傅家勤译. 康居粟特考. 上海：商务印书馆，1936

3. 白鸟库吉著，王古鲁译. 塞外史地论文译丛（第二辑）. 上海：商务印书馆，1940

4. 毕波. 粟特文古信劄汉译与注释. 文史，2004（2）

5. Bīrūnī, Muḥammad ibn Aḥmad, *The chronology of ancient nations*; an English version of the Arabic text of the Athâr-ul-Bâkiya of Albîrûnî, or "Vestiges of the past", collected and reduced to writing by the author in A. H. 390-1, A. D. 1000. Translated and edited, with notes and index, by Dr. C. Edward Sachau, London, Pub. for the Oriental translation fund of Great Britain & Ireland by W. H. Allen and co., 1879

6. Bosworth, C. E., "The Rulers of Chaghāniyān in Early Islamic Times", *Iran*, vol. 19 (1981)

7. 蔡鸿生. 唐代九姓胡与突厥文化. 北京：中华书局，1998

8. *The Cambridge History of Iran*, 2, *The Median and Achaemenian Periods*, ed. by I. Gershevitch, Cambridge, 1985

9. Chavannes, E., *Document sur les Tou-Kiue (Turcs) occidentaux*, Peipei: Ch'eng Weg, 1969

10. Darmesteter, J. (tr.), *The Zend-Avesta*, pt. II, *The Sīrōzahs*, *Yasts and Nyāyis*, in F. Max Müller ed. *Sacred Books of the East*, v. XXIII, repr. Delhi: Motilala Banarsidass, 1969

11. 董逌，《广川画跋》，（《翠琅玕舘丛书》子部：52—53），民国 5［1916］

12. 董逌，《广川画跋》，［张钧衡辑］（《适园丛书》第五集：067），南林张氏，［民国 5，即 1916］

13. Drège, J.-P. & F. Grenet, "Un Temple de l'Oxus près de Takht-I Sangin, d'après un tèmoignage chinois du VIIe siècle", *Studia Iranica*, 16,

1987

14. 段成式著,方南生点. 酉阳杂俎. 北京:中华书局,1981

15. Durkin-Meisterernst, Desmond, *Dictionary of Manichaean Middle Persian and Parthian*, Turnhout: Brepols; NSW, Australia: Ancient History Documentary Research Centre, Macquarie University,2004.

16. Gharib, B. *Sogdian dictionary: Sogdian-Persian-English*, Tehran: Farhangan Publications, 1995

17. Grenet, Frantz, "Religious Diversity among Sogdian Merchants in Sixth-Century China: Zoroastrianism, Buddhism, Manichaeism, and Hinduism", *Comparative Studies of South Asia, Africa and the Middle East* (2007) 27(2)

18. Grenet, F., J. Lee, & R. Pinder-Wilson, "Les monuments ancients du Gorzivan (Afghanistan du Nord-Ouset)", *Studia Iranica* 9 (1980)

19. Henning, W. B., "A list of Middle Persian and Parthian words", *Bulletin of the School of Oriental (and African) Studies (BSO[A]S)*, Vol. IX, 1937

20. Henning, W. B., "Zum Soghdischen Kanlender", Orientalia, 1939

21. Henning, W. B., "The Manichaean Fasts", *Journal of of the Royal Asiatic Society of Great Britain and Ireland*, 1945

22. Henning, W. B., "A Sogdian god", *Bulletin of the School of Oriental (and African) Studies (BSO[A]S)*, University of London, 1965

23. *History of civilizations of Central Asia*, v. 3. *The crossroads of civilizations*, *A. D.* 250 *to* 750,editor B. A. Litvinsky, Paris : Unesco, 1996

24. 侯会. 二郎神源自祆教雨神考. 宗教学研究,2011(3)

25. 季羡林等校注. 大唐西域记校注. 北京:中华书局,1985

26. 姜伯勤. 中国祆教艺术史研究. 北京:三联书店,2004

27. (日)神田喜一郎. 祆教杂考. 史学杂志(第 39 篇第 4 号),收入《神田喜一郎全集》,同朋舍,1983—1987,第一卷

28. Kellens, J., "Vibration and Twinkling," *Journal of Indo-European*

Studies 5, 1977

29. Lee, J. L., & R. Grenet, "New Light on the Sasanid Painting at Ghulbiyan, Faryab Province, Afghanistan", *South Asian Studies*, 14, 1998

30. Лившиц, В. А., *Согдийские документы с горы муг, вып.* II, *Юридические документы и письма*, Москва, 1962

31. 林梅村. 汉唐西域与中国文明. 北京:文物出版社,1998

32. 林悟殊. 唐人奉火祆教考辨. 林悟殊敦煌文书与夷教研究. 上海:上海古籍出版社,2011

33. 马小鹤. 摩尼教与古代西域史研究. 北京:中国人民大学出版社,2008

34. Müller, F. W. K. *Ein Doppelblatt aus einem manichäischen Hymnenbuch* (*Mahrnâmag*), [Berlin, Verlag der Königlichen Akademie der Wissenschaften, in Commission bei Georg Reimer, 1912]

35. Needham, J., *Science and Civilization in China*, *Mathematics and the Sciences of the Heavens and Earth*, III, Cambridge 1959

36. 潘鼐. 中国恒星观测史. 上海:学林出版社,2009

37. Panaino, Antonio, *Tištrya*, Roma: Istituto italiano per il Medio ed Estremo Oriente, 1990—1995

38. Panaino, Antonio, "Tištrya", July 20, 2005, *Encyclopædia Iranica*, http://www.iranicaonline.org/articles/tistrya-2

39. 荣新江. Miho 美术馆粟特石棺屏风的图像及其组合. 艺术史研究(第四辑). 广州:中山大学出版社,2002

40. 沙畹著,冯承钧译. 西突厥史料. 北京:中华书局,2004

41. Shiratori, Kurakichi 白鸟库吉,《白鸟库吉全集》,岩波书店,昭和44—46 年[1969—1971]

42. Spiegel, Friedrich, *Erānische Alterthumskunde*, Leipzig: W. Engelmann, 1871—1878.

43. Sundermann, W., "Iranische Personennamen der Manichäer", *Die Sprache* 36 (1994〔1996〕)

44. Ṭabarī, *The zenith of the Marwānid House*, translated and annotated

by Martin Hinds, (*The history of al-Ṭabarī = Ta'rīkh al-rusul wa'l mulūk*; v. 23) Albany, N. Y. : State University of New York Press, 1990

45. Tomaschek, W., *Centralasiatische Studien*, Bd. I., Vienna, 1877

46. 王媛媛. 从波斯到中国:摩尼教在中亚和中国的传播. 北京:中华书局,2012

47. 余太山. 两汉魏晋南北朝正史西域传要注. 北京:中华书局,2005

48. 元文琪. 二元神论:古波斯宗教神话研究. 北京:中国社会科学出版社,1997

49. 张小贵. 中古华化祆教考述. 北京:文物出版社,2010

50. 马小鹤译. 文明的交会:公元 250—750 年(《中亚文明史》第三卷). 北京:中国对外翻译出版公司,2003

林逋诗集在明代的流传

——以国家图书馆藏本为中心

张　波

（中国国家图书馆博士后科研工作站）

林逋（968—1028），字君复，钱塘（今杭州）人。北宋真宗咸平、景德年间隐居杭州孤山，其人孤介，其诗澄淡，深受时人推重，梅尧臣等时与唱和。所作《山园小梅》有“疏影横斜水清浅，暗香浮动月黄昏”之联，传唱不绝，亦以“梅妻鹤子”闻于后世。林逋的诗风近晚唐贾岛、姚合苦吟一派，宋初尚有九僧、潘阆、寇准与之颉颃，后世尊为“晚唐体”。林逋诗集宋刻本今仅存一卷，明刻本有4种，分别刻于正统八年（1443）、正德十二年（1517）、万历四十一年（1613）、万历四十三年（1615）。5种刻本中，其中4种见藏于国家图书馆，为考察林逋诗集在明代的流传情况提供了依据。

一、国图藏本概述

国家图书馆所藏林逋诗集明以前刻本如下表所示：

题名	辑刻、校跋	版本	版式	书号
和靖先生诗集□卷　存一卷	清黄翼、黄丕烈跋	宋刻本	9行20字小字双行白口左右双边单鱼尾	7019
宋林和靖先生诗集四卷　附录一卷	韩士英、喻智刻	明正德十二年韩士英喻智刻本	10行20字白口四周单边单鱼尾	12231
宋林和靖先生诗集四卷　附录一卷	韩士英、喻智刻 冯知十校 傅增湘跋	明正德十二年韩士英喻智刻本	10行20字白口四周单边单鱼尾	2131
宋林和靖先生诗集四卷　补遗一卷　省心录一卷　附录一卷	何养纯、诸时宝等辑	明万历四十一年何养纯诸时宝等刻本	8行20字白口四周单边	16156
宋林和靖先生诗集四卷　补遗一卷	清季锡畴校并跋	明万历四十一年何养纯诸时宝等刻本	8行20字白口四周单边	7020
宋林和靖先生诗集六卷	潘是仁辑刻	明万历四十三年潘是仁《宋元诗》刻本	9行19字白口四周单边单鱼尾	11594
宋林和靖先生诗集六卷	潘是仁辑刻 鲍山重修	明万历四十三年潘是仁《宋元诗》刻本、天启二年鲍山重修本	9行19字白口四周单边单鱼尾	15449

(一)正德本 12231 与 2131

明正德十二年,韩士英、喻智刻《宋林和靖诗集》4 卷,附录 1 卷。12231 与 2131 皆为 1 册,半页 10 行 20 字,白口,四周单边,单鱼尾,卷首无题名,前有正德丁丑洪钟序、宋梅尧臣序,林和靖像并赞语。2131 为冯知十校过,书末有傅增湘跋。两书又有如下特征:

1. 序文部分

第一篇序为正德丁丑闰十二月钱塘洪钟作,版心为"林先生诗集序",共 3 页,半页 8 行 13 字,其中第二、三页笔迹、墨色与第一页不同。第二篇序为宋本原有之梅尧臣所作序,版心为"林先生诗序",页数接前,为第四页,半页 10 行 20 字,笔迹又异。第四页下落款为"皇祐五年"。2131 第四页上第九行"凡贵人钜公一来语合"加四字为"一来相遇无不语合";第十行"不遇强起之"前加"朝廷"二字。第五页版心为"林先生诗像",页上为"宋林和靖先生像",页下为赞语,半页 8 行 13 字,赞为洪钟作,"宋仁庙"处顶格另起一行。

序文后,12231 为卷一正文。2131 为"宋林和靖先生诗集附录名贤题跋诗文姓字名号爵里目录",共 3 页,第一页版心为"林先生诗目录附录",第二页版心为"林先生诗附录目",第三页版心为"林先生诗附录目录"。3 页字迹皆漶漫不清。12231 也有此目录,在卷末附录处,字迹较 2131 略清晰。

2. 正文部分

12231 的 38 页、39 页,为字体迥异之版,页面干净,墨色均匀,板框线墨色充实,字体似手写。2131 则无此变化。

2131 的 43 页,字体变化,页面干净,板框线清晰,墨迹较前后页为细,似手写。12231 此页则无变化。此页之诗作,12231 为《秋江写望》、《乘公桥作》、《宿姑苏净惠太师院》、《偶书》、《予顷得宛陵葛生所茹笔十余筒其中复得精妙者二三焉每用之如麾百胜之师横行于纸墨间所向无不如意惜其日久且弊作诗二篇以录其功》、《清河茂才以良笔并诗为惠次韵奉答》;2131 顺序与之异,为《秋江写望》、《宿姑苏净慧大师院》、《予顷得》、《乘公桥作》、《偶书》、《清河茂才》。两版本诗题与诗句亦有异文,2131 文字与宋本同。

3. 附录部分

2131 附录 17 页与 18 页装帧颠倒，12231 无此现象。12231 书末半页为空白有板框页面，实则第三十页下陈震诗未完。2131 比 12231 多出一页，上半页尚有 5 行正文，为陈震诗末句与倪峦七律一首。下半页空白，有朱文"冯彦润读书记"、白文"冯知十"钤印两枚，后为傅增湘识一页。

(二)万历本 16156 与 7020

林逋诗集的万历本为何养纯、诸时宝辑刻，全书 4 卷，附录 1 卷，半页 8 行 20 字，白口，四周单边，无鱼尾，无界栏。卷首题名"宋林和靖先生诗集卷之一"，"明后学何养纯文叔、诸时宝廷取、诸时登廷采校"。前有皇祐五年(1053)梅尧臣序、万历乔时敏序、张蔚然序，林和靖先生像及题辞，有目录。诗集分为 4 卷，卷一为五言古诗(4 首)、五言律诗(80 首)；卷二为七言律诗(70 首)；卷三为七言律诗(52 首)；卷四为五言绝句(5 首)、七言绝句(79 首)、诗余(2 首)。每卷单独分页。

16156 共 3 册，卷一、卷二为第一册。卷三、卷四、补遗目录、补遗、省心录序、省心录为第二册。附录为第三册。7020 仅 2 册，含诗歌 4 卷及补遗 1 卷，无省心录及其附录。第一册含序文 3 篇、像赞、目录与诗集卷一；第二册含诗集卷二至卷四、补遗目录、补遗。序文顺序与 16156 也不一致。16156 开篇为梅尧臣序，7020 则为乔时敏序、张蔚然序、梅尧臣序，且张蔚然序阙最后半页文字。此书内有季锡畴校跋，内页较 16156 漶漫污渍为多。

7020 中的 3 篇序文皆有点读标识"、"或"○"。梅尧臣序第一页上，"叙"改为"序"。"钱塘"改为"宁海"，正文前加一行"太常博士宛陵梅尧臣撰"。板框上方有"宋刻每半叶/九行二十九字/序与诗字同"。第一页下，"向"改为"尚"。第二页上，"朝廷"改为"天子"，补"相遇无不"、"朝廷"。"乃"改为"而"。正文卷一板框上方有"宋刻曰和靖先生诗集，卷分上下，编次亦不同，每半叶九行，行二十字，诗题低四格，有梅尧臣序，无目录。"

7020 书末季锡畴跋曰："咸丰七年季冬之月望前一日，以黄子羽藏残宋本校一过。菘耘居士。"季锡畴(1791—1862)，字范卿，号菘耘，别署菘耘居士、城南居士、东仓外史等。江苏太仓人，清代校勘学家、藏书家。跋中"黄子羽藏残宋本"即馆藏 7019 本，书中有黄翼跋曰："《和靖集》余向购之于武林徐门子铺中,后归灵均。灵均身后,藏书散尽,此册以残缺独存。”

(三)潘是仁《宋元诗》刻本 11594 与 15449

潘是仁《宋元诗》刻于万历四十三年,共 42 种 208 卷,天启二年(1622)鲍山重刻,增至 61 种 273 卷。两刻本皆为 9 行 19 字,白口,四周单边,单鱼尾。《宋林和靖先生诗集》为《宋元诗》第一种,分为 6 卷。卷一为五言古诗;卷二为五言律诗;卷三、四为七言律诗;卷五为五言绝句;卷六为七言绝句。

11594 第一册有李维桢《宋元诗序》、焦竑《汇定宋元诗集序》、《汇定宋元名公诗集姓氏》、王应翼《林和靖先生集序》。其后为《宋林和靖诗集目录》9 页,前八页版心镌有刻工“薛”。内文每卷单独分页,版心分别镌“林和靖五古卷一”、“林和靖五律卷二”、“林和靖七律卷三”、“林和靖七律卷四”、“林和靖五绝卷五”、“林和靖七绝卷六”。除卷四题名为“林和靖诗集”外,每卷内题名皆为“宋林和靖先生诗集”,署名“宋林逋君复甫著、明潘是仁訒叔甫辑校”。15449 第一册林和靖诗集前为李维桢序、姓氏、王应翼序与《北宋诸名公姓氏爵里》,内文及版式特征与 11594 无差异。唯 15449 为郑振铎收藏,第一册封面及内页有郑氏跋语两则。

二、明刻本与宋刻本差异比较

国图藏《和靖先生诗集》(7019)是林逋诗集唯一存世的宋刻本,仅 1 卷,包括古诗 4 首,律诗 164 首。现存最早的明刻本为正统八年陈贽、王玘编刻,题名“重编西湖林和靖先生诗集”,共 4 卷,2 册,现藏于台北“故宫博物院”,北京大学图书馆亦藏有残本 1 册。国图所藏正德、万历诸本的分类、编次均接近正统本,而与宋刻本迥异,诗歌总数接近 300 首,也超过了宋本。但通过内文对勘可以发现,明刻本在编刻时均有宋刻本作为参照,明人重刊林逋诗集始终伴随着诗句的校订、增益以及对宋刻诗集原文的趋近,同时也不可避免地带来了各自的问题。其中一些属于明刻本的共同问题,如宋本“金井前朝寺”,明本皆为“前朝事”。“长瀑倚空飞”,明本皆为“倚云飞”。宋本“清谈倾祖席”,明本皆为“绮席”。此外则各有差异,兹分以下三点论之。

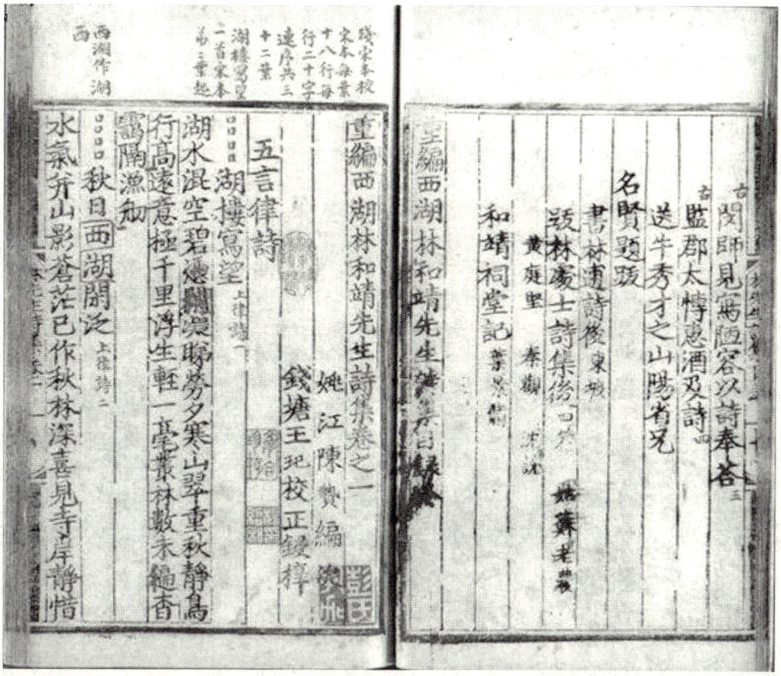
重編西湖林和靖先生詩集卷之一
姚江陳贊編
錢塘王玘校正鋟梓
五言律詩
湖樓寫望
秋日西湖閑泛
水氣并山影蒼茫已作秋林深喜見寺岸靜惜
監郡太博惠酒及詩
送牛秀才之山陽省兄
名賢題跋
書林逋詩後
和靖祠堂記

图 1　正统八年陈赞、王玘刻本《重编西湖林和靖先生诗集》(现藏台北故宫博物院)

(一)正德本与宋刻本

《铁琴铜剑楼藏书目录》卷二十列有瞿氏持宋刻本(7019)与正德本校勘之例。傅增湘《藏园群书题记》卷十三亦有《校宋本林和靖集跋》,乃借瞿氏所藏宋刻残本(7019)重校正德本(2131),有所谓"细审冯氏所校宋本,其文字差异处,多与瞿氏残本不尽合,疑冯氏所据或别一宋本也。"现再将宋刻本(7019)与明正德十二年刻本比对,有如下特征:

1. 字形。正德本中的字形比宋刻本有简化倾向,如"鷰"改为"燕";"翫"改为"玩";重叠的两字后一个多用重叠符号。

2. 异体字。正德本出现一些异体字,如"茆"改为"茅"。(也有"茅"改为"茆"者,如15页上"衡茆")再如"野"改为"埜";"怪"改为"恠",这或许与当时的用字和书写习惯有关。宋刻本对异体字的区分比明刻本更为严格。如"踈"和"疏",宋刻本一律用"踈";再如"遊"与"游",宋刻本中区分也很清楚。版刻用字也许随着时代的推移而变,也有的字在后代语义通用,区分不那么严格了。有的或许是使用习惯有差异,如"閒"和

"闲",宋刻本均为"閒",正德本为"闲"(也有作"闲"处)。宋本"逕"与正德本"径";宋本"徧"与正德本"遍";宋本"峯"与正德本"峰"(明本也有"峯",如十五页下"五老峯")。宋本"罇"与正德本"樽"、"尊";宋本"牕"与正德本"窗"。总体而言,异体字的采用并不影响文本内容。

3. 异文。正德本中有些异文较宋本有了诗意、诗境的差别。如宋本"金井前朝寺,林僧问不知",正德本为"前朝事",似乎与"问不知"更对应,实则有待深究,因"金井前朝事"貌似不通,所以冯知十校本又改回。再如宋本"旅怀何计是,西崦又斜晖。"正德本为"入斜晖",语意通顺,但似乎没有"又"层次深。再如宋本"寺倚云峯更晚晴",正德本为"正晚晴";宋本"粉竹亚梢垂宿露",正德本为"薄露";宋本"不辞齿发多衰疾",正德本为"衰病"。再如《黄家庄》一诗,正德本为"更有锦帆荒荡事,茫茫随分起诗愁。"宋本为"归帆","茫茫"为"落然"。《蝶》诗"情人殁久魂犹在",正德本为"殁后",似诗境不及宋本。《寄岑迪》"别后交游合相忆,酒灯棋雨数侵宵。"正德本为"定相忆"、"几清宵",诗境改变。总之,这种用字变更对诗意的改动,到底哪个版本更佳,是不是一定明本不如宋本,则也是见仁见智,有待推敲的。

4. 讹误。如 12 页上,"蒸秫拾邻梢",正德本误为"蒸木";15 页下,"雨敲松子落琴牀",正德本误作"琴林"。再如 12 页下,"喜冯先辈及第后见访",正德本误为"马先辈"。16 页上,"池上春日",正德本误作"溪上";"杜牧之",正德本误作"杠牧之";"春烟寺院敲茶鼓",正德本误作"斋鼓"。按,"茶鼓"为佛教语,禅寺法堂西北角设此鼓,集僧用茶汤时用;"斋鼓"亦佛教语,报斋时之鼓。据下联"夕照楼台卓酒旗",似应为"茶鼓"。又如 26 页下,《杏花》诗第一句"蓓蕾枝梢血点干","血"正德本误为"向"。35 页上,"雨湿春蒲燕子低",正德本误为"春风"。42 页上,"璚树瑶岑掠眼新",正德本误为"略眼"。46 页上,"编松为篁寄山中,兼得紫微诗一通",正德本误"通"为"道",诗句明显不叶韵;"可烦长听隐居风",正德本误"可烦"为"耳频",意殊不可解。46 页下,"愿将猿鹤比云来",正德本误为"云鹤";"理棹时乘旦暮风",正德本误"旦"为"但"。这些错误,应该是重新编辑刊刻诗文时因疏忽造成的。

5. 校记。冯知十持宋本 7019 校正 2131,异体字未校,用字之讹误,有校改者,有未改者。未改者如 20 页下,“余生多病期怡养”,宋本为“恬养”。21 页上,《平居遣兴》一首,宋本“野草交游披褐见”,正德本为“草野”,为校者订正,而此句上有“历刺幽篁露病梢”,宋本为“烟篁”,校者则未正之。37 页上,《至梁峡口怀朱严从事之官岭外两夕舟次于此》,按宋本“至”圈改为“玉”,“舟”前补一“舣”字,“次”字圈去;而诗内“数家村坞在山阴”,宋本“在”为“住”,未改;“鲈鱼研绘松醪酒,曾属诗人两日吟”,宋本“研”为“斫”,校者点改,“诗”为“骚”,则未改。39 页下《伤朱寺丞》宋本题下有小字“严”,校者未补,诗中“瘴侵编什有谁收”,宋本为“编集”,校者据之圈改。41 页上,《水轩》一诗,“覔”字据宋本填“高宗庙讳”,同诗“飘荡杨花春意晚”,宋本为“纷泊杨花”,则未改。48 页下,《送易师还金华》,宋本为“送易从师游金华”,校者据之增改,诗内“及早回来带雪看”,宋本为“归来”,据之改;“百本长松”,宋本为“数本”,则未改。此外,有一些校正标识于板框上方,似乎是无版本依据的判断,如 22 页下,“湖水汪湾隔数峯”,正德本与宋本同,板框上方书一“江”字,应是认为“江湾”更合理。

(二)万历本与正德本、宋刻本

何养纯《林和靖先生集后附言》有:“今所存者,大都正德时武林旧刻,即陈奉常所重编者也,其误谬不可校举。余向有家藏《宋志》及宋刻野史,载先生诗甚夥,因以之而订其集内谬者一百六十字,增其轶者三百七十字。”可见万历本是在正德本基础上刻成,又以宋代文献订正。今见此书分卷、内容、顺序与正德本基本一致,但诗句内文与正德本有明显的不同。何养纯所称校订依据是《宋志》及宋代野史,并未言及有宋本林和靖诗集作参照,但以现存宋本比对,证明其所言是准确可信的,也可见其校订功夫花费之多,总体而言,万历本所作的改动有以下三点特征:

1. 使诗句与宋本相合。如第 6 页下《留题李颉林亭》:“无琴枕鹤经,尽日卧林亭。啼鸟自相语,幽人谁欲听。”正德本为“兼琴”、“旧相语”,宋本为“自相语”。第 7 页上,“旅怀何计是,西崦又斜晖”,正德本为“入斜晖”,宋本则为“又”。第 10 页下《和谢祕校西湖马上》,12231 为“和马谢祕校西湖马上”,万历本与宋本同。

2. 增补正德本所无。万历本增录诗 6 首及词 1 首,为:《洞霄宫》、

《宿洞霄宫》、《西湖孤山寺后舟中写望》、《小隐》、《梅花二首》、《长相思·惜别》，所含字数连题目恰为370字。此外，附录也在正德本的基础上进行了重新编辑，增补前贤与时人著作20篇、题咏48首，又作集后附言1篇。从附录的辑录情况来看，何养纯比正德本的编者更广泛地涉猎了宋代以来的文献，尽可能地从史籍、别集、笔记中钩沉与林逋相关的资料，并且，对正德以后新的出版物也有相当的了解，如田汝成《西湖游览志》，《万历杭州府志》等，都及时地加以辑纳。在这一方面，万历本确实达到了整顿旧物、焕然一新的效果。

3. 新错误、新异文的产生。虽然万历本的编者基本上做到了集前人成果之大成，但不可避免地也会产生新的错误和异文。这些错误有的为字形之误，如7页下"新篁箨未披"，"未"字宋本、正德本均为"半"。有的为理解之误，如8页上《中峰行药却望北山因而成咏》，"行药"为"行乐"之误。此外又如16页上《赠崔少微》"蒸术拾邻梢。"正德本为"蒸术"，宋本为"蒸秫"，此处之"术"则应为"秫"之异体。

(三)潘是仁《宋元诗》刻本与前本

潘是仁所刻《宋林和靖诗集》未言明版本依据，而据刊刻年代来看，此前所述诸本皆有可能成为底本。今将宋本、正德本与万历本与此本互勘，可以看出潘氏对诸本皆有参照，兹分以下五点论之。

1. 参宋本之依据。内文中异体字多以宋本为准，如"羣"、"峯"，正德本、万历本皆作"群"、"峰"。

2. 参正德本之依据。"白鸟飞归远，青山重复深"，宋本、万历本为"归飞"。"香菇熟烟崖"，万历本为"香酤"。"岁课非无秫"，万历本为"无术"。"北山晚望"，万历本为"写望"。"怀贤思不群"，万历本为"事不群"。"西崦入斜晖"，宋本、万历本为"又斜晖"。"埜城寺水亭"，宋本、万历本为"台城寺"。"和梅圣俞雪中同虚白上人来访"，宋本、万历本为"见访"。"谁解似沉冥"，宋本、万历本为"事沉冥"。"都在酒醪中"，"都在"宋本留空，万历本为"埋照"。"清溪倾绮席"，宋本、万历本为"清谈"。"公卿扣谒疏"，宋本、万历本为"公门请谒疏"。"船樯留估人"，宋本、万历本为"贾人"。

3. 参万历本之依据。"春色已微茫"，宋本、正德本为"春气"。"肯使怀乡邑”,正德本“怀”为“于”。“新篁箨未披”,“未”宋本、正德本为“半”。“空斋留并宿”,“并”正德本为“与”。

4. 斟酌各本之依据。《留题李颉林亭》中“无琴枕鹤经”、“啼鸟旧相语”两句,“无”字据万历本,宋本、正德本为“兼”;“旧”字据正德本,宋本、万历本为“自”。《送王舍人罢两浙宪赴阙》中“远俗今无讼”、“公朝论爵赏”两句,“远”字据正德本,宋本、万历本为“越”;“朝”字据宋本、万历本,正德本为“期”。《寄胡介》中“衡门惟老母,一饭共寒蔬”;“山名爱画庐”诸句,“母”字据正德本,宋本、万历本为“毋”,“饭”据宋本、万历本,正德本为“食”;“画庐”据正德本,宋本、万历本为“话庐”。

5. 新特征。如“韵”字,前本皆为“韻”。“疏”字,前本皆为“踈”。“秋静雁行高”,“雁”前本皆为“鸟”。“管乐非吾尚,昂头肯自方”正德本、万历本为“官乐”。“若非求伴至,谁复问棲迟”前本“伴”皆为“仲”。《宿洞霄宫》一诗,宋本、正德本无,其中“秋山不可尽,秋思亦无垠”一联,万历本“尽”作“画”,此本当是斟酌字句后改之。

三、明人辑刻林逋诗集的原因、特征与文化背景

如果对 4 种明刻本的刊刻动机、共同特征与所受时代因素影响做一个基本的分析,可以得到这样一个概括性的结论,即林逋诗集在明代的流传是以地域文化为中心,其传播过程伴随着地域文化内涵的建构、扩充与发展。

(一)刊刻动机:景慕乡贤、传承文献

除了潘是仁《宋元诗》刻本之外,此前三种林逋诗集的刊刻发起人均为任职杭州的官员,编纂者、出资人是杭籍士子。正统本编者陈贽,字惟诚,浙江余姚人,正统年间任杭州府学训导,任内一直留心访求林逋诗集无果,直至任满赴京途中,在一僧房内偶得。林逋诗集由其亲自缮录编辑,按体裁分类,订为 4 卷。后向朝中的杭州籍官员募资,得到广州通判王玘的赞助,故今日所见之正统本题名处写有“姚江陈贽编次、钱塘王玘校正锓梓”。

正德本的编者韩士英,字延廷,四川南充人;喻智,字子贞,号晴江,直

隶当涂人，正德年间在杭州任职时刊行林逋诗集，并延请当地名流、致仕官员洪钟作序，其序称“近者地官主政西蜀韩廷延、当涂喻君子相继督课来杭，仰先哲于既往，慨嘉言之弗彰，乃属士人沈君履德搜辑考订，并续以名贤题跋及近人士大夫谒墓吊挽之辞，萃为一卷。”①可见刊刻的发起者为韩、喻二人，但具体的编辑者是一位叫沈履德的地方士子。

万历本林逋诗集为乔时敏授意生员诸时宝编辑。乔时敏，字君求，号古冈，上海人，万历三十八年进士，任仁和县令时，展读林逋诗集，因“板历岁久，漶漫不可传，为购善本，命诸生时宝校刻之。”②但据另一序者所言来看：“诸廷取、廷采捐赀刻集，而友人何文叔为之搜校不遗余力”③可见万历本题名的何养纯、诸时宝、诸时登三人，何养纯承担了整部书的文献搜集、校订工作，而诸氏兄弟只是出资人。

至于潘是仁《宋元诗》的刊刻地是在安徽歙县，由于它的刊行年代最晚，且对前几种刻本都有参照，故可以看作是林逋诗集由刊行地向外传播的例证。歙县是明代出版业中心之一，且在地缘上与杭州相当亲近，歙籍士人往来杭州十分频繁，因此潘是仁受到地域文化的风气熏染而以林逋诗集作为《宋元诗》之首，也是在同一传播脉络之中的。

明人刊行林逋诗集的目的，在官员为表彰地方先贤之政绩，在士人则为乡邦文化传承之助力。如乔时敏所言：“余居杭三载，奉职无状，然于表彰风雅，窃有微长。纵未敢比迹希文，彼丛岩邃谷中，岂无有耕云缅月，抱情操如君复者？虽未能具嘉宾买山之赀，请以是编当仲举南州之榻矣。”④对于主政一方的官员而言，林逋之诗澄怀淡远，足资揄扬，更重要的是表彰林逋这样一位隐居之士，意在表明当政者礼贤下士的意愿。乔时敏主政杭州颇有德政，在方志中被列为地方名宦，这一刊行诗集的细

① (明)洪钟，《重辑林和靖先生诗集序》，《宋集序跋汇编》，北京：中华书局，2010年，63页。

② (明)乔时敏，《万历本林和靖诗集序》，《宋集序跋汇编》，北京：中华书局，2010年，65页。

③ (明)陈云渠，《万历本林和靖诗集跋》，《宋集序跋汇编》，北京：中华书局，2010年，68页。

④ (明)乔时敏，《万历本林和靖诗集序》，《宋集序跋汇编》，北京：中华书局，2010年，65页。

节,也佐证了他主政一方的姿态。而具体到编纂诗集的过程中,那些实际付出精力的士子则成为乡邦文化的传承者。如万历本的编者何养纯在《林和靖诗集集后附言》提到自己对林逋的认知,从凭吊墓地,访问古迹的感性认识开始,再到了解其书法艺术、诗歌成就,以至能知人论世,读史论议,最后穷极精力,从宋志、野史中辑录佚诗增补前人所刻,参照他本改订前人谬误,再从方志、碑刻中辑录材料增益附录,最终成就了焕然一新的万历本林逋诗集。如其所言"我辈之汲汲于是者,特以慰斯世之仰慕先生者也"①,其首要动机正是为了乡邦文献的传承和地域文化的弘扬。

(二)共同特征:前后相继、增益附录

从现存明刻本林逋诗集的刊刻时间来看,各本间隔时间久远。从正统八年陈贽辑刻到正德十二年韩士英、喻智重刻,期间经过了 74 年,而万历本的刊行距正德本更达 96 年之久。同时,刊行者们遇到的共同问题是前代刻本难觅或错讹过多影响继续流传。陈贽是林逋诗集在明代得以重新传布的关键人物,在他之前,林逋诗集几乎泯灭无存,如其序中所言:"余少闻西湖林和靖先生咏梅花诗,其暗香疏影之句往往脍炙人口,意谓他作佳句必多,惜未得全集观之。……因过孤山寺,访先生诗集,所在无有知者,后又屡访于人,皆不得。"②洪钟序正德本时也称前代刻本"岁久残阙,无复可观。"③虽正德本传布较为广泛,但万历时已被认为有修订之必要:"即正德至今,年又几何,而残阙纰缪又复如是,使不及今再为掇拾,后之观者又何异今之视昔者也。"④如此可见,林逋诗集的三次重刻都是在前一版本逐渐丧失了传播动力之后,才产生新的版本,且因它们都产生于杭州,所以具有前后相继的关系。

明刻本林逋诗集另一个突出的特征是附录的增益。编纂附录本是唐

① (明)何养纯,《林和靖先生集后附言》,《宋集序跋汇编》,北京:中华书局,2010 年,70 页。

② (明)陈贽,《正统重编西湖林和靖先生诗集序》,《宋集序跋汇编》,北京:中华书局,2010 年,57 页。

③ (明)洪钟,《重辑林和靖先生诗集序》,《宋集序跋汇编》,北京:中华书局,2010 年,63 页。

④ (明)何养纯,《林和靖先生集后附言》,《宋集序跋汇编》,北京:中华书局,2010 年,70 页。

宋以来刊行别集的通例,附录一般汇集作者生平行状、后人次韵赓咏、追怀凭吊等作品,以收知人论世之功或呈现一家之学术渊源风貌。具体到林逋诗集,现存宋刻本并无附录,明刻本的附录最早由陈贽编辑。而陈贽所编附录内容有限,自称"《宋史》有传,名贤多有论述,于集后附见一二,复以元时《祠堂记》附焉。"①而从现存正统本目录来看,附录内容仅列有"名贤题跋"5 则及所称元人作《和靖祠堂记》,没有涉及到明代,可见其附录只是略存其意,对前代材料也有很多舍弃。而正德本附录则增至 1 卷,目录按时代分次,列有名贤姓字名号爵里,内容除和韵吊怀外,还包括宋史本传、笔记方志、墓碑记中有关林逋生平活动以及身后遗迹的记载。尤为重要的是,正德本附录汇集了大量明人的咏怀作品,并在卷首刊印了一幅林和靖肖像,配以明人赞语,使人对林逋作品在明代的接受情况有了直观的了解。到了万历本的编者那里,附录受到了更为审慎的对待,何养纯特别提出"旧刻有附录一卷,类次乖错,即所引诸名公集亦尽删改,余乃遍搜元本考证,因而增入者,又奚啻过其半也。"②可见在附录上花了很多功夫,不仅有新材料的填充,还对旧录的征引篇目进行了考订,增补前人所删改的文字内容,如此一来,万历本附录又比正德本增加了一半以上的内容。附录内容的不断丰富意味着林逋诗文的接受形成了有迹可循的脉络,也便于我们进一步考察林逋诗集刊行的时代背景。

(三)时代因素:西湖文化的想象与建构

林逋诗集在明代的 3 次刊行都是由于杭州地方官员的推动,这说明其刊刻背景是地域文化的勃兴。而地域文化更为明确的指向则是与西湖游赏相伴随的西湖文化。西湖成为文人墨客争先游览的名胜佳景,虽然至少要追溯到唐代诗人白居易,他大规模治理了西湖并抒写了人所熟知的诗篇,但西湖成为一个人文气息浓郁的文化景观,则是宋代以来的事。两宋时期杭州地区经济富庶,尤以南宋偏安此地,繁华日甚,以至于人有

---

① (明)陈贽,《正统重编西湖林和靖先生诗集序》,《宋集序跋汇编》,北京:中华书局,2010 年,58 页。

② (明)何养纯,《林和靖先生集后附言》,《宋集序跋汇编》,北京:中华书局,2010 年,70 页。

“西湖歌舞几时休”的感慨。明人叶权说：“杭州之奢侈，钱氏时已然，南宋更靡，有自来矣。城中人不事耕种，小民仰给经纪，一春之计全赖西湖。大家坟墓俱在两山，四方宾旅渴想湖景，若禁其游玩，则小民生意绝矣。且其风俗华丽，已入骨髓，虽无西湖，不能遽变。”①这也反映了西湖游赏之习在宋代才蔚然成风。

两宋时吟咏西湖的名篇虽不胜枚举，然而在所有的西湖逸事中，林逋无疑是最与众不同的。这是因为他所生活的北宋前期，西湖及周边之孤山，还是一个相对荒疏而尚可隐居的所在。林逋的隐居生活在宋初虽特例独行，但是受到了当朝者的关注和尊崇，宋真宗垂问赐物，范冲淹、梅尧臣均与之结交，这也是其诗稿虽写就辄弃，但仍有近300首流传后世的原因。林逋不是寂寂无名的隐士，而是一位生前已有盛名的隐士，这使后人追溯西湖文化时，自然地将林逋纳为其中。林逋所作之诗绝大多数与西湖、孤山的景物有关，因其生活于此，故诗中涉及人事也沾染了一层世外绝尘之气，他的许多佳句脍炙人口，去世之后，其生活遗迹、墓地也成为往来西湖的文人凭吊、吟诵的对象，这使林逋其人、其诗都成为西湖不可或缺的文化要素。因此，林逋诗集在明代重新被关注与明人对西湖文化的想象与建构具有直接关联，这从陈贽将正统本命名为“重编西湖林和靖先生诗集”就可以看出端倪，而万历本的序者张蔚然也有将林逋诗集与另一作品合刊为《西湖二妙》一书的设想。

在想象和构建西湖文化这一层面，杭州的地方官员陈贽无疑是明代最早也最为重要的践行者。陈贽对西湖情有独钟，《四库全书》收有宋代董嗣杲撰《西湖百咏》2卷，陈贽和韵。从陈贽为林逋诗集所作序文中也可以看出他对西湖文化的审美趣味：

> 杭之西湖闻天下，而山明水秀，诚非他处所及，奈何在繁华富盛之区，画舫丝竹之音自旦达暮，流连光景，沉酣声色，其来旧矣，故凡游西湖而形诸题咏者，不过写其歌舞燕赏之乐耳，虽昔乐天、东坡之贤亦所不免，甚至以西子淡妆浓抹为比，至若杨铁崖之竹枝词，则又郑声之尤者，

① （明）叶权撰、凌毅点校，《贤博编》，北京：中华书局，1987年，9页。

是岂不为西湖之累耶？今观先生集中湖上诸作，兴寄高远，邃雅闲淡，写景状物，一出天趣之自然，使摩诘复生而笔之图画，未或过也，且无一语及繁华声色之事，足为湖山一洗尘俗之陋。①

应该说陈赘的看法是相当高明的，他认为现实中的西湖风光绮丽，但文本上的西湖却失之浅俗，文人墨客游赏西湖之后形成的文字与西湖的山明水秀并不匹配，而林逋的作品却是例外。因为林逋诗歌中的西湖是一个隐逸的、天然的、澄净的、恬淡的栖居之地，与后世西湖的喧嚣奢靡形成了鲜明的对比，只有在林逋那里，文本中的西湖才能洗净尘俗、褪去繁华，而这是陈赘心目中的西湖曾经有过、也应该重新葆有的境界。陈赘希望“天地之间长有此西湖，而先生之名与之长存，则其诗卷之长留天地间也。”②也就是希望林逋文章与西湖文化应该具有的品质长久地对应关联并达到完美契合，这是他刊行林逋诗集的出发点。

陈赘刊行林逋诗集后，其传播效果是非常明显的。这反映在林逋其人被人们重新关注，林逋的墓地得到了修缮，包括林逋生前活动和居住的处所如巢居阁、放鹤亭等，都有好事者根据史料记载予以钩沉或复原。这样一来，过孤山游玩而追怀凭吊林逋的诗歌也多了起来，到正德年间，地方官员又一次刊行林逋诗集的时候，附录搜集到的明代题咏作者有 61 人之多。万历后期，在闲赏文化发达，冶游之风盛行的背景下，林逋的作品受到了更为广泛的追捧。从现存万历刻本的情况来看，编者具有明显的“求全”倾向，不仅尽可能地搜辑林逋的佚诗，甚至将作者有争议的作品也一并收录。从国图 16156 藏本可以看到，林逋诗集后附有《省心录》1 卷。而就连编者自己也说：“《省心录》，朱子尝言非先生笔”③，但他本着不敢深究、唯恐或缺的心态，还是将之刻行。

从屡访遗集而不得、墓地荒芜无人问津的正统年间算起，林逋及其诗

① (明)陈赘，《正统重编西湖林和靖先生诗集序》，《宋集序跋汇编》，北京：中华书局，2010 年，57 页。

② 同上，58 页。

③ (明)何养纯，《林和靖先生集后附言》，《宋集序跋汇编》，北京：中华书局，2010 年，70 页。

集在明代经过了170年的流传，变得广受士人尊崇和喜爱。将万历后期林逋诗集的两个刻本中所存序跋分析一过就会发现，这一时期人们对林逋其人其诗的理解更加丰富，他们津津有味地讨论林逋以梅为妻、以鹤为子的逸事，对于他不与朝廷合作的事迹也颇为激赏，尤其是他诗中的佳句，被人一再称引，张蔚然赞之为“得湖之色”、“得湖之韵”、“得湖之情”、“得湖之趣”、“得湖之神”，所谓“生西湖不负西湖”①者也。这意味者陈贽所提出的林逋为西湖“一洗尘陋”的审美品位已经完全得到了后世的认同，林逋在明代后期已经成为西湖乃至杭州最为重要的文化符号。

参考文献：

1.（宋）林逋. 和靖先生诗集. 宋刻本. 国家图书馆藏

2.（宋）林逋. 宋林和靖先生诗集. 明正德十二年韩士英、喻智刻本. 国家图书馆藏

3.（宋）林逋. 宋林和靖先生诗集. 明正德十二年韩士英、喻智刻本（冯知十校、傅增湘跋）. 国家图书馆藏

4.（宋）林逋：宋林和靖先生诗集四卷补遗一卷. 明万历四十一年何养纯、诸时宝刻本. 国家图书馆藏

5.（宋）林逋：宋林和靖先生诗集四卷补遗一卷省心录一卷附录一卷. 明万历四十一年何养纯、诸时宝刻本. 国家图书馆藏

6.（明）潘是仁. 宋元诗. 明万历四十三年刻本. 国家图书馆藏

7.（明）潘是仁. 宋元诗. 明天启二年刻本. 国家图书馆藏

8. 祝尚书. 宋集序跋汇编. 北京：中华书局，2010

① （明）张蔚然，《万历本林和靖诗集叙》，《宋集序跋汇编》，北京：中华书局，2010年，66页。

陈仲鱼手校本《蔡中郎文集》版本考略

严佐之

（华东师范大学古籍所）

东汉人文集存世者仅蔡邕一家，蔡邕文集历经传刻传抄，留下不少珍善版本，比如在铜活字印本中具有典型意义的明正德锡山华氏兰雪堂铜活字印本《蔡中郎文集》，在影抄本中具有典型意义的黄丕烈影抄兰雪堂活字本《蔡中郎文集》，还有黄荛圃、顾千里就《蔡集》校勘而留下的诸多精彩校跋，以及后世诸多名家的过录校本，等等。① 然而，《蔡集》版本之多之善虽让人目不暇接，却不料仍有遗珍"浪迹天涯"！上世纪80年代中期，华东师大古籍研究所曾从津门书铺购得一笔明清时代的古籍刊本、抄本，其中不乏善本珍籍，而清陈仲鱼手校本《蔡中郎文集》十卷，尤称翘楚。这批古籍归属校图书馆所有，盖上了"华东师范大学图书馆藏书"印，但因是古籍所出资购置，以为古籍版本学教学之用，故长期以来一直庋架敝所资料室。每次讲至明清名家批校本，都会取出这部陈仲鱼手校

① 据《中国古籍善本书目》集部卷二二"汉魏六朝别集类"著录蔡邕文集有明正德华坚兰雪堂铜活字印本、明影刻兰雪堂铜活字本、清影抄兰雪堂铜活字本、明嘉靖三年（1524）宗文堂郑氏刻本、明嘉靖二十七年（1548）杨贤刻本、明万历八年（1579）茅一相文霞阁刻本、明王士贤刻本、明程荣刻本、明万历三十九年（1611）马维骥刻本、清顺治刘嗣美刻本、清咸丰二年（1852）杨氏海源阁刻本，以及有黄丕烈、顾千里、孙星衍、李文藻、瞿镛、赵之谦、许瀚、严可均、丁丙、郑振铎等校抄题跋的名家批校本30余种。《中国古籍善本书目》集部上，上海：上海古籍出版社，1996年，15—17页。

本《蔡中郎文集》,展示观摩。虽说从未存"秘不示人"之念,然因其尚未正式入录校图书馆古籍书目,故终属"名不见经传"者,或亦职是之故而知者甚少。兹不揣简陋,略考版本,谨献同道共赏,惟求高明指教。

一、陈仲鱼手校本书录与鉴定

考订伊始,似宜先对陈仲鱼手校本《蔡中郎文集》作一书录和鉴定,而撰作书录之前,则不妨先读一读书中的陈仲鱼手跋,跋曰:

> 书贾徐凤辉自江宁考棚归,取道常州,得明神庙时东阳徐子器所刊《蔡中郎集》十卷,持以示余,因亟购之。遂借吾友黄荛翁影抄明锡山华氏兰雪堂活字本,用黄笔校之,复以朱笔校朴学斋旧抄本,以墨笔写录顾千里校语,其荛翁三跋,各依其色书之,凡半月而校竣。是书活字本流传盖寡,即此徐刻十卷亦不可多得矣,宝之。嘉庆十二年十月朔,郭海陈鳣记于津逮舫。

跋文似乎交代得很清楚:这是陈仲鱼在其购藏的明万历徐子器刻十卷本《蔡中郎文集》上,用黄、朱、墨三色分别校勘黄荛圃影抄明锡山华氏兰雪堂活字本、朴学斋旧抄本,并过录顾千里校跋和黄荛圃跋的一个手校本。按明万历徐子器刻本《蔡中郎文集》,于嘉庆时已"不可多得",流存至今者,固宜归入善本之列,①而此本之珍善,更在于出自乾嘉名家陈仲鱼之手校手跋。兹以通行之例,试作书录于下:

> 《蔡中郎文集》十卷《外传》一卷(阙卷三至五),(汉)蔡邕撰。明万历二年(1574)陈留县令东阳徐子器刻本,清陈鳣校跋并过录顾千里校跋、黄丕烈跋,清罗以智校。三册。框高 20 厘米、宽 14 厘米。半叶九

① 按《中国古籍善本书目》著录蔡邕文集无"明万历二年徐子器刻本",然据查验,191 号"明刻本",共 10 家收藏单位,其中上海图书馆藏本实即徐子器刻本,其他不明。192 号"明刻本,清黄丕烈、顾广圻校并跋",国家图书馆藏,亦为徐子器刻本,且系黄丕烈旧藏。《中国古籍善本书目》集部上,上海:上海古籍出版社,1996 年,16 页。

行，行二十一字，四周双边，白口，无鱼尾。版心上题“蔡中郎集”，版心中刻卷数、页码。正文卷端首行顶格题“蔡中郎文集卷之一”，次行低三格题“汉左中郎将蔡邕伯喈传”。卷前载明万历元年(1573)王干章《蔡中郎文集敘》、宋天圣元年(1023)欧静《蔡中郎集序》(首页前半页抄配)、《蔡中郎文集目录》。卷末载明万历二年(1574)徐子器跋。《外传》卷终载陈鳣嘉庆十二年(1807)跋。

卷首钤“番禺陶氏爱庐藏书印”(朱文大方印)、“坦荡荡斋藏”(白文方印)、“藏之名山”(朱文长方印)；“目录”首页钤“仲鱼图像”(朱文印)、“得此书费辛苦后之人其监我”(白文方印)、“敦复过目”(白文方印)、“心赏”(朱白文方印)、“唐仁寿读书记”(朱文长方印)、“认字室”(白文方印)。卷一卷端钤“仲鱼手校”(朱文方印)、“鳣读”(白文方印)；卷六、卷九卷端钤“仲鱼手校”(朱文方印)、“敦复过目”(白文方印)；徐子器刻书跋后钤“敦复过目”(白文方印)、“坦荡荡斋藏”(白文方印)；陈鳣跋末钤“中”“子”(二朱文小方印)。

按，此本原缺卷三至五凡三卷，后经书商伪装，于各册书根分别题写册数“一”、“二”、“三”，于第一册书根写“凡三”一字，造成各册联续不缺之假像，以售以残充全之奸。又原本卷首宋欧静《蔡中郎文集叙》阙首页前半页，卷末明徐子器跋阙末页后半页。书商乃将明王乾章《蔡中郎文集序》移至欧叙前，以掩开卷抄补之绌。

鉴于撰者蔡邕、校者陈鳣都是名家，俩人事迹多载史籍文献，固毋需循例再作小传。而欧静、王乾章、徐子器3篇跋文，虽非常见文献，却也都能从通行的海源阁刻本《蔡中郎集》中检索到，故亦不再赘录。惟陈仲鱼过录黄、顾题跋，虽亦皆见录于《荛圃藏书题识》、《思适斋集》而寻常易得，但因关乎陈仲鱼手校本的考证，故仍全文移录：

此活字本《蔡中郎文集》十卷，藏钱唐何梦华家。梦华过吴门，行箧携之，因丐归，校明神庙时徐子器刻本，殊多是正。后为余友顾千里、袁绶阶转假去，各影写一部。而余所校者，适为千里携往江宁，案头竟乏展阅本,遂命门仆用旧纸影抄全帙。其卷首碑牌空二格,系俗子剜去年号,以"至正"伪之,故不之补。至于活字版刊刻时代,以他书证之,当在成、宏间。抄毕并记,嘉庆丙寅秋七月丙午朔荛翁黄丕烈。(墨笔)

覆取周香严家藏抄本校。旧抄系朴学斋所藏,前无序有目,分卷多同,行字互有得失,终以旧抄为胜。惜行草笔划未能明了,故传活字本,而以旧抄校之,参取两本之胜处可矣。白露前一日书于百宋一廛之北窗,荛翁。(朱笔)

嘉庆丁卯正月望前,千里以前假校本检还,其中有千里校语颇精当,因录于此以备观览。复翁。(墨笔)

以上3篇黄荛翁跋均见录于《外传》卷终后半页陈仲鱼题跋之前。

丁卯正月校读一过,凡订正若干条。中有绝精处,索解人不得矣。思适居士。(墨笔)

五月再校于江宁,用《后汉书》参订,又添若干条。廿一日灯下记。(墨笔)

此活字版似据一行书写本作底子,故'数'误为'如','闲'误为'困'之类,往往而有。若得宋本,必多是正也。九日灯下又记。(墨笔)

以上3篇顾千里校跋均见录于《外传》卷终前半页末行空白处。

根据对该刻本字体、印纸、序跋等版本特征的验证,并持与上图藏徐子器刻本比对,可以认定其确为明万历二年徐子器刻本。又通过对密布于印本天头、地脚、行间的批校文字的笔迹辨识,对"仲鱼手校"、"鳣读"、"仲鱼图像"、"得此书费辛苦后之人其监我"等陈仲鱼藏书印章的比对辨伪,并经由同行专家的目验首肯,可以认定其确为陈仲鱼亲笔手校真迹示。

二、陈仲鱼手校本藏弃源流

考订陈仲鱼手校本《蔡中郎文集》的版本藏弃源流,对其真伪鉴定也有一定关系,因为一个向来"寂寂无名"者的突然出现,难免会让人多生疑窦。

据文献记载,"仲鱼既殁,遗书散佚","鳣以嘉庆二十二年下世,手校手著,尽为苕贾所得"云云,①说的都很笼统,仅海宁蒋生沐《东湖丛记》所记,稍稍交代了其书的具体流向:"吾乡陈仲鱼征君向山阁藏书,大半归马二槎上舍。"②马二槎名瀛,是稍晚于陈仲鱼的海宁藏书家,近水楼台,自先得月。那么,这部陈仲鱼手校本《蔡中郎文集》是否也在马瀛所得"大半"之中呢?今检马瀛《吟香仙馆书目》卷四集部别集类著录:"《蔡中郎集》十卷《外传》一卷,汉蔡邕撰,明锡山华氏兰雪堂活字铜板印本。又一部,万历本,黄荛圃、陈仲鱼校本并跋。"③其"又一部"者,著录"万历本"、"陈仲鱼校跋",均与此手校本符契相合,但云"黄荛圃校跋",与手校本之过录黄校实不相符,难道是马二槎未及细考所致?又陈仲鱼手校本没有加盖马二槎藏书章,莫非藏主忽尔转手而未及加盖?虽然尚存此小小疑点,但皆属可以理解的差失,所以大体上还是可以认定《吟香仙馆书目》著录之"又一部",就是仲鱼身后流出的那部手校本《蔡中郎文集》,而这也是此本在书目著录中的唯一"现身"。那么,在马二槎之后,此本又流入何处呢?虽无书目参考,但尚可依赖藏书印章来稍加追究。

据卷首钤印"唐仁寿读书记",可知此本后又移藏与马二槎同为海宁藏书家的唐仁寿家。按唐仁寿,字端甫,号镜香,家于饶财,购书万卷。④据云唐氏藏书厄于咸丰八年(1858)兵燹,荡然无存,而此本安然无恙,流传至今,则知其必在此前已经幸而转归别家。又据卷首钤有"番禺陶氏爱庐藏书印",乃知此本后归岭南藏书家陶福祥。按,福祥字春海,广东番禺人,陈东塾门生,张南皮主政两广,聘为广雅书局总校,家富藏书,且喜刻

① 任继愈主编,《中国藏书楼》,沈阳:辽宁人民出版社,2000年。

② (清)蒋光煦,《东湖丛记》卷四《马二槎藏书记》,北京:国家图书馆出版社,2002年,国家图书馆编《国家图书馆藏古籍题跋丛刊》第15册,第243页。

③ (清)马瀛,《吟香仙馆书目》,上海:上海古籍出版社,2005年,第45页。

④ 吴晗,《江浙藏书家史略》,北京:中华书局,1981年,第57页。

书。[1] 陶福祥于光绪十六年(1890)主持覆刻杨氏海源阁刊本《蔡中郎集》,陈仲鱼手校本归其收藏,也可谓得其所哉。陶福祥有子名敦复,书室名"坦荡荡斋"。此仲鱼手校本多处钤印"敦复过目"、"坦荡荡斋藏",知福祥身后,此本仍在其子敦复手中。至于何时从陶氏藏书室流出,转至津门书肆,则未可知晓。但根据这些收藏印鉴,判断陈仲鱼手校本《蔡中郎文集》藏弆源流之大概,亦可佐证此本之真实不伪。

除藏书印章可以作证外,陈仲鱼手校本《蔡中郎文集》还曾确实在书目之外的其他文献上有过"现身",这部文献就是清罗以智撰《蔡中郎集举正序》[2],序曰:

> (劳)季言自有校本,又藏有袁寿阶过录千里校本,余又曾见陈仲鱼过录千里校本,两本亦有异同,新刊本中有未之采列者,伯平所谓"顾校尚有别本"是也。

罗序落款署年"咸丰四年甲寅仲冬之月"。

罗以智,字镜泉(一说子敹,号镜泉),浙江钱塘人,尝官镇海教谕,无意仕进,耽于经学,著述极富,且家富藏书,书楼曰"吉祥室",其《吉祥宝藏书目》所录不下数千百种,咸丰十年(1860)避乱海昌,人殁书散。[3] 按罗序云"曾见陈仲鱼过录千里校本",是其仅见而未藏也。又序称"两

① (清)梁鼎芬等纂修《番禺县续志》,民国20年(1931)印本。又徐绍棨《广东藏书纪事诗》"陶福祥爱庐"条,诗曰:"镕经铸史盛名传,吾爱吾庐也夙缘。结习未忘事铅椠,苏书陶集字如钱。"又小传曰:"陶福祥,字春海,番禺人,光绪丙子举人,学海堂学长、禺山书院院长,大儒陈兰甫之弟子。富藏书,所藏珍秘本必钤爱庐印章。其管理学海堂文澜阁所印书,精选纸墨,发兑处名镕经铸史斋。又于藏书之精者选择雕刻,如《蔡中郎集》、《朱韦斋集》、《陈后山集》、沈括《梦溪笔谈》、汪师韩《文选》、《理学权与》等,均精于雠校,而胡伯蓟手写苏书陶集,字大如钱,尤为精绝。"《近代中国史料丛刊续编》20辑,文海出版社有限公司印行,第213、214页。

② 按《中国古籍善本书目》集部卷22"汉魏六朝别集类"著录:清罗以智撰《蔡中郎集举正》十卷,清光绪五年(1879)朱桂模抄本,藏浙江图书馆。上海:上海古籍出版社,1996年,《中国古籍善本书目》集部上,第18页。此引罗序转引自王欣夫著《蛾术轩箧存善本书录》甲辰稿卷四《蔡中郎集举正二卷附佚文》,上海:上海古籍出版社,2002年,《蛾术轩箧存善本书录》下册,第1360至1368页。

③ 吴晗,《江浙藏书家史略》,北京:中华书局,1981年,第113页。

本”，乃指劳季言所藏“袁寿阶过录千里校本”与罗以智所见“陈仲鱼过录千里校本”。而其言之凿凿，谓“两本亦有异同”，则必经罗氏持本对较可知。至于罗序提到的“新刊本”，正指聊城杨氏海源阁刊本《蔡中郎集》也。按杨本的实际校刊者是高均儒，字伯平，浙江秀水人。咸丰三年(1853)《蔡中郎集》刊竣，高伯平尝以新刊本示罗以智，属复加校勘，结果造就了罗氏《蔡中郎集举正》这部校勘学著作。而那时家藏陈仲鱼手校本的唐仁寿，还曾从孙诒让处转录过罗以智的《举正》稿本。① 其间缘由曲折，非区区拙文所欲探究，第举此一事再为佐证：嘉庆十二年(1807)陈仲鱼于己藏万历徐子器刻本上“以墨笔写录顾千里校语”的手校本《蔡中郎文集》，是确实的历史存在而非后世的伪作臆造。

更令人喜出望外的发现，是在此本密密麻麻的数千条校语中，竟然“藏匿”了一条罗以智的校语！这条罗校位于卷二终页末行栏上，书写在陈仲鱼朱笔手校“‘尔’字在‘来世’上”一行左侧。罗校曰：“以智按，‘上’字为‘下’字之误。”按陈仲鱼的这条校记，原是对徐子器本“嗟尔来世”一句的出校，但若依陈仲鱼说旧抄本“‘尔’字在‘来世’上”，则与徐本文字原无差异。既然与徐本一致无异，又何必出此校记？故罗校认为旧抄本当作“嗟来世尔”，“尔”在“来世”下而非其上，陈校“‘尔’字在‘来世’上”是其笔误。细验此行罗校，笔划纤细如丝，字迹显异陈体，翻覆书卷，检阅前后，若有似曾相似者，却再未找到有“以智按”三字的校记。虽难掩“失望”之情，但即此唯一的“以智按”校记，似亦能证明此本正是罗以智当年撰著《蔡中郎集举正》时“曾见”的那个“陈仲鱼过录千里校本”。

三、陈仲鱼校跋及其籍贯与印章

其次要讨论的是陈仲鱼题跋，以及跋后落款“郭海”和钤印“中”“子”的问题。

按陈仲鱼有自编文集《简庄缀文》6卷，成于嘉庆十二(1807)年四月，

① 按，据王欣夫考证，“可知伯平之校，镜泉或曾参与其事”，海源阁蔡集刊竣宜在咸丰九年(1859)而非三年，又记述唐仁寿抄录罗氏《举正》稿本事，均见载氏著《蔡中郎集举正二卷附佚文》，引书同上。

这篇《蔡中郎文集跋》撰写于嘉庆十二年十月，当然不可能收入。又嘉庆十八年(1813)编就《经籍跋文》，但此集专收经籍题跋，自然也与《蔡中郎文集跋》无干。仲鱼身后，光绪十四年(1888)，有海昌羊复礼重刊《简庄缀文》于粤东，改题书名曰《简庄文抄》，并辑其佚文编成《简庄文抄续编》二卷，与《简庄文抄》、《河庄诗钞》合刻行世。但经查《续编》并未收录此跋。民国间，王欣夫先生亦尝有补辑之作，氏著《蛾术轩箧存善本书录》著录"《简庄文钞补遗》二卷，一册，清海宁陈鳣撰，吴县王欣夫辑，蛾术轩钞稿本"，提要曰："仲鱼《简庄缀文》六卷，编定于嘉庆十年，时五十三岁。光绪十二年羊复礼重刻《缀文》于粤东，易名《文钞》，而别辑遗文为《续编》二卷。余尝得而读之，尤爱其序跋各篇考据精覆，不在潜研堂下。平日流览所及，得未刻题跋数十篇，又于谢启昆《小学考》、王德浩《硖川续志》各得散文若干篇，因合钞为《补遗》上下卷，以俟他日有合刊者。"①此蛾术轩抄稿本今存复旦大学图书馆，据查亦无仲鱼此跋。迩来则有陈鸿森先生的研究成果，即于1988年、2002年先后刊发的《陈鳣简庄遗文辑存》、《陈鳣简庄遗文续辑》二文。《续辑》刊登在《书目季刊》，经查并无收辑。《辑存》刊载于《大陆杂志》，一时无从检阅，迄今未获拜读。然鉴于此手校本在80年代中期已归华东师大收藏，且从未对外宣示，故宜其亦无缘获见而不得辑录。所以，能基本确定的是，我们在考实了这部陈仲鱼手校本《蔡中郎文集》的同时，还收获了清代校勘名家陈仲鱼的一篇重要跋文。

与跋文相关连的是其落款题署"郣海陈鳣"的问题。陈仲鱼书跋落款题署通常称"海昌"或"海宁"，那是他的籍贯，有时亦书"渤海"或"郣海"，那是他海宁陈氏家族的郡望。字书"郣"即"渤"，《说文》"郣海，地名"，汉设渤海郡，《汉书·武帝纪》作"郣海"，《封禅书》作"渤海"，《杨雄传》作"渤澥"。关于陈鳣家族郡望渤海的问题，陈鸿森《清儒陈鳣年谱》尝据吴兔床《愚谷文存》有所交代："又《勃海陈氏家乘补跋》云：陈于宁为右族，本姓高，为宋武烈王琼之裔。明初，有赘于陈者，遂蒙其姓。自宋、

① 王欣夫著，《蛾术轩箧存善本书录》未编年稿卷四《简庄文钞补遗》，上海：上海古籍出版社，2002年，《蛾术轩箧存善本书录》下，第1677页。

元、明迄本朝，数百年来，簪缨科第之盛，非他族所能及。”①年谱指出是宋高琼裔孙入赘海宁陈氏而改姓，但未揭示高琼与渤海究竟是何关系，所以还是没能解出何以题署“郭海陈鳣”的来由。考《宋史》高琼本传，仅称高琼“家世燕人”，也未说是渤海人。所幸查阅清光绪十七年(1891)刻本陈赓笙纂修《海宁渤海陈氏家谱》，得偿所愿。据是谱卷十三“世传”九“第十五世”世系，载有陈鳣之名并附小传，卷二十六载有《第十五世举孝廉方正简庄公传》，是一篇较详细的陈鳣传记。又卷三“世系”记载陈鳣“一世祖秦，吏部尚书、中书令公”，曰：“公讳秦，字子伯，渤海蓨人，汉渤海太守讳洪之后也。”卷四“世传首”曰：“后汉量十世孙洪，渤海太守，因家渤海蓨县。”②又据卷二十四《第一世迁祖处士东园公传》，知其族世奉始迁祖名谅，字克贞，号东园，生于元末，赘海宁东里长平乡陈氏，生子荣，字世宏，号月轩，承母姓为陈氏，生于明洪武壬子，卒于宣德丙午。③ 陈仲鱼即始迁祖东园公之十五世裔孙。陈仲鱼家世虽然有了着落，但《后汉书》高洪无传，海宁陈氏郡望渤海高氏之渊源，仍不得其详。考虑到陈赓笙《谱》残缺前二卷，有可能丢失了记载家世来源的谱序等资料，所幸陈赓笙《谱》的前修谱，即清嘉庆十年(1805)陈应麟纂修《海宁陈氏家谱》尚在，经查检有“乾隆元年太子太傅文渊阁大学士兼礼部尚书十世孙元龙”撰写的谱序，将“渤海高氏”至“海宁陈氏”的来由，娓娓道来。序曰：

> 唐虞时，我远祖伯夷为四岳，佐禹治水有功，赐姓曰姜，赐氏曰吕。《传》所谓“天子建德，赐之姓而命之氏”者是也。阙后太公封于齐，公族

① 陈鸿森著，《清儒陈鳣年谱》，台湾：“中央研究院”1993年版《“中央研究院”历史语言研究所集刊》第62期，第160页。

② （清）陈赓笙纂修，《海宁渤海陈氏家谱》，清光绪十七年刻本，上海图书馆藏，馆藏号JP1978。

③ 《第一世迁祖处士东园公传》追述海宁渤海陈氏家族迁徙始末，颇具史料价值，兹特节引以飨读者。传曰：“公讳谅，南江公讳泗之长子也。故家仁和黄山，少从南江公肄业海宁东里，状貌英伟，读书敏悟绝人。陈公明谊无子，见而异之，欲妻以女。南江公卜之龟拆，占者曰不必问休咎矣。南江公投之于河。有老渔攫而视之，曰：‘此大吉之兆也。拆文弥布，具太极图形。太极，万物之祖。是谓一姓肇始，莫之与京，光远有耀，异域钟英。君其识之。’南江公知非凡人，问其名居，不告而退。南江公归，遂委禽焉。逮长就婚，明谊公悉以其訾予公。生月轩公荣，而蒙其姓。公以先世仕宋，累受宋厚恩，故命其里曰赵家桥，子孙聚族，衡宇数里相望，迄今三吴推右族，必曰赵家桥陈氏，有自来矣。”引书同上。

以王父字为氏曰高，与齐为终始焉。后汉渤海公官太守，而渤海之高大著。历魏晋北朝隋唐间，望甲天下。宋初盛于汴，南渡后盛于临安。迨于元季，我迁祖东园公赘宁，二世而月轩公蒙母姓，曰海宁陈氏。①

"郣海陈鳣"来由，借此豁然明朗。概言之，陈仲鱼之海宁陈氏家族，追溯先世，奉始祖后汉渤海太守高洪，因居渤海郡蓨县，遂为渤海著姓望族；洎入赵宋，武烈王高琼有功，赐第汴京，而汴之高氏大著；靖康之难，琼子孙有随高宗南渡者，迁居临安；元季东园公谅入赘海宁陈氏，奉为始迁祖，明初二世月轩公荣生，改从母姓，遂称海宁陈氏；自后世世繁衍，遂成海宁大族，清初陈元龙、陈世倌等名臣，皆出其族。"海宁陈氏"不仅因由渤海高氏后裔入赘改姓而兴族著姓，而且其迁徙海宁的先祖"在岩门者仍高姓"，"二氏子孙，其相接昭穆，未尝少假借"，②故其追溯高氏先世居地渤海为家族郡望，正在情理之中。

考证"郣海陈鳣"的缘由，原非考订仲鱼手校本之必需，然因跋文题署而附带探明渤海是海宁陈氏家族郡望，并查证陈鳣家谱，厘清陈鳣家世，可补陈鳣年谱之不足，似也不失为一个小小的意外收获。

"郣海陈鳣"毕竟还在其他陈仲鱼题跋上出现过，而"中""子"两方朱文小印，更似"独无仅有"。陈仲鱼使用的藏书印在明清藏书家中大概最多，"仲鱼图像"、"得此书费辛苦后之人其监我"、"临安志十卷人家"、"陈鳣所藏"、"陈仲鱼家图书秘册"、"海宁陈氏向山阁图书"、"向山阁图书"、"海宁陈氏珍藏书画金石之印"、"陈仲鱼家图书"、"陈仲鱼读书记"、"海宁陈鳣观"、"鳣观"、"鳣读"、"仲鱼过目"、"仲鱼手校"、"陈仲鱼手校"、"陈鳣考藏"、"简庄所录"、"简庄艺文"等，都是众所熟识者，唯独"中""子"连钤的这两方朱文小印，十分陌生鲜见。印章应该不是伪作假冒，因为制作罕见的印章不合作伪的逻辑。那么"中""子"究竟是何意思呢？"中""子"连钤宜即"中子"之义，中子亦即排行居中之子。那么陈仲

① （清）陈元龙撰，《海宁渤海陈氏家谱序》，载（清）陈应麟纂修《海宁陈氏家谱》卷首，清嘉庆十年刻本，上海图书馆藏，馆藏号 JP1079。

② （清）陈应麟纂修，《海宁陈氏家谱》卷二十《宅里志》，引书同上。

鱼是否家中的中子呢？据《海宁渤海陈氏家谱》记载，仲鱼之父名璘，字昆玉，生子二，长子鳣，次子豹，则仲鱼并非中子。不过仲鱼伯父陈珂，字可玉，亦生有二子。据陈仲鱼《祭弟文》曰："先大父享年七十，未得抱孙，既而伯、父连举伯兄、叔弟，及我与弟相继之"，①可知这二位从兄弟，一长于仲鱼，一幼于仲鱼，以排行计，仲鱼可谓"中子"也。是以"中""子"印章之义得以坐实，而陈仲鱼藏书印"家族"中又添一新成员也。

四、陈仲鱼校本与黄荛圃、顾千里校本

最后再讨论陈仲鱼手校本与黄荛圃、顾千里校本的关系，因为这个问题或许能解开"陈仲鱼过录千里校本"与"袁寿阶过录千里校本"何以"两本亦有异同"之疑。

陈仲鱼手校《蔡中郎文集》的来龙去脉，仲鱼校跋似已交代清楚："遂借吾友黄荛翁影抄明锡山华氏兰雪堂活字本，用黄笔校之，复以朱笔校朴学斋旧抄本，以墨笔写录顾千里校语，其荛翁三跋，各依其色书之。"但若咬文嚼字细细想来，还是有些细节处不甚明了。比如，陈仲鱼借黄荛圃影抄明兰雪堂铜活字本来校他刚购藏的徐子器刻本，这个环节没有疑义，但"复以朱笔校朴学斋旧抄本"就可有不同理解，究竟是直接校的周香严藏朴学斋旧抄本，还是过录荛圃校朴学斋旧抄本？又说"以墨笔写录顾千里校语"，顾千里校跋《蔡集》有好几个本子，陈仲鱼"写录"的又是顾校的哪个本子呢？要弄清楚这些问题，似应先把黄荛圃收藏与校跋的《蔡集》版本弄清楚。

今且以黄、顾书跋为文献依据，作一大致描述。起初，黄荛圃收藏了一部明嘉靖乔世宁刻本《蔡中郎集》六卷（或称杨贤刻本），系常熟钱遵王"述古藏弆"旧物，黄取与顾共同赏鉴，并留下荛翁题跋一则、顾千里题跋二则。但顾千里"见示一望，决其不佳"，并"举卢抱经所言《蔡集》以天圣年间欧静所辑本为最古"，且"谓六卷本实误本之祖，欧本自在天壤间，何不留心搜访之"。按照顾千里的提示，嘉庆十年正月，荛圃果然在吴中胥

① （清）陈鳣，《祭弟文》，清光绪刻本《简庄诗文钞》卷六。

门书坊经义斋获购"欧本",即从洞庭叶石君朴学斋流出、前有宋天圣欧静序的明万历徐子器刻本《蔡中郎文集》十卷。[①]荛翁既得之,遂借得书友周香严藏叶氏朴学斋旧抄本,以朱笔校勘徐本之上。校未毕,又从何梦华处借得明锡山华氏兰雪堂铜活字印本《蔡中郎文集》十卷,校正徐本殊多。[②] 而在此期间,顾千里亦曾将此活字本影写一部,并将黄校徐本借去江宁,用影写活字本互校。[③] 荛圃借出己藏徐本后,自觉"案头竟乏展阅",遂于嘉庆十一年(1806)七月,也把兰雪堂铜活字本全帙影抄一过,又在白露前一日,复取周香严家藏朴学斋旧抄本校竟。嘉庆十二年(180)正月望前,顾千里把校毕的徐本归还荛圃,荛圃则将徐本上的千里校语过录在自己的影抄活字本上。此后,顾千里在江宁继续用《后汉书》等,校勘他的兰雪堂铜活字影写本。是年十一月,千里归吴门,荛圃前"往候之",千里"因出手校《蔡集》,共为欣赏,其中精语较前正月所校本益多而益精",荛圃"遂袖归录于影写活字本上"。[④]

① 此据国家图书馆藏明万历徐子器刻本《蔡中郎文集》卷末载黄丕烈题跋:"余所藏《蔡中郎集》六卷本,系述古藏弃者。既而余友顾千里,举卢抱经所言《蔡集》,以天圣年间欧静所辑本为最古。第一卷首篇是《桥太尉碑》,今本移易其篇第,又并篇中,颠倒次序,大失其意云云。谓六卷本实误本之祖。欧本自在天壤间,何不留心搜访之?今乙丑正月十有九日,展墓还,道经胥门,憩经义斋书坊,坊中小主人胡立羣,颇习目录之学,持明刻《蔡中郎集》示余。余始犹以为六卷本,无足重。立羣云此十卷本也,晁、陈两家皆以十卷为善,见行本皆六卷矣。余开卷见有《故太尉乔公庙碑》,知与卢说合,且有'朴学斋'、'归来草堂'两图记,知为叶石君旧藏,何幸而得此以践千里'留心搜访'之语邪!复检《钟山札记》,果与之悉合。爰题数语,以证此本之善。至是刻为明神庙时徐子器刻,特未知抱经所见又何本尔。嘉庆乙丑春二十日,是为雨水节。荛翁识。"

② 此据国家图书馆藏明万历徐子器刻本《蔡中郎文集》载黄丕烈题跋:"余初得此刻,即借香严书屋所藏旧抄本校勘,钞本亦出朴学斋,与此刻同是叶石君所藏。然钞刻分卷同而文理殊不同,取校此刻,大有增损。即有钞本似误者,今悉仍之,通体朱笔是也。荛翁。"又"借钞本校未毕,适钱唐何梦华行箧中携得华氏活字本,参校知钞本为最佳,活字本近之。且钞本皆行草,事体有未明晰者,可以活字本参之。书之不可不多本相勘,如是如是。荛翁又识。"

③ 此据国家图书馆藏明万历徐子器刻本《蔡中郎文集》载顾广圻题跋:"兰雪堂活字版本校,七月二十有九日覆校,同日覆校。""《蔡中郎集》予向未究心。荛翁得述古堂所藏六卷本见示,一望决其不佳。后遂别得此本,又再三覆勘。予亦影抄兰雪堂本一部,相从借阅,偶有所见,记之于上方,皆显然旧并不误,而徐子器刻时妄改者也。夫六卷本无足论,即十卷本,其佳恶不同如此。书以弥古为弥善,可不待智者而后知矣。乃世间有一等人其人荛翁门下士也,必谓书无庸讲本子。噫!将自欺耶,将欺人耶?敢书此以质荛翁。丙寅十二月涧蘋居士。"

④ 参见本文所引陈仲鱼手校本过录黄荛圃诸跋。

据上所述可知,黄荛圃实有二部《蔡中郎文集》十卷校本,一部是他在嘉庆十年从胥门经义斋书坊购藏的明万历徐子器刻本《蔡中郎文集》十卷,上有荛圃手校兰雪堂铜活字本、朴学斋旧抄本,以及顾千里手校影写活字本校记。另一部就是荛圃于嘉庆十一年七月命门仆影抄的何梦华藏明兰雪堂铜活字印本《蔡中郎文集》十卷,上面也有荛圃手校周香严藏朴学斋旧抄本,并过录顾千里前后二次校记。

陈仲鱼手校徐子器刻本《蔡中郎文集》,时在嘉庆十二年十月,那时黄荛圃的二个校本都在手边,只是影抄兰雪堂铜活字印本上尚未过录顾千里的后一次校记。那么,陈仲鱼究竟借用荛圃哪些本子来校他的徐本呢?推论可以有好几种情况:一、直接据何梦华藏活字本、周香严藏旧抄本校,用黄校影抄活字本或黄校徐本过录顾校。二、据荛圃抄活字本校,并过录其上黄校旧抄和黄录顾校。三、据荛圃藏徐子器刻本,过录黄校活字本、旧抄本和黄录顾校。当然,还可以按照与活字本、旧抄本的不同排列组合,再增加几种可能性,但那样的概率很小,一一胪列不免繁琐。推论再合乎逻辑,也无法得出准确答案,最理想的是黄荛圃二部校本都在,持之雠校,立马可断。

那么,经由黄、顾校跋的那些《蔡集》版本究竟是存是佚?若存又在何处?有专家考据认为,荛圃藏明嘉靖乔世宁刻本《蔡中郎集》六卷,后归璜川吴志忠、海宁张氏适园先后收藏,去向待考。荛圃藏明万历徐子器刻本《蔡中郎文集》十卷,后归聊城杨氏海源阁,民国十八年(1929)失佚。顾千里影写明正德兰雪堂铜活字本未见著录。《北图(国图)善本书目》著录"黄丕烈、顾广圻校并跋"的一部明刻本,"或即千里等所校的明兰雪堂本"。① 与陈仲鱼手校本关系密切的二部黄、顾校本,一部失佚,一部竟未提及,结论未免有些令人沮伤。然而,正所谓"山重水复疑无路,柳暗花明又一春",经过调查审鉴,发现国图著录的那部有黄、顾校跋的明刻本,实即明万历徐子器刻本,而该本卷首欧静叙页钤印"荛圃手校"、"宋存书室",卷一首页钤印"百宋一廛"、"彦合读书",卷终徐跋末钤印"东郡宋存书室珍藏",则确凿证明,它正是被称"失佚"的、原藏黄荛圃百宋一廛、后

① 李庆著《顾千里研究》,上海:上海古籍出版社,1989年,第409至411页。

归杨以增海源阁的黄校徐子器刻本,而非原先推测的“千里等所校的明兰雪堂本”。无独有偶,巧幸成双,真正的荛圃影抄兰雪堂铜活字本,也在不久前出版的《祁阳陈澄中旧藏善本古籍图录》中浮显“真身”。① 又据网络显示,陈祁阳原藏黄丕烈影抄明锡山兰雪堂铜活字本《蔡中郎文集》十卷,已于2008年由嘉德拍卖行以573万人民币拍卖成交,惜未知新主谁人,秘藏何处。

因为有了“真本”,陈仲鱼手校《蔡中郎文集》的“情景”就能大致“还原”。经过与《祁阳陈澄中旧藏善本古籍图录》书影比对,可以看出仲鱼当初用以校勘的本子,应该就是黄荛圃影抄兰雪堂铜活字本,包括他用“朱笔校朴学斋旧抄本”、“以墨笔写录顾千里校语”,都是从荛圃影抄本过录而来。这样判断的依据是,陈仲鱼手校本上的旧抄本校、顾千里校及黄、顾题跋,不但文字、笔色与荛圃影抄本相同,而且在天头地脚、卷前卷后所处的位置也几乎完全相同。若非依样过录,很难出现这样的雷同。

不过陈仲鱼手校本也并非悉同黄荛圃影抄本。不同之一是少了二篇黄跋、一篇顾跋。黄荛圃影抄本中,前一篇黄跋写于嘉庆十二年十一月五日之后,题于第三篇黄跋之后,跋曰:

> 十一月五日,千里自江宁归,余往候之,因出手校《蔡集》,共为欣赏。其中精语较前正月所校本益多而益精,遂袖归,录于余影写活字本上。盖《蔡集》自千里与余互为商榷,而余始得十卷徐子器刻本,又借得何梦华所藏十卷活字本、周香严所藏十卷旧抄本,悉校于徐刻上,千里遂借余校本而读之,析疑义如右。则《蔡集》之可以校证者,固由千里能读之功,而余搜求之力,亦颇有焉。录校毕,复识其缘起。复翁。

后一篇黄跋撰于嘉庆十三年(1808)十一月九日,因末页末行已无空间,故细字题写在前页第一篇黄跋之后,跋曰:

① 中国国家图书馆、上海图书馆、中国嘉德国际拍卖有限公司主编《祁阳陈澄中旧藏善本古籍图录》,上海:上海古籍出版社,2006年版,第三册第169页,第十二册第558页。

戊辰夏于骨董铺又见一活字本，拟购之。因时方盛行旧板书，初索十番，后积累至几十金，未及收得，殊为恨事。十一月十九记，复翁。

陈仲鱼手校本无此二跋，实属正常，因仲鱼校竣之日，此二篇黄跋还未题写。至于所缺顾跋一篇，原在影抄铜活字本卷首欧静《蔡中郎文集序》前空白页上，跋文曰：

东汉人文集存于世者仅此一种，尚是宋以前人所编，其余无之矣。又此集与今文家之学有关涉，尤学者所不可废，此予所以亟亟费日，力为之订正再三者也。思适居士书。

陈仲鱼手校本无此顾跋，很可能是流传过程中的缺失。该本欧静序第一页前半页系后人抄配，疑其原页连同卷首空白页上的过录顾跋也一起丢失。书商为掩人耳目，故意把欧静序调置王乾章序后。故陈仲鱼手校本缺少荛圃影写活字本三篇黄、顾题跋，并不影响陈校出自黄本的判断。但陈仲鱼手校本还是有一不同处，显示其亦非悉依荛圃影抄本原样过录，那就是他过录的个别顾氏校语，多了"顾云"二字。陈仲鱼过录顾校加此二字，其意固能理解，但何以仅仅是个别而非所有全体？加与不加"顾云"的标准又是什么？这些潜藏的陈校"义例"，则颇难晓喻。或许因为目前能用以版本比对的还仅仅是有限的几页书影，难免"见木不见林"之敝，倘若日后能得真本全帙细细校比，或许尚能看出其中缘由。根据上述考证，可以知道"陈仲鱼过录千里校本"与"袁寿阶过录千里校本"，之所以"两本亦有异同"，即在于前者录自黄丕烈影抄明铜活字本，后者源于黄氏旧藏明徐子器刻本。而由此也可评估陈仲鱼手校本的价值：倘若存世的黄荛圃影抄铜活字本被束之高阁，秘不示人，则陈仲鱼手校本可作"次一等真迹"文献之用，唯残缺 3 卷，致使其文物、文献价值，俱受影响。行文至此，不禁生出遐想：不久将来，现仍隐身民间的黄丕烈影抄明锡山兰雪堂铜活字本《蔡中郎文集》十卷，能与国图藏黄氏旧藏明徐子器刻本《蔡中郎文集》再度合璧！而华东师大藏陈仲鱼手校徐刻本《蔡中郎文集》

残缺遗落的3卷1册，也在“浪迹天涯”之后，能再现人世而终归完璧！①

参考文献：

1. 王欣夫. 蛾术轩箧存善本书录 · 蔡中郎集举正二卷附佚文. 上海：上海古籍出版社，2002

2. 陈鸿森. 清儒陈鳣年谱. “中央研究院”历史语言研究所集刊，1993(62)

3. 李庆. 顾千里研究. 上海：上海古籍出版社，1989

① 本文撰写曾获华东师范大学古籍研究所丁小明博士慷慨提供资讯，谨此致谢。

乾隆南巡御制诗考述

向　斯

（北京故宫博物院图书馆）

乾隆皇帝南巡江浙，其目的见仁见智，较有代表性的看法认为，其主要目的是游山玩水、猎奇寻美。其实，这一看法是较为偏颇的。乾隆皇帝在位60年，出宫巡游达150余次，主要出巡活动有：前往东北盛京拜谒祖陵4次，东巡山东曲阜5次，西巡五台山6次，南巡江浙6次，木兰行围50次。作为一国之君，亲自巡视自己治下的土地，现场解决实际问题，应该说其正面意义远远大于负面影响。康熙、乾隆祖孙二人，分别统治60余年，分别6次南巡。清圣祖康熙皇帝在位61年，先后6次南巡，主要目的有三：一是为国计民生着眼，巩固满清政权；二是实地察访民情，疏浚河道，治理水患，确保江南经济繁荣；三是施恩汉人，安抚士林，改善与汉族江南地主士绅的敌对情绪等。

乾隆皇帝南巡，称自己效法皇祖康熙皇帝①：六次南巡，始于乾隆十六年（1751），止于乾隆四十九年（1784）。也就是说，乾隆皇帝从41岁的壮年一直到74岁的老年都在南巡：前四次是陪同圣母皇太后，皇太后从

---

① 故宫博物院编，《清高宗御制文二集·南巡记》卷十四，北京：中国人民大学出版社，1993年，P9：我皇祖六度南巡，予藐躬敬以法之。兹六度之典幸成，亦不可以无言。我皇祖荡荡难名，予藐躬瞠乎景仰。

60 岁到 74 岁;后两次是自己巡游,从 70 岁到 74 岁。在乾隆皇帝执政的 60 年中,有两大政绩令乾隆自豪:一是西部用兵,20 余年,边疆安定;二是 6 次南巡,效法祖宗,省方问俗,抚慰士林,天下晏然。① 乾隆认为,这两件大事都是德政,其根本是在敬天明理,稳固江山社稷,特别是让随行皇子明白,何谓克己无欲,以身率先,何谓诸臣守法,臣民亲近,乾隆皇帝对此倍感自豪和欣慰。②

一、乾隆南巡

乾隆 6 次南巡,历时 30 余年,分析有关档案、史料、上谕和《御制诗文集》,发现乾隆南巡,主要有如下 4 点原因。

(一)效法祖父

乾隆敬仰祖父康熙,康熙博学通才,治国有方,人称圣明君主。相比之下,乾隆的父亲雍正则形象不佳,人称其逆取皇位,有十大罪:谋父、逼母、弑兄、屠弟、贪财、好杀、酗酒、淫色、喜谀、任佞。③ 乾隆一生行政、行事,尽量远离父亲,效法祖父,刻意创造"类祖不类父"的历史形象。少年乾隆聪颖过人,深得父亲和祖父的喜爱,祖父康熙特地吩咐将他养于宫中,选择一流儒师施教。康熙临终时,以皇孙弘历(即乾隆)有英雄气象,决定传位于其父,遗旨封他为太子。④ 康熙重文教,在宫中组织儒臣,主持校勘《十三经》、《十七史》,编纂《日讲易经解义》、《日讲书经解义》、《日讲春秋解义》、《书经传说汇纂》、《诗经传说汇纂》、《春秋传说汇纂》、《康熙字典》、《佩文韵府》、《清文鉴》、《渊鉴类函》等书。乾隆稽古右文,

① 故宫博物院编,《清高宗御制文二集 · 南巡记》卷十四,北京:中国人民大学出版社,1993 年,P10:乾隆五十年,乾隆皇帝总结自己的政绩说:予临御五十年,凡举二大事,一曰西师,一曰南巡。西师之事,所为宜速而莫迟者……南巡之事,则所为宜迟而莫速者。

② 故宫博物院编,《清高宗御制文二集 · 南巡记》卷十四,北京:中国人民大学出版社,1993 年,P12:应于敬天明理根本处求之,思过半矣。予之举两大事而皆幸以有成者,其在斯乎,其在斯乎!……故兹六度之巡,携诸皇子以来,俾视予躬之如何无欲也,视扈跸诸臣以至仆役之如何守法也,视地方大小吏之如何奉公也,视各省民人之如何瞻觐亲近也。一有不如此,未可言南巡,而西师之事,更不必言矣!

③ 《大义觉迷录 · 雍正上谕》,清内府刻本,北京:中国城市出版社,1999 年,P15-35。

④ 吴晗辑,《朝鲜李朝实录中的中国史料》,第十一册,北京:中华书局,1980 年,P4378。

组织儒臣进行大规模修书，主持纂修《十三经注疏》、《二十四史》、《四库全书》，编纂《日讲春秋解义》、《日讲礼记解义》、《钦定同文韵统》、《御批历代通鉴辑览》等书。[①] 康熙在位61年，乾隆即位之时就表示，执政决不超过60年。康熙皇帝学问渊博，撰写了大量的御制诗文，乾隆皇帝仿效康熙，写了4万余首御制诗，甚至于御制诗第一首也与祖父同是《读贞观政要》。[②] 康熙6次南巡，从康熙二十三（1684）年到四十六年（1707），即从31到54岁。乾隆皇帝仿效祖父康熙，6次南巡江浙：始于乾隆十六年，止于乾隆四十九年，即从41岁到74年。

（二）孝治天下

慈宁宫是皇太后居住之所，正殿悬挂着乾隆御笔横匾：宝录骈禧、庆隆尊养。后殿供奉着佛像，悬挂康熙御笔题匾：万寿无疆。在顺治、康熙的孝养下，孝庄太后在慈宁宫度过了44个春秋。康熙每天霭宫问安，寒暑不断，并写诗记载了自己晨昏问安的孝行。[③] 乾隆孝养母亲钮祜禄氏，入主慈宁宫、寿安宫长达42年，寿高86岁。乾隆仿效祖父，每天入宫问安，各大节令都要当面致贺。乾隆写有大量诗文，记述了自己的孝行。[④] 乾隆6次南巡，前四次都是奉皇太后銮舆南幸：乾隆十六年（1751）正月十三日，第一次奉皇太后南巡，弘历41岁，皇太后60岁。乾隆二十二年（1757）正月十一日，第二次南巡，弘历47岁，皇太后66岁。乾隆二十七年（1762）正月十二日，第三次南巡，弘历52岁，皇太后71岁。乾隆三十年（1765）正月十六日第四次南巡，弘历55岁，皇太后74岁。第一次南巡，就是选择皇太后六旬万寿的乾隆十六年，仿圣祖康熙皇帝恭侍皇太后

① 《故宫殿本书目》（草目）。

② 故宫博物院编，《清高宗御制诗初集》，北京：中国人民大学出版社，1993年，卷一，P1：《读贞观政要》：懿德嘉言在简编，忧勤想见廿三年。烛情已自同悬镜，从谏端知胜转圜。房杜有容能让直，魏王无事不绳愆。高山景仰心何限，字字香生翰墨筵。

③ 故宫博物院编，《清圣祖御制诗集》，北京：中国人民大学出版社，1993年：九天旭日照铜龙，朝罢从容侍上宫。花萼联翩方昼永，晨昏常与问安同。

④ 故宫博物院编，《清高宗御制诗文集》，北京：中国人民大学出版社，1993年：亲诣慈宁问起居，瞳瞳曙色晓光舒。承欢只领徽音训，归路思维乐有余。

銮舆南巡。皇帝尊养母亲,孝治天下,百姓自然交颂天家孝德。①

(三)巡视河务

康熙年间,三藩、河务、漕运为三大事,曾书而悬之宫中柱上。康熙6次南巡,主要目的是治河。② 乾隆南巡,重点也是巡视河工海塘。他说,“南巡之事,莫大于河工。”6次南巡,乾隆5次视察黄河,4次巡视浙江海塘。当时,解决河患的关键在江苏清口和洪泽湖高家堰,所以,乾隆每次南巡都要来此查看。第一次南巡前夕,乾隆宣谕内阁:浙江海塘为捍卫民生要务,朕明春巡幸浙省,意欲亲临阅视。乾隆谕令尚书舒赫德于江南审讯事完毕,即赴浙江会同浙江督抚查看。③ 南巡时,乾隆来到洪泽湖,了解到高家堰与蒋家坝之间的黄河大堤,只有三座泄水天然大坝,因为排泄不畅,经常发生水灾。河道总督高斌提议再增加2坝,乾隆同意。于是,高家堰就有5座水坝,分别被命名为仁、义、智、礼、信。④

乾隆很注重黄河水道的综合治理,南巡途中,赈粮免税,提拔能臣,罢免庸官。乾隆明确地说:治水非他政务可比,必卓识远虑,明于全局又不执己见,广咨博采而能应机决策。乾隆强调,他会亲临考察,“若仍入其疆而田野不治,则非守令之罪,将督抚是问矣!”⑤乾隆第三次南巡时,亲自制定了清口水志,明定以高堰五坝高于水面七尺、清口口宽30丈为基准,上坝水位上涨一尺,则下坝闸门可开到十丈。“河臣恪守此法,数十年来,下河免受水患,田庐并资保护。”⑥乾隆很重视河堤的质量,乾隆二十二年、二十七年、三十年三次南巡前往徐州巡视河堤,发现南北河岸相距甚迫,极易溃决,下令将全部土堤改为石堤,全长70多华里。

海塘兴于宋,分土塘、柴塘、石塘多种。乾隆认为,海塘是越中第一保障,经过反复实验,虽然定策用柴塘,但还是觉得条件成熟时,应该改用石

---

① 《清高宗实录》,北京:中华书局,1986年。卷350,P110-13。《乾隆南巡御档》第三册,P405-406:乾隆十四年十月初五日内阁奉上谕:敬读圣祖实录,备载前后南巡,恭侍皇太后銮舆,群黎扶老携幼,夹道欢迎,交颂天家孝德。

② 《清圣祖实录》,北京:中华书局,1986年,卷154,P10.

③ 《乾隆南巡御档》第三册,P410:乾隆十五年十二月十二日内阁奉上谕。

④ 《清高宗实录》,北京:中华书局,1986年,卷386,P11-15.

⑤ 《清高宗实录》,北京:中华书局,1986年,卷536,P8.

⑥ 故宫博物院编,《清高宗御制文二集》,海口:海南出版社,2000年,卷14:《南巡记》注.

塘,或者柴塘、石塘并用。乾隆二十五年(公元1760年),浙江水情告急,海塘施工中出现了石塘、柴塘之争。乾隆第三次南巡到达海宁,看到如果修建石塘,势必会毁掉许多田地和村庄,于是,乾隆决定先修筑柴塘。第五次南巡时,乾隆看到堤坝的泥土被水流冲走,决定改建鱼鳞石塘。① 乾隆四十九年,74岁高龄的乾隆视察浙江海塘420丈的老盐仓石塘,发现了问题。乾隆指示,将石墉上为了美观而堆起的土牛埋入积水沟槽内,再把保留柴塘后面的土顺着石塘做成斜坡,在连结柴塘、石塘的土坡上种植柳树。这样,"俾根株蟠结,塘工亦资巩固。如此,则石、柴连为一势,即以柴塘为石塘之坦水。"②

(四)省方问俗

6次南巡,乾隆把省方问俗、察吏安民作为主要目的之一。乾隆多次颁发谕旨,强调南巡旨在"周察民隐""欲知闾阎疾苦"。第一次南巡前,乾隆宣谕:江南督抚等以该省绅耆士庶望幸心殷,合词奏请南巡……朕轸切民依省方问俗。③ 南巡前夕,乾隆明确降谕:明岁恭遇圣母皇太后万寿之年,朕于新正恭奉銮舆巡幸江南浙江,省方观民,入疆考绩。④ 第二次南巡前,乾隆明谕内阁:著允该督等所请,于明春时巡……前所降谕旨甚明,该督抚等其善体朕心,以副朕观风问俗、加惠斯民之至意,此通行传谕知之!⑤ 巡幸所到之处,乾隆特旨驻跸州县地方,本年地丁钱粮减半,成为惯例。同时,大量减免或者豁免积欠钱粮。

二、清高宗御制诗作品数量

2000余年的帝制时代,中国先后有大小帝王558人。在历代帝王之

---

① 《南巡盛典》卷64,北京:中国人民大学出版社,1993年,P7-8.

② 《清高宗实录》,北京:中华书局,1986年,卷1201,P3.

③ 中国第一历史档案馆,《乾隆南巡御档》第三册,北京:华宝斋书社,2001年,P405:乾隆十四年十月初五日内阁奉上谕。

④ 中国第一历史档案馆,《乾隆南巡御档》第三册,北京:华宝斋书社,2001年,P411:乾隆十五年十二月十六日内阁奉上谕。

⑤ 中国第一历史档案馆,《乾隆南巡御档》第三册,北京:华宝斋书社,2001年,P453:乾隆二十一年九月二十日内阁奉上谕。

林中，著述最为丰富的皇帝，应首推清高宗弘历，他的著作主要包括：《乐善堂全集》30卷，弘历即皇帝位以前的作品；[①]《清高宗御制诗集》四集372卷：乾隆元年（1736）至十二年（1747）为初集44卷、目录4卷，收诗1150余首；乾隆十三（1748）年至二十四年（1759）为第二集94卷、目录6卷，收诗8470余首，一、二集由大学士蒋溥校刊；乾隆二十五年（1760）至三十六年（1771）为第三集100卷，目录12卷，收诗11620余首，由大学士于敏中校刊；乾隆三十七年（1772）至四十八年（1783）为第四集100卷、目录12卷，收诗9700余首，由协办大学士梁国治、侍郎董诰校刊。[②]

据统计，乾隆皇帝在世时，陆续结集出版的御制诗集，《清高宗御制诗》四集，合计收诗30940余首。加上《清高宗御制诗五集》100卷，收乾隆四十九年（1784）至乾隆六十年（1795）诗作，共计41800余首。再加上乾隆去世后刊行的《清高宗御制诗余集》20卷，乾隆太上皇时期作品，以及25岁即位前的诗集，汇为《乐善堂全集》，合计乾隆御制诗数量是43630首。个人诗集如此数量庞大，是前所未有的。康熙年间，编纂《全唐诗》900卷，收录300年间唐代2200余位诗人，诗作是48000余首。一人之作，可与全唐诗人总数相媲美，实在是令人叹为观止。

当然，乾隆御制诗作，他自己承认，有许多是词臣代作。乾隆二年（1737），他在《乐善堂全集序》中说：朕夙昔稽古典学，所心得实，不忍弃置。自今以后，虽有所著作，或出词臣之手，真赝各半，且朕亦不欲与文人学士争巧，以转贻后世之讥！[③]。

《清高宗文集》四集94卷：初集30卷，二集46卷，三集16卷，余集2卷，基本上都是弘历的亲笔之作，而诰敕碑记和词臣代劳的作品则一概不录。《拟白居易乐府》，是弘历仿效白居易新乐府所写的作品，共50章。《全韵诗》5卷，是弘历用一百有六之全韵，一韵一诗，吟咏自唐虞至于清代数千年间，历代帝王政治之得失鉴戒，以诗体阐述历代兴亡，简括明了，是乾隆皇帝的一大创举。

① 《乐善堂全集定本》三十卷，清乾隆二十三年内府精写本。
② 《清高宗御制诗文初集二集三集四集》，清武英殿刻本。
③ 《乐善堂全集序·乾隆丁巳（二年）仲夏望日）》，清武英殿刻本。

这些诗作,从不同的角度,真实地记录了乾隆皇帝一生的宫廷生活、政治生涯和爱好情趣。乾隆二十二年(1757),乾隆皇帝47岁,在江苏石湖游览时,地方大吏准备了观赏打鱼的节目。乾隆皇帝观看之后,非常感慨,命从此罢此节目,特地作《观打鱼歌》,实是乾隆皇帝不可多得之作:

江乡本以渔为业,烟水冲寒应不怯。
而我行时欲物熙,人跔鱼跷非所悦。
施勾连网围周遭,大鱼掉尾小尾跳。
烹蒸充俎供一嚼,宁如嘘浪听逍遥。
木兰每岁秋围即,他他借借曾弗惜。
何慈于鱼弗慈鹿?春秋温肃殊南北。
湖鱼宁实繁如斯,我惟务实命罢之。
而逝诚逝矣,怀哉里革与臧僖!①

三、南巡御制诗

乾隆皇帝博学通才,一生喜爱写诗。政务之余,游心翰墨,挥洒诗文,几乎成为他的全部爱好。乾隆时期,人才辈出,诗文之大才,济济一堂。乾隆之御制诗文,乾隆之兄弟以及王公大臣、当朝文人士子,无不山呼万岁,极尽赞美之能事:"金声玉振,涵盖古今","其文之意度,诗之风格,按以古人成法,无毫厘分寸之不合。"②"一吟一咏,亦皆扬风扢雅,温柔敦厚,有合于三百篇之旨。"③"问安视膳之余,耳目心思,一用之于学。考合古今,微论同异,虽单词只义,必条分缕析,铢黍弗差。每为文,笔不停辍,千言立就,而元思泉涌,彩翰云生。盖天资敦敏,而又缉熙光明,实为天人并臻其至者也!"④

乾隆皇帝好诗,好诗之人,往往思维活跃,生性浪漫。可是,从乾隆皇

① 《清高宗御制诗文二集》卷六十九,P16,清武英殿刻本。
② 《乐善堂文钞序·雍正十年冬月穀旦和硕庄亲王允禄序》,清雍正年精抄进呈本。
③ 《乐善堂文钞序·雍正十年弟弘昼序》,清雍正年精抄进呈本。
④ 《乐善堂文钞序·雍正十年岁次壬子十月朔平郡王福彭序》,清雍正年精抄进呈本。

帝的诗文之中,感觉他是一个理性之人,更是一个极为现实之人。他的诗作之中,没有太多的艺术想象,也很少见虚无缥缈、浪漫夸张的描述。事实上,乾隆的诗篇,基本上是写实之作,真实地记录了他所一手缔造的乾隆盛世:以写实的手法,纪事、咏物、写景、抒怀,注重于天时四季之和谐,农事节令之顺遂,军国大事之变化,名物制度之典章,以及山川古迹之秀美,风俗土人情之淳漓。他自己也认为,他的诗可为史,可当起居注:拈吟终日不涉景,七字聊当记起居。

乾隆皇帝在谈到他写诗时,他说:朕少读《尚书》,见二帝三王以及继世之哲后君臣,咨儆惟是身心性命之本原。……修辞,必本乎诚,故凡见于古文诗辞者,咸以是为宗而不敢有贰焉!① 在谈到他启蒙、读书时,他说:余生九年始读书,十有四岁学属文,今年二十矣。其间,朝夕从事者,《四书》、《五经》、《性理纲目》、《大学衍义》、《古文渊鉴》等书。② 关于诗文创作方面,他说:机务之暇,无他可娱,往往作为诗、古文赋。文赋不过数十篇,诗则托物寄情,朝吟夕诵。其间,天时、农事之宜,莅朝将事之典,以及时巡所至,山川名胜,风土淳漓,莫不形诸咏歌,纪其梗概。作文之道,以气为主,气厚则文自佳。至于雕饰字句,不过一时美丽,气味未能深厚也。古之诗人,他崇尚杜甫,他认为:歌咏之兴,有自来矣。……堂皇乎雅辞,化自二南,达于列国,上自公卿,下至黎庶。至于变风变雅,亦莫非忠臣义士虑其忠悃,发为歌辞,好色而不淫,怨悱而不乱,皆可以劝惩当时,为教后世!……言诗者,必以杜氏子美为准的。子美之诗,所谓道性情而有劝惩之实者也!③

乾隆三十六年(1717),两江总督高晋编纂《南巡盛典》120 卷,专列天章一门,多达 32 卷(卷五至卷三十六);随后,编纂《南巡续典》,共计收录乾隆先后 6 次南巡御制诗 2738 首,包括第一次南巡 359 首,第二次南巡 426 首,第三次南巡 453 首,第四次南巡 432 首,第五次南巡 519 首,第六次南巡 549 首。南巡御制诗,将南巡所见、所闻、所历诸事,以及天时、地

① 《乐善堂全集序·乾隆丁巳仲夏望日御制序》,清乾隆二十三年(1758)武英殿刻本。

② 《乐善堂全集序·雍正庚戌年原序》,清乾隆武英殿刻本。

③ 《乐善堂文全集定本·杜子美诗序》卷七,清乾隆武英殿刻本。

理、农事、政务、典章、臣工、山川、名胜、祭祀、宴饮等等,无不包罗其中,涉及政治事件、军国大事、经济生活、文化活动、宫廷制度、学术活动、宗教活动、召见臣工以及皇家生活诸方面。内容方面,主要有六大类:唱和诗、写景诗、纪事诗、咏物诗、政务诗、休闲诗。乾隆南巡诗有感而发,情真意切:

试看幼挈老扶者,尽是寒衣饥食伦。……从来保泰惟难事,今日其难倍古人!①

四、清宫所藏有关南巡御制诗

清宫所藏有关乾隆御制诗,主要有三大类:

1. 清高宗御制作品。这类作品,数量多,宫中珍藏有不同版本,主要精品包括:

《清高宗御制诗五集》100 卷,清高宗弘历撰,王杰等奉敕编,清乾隆六十年(1795)武英殿刻本,62 册;《清高宗御制诗初二三四五余集》,清高宗弘历撰,光绪五年(1879)内府铅印本,230 册;②《清高宗御制诗》,清高宗弘历撰,清乾隆年内府抄本,118 册;《清高宗御制文》,清高宗弘历撰,清乾隆年内府抄本,17 册;《御制咏史诗》,清高宗弘历撰,清乾隆年内府精抄本,32 册;《御制全韵诗》,清高宗弘历撰,清乾隆四十三年(1778)永璇精抄本,5 册;《乐善堂文钞序》,清张廷玉等编,清雍正年载临等精写本,14 册。③

2. 南巡内府典籍。清宫旧藏中,乾隆有关南巡方面的书籍,主要包括:

《南巡盛典》120 卷,清高晋等编,清乾隆三十六年(1771)武英殿刻本,48 册;《南巡盛典》,清高晋等编,清光绪八年(1882)上海点石斋石版缩印,8 册;④《钦定南巡盛典》100 卷首 2 卷(有图),清高晋等编,乾隆五十六年(1791)内府朱格抄本,80 册;《钦定南巡盛典》100 卷(存 95 卷),

① 《清高宗御制诗二集》卷六十六,清武英殿刻本,P25,《日日》。
② 《故宫博物院殿本书目》。
③ 《故宫博物院抄本书目》。
④ 《故宫博物院殿本书目》。

清高晋等编，乾隆五十六年内府朱格抄毛订本，96 册；《圣驾南巡恭纪诗》4 卷，清顾汝修等编，清乾隆年顾汝修等自写进呈本，4 册。①

3. 御笔诗片。乾隆御笔诗文底稿，从成稿上看，通常分为两类：其一，是御笔底稿。每天燕闲时光，乾隆皇帝必做诗数首。做诗时，乾隆皇帝通常用朱笔写出草稿，着太监交给身边精通文墨的军机大臣或者南书房翰林，大臣用楷书誊录在折纸上，统称为诗片：皇帝朱笔底稿，称为朱片；大臣墨笔诗稿，称为墨片。其二，是大臣录稿。负责录写乾隆诗文的文学侍从大臣，必须具备 3 个条件：博闻强记，身份特殊，精通书法。于是，状元成为侍从在皇帝身边、随时录写诗稿的最佳人选。

乾隆诗稿中，最大特点是用典极多，乾隆做出记号，令侍从大臣注解。许多典故不知出处，大臣必定搜肠刮肚，或者回家翻箱倒柜，仔细寻找，有时数日才找出一个典故。最擅长这项录稿工作的是大臣于敏中，他是乾隆三年（1738）状元，其记忆力在文臣之中是首屈一指的，所录御制诗从无一字之误。乾隆三十八年（1773），获得乾隆十三年（1748）状元的梁国治入值军机处，兼值南书房，正式工作是接替于敏中录写御制诗。

清乾隆礼亲王昭梿亲历许多乾隆年间文事，他在《啸亭杂录》一书中记载：有一天，乾隆召见于敏中，言谈之间，乾隆兴之所至，口吟一诗。于敏中认真地看了梁国治一眼，梁国治一脸严肃，心无旁骛。回到南书房，于敏中等候梁国治录写御制诗，许久没有动静，问他为何不录？梁国治一脸茫然，一句也想不起来！于敏中说："吾以为君之专司，故老夫不复记忆。今其事奈何？"梁国治满脸惭愧。于敏中说："待老夫代公思之！"然后，他默坐斗室，一刻钟工夫，拿出了一片刚刚录写的御制诗！拿给乾隆皇帝审阅，只有一字之差。昭梿感叹于敏中之敏："故其得应天眷，在政府几二十年，而初无所谯责者，有以哉！"②

故宫博物院所藏乾隆皇帝御笔诗片，分别由古书画部和图书馆收藏：乾隆初年到乾隆三十四年（1769），由古书画部收藏；乾隆三十五（1770）到嘉庆三年（1798），由图书馆收藏。2009 年，我开始在故宫地库之中，整

① 《故宫博物院抄本书目》。

② （清）昭梿撰，《啸亭杂录·于文襄之敏》卷七，北京：中华书局，1980 年，207 页。

理图书馆收藏的一箱《清高宗御制诗片》等书稿、档案，共计 55 部，129 册，包括御制诗稿 31 部，文稿 20 部，档案 4 件。这是一箱没有经过任何整理的书稿、档案，存放在库 250 号木箱中。这次整理，先按诗稿、文稿、档案进行分类，然后，各类再按照时间先后排列。①

乾隆皇帝朱笔诗片、文片，以及大臣墨笔诗片、文片和有关宫廷档案，是很有历史价值和文献价值的清宫特藏。在整理方面，基本上是遵循按类、按年分别归档。乾隆朱笔诗片，每一独立部分有黄绫书腰一，书腰上墨书《御制诗朱底甲辰上本》等字样②。御制诗诗文数量少的，一年一册；诗文数量多的，一年分卷上、卷下 2 册；诗文数量特多的，分上、中、下 3 卷 3 册。每张诗片是独立的，折叠成页，大小不等，每半页大约长 22 厘米，宽 10 厘米。如朱笔《庚子元旦》诗片，长 22.3—22.6 厘米，宽 10—17 厘米不等。③

乾隆皇帝朱笔底本，是朱笔御制诗。诗中典故和重要内容，朱笔标注，由军机大臣或者侍从翰林大臣墨笔誊清，将典故和重要内容一一注解。如《重华宫茶宴内廷大臣翰林等题四库全书荟要联句并成二律》：

荟要书成庋摛藻，联吟文宴启重华。酌经炊史儒风，鼓瑟吹笙淑气嘉。

卜以昼而弗卜夜，行非酒也乃行茶。亦知临乐应不叹，未免思前暗自嗟。

全成四库尚需时，要秩杂钞今蒇斯。摛藻先陈真是速，味腴继贮亦非迟。（注之：荟要碎全书之精，每部凡万二千册，一贮摛藻堂，于戊戌〔改为已亥〕年告成。一贮味腴书屋，于已亥〔改为庚子〕年告成。）

有如尝鼎一脔美，足傲储编二酉奇。稽古右文缅祖训，牖民迪世有深资。（朱注：皇祖御宝，有稽古右文小玺。）④

① 《清高宗御制诗片》。
② 《清高宗御制诗片·御制诗朱底·甲辰上本》。
③ 《清高宗御制诗片·御制诗朱底·辰子元旦》。
④ 《清高宗御制诗朱底·重华宫茶宴内廷大臣翰林等题四库全书荟要联句并成二律》。

乾隆四十五年(1780),第五次南巡。乾隆皇帝朱笔《南巡启跸四叠前韵(仍似序)有序》,朱笔诗及注解:

高龄远驭虑劳辛,色养由来关大伦。

乙酉已还罢斯役(注之:乙酉南巡回銮,以圣母春秋日高,难再奉以远莅。曾谕地方大吏向后不得复有所请。)三年云过举重巡。

因之俞允诸臣请,(注之:前岁,江南浙江督抚以两省臣民望幸并殷合词申籥,且言河工海塘亦必籍亲临指授,遂允其请,于今春举行,惟七旬庆典降旨停止仍普蠲漕粮开乡会恩科以慰士民之愿。)亦欲行观夙愿申。

忆昔回銮攀恋众(注之:江浙群黎于乙酉回銮时依恋之诚极为恳切,余非不系念,实不忍订以后期。今忽忽十六年,复举巡典,此日就瞻之民仍多昔日攀留之众也。)即今露冕抚循民。

殷哉一体逸图切,小矣七旬庆典陈。

瞥眼岁华过十六,迎人江浙逮韶春。

戒奢崇朴例依旧,抚景得诗事又新。

赓韵茫然失掖掔,不禁把笔怆怀频。①

五、《南巡盛典》

清宫收藏中,有关《南巡盛典》的古籍,主要有4部:《钦定南巡盛典》120卷,清高晋等编,清乾隆三十六年武英殿刻本,48册;《钦定南巡盛典》100卷首2卷(有图),清高晋等编,乾隆五十六年内府朱格抄本,80册;《钦定南巡盛典》100卷(存95卷),清高晋等编,乾隆五十六年内府朱格抄毛订本,96册;《钦定南巡盛典》,清高晋等编,清光绪八年上海点石斋石版缩印,8册。

1. 两河总督高晋编书

《南巡盛典》一书,详细记录了清乾隆皇帝前四次南巡时的盛况。乾

① 《清高宗御制诗片·御制诗朱底·甲辰上本》。

隆十六年(1751)、二十二年(1757)、二十七年(1762)、三十年(1765),清高宗弘历先后4次南巡,途经直隶、山东、江苏、浙江广大地区。高晋出身于官宦世家,他的父亲是凉州总兵述明,他是河道总督、大学士高斌的侄子,历官安徽巡抚、江南河道总督、两江总督、文华殿大学士。有趣的是,他与高斌叔侄同列乾隆时期皇帝信任的五大督臣。乾隆二十二年以后,他开始参与治河,先后协办徐州黄河事务,疏浚兴化南北引河,加筑运河六闸,勘永定河、海塘,主张束水治河,深得乾隆皇帝赏识,任命为河道总督。①

乾隆4次南巡,特别是从第二次到第四次,高晋都在江南任上,具体负责接待事宜,对乾隆南巡之事非常清楚,尤其是乾隆南巡两江之事,了如指掌。身为两江总督的高晋深知皇帝喜欢什么,接待乾隆南巡之后,他就着手将有关南巡的档案、材料,特别是乾隆皇帝恩赏、圣谕、河工、奖学,以及御制诗文等等,分类编辑、归档,准备辑成宏著。清乾隆三十一年(1766)七月,高晋上书乾隆皇帝,请旨纂辑《南巡盛典》:从乾隆十六年到乾隆三十年,4次南巡,荣幸接待3次,皇恩浩荡,宜汇集成书,以成一代盛典。乾隆皇帝当然高兴,当即同意,朱笔批示:既已成事,知道了。②

乾隆皇帝在《御制序》中,特别申明:编纂《南巡盛典》,不是出自我的本意。两江总督高晋编辑成书,编辑完成以后才入告。万事不可止,南巡之事,不独在江南,也涉及他省。于是,下军机大臣合议。③ 乾隆皇帝较为谨慎,文章千古事,不能苟且,他命大学士傅恒负责校阅高晋初稿。傅恒组织一班儒学大臣,认真校阅,然后,上表皇帝,表示充分肯定,认为:全

---

① 《清史稿·高晋传》,北京:中华书局,1976。

② 《南巡盛典·两江总督高晋谨为请纂修南巡盛典以溥皇仁以崇法守事》:惟圣祖仁皇帝六巡江浙,万乘讴思,山水高深,犹戴智仁之运量,人民乐利,宁忘原隰之谘诹德至难名辞诚莫赞。……由辛未而临乙酉,十五年,庆届四巡,逮杭嘉以阅淮徐二千里,荣均三接,其间,或快睹……。乾隆三十一年七月十三日奉朱批:既已成事,知道了,钦此。

③ 《南巡盛典·御制序》:南巡盛典之作非朕志也,两江总督高晋辑书既成,始以入告,念已万事不可止,第南巡所经非独江南也,若他省踵为之,不益繁且赘乎,遂下军机大臣,议则请令浙江山东直隶督抚录其事系南巡者裒付高晋,都为一书,斯体备而文省。……惟南巡之典,亦鹬率我皇祖成宪,只奉慈宁宣祺导豫而民隐遐阻,以勤以安,不自暇逸。乃肇自冀衮,达于淮海之域,溯乾隆辛末以及乙酉,盖四莅焉。于凡风土之物宜,吏治之善否,民生之利病,既诹览而规措之,而所在耆庶妇孺胪欢祝釐……亲爱之诚。

书体例详备,只是,内容方面,只限于巡视两江,应将巡视两浙以及途经直隶、山东等地一并载入。傅恒等军机大臣明确表示,请令浙江、山东、直隶三省督抚,收集有关南巡的所有档案、材料,一起交给高晋,汇辑成书。乾隆同意,立即批准,由高晋总司其责。高晋奉旨,喜出望外,立即组织精干人员,统一体例,重新编辑。历时5年,于乾隆三十六年修成全书,进呈御览,由武英殿雕版印行。

2.《南巡盛典》问世

《南巡盛典》,120卷,清高晋等纂,清乾隆三十六年武英殿刻本。版框21.8厘米×16.9厘米。每半页9行,每行19字,抬头20字。白口,单鱼尾,四周双边。卷首钤有朱印,卷中收录:清乾隆三十六年御制序,乾隆三十一年(1766)高晋请旨修书奏文,高晋修成进书表,乾隆三十三年(1768)三月傅恒奉旨校阅奏折,乾隆三十三年六月浙江巡抚熊学鹏奏折,高晋奉旨集书书成进表,凡例,名胜图绘,以及高晋等64人奉旨纂辑、校勘、誊录、监刻职名表。

《南巡盛典》从内容上看,全书分为十二大部分:卷一至卷四,为恩纶4卷,收录乾隆皇帝4次南巡期间,有关皇帝施恩方面的档案,包括恩诏、恩宴、赏赍等。卷五至卷三十六,为天章32卷,收录乾隆巡行过程中所写的大部分御制诗、文。卷三十七至卷四十二,为蠲除6卷,记录乾隆南巡期间蠲免的各省赋税,包括蠲通省之赋,免所欠之租,豁积岁之逋,除耗羡之额,慰问所过州县,体恤万民。卷四十三至卷五十三,为河防11卷,详记乾隆南巡期间,视察河防、体恤河工、奖励水利、施恩惠民诸事。卷五十四至卷五十九,为海塘6卷,记录乾隆南巡时期,巡视海塘工程。卷六十至卷六十七,为祀典8卷,记录南巡过程中,有关朝会、祭祀、銮仪、乐章等事。卷六十八至卷七十五,为褒赏8卷,记录乾隆南巡期间,对随从人员、地方百姓、文武官员、将士文臣等的加恩奖赏。卷七十六至卷八十四,为吁俊9卷,记录乾隆南巡期间,不拘一格选拔人才之事。卷八十五至卷八十八,为阅武4卷,记载乾隆皇帝出巡时,官兵接驾,以及视察兵营、检阅战阵等事宜。卷八十九至卷九十三,为程途5卷,记载乾隆南巡途中,所经主要地区,以及各地风土人情。卷九十四至卷一百零五,为名胜12卷,记录乾隆南巡途中,有关各地名胜古迹,以及沿途行宫。卷一百零六至卷一百二十，为奏请15卷，记载大臣奏请诸事，以及皇帝批复情况。

3. 避讳"行宫"

《南巡盛典》是一部史料价值极高的档案性文献汇编，是一部乾隆皇帝前四次南巡的巡行实录，特别是其中三大部分，河防、阅武、名胜，各附详细图版，为后世留下了极其珍贵的图像资料。尤其有趣的是，乾隆皇帝一直声称，南巡江浙，绝不是游览山水，而是省方问俗，关心民生。可是，"名胜"多达12卷，收录的就是沿途150余处名胜古迹，以及沿途皇帝驻跸的行宫，从直隶卢沟桥，到浙江绍兴兰亭，从良乡行宫、红杏园行宫，到江南西湖行宫、圣因寺行宫。

据统计，乾隆南巡，重点到过的名胜古迹和驻跸行宫共有150处，其中，名胜古迹125处。这150处名胜之地，包括直隶12处，山东18处，江苏70处，浙江50处；南巡行宫，共有25座，包括直隶行宫7处，山东行宫8处，江苏行宫8处，浙江行宫2处。据《乾隆南巡图》等书记载，乾隆第一次南巡，还有4处行宫：直隶2处即黄新庄行宫、五里屯行宫；江苏1处即金山江天寺行宫；浙江1处即圣因寺行宫。① 另外，书中附有著名宫廷画师上官周所绘插图160幅，线描清晰，殿本刻版生动，是清代宫廷版画中的上乘之作。这不仅是一部很有历史价值的古籍，也是一部具有较高艺术价值的文献，对于研究清代政治、经济、文化和宫廷生活，以及直隶、山东、江苏、浙江等地历史、地理、风物、特产，都具有较高的史料价值。

两江总督高晋奉旨编成《南巡盛典》120卷，分为12门。其中，途程部分，讲述皇帝出行情况。名胜部分，专列"名胜"和"行宫"，详细记载了沿途名胜古迹和皇帝行宫的建造、设施、修缮、结构以及皇帝驻跸情况，较为全面、真实地记录了南巡沿途行宫数量和行宫的历史和变迁。在程途一章总叙中，高晋引经据典，粉饰南巡：天子以天下为家，銮舆出行，称为行在之所。古代帝王讲究车驾出行，观省风俗。依照古典，圣明天子当时

① 《乾隆南巡图》。

常南巡,以 50 里为吉。① 根据古礼,结合实地勘察,确定皇帝南巡途中,每天陆路行走是 50—60 里,水路是 80—90 里。② 沿途建造行宫,为皇帝住宿、休息。乾隆第一次南巡,所用行宫,大多为康熙时期所建。后来,从第二次南巡开始,逐渐增建行宫。没有行宫的地方,每隔 30 里左右,设立尖营,搭建临时帐篷,作为皇帝临时驻跸、休息之用。③ 十分有趣的是,乾隆五十六年(1791)问世的四库全书本《南巡盛典》,极力避讳"行宫",认为"行宫"之设,"殊乖纪实之体",毅然将"行宫"抹去,并入"名胜"之中。④

其实,乾隆南巡,游赏沿途山水,这是自然而然之事,乾隆皇帝没有必要刻意回避和忌讳。事实上,乾隆皇帝住宿在沿途行宫之中,环境舒适,安全方便,他感觉十分满意。只有乾隆皇帝满意了,龙颜大悦,他才有闲情逸致和良好的心情欣赏风景,感怀写诗。在扬州期间,乾隆皇帝驻跸高旻寺行宫,他自高旻寺行宫出发,游历平山堂,一路之上,感慨良多,即景抒情,写杂咏诗 6 首:

前朝烟棹宁耽玩,供帐因他率已陈。自是晴明山色好,重教游骑策高旻。

富庶从来说广陵,满城丝管映街灯。唐风拟令崇淳约,谋食贫人虑失凭。(商人习为侈靡,其技巧役之贫民,借以糊口者甚众,亦损有余补不足之道,若令如唐魏俭啬则土著益艰于谋食,故不之禁。)

春风行馆憩天宁,早见平山黛色青。便进湖舡漾新碧,且看夹岸画为屏。

---

① 《南巡盛典》卷八十九,《程途》:臣闻天子家天下,乘舆攸行,称曰行在所,马端临谓出必有期,行必有方。古帝王观省风俗,车驾之所临,舟楫之所届,东西南朔道里可考而知也。圣天子时巡南国,阜成兆民崇恩诞敷元化,滋液而羽葆,经行之道帆樯利涉之川,由直隶而山东而江南而浙江,其间计里置顿,并率由祖制而至尊,复畴咨而轸念焉。不以远道为劳,而以择便为准。盖荡荡平平,无在非与民休息之意。其间,尚膳有定所,掌舍有常经,肃肃习习,行所无事。……古者吉祥行,日五十里……皇上乃刻玉而观,垂衣而问,衢歌巷舞,并达宸聪,鸡犬耕桑,亦邀乙览。官吏恪恭而簇仗,童叟欢呼而载涂。

② 《南巡盛典》卷八十九,P5,《程途》。

③ 《南巡盛典》卷八十九,P28,《程途》。

④ 《南巡盛典 · 名胜》,乾隆五十六年刻本。

一株绿柳一红栏，丝纤沿堤引木兰。小令还输苏氏轼，东山未拟谢家安。（苏轼有三过平山堂下小词。）

润含新麦绿塍宽，恰是淮南第一观。试想风流贤太守，讵因歌舞助清欢。

蜀冈游罢催归辔，画鹢原迟十里余，（是日，自高旻行宫策马度郡城，至天宁行宫易湖船，归亦仍之，以马便于船，且百姓得以近光也。）船马北南殊所习，始知古语信非虚。①

① 《清高宗御制诗二集·自高旻寺行宫再遊平山堂即景杂咏六首》卷六十八。

袁学澜及其《适园投赠集》稿本述略

眭　骏

（复旦大学图书馆）

袁学澜，初名景澜，字文绮，更字春巢，号适园，元和（今苏州地区）人。生于清嘉庆九年甲子（1804），世居苏州葑门外尹山乡袁村。家本素饶，然劬苦于学。少从表兄吴江名士殷寿彭学为制举文，多沉博绝丽之作。然八赴乡试，三荐而不售，遂绝意科举。① 咸丰二年（1852），购苏城双塔旁之卢氏旧地，修双塔影园居之，专事著述及课子孙为乐。太平军兴，一度避兵沪上。兵燹之后，奉母迁居城中。约卒于清光绪初年。

学澜为元代知名学者静春居士袁易之后，以能诗著声吴下。撰述宏富，皆自刊定。据民国《吴县志》记载②，计有《适园古文》2 卷、《骈文》2 卷、《赋稿》2 卷、《西泠游草》1 卷、《金陵游草》1 卷、《春归词》、《观潮集》、《柘湖道情》、《春秋宫词》1 卷、《十国宫词》1 卷、《南宋宫词》、《咏古诗》1 卷、《咏物诗》2 卷、《拟古诗》1 卷、《消寒杂咏》、《寒夜杂赋》、《所闻诗》、《落叶唱和诗》、《题画诗》1 卷、《乔羽嘤鸣集》1 卷、《乐闲娱老集》4 卷、《适园杂俎》4 卷、《遗秋集》5 卷、《消夏集》2 卷、《沪上题襟集》、《编年诗》、《零锦词》2 卷、《苏台揽胜词》2 卷、《虎阜杂事诗》1 卷、《姑苏竹枝

① 清殷寿彭《适园诗集序》。

② 民国《吴县志》卷五十八上《艺文考》四、卷五十八下《艺文考》八。

词》2卷、《田家四时绝句》百首、《吴俗讽喻诗》1卷、《吴郡新年杂咏》1卷、《吴门岁暮杂咏》1卷、《吴苑嬉春词》。其中《姑苏竹枝辞》、《苏台揽胜》,尤为时传诵,或以"诗史"、"诗虎"称之①。又有稿本《吴郡岁华记丽》12卷及稿本《适园诗集》52卷,分别庋藏于南京图书馆与香港中文大学图书馆②。其中《吴郡岁华记丽》,引证丰富,于苏州一地之岁时风俗及其流变过程,述之甚详。已经时人点校,由江苏古籍出版社出版。此书对于研究苏州民俗,极有助益。

此《适园投赠集》稿本,乃本馆购自苏州文育山房旧书店,为学澜所集友朋书札。凡一册,册页装。计收袁氏友人潘钟瑞札五通,雷浚札四通,萧承蕚一通,叶廷琯一通,秦云一通,亢树滋一通,袁钟琳一通,刘禧延三通,蔡璠一通,祝维则一通,李文楷一通,朱康寿一通,僧寿余一通。

兹略择潘钟瑞、雷浚、叶廷琯、亢树滋、刘禧延之札,稍加笺释,以飨阅者。

潘钟瑞札五通。兹录其第二通:

曩在咸丰戊午,王君养初著《十国宫词》一卷,余为作骈体序文。明年刊《吟碧山馆诗词集》,余文遂灾梨枣。顾手民甫竣工,而省垣寇至,养初陷贼死,集板毁于兵燹矣。顷春巢丈出示是卷,则诗成于道光庚子,尚在养初之前。虽未付镌,而手稿完好。岂文字之留于天壤,亦有遇不遇耶。春巢知余前事,诏余曰:子盍以序养初者,移以序我诗?噫,养初集既无复存,余杂著稿亦皆散失。方以当时妄作自惭,而幸彼雅贼为我藏拙,又曷敢于佛头著粪乎。余纵然序此集,无如追记旧作,恍如隔世,更为新制,则枯管无春。故留置案头,阅数月读数周,而不能下一字也。夫宫词之作,名家代兴。他无论矣,即如近今作《十国宫词》者,养初曾于齐君玉谿处,搜罗得三四家,皆刻本。余今亦不能举其人,要皆比事嘱辞,义存讽刺,有合于诗史之遗。而养初以流口胜,春巢以沉博胜,一超

① 民国《吴县志》卷六十八下《列传》七。

② 江澄波,《袁学澜与双塔影园》,载《苏州杂志》2004年第3期;沈津,《稿本适园诗集》,载《江苏图书馆学报》1992年第2期。

转，一雄厚，笔情才思，固有殊在。然其悱恻缠绵，可以兴观群怨，不第为王珪、花蕊诸人流连光景之词，则其旨一也。善夫春巢之自序曰：垂炯戒以警荒淫，得附于《小雅》诗人之义，而不背乎欧史悯乱之怀。夫子自道，余又何赞一词哉。虽然，爱慕之私，耿耿不已，尚将以小诗题赠。会匆促索还，先缀数语于简尾。以养初事缘起者，惜彼集之无存，而欲存其名于大集中，亦连类而书之义尔。同治四年岁在乙丑冬十月下浣，麟生潘钟瑞拜识。

钤“焚弃笔砚为瘖默人”白文方、“钟瑞私印”朱文小方、“瘦羊”白文小方印。

按：潘钟瑞，字麐生，一字麟生，号瘦羊、瘦羊居士，长洲人。增贡生，太常寺博士。少孤力学，精篆隶，工词章。究心文献，熟谙掌故，遇有关风化事，辄表章之。性嗜山水，淡于荣利。所游诸名胜，皆有记考证。所交皆当世知名士，非其人，不屑也。三十丧偶，不再娶。光绪庚寅卒，年六十有八。著有《庚申噩梦记》2 卷、《苏台麋鹿记》2 卷、《奉思录》4 卷、《金石文字跋尾》2 卷、《香禅精舍游记》3 卷、《鄂行日记》2 卷、《歙行日记》2 卷、《虎阜石刻仅存录》1 卷附《旧佚录》1 卷《旧存今佚录》1 卷、《贞烈编》1 卷、《纪游草》4 卷、《香禅词》4 卷，合为《香禅精舍集》11 种。此札乃钟瑞应学澜之请，为其《十国宫词》所作题识。札中所云“王君养初”，潘氏故友王寿庭也。寿庭吴县人，咸丰年间官苏州府吏，工诗词。据民国《吴县志·艺文考》所载，其撰有《十国宫词》1 卷、《吟碧山馆诗》8 卷《词》4 卷。今可见者，惟《吟碧山馆诗钞》1 卷①、《吟碧山馆词》1 卷②。清杜文澜《憩园词话》卷五云：“吴门习尚风雅，不特文人学士好为诗歌，降而商贾吏胥亦复互联吟社。前在楚中，曾闻郭秀虎茂才盛称苏州府吏王养初之才，兼工词曲。异而识之。今潘麟生明经以社中名词见示，则有养初之作在。久熟诗名，似故人矣。养初名寿庭，吴县人。为府吏。著《吟碧山馆词》4 卷。咸丰庚申，苏城陷，殉难。稿亦散佚。”据此，则寿庭虽厕身胥吏之间，

① 清叶廷琯所辑《劫余所见诗录》稿本，现藏苏州市图书馆。

② 清同治六年刘履芬抄本，现藏中国国家图书馆。

因雅好吟咏，擅长词曲，故士人学士皆愿与之游。札中所云“齐君玉谿”，齐学裘也。学裘字子贞，号玉溪，晚号老颠，安徽婺源（今属江西）人。道光年间金匮县知县齐彦槐之次子，以诗名著江左，文人咸相引重，以为绰有父风。工书善画。其所撰《见闻随笔》卷五《王养初死难》：“王养初为吴县书吏，能诗。曾代养初刊《十国宫词》一册行世。庚申之变，全家遇害，亦可悲矣。”于此可知，王寿庭《十国宫词》，实齐氏所刊，惜乎毁于兵燹。

雷浚札四通。兹录其第一通：

即刻伯英兄到，弟失迓为罪。弟前荐之王公，必欲带两附，与前途所言不合，已别就矣。兹有敝小门人项伯常，家住采莲巷，系歙庠生，于此席似可去得，但年只廿三岁。阁下可以推荐否？如不可者，即赐回音，以便别就。如可推荐，一时自不能即有回音。弟口初四即初五幸当造贺，一切面谈。阁下不识项公，自识雷某，一切可无多虑，决不至有王梦薇之事也。惟项公系是歙庠，逢岁考必歇四五十日。此当预致耳。草此，即请年禧。不尽一一。春巢仁文先生史席。教小弟雷浚顿首。新正二日。

按：雷浚，字深之，号甘谿、甘杞，吴县人。贡生。尝受经于段玉裁弟子吴县江沅。通小学，精校雠，尤留心于《说文》，以经学名于时。曾主讲苏州学古堂。著述宏富，有《说文段注集解》、《学古堂日记》、《道福堂诗草》等行于世。此札乃雷氏向袁氏推荐其门人项氏任教席事。札中“伯英兄”，为学澜之子，具体名号待考。札中所谓“王梦薇”者，盖震泽王廷鼎也。廷鼎为俞樾门下士，樾尝为之传云：“王君廷鼎，字梦薇，江苏震泽人。所居曰平望镇，于吴江、震泽两县无专属，而自祖父以来，皆籍震泽。其父讳源通，字蟾生，余所为作蟾生君传者也。蟾生君梦人以紫薇花赠而君生焉，梦薇所以字也。性嗜学。……乱定，乃于吴市赁一椽，为童子师，借修脯养母。妻钱氏以针黹佐之。犹不足，乃学画学医，鬻其技于人。又应书院课，博膏火资。如是者数年。四试省闱，皆不售。……”①夷考札

① 俞樾，《春在堂杂文五编》卷三《王梦薇传》，清光绪二十五年（1899）刻春在堂全集本。

中文意，盖王氏曾应袁氏之聘，而终未成也。

叶廷琯札一通。其内云：

春巢词丈先生大人阁下：阔别数年，正殷渴想。顷蒙朵云远逮，言笑如亲，借谂道履万安，吟怀佳邕，诸符臆颂。弟年来老病衰孱，一无佳兴，还乡不过聊遂首邱之愿。现在贱躯困惫不堪，一切酬应往来，均已谢绝。蛰处小楼，逐日啜饭一盂，以延余生而已。游兴唫兴，俱渺然无可复振。洗尘之举，本不敢当，移樽之说，尤不能应命。以所寓湫隘嚣尘，断不配作此雅集也。容俟春暖，身或得健，谨当择日趋聆大教，借罄阔悰耳。率复，即敘春禧，顺候尊安。不尽。愚小弟叶廷琯顿首。令嗣两兄均此。寿篔附笔奉候。教侄蓦璧尊谦。

按：叶廷琯，字紫阳，号调生、苕生，晚号蜕翁、蜕庐病隐、十如老人，吴县人。贡生。咸丰庚申，避居上海。同治初，举孝廉方正，不就。晚年归苏病卒。叶氏平生淡于荣利，工诗文，尤熟于吴中掌故。著述甚富，《鸥陂渔话》、《吹网录》尤闻于世。此札叶氏婉谢袁氏为之洗尘，揆之文意，当作于叶氏晚年归苏之时。

亢树滋札一通。其内云：

方杏翁来，接读手谕，欣悉一切。大箸《秋兰诗》容细读，亦拟奉和，然箱字极难押，恐才思涩窒，未能报命为愧。雷、潘诸君须当转致。朱渌翁寓按察使前间壁客栈内。闻伊暂回杭省，不日当来也。专此奉覆，顺请孝安。春巢尊丈先生。教侄亢树滋顿首。廿四日晚。

按：亢树滋，字铁卿，号赘翁，吴县人。据民国《吴县志》所载①，亢氏少好读书，不屑举业。稍长，弃儒习贾。出则与商侩为伍，入则手一编讽诵不辍。曾师事同县顾承，顾氏工古文，树滋尽得其传。为文有义法，且工诗。著有《市隐书屋文稿》11 卷、《诗稿》5 卷、《危言》2 卷、《随安庐诗

① 民国《吴县志》卷六十六下《列传》四。

集》9卷、《文集》6卷等。此乃亢氏覆袁氏之札。“方杏翁”，方宗正也，字逊斋，号杏芗，钱塘人。咸丰元年(1851)举人，官兵部主事①。“朱渌翁”，朱康寿也，字淥卿，仁和人。诸生。光绪元年(1825)，官金坛县丞②。

刘禧延札三通。兹录其第二通云：

> 春巢仁兄大人阁下：大稿读既奉缴。贝润翁廿六日自张浦来，一宿即去。已将酬答尊作，并录出子木诗序交彼矣。重晤之期，惟在有便，难以预订。润翁近选录唐宋各家诗甚夥，手自缮写，无间晨夕，兴豪力健，同辈所稀有。阁下知之，当亦倾倒也。弟今就砚陆啸处内姑丈家，即留榻西楼，有课程口，以毕时日，无暇弄笔作绘事矣。知廑雅怀，故并近况奉闻，即颂撰安。不一。(拙诗俟日录奉清览。廿五日手札已收到)二十八日，教弟刘禧延顿首。

按：刘禧延，字辰孙，号悉阶，吴县人。廪生。据同治《苏州府志》所载③，禧延与同县贝青乔同以诗名吴中。禧延兼工山水，略涉金石，而精于音韻之学。尝为桂林龙启瑞校订所著《古韵通说》。札中“贝润翁”，即贝青乔也，字子木，号无咎，吴县人。诸生。据同治《苏州府志》所载④，青乔有干济才，壮年尝佐扬威将军奕经幕，不避艰险，冀有所树立。既而无成功，乃往游京师。归，复之浙之黔之滇之蜀，足迹半天下。青乔工诗，所作《咄咄吟》，为世传诵。

参考文献：

1. 曹允源等纂. 民國《吴县志》八十卷. 民国二十二年(1933)铅印本

2. 陈璚修，王棻纂，屈映光续修，陆懋勋续纂. 民国《杭州府志》一百七十八卷首八卷. 民国十二年(1923)杭州三元坊弘文兴记印书局铅印本

① 民国《杭州府志》卷一百十三。

② 民国《重修金坛县志》卷五。

③ 同治《苏州府志》卷八十四《人物》十一。

④ 同治《苏州府志》卷八十四《人物》十一。

3. (清)李铭皖修,(清)冯桂芬纂. 同治《苏州府志》一百五十卷首三卷附序图一卷. 清光绪九年(1883)江苏书局刻本

4. 冯煦等纂. 民国《重修金坛县志》十二卷首一卷. 民国十五年(1926)上海商务印书馆铅印本

5. (清)殷寿彭. 春雨楼文集(一卷). 清同治五年(1866)吴江殷氏三省堂刻本

6. (清)俞樾. 春在堂杂文五编(八卷). 清光绪二十五年(1899)刻春在堂全集本

7. 南京师大古文献整理研究所. 江苏艺文志·苏州卷. 南京:江苏人民出版社,1996

8. 江澄波. 袁学澜与双塔影园. 苏州杂志. 2004(3)

9. 沈津. 稿本适园诗集. 江苏图书馆学报. 1992(2)

王乃誉光绪乙丙间《娱庐随笔》日记册

王 亮

（复旦大学图书馆）

笔者高祖王公乃誉日记《娱庐随笔》，上海图书馆入藏18册，起始于光绪十七年（1891）辛卯元旦、止于光绪三十一年（1905）乙巳八月廿四日，上世纪80年代以来已有若干学者获见并引用，而以陈左高先生的介绍最为详实①。不过，接续起于光绪三十一年八月廿五日、止于次年（1906）丙午闰四月十九日的第19册日记，长期由海宁王氏后人庋存，尚未为世人所知。

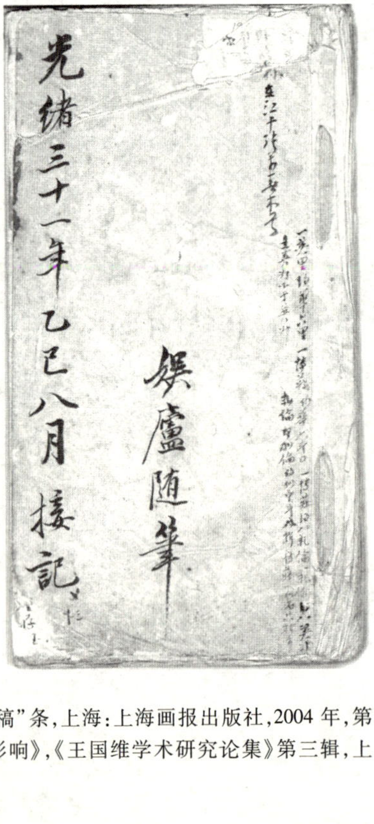

一、王乃誉生平事迹

王乃誉（1847—1906），字与言，号

① 陈左高，《历代日记谈丛》"王乃誉日记未刊稿"条，上海：上海画报出版社，2004年，第172—174页；王令之，《王国维早年读书志趣及家学影响》，《王国维学术研究论集》第三辑，上海：华东师范大学出版社，1990年，第474—490页。

承宰、娱庐、小频罗庵主、竹西外史，又曾署称董侯草堂。世居海宁盐官，少年时避兵乱于上海，父祖先后卒，一度“习贾于茶漆肆”，又佐幕于江苏溧阳等地。静安先生《先太学君行状》称其能“克自树立”，于贸易之暇，攻书画篆刻诗古文辞①。乃誉公曾向长辈远亲沈韵楼（张宗祥外祖）请教书法，又尝“遍游吴越间，得尽窥江南北诸大家之收藏，自宋元明国朝诸家之书画，以至零金残石，苟有所闻，虽其主素不识者，必叩门造访，摩挲竟日始去”②。40岁以后定居盐官故里（当时海宁县治所在），不复出外，依凭田亩岁租收入，专意抚教子孙和研习翰墨、收藏古物。今藏上海图书馆的杂抄稿本中，有《画粕》、《竹西卧游录》等著述多种。乃誉公博涉多能，刻印而外并擅画，翰墨迄今在嘉兴一带仍多有存留者。

乃誉公身份大致介于绅商之间，居乡虽久，应事敏达，留意经世之学，思想并不冬烘，一度有捐献田产助开工艺学堂的意向。因为父亲长期的从商经历，静安先生对于从事贸迁者也很少显露一般学人的鄙夷态度。他早年即关注时事，支持新政，晚年仍力学不辍。《日记》中间或自记西学书目、中外度量换算和英文字音，也曾通览静安先生《势力不灭论》译本等多种译著。乃誉公去世之次月，静安先生为撰《先太学君行状》，有谓“今日所行各新政，皆藐孤等二十年前膝下所习闻者”，可见他接受新学方面对子女的影响。从他日记中留存的自撰文稿中，可以看出对于中外学说还是大体秉持以儒学为宗，参以西学、释道的见解，与静安先生中年以后的趋向相当接近。

乃誉公“少贫甚”，终生自奉甚俭，敬惜字纸，自述“余平生一书一物，皆手自董理，一纸之微，另藏以用，一札之细，聚以留看”，静安先生尤留心存留友朋书信，身后存札近千通，可以说是他身教之效。虽然时时感喟儿辈求书甚殷，得书后又往往束书不观，实则他有感于自己少年求学索书之艰辛，对于二子学习方面尤其是购书的开支，他每每勉力供给，不忍拒却。

乃誉公去世在丙午七月，距本册日记之断笔仅有三月。《行状》说“自三十以后始作日记，至易箦前一日止”，可知此三月中仍有日记，只是

---

① 《王国维全集》卷十四第67—68页，浙江教育出版社、广东教育出版社，2010年。

② 同上。

已经在百余年间世变中佚失了。

近据乃誉公长女孙、笔者姑婆王东明告知，上世纪 90 年代曾应台湾“清华大学”校长李家同之请，将乃誉公日记附稿残叶数纸赠与新竹“清华”。台湾“清华大学”出版社陈文芳先生承请在清大图书馆检得并寄示此王乃誉遗稿 4 纸，内容为《张渭渔得陈簠翁手拓钱范二百余计三册嘱作歌诗纪事》一首，租谷记录和丈量田亩草图各一纸，另有拟“不认损失中国主权条约”签名书一纸，年月日空缺未填，有”此单交与公忠演说会收”字样。公忠演说会是光绪三十一年前后上海及江南士绅要求取消美国限制华工条约的团体，主张峻拒画押，抵制美货，“以申国权而保商利”，乃誉公手拟此文稿，可知为海宁地方策动人之一，斯时距他病逝，仅不到一年光景。

二、日记形制与递藏经过

此册日记长 24.3 厘米，宽 13.3 厘米，厚不及 1 厘米，面叶题“光绪三十一年乙巳八月接记”、“娱庐随笔”。末页钤“延柏私印”白文印。起八月廿五日，止于次年闰四月十九日（下文所引月日均用阴历）。无行格边栏，以白棉绳简易装订，小行密字书于毛太纸上，纸张、装订均与上海图书馆藏乃誉公遗稿册同，内容完整无残损。日记天头空白处每以二三字撮记当日要事。正文记节候天气、新闻时事、乡人存殁、人事往来、自作书画印诗文、所见所收金石书籍古物。二子国维、国华有信函往来，也均予记录。

日记中有夹签题识如下：

民卅六年敌降二年，移居青岛，此册由沪戚寓取回，衣服行李俱失，独此册岿然独存，岂有神异在乎其中？三十八元旦后一日哲安志于青岛。

是册系先君五九至六秩日记墨宝，离绝笔仅百日，劫后托人自家乡取来留念。哲安廿九年六、十六。

旅居多暇，无聊时翻阅，感辰光过去不及追，现距此已五七年矣。寓台十有五年,五十一年十月哲记。

哲安即笔者曾叔祖王国华(1887—1980),又字健安,王乃誉次子,静安先生异母弟,曾就读杭州养正书塾、上海青年会学校、北京税务学堂、上海圣约翰大学,先后任教于浙江嘉兴二中、杭州女中、松江女中、浙光中学、浙江大学、山东大学。1947年赴台湾大学执教,曾任台大外国语文系主任多年,身后在台大设立"海宁王国华纪念奖学金"。从他的记述可知,民国间此册日记已与他册离散。1980年哲安叔祖去世后,笔者堂叔王庆襄又将此日记携往美国庋藏20余年。2011年秋又将此册日记寄返国内,嘱笔者研究整理,并择时捐送国内图书馆或海宁故里,以归诸公藏。

书中另有二夹页,一纸钤"莼斋五十后又字承宰"(朱文)、"王乃誉印章"(白文);另一纸为乃誉公手书"合府上下富贵安乐名利全子孙聪慧"。

上海图书馆藏乃誉公日记、杂稿,据书后签系以20元自沪上书坊收得。

三、日记所记王国维事迹

静安先生本人仅有《丙辰日记》留存,前后60天,不足万字。他早期教养环境和思想经历的复原和考察,乃誉公日记为最重要的原始资料,以下试举数例。

静安先生中年以后成为金石学大家,转移一代之风习。他本人何时从事金石收藏与研究,史料阙如。检乙巳(1905)十二月十二日日记载:

> 静出毛公鼎拓本,计二百余文,唯未释文,难读。又宋未失首刘太冲三字序,又魏张元(玄)碑三本,皆稀有孤本,乃一细读之。

此系目前所见收藏金石什物最早的文字记载。江苏师范学堂的待遇优渥,故而静安先生有余力从事收藏。据周宝圭《江苏师范学堂一斑》的记录,光绪三十三年(1907)三月,接替罗振玉任学堂监督的陆懋勋月俸二百元,留任的总教习藤田丰八薪俸月300元,中国教员月俸多在百元左右。故而静安先生一度有在盐官买园置业及接奉老父移居苏州的计划。光绪三十三年,静安先生在《教育世界》杂志发表《古雅之在美学上之位置》,楬橥"古雅"之新义,可视为对苏州时期艺术鉴赏和收藏活动的理性总结。

光绪三十一年乙巳岁末,清廷诏准停止科举,设立学部以统全国教育,为当时政学转变之一大关钮。关于罗、王筹划入学部任职的情形,日记有多则记载:

乙巳九月九日。书付静谕,未发而接来禀。叔翁等或须入文部,静亦有阶资之望。殆治秋荐事,若成,剧可喜。

乙巳九月廿三日。接静来禀,云叔蕴可得文部参议,伯斧纳资郎中,可补实缺,而唯伊自得不提,殊悬想之至。当此学堂初立,彼等先时力学,倘尚不一得功名,则虚此机矣,未免国政之负败。

据罗继祖先生《永丰乡人行年录》引是年刘鹗(铁云)日记,八月十三日(9月11日)有记:

午后至乔茂轩处,谈至夜归。议举罗叔耘入学务处,允为作函。

十月十四日又记:

午后再拜乔茂轩,知奏调折已发。

十月三十日又记:

接上海信,知罗叔言下忧,官运可谓不佳矣。

雪堂洞烛机先,奏调晋京事,早在积极活动中,其所依傍的是张之洞、端方势力,关节人物为亲家刘鹗及司职筹办学部的乔树枏,且一度有半年在京、半年在苏的方案,入京一事并非张謇等江苏士绅发起"驱罗"运动后的不得已之举。另据赵万里先生所撰《年谱》,次年正月蒋黼、静安先生入京未获职衔,身份均为罗氏西宾,再次年春,静安先生入京面见学部尚书荣庆后,始入学部总务司行走,充学部图书馆编辑,与日记内容正可印证。

苏州授教一年有半,静安先生以诗词自娱,正值创作的丰产期,其中若干篇什如《踏莎行·元夕》、《八声甘州(直青山缺处倚东南)》的撰作时间为光绪三十一年岁末,地点在苏州抑或海宁、上海,笺释者莫衷一是,对照日记所详记往返行程,则可以有更为确当的判断。笔者将另行期撰文考述。

《静安文集》初印成书,乃誉公是最早的读者之一,但仅记印制不佳,对于内容并无评论。

因为静安先生的关系,乃誉公与罗雪堂也有往来。乙巳闰四月初六记:

> (初五静沪归),……又叔翁所赠王尊私印,铜龟纽,甚可爱可喜。惟尊字篆法不类耳。①

乃誉公有烟土癖,此册日记中多有拟购戒毒丸、自煮戒烟茶饮的记录,且自承晚年身体状况不佳与此相关。是年七月静安先生曾在《教育世界》杂志第一二九号发表《去毒篇》,副题"鸦片烟之根本治疗法及将来教育上之注意",针对当时禁鸦片之议,认为其根源在于"国民之无希望、无慰籍",主张兴教育以养成知识与道德,倡导宗教与美术以为国民精神之慰籍。同年并撰《人间嗜好之研究》,与《去毒篇》相承而作(二文均收入《静安文集续编》),其间议论皆切己有感而发。

① 吴云《两罍轩印考漫存》(上海:上海书店出版社 2000 年)著录汉铜印"王尊私印"并有释文,或即雪堂所得者。

四、日记中的海宁地方史料

日记对于居家细节、亲身闻见逐日记录，鲜有中缀，涉及清末光绪间海宁社会变迁、文士交游、人情风土，包蕴丰富。如光绪丙午(1916)元旦日记：

晴日上窗，与常日起时同，下楼接灶斋佛，谒家祠神主。儿孙辈拜贺食糕。与静(王国维)、健(王国华)挈同潜(王潜明)、高(王高明)二孙由大门出至庙官，入图书馆一阅廿二《南方报》。陆叶子及高甲等均一样于州署暸看。由南寺巷进双忠庙，内子已在禅堂饭，计念佛□三百，庭中皆满。旋归饭。饭下挈潜孙出至后街看髦儿戏。大场绳圈布围，起小台，一女郎，一生，一孩，演《赠镯》。场中人数百，余与潜明甚为无趣，付十文即出走，不耐驻足也。因入邑庙，看人拥挤，不能插身。旋由阁老弄进邑庙后门，置潜于神台，乃演《九龙杯》，班色甚佳。少顷换《新安驿》，其扮女贼艺能极佳。潜亦不顾之。出三庙弄到广①，一掷老阳，赢二铜元，翻开，上欠折纷纷，□意忿，然不为责语。与顺言诸东语，盘货须一到监看云。即出食馄饨以归。内子等已礼忏归矣。

日记中每二三日均有记载赴海宁图书馆读报事。所读有《南方时报》、《中外日报》、《杭州白话报》、《世界报》等，如丙午闰四月初五载："阅(三月)廿九报，登叔蕴与学会辩旧地事，其中确有诬蔑。"是在盐官阅知苏州时事②。乙巳十月初四载："又静(王国维)、健均一禀，以闻里中帮匪滋事见报，心中滋忧故也。"这是在苏州、嘉兴的子女通过报纸获知海宁近况。可见当时在海宁这类接近通都大邑的江南市镇，报纸虽不能当日递达，已然是地方士庶接闻时政的重要信息来源。

海宁地方人物中，日记记述事迹最详的是小清仪阁主人张光第。张

① 广为乃誉公参股之杂货店省称。

② 雪堂在苏州师范学堂的去职风波，持续数月，双方在报章上反复辩驳，乃誉公得诸报纸的讯息，反较得诸家书者为详。

光第(1875—1916)字渭渔,光宣之世,"海宁言收藏者推渭渔"①,《海宁州志稿》、《文献家通考》均有传,且有藏书目传世。乃誉公曾有意为张渭渔编纂钱录。

静安先生早年与渭渔书塾相望,未及相知。光绪乙巳年29岁自苏州返乡,渭渔过访,方得经眼其唐寅《芍药》、马湘兰《兰石》二种藏画。己酉(1909)又为小清仪阁抄本《花溪志补遗》作跋。光绪丙辰年静安先生自海外归来,"思欲尽览渭渔之藏,而渭渔则死矣"。1933年,静安先生第三子王贞明与渭渔女张霭云结缡;1936年,静安先生第四子王纪明与渭渔女张祥云结缡。时张、王二公下世已久。

《观堂别集》卷三有《〈花溪志补遗〉跋》,是书为清乾隆间许良模(梦椽)撰。跋文有谓:

> 今老友渭渔搜得此册,实为花溪之幸,而许梦椽之书佚而复存,地下有知,亦当衔感。予获观竟,乃书此以归之。己酉春(1909)三月上澣,静安王国维。②

花溪即今海宁市袁花镇。此王跋小清仪阁抄本原本今藏浙江图书馆,跋文并非真迹,但内容应属可信。张氏藏品中尤以乡邦文献和金石器物、钱币为特色,即以古钱论,所收宋钱与乃誉公相若,均有百许品,但身后即散,未与静安先生的学术有直接的关涉。

日记丙午腊月初八有记:

> 回松风见渭渔,……余商以明年拟在沪开一评古局,专以书画古玩抵押,须集万金(或半)。若有物直十金来质审,则以二厘为审看资。如欲加签题则五厘,加跋则一分。如欲售则八折八元予之。欲抵则五元,付以凭单,□押乃遍登报。伊言本须多万,多则出售,或可代售。此项须具顶门上眼乃可行,他人不能望项背。即金石碑帖亦要。实沪上大开生

① 据《观堂遗墨》影印《〈敬业堂文集〉书后》手稿。

② 《王国维全集》第十四卷,浙江教育出版社、广东教育出版社,2010年,第396页。

面，且利市三倍。又南面百城，并得交游海内知名之士，甚有合也。

此沪上开设“评古局”之合作计划虽未付诸实施，已为10年后罗王在上海收买书画古物外销海东张本。

日记还有对当时往来接闻的浙江学人和学术著作的评说，如乙巳十一月廿日载：

接渭渔信，来还《随轩金石》四册，附高翰伯所著《癖泉臆说》二册，后附各嗜泉之人，其胡石查、蒋敬臣为著名焉。……所书却认真，而篆隶楷皆乱写，殊别致。自（以）为雅，印行之，不免人指摘，有似卖弄小技。且用洋连史写，尤恶俗。自以为能刻印章，则自用之章甚不合也。

高翰伯，字蔚如，号泉寿山人，嘉兴人。清末以收藏著称，有金石著作多种。日记中记载的地方名人尚有都俞（小蕃）、蒋百里等多人，这里不复具引。

上海图书馆藏乃誉公壬寅年日记有自跋一则，称“余作日记之始岁，尚略讲求字句，以验学问，迨四十以后仅志及日月酬应、米盐凌杂，自此相沿成习而不相加察，且流于浅易龌龊，一无可观”云云，实系谦抑之辞。笔者以为，日记所记述的时段，静安先生居苏州授教江苏师范学堂，从事词学创作和哲学研究，自定《静安文集》，已接近学术的成熟期，为静安先生生平研究的重要材料自不待言；仅就记述近代江南市镇经济、文化、社会实貌而言，史料价值也弥足珍贵。现海宁地方志办公室已着手筹措经费影印上海图书馆所藏，拟合璧出版，以供世人之研讨，学界之撷采。

参考文献：

1. 陈鸿祥. 王国维全传. 北京：人民出版社，2007

2. 王德毅. 王国维年谱（增订本）. 台北：兰台出版社，2012

3. 罗振玉. 罗雪堂合集. 杭州：西泠印社出版社，2005

翁寿虞稿本《殷虚书契考》浅谈

李开升

(浙江省宁波市天一阁博物馆)

宁波市天一阁博物馆藏有一部《殷虚书契考》,《别宥斋藏书目录》著录云:"《殷虚书契考》不分卷　翁寿虞撰。稿本,一册。"①别宥斋为萧山朱鼎煦先生(1885—1968,字酂卿)藏书处,1979 年其藏书十余万卷由朱氏家属正式捐赠天一阁②,此书即其一。在《别宥斋藏书目录》2008 年出版之前,此书尚未见有公开出版资料提及,也无人做过研究。笔者不揣谫陋,将此书的基本情况略作介绍,以供学者参考。

此书无边框,无行格,无叶码。开本高 26 厘米,宽 15 厘米。字高 16.5厘米。半叶 9 行,行 24—30 字不等。以纸捻作蚂蟥攀式装订,共 6 眼,两两成对。书首、书背皆未切边。文字为手写行书。书不分卷,无书名,无目录。正文(有文字者)共 93 叶(正文首叶见附图 1),正文前、中、后各有空白叶 4 叶、2 叶、17 叶。正文包括以下各篇(括号中数字为该篇总叶数):《都邑考释》(2)、《足资考订者六耑》(2)、《文字总论》(2)、《数字》(1)、《说数一㝵》(3)、《文字考释》(40)、《文字考释补遗》(3)、《卜辞分类存目》(1)、《礼制分类存目》(3)、《宗庙宫室之制(附祭名、官制)》

① 天一阁博物馆编,《别宥斋藏书目录》上,宁波:宁波出版社 2008 年版,第 217 页。

② 前引《别宥斋藏书目录》之《序》。

(3)、《衣(祭名)》(1)、《卜法》(2)、《凿迹兆文》(1)、《甲骨文字发现之始》(1)、《千虑一得》(28)。

此书之书名("殷虚书契考")、作者("翁寿虞")及其版本("稿本"),书中皆未直接揭示,今对此略加考订。其书名见于书中所夹签条,可能是早期的编目人员题写。关于作者,第93叶①考释内容后有题识云:"十四日黄昏寿虞又识"(见附图2),书中多处有"虞谓"、"虞按"之语(如叶8、12、14、19、21、23、30、35、37、38、41、51、66等),知"寿虞"即此书作者。又书上所钤印章有"寿虞"朱文长方印(叶79、89)、"承舜"白文方印(叶5、8、61)(见附图3)。民国《鄞县通志》之《文献志》中近代人部分云:"翁寿虞,字承舜,号友石,工篆刻。"其作品有:"《诗品印谱》四卷,有刻本。《友石轩印稿》四册,印本,林氏藜照庐藏。"②当即此人。《诗品印谱》卢霖《序》云翁寿虞"年甫而立",末署"宣统元年"③,则其当生于光绪六年(1880)。又书中题识多处作"丙寅岁"(如叶10、79、93),当为1926年,与其年岁亦相合。又北京翰海拍卖有限公司2001年春季拍卖曾拍出翁寿虞稿本《扑克漫录》三册,钤有"翁氏承舜"、"翁寿虞考藏金石图书印"、"寿虞审定"、"翁承舜撰"诸印,其字体与此一致(见附图4),也可为一证④。关于翁氏的名号,书中还钤有"右硕"朱文长方印(叶1、3、7、8、11等),第10叶有作者题识云:"丙寅十月十二日黄昏右硕志。"则"右硕"亦为翁氏之号。又第41叶"虞按"云云之下有题识云:"九月二十有二日夜半静叟志于镫下。"则"静叟"亦翁氏之号。此二号不见于常见的有关翁氏的介绍⑤。

① 为方便叙述及检索,本文将正文按自然顺序编了叶码,以下随文注出者皆是。

② 民国《鄞县通志》第四《文献志》戊编中《艺文(二)》之(九)近代人,宁波:宁波出版社,2006年影印本,第1943页。

③ 翁寿虞《诗品印谱》卷前卢霖《序》,清宣统元年钤印本。

④ http://yz.sssc.cn/index/item? id=1139681&past=true。

⑤ 王崇人,《中国书画艺术辞典 篆刻卷》,西安:陕西人民美术出版社,2002年版,第259页。洪可尧,《四明书画家传》,宁波:宁波出版社2005年,第287页;石人和,《宁波历代书画集》,宁波:宁波出版社2006年版,第280页;乔晓军,《中国美术家人名辞典(补遗二编)》,西安:三秦出版社,2007年,第402页。

关于此书版本，笔者认为定为稿本是可信的。证据如下：1. 第 79 叶作者题识云："丙寅冬至日夜半静叟志于镫下。"题识后即钤作者名章"寿虞"朱文长方印，表明此为作者手稿。此外上文提到书中还钤有数方作者本人的印章也能说明这一点。2. 上文提到此书字体与翁氏稿本《扑克漫录》完全一致。3. 虽然全书书写相对比较干净，但内容方面仍有修改痕迹，如第 10 叶原文初作"今依许君注万字之例"，后将"注万字"三字括住，表示删去，旁增"旁训"二字。又同叶有"大误特误"四字，又将其括住，表示删去。推寻其意，上文作者误以为《说文》万字有"十千"之训，认识到这一错误后，写下了此四字，其下乃云《说文》"训万止一虫谊，一曰十千为张道士《复古编》所误"云云（见附图 5）。4.《文字考释》及《文字考释补遗》两篇楷书字头下皆空数字，当是甲骨文字形尚待填写。5. 此书无书名，无目录，无序跋，各篇皆另起一叶，不相联属。以上 3、4、5 条皆说明这是一部尚未完成的稿本。

关于此书的写作时间，书中共有作者题识 10 条，今以叶次录之如下（括号中为叶码）：丙寅十月十二日黄昏右硕志（10）、九月十有九日静叟坿志（12）、九月二十有二日夜半静叟志于镫下（41）、丙寅冬至日夜半静叟志于镫下（79）、孟冬月八日静叟释并录于镫下（85）、九日丑刻右硕道人志（87）、九日夜半静叟记于镫畔（89）、重十日夜半静叟志于镫畔（92）、丙寅岁小春月十有一日夜半静叟记（93，见附图 2）、十四日黄昏寿虞又识（93，见附图 2）。其中有些时间虽然没有年份，但整体来看，应该都是丙寅年（1926）。另外叶码顺序与时间顺序也不完全一致，这个容易理解，因各篇都是互不联属的，即使一篇之内，有些考释条目也是可以调整的，因此各篇及若干叶写作的先后次序在编排时是可以调整的。这些时间最早的为九月十九日，最晚的是冬至日，其写作时间应该就是这段时期。惟其中个别篇目当成于 1927 年。

下面谈一下此书的内容。此书除了《说数一寻》、《甲骨文字发现之始》、《千虑一得》3 篇之外，其余 12 篇都是摘录罗振玉《殷虚书契考释》一书。《殷虚书契考释》主要有两个版本，即 1915 年初印本和 1927 年增订本。上文提到此书中题识时间皆在 1926 年九月至十一月间，则其所据应该是初印本。从其摘录内容上也可以看出这一点，如《文字考释》篇“辛、辛”条下（叶 11）全引初印本之考释①，而增订本此条下无考释②。又如《宗庙宫室之制（附祭名、官制）》篇“衣”字下云：“卜词中言衣者颇多，亦祭名而合诸祖祭之，其制则不可知矣。”（叶 58 至 59），这是从初印本中摘录的③，增订本无此语④。结合此书写作时间，可以证明翁氏所据《殷虚书契考释》为初印本。不过值得注意的是，书中《衣（祭名）》一篇只有半叶 130 余字，全引王国维说，云：“王征君静安曰：衣为祭名，未见古书。潍县陈氏所藏大丰敦……惟卜词为合祭之名，大丰敦为专祭之名，此其异也。”（叶 61）。此段文字“曰”之后的内容与王国维《殷礼征文》全同⑤。但这段文字却可能并非直接抄自《殷礼征文》，而很可能录自《殷虚书契考释》增订本。首先，增订本第八章《礼制》“衣”字条下惟引王国维之说，且所引文字内容也是这一段，一字不差⑥。这应该不是巧合。其次，在对王国维的称呼上，增订本作“王征君曰”，此书作“王征君静安”，其“征君”之称即袭自罗氏，“静安”乃翁氏所增。盖罗氏书中，于王氏例称“王征君”，而不称其字，虽不免有指称不明之嫌，然读罗氏书者自知其人，而于翁氏则不然，故此书除抄自罗氏之文称王氏为“王征君”外（如叶 33），翁氏自撰之文则称“王静安”（如叶 89）。此处称“王征君静安”，透露了录自罗氏的消息。第三，从体例方面看，全书摘录部分除此篇外，皆出自罗氏之书，则此篇自以出自罗书可能性更大。第四，从时间方面看，增订本出版于 1927 年二月⑦，《殷礼征文》虽早在 1916 年已写成，却直到

① 罗振玉《殷虚书契考释》初印本，《殷虚书契考释三种》本，北京：中华书局，2006 年，第 134 页。

② 罗振玉《殷虚书契考释》增订本，前引《殷虚书契考释三种》本，第 390 页。

③ 前引《殷虚书契考释》初印本，第 306 至 307 页。

④ 前引《殷虚书契考释》增订本，第 653 至 654 页。

⑤ 见《殷礼征文》第六叶下，《海宁王忠悫公遗书》本，1927 年印本。

⑥ 前引《殷虚书契考释》增订本，第 653 至 654 页。

⑦ 《殷虚书契考释》增订本封面作“增订殷虚书契考释三卷，丁卯二月东方学会印”，见《甲骨文献集成》第七册影印本，第 76 叶。

1927年底才收在《海宁王忠慤公遗书》二集中出版①。翁氏此稿中题识时间皆在1926年九月至十一月间，且此书为未写定之稿，则其下限延至1927年初似较年底为宜。这只是一个旁证，要结合以上三点才有价值。

除了《衣（祭名）》一篇外，其他11篇摘录的具体情况是，《都邑考释》篇录自《殷虚书契考释》第一章《都邑》，除开头顶个两行字外，以下低一格文字全录②。《足资考订者六耑》篇录自罗氏此书自序中所云卜辞足资考订者六端③。《文字总论》篇录自第五章《文字》章末之总论性内容④。《数字》篇录自第五章《文字》章首有关卜辞中数目字的考释⑤。从抄录方式上看，这4篇的抄录是连续的，中间不加省略。而《卜辞分类存目》、《礼制分类存目》、《宗庙宫室之制（附祭名、官制）》、《卜法》、《凿迹兆文》5篇则多有省略，皆摘录自第六章《卜辞》、第七章《礼制》、第八章《卜法》⑥。惟《宗庙宫室之制（附祭名、官制）》篇末谈祭祀的“王宾、奭”一条乃撮合第五章《文字》、《卜辞》、《礼制》三章相关内容而成⑦。剩下的《文字考释》和《文字考释补遗》2篇，占了摘录部分的三分之二，皆录自《殷虚书契考释》第五章《文字》，抄录时对字条有省略，每条下的考释文字也时有删减。罗书中的甲骨文字形此书皆无，而空几个字的位置，当是尚未及填写。不少字条下全部或部分省略考释文字，而云“说见文字”、“并说见文字”、“略见文字中”（叶42、46），其“文字”当指《殷虚书契考释》的第五章《文字》。惟有时又云“虞于光字之意，已详文字中”、“罗君无说，予有说，见文字中”、“此三字罗亦无言，予有略说，见文字中”（叶40、44），似

① 王国维1916年4月6日致罗振玉书曾云“第三期《学术丛编》稿拟用《殷礼征文》”（刘寅生、袁英光编，《王国维全集书信》，北京：中华书局，1984年，第64页），但后来《学术丛编》中并未收录此篇（见《中国丛书综录》一，北京：中华书局，1959年，第280至281页），其后王国维亲自编辑的《观堂集林》也未收此文。直到王氏身后《海宁王忠慤公遗书》二集才收此文，此书封面云“丁卯岁寒校印”，则出版于1927年底。

② 前引《殷虚书契考释》初印本，第101至102页。

③ 前引《殷虚书契考释》初印本，第97至98页。

④ 前引《殷虚书契考释》初印本，第246至247页。

⑤ 前引《殷虚书契考释》初印本，第130至131页。

⑥ 分别见前引《殷虚书契考释》初印本，第247至302、302至314、303至314、314至316、315页。

⑦ 分别见前引《殷虚书契考释》初印本，第、199、247、309页。

所谓“文字”乃翁氏之作。然此“文字”仍当为《殷虚书契考释》之《文字》章，推测翁氏之意，似为其考释之说批注于《文字》章中。翁书这两篇有一个特点是都有其按语。按语共25条，从内容上大致可分为两类，一是补证罗振玉之说。如“子、巳”条（合罗氏“子”、“巳”两条为一条），罗氏指出甲骨文中“巳”和“子”分别近于《说文》中的“子”字的篆文和籀文之形，提到“古器有‘乙子’、‘癸子’诸文”之“子”皆当释“巳”。翁氏按语引其所见《史白数父鼎》“己子［巳］”、《格白簋》“癸子［巳］”及《召白虎敦》“甲子”为罗说之证（叶11）。二是反驳罗氏。如“幽”条，罗氏释从火，翁氏以为卜辞山、火不分，此当从山，从火失幽隐之意，从山则有幽隐意（叶41）。按，今学者多以为当从火①。

在翁氏自撰的3篇中，《甲骨文字发现之始》篇只有短短半叶约百字，略述了甲骨文的发现地安阳小屯、王懿荣收藏、刘鹗拓印、孙诒让研究的历史，推《契文举例》和《名原》为甲骨文研究之嚆矢。此篇夹在全书中间，颇为不伦，也说明了这是一部编次尚未完善的稿本。《说数一寻》篇综合考释“一、十、百、千、万”五字，以为其初文当分别为“一、丨、θ、1、士”，云：“‘一’横，‘十’纵，‘百’再横，‘千’再纵。‘百、千’与‘一、十’相对，故加‘○’、‘丿’以别之，犹后世之符号焉。”“夫一、十、百、千，以画之纵横别之，万则数之大成，合纵横而为之。”（叶8、10）虽然其结论中有部分是合理的（一、十），但整个论证却多出臆想，难以取信。

《千虑一得》篇共28叶，85条，考释了80多个字，是此书最重要的部分（此篇首叶见附图6）。下面将其所考之字全部列表，将翁氏考释与今天通行的考释作比较。表中“备注”一栏列今释的材料出处以及相关说明②。

① 于省吾，《甲骨文字诂林》，北京：中华书局，1996年，第3196—3197页。季旭升，《说文新证》，福州：福建人民出版社，2010年，第323页。《古文字诂林》第四册，上海：上海教育出版社，2001年，第301—302页。

② 未列出处者多据前引《甲骨文字诂林》，并参考沈建华、曹锦炎编《甲骨文字形表》（上海：上海辞书出版社，2008年），孙海波《甲骨文编》（北京：中华书局，1965年），徐中舒《甲骨文字典》（成都：四川辞书出版社，1989年）。甲骨文的今释得到了复旦大学郭永秉先生的热情指点，谨致谢忱。

序号	甲骨文	翁释	今释	备注
1		个	介	此字录自《考释》112，误脱右边之点，遂以两点为“介”，一点为“个”。
2		稍	税	
3		牢	坎	翁氏从《名原》说。
4		弋	弋	
5		良	良	
6		氏	取	
7	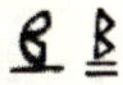	丘	无定论	
8		盘庚	庸	
9		岳	岳	翁氏从《名原》说。
10		山	山	
11		臣	臣	
12		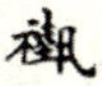	无定论	翁氏从孙诒让说。
13		�	无定论	从《契文举例》说。
14		甲	礼	今释据张亚初说①。
15		未定	⿱卜皿	录孙诒让释“⿱厶皿”。
16		麝	不识	
17		万	巫	
18	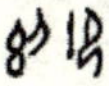	绍	绝卪	

① 张亚初《商代职官研究》，载《古文字研究》第十三辑，北京：中华书局，1986 年，第87 页。

续表

序号	甲骨文	翁释	今释	备注
19		未定	不识	
20		鹿	陷	翁氏从孙诒让说。
21	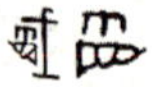	臧	聝　无定论	
22		䎱	䎱	
23		戾	𪏅	
24		启	𡆥	
25		囚	“𥁕”右上	
26		狐	狐	
27		麤	麤	
28		周	周	
29		未定	“旬”初文	翁氏录孙诒让释“它”。
30			尹	
31		弋	必	今释据裘锡圭说①。
32		火	火	
33		战	龠	
34		臻	𣪠	
35			不识	

① 裘锡圭《释柲(附释“弋”)》,原载《古文字研究》第3辑(1980),此见《古文字论集》,中华书局1992年版。近读王国维1917年7月20日致罗振玉书信,信末指出(戈)字中之像其柲(见前引《王国维全集书信》第224页;《罗振玉王国维往来书信》,东方出版社2000年版,第303页),似可为裘释柲之一证。附记于此。

续表

序号	甲骨文	翁释	今释	备注
36		孱	具暖	
37		羔	无定论	
38		夹	夹	
39		效(挍)	执	
40		看	无定论	
41			无定论	
42		未定	无定论	
43			竹	
44		未定	无定论	
45		秦	叙	
46		衰	无定论	
47		昏	聑	
48		不识	卒　不识	今释据裘锡圭说①。
49		不识	无定论	
50		适	不识	
51		召	不识	
52		喠	不识	
53		不识	无定论	

① 裘锡圭《释殷墟卜辞的“卒”和“褘”》，载《中原文物》1990 年第 3 期。

续表

序号	甲骨文	翁释	今释	备注
54		戋	“拇”初文	今释据陈剑说①。
55		截([illegible])	[illegible]	
56		游	奔	今释据姚萱说②。
57		[illegible]	不识	
58		琴	商	翁氏从《名原》说。
59		娍	娶	
60		[illegible]	不识	
61		从㫃从井		此字未查到。
62		不识	兆	
63		不识	占	
64		房	雍	
65		不识	卒	今释据裘锡圭说③。
66		魦	魚	
67		拕(拖)	无定论	
68		见	见	
69	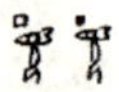	哯		此字未查到。
70		晛		

① 陈剑,《甲骨金文旧释“尤”之字及相关诸字新释》,载《甲骨金文考释论集》,北京:线装书局,2007 年,第 59 至 80 页。

② 姚萱,《殷墟花园庄东地甲骨卜辞的初步研究》,北京:线装书局,2006 年,第 99 至 114 页。

③ 前引裘锡圭《释殷墟卜辞的“卒”和“律”》。

续表

序号	甲骨文	翁释	今释	备注
71		率	无定论	
72		一千日	不识	
73		页	眉	
74		顷		此字未查到。
75		㫃	㫃	
76	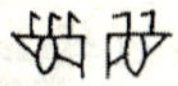		眉	
77	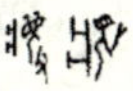	偵(疢)	梦	
78		是	不识	
79		个(介)	刃屎尿 勿	
80		疥	疾	
81		覗	不识	
82		聚	庶	
83		冣	从宀从庶	
84	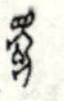	蜀	庆	
85		郭	郭	

表中共85条，其中翁氏考释正确或者说比较合理的14个(序号4、5、9、10、11、22、26、27、28、32、38、55、68、75)①，错误的37个(1、2、3、6、7、8、12、14、17、18、20、21、23、24、25、30、31、33、34、39、43、45、47、54、56、58、59、64、66、72、76、77、79、80、82、83、84)，其余34个或没有考释，或没有结论，或因今释尚未有结论而不能定其正误，还有3个笔者囿于见闻没查到

① 判断的标准以《甲骨文字诂林》为主，偶参他家之说，见备注栏。下文引诸家说不注出者皆见《甲骨文字诂林》。

的字。

考释正确的14个字，很多不是翁氏最早考出的，比如释为“良”，晚于王襄和商承祚。释为“岳”，是从孙诒让《名原》之说。释为“狐”，晚于柯昌济①。释为“匿”，是从孙诒让《契文举例》之说②。释为“周”，晚于孙诒让、王襄、商承祚，等等，皆可参见《甲骨文字诂林》相关字条。其中翁氏较早考释出的有一定价值的字有、、、等。字，裘锡圭先生在《释“弋”》一文有很精到的考证，其中提到郭沫若《卜辞通纂》、叶玉森《殷虚书契前编集释》都将此字释作“弋”③。郭、叶二书皆出版于1933年，在此书写作六七年后（当然二书的写作应该要早一些）。字一般以为郭沫若比较早地提出像竖目之形，见其《甲骨文字研究》之《释臣宰》，此书1931年由上海大东书局出版，书中云“一九二九年八月一日全书脱稿”④。翁氏释此字云目字“直之即为君臣之臣”（叶70），较

① 《甲骨文字诂林》“狐”字条下引柯昌济：“当释狐”，出处为《补笺》（第二册第1581页）。按，《补笺》当为《补释》之误。《五十年甲骨学论著目》第45页著录：“柯昌济《殷墟书契补释》，一九二一年刻本一册。”《甲骨文献集成》第七册影印宋镇豪抄柯昌济1921年6月自刻本《殷虚书契补释》第13叶（《集成》第219页）云：“卜辞有从犬从亡之字（或从豕），或释狼（引者按，疑指罗振玉之说，见其《殷虚书契考释》）。此字从亡得声，亡古读如无，如《杞伯每亡敦》（旧释‘敏父’，非），每亡乃杞公名，古人双声命名，当读如无矣。疑古狐字，亡、狐音近。案卜辞载王田猎获兽如鹿、罴等，独无狐。《易解卦》曰：‘田获三狐。’亦采殷商卜辞旧语。”《甲骨文字诂林》所引《笺释》之语仅四字，不如《补释》内容完整，且顺序当置于罗振玉之后、王襄、叶玉森之前。将此字释作狐，柯昌济早于叶玉森。自叶玉森以下，郭沫若、陈梦家、张秉权、姚孝遂诸家皆释作狐，然皆未引柯氏之说，可见其书流传不广，其说淹没已久。按，《甲骨文字诂林》所引当承李孝定《甲骨文字集释》（卷十第3116页）之误，而李书当承叶玉森《殷虚书契前编集释》之误（卷二第16叶，《甲骨文献集成》第7册影印本第324页），《殷虚书契前编集释》卷首“参考书目”列柯昌济《殷虚书契补释》一卷，其卷一第77叶、卷五第22叶所引柯氏说下所注即作“补释”（《集成》第7册第283页、419页），可证此处所引柯氏说下所注“笺释”当为“补释”之误。《古文字诂林》“狐”字条亦失引柯氏说（第8册第621页），按其体例，柯氏《补释》一书在其收录之列（如第6册第407页、第7册第627页等）。《甲骨文字字释综览》“狐”字条亦失收柯氏说（第284至285页）。

② 《甲骨文字诂林》亦以此字为“匿”，然其下仅引王襄《簠室殷契类纂》释匿之说，而没有引更早的孙诒让《契文举例》释匿之文（见《契文举例》卷下《文字第九》，《续修四库全书》第906册影印本，第177页）。

③ 前引裘锡圭《释柲（附释“弋”）》，第31页。

④ 郭沫若，《甲骨文字研究》，载《甲骨文献集成》第8册影印1931年上海大东书局石印本，第101页。

郭氏为早。字翁氏提出即“夹”字，从二人从一人同意（叶 80），与郭沫若《卜辞通纂》之释同而较早。字翁氏释作“盘庚”（叶 68），远早于黄奇逸《释沃丁、盘庚》一文（载《考古与文物》1987 年第 1 期）。翁氏还较早指出了甲骨文中山、火混同的情况，并指出“曲形为火，直形为山”（叶 69 至 70、77 至 78）。翁氏考释中还有一些关于古文字的演变的见解值得注意。如释“良”字条下云：“予于此又悟文字之变矣。凡篆文畐、鬲、亯之类，古金文俱作、、，而不从口，今玩字从畐省，则为而省上之，下之丨，作。若作畐而省，则当作，而良作矣。以许证许，无事外求。前人曾云良从畐省而全失其形，其未达此恉也夫。”（叶 67）此说自然不一定可靠，但至少为我们考察“良”字乃至这一批部分字形相近的字提供了一个思考的角度。

翁氏误释的 37 字及其他 34 字，可以结合其考释方法来分析。翁氏的考释方法主要是与《说文》对比，偶尔用到金文。《说文》是古文字考释的重要资料，翁氏是篆刻家，对《说文》比较熟悉，因此其考释的大多数字条都引用了《说文》，很多考释的基本证据就是《说文》。如释、、、、、等，都是直接根据《说文》对该字（见上表翁释之字）的说解直接释出，再无其他考证。还有些是依据《说文》而略加考证，如释，以为“东”为“重”之省，古文从重之字往往作，重、东叠韵，于是定此字为《说文》止部之歱字（叶 83 至 84）。但是，由于翁氏过度依赖、不恰当地利用《说文》，方法比较单一，不重视文字在卜辞中的意义，加上比较主观臆断，导致他得出了很多错误或者并不可信的结论。比如释为“氏”，引《说文》训氏“巴蜀名山岸胁之旁欲落者曰氏，象形，声”，以此字左右两部分即()、（第 67 至 68 叶）。这里问题很多，首先“”字为段玉裁所增改，并非《说文》原貌，翁氏不加分辨即采用，已是不妥。其次《说文》所释或许有所本，但今天已不能明白，翁氏亦不加解释，只求字形相合，不顾字义，也是不妥。更何况字形也不相合，、与的左右两部分字形都有不小的差距。所以他对这个的考释可以说是完全失败的，不仅是结论上的失败，更是方法上的失败。翁氏有时对《说文》的依赖达到很严重的程度。如字，翁氏本已正确认出其左边“就甲文论为地支之午字”，却云“但许书无从午之钟字，或亦幺字之变”（叶74）。这等于将《说文》看作是无所不包的文字库，显然不合适。翁氏还很不注意前人研究成果。如柯昌济、王襄、王国维、商承祚等考释成果，无论与翁氏是否相同，多不见引用。所引较多者惟罗振玉、孙诒让二人。有时甚至连罗振玉的观点也不引用。如，罗振玉已正确地释作“尹”①，翁氏仍误释，而于罗释视而不见。其中如柯昌济之书比较罕见、王襄之书翁氏是否看到也不确定，尚可理解。至于罗振玉之书已被其抄录大半，却仍失引，可见其治学态度与方法皆有问题。还有些字，翁氏虽然隶定为今字，但卜辞中或只用为专名，或只有残缺不成句的几个字，并不能考出这个字在当时的意义，因此不能说真正认识。如、皆为地名，、都不成句。正如陈梦家对罗振玉《殷虚书契考释》的评论一样：“这类的字，我们可以说他是认对的，但是并没有证明出来。他用作证明的，只是这些字于金文或篆文的形体因袭关系而已。古文字研究所遇到的困难，就在于此。”②

翁氏考释甲骨文字，有些内容有一定价值，但是错误也很多，这跟他考释方法的不当有很大关系，当然也有部分原因是当时的材料还比较有限。值得注意的是，翁氏的考释方法虽有不少问题，但他对自己的考释结果乃至考释方法，有时候还会表现出比较多的自信，并对其他学者的考释表示了不满。比如他以为释为“个”“可无复疑”（叶66），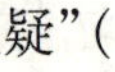“当即‘戾’字无疑”（叶75）等。他关于自己考释方法和考释过程的叙述尤其值得注意，比如上文曾提到他认为“一、十、百、千”四个数目字“俱以纵横别之”，又云：“万则数之大成，合纵横以成之，是亦可于想象得之。”（叶73）与“想像”之说相似，在释字时他还有更详细的描述：“考释古文奇字，当平心息气，眼照古文，心照古人，久久如入桃源异境，恍忽鬼神告我者。予释此文时适遇如此竟象，非偶然也。”（叶79）靠主观想象来考释古文字乃至进行所谓学术研究者，今日仍不乏其人，但将“想象”的方法如此颇为

---

① 前引《殷虚书契考释》初印本，第156页。

② 陈梦家，《殷虚卜辞综述》，北京：中华书局，1988年，第59页。

自得地总结并不以为讳、公然笔之于书者，现在似乎很少见。这大概跟甲骨文研究尚处于初始阶段、比较系统科学的考释方法尚未建立有关。翁氏自己在考释遇到困难时不惜乞灵于想象，却对态度较为稳健的学者提出了批评。如释下云："若商承祚之录罗君（引者按，指罗振玉）《待问编》，间有按语，往往人云亦云，拾人唾余，宜其不获知之矣。"（叶88至89）释下又云："承祚不知拾谁何氏之唾余，注云疑即旋字之省，而未敢言及省之之谊。"（叶90）有时甚至对其大肆抄录其书的罗振玉也毫不客气，如释下云："罗君未识其文，但曰象人手持木，何其陋乎！"（叶75）这显示出他对待前人成果的态度，更重要的是反映了他在考释文字方面与罗、王一系的稳健派是很不相同的，释字比较大胆。相对于稳健派，他似乎更接近于被陈梦家批评为射覆式释字的叶玉森等人①，陈梦家对这一时期一些人研究甲骨文而考证不足的批评，某种程度上也适合翁氏："这个时期（引者按，指1919至1933年）有好些人很轻易地印出小册子，他们的说法是臆想多于考证。他们的态度是求发明新字而释字，其结果是一无所得。"②。翁氏（包括叶玉森等一派人）对"想象法"（或射覆）的依赖、不以为讳甚至推崇，除了能反映他本人的学识和认识之外，还从一个侧面反映了甲骨学在初创时期的艰难局面和建立比较系统、科学的古文字考释方法的困难及其重要性。

① 见前引《殷虚卜辞综述》，第67页。叶玉森因在《殷虚书契前编集释》之《序》中说了句"研讨三千年上之残余文字，若射覆然，又焉能必中"（前引《甲骨文献集成》第七册影印本，第242页），被陈氏讥为"射覆式释字"，语虽苛刻，也算事出有因。不过叶氏对甲骨文研究还是有贡献的，前引李孝定《甲骨文字集释》承袭《殷虚书契前编集释》之误并为《甲骨文字诂林》所承的例子说明，此书至少在汇集资料方面是有贡献的（虽然这条资料的出处有点小错误）。

② 前引《殷虚卜辞综述》，第67页。

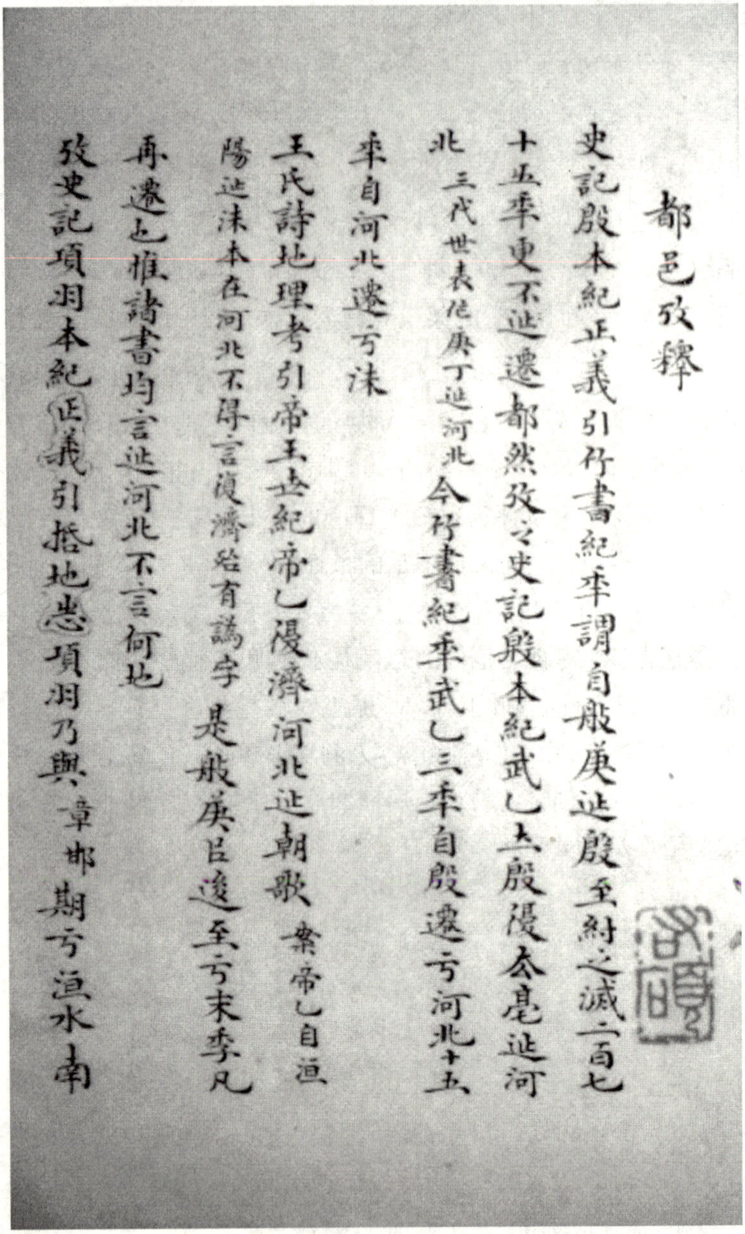
都邑攷釋

史記殷本紀正義引竹書紀年謂自盤庚徙殷至紂之滅二百七十五年更不徙遷都然攷之史記殷本紀武乙立殷復去亳徙河北 三代世表作庚丁徙河北 今竹書紀年武乙三年自殷遷于河北十五年自河北遷于沫

王氏詩地理考引帝王世紀帝乙復濟河北徙朝歌 案帝乙自洹陽徙沫本在河北不得言復濟殆有譌字 是盤庚以遷至于末季凡再遷已推諸書均言徙河北不言何地

攷史記項羽本紀正義引括地志項羽乃與章邯期于洹水南

附图1 稿本《殷虚书契考》首叶

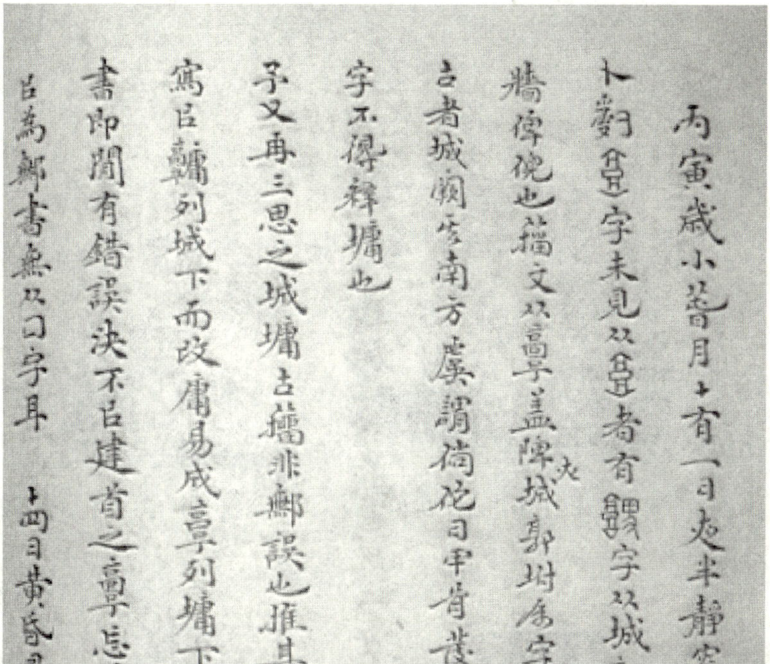
丙寅歲小暑月十有一日夜半靜安記
卜辭𩫏字未見从𩫏者有𩫖字从城郭字之省說文𩫏部𩫖城上女
牆俾倪也籀文从𩫏𩫖蓋陴大城郭附庸字也篆文从𩫖者雉堞字也
古者城郭多南方處謂備施日卑者蓋見有𩫏𩫏者定爲城郭
字不得釋墉也
予又再三思之城墉古籀非鄘誤也推其原本城古文𩫏墉籀文𩫖傳
寫以𩫖列城下而改庸易成𩫏列墉下而誤爲古文是皆淺人爲之鄘
書即間有錯誤決不以建首之𩫏字忘其所以也又若以𩫏改𩫖是人
以爲鄘書無从口字耳　十四日黃昏壽虞又識

附图 2　叶 93 作者题识

护叶钤印：书不作秦汉以下

首叶钤印：右硕

《文字总论》篇首(叶5)钤印：承舜

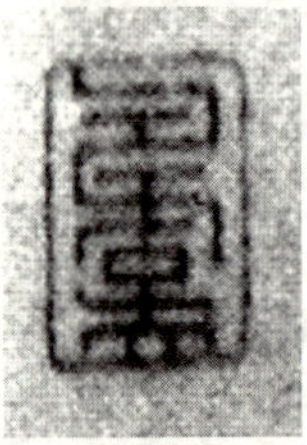

叶83钤印：寿虞

叶93钤印：壬

(按，此印分别钤于十月十一日题识及冬至日题识之下，疑取《说文》壬“阴极阳生”之意)

附图3　书上所钤诸印

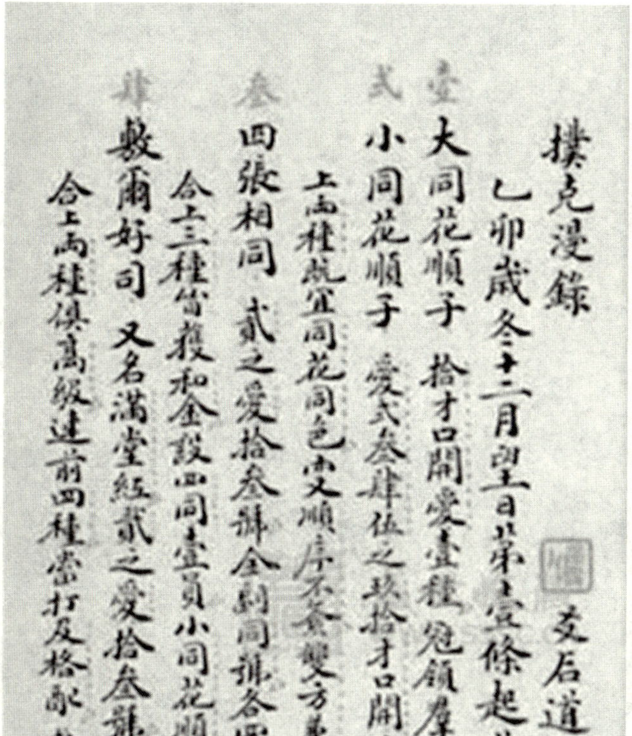
友石道人日記稾本

撲克漫錄

乙卯歲冬十二月望日第一條起首列玖種大名目

壹 大同花順子 拾才口開愛壹種冠領羣種無上之品也居君位

貳 小同花順子 愛貳叁肆伍之玖拾才口開玖牌第貳居相位

上兩種既宜同花同色亦又順序不紊變方兼顧不亦變之乎其難之哉 牌等

叁 四張相同 貳之愛拾叁牌全副同排各四片此全得之所以為難 第叁

合上三種皆獲和金數四司一壹員小同花順子式員大同花順子肆員

肆 數爾好司 又名滿堂紅貳之愛拾叁牌三同湊配合成一副無空片 第肆

合上兩種俱高級進前四種當打及格郡 數爾好司一副四同四副小同花順子

附图4 翁寿虞稿本《扑克漫录》

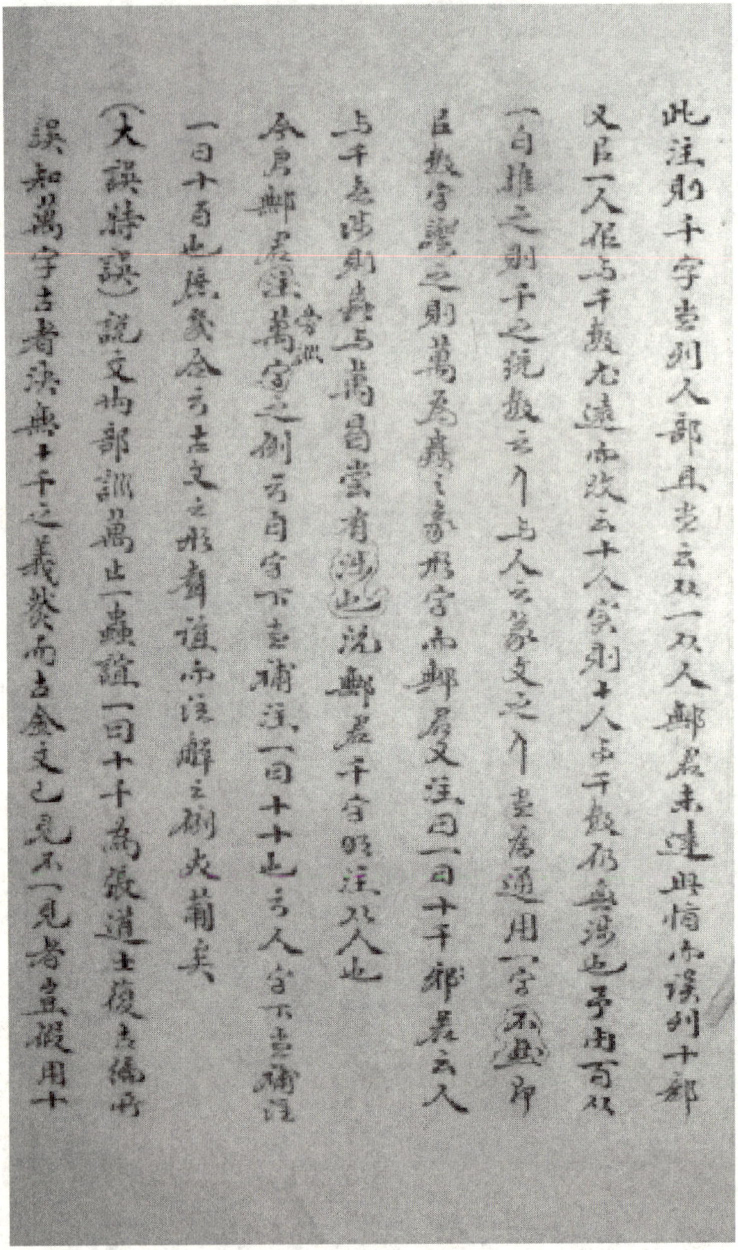
此注則千字豈列人部耳豈云从一从人部居未達斯恉而誤列十部
又曰一人從而千數尤遠而改云十人實則十人與千數仍無涉也予因可以
一曰推之則千之從數云亻與人云篆文之亻豈爲通用一字不與部
且數字證之則萬爲蟲之象形字而部居又注曰一曰十千部居云入
與千無涉則蟲與萬昌當有涉也況部居千字明注从人也
今原部居注萬字之例云同字下當補注一曰十千也云人字下當補注
一曰十百也應參金石古文之形聲義而注解之例亦備矣
（大誤特誤）說文禸部訓萬也一蟲證一曰十千爲徵道士復古編兩
誤知萬字古者決無十千之義參而古金文已見不一見者豈假用十

附图 5　叶 10 内容修改处

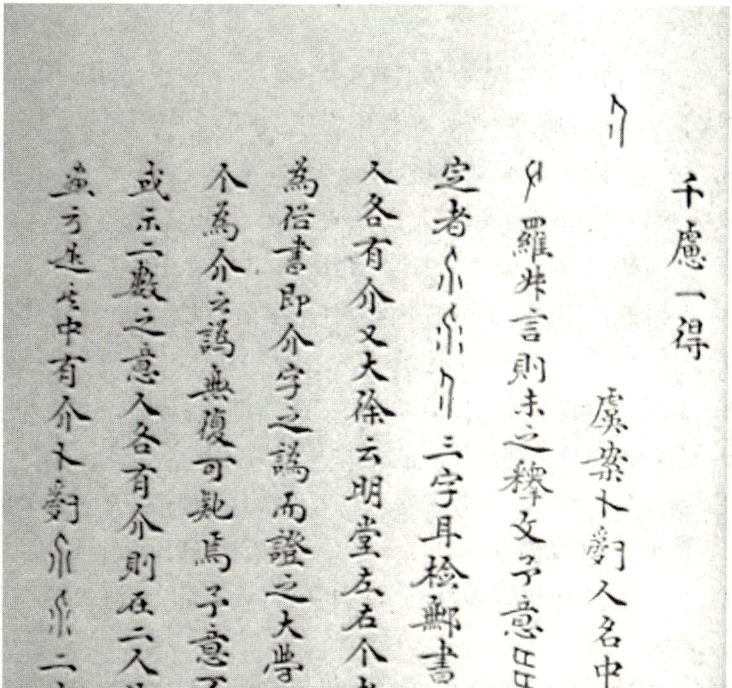

附图6 《千虑一得》篇首叶

参考文献：

1. 天一阁博物馆. 别宥斋藏书目录. 宁波：宁波出版社，2008

2.（民国）鄞县通志. 宁波：宁波出版社，2006

3. 翁寿虞. 诗品印谱. 清宣统元年钤印本

4. 罗振玉. 殷虚书契考释. 北京：中华书局，2006

5. 王国维. 王国维全集·书信. 北京：中华书局，1984

6. 罗振玉，王国维. 罗振玉王国维往来书信. 北京：东方出版社，2000

7. 上海图书馆. 中国丛书综录. 北京：中华书局，1959

8. 姚孝遂. 殷墟甲骨刻辞类纂. 北京：中华书局，1989

9. 于省吾. 甲骨文字诂林. 北京：中华书局，1996

10. 沈建华，曹锦炎. 甲骨文字形表. 上海：上海辞书出版社，2008

11. 季旭升. 说文新证. 福州：福建人民出版社，2010

12. 古文字诂林编纂委员会. 古文字诂林. 上海：上海教育出版社，1999—2004

13. 孙海波. 甲骨文编. 北京：中华书局，1965

14. 徐中舒. 甲骨文字典. 成都：四川辞书出版社，1989

15. 吉林大学古文字研究室. 古文字研究（第十三辑）. 北京：中华书局，1986

16. 裘锡圭. 古文字论集. 北京：中华书局，1992

17. 陈剑. 甲骨金文考释论集. 北京：线装书局，2007

18. 姚萱. 殷墟花园庄东地甲骨卜辞的初步研究. 北京：线装书局，2006

19. 柯昌济. 殷虚书契补释.《甲骨文献集成》第7册影印宋镇豪抄柯昌济一九二一年六月自刻本

20. 叶玉森. 殷虚书契前编集释.《甲骨文献集成》第7册影印本

21. 孙诒让. 契文举例. 续修四库全书（第906册影印本）

22. 郭沫若. 甲骨文字研究.《甲骨文献集成》第8册影印1931年上海大东书局石印本

23. 陈梦家. 殷虚卜辞综述. 北京：中华书局，1988

傅增湘经见天一阁佚书考

刘　云

（浙江省宁波市天一阁博物馆）

傅增湘先生，乃民国时期的藏书大家，以访书、藏书、校书著称。他经常逛古旧书肆，所得甚多，常为涵芬楼和其他一些旧好代为寻书购书，由于其收书的名声在外，也有书商或朋友专门求其售书或搜访，所以他所经眼的古籍繁富，也见证了当时一些藏书之家的散亡。民国三年（1914）天一阁经大盗薛继渭窃书之后，大批藏书也流散在上海书市，分售与江南的一些藏书大家如蒋汝藻、刘承干等。由于和张元济的友好关系，傅增湘也曾广泛观览涵芬楼的藏书。所以傅氏所见所藏天一阁书颇多，特别是他还用天一阁散佚之书校对其他版本，得出了很多有价值的结论。今根据傅增湘《藏园群书经眼录》（下简称《经眼录》）、《藏园群书题记》（下简称《题记》）、《藏园订补郘亭知见传本书目》（下简称《订补》）三书，摘录其所藏所见所藏天一阁佚书。又参稽范邦甸等撰、阮元所刻《天一阁书目》（下简称《阮目》），以及来青阁编《天一阁被劫书目》（以下简称《劫目》）、罗振常编《天一阁藏书经见录》（以下简称《罗目》）、张元济编《涵芬楼烬余书录》（下简称《烬余录》）、赵万里《云烟过眼新录》、周子美编《嘉业堂钞校本目录》以及赵万里所编（1933 年）《北平图书馆善本书目》（下简称《赵目》）、王重民《中国古籍善本书提要》（下简称《提要》）、《中国古籍善本书提要补编》（下称《补编》）、《北京图书馆善本书目》（下简称《北目》)、《中国古籍善本书目》(下简称《善目》)《北京大学图书馆藏善本书目》(下简称《北大善本书目》)、沙嘉孙《传书堂所藏天一阁明抄本考》(下简称《沙录》)①等诸书目,以考见天一阁藏书在近代民国以来的流散历史,重在揭示阁书流散之过程。大致顺序为书名、著者、版本、行款、版式、傅氏收书或经眼时间,及其来源,递藏者、著录此书之书目、按语,每书各项不必皆备,有则录之,无则阙如。

经部3部

《易略例注》1卷,明写本,9行18字,注大字低一格,宋讳缺笔。与《周易李鼎祚集解》合订一册。《经眼录》页7。按:天一阁散出者,傅氏己未(1919年)七月得于上海来青阁②。今无考。

《周易李氏集解》17卷,明写本,存卷十。9行18字,注大字低一格,与王氏《周易略例》合订一册。《经眼录》页9。按:傅氏得于上海来青阁。《阮目》无载。《善目》经部138号,北图藏明抄本,存一卷,疑即此书。

《尚书注疏》20卷,题汉孔安国传,唐孔颖达疏,陆德明释文。元刊本,8行18字,注疏双行20字。《经眼录》页24 。按:天一阁佚书,南浔刘承乾嘉业堂所藏,傅氏经眼。《阮目》有:《尚书疏》20卷,宋刊本,傅定为元翻宋本,8行18字,注疏双行20字,版心不记字数及刊工人名。今无考。

史部20部

《大金国志》40卷,题宋宇文懋昭撰。明蓝格绵纸写本,9行20字,白口,四周单栏,年谱后有世系图,眉间标题皆席刻所无,似从元刊本抄出。《阮目》页108、《经眼录》页254,《订补》页267,《题记》页158。按:此天

① 沙嘉孙,《传书堂所藏天一阁明抄本考》见《中国藏书文化研究》,宁波:宁波出版社,2003年。

② 来青阁,民国时期的书店,主人杨寿祺。来青阁曾经收买过天一阁失窃的书。

一阁佚书，傅氏获之南中①。此书曾经柳蓉村②所收，给莫棠观，后归傅增湘。此书今藏国家图书馆。《善目》史部 2605 号，有莫棠、傅增湘、章钰跋，当即此书。惟《北目》作 22 字，《经眼录》作 20 字，当是对空格的处理不同所致。《文禄堂访书记》页 87 收录。

《南城召对》1 册，明写本。纪明代事。题臣时，不知何人。《经眼录》页 261 。按：浙江范懋柱进书，有翰林院印。《阮目》著录。今无考。

《应郎中审录疏略附林郎中疏略》1 卷，明蓝格写本，应为审录江南刑狱，林则条议录囚之法，皆嘉靖时人也。《阮目》、《经眼录》页 282、《补编》页 46。按：夏孙桐③守四明时所得天一阁佚书，己巳（1929）三月傅氏经眼。《阮目》史部政书类著录"《审录疏略》一册，抄本。明应槚撰。后附《林琼疏略》并正统、正德、嘉靖间题奏覆议十余条"，当即此书。此书在阮元编目时尚在阁内，夏氏守四明时收得，傅氏 1929 年经眼后，不知何时流入北图，见载于《赵目》，抗战时此书又辗转去到美国，《补编》页 46 收录：《审录疏略》不分卷，明抄本，1 册，北图。明应槚等撰。原书无总题，亦不著撰人姓氏，卷内有《应郎中审录疏略》、《林郎中疏略》、《刑部尚书钱》及《河南清吏司疏题》等目，疑为刑部档册之残存者。卷内有"夏孙桐印"。故此本便是天一阁佚书。后来由南京"央图"代管，今藏台北"故宫"，见《"央图"典藏国立北平图书馆善本书目》页 112④。

《昼帘绪论》1 卷，宋胡太初撰。明成化七年（1471）何鉴刊本，9 行 20 字，黑口，四周双栏。叶德辉跋。《经眼录》页 398。按：此书《阮目》未著录，可知在嘉庆之前就已经散出。《郎园读书志》亦著录，可知此书从天

① 《题记》页 639"余之得此书也，在壬子三月之杪。自辛亥十月，奉袁内阁命，随唐少川赴上海参与合议，因而留滞南中者半年不归。"

② 柳蓉村（也作柳蓉春），字号和生卒年未详，苏州洞庭山人，绰号"柳树精"。民国初年，柳氏在上海三马路惠福里弄口开了家博古斋书肆，与陈立炎的古书流通处很近，后又移至四马路西同兴里口。台湾汉学研究中心书藏《祥刑要览》甲寅四月既望莫棠题跋"谓柳蓉村得天一阁佚书二十许种"。《订补》页 1524 有《古今岁时杂咏》送售。见郑伟章《文献家通考》（北京：中华书局，1999 年）。

③ 夏孙桐，清末民初词人。字闰枝，又字悔生、悔庵、无悔，晚号闰庵。生前与傅增湘多有交往。

④ 王重民《提要》及《补编》所收之书为其在美国国会图书馆亚洲部，鉴定该部所藏的中国善本书之提要及原北平图书馆藏善本转运至美国寄存在美国国会的的这批书的提要。这批书后来寄存在台北"故宫"，台北"故宫"为其单独编目为《"央图"典藏国立北平图书馆善本书目》。

一阁流出后曾经叶德辉收藏，叶氏书不能守，其卒后，子侄避居上海，书多散佚，傅氏当为此时所见。此书今藏国家图书馆。《善目》史部职官类12407号，有叶德辉跋，当即此书。

《杂抄》1册，明蓝格写本。首宗法，次谥法，次避讳，最详，亦钞自他书者，竢别考之。《经眼录》页409。按：夏孙桐守四明时得天一阁佚书，己巳(1929)三月持来托售。今无考。

《刑部事宜》1卷，1册，明蓝格写本。大率嘉靖间公牍，三法司外，亦有兵部奏疏，如安南用兵，北边房秋、北虏修贡数本，与史事有关。《阮目》著录、《经眼录》页413。按：夏孙桐守四明时得天一阁佚书，己巳三月持来托售，傅氏于此时见过后，此书又流入当时的北平图书馆，见载于《赵目》。抗战时此书又辗转到美国，《补编》著录：北图藏，明抄本，10行22字，是书录嘉靖间刑部、兵部题稿，原书无题，书根题云："《刑部事宜》，全。"卷内有"夏孙桐印"、"官所尚斋收藏之记"等印记，然望而知天一阁旧藏。今藏台北"故宫"，见《"央图"典藏国立北平图书馆善本书目》页107。

《钦明大狱录》2卷，明写本。《经眼录》页413。按：天一阁佚书，漫堂抄本《天一阁书目》[①]著录《钦明大狱录》2本，《阮目》未著录当是所遗漏。《劫目》著录：嘉靖六年纂。《天一阁藏书经见录》著录，可知此书当为民国三年(1914)天一阁被盗时散出。傅氏在上海所见，后不知所踪。

《鲁府招词》1册，明蓝格写本。记鲁王观□、馆陶王当漗等控告事，派刑部左侍郎杨志学会同抚按查勘，详录各犯供词及审结罪名，亦嘉靖时刑部案牍之一也，见《经眼录》页413。按：夏孙桐守四明时得天一阁佚书，《阮目》页216著录。己巳(1929)三月持来托售。后归北平图书馆，见载于《赵目》作"鲁府招一卷，明抄本。"后辗转去美，《补编》著录，有"夏孙桐印"、"绶经楼藏书印"等印记，可知便是此书。此书现藏台北"故宫"，见《"央图"典藏国立北平图书馆善本书目》页107。

① 此抄本为国图所藏，从此抄本的分类等来看，特别是有"制书"类，可以判断此为明人编的目录，清初抄本，属于诸多《天一阁书目》中较早的目录，是了解天一阁较早藏书情况的目录。笔者用的是近代传抄漫堂抄本。

《燕王令旨奏章》1卷，明红格写本。《订补》页297。按：天一阁佚书，《阮目》页119史部诏令奏议类有红丝栏抄本即此本。夏孙桐曾藏，当是守四明时所得。傅氏经眼，后归北平图书馆，见载于《赵目》作"燕王令旨一卷，明抄本。"抗日战争时，辗转去到美国，《补编》收录，有沈德寿、夏孙桐藏印①，可知便为此本。今藏台北"故宫"，见《"央图"典藏国立北平图书馆善本书目》页106作《燕王令旨》一卷。

《北京建太庙敕谕奏章》1卷，明红格写本，9行18字。前敕议，后奏疏。末有嘉靖十三年（1534）十一月南京礼部翻刊题识。《订补》页298。按：天一阁佚书，夏孙桐藏。傅氏经眼，后流入北平图书馆，见载于《赵目》政书类作"嘉靖敕议一卷，明抄本"，后辗转入美，《补编》收录："《嘉靖敕议》一卷，一册，北图藏，明抄本。按：此为嘉靖十三年夏言等议南京太庙应复建或弗建事。卷末有本年十一月初二日南京礼部准礼部咨翻刊，则从南京礼部翻刻本录出，卷内有抱经楼藏书印，浙东沈德寿家藏之印，夏孙桐印等印记"，从王氏记载的内容和藏印可知此书便是傅氏所见之天一阁佚书。此书今在台北"故宫"，见《"央图"典藏国立北平图书馆善本书目》页113。

《蜀汉本末》3卷，题赵居信撰。明绵纸蓝格写本，10行25字，底本是元至正辛卯建宁路建安书院刊本，行款改变。《订补》页268。按：天一阁旧藏，四库采进本，有乾隆三十八年（1773）进书木记。《阮目》进呈书目有著录。傅氏经眼，后来去了北平图书馆，见载于《赵目》编年类。后此书也去了美国，见载于《补编》页1：北图，明抄本，有"翰林院印"满汉文大方印。书衣戳记云"乾隆三十八年十一月浙江巡抚三宝送到范懋柱家藏《蜀汉本末》一部，计书一本"，《四库存目》即据此本著录。卷内又有"犀盦藏本"印记，知此书为天一阁原藏，后进呈，被钱桂枝从内阁窃出，后归北图，1968年由台北"故宫"代管，见《"央图"典藏国立北平图书馆善本书目》页31。

① 王重民《补编》收，明抄本，《燕王令旨》1卷，1册，北图，10行18字。明朱棣撰，凡靖难起兵时所发《告谕》1道，《上建文皇帝奏本》1通，并不载《成祖实录》。卷内有"浙东沈德寿""上虞罗家藏之印"、"夏孙桐印"等。

《名臣碑传琬琰集》107 卷，红丝栏抄本，《订补》页 320，《阮目》页 140，按：今不存天一阁，无考。

《明建文二年会试录》1 卷，明写本。后归罗振常。《订补》页 323。按：此书从天一阁散出后，傅氏曾经眼，后由北平图书馆收藏，《赵目》著录。《补编》30 页收录：《建文二年会试录》一卷一册，与《登科录》同装一匣（北图），明抄本，9 行 19 字，考试官董伦、高逊志，卷内有“罗氏藏书”、“罗振常读书记”等印记。可知此书散出后曾被罗振常收藏，后归北平图书馆，后又辗转美国到中国台湾，今存台北“故宫”，见《“央图”典藏国立北平图书馆善本书目》页 48，明朱丝栏抄本。

《东山志》19 卷，明谢敏行撰，明万历刊本。10 行 24 字。有万历丙子胡维新序。《阮目》著录。《经眼录》页 374。按：天一阁佚书，乙卯（1915）经眼。《善目》子部 11353 号，明万历刻本，南京图书馆藏，但不一定是天一阁佚书。

《岳阳风土记》1 卷，宋范致明撰，天一阁旧藏明蓝格写本，9 行 20 字，白口，四周单边，《订补》397。见《阮目》。按：《劫目》著录，此书当为民国三年（1914）天一阁被窃时散出，散出后由传书堂①收入，1925 年蒋汝藻经营失败，出密韵楼善本书抵押与浙江兴业银行，至期不能赎，被涵芬楼购藏。后烬余书 200 余种归北图，此书见载于《烬余录》。可知此书尚存，今藏国图。《北目》页 775 著录。

《东都事略》130 卷，宋王偁撰。明蓝格写本，9 行 23 或 24 字。《阮目》页 108、《订补》页 266。按：天一阁佚书，傅氏藏。《北目》页 253 著录：明抄本，1 册，四周单边，存 11 卷：卷四十七至八十四，行款同。疑为傅氏旧藏之天一阁佚书。

《嘉靖登州府志》10 卷，明吴昶等纂修。明嘉靖三十九年（1560）刊本，9 行 18 字，白口。有嘉靖庚申王言序。《订补》页 373、《经眼录》页 338。按：天一阁佚出之书，今藏处无考。

① 1914 年天一阁藏书被窃流入上海后，蒋汝藻以 8000 元购天一阁失窃散于沪上之书 700 余种。1925 年蒋氏经营失败，遂出密韵楼善本书抵押与浙江兴业银行，至期不能赎。被涵芬楼购入，后烬余书 200 余种归北图，蒋氏明人文集亦由北图购得。

《嘉靖高唐州志》7 卷，胡民表、金江撰。明刊本，9 行 20 字。有嘉靖癸丑金江序。卷一图表，卷二天文志，卷三地理纪，卷四政治述，卷五列传，卷六艺文类，卷七杂述纪。《经眼录》页 338。按：天一阁佚出书，傅氏乙卯（1915）经眼。散出后曾为吴兴蒋氏传书堂所收藏，1931 年又归前北平图书馆，见载于《赵目》，后到美国，《提要》著录，今存台北“故宫”，见《“央图”典藏国立北平图书馆善本书目》页 80。

《慧山志》3 卷，明邵宝撰。明正德刊本，9 行 18 字。前有邵宝自序。天一阁佚书，戊午（1918）经眼。《经眼录》页 373。今无考。

《朝鲜赋》1 卷，明董越撰，明刊本，10 行，行 20 字。《订补》页 412。按：天一阁旧藏。傅藏。漫堂抄本《天一阁书目》裔夷目收朝鲜赋一本。《阮目》页 199 史部地理类收录“吴必显刊。弘治三年欧阳鹏序。”《劫目》载“董越，字尚矩，宁都人。（成化己丑科）一部一本，”可知此书于民国三年被窃散出，流于上海书肆，罗振常经眼，《罗目》著录。今无考。

子部 42 部

《素履子》3 卷，题张弧撰。明蓝格写本，10 行，行 20 余字不等。按：天一阁佚出之书，丁巳（1917）经眼。《经眼录》页 470。《阮目》著录范钦订刊本，此本不知是否为其底本。《订补》页 502。《善目》子部 426 号，清光绪元年崇文书局刻百子全书本，傅增湘校并跋，国图藏。天一阁藏一部，孙氏蜗寄庐赠。

《夜行烛》1 卷，明曹端撰。明红格写本，明正统十三年（1448）袁诚家写本。《经眼录》页 478、《订补》页 517①。按：《阮目》页 232 著录。按：丙辰（1916）傅氏得于上海者。今无考。

《乐府杂录》1 卷，明蓝格写本，11 行 22 字。次行题：“朝议大夫守国子司业上柱国赐紫金鱼袋段安节撰。”《经眼录》页 543。按：《阮目》未著录。天一阁佚出之书，傅氏丁巳（1917）见。此书后归袁克文，见《寒云日记》。今无考。

---

① 题“大明正统岁次戊辰正月十八吉日镇守南京太监袁诚书永远流传于世”。

《梦溪笔谈》1卷，宋沈括撰。明蓝格写本，11行22字。按：天一阁佚出之书，傅氏丁巳(1917)经眼。《经眼录》页571。此书后归袁克文，见《寒云日记》。今无考。

《天文会元占》20卷，明蓝格抄本，有三垣6卷，次二十八宿各1卷，完全无缺。每卷首有"东明外史"、"范氏图书之记"二图章。《订补》页602。按：此天一阁佚书，《阮目》、《劫目》著录，此书当在民国三年被窃散出，后被蒋汝藻氏所收，见《沙录》。

《书苑菁华》20卷，宋陈思撰。明墨格写本，10行19字，版心有"卧云山房"四字，有范光华藏印。《经眼录》533、《订补》627。按：天一阁佚出之书，见《阮目》。陈士可藏，傅氏经眼。陈氏书由厂估售予日本人主持的东方文化委员会，1947年傅斯年图书馆接收其所藏善本书约700余种，此书亦在焉，今藏傅斯年图书馆，八册，著录为"明卧云山房抄本"。

《书史会要》9卷补遗1卷，元陶宗仪撰。明写本，半叶10行，字数不等。《题记》页335、《经眼录》页535。按：天一阁所流出者，傅得于南中。《北目》1341页：明钞1册，11行20余字，白口，四周双边，不知是否为此书。

《画志》1卷，明沈与文撰，《附评画行》，宋叶梦得撰，明沈与文注。明写本，题姑余山人沈与文编。钤浙江巡抚进木记及翰林院印。《经眼录》页537。按：天一阁旧藏。孙壮家阅。《善目》4691号国图藏明抄本即《北目》页1349著录"明抄本，一册十行十八字蓝格白口，四周单边"，不知是否为此书。

《砚笺》4卷，宋高似孙撰。1册。明抄本，绵纸，蓝格。半页10行，行18字，版心有"龙川精舍"四字，《题记》页338、《经眼录》页544。按：《劫目》著录，当为民国三年天一阁被盗时散出者，傅藏。

《砚笺》4卷，宋高似孙撰。明天一阁蓝格写本，10行18字。《经眼录》页544。按：天一阁旧藏，《阮目》子部艺术类作"《砚笺》三卷，钞本"。涵芬楼藏书，丙寅(1926)经眼。传书堂收，见载于《沙录》，后归涵芬楼。今无考，或被毁。

《刘子》10卷，明蓝格绵纸写本，10行18字，版心有"龙川精舍"四字。《题记》页 349。按:天一阁旧藏,傅得之上海金诵清[①]坊中,与《砚笺》同。后傅氏藏书捐赠北图,此书今藏国图。《北目》页 1394 有明龙川精舍抄本二册,白口,四周单边,当为此本。傅增湘家校跋光绪元年崇文书局刻百子全书本,亦藏国图。

《封氏闻见记》10 卷,唐封演撰。明蓝格,绵纸,抄本,半页 9 行,行 20 字。《题记》页 367。按:见载于《阮目》子部杂家类著录:蓝丝阑抄本。傅氏"嗣游南中,适天一阁藏书散出,见有此书,因亟收之。"此书傅氏曾收藏,今待考。

《兼明书》5 卷,五代邱光庭撰。明蓝格绵纸写本,9 行 20 字,失名人题云据宋本校。《经眼录》页 565、《订补》页 681。按:天一阁旧藏,有"翰林院典籍厅印"及"袁芳瑛印"。曾经袁芳瑛、李盛铎藏。随李氏藏书捐赠北大图书馆,此书今藏于斯,见载于《北大善本书目》页 284,有"翰林院印",知为此书。

《春渚纪闻》10 卷,宋何薳撰。明蓝格绵纸写本,9 行 20 字。目录后有"临安府太庙前尹家书籍铺刊行"一行。卷一遇宋帝空格。《订补》页 712、《题记》页 377。按:天一阁旧藏,傅氏得于一说苏州来青阁(见《订补》页 712),一说得之上海坊市者(《题记》页 377)。此书亦见载于《文禄堂访书记》页 195,可知王文禄也曾收过此书。此书疑今藏国图。《北目》1403 明抄 2 部,怀疑其中一部行款于此合的或为此书。同时傅氏所校崇祯汲古阁津逮秘书本亦在国图。

《却扫编》3 卷,宋徐度撰。明天一阁蓝格写本,9 行 20 字。卷末有"门生迪功郎贵阳军司法参军徐杰校正"一行,从宋本出。《订补》页 714。按:此书天一阁原藏,见《阮目》。《劫目》著录、《罗目》载,可知此本为民国三年阁书被盗时散出,被罗振常书肆所收,后被蒋汝藻所购,见载于《沙录》。后蒋氏善本书被涵芬楼收购。后《烬余录》收录,虽没有标明是天一阁散出之书,怀疑或是此书。《善目》子部 6048 号即《北目》页 1404 所

① 20 年代中期,金诵清在上海同陈乃干等合股合办中国书店,经营古旧书业。时嘉兴金诵清设食旧廛书肆在沪,罗振常与有股份。天一被盗书转辗之入书肆者,罗振常咸有所记,即《天一阁藏书经见录》。

收明抄本,1 册,9 行 20 字,蓝格,白口,四周单边,行款悉合,疑即为此书。

《蒙斋笔谈》2 卷,题宋郑景望撰。实摘录叶梦得岩下放言。明天一阁写本,蓝格,10 行 20 字,1 册。《订补》页 714、《经眼录》页 590。按:涵芬楼藏,丙寅(1926)经眼。《劫目》著录,当为民国三年天一阁被盗时所散出者。后归传书堂,见载于《沙录》,傅氏所见当为涵芬楼购藏者。今不见于《烬余录》,或被毁。

《东坡先生物类相感志》18 卷,宋僧赞宁撰。明写本,10 行 23 字。题"两府僧统法界都监选练明义宗文大师赞宁编次"。分 14 门,每条举典料数字,并列出处。《经眼录》页 648,《订补》页 741。按:天一阁旧藏佚出之书,《阮目》子部页 273 杂家类著录:物类相感志 18 卷,蓝丝栏茧纸钞本。宋苏轼撰。两府僧统法戒都监宋文太师赞宁编次。分天、地、人、鬼、鸟、兽、草、木、竹、石、虫、鱼、宝器、金玉 14 类。后归陶湘,傅氏经眼。今怀疑藏国图。《北目》页 1476 著录明抄本 2 册,10 行 22 至 24 字,蓝格,白口,四周双边,疑即此书。

《职官分纪》50 卷,宋孙逢吉撰。明写本,9 行 24 字,注双行同。有元佑七年(1320)六月秘书省校对黄本旧籍高邮秦观序。卷一至二,四十三至五十新钞配。《经眼录》页 692,《订补》页 782。按:天一阁旧藏,《阮目》页 200 史部职官类收录。傅氏《订补》页 782 言:"夏孙桐守四明时所得,后归张寿镛",傅氏甲子(1924)经眼。骆兆平《天一阁明抄本闻见录》"散出后归张寿镛约园收藏,见《鄞县通志文献志》。"今藏国图。《北目》页 1524,十册,有夏孙桐跋,10 行 24 字至 27 字,蓝格。《善目》子部 9405 号即为此书。

《太平御览》1000 卷,宋李昉等辑,存 790 卷。天一阁旧藏明写本,绵纸蓝格,10 行 22 字。缺卷一至一百、三百一至十,三百三十一至四十,五百十一至五百六十、七百一至七百十、八百八十一至八百九十、九百三十至九百四十、九百七十一至九百八十,共缺二百一十卷。《经眼录》页 682。按:傅氏庚申(1920)二月得于吴门来青阁,共 83 册。天一阁藏访归 2 册,卷七十一至九十一,乃甬上藏书家冯贞群捐赠,见骆兆平《天一阁访归书目》。今台湾汉学研究中心藏明蓝格钞本,11 行 20 字, 注文小字双行, 字数同, 双栏, 版心白口, 双鱼尾,一百册,有藏园藏印,疑即此书。

《名公新编翰苑启云锦前集》10卷，不著撰人名氏。明写本，蓝格，10行22字。标题下有“前集”二字。全书依文体始赋终赞，分18类，所录南宋末年人之作至60余家，多不经见，晚宋文士借此得存其姓名，甚可重也。不可以坊估纂辑而忽之。尚有后集，仅存其目，皆魏晋以前人之作，则不足传矣。见《订补》页796，《题记》页481页亦收。按：天一阁佚出之书，傅氏藏。今藏处待考。

《西京杂记》6卷，题晋葛洪撰。明嘉靖三十一年(1552)关中官署刊本，11行20字，白口，左右双阑。前嘉靖三十一年壬子孔天胤序，云以旧本付左史百川张公刻于关中官署者。《经眼录》页660、《订补》页812。按：天一阁旧藏，《阮目》页290著录。此书民国三年阁书被盗时流出，见载于《劫目》。甲寅(1914)秋傅氏得之南中。于此书同时被盗的还有此书沈与文野竹斋刊本一册，见载于《罗目》。《沙录》收《西京杂记》二卷，明校抄本，分卷与宋本同，范尧卿手校误字凡一百十签。

《玉泉子》1卷，不著撰人。明天一阁旧藏明写本，蓝格抄本，涵芬楼藏。《订补》页820。傅曾借校明万历商浚刊稗海本。按：此书《阮目》著录，民国三年被盗流出，见载于《劫目》，后流于上海书肆，被蒋氏传书堂所收，《沙录》有玉泉子闻见真录一卷。《北目》页1459玉泉子闻见真录1册，9行20字，蓝格，白口，四周单边，疑即此书。

《云溪友议》12卷，明蓝格绵纸写本，11行23字。前有目录，凡60条，有“天一阁”朱文印。《经眼录》页631，《订补》页820，《阮目》页290著录。按：傅氏言此书乃上海中国书店寄来，癸酉(1933)二月二十五日经眼。今台湾汉学研究中心藏一部明汝南袁氏蓝格钞本，11行24字，四周单边。有藏印“天一阁”朱文长方印、“梅华草堂”、“张芹伯”等印，从藏印和行款来说，疑为同一部书，乃张乃熊旧藏。30年代，张氏以战乱中守藏不易，其藏书出让文献保存同志会，藏于“央图”，后运抵台湾。

《云溪友议》3卷，明刊本，10行19字，版心有刻工一二字。《经眼录》页631。《阮目》未著录。按：傅氏言“苏州来青阁杨寿祺手取来一阅，天一阁佚书，渠藏之不愿示人也。”今无考。

《摭言》15卷，五代王定保撰。明绵纸蓝格写本，11行23字。钤“天一阁”印，存10卷：卷六至十五。《经眼录》页632，《订补》页821。按：天一阁旧藏,《阮目》291 著录。此书乃傅氏于中国书店偶见之,乙亥(1935)三月傅氏借校。《北目》页 1459 有明抄本 2 册,11 行 22 字,蓝格,白口,四周单边,存一至十。根据学者研究,此书亦钤有"天一阁"长朱文印,蓝丝格无版心,此本与现存刻本和抄本相较,此本应为佚前第一至五卷,总目分成子目,列入每卷首①,故怀疑北图所藏这半部和傅氏所见半部正好是一部。

《涑水纪闻》2 卷,宋司马光撰。明写本,绵纸蓝格,9 行 26 字,白口,四周单边。傅取校广雅书局翻武英殿聚珍本,文字多不同。《订补》页 827、《题记》页 423。按:天一阁旧藏。王鸿甫藏。台湾汉学研究中心有一部蓝格抄本。《北目》页 1462 有明抄本 2 册,9 行 26 字,蓝格,白口,四周单边。行款版式悉合,或为此本。傅校跋光绪二十五年(1899)广雅书局刻聚珍版丛书本 4 册亦在国图。

《江邻几杂志》1 卷,宋江休复撰。明天一阁蓝格写本,9 行 20 字。《经眼录》页 567,《订补》页 828。按:涵芬楼藏,丙寅(1926)经眼。傅据此校对商浚半野堂刊续稗海本。此书于民国三年散出,见载于《劫目》,后被传书堂所购藏,见载于《沙录》,后归涵芬楼。傅氏所见便为此本。今不见于《北目》,无所考见其藏处。

《东轩笔录》15 卷,宋魏泰撰。明写本,绵纸蓝格。《订补》页 833。按:天一阁旧藏,见《阮目》。孙莘如藏。傅据以校稗海本。②

《儒林公议》2 卷,宋田况撰。明天一阁藏明写本。《订补》页 836。按:蒋氏密韵楼所藏,《沙录》收,有"林集虚印"、"四明林氏大酉山房藏书之印"诸印。傅曾借校明万历商氏半埜堂刊本,此本今藏国图③。

《菽园杂记》15 卷,明陆容撰。明写本,10 行 23 字,白口,四周双阑。正文低一格,实 22 字。存 5 卷,视刊本多数十则。《订补》页 847,《经眼录》页 606。按:天一阁佚出之书,《劫目》著录,当为民国三年天一阁被盗时散出。傅曾用此本校守山阁本,补入数十则。《天一阁藏书经见录》收

① 《唐摭言》清代抄刻本源流考,见《古籍整理研究学刊》2010 年第 1 期。

② 《北目》页 1464 著录有明嘉靖三十四年(1555)沈敕楚山书屋刻本,傅增湘校跋,4 册。《题记》未收。

③ 《北目》页 1461 著录此万历商刊稗海,傅增湘校跋本。

嘉靖版小字本。傅藏。《阮目》著录刊本。《善目》子部6409号明抄本，存五卷，一至五，藏上图，疑即此本。

《杜阳杂编》3卷，唐苏鹗撰。明蓝格写本，《订补》页863，《阮目》页296收。按：天一阁佚出之书，沈曾桐藏。傅曾借校稗海本，改订其书200余字。《北目》页459收明抄本1册，11行20字，蓝格，白口，四周单边。

《独异志》3卷，唐李亢撰。明蓝格写本，傅借校稗海本。《订补》页865。按：天一阁佚出之书，涵芬楼藏。《劫目》著录，为民国三年阁书被盗时散出，流于上海书肆，被蒋氏传书堂购藏，见于《沙录》，蒋氏善本书后被涵芬楼所购。《烬余录》载："题前明州刺史赐紫金鱼袋李冗纂，一册，明抄本，天一阁旧藏。"涵芬楼烬余书后划拨北图，今《善目》子部8673号即《北目》页1506有明抄本1册，11行24字或30余字，蓝格，白口，四周单边当即此书。

《茅亭客话》10卷，宋黄休复撰。明写本，有陈道人书籍铺刊行一行。《订补》页868。按：天一阁佚出之书，傅藏，今无考。

《周易参同契释疑》1卷，题林屋山人全阳子俞琰述。明蓝格写本，11行20字。前有俞琰自序。标题下有"止十"二字，从道藏本出。《经眼录》页756。按：天一阁佚出之书，庚午(1930)经眼。《阮目》页317著录"周易参同契发挥三卷释疑三卷"。今藏处无考。

《道德会元》2卷《序例》1卷，元李道纯撰。明蓝格写本，11行22字。题下标"谈三"二字，从道藏本钞出。《订补》页899。按：天一阁佚出之书。今无考。

《老解》2卷，明郭子章撰。明绵纸蓝格写本，10行20字。题"豫章郭子章集解，东粤谢正蒙校正"。《订补》页900。按：天一阁佚出之书，苏估柳蓉村让傅氏求售者。今不知所终。

《抱朴子内篇》20卷《外篇》50卷，晋葛洪撰。明蓝格写本，10行，24字至27字不等，各卷标"疲"、"守"等字，从道藏本出。《题记》页521、《订补》页915。按：天一阁佚出之书，傅得之南中。《劫目》著录，存内篇卷一至九，知此书于民国三年散出时候流出，被傅氏所收。

《玄真子外篇》3卷，唐张志和撰。明蓝格写本，10行26字，题下有千文编号，从道藏本钞出。《订补》页917。按：天一阁佚出之书。天一阁

1961 年购回一部蓝格抄本一册，即此本，见骆兆平《天一阁访归书目》。

《天隐子》1 卷，题上清十三代宗师唐天师贞一先生司马承祯述，明蓝格写本，10 行 26 字。《经眼录》页 700。按：天一阁佚出之书，《阮目》著录。傅氏丁巳(1917)经眼。此书 1914 年被盗出阁，流入上海书肆，为罗振常所见，《罗目》收录“明抄绵纸本，一册”。后被宁波孙氏蜗寄庐所收，捐赠天一阁。见骆兆平《天一阁访归书目》。

《武当福地总真集》3 卷，元刘道明撰。明蓝格写本，11 行 20 字。有“不”字编号，从道藏本出。《经眼录》页 765、《订补》页 922 、《阮目》。按：天一阁佚出之书，戊午(1918)经眼。今藏北大图书馆，见载于《北大善本书目》史部专志类，“原目载天一阁旧藏”①。

《武当纪胜集》1 卷，元罗霆震撰。明传钞道藏本，蓝格，11 行 20 字。《经眼录》页 765，《订补》页 922。按：天一阁佚出之书，《阮目》子部道家类作：“武当胜记一卷。”傅氏戊午(1918)经眼。今藏北大图书馆，见载于《北大善本书目》史部专志类，“原目载天一阁旧藏”②。此书在清初漫堂抄本《天一阁书目》中和上面一书合并著录为一条：“武当总真纪胜集一本”。

三经同卷：《太上大通经注》、《太上赤文洞古经注》、《太上赤文洞古真经注》，明蓝格写本，11 行 22 字，题下标“藏”字。《经眼录》页 764。按：天一阁佚出之书。傅氏丁巳(1917)经眼。《阮目》子部道家类著录，其中之三作“太上”作“无上”。今无考。

集部 31 部

《董仲舒集》1 卷，汉董仲舒撰。明正德十年(1515)卢雍刊本。9 行 18 字，白口，左右双栏。《经眼录》页 817、《订补》页 932。按：天一阁佚书，北图新收，傅氏癸酉(1933)年经眼。此书见载于《赵目》，《提要》页 491，今藏台北“故宫”，著录为明正德景州刊本，从《提要》，即卢雍景州刊

① 北大古籍检索数据库。

② 北大古籍检索数据库。

本，正为此本。

《梁陶贞白先生文集》2卷，梁陶弘景撰，明黄省曾编。明嘉靖三十一年刻本，8行16字，白口，四周单栏。《订补》页952。按：天一阁佚出书，《阮目》著录。此书民国三年（1914）阁书被盗时散出，见载于《劫目》。流于上海书肆，为罗振常所经见，《罗目》收录。后来傅氏代李盛铎收得。李氏书捐赠北大，今北大图书馆藏明嘉靖间赣郡萧斯馨刻本，四册，疑此本，见载于《北大善本书目》页445。

《卢纶集》3卷，唐卢纶撰。明正德十年刘成德刻本，10行14字，黑口，四周双栏。《经眼录》页870，《题记》卷五，《订补》页1010。按：天一阁佚书。北图新收，傅氏癸酉（1933）经眼。此书今藏台北"故宫"，1968年寄存于此。见《"央图"典藏国立北平图书馆善本书目》页183。

《唐风集》3卷，唐杜荀鹤撰。明绵纸乌格写本，半页10行，每行20字。《题记》页640。按：原书藏徐梧生监丞许，从其婿史吉甫编修假得之。今无考。

《纯阳吕真人诗》不分卷。明蓝格写本，10行24字。《订补》页1062。按：天一阁佚出之书。《北目》页1669收《纯阳吕真人诗》2卷，明抄本，2册，10行24字，蓝格，白口，四周单边，行款合，疑即此书。

《公是先生集》不分卷，宋刘敞撰。明蓝格写本，9行20字。首诗，次外制，次论说杂文。《经眼录》页949。按：此书散出后由张寿镛约园收藏，共4册。见《鄞县通志文献志》。《阮目》页440著录。《北目》页2112《公是先生集录》不分卷，明抄，4册，9行20字，蓝格，白口，四周单边，行款悉合，疑即此本。

《庐陵欧阳先生文集》□□卷，存64卷，宋刊本，半页14行，行27字，黑口，左右双栏。存64卷。《经眼录》页962。按：四明范氏天一阁佚书，南浔刘承干收得，甲寅（1914）傅氏经眼。按：台湾汉学研究中心有南宋刊小字本，行款版式与此合，且有范光文、张乃熊藏印，存42卷，疑为此本之零册。

《北山小集》8卷，宋程俱撰。明蓝格写本，12行24字。《经眼录》页1013。按：天一阁佚书，见载于《阮目》页439。此书见载于《罗目》，当为民国三年散出流于上海书肆者，罗振常经眼，后被蒋氏收得，见于《沙录》,后来北图新收,傅氏癸酉(1933)经眼。今《北目》页2168有明抄本1册,行款,蓝格,白口,四周单边,明施介夫辑,当是明本辑出。

《山谷别集诗注》2卷,宋黄庭坚撰,史季温注。明弘治十二年(1499)刊本,9行19字,黑口,四周双栏。《订补》1144。按:天一阁佚出之书,《阮目》著录:"《三谷别集》二卷,刊本,宋黄庭坚撰,史季温注。"今不知所终。

《止斋先生文集》52卷,宋陈傅良撰。附录一卷,明正德元年(1506)林长繁浙中刊本,13行23字,黑口,四周双栏。钤"四明范氏图书"。《订补》页1206。按:天一阁佚出之书,《阮目》著录。今无考。

《后村集》196卷,宋刘克庄撰。明绵纸蓝格抄本。《订补》页1248云"天一阁藏明钞宋本已不传"。《阮目》著录。今无考。

《有宋福建莆阳黄仲元四如先生文稿》5卷,宋黄仲元撰。明嘉靖二十一年(1542)黄文炳刊本,10行20字,白口,四周双阑。《订补》页1273,按:天一阁佚出之书,归北图。《阮目》"有黄四如文稿四卷,刊本。黄四如先生集,刊本。"《劫目》有:黄四如集四卷白纸一部二本,竹纸一部二本。此书或是民国三年被窃流出。《赵目》有明嘉靖刻本,疑即此本。

《伯生诗续编》3卷,元虞集撰。明绵纸红格写本,10行15字,从元日新堂刊出。《订补》1320。按:此为天一阁佚书,沈曾植先生藏。《劫目》著录,为民国三年阁书被盗时散出。今台湾汉学研究中心有朱丝栏明钞本,10行15字,2册。有"子培父"朱文印,当为沈氏所藏天一阁佚出之书。①

《香台集》3卷,明瞿佑撰。明蓝格写本,10行22字,1册。《经眼录》页1169,《阮目》页500著录。按:天一阁佚书,癸亥(1933)经眼。此书当为民国三年散出后流入上海书肆者,见载于《罗目》。后经蒋汝藻传书堂所藏,见载于《沙录》,蒋氏抵押在浙江兴业银行的善本书被涵芬楼购买,另一部分明人文集由北图购去,今藏台北"故宫",见《"央图"典藏国立北平图书馆善本书目》页171。

① 据《文献家通考》言:"当时沈曾植曾购买到不少阁书,差点被卷入官司。庚辰(1940)冬,乙庵遗书尽出,精本为'央图'搜尽。"今台湾汉学研究中心的前身便是"央图"。

《西庵集》10卷,明弘治十六年金兰馆铜活字印本。半叶10行,行21字,白口,左右双边。版心上右刊“弘治癸亥金兰馆刻”八字。有“天一阁”、“古司马氏”印,2册。《订补》页1380。按:天一阁佚出之书,后归赵元方。此书为民国三年散出,见载于《劫目》。《题记》页837言“董授经获一本于畅肆。持以相视。”《北目》页2313著录有傅增湘跋本当为此本。此书又见载于《文禄堂访书记》页356。

《古今岁时杂咏》46卷,宋蒲积中编。《订补》页1524“天一阁有旧抄”。按:此书见载《阮目》页159史部时令类。骆兆平《天一阁明抄本闻见录》收,明朱格抄本,每卷首钤有“古司马氏”图章,

《声画集》8卷,宋孙绍远编。明蓝格写本,10行20字。《经眼录》页1244,《阮目》著录,自唐及宋题画像诗、词。《题记》、《订补》页1525明蓝格写本,10行20字,构字注太上御名,从孝宗时刊本录出。按:傅氏游上海,得于金诵清肆中。此书当为民国三年流入上海书肆者。

《乐府诗集》100卷,(宋)郭茂倩(编)。元刻元印本,半页11行,行20字,细黑口,左右双栏。《题记》页917。按:傅氏言:“辛亥乱后,盗窃天一阁范氏书之一,莫棠见而论价不谐,遂为柳蓉村所得。范氏天一阁旧藏,丙辰(1916)得之吴门书友柳蓉村许”。按:台湾汉学研究中心藏元至正元年(1341)儒学刊明初修补本,11行,行20字,左右双栏。版心线黑口,三黑鱼尾,版心下方记刻工,有近人莫棠手跋,又傅增湘过录清陆贻典校语及跋并手跋及傅氏藏印若干枚,则此书便是傅氏所见天一阁佚书。

《河汾诸老诗集》8卷,元房祺撰。明弘治刊本,10行17字,黑口,四周双栏。《经眼录》页128。按:天一阁佚书,北图新收,傅氏癸酉(1933)经眼。《阮目》页472著录。《提要》页484地方艺文收录此北图藏本,此书今藏台北“故宫”,见《“央图”典藏国立北平图书馆善本书目》页277。

《锡山遗响》10卷,明翟公厚、潘继芳,莫息辑。明刊本,10行20字。钤“天一阁”、“古司马氏”二印。《经眼录》页1304。按:天一阁佚书。傅氏乙卯(1915)经眼。《阮目》史部地理类页198著录。《劫目》著录:“莫善诚编,一部三本”。此书当为民国三年阁书被盗时流入上海书肆者,被罗振常所收,见载于《罗目》,著录为“嘉靖初刊本,3册。”关于此书的流向,后又见载于《烬余录》,著录为“明正德刻本,三册。天一阁旧藏散出

未久,归于涵芬楼。"今当藏国图。《北目》页2841有明正德刊本,3册,半页10行,行20字,小字双行同,白口,四周单边,行款悉合,当为此本。另《提要》页485著录明弘治刻本,有"天一阁"、"古司马氏"等印记,《赵目》收录明弘治本,今藏台北"故宫"1册,见《"央图"典藏国立北平图书馆善本书目》页279,也是天一阁佚书。

《新刊古杭杂记诗集》4卷,明蓝格写本,10行20字。《订补》页876。按:天一阁佚出之书,夏孙桐得之钱塘丁氏。今台北"故宫"藏一部行款版式同,原北平图书馆旧藏,1968年寄存于此的,见《"央图"典藏国立北平图书馆善本书目》页172。

《东坡先生诗话》1卷,宋苏轼撰。明蓝格写本,半页9行,行21字,《订补》页1585,《经眼录》页1318。按:天一阁佚出之书,李盛铎遗书。傅氏辛巳(1941)经眼,此书随李氏藏书捐赠北大而藏北大图书馆。《善目》集部20291号有李盛铎跋,当即此书。

《风月堂诗话》3卷,宋朱弁撰。明蓝格绵纸写本,10行20字。《经眼录》页1321、《题记》页997,《阮目》收。按:傅氏收于南中。此书旧藏传书堂,见载于《沙录》,当于1923至1925年间从传书堂散出后,又为傅氏所收。《订补》页1587"天一阁佚出之书,辗转归余斋。余尝取校宝颜堂秘籍所刊二卷本,凡钞本之脱文空行处,宝颜本悉为连缀之以掩其迹,卷中次第亦有异而均以钞本为优长。"今台北"故宫"所收一部,行款版式同,疑即此本,《"央图"典藏国立北平图书馆善本书目》页284。

《石门洪觉范天厨禁脔》3卷,宋释惠洪撰,明朱丝栏抄本,9行18字,红格,白口,四周单边。《经眼录》页1319。《订补》页1585。按:天一阁佚出之书,傅氏收得。今藏国图,《善目》集部20296号,《北目》页2879著录。

《王建宫词》1卷,绵纸蓝格,半叶9行18字。《题记》。按:此书为赵万里赠给傅氏的。《阮目》著录:"宫词一卷,蓝丝阑抄本,唐王建撰。"今藏处待考。

《修辞鉴衡》2卷,元王构辑。明翻元至顺集庆路刊本,10行20字,黑口,四周双栏。《经眼录》页1329。按:傅乙卯(1915)得之苏州来青阁,天一阁佚出者。《阮目》著录刊本,刘起宗编。今台湾汉学研究中心有元至顺四年(1333)集庆路儒学刊本,有"延古堂李氏珍藏"白文长方印,"寿祺经眼"、"国祯私印"白文方印,当为此书。

《珠玉词》1 卷,宋晏殊撰,明蓝格写本,11 行 21 字,《经眼录》页1337。按:天一阁旧藏,傅藏。今藏处待考。

《颐堂词》1 卷,宋王灼撰。明蓝格写本,11 行 22 字。《经眼录》页1339。按:天一阁佚出之书,《阮目》著录。傅氏丁巳(1917)经眼。此书后归袁克文,见载于《寒云日记》。

《乐府指述》1 卷,宋沈义父撰,明蓝格写本,11 行 22 字。《经眼录》页 1348。按:天一阁佚书,傅氏丁巳(1917)经眼。《订补》页 1625 作"乐府指迷"。

《燕南芝先生唱论》1 卷,元芝庵撰。明蓝格写本,11 行 22 字,《订补》页 1629,《经眼录》页 1357。按:范氏天一阁佚出之书,傅氏丁巳(1917)经眼。《唱论》有元至正刻本,附刊于元人杨朝英所编《乐府新编阳春白雪》卷首。《阮目》无单独《唱论》,有《乐府新编阳春白雪》六卷,蓝丝阑钞本,此本疑从此出。

《录鬼簿》2 卷,钟嗣成撰。明蓝格抄本,9 行 20 字。《订补》页 1630。按:天一阁佚出之书。此书曾为蜗庐孙氏所收,后孙氏书散,为杭贾携至沪上求售,郑振铎所收。今藏国图。《北目》页 3119 有明抄本,郑振铎跋,2 册,即为此书。

总结

此目共收傅增湘经见经藏天一阁佚书 96 种,包括经部 3 种,史部 20 种,子部 42 种和集部 31 种。关于这些书今天的藏处,可大体考见的有 42 种,其中 15 种在国家图书馆,主要来自于傅氏的善本捐赠,涵芬楼烬余书。北京大学图书馆藏 4 种,主要来自于李盛铎遗书的捐赠。台北"故宫"藏 15 种,主要来自于原北平图书馆新藏,后来辗转去美,1968 年寄存于此的那批藏书。台湾汉学研究中心藏 4 种,主要来自于原"中央图书馆"购藏的江南藏书家收得的天一阁散佚之书,有刘承干、沈曾植、张乃熊的旧藏等。天一阁访归之书有 3 种,傅斯年图书馆藏 1 种。

在傅增湘所经见的这批天一阁佚书中，其自己收藏的有 15 种，其中有得于金诵书肆者 2 种，有得于来青阁者 3 种，有得于南中的 6 种。其经眼的，有北图收得的 5 种。有夏孙桐托其求售者 7 种，由这几种书在各种书目中的著录来看，可以基本判断夏氏托傅增湘求售之书，当是卖给了当时的北平图书馆，今天这批书完整地保存在台北"故宫"。有当时的涵芬楼收藏的 8 种；有当时的藏书家所收藏，傅氏经眼的，李盛铎藏的 4 种，如南浔刘承干收 2 种，张寿镛收 2 种，陶湘所藏 1 种，孙莘如藏 1 种，沈曾植 1 种，陈士可藏 1 种，赵元方藏 1 种。

其中见载于《劫目》的有 16 种。而其中得于来青阁的 3 种却不见载于《劫目》，可能是《劫目》遗漏也未可知。

参考文献：

1. 傅增湘. 藏园群书经眼录. 北京：中华书局，2009

2. 傅增湘. 藏园订补郘亭知见传本书目. 北京：中华书局，2009

3. 傅增湘. 藏园群书题记. 上海：上海古籍出版社，2008

4. 骆兆平. 天一阁明抄本闻见录. 新编天一阁书目. 北京：中华书局，1996

5. 骆兆平. 天一阁访归书书目. 新编天一阁书目. 北京：中华书局，1996

6. 骆兆平. 天一阁藏明代地方志考录. 北京：书目文献出版社，1982

7. 范邦甸等. 天一阁书目. 上海：上海古籍出版社，2010

8. 赵万里. 云烟过眼新录. 周叔弢先生六十生日纪念论文集

9. 黄裳校. 天一阁被劫书目. 梦雨斋读书记. 湖南：岳麓书社，2005

10. 北京图书馆. 北京图书馆古籍善本书目. 北京：书目文献出版社，1987

11. 中国古籍善本书目（经部，史部，子部，集部）. 上海：上海古籍出版社，1989，1993，1996，1998

12. 周子美. 嘉业堂钞校本目录. 上海：华东师大出版社，2000

13. 沈曾植. 海日楼题跋. 上海：上海古籍出版社，2009

14. 张元济. 涵芬楼烬余书录. 上海商务印书馆,2009

15. 王重民. 中国善本书提要. 上海:上海古籍出版社,1983

16. 王重民. 中国善本书提要补编. 北京:书目文献出版社,1991

17. 沙嘉孙. 传书堂所藏天一阁明抄本考. 中国藏书文化研究. 宁波:宁波出版社,2003

18. 袁克文. 寒云日记. 民国二十五年(1936)影印本

19. 佚名编. 天一阁书目. 近代传抄漫堂抄本

清末杨文会向日僧南条文雄求书之"别单"问题辨

周　荣

（武汉大学图书馆）

清末，著名佛教居士杨文会通过日僧南条文雄搜求在日的汉文佛典，促使大批"古德逸书"回归本土，这无疑是中外典籍交流史上的一大盛事。可能杨文会所求全是佛学典籍的缘故，过去人们对此盛举并未给予足够的重视①。近年来，域外汉文典籍在中外文化交流中的重要性日益被人们认识，与杨文会域外求书及刻印经籍有关的研究成果也日益增多②，但因资料所限及学者们对史料的理解不一，出现了一些悬而未决或有待澄清的问题。杨文会向日僧南条文雄求书之"别单"问题便是其中的重要问题之一。"别单"虽经学者们反复讨论，但仍有值得辨析的地方。本文试图在佛学典籍交流史的脉络中解读相关史料，重新审视和理

---

① 王勇、大庭修主编《中日文化交流史大系・典籍卷》中对俞樾、杨守敬、傅云龙等人向日本求书、访书的情形都详加记述，却不提杨文会求书的情况。参见王勇、大庭修主编《中日文化交流史大系・典籍卷》，杭州：浙江人民出版社，1996 年。

② 相关成果如：陈继东，《有关在日本举行的杨文会居士追悼会之资料》，《原学》第四辑，北京：中国广播电视出版社，1996 年版；陈继东，《清末日本传来佛教典籍考》，《原学》第五辑，北京：中国广播电视出版社，1996 年版；方广锠，《金陵刻经处与方册本藏经》，《法音》，1998 年第 5 期；肖平，《近代中国佛教的复兴——与日本佛教界的交往录》，广州：广东人民出版社，2003 年；武延康《于凌波〈杨仁山居士评传〉补正》，《佛学研究》，2004 年第 1 期；葛兆光，《自家宝贝的失而复得——晚清久佚唯识典籍由日本返传中国之影响》，《史学集刊》2010 年第 1 期；罗琤，《金陵刻经处研究》，上海：上海社会科学出版社，2010 年版等。

解“别单”。

一、杨文会和南条文雄之间的书目、书单和“别单”

杨文会域外求书的“别单”问题是与杨文会首次发心搜求日藏中国古逸佛书的求书过程，以及这一过程中形成的一系列书目、书单密切相关的一个问题。关于杨文会向日僧南条文雄求书和南条文雄及其友人向杨文会赠书、代为购书和寄书的情况，当事人南条文雄曾作《赠书始末》，进行详细记载。后来，南条文雄在回忆他和杨文会的交情时，还专门提到《赠书始末》：

> 予与赤松氏谋赠仁山君之支那逸书及其书目，与往来之书信，详记之于予之《赠书始末》，然于一昨年之火灾，悉皆灰灭矣。①

可能是《赠书始末》毁于火的缘故，以前，人们对杨文会域外求书问题的论述，多以《杨仁山居士遗著》所载《与日本南条文雄书》等资料为据。不过，《杨仁山居士遗著》仅收录杨文会写给南条文雄的书信 29 封（即《与日本南条文雄书》一至二十八，另加《与日本笠原研寿、南条文雄书》），再加上所附的南条文雄“来书”或“复书”5 封，其往来书信共 34 封。这 34 封书信仅是杨文会与南条文雄往来书信中的一部分，且没有通信的具体时间，亦未按时间顺序排列，这种状况给利用带来很大的困难。因此一直以来，“杨文会所求的是何种佛典，南条文雄等所寄的又是何种佛书”等，成为困扰学者的悬而未决的问题。

上世纪 90 年代，旅日学者陈继东发现了藏于日本东京御茶水图书馆的南条文雄著《赠书始末》和《清国杨文会请求南条文雄送致书目》，从此以它们为核心的日文资料成为探讨杨文会与南条文雄交往和求书问题的主要资料来源，在陈继东、肖平等学者的努力下，这一问题有了突破性进

① 南条文雄，《予与杨仁山居士之关系怀旧谈》，《海潮音》第 7 卷第 6 期，上海：上海古籍出版社，2003 年影印版，第 755 页。

展。透过两位学者的研究成果，我们基本可以窥见光绪十六年（1890）至光绪十九年（1893）间，杨文会向南条文雄求购佛书的全过程及一些具体细节，特别的甲、乙、丙3个书单的全貌以及此间南条文雄等实际“送致”的明细书目①。

考杨文会与南条结识于英国伦敦，而杨文会有意识地请托南条文雄代搜、购在日的汉文佛教典籍，则是彼此回到各自国家之后的事，主要始于杨文会第二次赴欧回国、其妻弟苏少坡赴日任职之际，时在光绪十六年二月左右。据陈继东统计，光绪十六年至光绪十九年底，杨文会以南条文雄为媒介，从日本购、赠的佛学典籍达235种，数千余册，基本都是国内久佚之书。杨文会求书之所以能在如此短的时间里取得如此大的成绩，书目文献，尤其是第一次求书时所获的目录著作起了很重要的作用。

据前述《赠书始末》，杨文会第一次求书所获得的目录类著作主要有4种，即《大日本校对大藏经目录》（即《缩刷大藏经目录》）、《莲门经籍录》、《藏外目录》和《阅藏知津》。前三种目录著作是日人东海玄虎赠与杨文会的，东海玄虎是以出版《缩刷大藏经》闻名的日本弘教书院的核心人物之一，后来改名为佐藤茂信。在杨文会首次求书时，他赠与杨文会的著作中大部分是目录类著作，他和杨文会在这次赠书中建立友谊，以后书信往来不断。正是根据东海玄虎所赠的《藏外目录》，杨文会开出了后来的甲、乙两个书单。书单开出后，杨文会给东海玄虎和南条文雄分别写了信，在给东海玄虎的信中说：

> 近由南条君转递贵赠书目三种，拜领之余，感谢无既。藏外经籍百余种，所欲得者甚多，……另开甲乙两单，附南条君函内。②

在给南条文雄的信中则直接点明所开书单依据的是东海所赠《藏外目录》。据陈继东的统计，杨文会的甲字单共列经籍21种，全部来源于

① 陈继东，《清末日本传来佛教典籍考》，《原学》第五辑，北京：中国广播电视出版社，1996年；肖平，《近代中国佛教的复兴——与日本佛教界的交往录》，广州：广东人民出版社，2003年。

② 杨文会《与日本东海书》，载季羡林主编，刘静娴、余晋校《杨仁山居士文集》，合肥：黄山书社，2006年，第390页。

《藏外目录》;乙字单位共列经籍 64 种,有 61 种来源于《藏外目录》,有 2 种来源于《莲门经籍录》。以后开出的丙字单共列经籍 118 种,其中有 76 种见于《藏外目录》。因此,陈继东称《藏外目录》是"杨文会的求购指南"①。

而在南条文雄为杨文会搜书并向其赠书的过程中,起了重要作用的一个书目是《大典六如书目》。即《大典目录》,也即《大典、六如二师将欲寄赠清国书籍目录》,出自日本江户时代之僧侣大典显常之手。大典显常与同道慈周六如、隐居洞水等曾于日本宽政五年,即清乾隆五十八年(1793)共同筹划向清国赠送中国古佚之佛典,《大典目录》即为此活动所制定的目录,这次赠书活动虽然最终被搁置,但所开列的书目却被完整地保留下来。该目录共分 10 个部类,载有佛典 100 部。这次赠书活动的过程及具体书目,陈继东等学者已有详述。据肖平的统计,《大典六如书目》100 部典籍中,最终获得者有 76 种。在此要补充的是,南条文雄将《大典六如书目》寄给杨文会的时间虽在光绪十九年二月以后②,但该目录发挥作用的时间,应该早于这个时间。因为南条接到杨文会的信后,即与东海玄虎、町田久成、赤松连城等僧人、居士商议,以此因缘获知了大典、六如两僧人的事迹和《大典六如目录》,该书是他为杨文会找书的重要依据。出自《大典六如书目》的典籍虽只有 76 种,但该目录对杨、南之间求赠书活动的推动作用远不止此。从佛教意义上说,这个目录在源源不断地为南条文雄提供着某种"加持力",这些方面,在下文辨析中将展开论述。

除了以上已为学者们提及的书目和书单外,还有几个对杨文会求书起了重要指导作用的书目。比如《文昌堂藏版目录》,丙字单共从中录出

---

① 杨文会在致南条文雄的信中说:"东海君所赠《藏外目录》,其中欲得者甚多,开列甲、乙二单,请先由书肆觅购,其不可得者,在甲单内,即请人楷字抄写,工资由苏君照付,在乙单内即不写也",参见陈继东《清末日本传来佛教典籍考》,《原学》第五辑,北京:中国广播电视出版社,1996 年,第 327 页。

② 杨文会《与日本南条文雄书十四》:"前接二月五日手函,并承经籍九册;后又接三月二十六日赐缄,并承赠经籍八十一册,均已拜领,……承写《大典六如书目》一册并状文"。可见,是年二三月间,南条将此目手抄寄给杨文会。

经籍 28 种;《西村空华堂书目》,丙字单共从中录出经籍 6 种。所惜的是,这两本目录的来源目前无从考证。《与日本南条文雄书十二》还提到《弘教书院目录》:

> 法藏《密严疏》,查《弘教书院目录》,原载四卷,想贵国当有完全之本可觅也,弟愿出重价求之,以成完璧。再窥基有《密严经述赞》三卷,亦求代为觅购,或借本誊写,总以得见为幸。①

此《弘教书院目录》亦不知所源,不过,笔者猜测它即是日本弘教书院所编《大藏经》的目录,也即前文提及的《清国杨文会请求南条文雄送致书目》中所载的《大日本校对大藏经目录》(即《缩刷大藏经目录》),对该目录在杨文会求书中的作用,下文的辨析中亦将进一步论述。

在光绪十九年南条第一批寄来的书目中,有一本《华严经文义纲目》,这本纲目在杨文会所开书单中虽然未提及,但对杨文会求书也起到了指导作用。杨文会所开丙字单有 6 种典籍出自《贤首传》,在《贤首法集》叙中,杨文会交待了《贤首传》与《华严经文义纲目》的关系:"贤首因疏新经,未及半部而足。其徒慧苑足成之,命曰《刊定记》,多逞己意,违背师说……另有《华严文义纲目》一卷,与此记同处颇多,故不列入"②。可见,杨文会在开列这六种书目时,除了参看《贤首传》传,还认真比对了《华严经文义纲目》。

在光绪十九年以后的求书中,《诸宗章疏录》发挥了重要作用。查《清国杨文会请求南条文雄送致书目》③,此书与《俱舍论校注》等 6 部典籍的书名排在书目的最后,可知它是南条文雄光绪十九年年最后一批寄给杨文会的书,而排在它们前面的是《维摩经广疏》等 4 种,这四种标明

---

① 杨文会,《与日本南条文雄书十二》,载季羡林主编,刘静娴、余晋校《杨仁山居士文集》,合肥:黄山书社,2006 年,第 375 页。

② 杨文会,《贤首法集》叙,载季羡林主编,刘静娴、余晋校《杨仁山居士文集》,合肥:黄山书社,2006 年,第 289 页。

③ 该目录中译全文附于前揭肖平著作第四章之后,参见肖平:《近代中国佛教的复兴——与日本佛教界的交往录》,广州:广东人民出版社,2003 年,第 159—164 页。

是“1893 年 12 月寄出”。又据杨文会《与日本南条文雄书十二》“日前接读手书,并经籍十一种,曾作复函”的表述可知,《诸宗章疏录》等 7 部书是与《维摩经广疏》等 4 部书差不多同时或先后寄出的,杨文会亦差不多同时收到。收到《诸宗章疏录》后,杨文会即“再求代购释典,另单开列”,开出了一个包含 14 种章疏的书单,并指明此十四种,“照《诸宗章疏录》内有朱圈者录出”①。

需要特别指出的是,以上这些书目和书单,都是首次求书成功之后出现或陆续开出的,《赠书始末》和《清国杨文会请求南条文雄送致书目》两份史料再现之后,这些目录和书单的真面目也大都为人们所知。在某种意义上,这些书目和书单,都是杨文会首次求书的书目或书单催生出来的。然而,杨文会首次向南条文雄求书所开出的书单是什么?这个问题作为一个未解之谜,吸引着关注杨文会域外求书的人们。一些学者依据自己的理解,围绕这一问题进行了讨论,“别单”问题由此产生。

什么是“别单”?可以这样作一个解释:别单是 1890—1893 年杨文会向日本大规模求书活动中,借其妻弟苏少坡赴日之机首次求书时,在杨文会和南条文雄之间产生的书单。这个别单有可能是一个书单,也有可能是相关联的两个或数个书单;别单的开列者有人认为是杨文会,也有人认为是南条文雄。别单所列书目,可能是 18 种,也可能多于或少于此数。这些问题,可视为“别单问题”的内容,也正是本文力图辨析的问题。

二、“别单”问题的由来

现存中、日史料中,均不见杨文会首次求书时,杨文会和南条文雄两人开列的书单或书目的原件,也没有史料明确而详尽地指出这些书目或书单的具体内容。目前关于“别单”的论述,都是依据相关史料(主要杨文会与南条文雄之间的往来信件)的判断和推测。因此,别单问题实则源于原件的缺失和不同学者对史料的不同解读。

① 杨文会《与日本南条文雄书十》,载季羡林主编,刘静娴、余晋校《杨仁山居士文集》,合肥:黄山书社,2006 年,第 373 页。

首先提出"别单"这一说法的是南条文雄本人，在与杨文会的通信中，他两次用到"别单"这一词，在收到苏少坡带来的信件后，南条文雄复信曰：

> 日前贵亲苏君来过敝处，因接到赐函，……贵嘱支道林、竺道生著述，弟未见闻其现存，故无由钞出之。别单所记《陀罗尼》等诸书，亦未保其尽存日本与否。

1893年2月4日，南条文雄在致杨文会的信中谈及一百年前，大典显常等的赠书事迹及《大典目录》时，又一次提到"别单"，信中说："弟曾阅其目录，与君之甲、乙、丙三单及别单之书目大同小异"①。

很明显，南条文雄所指的"别单"是指杨文会托苏少坡带来的书信中所开列的书单，"别单"的开列者为杨文会，它是杨文会在1890—1893年这场求书活动中所开列的第一个书单。

目前研究这一问题的学者，对"别单"的解释则各不相同，其中不乏随意、模糊和矛盾之处。仍以占有资料最为丰富、讨论最为深入的陈继东、肖平两位学者为例。陈继东在统计杨文会求书的成效时，将"别单"纳入"求书单"的范畴，他说：

> 以上四个求书单即别单、甲乙丙单总共开列书目221种，而搜集到手、寄往杨文会处的达145种，有76种没有搜集到。②

这样的统计，与南条文雄对别单的解释极为相似，给人的印象是，"别单"即杨文会第一次开出来的求书单。同时，陈继东对"别单"有一段专门的解释。他在引用1891年3月9日杨文会给南条文雄的回信，即《与日本南条文雄书八》中"笺末所开经书十八种，渴望之至，惟《净土论大

---

① 陈继东，《清末日本传来佛教典籍考》，《原学》第五辑，北京：中国广播电视出版社，1996年，第313页。

② 陈继东，《清末日本传来佛教典籍考》，《原学》第五辑，北京：中国广播电视出版，1996年版，第332页。

意》系日本文，弟不能读”等一段文字后，指出“这一书单，在二人之间称作别单，具体书目，不见列出”①。按照这一解释，“别单”指的是南条文雄开出的包含有18种书目的一个书单。

肖平似乎感觉到陈文对“别单”表述的模糊，他明确指出，在第一次求书活动中，杨文会和南条文雄之间有二个书单。如在谈到《大典目录》中的“未入得”书目时，他说：

> 笔者认为，这些书应包含在杨文会最初开列给南条文雄的购书目录中，也就是列于支道林、竺道生著作之后的书目。而上文中所提到的别单，则应指由南条文雄另开给杨文会的，即所谓包含18种经籍的书单。②

对这两个书单，肖平一般以“杨文会最初开出的一单”和“别单”加以区分，例如，他在对杨文会和南条文雄之间的书籍目录进行总结时称：

> 综上所述，在1890年至1893年间，杨文会委托南条文雄等的购书活动中，其所依据的除杨文会最初开出的一单和后来开出的甲乙丙三单之外，另有南条文雄开出的一单，即“别单”和《大典目录》，共五个书籍目录。③

不过，有时，他仍称之为“别单”，只是没忘记在前面冠以“杨文会开列”等表述。如，在对《与日本南条文雄书八》之《附来书》进行解读时，他说：

① 陈继东，《清末日本传来佛教典籍考》，《原学》第五辑，北京：中国广播电视出版社，1996年，第325页。

② 肖平，《近代中国佛教的复兴——与日本佛教界的交往录》，广州：广东人民出版社，2003年，第138页。

③ 肖平，《近代中国佛教的复兴——与日本佛教界的交往录》，广州：广东人民出版社，2003年，第140页。

> 由上可知，支道林、竺道生之著述难以寻觅，而杨文会"开列于后"的别单则被寄往西经书局。经检阅各种书单，发现别单所提及的"陀罗尼等诸书"，与上述清单中的《释教最上秘密藏陀罗尼集》等书相符，而且这些书籍始终也未曾经由苏少坡之手转至杨文会处。①

由此可见，学者们一般所指的"别单"，是指南条文雄接到杨文会的来信后所开出的包含18种书目的书单。而杨文会首次求书时所开出的书单，由于南条文雄已率先将其定名为"别单"，学者们即使有意区分，也免不了有时仍用"别单"来称呼它。

这样的认识，大致能澄清关于"别单"命名和数量的上的模糊，也就是说，在1890—1893年杨文会向南条文雄求书的过程中，产生了两个"别单"，一个是杨文会最初开出的"别单"，一个是南条文雄接到杨文会的"别单"后新开出的"别单"。

但是，因"别单"而产生的问题并未终结：比如，为什么会有两个"别单"？这两个"别单"之间的关系是什么？两个"别单"各自的所列的书目是什么？杨文会所开"别单"中是否有支道林、竺道生的书籍目录？被南条文雄寄往西京书局的书单又是哪一个？"别单"问题能帮助我们延伸出什么样的社会历史思考？如此等等，这些问题，必须回到杨文会求书的具体过程和历史情境中，作进一步的辨析。

三、别单问题辨析

因"别单"问题产生于第一次求书过程中，因此，厘清该问题的可行途径是重新回到第一次求书的背景和具体情节中，将相关史料进行重新梳理，并将以前没有纳入考虑或重视不够的因素结合起来，更细致地解读和理解这些史料。

光绪十六年杨文会的妻弟苏少坡东渡日本赴中国公使馆供职，杨文

---

① 肖平，《近代中国佛教的复兴——与日本佛教界的交往录》，广州：广东人民出版社，2003年，第139页。

会遂托苏少坡带书信给旧友南条文雄，这封书信很顺利地转到南条文雄之手，它成为杨文会此次求书的起点，也是“别单”问题产生的源头。兹将此信全文引录如下：

书信一（杨文会致南条文雄，即《与南条文雄书七》）时间 1890 年 2 月①

五年前接到赐函，并书籍数种。自是以来，未通音问。伏维上人少病少恼，起居轻利，不胜遥颂。弟于前时随同刘星使前赴欧洲，住伦敦三年，去岁夏间回国，仍经理刻经事，十余年后，当可完成。近日在北京觅得《梵文字母谱》一卷、《身心语》一部，均系番经式样。兹因舍亲苏少坡赴贵国之便，特以奉赠。《身心语》卷中，未知是经是咒？便中略示教言为荷。贵处梵学生徒，想见造诣精深。奘师而后，于兹为盛。唐以前佚书，贵国间有存者，弟欲觅晋时支道林、竺道生著述。另开于后，如可觅得，祈代购数种。倘寺内尊藏之本，不能购买，可属苏君钞稿寄回，不胜盼祷。②

这封信虽然在此次求书活动中有起点的意义，但就信件所讨论的问题看，在两人间实则习熟平常，因为，杨、南两人光绪初年在英国已经相识，其相识的因缘即当时杨文会作为虔诚的佛教居士非常在意《大乘起信论》及净土诸经的梵文原本，而南条文雄是日本派出的专攻佛教梵学之业的留学僧人，检阅《与日本南条文雄书》可知，两人之间经常互通书信，讨论的主题正是杨文会所关心的与梵文诸经相关的问题。两人之间也经常互赠相关的经籍，其情形，正与此次通信一样。从信中“五年前接到赐函，并书籍数种。自是以来，未通音问”等表述可知，光绪十二年（1886）至光绪十五年（1889）杨文会第二次出使欧洲期间，他与南条文雄基本中断了

① 这封信的时间，肖平认为是在 1891 年 2 月，疑为 1890 年 2 月之误。

② 杨文会《与日本南条文雄书七》，载季羡林主编、刘静娴、余晋点校《杨仁山居士文集》，合肥：黄山书社，2006 年，第 371 页。此处对原校标点略作修改，“唐以前佚书，贵国间有存者，弟欲觅晋时支道林、竺道生著述。另开于后，如可觅得，祈代购数种”一句，原校作：“唐以前佚书，贵国间有存者。弟欲觅晋时支道林、竺道生著述，另开于后，如可觅得，祈代购数种。”

联系。这封信成功转达，杨文会和南条文雄之间一度中断的联系得以恢复。

此信中杨文会“另开于后”的书单，成为“别单”问题的源头之一。杨文会开出的是怎么样一个书单呢？不妨先从信的原文入手，本文引用这封信原文时，对原校的标点稍有修改（详见注释）。这样，从字面意义上讲，杨文会信中这段话可以作两种解读：若按原校标点，则此“另开于后”的书单仅指支道林、竺道生的著述；修改之后，此段话表达出两层意思，即一方面，求唐以前支道林、竺道生之书，另一方面，又开出一部分书目，请求南条文雄为之代购（南条文雄的复信中，明确表示该书单中有“陀罗尼诸书”，详下）。据此理解，这个“另开于后”的书单可能包括支道林、竺道生两人的著述，也可能不包括。至于实际上是否包括，还得以其他史料进行印证。

仅从文字层面看，这封信似乎没有什么特别之处，只不过是他们以前互通书信方式的一种延续，似乎也看不出杨文会意欲大规模求书的发心。但，字面上的解读，有时并不能很好地体现史料的真实意义。要很好地理解这封信和信中所附的书单，还有必要结合当时的历史背景和杨文会的学佛经历，思考这样的问题：在当时的情形下，杨文会会开出一个什么样的书单呢？

仅从文字上观察，杨文会这封信与以前的确没有什么明显的区别。但杨文会写这封信时的身份、心境与此前大不相同了。南条文雄在英留学期间，杨文会与他通信时，是中国大使随员的身份，佛学是他的兴趣所在，但毕竟只能是业余的事业。当时，杨文会因公务往来于英、法之间，只能抽出空余时间与南条文雄通信，所探讨的主要也是与杨文会自行修行相关的佛学问题。而写这封信的光绪十六年前后，是杨文会人生与学佛历程中的一个重要转折点，对此，欧阳渐所撰《杨仁山居士事略》和沈彭龄的《杨仁山先生年谱》等资料中，均有记述：

> 丙戌春，应刘芝田星使召，随往英伦，考察英国政治制造诸学，深明列强立国之原。三年既满，先行假归，仍不受保奖。居士时已五十有三，尝语人曰：“斯世竞争，无非学问。欧洲各国政教工商，莫不有学。吾国

仿效西法，不从切实处入手，乃徒袭其皮毛。方今上下相蒙，人各自私自利，欲兴国，其可得乎？”复以世事人心，愈趋愈下，誓不复与政界往还。乃于东瀛购得小字藏经全部，闭户诵读。①

可见，时年53岁的杨文会，已下决心不理世俗事务，而潜心于经陵刻经处的佛学事业，搜集藏外教典、古德逸书成为他关注的重心。据《杨仁山先生年谱》：“光绪十六年，庚寅，五十四岁。是年夏，往京师，礼旃檀佛像，并求藏外古德逸书。适居士内弟苏少坡随使节东渡，则寓书于南条文雄（书）（日本之高僧），广求中国失传古本”②。上信中“去岁夏间回国，仍经理刻经事，十余年后，当可完成”等措词，及其赴京搜购《身心语》等典籍的事实，也表明，此时的杨文会已全心投入刻经事业中来，并制订了十年的刻经规划。

杨文会开列此书单，还有一个不能忽视的事实。即在开此书单前，他曾设法“于东瀛购得小字藏经全部，闭户诵读”。所谓《小字藏经》，即日本弘教书院印行的《缩刷大藏经》，前文述及，《缩刷大藏经目录》南条文雄于光绪十七年（1891）之后才寄给杨文会，而在此之前，杨文会早已获得《缩刷大藏经》全本，可以想见，在“闭户诵读”中，杨文会对该经的书目是相当了知的。所以本文认为，《缩刷大藏经》的目录，对杨文会的域外求书，也是起了很大指导作用的。杨文会所开列的第一个书单的时间，正是他闭户研读《小字藏经》的时候，不难理解，他想搜求的，定是《缩刷大藏经》中所无的书籍。正因为《缩刷大藏经》中所无，南无文雄搜求起来也有很大的难度。换一个角度讲，正因为稀见和难求，才更能激发南条文雄这样有学术背景的高僧的兴趣，去努力搜求。

光绪十六年提笔写信时，杨文会与南条文雄之间已有5年没联系。杨文会虽然求书心切，但也必然会考虑信件能否顺利送达南条手中，以及南条接到这封信之后的反应等问题。不难想见，杨文会写这封信时，纵使

① 欧阳渐，《杨仁山居士事略》，载季羡林主编，刘静娴、余晋校《杨仁山居士文集》，合肥：黄山书社，2006年，第443页。又见沈彭龄：《杨仁山先生年谱》，同前书，第453页。

② 沈彭龄，《杨仁山先生年谱》，载季羡林主编，刘静娴、余晋校《杨仁山居士文集》，合肥：黄山书社，2006年，第453页。引文据原文，疑衍一“书”字，故加删除符号。

希望在日本广求遗典，也不会开出一个数目庞大的书单，一定是一个经过认真筛选的“精致”的书单；纵使满怀热望，也不敢表现出极大的奢望。因此，杨文会以他们之间习见的书信方式，向久未联系的老友写信，并附上一个精心选择的书单。也就是说，虽然，仅从文字层面理解，杨文会这封信和书单，似乎与此前的信件没有多大的差别，而实则是包含了深意的一封信。这封信不仅使两位旧友恢复了一度中断的联系，也激发这位老友以极大的热情去寻求罕见的典籍，从而促成了他们自己都始料未及的一次求书高潮。

这个书单的内容会是什么？由于《赠书始末》和《清国杨文会请求南条文雄送致书目》等史料中，既有已经求得且寄出的书籍名录，也有欲搜寻终未觅得的“未入得”书目。因此，将这些书目与上述甲、乙、丙三个购书单进行比对，便不难发现杨文会所开别单书目的踪影。经比对，绝大部分在甲乙丙各单中可以找到，仅以下“未入得”书目出处不明：

行琳《释教最上秘密藏陀罗尼集》三十卷行琳

窥基《法苑义林西记》六卷

窥基《因明入正理论遇类记》

窥基《大乘瑜伽劫章颂》

非□《新编随愿往生集》二十卷

义忠《百法论疏》二卷

佛裘《大方广佛华严经随品赞》十卷

灵□《大方广佛华严经论》百卷

玄逸《广品略章》三十卷

道氤《金刚宣演疏》六卷

崇遭《瑜伽师地记》二十卷

陆澄《法论》十六帙百三卷

《神变疏钞》

《曼佗罗疏钞》

《大明释教汇目义门》

澄观《四十华严疏》

肖平据此作了大胆的推测，即排在《法论》以前的11种典籍是杨文会首次所开列的求书单的主要内容①。本文完全赞同这样的推测。但仍要讨论的问题是，杨文会首次开列的书单中，是否包括信中所说到的支道林、竺道生的著述？如果有，它会是什么样的著述？为了更好地讨论这一问题，以及与别单相关的其他几个问题，在此，先将南条文雄接到此信后的回复及杨文会的回信均全文引录如下：

杨文会的信经苏少坡很顺利地转达了南条文雄，杨文会很快收到了南条文件的复信：

书信二（南条文雄复杨文会）　时间约在1890年底或1891年初

日前贵亲苏君来过敝处，因接到赐函，并梵文《身心语》卷一册，欣喜靡已。伏维道履无恙，再赴欧洲，居伦敦三年，而今已归来，仍经理刻经事务，期其完成，不堪欣贺。弟去岁以后，在东京教授梵英二文学，又演说佛教，颇得同人。今案贵赠梵文《身字》一卷，佛说佛母《宝德藏般若波罗蜜经》之原本也。此经赵宋法贤所译，在明藏临字函，《语字》②一卷，题曰："圣文殊师利说"，未见其汉译。《心字》一卷，《普贤行愿赞》之原本也，此赞，唐·不空所译，在明藏唱字函。弟往年在英国，借览《金刚经》及《行愿赞》之梵文于露西亚国圣彼得堡府大学，其式样实与贵赠同。故望蜀之念勃起，不可抑也。贵处复得《金刚经》，及他经梵文，则请使弟阅之。贵嘱支道林、竺道生著述，弟未见闻其现存，故无由钞出之。别单所记《陀罗尼》等诸书，亦未保其尽存日本与否。弟今日邮致书目于西京经书局，命转送书籍，到之日，当交苏君转寄贵处，另开

① 肖平，《近代中国佛教的复兴——与日本佛教界的交往录》，广州：广东人民出版社，2003年版第137—140页。肖平作出这一推测的理由，归结起来主要有二：即其一《与南条文雄忆》所提及的"陀罗尼等诸书"，与上述清单中的《释教最上秘密藏陀罗尼集》等书相符，而且这些书籍始终也未曾经由苏少坡之手转至杨文会处，可见这些书并未购得，因而被列入"未入得"之清单中；其二，这些书排在陆澄《法论》之前，与杨文会求书的次序相吻合。

② 原校此处无标点，书名号乃笔者据前后文所加。

于后。之外,恐未易觅得也。①

南条文雄的信由苏少坡转寄杨文会,以下是杨文会接到南条来信之后复信,即《与日本南条文雄书八》:

书信三(杨文会致南条文雄) 时间 1891 年 3 月 9 日

顷由苏君寄到尊函,展读之余,如亲道范。欣悉贵体无恙,传授梵英二学,弘扬佛教,为后进津梁,殊深钦佩。承示《身语心》三卷大意,如暗遇灯,欢喜无量。他年若到北方,当再求觅如,有所得,即当寄呈台端。喇嘛所诵之经,均系西藏唐古忒文字,非梵文也。笺末所开经书十八种,渴望之至。惟《净土论大意》系日本文,弟不能读。其余十七种,均求代购,其价由苏君奉上。此外如有古时支那人撰述各种,为明藏所无者,无论敝单已开未开,均祈代为寻觅。支道林、竺道生论著,甚为难得。贵国存储古书之所,若有陆澄所集法论,则其中当得几种也。沧溟远隔,聚晤何时? 每望朝暾,伊人宛在。

如前所述,在南条文雄的"送至书目"和"未入得"书目中,均不见支道林、竺道生的书目。南条文雄信中称"贵嘱支道林、竺道生著述,弟未见闻其现存,故无由钞出之。别单所记《陀罗尼》等诸书,亦未保其尽存日本与否",这段话仍只能表明杨文会所开"别单"中有"《陀罗尼》等诸书",而支道林、竺道生的书,可能只是在信中嘱托凡两位作者的著作都求购,实则未列出具体书名。当然,也可理解为在书单列出了支、竺两人的论著,它们和"陀罗尼等诸书"共同构成该书单(陈继东、肖平都认为杨文会所开书单中有支道林、竺道生的论著。关于这一问题,还有一条重要史料,即《赠书始末》第一编末尾,南条文雄有这样的回忆:"杨文会记下以上外晋支道林、竺道生诸种著述的书名,迫切想得到它们,于是来信请求,

① 此段原校作"到之日,当交苏君转寄贵处。另开于后之外,恐未易觅得也"。此前成果,多据此解读。此处依笔者的理解断句。见杨文会《与日本南条文雄书八》之《附来书》,载季羡林主编、刘静娴、余晋点校《杨仁山居士文集》,合肥:黄山书社,2006 年,第 371—372 页。

由于来信现在不存手头，所以不能一一列举所求诸论的书名”①。这段回忆第一段句意不明②，更关键的是，这段文字只是“来信不存手头”的一段回忆，不能作为杨文会所开“别单”中是否有支道林、竺道生论著书名的直接证据。

在发现新证据之前，姑且顺从多数人的看法，将杨文会所开别单视为由支、竺两人著述和“陀罗尼等诸书”两个部分构成。只是，作这样的理解，必须回答一个问题：支、竺两人的著述如此珍贵、如此难求，为什么在“送致书目”和“未入得”书目中均不见其目录呢？在此，试作以下回答：

查慧皎《高僧传・支道林传》，支道林著述虽丰，但大部分早已佚亡，只有少数佚文如《与高丽道人书》等存于《高僧传》等著作中。支道林著述的一些书名、篇名，如《即色游玄论》、《辩著论》、《圣不辩知论》等载在陆澄《法论目录》、道世《法苑珠林》等书中③。竺道生著述的情形也类似，《高僧传・竺道生传》所载的《佛性当有论》、《法身无色论》、《佛无净土论》、《应有缘沦》等著述，都已佚失④。其传世的一些篇章多见于他人著作中的引用（如僧肇《注维摩经》及道掖《净名经集关中疏》中皆引有道生《维摩经义疏》的义琉）。

杨文会之所以渴望求得道林、道生两人的著述，定然是从《高僧传》及《出三藏记》所载之陆澄《法论目录》中了解到两人的著述及佚失情形。他在复南条文雄的信中说：“支道林、竺道生论著，甚为难得。贵国存储古书之所，若有陆澄所集法论，则其中当得几种也”。这表明杨文会对道林、道生两人著作的佚存情况十分清晰，由于两人的著述在唐以前即已遗失，所传世的只会是一些篇章，且散附于他人的著述当中，而绝不会有单独成书的支道林、竺道生著作。这就是支道林、竺道生的著述不见于“送致书

① 陈继东，《清末日本传来佛教典籍考》，《原学》第五辑，北京：中国广播电视出版社，1996年版，第318页。

② 这段话是陈继东由日文“试译”为中文，“外晋支道林、竺道生诸种著述的书名”是否“晋支道林、竺道生”之外诸种著述的书名？他日见到此原文后，这一问题自然清楚。不过，不管翻译是否有误，这段回忆性文字仍不能作为杨文会所开“别单”中是否有支道林、竺道生论著书名的直接证据。

③ 《高僧传合集》卷四《义解一》，上海：上海古籍出版社，1991年，第28页。另，支道林著作佚、存的详情可参见王晓毅《支道林生平事迹考》，《中华佛学学报》1995年，第8期。

④ 《高僧传合集》卷七《义解四》，上海：上海古籍出版社，第46页。

目”和“未入得”书目的原因。

如果杨文会开出支道林、竺道生著述篇目的名称,那它们会是什么呢?南条文雄在1891年5月写给杨文会的信中,介绍町田久成的一段话,提供了一些线索:“町田君云,藏书中有景祐天竺字源写本,在西京,他日当作净写一本以呈贵处,又当搜索道林、道生等之诸论……”①。也就是说,如果杨文会开了的别单当中,如果有支道林、竺道生的著述的话,那它们应当是前文提及的《即色游玄论》、《辩著论》、《圣不辩知论》、《佛性当有论》,《法身无色论》,《佛无净土论》,《应有缘沦》等。道林、道生的诸论,南条文雄复信称“弟未见闻其现存,故无由钞出之”。杨文会如是提示他到陆澄的《法论》中去找。但《法论》亦属佚失之书,难以找寻。不过,从上引1891年5月南条文雄复杨文会的信中,南条文雄为杨文会寄去了僧肇的《注维摩经》2本,及日本真宗僧峻谛述《大经会疏》10本。《注维摩经》中有道生《维摩经义疏》的内容,可以推测,南条文雄寄去这两种经疏,就是想努力满足杨文会对支道林、竺道林著述的渴求。

杨文会所开的“别单”的内容大致如此,以下辨明南条文雄所开“别单”的问题。如上文,南条文雄在接到杨文会的第一封求书信后,自己又开了一个包含18种书目的书单,这就是一般所称的“别单”。同时,他又给西京经书局寄去了一个书单,即上引信中所称“弟今日邮致书目于西京经书局”的书单。这个邮致西京经书局的是什么书单?肖平认为,这个书单就是杨文会所开的书单,他在对上引“书信二”进行解读时称“由上可知,支道林、竺道生之著述难以寻觅,而杨文会‘开列于后’的别单则被寄往西[京]经书局”②。如前所述,杨文会所开列的书单,都是极难求之书,考虑到南条文雄不会将一个完全没有着落的书单寄给书商,我们可以换一个角度理解这段史料。为了使句意更明确,笔者特意将信中的标点略作调整,这样不难看出,寄给西京经书局的正是南条文雄所开列的含有18种书目的书单。因为当年(1891)5月18日南条文雄复杨文会的信中

① 陈继东《清末日本传来佛教典籍考》,《原学》第五辑,北京:中国广播电视出版社,1996年,第321页。

② 肖平,《近代中国佛教的复兴——与日本佛教界的交往录》,广州:广东人民出版社,2003年,第139页。

明确地说“前书中所说经书十八种，前日已命西京书贾，其中除净土论大意，其他 17 种中之未得者，近日当致诸苏君请转交也。今先赠呈 9 种，此均不要价也”。这里的“前日”，应作“前不久”解，也即“书信二”中所说的“今日”。也就是说，南条文雄在接到杨文会的信后，因为杨文会所嘱的支道林、竺道生著述及所开列的“陀罗尼等诸书”实在未见（此间，南条文雄曾商诸东海玄虎及藏书家岛田蕃根等人），便自己开了一个替代书单寄往西京经书局索书（寄往书商的书单，南条应预知大部分是可得的），并在复信中将此书单告知杨文会。杨文会接到信后，果然回复说：除日文的《净土论大意》之外，“笺末所开经书十八种，渴望之至”。这十八种书籍中，除《净土论大意》杨文会未购，有 12 本已由京都书肆于光绪十七年(1891)年内寄给杨文会，分别是：

《释摩诃衍论》十二卷
《阿弥陀经通赞》二本
《般若心经幽赞》二本
《大乘法苑义林章》七本
《成唯识论述记》二十本
《因明入正理论疏》三本
《瑜伽论略纂》十五本
《弥勒六部经》七本
《妙法莲花经玄赞》十本
《净土论注显深义记》五本
《善导大师传》一本
《八宗纲要》一本

到光绪十八年(1892)10 月，尚有四部没有寄到，这四部即上文“未入得”书目中《法论》后的四部，即，《神变疏钞》、《曼佗罗疏钞》、《大明释教汇目义门》和澄观的《四十华严疏》。以上合计 17 种，尚有一种存疑。当然，以上只能是大致的判断，最终确认，仍有待新的史料。

关于南条文雄所开“别单”的形成，尚有一个问题需要补充说明，即南条文雄收到杨文会求书信后的积极态度。从上引成果可知,南条文雄接到杨文会的来书和书单之后,不仅自己重开了一个推荐书目,而且还与东海玄虎、町田久成、赤松连城等藏书家、僧人联络,共同商议购书、赠书之事,并牵引出一段一百年前的赠书美谈和相应书目。南条文雄为什么对杨文会求书之事如此重视?除了前面已经提及的两人的交情、杨文会书单列出的难求之书目激发了热情等原因之外,还有一个极重要的因素,即佛教的背景。所有的佛教徒都坚信,流通、书写、印行经书是极有功德的事情。对此,许多经典中有明确的表达,如《妙法莲华经》有云:

> 尔时佛告常精进菩萨摩诃萨,若善男子、善女人,受持是《法华经》,若读、若诵、若解说、若书写,是人当得八百眼功德、千二百耳功德、八百鼻功德、千二百舌功德、八百身功德、千二百意功德,以是功德,庄严六根,皆令清静。①

其他《大方广佛华严经》、《大般若波罗蜜多经》等,皆有相似记载。此类功德,被历代祖师、僧众及居士宣扬,并用人们能够接受的方式令其通俗化,在佛教世界,助印经书能消从前种种罪过、灭现世灾难、种来世福田等成为常识。南条文雄是日本的高僧,与其共同谋划赠书的东海玄虎、町田久成、赤松连城等都是对佛教深信而躬行的大善知识。杨文会在与他们的信中,多次称赞他们,并说"娑婆界中,共为释迦遗教弟子,虽未把晤,而志同道合"②。可以说,百年前大典、六如等高僧发起的赠书活动缘自此种情结,百年后,南条文雄和杨文会之间的经典交流,亦同样缘自这种情结。杨文会曾深有感慨地说:"足见宏法利生,古今同心,百年前未尝

① 《妙法莲华经》卷六《法师功德品第十九》,《乾隆大藏经》第18册,《大乘经五大部一》,北京:中国书店,2010年,第1032—1033页。

② 杨文会,《与日本东海书》,载季羡林主编,刘静娴、余晋校《杨仁山居士文集》,合肥:黄山书社,2006年,第390页。另,町田久成原为显官,后出家为天台宗僧人。杨文会在至町田的信中称他"身为显臣,而能抗志出尘,非具大丈夫作略,何克臻此"。见同书同页杨文会《与日本町田书》。

之愿，一旦成之，想亦二公愿力加持也”①。而南条文雄对编辑《赠书始末》如此着意，一个重要目的也是要记录下“法宝弘通”的盛举。可见，清末杨文会和南条文雄之间的求书因缘，已远远超出了一般的为朋友办事的意义，而已成为一项宗教意义上的弘法利生事业。

结语

在光绪十六至十九年向日僧南条文雄的求书活动中，杨文会精心开出一个求书单，南条文雄及其同仁在搜寻这些书目时，发现了100年前大典、六如二位高僧的赠书计划及《大典、六如二师将欲寄赠清国书籍目录》，同时南条文雄也开列了一个包含了18种书目的书单，推荐给杨文会，并将它寄给西京经书局，为其代购。杨文会所开出的书单及南条文雄所开列的推荐书单，都可以称之为“别单”。“别单”开出后，杨文会在光绪十七年间顺利收到了来自日本的经籍96种，特别是《藏外目录》等目录类著作的获得，使得杨文会又据此开出甲、乙、丙各书单，进一步扩大了求书的成果。在第一次求书过程中，杨文会和南条文雄各自开出的“别单”，既体现了两位友人的情谊，更体现了两国佛教精英弘法利生的志愿，它们共同推进了中日间的典籍流通和文化交流。

① 杨文会，《与日本南条文雄书十四》，载季羡林主编，刘静娴、余晋校《杨仁山居士文集》，合肥：黄山书社，2006年，第376页。

《清人诗文集总目提要》订补八则

王志双

（厦门大学图书馆）

柯愈春先生著《清人诗文集总目提要》①一书（以下简称《清集提要》），是一部著录现存清代诗文别集的大型工具书。该书取资广泛，搜罗宏富，收录了上自明末，下迄民初有诗文别集传世者一万九千七百余家，作品四万余种，对于清代学术尤其是诗文研究具有重要的参考价值。笔者近年因参加《中国稀见史料·厦门大学图书馆藏稀见史料》的整理出版，在取资《清集提要》的同时，也对其进行了部分的核实，发现偶有疏误。本文仅就笔者所见，结合厦门大学图书馆藏书，略举数端，考辨如下，不当之处，敬请方家指教。

一、柯辂

《清集提要》第937页著录《淳庵未刻稿》2卷、《淳庵文集》6卷，柯辂撰。云："辂，字茂莪，号淳庵，福建晋江人。乾隆四十二年举人，历官永定等县训导。卒年六十八……付梓者有《淳庵文集》六卷，嘉庆间刻，福建省图书馆藏"。

---

① 柯愈春，《清人诗文集总目提要》，北京：北京古籍出版社，2002年。

按:此著录疏误有五:

其一,误其字“瞻莪”为“茂莪”。《国朝诗人征略二编》①卷三九及(道光)《重纂福建通志》②卷二三九的《柯辂传》均载:“柯辂,字瞻莪,号淳庵,福建晋江人”。此应为作者失校也,当改。

其二,收其别集之书名、卷数、版本有误。《清集提要》云:“《淳庵文集》六卷,嘉庆刻本,福建省图书馆藏”。经查核,福建省图书馆所藏为《柯淳庵诗文集》12 卷,清嘉庆十四年(1809)邵武樵川学舍木活字本,故当改。

其三,失收其别集《淳庵诗文集》③存 20 卷,嘉庆二十四年至道光十年(1819—1830)稿本,厦门大学图书馆收藏。因作者年迈,此稿本编纂未竣,故卷次紊乱,又因辗转流传,或致散佚。就寓目者而言,尚存卷次有:卷首序文 5 篇;《淳庵诗文集目录一》;《〈家居草〉、〈公车草〉》、《晏湖宦游草》、《都门旅寓草》、《安仁宦游草》、《归田草》、《里居养痾草》等诗 8 卷;此外尚有文 10 卷计 138 篇。据《淳庵诗文集目录一》与现存卷帙,可判定为散佚者有:第一卷《家居草》、第四卷《丹诏宦游草》、第五卷《武峦宦游草》、第六卷《樵川宦游草》。关于柯辂早年及在诏安、台湾、邵武各地经历,于《淳庵诗文集目录一》可窥一斑。该诗文集为我们研究柯辂提供了第一手的详赡史料。

其四,失考其生年,言其卒年 68 亦误。关于柯辂生卒年,《清代人物生卒年表》④第 562 页著录为“(1757—)”,依据是《中国第一历史档案馆藏清代官员履历档案全编》⑤第 24 册嘉庆十八年(1813)履历折中有关柯辂的三条记载,由嘉庆十八年柯辂年五十七推算而得出。《中国第一历史档案馆藏清代官员履历档案全编》有关柯辂的三条记载如下:

① (清)张维屏,《国朝诗人征略二编》,道光二十二年刻本。

② (清)孙尔准(道光)《重纂福建通志》,同治十年正谊书院刻本。

③ (清)柯辂,《淳庵诗文集》,嘉庆二十四年至道光十年稿本。

④ 江庆柏,《清代人物生卒年表》,北京:人民文学出版社,2005 年。

⑤ 秦国经,《中国第一历史档案馆藏清代官员履历档案全编》,上海:华东师范大学出版社,1997 年。

嘉庆十八年正月二十八日

柯辂，福建泉州府晋江县人，年五十七岁。乾隆四十二年举人，候选知县。（第758页）

嘉庆十八年二月二十八日

柯辂，福建泉州府晋江县人，年五十七岁。乾隆四十二年举人，候选知县。令本月分轮班，拟备敬缮履历。恭呈御览，谨奏。（第761页）

嘉庆十八年三月二十八日

柯辂，福建泉州府晋江县人，年五十七岁，乾隆四十二年举人，候选知县。令本月分签掣江西饶州府安仁县知县缺，敬缮履历。恭呈御览，谨奏。（第764页）

清代官员履历档案应为研究清代人物传记的可靠史料，但因应选官员有虚报年岁的现象，加之验看官员的失职，也会有一些错误。官方履历年龄与实际年龄不符，古已有之，至南宋时有"官年"、"实年"之说。通过仔细披检厦门大学图书馆藏柯辂手稿《淳庵诗文集》内的诸条作者自述，考证出了其确切生辰为乾隆十年（1745）十二月二十七日。如卷二十五《淳庵年谱自序》中，柯辂言自编年谱"始自乾隆乙丑（十年，1745）余诞生之年，逮嘉庆甲子（九年，1804），为年谱一编"；卷十六《勉学堂联句诗序》："淳庵为永定教官五年，乾隆乙卯（六十年，1795）十二月二十七日诞生之辰，年五十有一。"亦可由卷三十《赠考抱璞公、赠妣节慈杨太孺人合葬墓志》，"吾父之殁……辂八岁……父生康熙庚寅年九月初八日午时，卒乾隆壬申（十七年，1752）七月二十日戌时"的记载推断得出。另其在所撰诗文中，多处提及自己的年龄，如《道光己丑（九年，1829）春日自题》载："耄蠢庸夫八十五，毕生出处皆辛苦"等等。

关于柯辂的卒年，无明确记载，只有《（道光）重纂福建通志》卷二三九言及柯辂"穷年著述，至老不衰，八十六卒"。不知何据？在《淳庵诗文集》中，收有其道光十年（1830）所作诗数首，如《里居养痾草》之《道光庚寅（十年，1830）人日夜枕上偶成二首》之一："读书千卷村愚子，痿痹十年病废人。暮齿八旬今又六。所生真忝不才身。”其中最晚的诗为道光十年(1830)四月十八日为庆祝同年何瞻庭71岁诞辰所作。由此推断,柯辂的卒年应在道光十年或此后,确切年月不详,享年86岁或更长,绝非68。

其五,对柯辂生平仕历的记载过于简略,语焉不详,笔者通过仔细阅读《淳庵诗文集》,钩沉稽索,将柯辂的仕历增补如下:乾隆四十二年(1777)中举人,五十六年(1791)冬,任永定县训导。嘉庆二年(1797)夏,移教诏安。四年(1799)六月,调任台湾府嘉义县训导。六年(1801)十二月,署台湾府彰化县教谕。九年(1804)春,调任邵武县教谕。十八年(1813)秋,任安仁县(今江西余江县)知县。二十四年(1819),致仕,留滞安仁县紫云驿馆近二年。道光元年(1821),因身患痿痹左半身偏废之病返乡。道光二年(1822)四月,部选永安县教谕,以病不赴。四年至七年(1824—1827),任泉州清源梅石书院山长。

二、龚维琳

《清集提要》第1322页,著录《芳草堂诗赋拾钞》2卷,龚维琳撰。云:“龚维林,字春溪,福建晋江人。”

按:此小传疏误有二:

其一,失考其生卒年。陈庆镛撰《籀经堂类稿》①卷二十二《故翰林院编修湖南提督学政龚君墓志铭》载:“君龚氏讳维林,字承研,号春溪……卒年四十有六,时道光十有七年夏四月初五日。”由此可知其卒年为道光十七年,即1837年。按照古人以农历计虚龄的传统习惯,逆数46年,知其生年为乾隆五十七年(1792)。

其二,误其号为字,而失其字。其准确字号应为“字承研,号春溪”。

三、黄宗汉

《清集提要》第1411页著录《黄尚书全集》不分卷,黄宗汉撰。云:“宗汉生年不详,卒于同治三年(1864)。字季云,号寿臣,福建晋江人

① (清)陈庆镛,《籀经堂类稿》,光绪八年刻本。

……此《黄尚书全集》不分卷，黄贻楫辑，稿本，二十二册，厦门大学图书馆藏。”

按：此小传疏误有二：

其一，其别集《黄尚书全集》书名不确，经查阅厦门大学图书馆藏本，当依照首卷卷端著录为“《晋江黄尚书公全集》①”。

其二，失考其生年。由《乙未科会试同年齿录》②记载：“黄宗汉，字季云，一字坡友，号寿臣。嘉庆癸亥年八月十八日吉时生。”可确知其生辰为嘉庆八年（癸亥，1803）八月十八日。这在《晋江黄尚书公全集》中亦可得到印证。如《貤赠朝议大夫户科给事中加一级前龙溪县训导退岩先兄墓志》载：“己巳（嘉庆十四年，1809）丁先府君忧……府君之没也，家无植垅。先大父有遗庶姑母未笄，诸弟妹四人，惟宗洽已授室，次妹未笄，宗源甫十一岁，宗汉甫七岁。十口之家嗷嗷待哺，兄不以贫窭为累，励志于学。”己巳为嘉庆十四年（1809），逆数七年，知其生年为嘉庆八年（1803）。如《两浙舆颂》中郑黼升撰《甲寅仲冬寿臣节帅大人荣膺川督之命自浙启行谨呈七律六章恭送台旌敬求钧政》之二：

> 斗野星临甫驻轺，龙门多士快舒翘。钞胥遍挹廉泉润，试卷匀沾惠泽饶（公至浙即监临秋闱，捐廉一千，分赏誊录人等。闱中朱卷俱得认真清缮，多士均感）。节拥湖边重膏雨，筹添海上正生潮（是年八月十八日为公五秩庆辰）。庸材媿落孙山外，未与群仙会九霄（升卷蒙荐）。

其注文“是年八月十八日为公五秩庆辰”，亦为断定黄宗汉生辰之佐证材料。“是年”应为咸丰二年（壬子，1852）。咸丰二年七月，黄宗汉由云南巡抚调任浙江，到任伊始，正值乡试（秋闱）举行，即为监临官。这在其撰《壬子浙江武乡试录前序》中可得到证实，“皇上御极之二年，岁纪壬子举行文武正科乡试。臣黄宗汉仰承恩命由甘肃藩司擢抚云南，调任浙江。秋七月駪驰履任即值文闱，九月中旬监临竣事。冬十月武场届期，臣

① （清）黄宗汉，《晋江黄尚书公全集》，光绪间稿本。
② （清）佚名，《乙未科会试同年齿录》，道光二十二年刻本。

循例典试。”咸丰二年八月十八日为黄宗汉50岁诞辰，由此逆数50年，更进一步证实其生辰为嘉庆八年(1803)八月十八日。

四、郭传璞

《清集提要》第1590页著录《金峨山馆集》郭传璞撰。云：“生于道光三年(1823)，卒年不详。”

按：其生年系柯愈春先生据王时蕙撰《抱泉山馆文集》①卷一《与郭晚香同年书》：“足下今年六十有一，仆四十有九”，由王氏生于道光十五年(乙未，1835)，推断而得知。《清代朱卷集成》②第254册第236页郭传璞之履历载“郭传璞，字恬士，号晚香，行一。生道光癸未(三年，1823)八月二十九日吉时，同治丁卯(六年，1867)科举人。”由此可断定其生于道光三年(1823)。前后二则记载可以互证。其卒年，据《(民国)琼山县志》③卷二十三《官师志》之《郭传璞》载：“朱道采创建五公精舍，以经史词章课士，聘主讲席。传璞渡海来琼，携书万卷自随……主讲二年，士论翕然称之。卒于讲院，年75。”由其生年顺数75年，可知其卒年为光绪二十三年(丁酉，1897)。

五、龚显曾

《清集提要》第1691页著录《薇花吟馆初稿》6卷、《续稿》6卷，龚显曾撰。云：“字咏樵，号薇农，福建晋江人。同治二年进士，改庶吉士，授编修。”

按：龚显曾乃龚维琳嫡孙，此小传疏误有二。

其一，其生卒年失考。据《清代朱卷集成》第25册第239页龚显曾履历载：“龚显曾，字毓沂，号咏樵，又号薇农，道光辛丑年五月初五日吉时生。”知其生于道光二十一年(辛丑，1841)五月初五日。据其内兄陈棨仁

① (清)王时蕙，《抱泉山馆文集》，光绪二十七年刻本。

② 顾廷龙，《清代朱卷集成》，台北：文成出版有限公司，1992年。

③ 朱为潮、徐淦，《(民国)琼山县志》，海口：海南出版社，2004年。

撰《咏樵龚君墓志铭》①载:"(龚显曾)触暑遘疠,抵省数日而病,竟不起,盖[道光]十一年七月十有四日也。计其在世岁月,仅四十有五稔耳,悲夫!"知其卒于光绪十一年(1885)七月十四日。

其二,混淆其字号,把其号"咏樵"误为其字,而将其字"毓沂"疏漏。其字号当订补为"龚显曾,字毓沂,号咏樵,又号薇农"。

六、范濂

《清集提要》第1793页著录《世守拙斋诗存》4卷,范濂撰。云:"濂生于道光二十六年(1846),卒年不详。字镜川,一字镜川,浙江山阴人。所撰《世守拙斋诗存》四卷,光绪二十一年洪都刻,首都图书馆藏。"

按:此条著录疏误有三:

其一,失考其卒年。章乃羹《观山文稿》②卷九《范镜川先生墓表》载:"先生姓范氏,字禹门,号镜川,晚病聋,自署聋丞……卒于清光绪三十一年,春秋五十有九。"据此可知其卒于光绪三十一年,即1905年。

其二,疏漏其字"禹门",且误以其号"镜川"为字,遗漏其号"聋丞"。其字号当订补为"字禹门,号镜川,晚号聋丞"。

其三,失收其别集《如何是可斋外集》③2卷,光绪二十二年刻本,厦门大学图书馆收藏。是书内封题"聋丞游戏之作",正文前有光绪丙申聋丞所作《叙》,卷端题"鉴湖聋丞撰"。全书分上下2卷,上卷收古今体诗174首、词17首;下卷收南北曲6套、赋1篇、尺牍30封、铭18则、文3篇。范濂在《叙》中自谓"平日诗文尚罕留稿,游戏之作更无论矣,而门人辈颇有录存者,辄自编辑,以灾枣梨,既成示余"。是书卷末职衔名作"门人罗传珍沛乡编录,裘良砺斋校字,沈祖洛幼桥授梓"。《范镜川先生墓表》亦载:"高足弟子绍兴罗传珍钝庵搜集遗著,刻有《世守拙斋诗词》、《如何是可斋外集》等行世。"故可进一步断定《如何是可斋外集》为范濂别集。而《清集提要》失收,当增补。

---

① 陈盛明,《晋江文献丛刊》第1辑,晋江,1946年。

② 章乃羹,《观山文稿》,1935年铅印本。

③ (清)范濂,《如何是可斋外集》,光绪二十二年刻本。

七、陈国仕

《清集提要》第 1807 页著录《丰州集稿》15 卷,陈国仕撰。云:“作者为福建南安人,此集稿本,厦大图书馆藏”。

按:此条著录疏误有二。

其一,对陈国仕的介绍极为简略,失考其生卒年。今据《南安文史资料》①等资料增补如下:陈国仕(1850—1924),字谷似,号璧堂,福建南安人。家富藏书,达两万余册,藏书室名“天白阁”。幼受父兄熏陶,孜孜研读,不慕名利,早年捐纳为监生,中年时设馆于马来西亚立教书数年,入浙江嘉兴乍浦海防署幕,曾任丰州书院山长。生性爱好金石篆刻和书法,篆刻古朴遒劲;隶书方正谨秀;楷书端庄盈朗。其著述有《丰州集稿》、《璧堂钱谱》、《蚸泉钞》《蚸藏略考》等。

关于陈国仕生年,有的记为咸丰元年(1851),有的记为咸丰三年(1853),均误。据王念修编、陈国仕抄《春秋书法汇钞》中陈氏的两则题识可知其确切生年。今将两则题识摘录如下:

> 是部仙游王孝廉荩庭世文所编,于辛未年钞一部商榷于先君子。以袖珍红格纸钞之,字更纤于蝇头。越今宣统二年庚戌已四十年矣,稍有虫损,恐久愈甚。仕知此书尚未开雕,即亲钞大字本一部,藏之天白阁。……仕行年六十有一,当不知有用之日能得见之否。谨以刍言弁首,后人则知其由如此。
>
> 丰州陈国仕挥汗记
>
> 时宣统二年庚戌,自四月、五月水仙本境死于疫者已百余人,又逢大旱,家居无事,写此度日,当不知何日泉城可得平安也。是日五月十一日写完。
>
> 南安陈国仕璧堂年六十有一并记于郡城世居之天白阁藏书处

据陈国仕自言宣统二年(1910)时年六十一岁,可知其生于道光三十

① 中国人民政治协商会议南安县委员会文史资料委员会,《南安文史资料》第 14 辑,南安:1992 年。

年(庚戌,1850)。

其二,总集误为别集。《清集提要》以收录个人诗文集为务,但偶有误收。《丰州集稿》[①]14 卷,首 1 卷,光绪三十四年(1907)稿本,即为其一。陈国仕崇拜泉州历代名贤,广泛搜求其诗文,举毕生精力辑录《丰州集稿》。其在《例言》中曰:"八闽文字皆祖于四门先生,四门先生,邑贤也,自唐而降,代有名人,其文字湮没岂可胜计?于兹而辑,诚万烛光中仅分一点,奚堪再缓!"足见其抢救邑中文献之殷切。"所辑自唐以迨国朝,凡文字关乎邑中者,无论人非南产,一概辑录。"所辑诗文自中唐欧阳詹至清末陈国仕之父陈步蟾及其兄陈国试,近 300 人,历约 1200 年,收录诗 600 多首,文 300 多篇。由此可知《丰州集稿》是辑录地方艺文的总集,而《中国古籍善本书目 · 集部》[②](第 1348 页,编号为集部 · 清别集 16285)、《清人别集总目》[③](第 1294 页)、《清集提要》皆误以为陈国仕之别集。此概因未见原书,仅凭书名而臆定也。

八、苏大山

《清集提要》第 1972 页著录《红兰馆诗钞》8 卷,云:"大山生于同治八年(1869),卒年不详。字荪浦,福建晋江人"。

按:此条著录较为简略,失考其卒年,失收其别集。

今据其嫡孙苏彦铭所撰《苏大山故居》[④]、《苏大山事略》[⑤]等资料增补如下:

苏大山(1869—1957),字君藻,又字荪浦,福建晋江人。清末廪生,不求仕进而笃于学问,善诗,任藤花吟馆西宾。早年曾云游大江南北及台湾、澎湖等地。中国同盟会会员,先后在汕头、厦门担任报刊主笔。民国初期,任厦门教育会会长,创办崇实学校并任校长多年。1919 年至 1931

---

① (清)陈国仕,《丰州集稿》,光绪三十四年稿本。

② 中国古籍善本书目编辑委员会,《中国古籍善本书目》,上海:上海古籍出版社,1998 年。

③ 李灵年、杨忠,《清人别集总目》,合肥:安徽教育出版社,2000 年。

④ 王明健,《泉州名人故居》,厦门:厦门大学出版社,2007 年。

⑤ 中国人民政治协商会议泉州市鲤城区委员会文史民族宗教委员会,《泉州鲤城文史资料》第 29 辑,泉州:2011 年。

年在厦门鼓浪屿主持“菽庄吟社”。他酷爱聚藏古籍，名书斋为“红兰馆”，自号“红兰馆主”。1932 年回乡，致力于地方文史研究。1933 年倡组温陵弢社，吟诗唱和，印行《弢社吟稿》。1945 年，任晋江文献委员会主任。1951 年，特邀为泉州市首届人民代表大会代表。后任泉州市政协委员、福建省文史研究馆馆员。编著甚丰，诗文集尚有《红兰馆文钞》、《红兰馆游仙诗册》、《东国杂事诗》等，均于“文革”散佚，残稿现存于泉州市图书馆。

潘景郑(1907—2003)研究论著目录

陈东辉　严一枫

(浙江大学汉语史研究中心　浙江大学中文系编辑出版学专业)

一、学位论文

李鹏:《潘景郑文献活动研究》,东北师范大学中国古典文献学专业硕士学位论文,2007 年。

二、著作和学位论文中的相关部分

考古学社编:《北平燕京大学考古学社社刊》第 5 期《考古学社第三期社员名录》关于潘景郑部分,南天书局有限公司 1936 年版。

吴承仕:《吴承仕文录》中的《与潘景郑书一至九函》,北京师范大学出版社 1984 年版。

北京语言学院《中国文学家辞典》编委会编:《中国文学家辞典》现代第三分册关于潘景郑部分,四川人民出版社 1985 版。

伦明等:《续补藏书纪事诗传》关于潘景郑部分,载谭卓垣、伦明等著,徐雁,谭华军整理:《清代藏书楼发展史 续补藏书纪事诗传》,辽宁人民出版社 1988 年版。

申畅、陈方平、霍桐山、王宏川编:《中国目录学家辞典》关于潘景郑部分,河南人民出版社 1988 年版。

李玉安、陈传艺编:《中国藏书家辞典》关于潘景郑部分,湖北教育出版社 1989 年版。

庄华峰编纂:《吴承仕研究资料集》中的《与潘景郑书》,黄山书社 1990 版。

麦群忠、朱玉培主编:《中国图书馆界名人辞典》关于潘景郑部分,沈阳出版社 1991 年版。

岳俊杰等主编:《苏州文化手册》关于潘景郑部分,上海人民出版社 1993 年版。

周退密、宋路霞:《上海近代藏书纪事诗》中的《潘承弼》,华东师范大学出版社 1993 年版。

张明华:《黄虞稷和千顷堂书目》中的《从张钧衡〈适园丛书〉本到瞿凤起、潘景郑整理本》,国际文化出版公司 1994 版。

仲伟行、吴雍安、曾康编著:《铁琴铜剑楼研究文献集》第八章中的《瞿凤起、潘景郑致包敬第二函》,上海古籍出版社 1997 版。

国家文物局编:《郑振铎文博文集》中的《致潘承弼(3 通)》,文物出版社 1998 年版。

朵生春:《文人末路 柳永纪事》附录二《柳永事迹新证》关于潘景郑部分,中国文史出版社 1998 年版。

吴仲强主编:《中国图书馆学情报学档案学人物大辞典》关于潘景郑部分,香港亚太国际出版有限公司 1999 年版。

高铦、高锌、谷文娟编:《高燮集》第四部分中的《赠潘景郑(1943)》,中国人民大学出版社 1999 年版。

沈建中摄影、撰文:《世纪肖像》中的《潘景郑:版本目录学家》,天津教育出版社 1999 版。又见沈建中摄影、撰文:《文化中国:二十世纪中国文化影像集》中的《潘景郑(1907 年—2003 年):版本目录学家》,广西民族出版社 2004 版。

郑伟章:《文献家通考(清—现代)》卷三十中的《潘承弼》,中华书局 1999 年版。

江庆柏:《近代江苏藏书研究》第六章《吴县潘氏家族藏书》,安徽文艺出版社2000年版。

黄世中、余恕诚、刘学锴编:《李商隐资料汇编》上册中的《潘景郑》,中华书局2001版。

广东省立中山图书馆编:《广东省立中山图书馆馆藏名人手札选萃》中的《潘景郑致容庚书》,商务印书馆2002版。

柳和城、宋路霞、郑宁:《藏书世家》中的《书香盈门的潘氏家族》,上海人民出版社2002年版。

章太炎著,马勇编:《章太炎书信集》中的《与潘景郑9通》,河北人民出版社2003版。第一通又见汤志均:《章太炎年谱长编》(下),中华书局1979年;其余8通又见《社会科学战线》1982年第4期。

韦力:《批校本》下编中的《潘景郑》,凤凰出版社2003年版。

郑重:《海上收藏世家》中的《版本目录学家潘景郑》,上海书店出版社2003年版。

潘建国:《中国古代小说书目研究》第八章第一节关于潘景郑部分、附录三《吴县潘氏〈宝山楼通俗小说书目〉》抄本,上海古籍出版社2005年版。

陈燮君、盛巽昌主编:《二十世纪图书馆与文化名人》中的《潘景郑:坐拥书城,淡泊明志》(陈先行撰),上海社会科学院出版社2004版。

徐学林:《徽州刻书》第四章第二节《潘祖荫及吴县潘氏藏刻群体》,安徽人民出版社2005年版。

张元济:《读史阅世》中的《潘景郑世兄以其先德干臣世丈所绘兰石属题,谨呈绝句二首,借志钦仰》,陕西师范大学出版社2007版。

唐吟方编著:《近现代名人尺牍》下编中的《潘景郑》,福建美术出版社2007版。

姚昆群、昆田、昆遗编:《姚光全集》中的《复潘景郑书(五篇)》,社会科学文献出版社2007版。

方继孝:《旧墨三记:世纪学人的墨迹与往事》中的《潘景郑与宝山楼藏书》,北京图书馆出版社2007版。

丰绍棠著,罗雪村、王小玉绘:《傻也风雅》下卷中的《为别人的名与利提供方便的潘景郑》,广西师范大学出版社2009年版。

苏精:《近代藏书三十家》(增补本)中的《潘承厚潘承弼宝山楼》,中华书局2009年版。

王雅新:《〈绛云楼题跋〉研究》中的《〈绛云楼题跋〉的编纂》关于潘景郑部分,山东大学中国古典文献学专业硕士学位论文,2009年。

丁小明:《清代江南艺文家族研究》第四章关于潘景郑部分,苏州大学中国古代文学专业博士学位论文,2010年。

三、期刊和论文集文章

[日]吉川幸次郎:《与潘景郑书》,《制言》第5期,1935年。又见湖南省人民政府文史研究馆编:《黄季刚先生逝世五十周年诞生一百周年纪念集》,湖南省人民政府文史研究馆1986年编印。又见武汉老龄科学研究院、武汉成才大学主编:《黄侃纪念文集》,湖北人民出版社1989年版。又见程千帆、唐文编:《量守庐学记:黄侃的生平和学术》,生活·读书·新知三联书店1985年版,2006年版。

徐行可:《与潘景郑论学书》,《制言》第45期,1937年。

郑逸梅:《目录版本学专家潘景郑》,《文汇报》1980年9月20日。又见郑逸梅:《艺坛百影》中州书画社1982年版。又见火存福主编:《生活充满爱 周末特写选》,文汇出版社1990年版。又见郑逸梅:《郑逸梅选集》第二卷中的《目录版本学专家潘景郑》,黑龙江人民出版社1991版。

谢国桢:《潘景郑〈寄沤填词图〉序》,《中华文史论丛》1982年第1辑。又见谢国桢:《瓜蒂庵文集》,辽宁教育出版社1996年版。又见谢国桢著,姜纬堂选编:《瓜蒂庵小品》,北京出版社1998年版。

郑逸梅:《藏书家潘景郑》,载郑逸梅:《逸梅随笔》,黑龙江人民出版社1988年版。又见郑逸梅:《郑逸梅选集》第4卷,黑龙江人民出版社2001版。又见郑逸梅著,杨庆辰编:《芸编指痕》(《郑逸梅美文类编·书话编》),北方文艺出版社2009年版。

吴雨苍:《记潘景郑捐献的玄妙观图像石刻拓片》,载苏州市地方志编纂委员会办公室编:《苏州史志资料选辑》总第21辑,苏州市地方志编纂委员会办公室1996年编印。

张英霖:《关于潘景郑先生惠寄手编〈苏州碑刻拓片目录〉稿本情况的说明》,载苏州市地方志编纂委员会办公室编:《苏州史志资料选辑》总第22辑,苏州市地方志编纂委员会办公室1997年编印。

王贵忱:《〈潘景郑先生书简〉后记》,《广州师院学报》(社会科学版)1997年第1期。又见王贵忱:《可居丛稿》,广东人民出版社2011年版。

钱玄同:《致潘景郑书》,载王元化主编:《学术集林》卷十四,上海远东出版社1998版。又见钱玄同:《钱玄同文集(第6卷)·书信》,中国人民大学出版社2000版。

陈先行:《藏书 捐书 治书——记上海图书馆研究员潘景郑》,载王鹤鸣、马远良主编:《1999理论学术年刊》,《图书馆杂志》编辑部1999年编印。

王世伟:《合众图书馆创始考略》关于潘景郑部分,载王鹤鸣、马远良主编:《1999理论学术年刊》,《图书馆杂志》编辑部1999年编印。又见王世伟主编:《历史文献论丛》,上海社会科学院出版社2004年版。又见王世伟:《历史文献研究》,国家图书馆出版社2008年版。

郑逸梅:《目录版本学家潘景郑》,载郑逸梅:《味灯漫笔》,古吴轩出版社1999版。

林申清整理:《郑振铎致潘景郑论书尺牍》,载上海图书馆历史文献研究所编:《历史文献》第4辑,上海科学技术文献出版社2001版。

邓建、刘尊明:《柳永研究百年述评》,载刘扬忠、王兆鹏、刘尊明主编:《宋代文学研究年鉴2000—2001》,武汉出版社2002年版。

蒋星煜:《版本学家如何读书——〈著砚楼读书记〉评介》,《文汇读书周报》2002年12月20日。

陈先行:《〈著砚楼读书记〉后记》,台湾《书目季刊》36卷第3期,2002年12月。

林夕:《〈著砚楼读书记〉面世》,《古籍整理出版情况简报》2003年第3期。

柳和城:《潘景郑题识的〈四部丛刊续编草目〉》,载齐鲁书社编:《藏书家》第7辑,齐鲁书社2003年版。

方志办:《潘景郑先生生平及遗著选登》,载苏州市地方志编纂委员会办公室、苏州市政协学习和文史委员会编:《苏州史志资料选辑》(2003年刊),《苏州史志资料选辑》编辑部2003年编印。

王世伟:《以书相伴九七载》,《新民晚报》2003年12月29日。又见王世伟主编:《历史文献论丛》,上海社会科学院出版社2004年版。

王世伟:《潘景郑先生之读书与校书生涯》,《图书馆杂志》2004年第2期。又见王世伟主编:《历史文献论丛》,上海社会科学院出版社2004年版。又见王世伟:《历史文献研究》,国家图书馆出版社2008年版。

王世伟:《版本目录学家潘景郑先生藏书聚书考略》,载王世伟主编:《历史文献论丛》,上海社会科学院出版社2004年版。

汤炳正:《致潘景郑》,载汤炳正:《渊研楼屈学存稿》,中国社会科学出版社、华龄出版社2004版。又见汤炳正:《汤炳正书信集》,大象出版社2010年版。

孙文飙:《潘氏藏书》,《江苏地方志》2005年第2期。

郑重、王贵忱:《平生蓄聚 过眼烟云——记版本目录学家潘景郑》,《收藏·拍卖》2005年第4期。

韦力:《潘景郑抄本传书堂善本书目》,《藏书报》2006年7月10日。

沈津:《一片冰心在玉壶——怀念潘景郑先生》,载齐鲁书社编:《藏书家》第14辑,齐鲁书社2008年版。又见沈津:《老蠹鱼读书随笔》,广西师范大学出版社2009版。又见张春田、张耀宗编:《另一种学术史:二十世纪学术薪传》,南京大学出版社2012版。

汤志钧整理:《潘景郑致汤志钧书》,载上海图书馆历史文献研究所编:《历史文献》第12辑,上海古籍出版社2008年版。

陈左高:《版本目录学家潘景郑》,载陈左高:《文苑人物丛谈》,上海远东出版社2010版。

金武刚:《钟情于书 寄情于跋——从〈著砚楼书跋〉窥潘景郑先生的爱书之情》,《山东图书馆学刊》2012年第4期。

四、网络文章

蒋伯良:《潘景郑先生一辈子最大的差错》,

http://blog.sina.com.cn/s/blog_5ed33ad101018lsj.html

木塔风铃:《潘景郑〈著砚楼书跋〉》,

http://blog.tianya.cn/blogger/post_read.asp? BlogID=3327379&PostID=46415200

佚名:《潘景郑写给谢国桢的贺寿曲》,

http://blog.sina.com.cn/s/blog_9aa8bb090101ae1z.html

顾廷龙研究论著目录

陈东辉　严一枫

（浙江大学汉语史研究中心　浙江大学中文系编辑出版学专业）

一、著作

林公武主编:《顾廷龙书法展特刊》,《家园》杂志社1997年编印。

上海图书馆编:《顾廷龙先生纪念文集》,上海科学技术文献出版社1999年版。该书中所收录的相关文章如下:

第一部分"纪念文"

顾诵芬:《父亲永生》。

方全林:《在顾廷龙同志追思会上的讲话》。

王鹤鸣:《书林薪火千秋耀》。

马远良:《饮水不忘掘井人》。

陈燮君:《坐拥书城放眼量》。

陈燮君:《无声之诗吟经纶》。

王世伟:《顾廷龙先生逝世前后追记》。

王世伟:《顾老晚年的三次上海之行》。

缪其浩:《顾老一家与科技情报工作》。

吴建中:《沉痛悼念名誉馆长顾廷龙》。

胡道静:《顾老与古籍版本目录学》。
胡道静:《顾廷龙与“古农书”》。
张树年:《怀念起潜兄》。
曹道衡:《诱掖后进 诲人不倦》。
冯英子:《垂泪送顾老》。
李希泌:《聆公一席话 胜读十年书》。
唐振常:《顾老三封信》。
韩锡铎:《缅怀顾老》。
李国章:《深切悼念顾廷龙先生》。
彭卫国:《忆导师顾廷龙先生》。
杜泽逊:《怀念顾廷龙先生》。
张世林:《我陪顾老去历博》。
罗伟国:《笃学日益》。
周爱珍:《怀念顾老》。
王诚贤:《学习顾老一生追求光明、追求革命的精神》。
于为刚:《难以忘却的纪念》。
顾宗汉:《顾老永恒》。
萧斌如:《怀念顾老》。
李文:《顾老,安息吧!》。
李文:《顾廷龙馆长在抗日战争中》。
沈津:《学术事功俱隆 文章道德并富》。
吴织:《沉痛的追思》。
严佐之:《不尽哀思忆顾师》。
陈先行:《毕生尽瘁图书业》。
王翠兰:《您永远和我们在一起》。
周秋芳:《顾老,您永远活在我的心中》。
潘美娣:《关爱——缅怀顾先生》。
童芷珍:《视古籍如命的人》。
顾文韵:《顾老与长乐路书库》。
冯金牛:《顾老与“盛档”整理工作》。
陈君辉:《往事难以忘怀》。

谷苇:《旧事经心忆顾老》。
张立行:《万卷典籍留书香》。
项玮:《丹心一片为古籍》。
陆梅:《哲人仙去兮竹兰寄哀思》。
田泓:《顾廷龙:书海写春秋》。
林明杰:《学海作舟人》。
陈先行:《顾廷龙生平述略》。

第二部分“书艺颂”
《遨书海 铸艺品》
《水墨烂漫落笔真》
《实步走峰书坛颂》
《气象峥嵘藏富足》
《书林题签见风景》

第三部分“哀挽录”
挽辞
唁函
唁电
第四部分“附件”
顾廷龙同志治丧小组名单
讣告
顾廷龙同志生平
各报消息
家属谢辞

沈津编著:《顾廷龙年谱》,上海古籍出版社 2004 年版。

二、著作和学位论文中的相关部分

张元济:《张元济书札》中的《致顾廷龙(起潜)》,商务印书馆 1981

年版。

郑德坤、吴天任纂辑:《水经注研究史料汇编》(下册)中的《与顾廷龙讨论水经注函》(胡适撰)、《答顾廷龙函》(胡适撰)、《与顾廷龙第二函》(胡适撰)、《致徐森玉、顾廷龙论水经注版本函》(胡适撰)、《致顾廷龙四函》(胡适撰)、《顾廷龙答胡适函》,台湾艺文印书馆 1984 年版。

沙孟海主编:《中国新文艺大系(1976—1982)书法集》中的《顾廷龙》,中国文联出版公司 1987 年版。

伦明等:《续补藏书纪事诗传》关于顾廷龙部分,载谭卓垣、伦明等著,徐雁,谭华军整理:《清代藏书楼发展史 续补藏书纪事诗传》,辽宁人民出版社 1988 年版。

周志高、戴小京编著:《书法创作》第七章关于顾廷龙部分,江苏古籍出版社 1988 年版。

申畅、陈方平、霍桐山、王宏川编:《中国目录学家辞典》关于顾廷龙部分,河南人民出版社 1988 年版。

陈智超编注:《陈垣来往书信集》中的《顾廷龙(7 通)》,上海古籍出版社 1990 年版。

武汉大学图书情报学院主编:《中国图书情报工作实用大全》关于顾廷龙部分,科学技术文献出版社 1990 年版。

金通达编:《中国当代书法家辞典》关于顾廷龙部分,浙江人民出版社 1990 年第 1 版,1994 年第 2 版,2001 年第 3 版。

上海社会科学学会联合会研究室编:《上海社会科学界人名辞典》关于顾廷龙部分,上海人民出版社 1992 年版。

曹之:《中国古籍版本学》第一编第二章《新中国成立后的古籍版本学家》关于顾廷龙部分,武汉大学出版社 1992 年第 1 版,2007 年第 2 版。

刘哲民、陈正文编:《抢救祖国文献的珍贵记录——郑振铎先生书信集》中的《致顾廷龙(起潜)》(一通),学林出版社 1992 年版。又见郑振铎:《郑振铎全集》第 16 卷《书信》,花山文艺出版社 1998 年版。

周文骏主编:《图书馆学百科全书》关于顾廷龙部分,中国大百科全书出版社 1993 年版。

耿云志主编:《胡适遗稿及秘藏书信》第 20 册中的《致顾廷龙(起潜)

信二通》，黄山书社 1994 年版。

耿云志主编：《胡适遗稿及秘藏书信》第 41 册中的《顾廷龙信一通》（附《顾廷龙归还所借吴大澄手札，特录王胜之跋语并记其事》），黄山书社 1994 年版。

胡孟祥主编：《百家名人名画书法集珍》关于顾廷龙部分，黄河出版社 1997 年版。又见胡孟祥主编：《大师情缘：胡孟祥珍藏书画集》，学苑出版社 2007 年版。

《复旦大学档案馆馆藏名人手札选》编辑委员会编：《复旦大学档案馆馆藏名人手札选（1905—1949）》中的《顾廷龙（一件）》，复旦大学出版社 1997 年版。

苏州市地方志编纂委员会办公室、苏州市政协学习和文史委员会编：《苏州史志资料选》（1998 年刊）中的《顾廷龙与苏州史志》，苏州市地方志编纂委员会办公室、苏州市政协学习和文史委员会 1998 年编印。

伦明等著，杨琥点校：《辛亥以来藏书纪事诗》中的《潘承弼（景郑）》（附：承厚、顾廷龙），北京燕山出版社 1999 年第 1 版，2008 年第 2 版。

吴仲强主编：《中国图书馆学情报学档案学人物大辞典》关于顾廷龙部分，香港亚太国际出版有限公司 1999 年版。

肖东发主编：《中国图书馆年鉴（1999）》关于顾廷龙部分，北京图书馆出版社 1999 年版。

卢辅圣主编：《近代字画市场实用辞典》关于顾廷龙部分，上海书画出版社 1999 年版。

沈建中摄影、撰文：《世纪肖像》中的《顾廷龙：版本目录学家》，天津教育出版社 1999 年版。又见沈建中摄影、撰文：《文化中国：二十世纪中国文化影像集》中的《顾廷龙（1904 年—1998 年）：图书馆事业家》，广西民族出版社 2004 版。

燕京大学校友校史编写委员会编，张玮瑛、王百强、钱辛波主编：《燕京大学史稿（1919—1952）》第六章关于顾廷龙部分，人民中国出版社 1999 年版。

程道德主编：《二十世纪中国文化名人墨迹》关于顾廷龙部分，北京出版社 2000 年版。

于连成编:《近百年书画名人印鉴》中的《顾廷龙》,荣宝斋出版社2001年版。

王仁宇编著:《苏州名人故居》中的《复泉山馆 顾廷龙故居》,西安地图出版社2001年版。

燕京研究院编:《燕京大学人物志》第一辑中的《顾廷龙》,北京大学出版社2001年版。

广东省立中山图书馆编:《广东省立中山图书馆馆藏名人手札选萃》中的《顾廷龙致容庚书》,商务印书馆2002年版。

沈鸿根:《现代书法名家作品鉴赏》中的《看似寻常实奇崛——顾廷龙大篆作品鉴赏》,重庆出版社2002年版。

倪文东主编:《20世纪中国书画家印款小词典》关于顾廷龙部分,世界图书出版西安公司2002年版。

倪文东编:《二十世纪中国书画家印款辞典》上卷关于顾廷龙部分,世界图书出版西安公司2002年版。

中国史学会中国历史学年鉴编辑部编:《中国历史学年鉴1999》中的《顾廷龙》(陈先行撰),生活·读书·新知三联书店2002年版。

潘景郑:《著砚楼读书记》中的《顾廷龙手钞游庐山词》,辽宁教育出版社2002年版。

周志高、杨宪金、梁石主编:《中国当代楹联墨宝精鉴》关于顾廷龙部分,西苑出版社2003年版。

张元济著,张人凤辑:《中华民族的人格》中的《致顾廷龙书(1939年5月25日)》、《致顾廷龙书(1939年8月13日)》、《致顾廷龙书(1939年8月30日)》,辽宁教育出版社2003年版。

胡适著,耿云志、欧阳哲生整理:《胡适全集·书信(1929—1943)》第24卷中的《致顾廷龙(9月12日)》,安徽教育出版社2003年版。

胡适著,耿云志、欧阳哲生整理:《胡适全集·书信(1944—1955)》第25卷中的《致顾廷龙》、《致徐鸿宝、顾廷龙(10月21日)》、《致顾廷龙(10月30日)》、《致顾廷龙(10月31日)》、《致顾廷龙(11月2日)》、《致顾廷龙(11月14日)》、《致顾廷龙(11月26日)》、《致顾廷龙(11月28日)》、《致顾廷龙(12月29日)》、《致顾廷龙(12月29日)》、《致顾廷龙

(1月3日)》，安徽教育出版社2003年版。

翁长松：《名人和书》中的《顾廷龙胸有25万册藏书》，汉语大词典出版社2004年版。

王其兴主编：《千年古镇银南翔》中的《顾廷龙起步》，上海辞书出版社2004年版。

蒋昌忠主编：《湖北省图书馆百年馆庆名家书画集》中的《顾廷龙(中国书法家协会会员 原上海图书馆馆长)》，北京图书馆出版社2004年版。

林公武：《夜趣斋读书录》中的《顾廷龙书法选集》、《〈顾廷龙书法展特刊〉弁言》，河北教育出版社2005年版。

张志欣编著：《国家限制作品出境著名书画家图典》关于顾廷龙部分，河北美术出版社2005年版。

上海书画社编：《近代字画市场辞典》(修订版)关于顾廷龙部分，上海书画出版社2005年版。

毛晓阳：《清代江西进士丛考》绪论第四节关于顾廷龙部分，浙江大学中国古典文献学专业博士学位论文，2005年。

熊月之主编：《上海名人名事名物大观》关于顾廷龙部分，上海人民出版社2005年版。

刘小岩编：《翰墨情缘》第一编《顾廷龙函(原上海图书馆馆长)》，北京师范大学出版社2006年版。

陈智超、曾庆瑛编：《陈垣先生遗墨》中的《复顾廷龙函稿及〈吴梅村集通玄老人龙腹竹解题〉稿(一九四七年九月)》，岭南美术出版社2006年版。

梅冷生撰，潘国存编：《梅冷生集》附录中的《顾廷龙与梅冷生书》，上海社会科学院出版社2006年版。

《长江三角洲年鉴》编辑部编：《长江三角洲年鉴2005》中的《纪念顾廷龙诞辰100周年》，线装书局2006年版。

林子序主编，上海水乡书画院编：《上海书画家名典》关于顾廷龙部分，上海人民美术出版社2007年版。

胡铁军主编：《百年苏中》卷二《碧霞春雨》中的《图书馆事业家、书法大师顾廷龙》，苏州大学出版社2007年版。

姚昆群、昆田、昆遗编:《姚光全集》附录中的《顾廷龙先生补录金山姚石子先生“周甲遐庆致语”及后记手迹》,社会科学文献出版社 2007 版。

李经国编:《沐雨楼来鸿集——杨仁恺先生友朋书札》中的《顾廷龙(一九〇四——一九九八)》,北京图书馆出版社 2007 年版。

王湜华:《音谷谈往录》中的《顾廷龙》,中华书局 2007 年版。

张元济:《张元济全集》第 1 卷《书信》中的《致叶景葵、顾廷龙 1 件》,商务印书馆 2007 年版。

张元济:《张元济全集》第 3 卷《书信》中的《致顾廷龙(起潜)91 件》,商务印书馆 2007 年版。

《寻根》杂志社编:《寻根寄语:名家墨宝》关于顾廷龙部分,大象出版社 2008 年版。

陆永建、刘达友编著:《武夷山书法大观》关于顾廷龙部分,海风出版社 2008 年版。

《华东师范大学年鉴》编纂委员会编:《华东师范大学年鉴 2006》中的《中国古典文献学暨纪念顾廷龙先生诞辰 101 周年研讨会》,华东师范大学出版社 2008 年版。

李一,陈政,任平主编,董立军主编:《共和国书法大系 · 书家卷 · 上》关于顾廷龙部分,江西美术出版社 2009 年版。

郁辉:《杨钟羲年谱补编》关于顾廷龙部分,华东师范大学中国古典文献学专业博士学位论文,2009 年。

盛巽昌、张锡昌主编:《话说上海》中的《顾廷龙的图书馆情结》,学林出版社 2010 年版。

刘国新、贺耀敏、刘晓等主编:《中华人民共和国史长编》第 7 卷《人物卷》关于顾廷龙部分,天津人民出版社 2010 年版。

朱洪:《步步莲花:赵朴初佛缘人生》第十章《与老友顾廷龙相逢》,当代中国出版社 2011 年版。

管继平著:《纸上性情:民国文人书法》中的《顾廷龙:笔笔平凡笔笔神》,上海辞书出版社 2011 年版。

李军:《吴大征交游新证》研究综述关于顾廷龙部分,复旦大学中国古典文献学专业博士学位论文,2011 年。

夏连迎:《顾嗣立〈元诗选〉研究》关于顾廷龙部分,浙江师范大学中国古代文学专业硕士学位论文,2011 年。

马桓:《〈章氏四当斋藏书目〉研究》第一章第二节《顾廷龙生平及著述》、第三节中的《章钰与顾廷龙的渊源》,河北大学中国古典文献学专业硕士学位论文,2012 年。

三、期刊和论文集文章

丁山:《与顾起潜先生论说文重文书》,《国立第一中山大学语言历史学研究所周刊》第 4 期,1927 年。

钱玄同:《与顾起潜书》,《制言》第 50 期,1939 年。又见汤志钧编:《章太炎年谱长编》上册卷三,中华书局 1979 年版。

谷苇:《顾廷龙谈胡适遗著》,《书林》1980 年第 3 期。又见谷苇:《文坛漫步》,湖南人民出版社 1985 年版。

徐英:《终日为读者操劳的人——记上海图书馆馆长顾廷龙》,《文汇报》1982 年 8 月 2 日。

林其锬:《从图书馆工作角度谈文献——顾廷龙、李希泌两先生的一次对话》,《文献》1986 年第 3 期。

刘庆云:《他象一部书——记顾廷龙》,《行政与人事》1987 年第 4 期。

柳曾符:《胸中原有云烟气 腕力遒时字始工——记顾廷龙先生和他的书法艺术》,《书法》1987 年第 4 期。

吴织:《书海五十年——记顾廷龙馆长》,《图书馆学通讯》1987 年第 1 期。

朱伟:《顾廷龙与图书目录研究》,《文汇报》1987 年 4 月 14 日。又见施宣圆主编:《中华学林名家访谈》,文汇出版社 2003 年版。

陈东辉:《上海图书馆名誉馆长顾廷龙先生等在杭讲学》,《图书馆研究与工作》1990 年第 1 期。

徐惠:《顾廷龙先生为〈吴县志〉题写书名》,《苏州史志资料选辑》1990 年第 2 期。

陈从周:《顾廷龙先生书法》,载陈从周:《随宜集》,同济大学出版社1990年版。又见陈从周著,黄昌勇、许锦文编:《陈从周散文》,同济大学出版社1999年版。

孙秉良:《顾廷龙先生和他的书法艺术》,《知识与生活》1991年第3期。

查志华:《大叩大应的顾廷龙》,载查志华:《无华小文》,生活·读书·新知上海三联书店1991年版。

佚名:《上图祝贺顾廷龙先生从事图书馆事业60周年》,《图书馆杂志》1992年第6期。

佚名:《著名图书馆事业家、书法家顾廷龙先生小传》,《新世纪图书馆》1993年第1期。

董万仑:《顾廷龙为吴大澄正名》,载黑龙江省文史研究馆编:《黑水十三篇》,上海书店出版社1994年版。又见萧乾主编,中央文史研究馆编:《黑水十三篇》,中华书局2005年版。

李文:《顾廷龙馆长在抗日战争中——纪念抗日战争胜利五十周年》,《图书馆杂志》1995年第6期。后更名为《顾廷龙馆长在抗日战争中》,载上海图书馆编:《顾廷龙先生纪念文集》,上海科学技术文献出版社1999年版。

王大象:《顾廷龙谈钱穆与〈读史方舆纪要〉稿本》,《学术月刊》1995年第7期。

佚名:《本世纪古籍整理出版的巨大工程〈续修四库全书〉编纂出版工作开展——宋木文、顾廷龙答记者问》,《人民日报》1995年1月7日。

王湜华:《奖掖后进的顾廷龙》,《书城杂志》1996年第1期。

王大象、施宣圆:《老馆长圆梦——访上图名誉馆长顾廷龙先生》,《文汇报》1996年12月19日。又见施宣圆主编:《中华学林名家访谈》,文汇出版社2003年版。

董寿琪:《顾廷龙和苏州园林》,《人民政协报》1997年第5期。

陈燮君:《"遨游书海入书坛"的世纪老人——关于顾廷龙先生书法艺术的思考》,《上海艺术家》1997年第Z1期。

杨泰伟:《顾廷龙的书法艺术》,《中国书法》1997年第3期。

陈先行:《闲说顾廷龙先生的书法与饮酒》,《书与画》1997年第3期。

又见上海文化出版社编:《名人生活》,上海文化出版社 1992 年版。

林其锬:《“流到前溪无半语,在山做得许多声”:顾廷龙先生与〈刘子集校〉》,《浦江同舟》1997 年第 2 期。

周瑞金:《总编辑与书法大师:顾廷龙、范敬宜》,《文汇报》1997 年 1 月 12 日。又见文汇报笔会编辑部编:《面对永恒——笔会文粹 1997》,文汇出版社 1998 年版。又见潘旭澜主编:《上海五十年文学创作丛书:散文卷二》,上海文艺出版社 1999 年版。又见周瑞金:《总编辑与书法大师——一张五十年前名片引出的雅事》,载周瑞金:《宁做痛苦的清醒者》,文汇出版社 2003 年版。

杜宣:《记顾廷龙先生》,载杜宣:《桂叶草堂漫笔》,上海大学出版社 1997 年版。又见杜宣:《秋夜流萤》第 2 辑,黑龙江人民出版社 1999 年版。又见杜宣:《杜宣文集》第 6 卷《散文卷》,上海文艺出版社 2004 年版。

胡道静:《顾老与古籍版本目录学》,《图书馆杂志》1998 年第 5 期。又见上海图书馆编:《顾廷龙先生纪念文集》,上海科学技术文献出版社 1999 年版。

王鹤鸣:《书林薪火千秋耀——深切悼念顾廷龙先生》,《图书馆杂志》1998 年第 5 期。后更名为《书林薪火千秋耀》,载上海图书馆编:《顾廷龙先生纪念文集》,上海科学技术文献出版社 1999 年版。

方全林:《在顾廷龙同志追思会上的讲话》,《图书馆杂志》1998 年第 5 期。又见上海图书馆编:《顾廷龙先生纪念文集》,上海科学技术文献出版社 1999 年版。

王世伟:《顾廷龙先生逝世前后追记》,《图书馆杂志》1998 年第 5 期。又见上海图书馆编:《顾廷龙先生纪念文集》,上海科学技术文献出版社 1999 年版。又见王世伟:《历史文献论丛》,上海社会科学院出版社 2004 年版。

陈先行:《顾廷龙生平述略》,载王鹤鸣、马远良主编:《1998 理论学术年刊》,图书馆杂志编辑部 1998 编印。又见上海图书馆编:《顾廷龙先生纪念文集》,上海科学技术文献出版社 1999 年版。

杜泽逊:《怀念顾廷龙先生》,《山东图书馆季刊》1998 年第 3 期。又见上海图书馆编:《顾廷龙先生纪念文集》,上海科学技术文献出版社1999年版。

陈燮君:《坐拥书城放眼量:深切悼念上图名誉馆长顾廷龙先生》,《文汇报》1998年8月31日。后更名为《坐拥书城放眼量》,载上海图书馆编:《顾廷龙先生纪念文集》,上海科学技术文献出版社1999年版。

陈燮君:《无声之诗吟经纶:深切悼念上图名誉馆长顾廷龙先生》,《上海文化报》1998年第25期。后更名为《无声之诗吟经纶》,载上海图书馆编:《顾廷龙先生纪念文集》,上海科学技术文献出版社1999年版。

曹培根:《顾廷龙先生与〈合众图书馆丛书〉》,《吴中学刊》1998年第1期。

上海图书馆、上海科技情报研究所:《沉痛悼念顾廷龙同志》,《图书馆杂志》1998年第5期。

艾冲:《忆顾老:顾廷龙》,《上海文化史志通讯》总第50期,1998年。

鲍义来:《顾廷龙先生二三事》,《文艺报》1998年第10期。

杜泽逊:《怀念顾廷龙先生》,《山东图书馆季刊》1998年第3期。

佚名:《京城各界人士为顾廷龙送行》,《光明日报》1998年8月29日。

李希泌:《聆公一席话 胜读十年书:深切缅怀顾廷龙先生》,《北京图书馆馆刊》1999年第1期。后更名为《聆公一席话 胜读十年书》,载上海图书馆编:《顾廷龙先生纪念文集》,上海科学技术文献出版社1999年版。

陈燮君:《心地处处见清澄——深切悼念顾廷龙先生》,载新民晚报副刊部编:《夜光杯文粹(1992—1998)》,上海远东出版社1999年版。

王世伟、许全胜整理:《顾廷龙致叶景葵论书尺牍》,载上海图书馆历史文献研究所编:《历史文献》第2辑,上海科学技术文献出版社1999年版。

郑伟章:《记文献渊薮顾廷龙先生》,《中国图书馆学报》1999年第5期。又见郑伟章编著:《书林丛考》(增补本)第一部分,岳麓书社2008年版。

沈津:《学术事功俱隆 文章道德并富——回忆先师顾廷龙先生》(上),《文献》2000年第3期。又见上海图书馆编:《顾廷龙先生纪念文集》,上海科学技术文献出版社1999年版。又见张世林编:《学林往事》中册,朝华出版社2000年版。又见沈津:《书韵悠悠一脉香:沈津书目文献论集》,广西师范大学出版社2006年版。

沈津:《学术事功俱隆 文章道德并富——回忆先师顾廷龙先生》(下),《文献》2000 年第 4 期。又见上海图书馆编:《顾廷龙先生纪念文集》,上海科学技术文献出版社 1999 年版。又见张世林编:《学林往事》中册,朝华出版社 2000 年版。又见沈津:《书韵悠悠一脉香:沈津书目文献论集》,广西师范大学出版社 2006 年版。

邱嘉伦:《花落还开 水流不断——赵朴老与顾廷龙先生聚会侧记》,《佛教文化》2000 年第 Z1 期。

刘小明《〈顾廷龙学述〉跋》,载顾廷龙述,刘小明整理:《顾廷龙学述》,浙江人民出版社 2000 年版。

王湜华:《谆谆教诲,难尽万一——顾廷龙先生诲人不倦实录》,载陆承曜主编:《传统文化研究》第 8 辑,白山出版社 2000 年版。

王世伟:《我的导师顾廷龙》,载王世伟:《图书馆学文献学论丛》,上海书店出版社 2000 年版。

王世伟:《顾廷龙老馆长与古籍整理》,载王世伟:《图书馆学文献学论丛》,上海书店出版社 2000 年版。

冯其庸:《文章尚未报白头——怀念苏局仙、谢无量、张伯驹、顾廷龙、沈裕君诸先生》,《中国书法》2001 年第 11 期。又见冯其庸:《墨缘集》,黑龙江教育出版社 2000 年版。又见冯其庸:《剪烛集》,山西人民出版社 2002 年版。又见冯其庸:《瓜饭集》,商务印书馆 2009 年版。

周昭京:《遨游书海,漫步砚田——访著名学者、书法家顾廷龙》,载周昭京:《中外名人风采录》,汕头大学出版社 2001 年版。

钱存训:《怀念顾廷龙先生》,《国家图书馆学刊》2002 年第 4 期。又见钱存训:《留美杂忆——六十年来美国生活的回顾》附录五,黄山书社 2008 年版。又见钱存训:《东西文化交流论丛》,商务印书馆 2009 年版。

潘树广:《顾廷龙先生二三事》,载潘树广:《学林漫笔》,东南大学出版社 2002 年版。

萧斌如:《忆顾廷龙先生》,载萧斌如:《与文化名人同行》,上海科学技术文献出版社 2002 年版。又见萧斌如编著:《60+印记:中国文化名人与上海》,上海人民美术出版社 2009 年版。

胡道静:《〈顾廷龙文集〉序》,载顾廷龙:《顾廷龙文集》卷首,上海科学技术文献出版社 2002 年版。

王绍曾:《〈顾廷龙文集〉序》,载顾廷龙:《顾廷龙文集》卷首,上海科学技术文献出版社 2002 年版。又见王绍曾:《目录版本校勘学论集》,上海古籍出版社 2005 年版。

郭若愚:《顾廷龙先生的古文字研究》,载郭若愚:《落英缤纷:师友忆念录》,上海书画出版社 2003 年版。

沈津:《〈顾廷龙年谱〉编纂小记》,《国家图书馆学刊》2004 年第 3 期。

王世伟:《顾廷龙先生与上海图书馆》,载王世伟:《历史文献论丛》,上海社会科学院出版社 2004 年版。又见东吴大学上海校友会、苏州大学上海校友会编:《东吴春秋:东吴大学建校百十周年纪念》,苏州大学出版社 2010 年版。

王世伟:《顾廷龙先生的读书治学生涯》,载王世伟:《历史文献论丛》,上海社会科学院出版社 2004 年版。

王世伟:《顾廷龙先生著述目录》,载王世伟:《历史文献论丛》,上海社会科学院出版社 2004 年版。又见缪其浩主编:《网络时代的图书馆:理论学术年刊》,上海科学技术文献出版社 2004 年版。

王世伟:《〈顾廷龙先生纪念文集〉前言》,载王世伟:《历史文献论丛》,上海社会科学院出版社 2004 年版。

王世伟:《论顾廷龙先生的护书精神》,《图书馆论坛》2004 年第 6 期。又见王世伟主编:《图书馆服务创新与发展论丛》,上海社会科学院出版社 2005 年版。又见王世伟:《历史文献研究》,国家图书馆出版社 2008 年版。

王世伟:《论顾廷龙先生对中国现代图书馆事业的贡献》,《图书馆杂志》2004 年第 9 期。又见中国图书馆学会编:《中国图书馆事业百年》,北京图书馆出版社 2004 年版。又见王世伟:《历史文献论丛》,上海社会科学院出版社 2004 年版。又见王世伟:《历史文献研究》,国家图书馆出版社 2008 年版。

王世伟:《顾老晚年的三次上海之行》,载王世伟:《历史文献论丛》,上海社会科学院出版社 2004 年版。又见上海图书馆编:《顾廷龙先生纪念文集》,上海科学技术文献出版社 1999 年版。

沈津、王世伟:《顾廷龙著述系年》,载沈津编著:《顾廷龙年谱》,上海古籍出版社 2004 年版。

王钟翰:《〈顾廷龙年谱〉序》,载沈津编著:《顾廷龙年谱》卷首,上海古籍出版社 2004 年版。

王煦华:《〈顾廷龙年谱〉序》,载沈津编著:《顾廷龙年谱》卷首,上海古籍出版社 2004 年版。又见《图书馆杂志》2004 年第 9 期。

沈津:《〈顾廷龙年谱〉序》,载沈津编著:《顾廷龙年谱》卷首,上海古籍出版社 2004 年版。

顾诵芬:《〈顾廷龙年谱〉后记》,载沈津编著:《顾廷龙年谱》卷末,上海古籍出版社 2004 年版。

沈津:《〈顾廷龙书题留影〉序一》,载顾诵芬、沈津、高桥智辑:《顾廷龙书题留影》卷首,上海古籍出版社 2004 年版。又见《图书馆杂志》2004 年第 9 期。又见沈津:《书韵悠悠一脉香:沈津书目文献论集》,广西师范大学出版社 2006 年版。

盛巽昌:《〈顾廷龙书题留影〉序二》,载顾诵芬、沈津、高桥智辑:《顾廷龙书题留影》卷首,上海古籍出版社 2004 年版。

陈燮君:《〈顾廷龙书题留影〉序三》,载顾诵芬、沈津、高桥智辑:《顾廷龙书题留影》卷首,上海古籍出版社 2004 年版。

杜泽逊:《顾廷龙先生与〈四库存目〉研究》,《图书馆杂志》2004 年第 10 期。

白莉蓉:《古籍版本学界的长者——周叔弢与顾廷龙》,《图书馆杂志》2004 年第 10 期。

陈燮君:《顾廷龙:从"书缘"到"图书馆缘"》,《图书馆杂志》2004 年第 10 期。又见陈燮君、盛巽昌主编:《二十世纪图书馆与文化名人》,上海社会科学院出版社 2004 年版。

汤志钧:《永恒的怀念——纪念顾廷龙先生诞辰一百周年》,《文汇读书周报》2004 年 10 月 1 日。

姜小玲:《纪念顾廷龙诞辰 100 周年》,《解放日报》2004 年 10 月 13 日。

沈津:《顾廷龙与〈书题留影〉》,载齐鲁书社编:《藏书家》第 9 辑,齐鲁书社 2004 年版。

陈梦熊:《师友情长 · 顾廷龙》,载陈梦熊:《文幕与文墓》,东南大学出版社 2004 年版。

沈怀玉:《顾廷龙先生与无为县图书馆》,《图书馆工作》2005 年第 2 期。

王世伟:《顾廷龙先生之〈集韵〉研究》,《图书馆研究与工作》2005 年第 2 期。又见王世伟主编:《图书馆服务创新与发展论丛》,上海社会科学院出版社 2005 年版。又见《图书馆研究与工作》编辑部编:《〈图书馆研究与工作〉论文选(2000—2005)》,浙江人民出版社 2006 年版。又见王世伟:《历史文献研究》,国家图书馆出版社 2008 年版。

王世伟:《古籍整理应重视祖本、校勘与版本源流——读顾廷龙与钱存训书信札记》,《图书与情报》2005 年第 2 期。又见王世伟主编:《图书馆服务创新与发展论丛》,上海社会科学院出版社 2005 年版。

沈津:《顾廷龙与〈合众图书馆丛书〉》,《新世纪图书馆》2005 年第 4 期。又见沈津:《书城风弦录:沈津学术笔记》,广西师范大学出版社 2006 年版。

曹志敏、史明文:《顾廷龙古籍整理理论初探》,《贵州文史丛刊》2005 年第 2 期。

刘尚恒:《一代宗师,千秋式范——读〈顾廷龙年谱〉感言》,《图书馆杂志》2005 年第 11 期。

王雨霖:《〈顾廷龙年谱〉举正》,《博览群书》2005 年第 11 期。

来新夏:《顾廷龙先生与版本目录学》,《新世纪图书馆》2006 年第 1 期。又见来新夏:《交融集》,岳麓书社 2010 年版。

沈津:《〈书韵悠悠〉序》,《图书馆杂志》2006 年第 1 期。

沈津:《〈顾廷龙年谱〉前言》,载沈津:《书韵悠悠一脉香:沈津书目文献论集》,广西师范大学出版社 2006 年版。

王世伟:《影响顾廷龙先生学术生涯的几件事》,《国家图书馆学刊》2006 年第 2 期。又见王世伟主编:《城市图书馆发展论丛》,上海社会科学院出版社 2006 年版。

王世伟:《顾廷龙早年的弃理从文》,《文汇读书周报》2006 年 4 月 7 日。

佚名:《豆棚闲话:顾廷龙的两次选择》,香港《文汇报》2006 年 6 月 9 日。

王京州、张永胜:《顾廷龙与合众图书馆》,《图书与情报》2006 年第 3 期。

吴建伟:《顾廷龙先生版本学思想述略》,《兰州学刊》2006 年第 6 期。

徐雁:《学有师而力愈勤,薪虽尽而火已传——读沈津新著三题》,《中国典籍与文化》2007 年第 3 期。

吴铭能:《读沈津〈顾廷龙年谱〉》,台湾《古今论衡》第 16 期,2007 年。

姜庆刚、王妙转:《读顾廷龙先生几封未刊信》,《图书馆杂志》2007 年第 5 期。

姜庆刚、王妙转:《六十年前李小缘与顾廷龙先生信札》,《图书馆杂志》2007 年第 6 期。

宋木文:《妥善处理〈顾廷龙学述〉出版中的问题》,载宋木文:《亲历出版三十年——新时期出版纪事与思考》,商务印书馆 2007 年版。

方继孝:《顾廷龙:严谨的学者和书法家》,载方继孝:《旧墨三记——世纪学人的墨迹与往事》,北京图书出版社 2007 年版。

星明:《顾廷龙书信现扬城》,《扬州晚报》2008 年 7 月 17 日。

王世伟:《顾廷龙晚年的版本目录学思想述略》,载王世伟主编:《城市图书馆公共文化服务体系论丛》,上海社会科学院出版社 2008 年版。

吴建伟:《顾廷龙文献庋藏理念述略》,载朱万曙主编:《古籍研究》(2008 卷·上),安徽大学出版社 2008 年版。

林其锬:《怀念顾老——记顾廷龙先生二三事》,载俞子林主编:《那时文坛》,上海书店出版社 2008 年版。

陈其弟:《版本目录学泰斗顾廷龙》,载苏州市政协文史委员会编:《苏州近现代人物》第 2 辑,古吴轩出版社 2008 年版。

沈津:《顾廷龙先生书法二三事》,载沈津:《老蠹鱼读书随笔》,广西师范大学出版社 2009 年版。

张世林:《我与顾廷龙先生的友谊》,载张世林:《大师的侧影》,中华书局 2009 年版。

立夏:《纪念顾廷龙逝世 10 周年座谈会》,《上海文化年鉴》2009 年第 1 期。

施宣圆:《顾廷龙救书》,《党政论坛》2009 年第 2 期,又见《党政论坛》(干部文摘)2009 年第 1 期。

佚名:《版本目录学泰斗顾廷龙》,《姑苏晚报》2009 年 6 月 16 日。

任雅君:《张元济与顾廷龙交谊述略》,《图书馆杂志》2009 年第 7 期。

黄嫣婉 :《顾廷龙与〈四库全书〉》,《图书馆工作与研究》2009 年第 8 期。

佚名:《难忘的论文指导——忆古籍目录学家、书法家顾廷龙》,《苏州日报》2010 年 3 月 12 日。

佚名:《草桥名人顾廷龙》,《苏州日报》2010 年 4 月 26 日。

佚名:《顾廷龙的乡谊》,《苏州日报》2010 年 5 月 28 日。

柯达:《顾廷龙赠我"多闻阙疑"四字》,《世纪》2010 年第 6 期。

萧斌如:《〈《骆驼祥子》手稿本〉问世始末》,《档案春秋》2010 年第 7 期。

宋路霞:《"新旧杂糅"胡适之》,《档案春秋》2010 年第 8 期。

周正平:《顾廷龙题签三易其稿》,载周正平:《上海艺林往事》,上海辞书出版社 2010 年版。

陈左高:《图书馆学专家顾廷龙》,载陈左高:《文苑人物丛谈》,上海远东出版社 2010 年版。

陈幼华、李歆、杜桂林:《顾廷龙图书馆学思想探微》,载《第十届海峡两岸图书信息学学术研讨会论文集》,第十届海峡两岸图书信息学学术研讨会 2010 年编印。

[日] 高桥智:《顾廷龙批注〈涵芬楼烬余书录〉——中国版本学资料研究》,日本《斯道文库论集》第 45 辑,2010 年。

李巨川:《唯亭顾》,《江苏地方志》2011 年第 3 期。

陈幼华、李歆、郝雁:《顾廷龙图书馆学思想述略》,《图书情报知识》2011 年第 5 期。

张军:《顾廷龙的学问与书法》,《收藏》2011 年第 7 期。

沈津:《顾廷龙先生手〈敬乡楼诗〉》,载沈津:《书林物语》,上海辞书出版社 2011 年版。

沈津:《关于〈顾廷龙书题留影〉——敬答桑农先生》,载沈津:《书林物语》,上海辞书出版社 2011 年版。

沈津:《〈顾廷龙文集〉集外文引言》,载沈津:《书林物语》,上海辞书出版社 2011 年版。

四、网络文章

散霞:《版本目录专家顾廷龙》,

http://www.archives.sh.cn/shjy/hsrw/201203/t20120313_6185.html

苏州市第一中学:《纪念校友顾廷龙先生百年诞辰》,

http://www.sz1z.com/xq/ReadNews.asp?NewsID=338

陆君云:《名人:顾廷龙》,

http://bbs.lnd.com.cn/thread-1088787-1-1.html

佚名:《江南无二顾》(第三部)中的《中国版本、目录学家顾廷龙》,

http://gjmbk1954.blog.163.com/blog/static/205581011201291773710439/

瑜轩:《顾廷龙至张珍怀信札》,

http://blog.tianya.cn/blogger/post_show.asp?idWriter=0&Key=0&BlogID=1781118&PostID=17962395

郭青:《一笔一划总关情:谨以此拙文纪念顾廷龙先生逝世十周年》,

http://blog.sina.com.cn/s/blog_5d75e4a30100bwbm.html

版本鉴定札记二则

沈 津

(中山大学图书馆)

一、元刻本的字体

对于古籍版本的鉴定,无非是纸张、字体以及其他辅助条件。从字体来说,不是一成不变的,我们或许可以元刻本的字体来举例。大凡讲中国书史、古籍版本鉴定的一些专著中,在述及元代刻书时,也必定要说元刻本的几个特点,即黑口、赵体字、不避讳、多简体字。这几项都是鉴定版本的辅助条件。对于元刻本的字体也都有专门的叙述,诸如叶德辉《书林清话》、孙毓修《中国雕版源流考》、刘国钧《中国书史简编》、毛春翔《古书版本常谈》、李致忠《古书版本鉴定》等等,都是说元刻本的显著特点,其一就是赵体字。赵体者,元代著名书法家赵孟頫(子昂)字体也,意思就是说,元代刻书字体类似赵孟頫。

最容易看到的就是叶德辉《书林清话》了,书中有"元刻书多用赵松雪体字"一节,举例如《欧阳文忠公文集》153卷,此书字法规仿鸥波,深得其妙。元椠吴澄《礼记纂言》36卷,雕刻工整,字皆赵体。元本《稼轩长短句》12卷,是书旧刻,纯乎元人松雪翁书。元刊元印《清容居士集》50卷,有赵子昂笔意。《曹汉泉集》5卷,字画端楷,直出松雪手书。这些描述,即使您未见到原书,我想您也会相信的。

而李致忠的《古书版本鉴定》鉴定篇“依据风格特点初步鉴定版本”之“元代刻书的特点”有“赵字”一节，在引用徐康《前尘梦影录》关于元代士大夫竞学赵书条后，即云“可证在元代，不仅士大夫竞学赵字，就是一般文人也刻意模仿。反映在刻书上，也附庸这种社会风气，皆以效法赵字为美，所以元代刻书的字体，无论官刻私雕，几乎都是赵字的风貌。这就又形成了元代刻书的另一特点。”徐康的这段话确实误导了许许多多的人，凡是写古籍版本鉴定的全部受他误导。

毛春翔说得更明确，“元刻字体，的确都是赵体字。”看来，元刻本的字体似赵孟頫体，这是一个定律。然而，我们对元代刻书作一个比较，则定律就成问题了，就变成不定律了。

一般来说，写工的字体是各种各样的，它不是千篇一律的。元人写工字体有 4 种：第一种，它的笔画圆整，与宋本相类，这是因为元初承南宋之后之面目；第二种为写刻，但不甚工；第三种则为赵体，赵的字体，笔法妍媚，结体淳古，典雅秀丽，每字大小相当，结构平隐，布白清爽；最后一种为自由体，和前三种不一样，是写工任意发挥的。有的朋友一定会说，你这样讲，有何证据？实际上，您若有兴趣，可以去做一个很简单的实验，现在不是出了很多善本图录吗？公家的图录，私家的图录都可以。

我们即以前二年出版的《第一批国家珍贵古籍名录图录》为例，其第一册所收元代刻本 36 种，竟没有一种为赵体字。如《十三经注疏》353 卷（元刻明修本）、《周易》9 卷（元相台岳氏荆溪家塾刻本）、《伊川程先生周易经传》10 卷（元刻本）、元刻本《晦庵先生朱文公易说》23 卷、《程朱二先生周易传义》10 卷（元延祐元年翠岩精舍刻本）、《程朱二先生周易传义》10 卷（元后至元二年（1336）建安碧湾书堂刻本）、《周易程朱传义音训》10 卷（元至正六年（1346）虞氏务本堂刻本）等，皆非赵体，而为宋体字。

又第五册，自编号 1162 至 1264，共 102 种，为金元人集至诗文评、曲类止，其中元刻本 56 种（含复本）。这些元刻本中，大多为宋体字，如《筠溪牧潜集》7 卷（元大德刻本）、《师山先生文集》11 卷（元至正刻明修本）、《中州集》10 卷（元至大三年（1310）曹氏进德斋刻递修本）、《叶先生诗话》3 卷（元陈仁子刻本）、《国朝文类》70 卷（元至正刻本）、《渔隐丛话前集》60 卷（元翠岩精舍刻本）、《东坡乐府》2 卷（元延祐七年〔1320〕叶辰南阜书堂刻本)、《迭山先生批点文章轨范》7 卷(元刻本)等。

之所以宋体字多,是因为元代刻书从整体上看,远逊于宋代,但也承袭前朝的基本特点。因为元代上面就是南宋,很多的工匠很可能就是在当时留下来的,继续刻书的事业。一本书的形成,它不光是刻工,事先还要有书写的过程,书写是由当时一般的知识分子承担,即我们所说的写工。写工也很值得我们研究的,很多人把注意力放在刻工上面,有什么刻工名录等等,这些写工没有的。南宋的手工业者、技术工人多在新朝各地书坊展示自己的技能,书坊中的写工,早就熟悉前朝习用字体,所以在字体上不可能有什么大的变化。所以他们写到的那些字体,多是宋体,如元姬志真撰《知常先生云山集》5 卷(元延祐六年〔1319〕李怀素刻本),字作方整,的为宋体。

传世元刻本中最多的是坊刻本,多密行小字,字与字上下紧连,几乎没有空隙,间有简体字,是一种不似赵体的匠体,而赵体字属偏扁。书坊若以扁体字镌刻,行距必然宽广,而字小可省板,这是符合书坊的成本小,多快好省,速见赢利的原则。如《潜室陈先生木钟集》11 卷(元建安吴氏友于堂刻本)、《宋提刑洗冤集录》5 卷(元刻本)、《新刊补注释文黄帝内经素问》12 卷(元后至元五年〔1339〕胡氏古林书堂刻本)、《伤寒论注解》10 卷(元至正二十五年〔1365〕西圃余氏刻本)、《国朝文类》70 卷(元至正刻本)、《古今杂剧》30 卷(元刻本)、《乐府新编阳春白雪前后集》10 卷(元刻本)、《梨园按试乐府新声》3 卷(元刻本),其多数皆为建刻。坊刻本中的字体,大多与赵体相去甚远,至少是没有赵字的气息,属仿宋体而略扁。

元代的书坊很多,福建地区的刘氏日新书堂即是一家知名书坊,刻书甚多,其有刻书年代明确者即有 20 余种,如《朱子成书》10 卷(元至正元年日新书堂刻本)等。该坊在元后至元六年(1340)时所刊刻的《伯生诗续编》3 卷、《揭曼硕诗集》3 卷,即非赵体,前者为手写体,自成一格,后者为匠体。亦可证即使是一家所刻,也并非仅为一种字体。

非赵体,非宋体,非匠体,而又自成一体的也有一些,如著名的《梅花字字香》2 卷(元至大刻本)、《梅花百咏》1 卷(元至正刻本)、《稼轩长短句》12 卷(元大德三年〔1299〕广信书院刻本)皆是写刻,尚有古拙之气,有自己的风格呈现，然绝不类赵也。这就是我们所说的写刻不工，字体不一定非常漂亮，因为各种各样不同的写工，他不一定局限于赵体字，也并不一定就放在仿宋体，就是一种自由体，它并不是仿照。

元代刻佛经大藏，均为仿宋体。诸如元至元间杭州大普宁寺刊《普宁藏》。单刻者也大多仿宋，盖求其全经严肃精整。

不可否认的是，赵孟頫作为元代的重要人物，又是宋代宗室，太祖十一世孙，秦王赵德芳之后，所以政治上的地位显赫，入元，出仕新朝，曾任兵部郎中、济南同知、江浙儒学提举诸职，累官至翰林学士承旨、荣禄大夫。生前被誉为"被遇五朝，官居一品，名满天下"。赵孟頫是博学多才的，他的诗文、书画、音乐均为一定造诣，且书法、绘画领袖当时，而篆、籀、分、隶、真、行、草书，无不冠绝古今。赵生于宋宝祐二年(1254)，卒于元至治二年(1322)，年68岁。

但是，任何一个时代都不会只产生一位艺术家或一位书法家。我们再来说元代，元代从统一中国至灭亡(1279—1368)，前后不过89年，前期以赵孟頫为书坛盟主，书法上"宗唐"、"宗晋"，又将晋人的飘逸潇洒与唐人的严正法度结合起来，力求完美，终于在楷书上形成了"赵体"。即使是一些文人以赵体为模板，但作品多貌似而神离。徐康《前尘梦影录》卷下云："元代不但士大夫竞学赵书，如鲜于困学、康里子山，即方外如伯雨辈，亦刻意力追，且各存自己面目。"按，此语不甚妥。鲜于枢(1257—1302)，与赵孟頫齐名，二人交往亲密，鲜于枢笔力豪放，清森峭劲。明王世贞说鲜于枢较赵"往往以骨力胜"。赵自己都说："余与伯机皆学草书，伯机过余甚远。虽极力追之亦不及。"康里巎巎(1295—1345)与张雨(1277—1348)都有自己面目，风格独特，自在野逸，并无"刻意力追"之态。至于当时有自由书风而成名的，如邓文原(1258—1328)、虞集(1272—1348)、揭傒斯(1274—1344)等，都有自己的书风。一般情况下，同辈人学同辈人的情况非常少，除非你是他的学生和爱好者，来临摹他的字，会受他的影响。所以在这种情况下，赵体字流传到外面去非常难，也非常少。

按，赵孟頫书法作品甚多，如《玄妙观重修三门记》的字体宽博秀润、姿媚圆活最为典型。赵体字的流行与否，实际上是受到流通的限制，因为那个时代，赵的墨迹流落民间，几乎是不可能之事，因此，只能靠他书写的各种碑刻之拓本拓片传至京师以外的地方。然而，一般小民包括在书坊中打工的写字匠人等，应该是很难见到赵氏石刻拓本拓片的。这不似今天，见到自己钟爱的某书家作品，可以在征得书家同意后，用数码相机拍摄，或是某些印刷品可以复印扫描，或是自书店中购取，或是交付出版即化身千百，一下印个几万本几千本，到处都可以买来去临摹，那个时候可能吗？不可能。今天的条件，是七八百年前的书法爱好者所不能想象的。

存世的元代刻本中，属于赵体的，或类赵体的并不多，真正被后代学者所称道的仅有数十种而已，如《张文忠公文集》28 卷（元至正十四年〔1354〕刻本）、《汉泉曹文贞公诗集》10 卷（元后至元四年曹复亨刻本）、《清容居士集》50 卷（元刻本）、《蒲室集》15 卷（元后至元四年刻本）、《乐府诗集》100 卷（元至正元年〔1341〕集庆路儒学刻本）等，而且多为官刻及家刻。

据我所见，上海图书馆藏的元后至正五年（1345）司农司杭州路刻明修本《农桑辑要》，那确是循规蹈距、字体秀逸的赵体字。又台北汉学研究中心藏元后至元二年（1336）沙门明悟刻本《梵网经卢舍郁（有改舟）佛说心地法门品菩萨戒本》1 卷，也可看到赵字的点画圆润、遒媚灵动，真是开门见山。

我也可以说说我对赵体书法的体会，大约是 1962 年，我也是一时性起，找来了赵孟頫的《胆巴碑》，临了几天，顾师见了，告我赵字媚美无骨，晚节不保，你还是临其他的吧。我也知道，赵字不易临，尤其是转折处很难掌握，所以马上就停了。50 多年来，津经眼之元刻本应在 500 部上下，其中典型的赵体极少。

值得注意的是，元代私宅家塾刻书多都不惜工赀，延请书法家写成清样，再鸠集良工名匠，选用上等纸墨刷印。如至正二十六年（1366）刻《渊颖吴先生集》，就是请宋璲书写。璲，字仲温，为宋濂次子，工篆隶真草。《书史会要》说他："大小二篆纯熟姿媚，行书亦有气韵。"有意思的是，连赵孟頫自己的《赵子昂诗集》7 卷（元至正元年虞氏务本堂刻本），竟非赵体，而是当年福建书坊流行的一种匠体。

实际上，元刻本在刻本图书中是最难鉴定的，这不仅是因为时间短，且上接南宋,下接明初,前后也就那么80多年,二三代人的时间,所以要在刊刻图书上字体有什么大的突变,则是有困难的。我们上次讲的陈澄中的《祁阳陈澄中旧藏善本古籍图录》、周叔弢的《自莊严堪善本书影》等,书影质量都很好,所以可以对照看。

所以我们上面所讲的,元代赵体字这个定律不是这么回事。也就是说是对待某些书上所写的东西,你必须要在你自己实践过程当中你去看,有些是非常准确的,有些不一定对的,当然是否会影响到你,还要看你自己的实践。所以我就觉得如果一个比较重要的学者写下来的东西,它不正确,或者他对很多的书没有看到,贸然下了结论,或许会影响误导以后很多人,徐康这段话就导致所有写版本鉴定、书史简编的那些作者全部受到误导。所以我就觉得再要写版本鉴定的那些作者,他必须要想一想这段话应该怎么去改写。

二、宋刻本《新刊名臣碑传琬琰之集》版本质疑

流传至今的宋代刻本,向来是以稀为贵,不仅是因为年代离我们更为久远,有时还可以在学术上纠正后来各种翻刻本之讹误。但我在过去的工作实践中,偶然也会发现因版本鉴定不当,而误将元代刻本或明代刻本、清代刻本当成宋刻本者,有的甚或将某种明刻本当作镇馆之宝。当然,一旦版本时代下降,如宋刻本下滑为明翻宋本,或为明刻本,那某些人心理上总有点失落、难受。反之,如将某部元刻本或明初刻本提升为宋刻本,那又喜上眉梢,心花怒放了。实际上,有些图书馆所藏个别宋刻本,或宋刻元明递修本,或当今拍卖公司之图录中重要版本,可能还要作些商榷并重加认定。比如《新刊名臣碑传琬琰之集》。

《新刊名臣碑传琬琰之集》上集27卷中集55卷下集25卷,宋杜大珪编。半页15行25字,左右双边,白口,双鱼尾,中缝上方偶记字数,中标琬琰几及页次,书口下间有刻工。题"眉州进士杜大珪编"。前有绍熙五年(1194)杜大珪序。

杜大珪,眉州人,仕履不可考。由序文及署衔,仅知为宋光宗时进士。

此书之编,可见杜大珪序,有云:"国朝人物之盛,远追唐虞三代之英,

秦汉以来鲜俪矣。自建隆、乾德之肇造，暨建炎、绍兴之中天，因时辈出，丰功伟烈，焜燿方册。虽埋光铲采，位不称其德者，亦各有纪于时，欲求之记事之书，则灏灏噩噩，未易单究。杂出于野史见闻者，其事又裂而不全，未足以观其出处本末。好事者因集神道、志铭、家传之著者为一编，以便后学之有志于前言往行者。"

其书所录碑传之文总为254篇，被传者都221人。就文之性质言，以墓志铭之89篇为最多，次为神道碑50篇，次为摘自《隆平集》之传43篇，次为采自《实录》之传27篇，次为行状22篇。余若随记、碑阴、序跋、谥议之类，或五六篇，或三四篇，或一二篇不等。就文之作者言，则以《隆平集》文之43篇为最多，次为欧阳修文36篇，次为《实录》文27篇，次为王珪文14篇，次为范仲淹、范镇、王安石文各11篇，次为宋祁文10篇。他如司马光、苏轼等42人之文，多者不过8篇，少仅1篇而已。故元袁桷《清容居士集》，修辽金史搜访遗书，条例事状，以此居首。《琬琰集》之上集为神道碑之类，中集为志铭行状，下集为别传，一代名臣事实略具于斯。而明清两代率有继起仿其体制者，如《皇明名臣琬琰录》等。

近代学者因此书网罗放失，足为《宋史》羽翼，征文备献，也为典型。故1938年，哈佛燕京学社引得编纂处，择录此书所载宋代《实录》及已失佚于宋代文集诸文，共80篇，汇为一书，依其编次，厘为3卷，名之曰《琬琰集删存》，以为留心天水一朝史事者之参考，且附以引得，用便检查。

《琬琰集》的版本，似乎没有什么疑问，因为历来的书目都作"宋刻本"、"宋刻元明递修本"。然而对此书版本的怀疑却在60年代初已开始，那时上海图书馆开始编纂《上海图书馆古籍善本书目》，馆藏善本14000部，每部均由潘师景郑、瞿师凤起两先生逐一审核，并将修改之文字录于原来的提书卡片上，我的主要工作，就是将书卡进行核对。顾师廷龙先生要求我："你要了解潘瞿两先生为什么这样改动，改动的依据在何处？如有假印伪跋，更要仔细去看，凡不懂的就要去问他们，这是机会。"我牢牢记住了这些话。而潘瞿两先生也是毫无保留地将他们丰富的实践经验对我时时赐教。记得有一天，潘先生对《琬琰集》进行校核，他对我说，这部书过去藏书家都当宋本著录，实际上不是宋本，但我们根据过去的著录，没作轻易否定。从此，我也就记住了这部书。

1978年，为了配合《中国古籍善本书目》的编纂，全国各地的省市馆、大专院校馆都开始重新校核馆藏善本，上海图书馆也不例外。次年的《书目》南片工作领导小组的工作会议上，与会者曾对不少似是而非的书举例论证，现仍健在的沈燮元先生就提出了《琬琰集》的版本问题，可惜的是，当时问题并没有得到适当的解决。后来出版的《中国古籍善本书目》史部传记类中，此书的版本项仍著录为"宋刻本"、"宋刻元明递修本"。

作"宋刻本"者，有3个条目，第一条收藏单位为华东师范大学图书馆、宁波天一阁，皆全帙。中国国家图书馆有残本，存76卷，18册（上集卷十一、下集卷十九至二十二配清抄本、中集卷三十二至四十二配另一宋刻明修本）。辽宁省图书馆也为残本。

第二条为浙江图书馆藏"宋刻本"，32册，清俞樾题款。藏本虽为全帙，但多抄配，原刻仅9册，全抄配者有6册，余册抄配多为一、二、三页，全书补抄达855页之多。此本上世纪70年代后期我曾经眼，原为清代杭州藏书家孙氏寿松堂进呈四库馆之本，封面有乾隆三十八年（1773）浙江送书之木记，序文首叶有满汉文"翰林院印"大方印。惟孙氏后裔失守，书为山阴杨鼎重远书楼所得，光绪二十一年（1895），又物归原主，再转售归公，商务印书馆借以摄入《四部丛刊续编》。

第三条为上海博物馆所藏，存83卷，缺上集卷十、卷十三至二十七、中集卷十一至二十四，有曹元忠跋。

作"宋刻元明递修本"者，全帙收藏单位为中国国家图书馆、上海图书馆（3部）、四川省图书馆、湖南省图书馆4馆，南京图书馆所藏为残本。

此书在台湾地区也有4部之多。台北"国家图书馆"藏本，作"宋建刊本"，存56卷，11册，为上集卷五至十三、十九至二十七；中集卷一至十七、五十三至五十五；下集卷一至十二、二十至二十五。此本有抄补，计38页。按，该本即莫友芝《宋元旧本书经眼录》、刘承干《嘉业堂藏书志》著录者。后者著录作"宋刻残本"，上集缺一至四、十四至十八；中集缺十八至五十二；下集缺十三至二十五。共51卷，得半之遗，每卷首尾二页全缺，中缺页亦多，正是此本。据《嘉业堂藏书志》作者之一吴昌绶云："虞山瞿氏亦藏有宋本，行数同，惟首行卷字下有"第"字，各卷首尾仍标名，以是知此书宋时有二本也。曩见各家所藏皆明时复刻，虽为残帙，殊堪珍秘。"虞山瞿氏本，今藏北京中国国家图书馆。

台北"故宫博物院"藏 2 部，一作"宋建刊本"，中集缺卷二十五，为 1980 年沈仲涛研易楼所捐赠，旧为李盛铎木犀轩所藏。据《沈氏研易楼善本图录》(作南宋后期刻本)，此本"略见断版，亦有修补痕迹，唯楮墨精爽，为建刊本之上乘。"另一部作"明复宋刊本"。台北"中研院"历史语言研究所傅斯年图书馆所藏作"南宋末刻本"，32 册，近人邓邦述题记。上集缺卷十一、中集缺卷二十五。邓邦述题记云："此宋本，余于光绪丁未得之都中，世颇希遘，而缺页尚多，须求佳本补写，方为完璧。天假以年，此志不难副也。甲寅十月正暗。"丁未，为光绪三十三年(1907)；甲寅，为民国三年(1914)。按《群碧楼书志》著录该本作"宋绍熙间刻本"。

海外所藏者又有日本静嘉堂文库，作"南宋末刻本"，为 20 册，旧藏陆氏皕宋楼，见《静嘉堂文库宋元版图录》。美国哈佛大学哈佛燕京图书馆所藏，原作"宋刻元明递修本"，32 册，今作"明刻本"。见《美国哈佛大学哈佛燕京图书馆藏中文善本书志》。

如此，公家所藏，国内全本加上残缺不全之本，凡"宋刻本"者 6 部；"宋刻元明递修本"5 部。台湾地区 4 部，加上日本、美国所藏，竟有 20 部左右(含残本，或可配它本之缺者)。

这些宋刻本或宋刻元明递修本，津未能全部经眼，历年所见仅有天一阁、浙江图书馆、南京图书馆、上海图书馆藏本以及哈佛燕京藏本。上图藏本皆作宋刻元明递修本，有白纸、黄纸之分，白纸者一部，黄纸者二部，另一部未记录。相较之下，白纸本似比黄纸本刷印为早，如卷 39 黄纸本凡断板处，白纸本均不断。

今天的影印条件，远非昔日可比，影印出版的各种版本图录，都为我们进行版本鉴定提供了新的佐证。经用各种图录中书影核对，可知中国国家图书馆(铁琴铜剑楼本)及浙江图书馆(孙氏寿松堂)、华东师范大学图书馆、台北"故宫博物院"(沈仲涛研易楼本)4 部当是一版。其特征在上集卷一第一行"碑"、"集"字下有断版。第五行中之"梅"字有断版，第六行第一字"应"字第三笔一撇仅存一半，又此行中之"忠"字，缺去中间一点。

日本静嘉堂文库(陆氏皕宋楼)本，则和中国国家图书馆(铁琴铜剑楼本）等馆所藏不同版。上述特征，此本皆无。

由于哈佛燕京藏本佚去上集之前二册，故无法和上述二种书影相核，然较之上海博物馆、湖南省图书馆、宁波天一阁等所藏，均为同版。如有感兴趣者，以湖南馆本或宁波天一阁本、傅斯年馆本中任何一部之上集第一册核之中国国家图书馆（铁琴铜剑楼本）等馆所藏之特征，即可知是否为同一块书板了。

按：《琬琰集》在宋代之后，元清二代再无重刻。又经史子集四部之中，宋刻本（包括宋刻元明递修本）流传至今且数量众多者，除了《通鉴纪事本末》42 卷（宋宝祐五年〔1257〕赵与□刻本及元明递修本，传世在 40 部以上）之外，似乎以此《琬琰集》为最，这实在是很少有的事。南宋时所刻之书，能在差不多的时间里即有翻刻本，且卷册都非小数，这似非可能，如有翻刻，当在明代。

哈佛燕京藏《琬琰集》，刻工为何、可、王、立、土、川等。书中避讳极不严谨，帝讳"慎"字缺笔，而"惇"、"敦"有避有不避，"敬"字不避。书中多俗体字，当出自书坊所刻。燕京本曾经傅熹年先生经眼，傅以为燕京本《琬琰集》为宋刊元修明补明印本，"在现存诸本中为保持宋刊页子较多的一部。黄纸本为主体，宋刊原版较多。另一种切去天地的页子均为宋刊。别有一种白纸页子有宋刊，有元修，当为元修元印本，此二种是原书缺页经后人配入者。"也就是说，燕京本有宋刊之页子、元修之痕迹、明代的补版。按：傅先生为中国国家文物鉴定委员会主任委员，然其所论不敢苟同。津以为此本用纸有黄纸、白纸二种，白纸较黄纸细洁。黄纸居多，且染色。黄纸高 19.2 厘米，白纸高 18.7 厘米。二种纸均为皮纸（一说麻筋纸），眉端以上之纸，多被割裂，而配以它纸，书估所为也。无论黄纸、白纸，均为明代所有，所刻字体并无多大区别，宋代气息全无，因此谈不上什么"宋刊元修明补明印"。这种纸张最早不会超过明代嘉靖。全书为金镶玉装。

前辈版本学家对《琬琰集》的版本提出疑问者，津仅知有罗振常、潘景郑两先生。罗氏曾见有两部，这在《善本书所见录》卷二有著录。第一部作"明初复刊宋本"，第二部则未写出时代版本。而未写出版本者，即浙江图书馆藏孙氏寿松堂本。潘景郑先生宝山楼旧藏二部，其一残黵过半，见载于《著砚楼读书记》，云："惜其书流传藏家，沿称宋椠，就余目睹，未敢置信，实皆明代复本而已。"潘先生所藏二部之款式内容与夫典藏源流，曾写入《宝山楼藏书记》中，然此《藏书记》今未之见。吴昌绶也曾说："曩见各家所藏皆明时复刻。"但未举出实证。

又根据各种著录，传世的《琬琰集》中，所钤藏书印最早的似乎仅为台北"中研院"史语所傅斯年馆藏本，中有清初"谦牧堂藏书记"、"谦牧堂书画记"两印，宁波天一阁本（冯贞群藏本）有清初季振宜藏印（伪?）。即以浙江图书馆所藏镇库之宝的《琬琰集》来说，最早也只有乾隆间孙仰曾寿松堂藏印，书中除此印外，再无它印可证。至于中国国家图书馆藏铁琴铜剑楼本，也仅有瞿氏藏印。台北"国家图书馆"藏本旧为独山莫氏藏书，有"莫印绳孙"等印。日本静嘉堂文库藏陆氏皕宋楼本，有胡惠孚、陆树声之印。燕京藏《琬琰集》，在上集卷十五末、下集卷十三末均有黑色木记"余姚吴氏家藏书籍"，长形（长 11 厘米）楷书，其他竟无一印可稽。此书过去都认为是宋代刻本，按照"流传有绪"的说法，那么众多的本子中，明代藏家之印一方都未能得见，这种现象也是很奇怪的，抑或此书本身即为明代所刻？可惜的是前辈如潘师景郑先生等的怀疑及见解不能详悉，然津以为燕京藏本乃为明代所刻，绝非宋本，也非元明递修也。

版本鉴定是一项难度较高的工作，来不得半点虚假，这部书，既经多人发生疑问，但是都没有进一步较深入研究下去，现在客观条件比以前更为有利，看书也比较方便，希望图书馆界同仁和业余爱好者共同努力，用些时间，把这个版本问题搞清楚，这是我的希望。

在中山大学图书馆举办的
中文古籍整理与版本目录学
国际学术研讨会闭幕式上的发言

女士们、先生们、朋友们:

我们的会就要结束了,程焕文馆长委托我在会议结束之前说几句话。这次的学术研讨会,与会代表来自五湖四海,尤其是不远万里,大洋彼岸的朋友。由于大家的共同参与,总的来说是开得很成功,出席会议的代表共92人,其中美国8人、中国台湾地区和中国香港特区、中国澳门特别行政区的代表共12人。与会年龄最大的是89岁的资深研究馆员沈燮元先生,以及85高龄的文献学家王贵忱先生。无论是图书馆学界中的专家、研究馆员,还是大学研究机构里的教授、学者,即这个领域里的先进、精英,大多云集在此,就像版本学界的鉴定专家如沈燮元、王贵忱、韦力、程有庆、李济宁等,还有欧美地区的艾思仁先生专程飞来此地,因此我们可以说:这是一场版本目录学界的盛会。

自从中国改革开放以来,中文古籍整理、古籍版本学、目录学、书志学、文献学等学术研究,都有长足的发展,它是自上个世纪50年代以来,研究和发展最好的时期。尤其是2007年国家古籍保护中心的成立，更是延续了当年《中国古籍善本书目》的工作，推进了各地所藏古籍的深层次调查、揭示和整理，并取得了重大阶段性成果，使过去一些并不被了解的重要史籍再现人间。国内重要图书馆的书目、图录的出版，珍本秘籍的影印，使研究人员得以更好地施展抱负。而且这项工作也延申到了海外，成绩也令人瞩目。

中山大学图书馆这些年来，一直在做他们应该做的事情，这就包括如何促进中大馆古籍资源的整理与保护，除了着重为本校师生服务以外，他们编辑了馆藏善本目录的增订本、馆藏地方志目录及碑帖拓片的目录，昨天各位看到中大设立的国家古籍修复基地，也是其中的一项。为了求得图书馆的进一步发展，程焕文馆长和特藏部的同仁们以为，应该为中文古籍收藏与研究、收藏单位和个人搭建一个高水平的学术交流平台，用各方的研究成果，互相沟通，以达到共建分享，这也是和谐社会的一个组成部分，是丰富祖国传统文化的一次学术检阅。

各位手中的《中文古籍整理与版本目录学国际学术研讨会论文集》，收罗了与会者的近50篇文章，从多方面体现了作者的研究成果，徐雁教授的《华东区土改运动与古旧书资源损毁》突破了研究禁区，为我们了解50年代初藏书聚散提供了佐证。杜泽逊和司马朝军教授的研究，都是长久的项目，它使我们了解“十年磨一剑”的艰辛；王国良、黄仕忠、骆伟、程有庆、李济宁等研究题目，多是老将的心得之作；新秀若刘蔷、刘宁慧、许媛婷、张波、眭骏、王亮的大作，细致考证，让我们看到了古籍整理事业的后继有人；姚伯岳、邹毅、柳向春三先生的关于活字的新解及鉴定方法提出了新的看法；马泰来、严佐之、张宝三、张波等人对善本旧籍的揭示，使人耳目一新；美加地区图书馆所藏中文古籍，一直为国内学者所关注，这次刘静、李坚、李勇慧的大作为各位增加了新知。尤其值得一提的是，中大馆搜集的徽学文献是第一次向社会公开，这就像解密般地先行回答了社会上的传闻，当然，它的价值也需在数年后逐步揭示。我们很抱歉的是，因为时间的原因，许多新朋旧友都没有发言的机会，好在众多的文章，已经是琳琅满目，大家还是慢慢地看吧。

我特别想说的是，中大的这次研讨会，和历来的图书馆举办的会邀请对象有所不同，除了专业的专家学者及大学里专研古籍版本、目录学研究的教授们外，此外我们还请了多位社会上有影响的私人收藏家。在中国，古籍图书的90%以上多收藏在公家图书馆里，经过“文革”10年的浩劫，许多私人所藏尽付劫灰。在一般人还没注意收藏的时候，他们即先人一步，抓住了契机，穷年累月，四处搜求，拾遗补阙，节衣缩食，倾囊以购。民间私人收藏家的典藏绝对不能忽视，他们的藏书中有相当的品种甚至在公家馆也不见收藏。他们中如韦力、林章松、励双杰等人就是中国藏书界的代表人物，我们没有安排他们的发言，是因为他们的低调，但他们的鉴定能力却是无可置疑的。前一阵子，人们对社会上不解的问题，使用了网络语言：“元芳，你怎么看?”在我们的会上，主持人在点评中，居然也问：“韦力，你怎么看?”所以，民间私人收藏家为民族传统文化典籍的保存及整理、研究、化私为公地传播，作出了卓越贡献，他们也是这个时代社会文化的精英。

先民存留的古籍，是我们的宝贵文化遗产，也是弘扬中华民族优秀传统文化的基础。古籍的得以保存，实实在在地说，那就是历代藏书家的功绩。作为藏书家来说，从古至今，单就清代、现代，也多得去了，以叶昌炽的《藏书纪事诗》来说，记载了767人。而《续补藏书纪事诗》又补清至近代360人，《广东藏书纪事诗》收明代而后广东地区藏书家50余人，《近代上海藏书纪事诗》录清末以来上海地区藏书家亦五六十人。郑伟章的《文献家通考》中的清代至现代，载清初以来文献家1500余人。然而明代内阁藏书，一部《文渊阁书目》，仅著录7000余种。清代内廷藏书，在1929年清理官廷藏书时有13081部，195732册。清代四大藏书家丁瞿杨陆所藏加起来就远超清内廷藏书。可以说，在中国近代图书馆出现之前，是历代藏书家们的收藏，保存了今天的大部古籍。

谢谢励双杰先生，他为研讨会提供了一次谱牒专展，这是他从思绥草堂藏1800部家谱中精心挑选了26种，大本小册、厚薄秘椠、红纸彩绘，从版本的角度加深了大家的印象。不能与会的杭州市图书馆馆长褚树青先生，慨然提供该馆新印的《杭州市图书馆善本书目》100套；王贵忱先生也将新著《可居丛稿》100册赠与代表。我们也要感谢广西师范大学出版社有限责任公司董事长何林夏先生及文献分社社长雷回兴编审，他们为会议赠送了"中山大学图书馆学术丛书"第一种林明著《中国古代文献保护研究》100册。

我以为通过这次国际学术研讨会的举办，有助于了解和把握这个领域研究的动态、进展与成果，促进海内外古籍整理，以及对版本学研究的新认识，当然也提升了中大馆古籍整理与保护典籍的学术形象。中大举办的这次国际学术研讨会，从筹备到开幕，都面临想不到的诸多困难和变数，中大图书馆特藏部和馆办公室全体工作人员都付出了辛勤劳动，这是我和所有与会者都十分感谢的。

如若将来再有机会的话，我们希望大家能再次聚首羊城，握手中大。谢谢大家。

沈　津
中山大学图书馆

编后语

2012年11月，中山大学图书馆主办了中文古籍整理与版本目录学国际学术研讨会。此次会议得到了海内外古籍版本学界的专家与学者们之大力襄助与支持。来自中国大陆、中国香港、中国澳门、中国台湾、美国、加拿大的100余位代表齐聚一堂，交流学术，为助推海内外中文古籍整理与版本目录学学术研究起到了重要的作用，这是近年来海内外古籍学术领域规模较大、颇具影响力的一次盛会。中山大学图书馆在陆续征得是次会议论文提交者的同意后，将会议论文予以集结整理，交广西师范大学出版社出版。

中文古籍整理与版本目录学国际学术研讨会得以在中山大学图书馆成功举行，一是源自中山大学图书馆程焕文馆长长期以来对古籍特藏文献的高度重视，对年轻一代的古籍整理馆员所寄予之厚望和全力培养；二则得益于中山大学图书馆特聘古籍专家沈津先生的大力倡导，亲力亲为地策划与组织；三则离不开中山大学图书馆特藏部乃至整个图书馆的诸多同事在会议筹办过程中的辛勤付出。

自2012年3月发出会议通知始，我们就陆续收到来自国内外涉及古籍整理、版本鉴定、文献收藏等多方面的论文50余篇。会前，沈津先生逐一分类排序，特藏部丁春华、李卓负责对论文进行编辑排版，李福标、肖卓、陈莉、蒋文仙参与论文核对，张琦、谢小燕负责会议论文集的版面设计与印刷，最终，我们为会议代表奉上了一本主题鲜明、内容精审、装帧精美的会议论文集。为进一步为海内外广大古籍学术研究者和从业者提供学术参考，广泛传播会议学术成果，我们决定正式出版此会议论文集。经过作者们的多次修订，会议论文集最终定稿。在此过程中，众多专家们在修订其论文过程中所表现出的严谨治学态度令我们敬佩。

本论文集的出版，首先要感谢各位专家学者提供论文，并同意授权出版。同时，我们要特别感谢广西师范大学出版社集团董事长兼总经理何林夏教授、文献图书出版分社社长雷回兴编审，责任编辑肖爱景、金学勇、马艳超、范宁。他们严谨细致的编辑态度保证了论文集的学术品质。成书过程中当然也难免会有纰漏之处，敬请各位作者、读者谅解并指正。

最后，我们也期待藉此论文集的出版进一步推进古籍整理与版本目录学研究的国际化交流，我们更热切期待古籍学术同行下一次会议的再次聚首。

倪　莉　王　蕾　谨识

2013 年 9 月 21 日